Über dieses Buch

Dieses Buch beschäftigt sich mit einem Abschnitt der deutschen
Geschichte, über den man bisher nur wenig wußte: Es ist das frühe
Mittelalter, genauer gesagt, die merowingisch-karolingischen Jahrhunderte, also jener Zeitraum, der mit dem Ende des römischen
Imperiums begann und mit der Auflösung des Frankenreichs endete.
Dunkel erscheint nicht nur das geschichtliche Panorama, sondern
auch die geistige und soziale Verfassung dieser Epoche, in der
die Bevölkerung Mittel- und Westeuropas nach landläufiger
Vorstellung auf die unterste Stufe eines kriegerischen Bauern-
und Räuberdaseins zurückfiel. Nur wenige Namen sind bekannt,
und die schriftlichen Quellen sind rar. Und doch läßt sich mehr
über diese Zeit berichten, als gemeinhin angenommen wird.
Die gewissenhafte und systematische Auswertung aller Quellen
und auch neue Ausgrabungen haben gerade in den letzten Jahren
zu eindrucksvollen Ergebnissen geführt und die Geheimnisse
des frühen Mittelalters in Deutschland weitgehend enträtselt.
Rudolf Pörtner ist den Quellen nachgegangen und hat das Dunkel
der nachrömischen Jahrhunderte, eines Abschnittes unserer
Geschichte, der an inneren Spannungen und abenteuerlichen
Entwicklungen kaum seinesgleichen hat, in seinem neuesten Werk
weitgehend erhellt. Bei aller fachlichen Akribie ist dieses Buch
gerade auch für den interessierten Laien eine fesselnde Lektüre.

W0065539

Vollständige Taschenbuchausgabe mit 44 Abbildungen
Droemersche Verlagsanstalt Th. Knaur Nachf.
München/Zürich
Mit Genehmigung der Econ Verlag GmbH, Düsseldorf
Copyright © Econ Verlag GmbH, Düsseldorf, 1964
Umschlaggestaltung Alexander Gnirke
Gesamtherstellung Richterdruck Würzburg
Printed in Germany
ISBN 3-426-00132-2

 1.–20. Tausend Januar 1967
21.–30. Tausend März 1968
31.–42. Tausend April 1969
43.–48. Tausend Oktober 1971
49.–56. Tausend Oktober 1972
57.–63. Tausend August 1974
64.–73. Tausend Juli 1975

Rudolf Pörtner:
Die Erben Roms

Städte und Stätten des deutschen Früh-Mittelalters

Droemer Knaur

INHALTSÜBERSICHT

»Sollte der ... Leser finden, daß in diesem Buche die theologischen und kirchlichen Angelegenheiten ungebührlich breit und nachdrücklich behandelt sind, so möge er bedenken, daß man unmöglich die Vergangenheit verstehen kann, wenn man nicht eben das versteht, was den Menschen der Vergangenheit am wichtigsten war.«

> *Christopher Dawson*
> in der Einleitung seines Buches »The making of Europe«

VORWORT

Dieses Buch – das dritte in der Reihe »Städte und Stätten deutscher Geschichte« – befaßt sich mit der geistigen und materiellen Hinterlassenschaft des frühen Mittelalters in Deutschland, genauer gesagt: der merowingisch-karolingischen Zeit, die mit der Beseitigung der letzten Reste des Römischen Imperiums begann und mit der Auflösung des Fränkischen Reiches endete.

Zumindest die erste Hälfte dieser Zeit gilt als die dunkelste Epoche der kontinentalen Geschichte, als eine Zeit, die in schriftlichen Quellen kaum einen Niederschlag fand und daher bestenfalls ihre äußeren Konturen erkennen läßt. Dunkel erscheint aber nicht nur das geschichtliche Panorama, sondern auch die geistige und soziale Verfassung der nachrömischen Jahrhunderte, in denen ganz Mittel- und Westeuropa nach der landläufigen Meinung auf die Primitivstufe eines kriegerischen Bauern- und Räuberdaseins zurückfiel.

Aber diese Vorstellungen sind nur zur Hälfte richtig. Die Quellen fließen reichlicher, als gemeinhin angenommen wird, und selbst das Dunkel der Völkerwanderungszeit war nicht gänzlich ohne Licht.

Die gewissenhafte Auswertung des schriftlichen Materials – außer den historischen Schriften haben ja auch literarische Erzeugnisse, Klosterannalen, Briefe und juristische Dokumente ihren Aussagewert – hat die Landschaft so weit erhellt, daß außer den Konturen auch zahlreiche Details zu erkennen sind. Die heutige Geschichtsschreibung vermag nicht nur die Kriege, Eroberungen und dynastischen Streitigkeiten der »dark ages« mit großer Genauigkeit darzustellen, sondern auch ein exaktes Bild der damaligen wirtschaftlichen, sozialen und rechtlichen Verhältnisse zu zeichnen. Dank verfeinerter Forschungsmethoden und aktueller Fragestellungen haben gerade die letzten Jahre zahlreiche neue Erkenntnisse gebracht, von denen bisher nur wenige den Weg aus den wissenschaftlichen Publikationen in die Öffentlichkeit gefunden haben.

Das gilt besonders für das Thema der Christianisierung der germanischen Stämme, das allzulange und allzu einseitig unter kirchlichen oder gar konfessionellen Gesichtspunkten betrachtet worden ist. Nichts falscher als das. Denn die Bekehrung der rechtsrheinischen Germanen war ein durchaus komplexer Vorgang, der nicht nur das religiöse Leben der Bekehrten von Grund aus wandelte. Die Kirche war in jenen Jahrhunderten die eigentliche staatsbildende und zivilisatorische Macht, deren Aktivität sich auf das gesamte öffentliche Leben erstreckte. Sie schuf die Verwaltung, die Symbole und die »Ideologie« des Frankenreiches. Sie baute, rodete und setzte ungeahnte wirtschaftliche Kräfte frei. Ihre Beziehungen reichten über Land und Meer, und nur unter ihrem Schutz erhielten sich gewisse Reste städtischen Lebens. Sie rettete damit das Erbe der Antike – im kirchlichen Sinne also der vorchristlichen, heidnischen Welt – über die Jahrhunderte des geistigen Niedergangs, so daß zumindest in ihrem Aktionsradius an der von dem Wiener Dopsch behaupteten und seit Jahrzehnten diskutierten »Kontinuität der Kulturentwicklung« nicht zu zweifeln ist.

Schon Dopsch ging in seiner Kampfansage an die »Katastrophentheorien« des 19. Jahrhunderts zu einem guten Teil von den Ergebnissen der Altertumswissenschaft aus. In der Tat hat die Bodenforschung wesentlich zum Verständnis des frühen Mittelalters beigetragen. Die Aufdeckung der »Reihengräberfelder« – eine spröde und recht makabre Aufgabe, deren Alltagspraxis zur Anonymität verurteilt ist – lieferte der Wissenschaft vor allem im Rheinland und in Schwaben eine solche Fülle von Anschauungsmaterial, daß sie zumindest die materielle Kultur der nachrömischen Jahrhunderte nahezu vollständig überblicken kann. Auch die Siedlungsarchäologie hat in den letzten Jahrzehnten wertvolle Ergebnisse zusammengetragen, nicht zuletzt für die karolingische Spätzeit, während der sich die fränkischen Grundbesitzer in den von den Normannen bedrohten Gebieten auf befestigte Wohnhügel zurückzogen.

Die eindrucksvollsten Resultate aber hat die Spatenarbeit bei der Erforschung der karolingischen Baukunst gewonnen, die – was nahezu vergessen scheint – mit einigen ihrer schönsten und charaktervollsten Werke alle Stürme der Jahrhunderte überdauert hat. Um nur die wichtigsten und damit die Kristallisationspunkte dieses Buches zu nennen:

Zwischen den Renaissance- und Barockpalästen der Würzburger Festung steht unversehrt, wenn auch vielfach verändert, die um 700 entstandene Marienkirche. In unmittelbarer Nachbarschaft des Fuldaer Domes, der noch im barocken Gewand die alte »römische«

Form nicht verleugnet, liegt der Rundbau der Michaelskirche, die mit ihren ältesten Teilen in das 9. Jahrhundert zurückreicht. Den Zentralraum des Aachener Münsters bildet bis heute die fast unveränderte Pfalzkapelle Karls des Großen. In Ingelheim am Rhein haben sich die Reste der berühmten alten Pfalzanlage erhalten. In Lorsch erhebt sich die Torhalle des vormaligen fränkischen Reichsklosters, in Steinbach im Odenwald der Torso der von Einhard, dem Biographen Karls, erbauten Basilika. Auf der Insel Frauenchiemsee wurden erst in den letzten Jahren Bauteile des unter Herzog Tassilo errichteten Benediktinerklosters wiederentdeckt. Die Gnadenkapelle in Altötting war Pfalzkirche des spätkarolingischen Königshofes. Und noch steht in Regensburg ein mächtiger Turm der befestigten Pfalzanlage, in der die ersten deutschen Könige residierten.

Aber auch die Grabungen in Kirchen, die über karolingischen oder noch älteren Vorgängern errichtet wurden, haben wertvolle Ergebnisse gezeitigt: in Xanten und Werden, in Neuß und Köln, in Fulda und Paderborn, in Regensburg und Passau ist man bis zu den Urbauten der heutigen Gotteshäuser vorgedrungen.

Mehr noch als die schriftlichen Quellen haben diese archäologischen Bemühungen der Wissenschaft einen Einblick in das innere Gefüge des Frankenreiches verschafft, einen Einblick auch in die Mentalität der unbekannten germanischen Krieger, Bauern und Stammesfürsten, die in den anarchischen Jahrhunderten der nachrömischen Zeit ein neues Imperium bauten – jenes Imperium, das in seiner karolingischen Endgestalt zu den großartigsten Staatsschöpfungen der Geschichte gehört.

Wir wissen, daß dieses Reich die Grundlage einer Kultur schuf, der auch die säkularisierte Welt von heute noch verpflichtet ist: der übernationalen christlich-abendländischen Kultur, die fast ein Jahrtausend lang über alle Kriege und Grenzveränderungen die Einheit Europas verwirklichte. Aber erst die Archäologie vermochte nachzuweisen, daß diese Einheit aus einer kaum faßbaren Vielheit von Impulsen und Anregungen entstand. Nicht nur die großen, monumentalen Bauten der Karolinger, sondern auch die aus den Gräbern geborgenen Waffen und Schmuckstücke bezeugen, welche Einflüsse damals in das Frankenreich – vor allem in das fränkische Kernland zwischen Rhein und Seine, das immer noch Europas reichste Kulturlandschaft ist – einströmten und dort verarbeitet und mit neuem Geist erfüllt und durchdrungen wurden.

Das überlieferte Bild einer düsteren, gänzlich kulturlosen Welt hat also nur noch bedingt Gültigkeit. Die Franken – und mit ihnen die anderen germanischen Volksstämme, die später den deutschen Volkskörper bildeten – leisteten damals eine Aufgabe von weltgeschichtlichem Format. Indem sie die Reste der imperialen Hinterlassenschaft übernahmen, ihrem Wesen gemäß abwandelten und weiterentwickelten, wurden sie die legitimen Erben Roms.

Von diesem Aneignungs-, Einschmelzungs- und Verwandlungsprozeß soll im folgenden die Rede sein.

Bad Godesberg, im Januar 1964   *Rudolf Pörtner*

Männer und Mächte des Merowingerreiches

Vom Landstädtchen zur Seidenmetropole · Der Mann mit dem goldenen Löffel · »Altertümer« zwischen Altertum und Mittelalter · Feinde und Verbündete des Imperiums · Der »wilde Franke« · Theoderich und Chlodwig – Arianer und Katholiken · Von den Pyrenäen bis zur Saale · Das Ende der Merowinger · Unter dem Dach des Frankenreiches · Staat als königlicher Privatbesitz · Kanzlisten, Grafen und Magnaten · »Siehe, unser Schatz ist arm...« · Gregor von Tours: Staatsaktionen und Skandalgeschichten · Friedhöfe, die Museen füllten · Goldschmiede im Gefängnis · Childerichs »Bienen« kamen aus China · Die Zeituhr der Epoche · Eine archäologische Goldgrube · Das Grab eines Frankenfürsten · Das 5. Jahrhundert am Niederrhein

Man hat Krefeld das »deutsche Lyon« genannt, der Seide wegen, die hier, sieben Kilometer westlich vom Rhein, zwischen Duisburg und Düsseldorf, genau wie am Zusammenfluß von Rhône und Saône gewonnen, versponnen und verwebt wird.

Aber Lyon ist uralt. Krefeld war noch um 1700 ein kleines, mauerumwehrtes Landstädtchen, dessen Bedeutung nicht über den Strom hinausreichte. Es waren religiöse Flüchtlinge aus Brabant, Jülich und Berg, Mennoniten vor allem, die damals die Krefelder Seidenindustrie begründeten und mit sektiererischem Eifer nicht nur ihren Glauben, sondern auch ihre Stoffe marktfähig machten. Mit seinen Seidenfabrikanten ist Krefeld dann zu seiner heutigen Größe herangewachsen – zu einer Stadt mit mehr als 220 000 Einwohnern, vielen Fabriken und Schulen, einem Kranz von Vororten, einem eigenen Rheinhafen, Milliardenumsätzen und einem elementaren Ausdehnungsdrang.

Denn den Geist des heutigen Krefeld bestimmen nicht mehr die Glaubenskämpfer, sondern die Konquistadoren der Wirtschaft, und der Wohlstand, den sie ihrer Stadt erwarben, teilt sich schon im äußeren Bild mit. Die Straßen, der »Wall«, die gepflegten Parks, die Villen der Seidenbarone, die großen Hotels und Kulturinstitute – das alles verrät Reichtum, Weltoffenheit, Selbstbewußtsein und jenen Bürgerstolz, den fette Bilanzen und steigende Umsätze erzeugen. Mit seinen Feinschmeckerlokalen, Weindielen, Modesalons, Golfplätzen und anderen Filialen des guten Lebens kann Krefeld es sogar mit dem nahen Düsseldorf aufnehmen.

Auch die Frage, ob die elegantesten Damen in Düsseldorf oder Krefeld anzutreffen sind, ist noch längst nicht zugunsten der »Kö« entschieden. »Samt und Seide« hat auch in dieser Hinsicht eine sichtbar verfeinernde Wirkung ausgeübt:

»Und die Seide, schön zu schauen,
vorbestimmt zu holdem Schnitt,
gab den Mädchen und den Frauen
Anmut unverzüglich mit.«

Dem Charme der Krefelder Weiblichkeit verdankte die Stadt, wie der Besucher von seinen Gastfreunden spätestens nach einer halben Stunde erfährt, in den Jahren vor dem Ersten Weltkrieg sogar die Stationierung eines Husarenregimentes. Jahrzehntelang, so heißt es, hatte sich Krefeld damals bereits um die Würde einer Garnisonstadt beworben. Was dem Bürgermeister und seinen Honoratioren mit ihren untertänigst vorgebrachten Petitionen nicht gelang, vollbrachten dann einige Damen der Gesellschaft gewissermaßen im Handstreich.

Anläßlich eines Kaiserbesuches verstanden sie dem obersten Kriegsherrn klarzumachen, daß ihre »Seidenwürmer« zwar fleißige Geschäftsleute, leider aber sehr faule Tänzer seien – und daß der Krefelder Damenflor schon aus diesem Grunde militärischen Beistand benötige; worauf sich S. M., wie verlautet, gutgelaunt auf den umlederten Oberschenkel schlug und die Düsseldorfer Husaren nach Krefeld verlegte...

Beim Einzug ritt er selbst »in blinkender Wehr« an der Spitze seines Kavallerieregimentes in die festlich geschmückte Stadt ein.

Darüber ist mehr als ein halbes Jahrhundert vergangen, aber noch immer führt eines der drei großen Krefelder Museen den Namen des damaligen Herrschers aller Preußen: das Kaiser-Wilhelm-Museum, die Schatzkammer der niederrheinischen Kunst. Ein anderes hat die Industrie geschaffen – das Krefelder Stoffmuseum oder besser: die Sammlung der Textilingenieurschule, die mit ihren Geweben und Gewändern aus allen Richtungen der Welt und der Weltgeschichte das Zentralinteresse der Stadt bekundet. Das dritte Museum liegt außerhalb der Stadt, im Park von Schloß Linn, dem ältesten noch erhaltenen rheinischen Wasserschloß, und beherbergt die geschichtliche und kulturgeschichtliche Hinterlassenschaft der Krefelder Landschaft.

Im Landschaftsmuseum, nach seinem Begründer Albert-Steeger-Museum genannt und heute von Renate Pirling, der jüngsten Museumsdirektorin Deutschlands, verwaltet, ist auch die Archäologie zu Haus; denn es gibt mancherlei zu graben in einem Raum, der, seit Eiszeitende bewohnt, viele Völkerschaften und Kulturen kommen und gehen sah, ehe er von den Römern militärisch, politisch und zivilisatorisch durchorganisiert wurde.

Das Zentralobjekt der niederrheinischen Bodenforschung seit mehr als drei Jahrzehnten gehört freilich der fränkischen Zeit an: das große Gräberfeld von Krefeld-Gellep.

Gellep, heute eine Siedlung teils ländlichen, teils vorstädtischen Charakters, liegt nahe dem Strom auf einer hochwasserfreien Binnenlanddüne, die nach dem Zeugnis von Bodenfunden schon lange vor Erscheinen der cäsarischen Legionen am Rhein besiedelt war.

Die Römer bauten hier das Kastell Gelduba, einen jener festen Plätze, die die Lücken zwischen den großen Festungen an der »nassen Grenze« ausfüllten. Das römische Gellep wird im antiken Schrifttum mehrfach genannt. Der ältere Plinius berichtet, daß Kaiser Tiberius aus Gelduba die Siserpflanze bezog, ein rübenartiges Gemüse, das in der sandigen Niederung ausgezeichnet gedieh. Nach Tacitus war das Kastell während des Bataver-Aufstandes mehrfach hart umkämpft. In der Spätzeit verzeichnet ein römisches Reisehandbuch Gelduba als Standort einer Ala.

Daß es tatsächlich bis zum Abzug der Römer belegt war, ging aus Grabungen nach dem Zweiten Weltkrieg hervor, durch die nicht weniger als sieben übereinanderliegende Bauschichten festgestellt wurden. Auch an römischen Bodenfunden hat es in diesem Teil von Krefeld nie gemangelt. Besonders die Spargelbauern von Gellep und Stratum haben von ihren Äckern zahlreiche Münzen, Tongefäße und Bronzen heimgebracht, die, wenn es gut ging, in Privatsammlungen endeten, meist aber im Antiquitätenhandel auf Nimmerwiedersehen verschwanden.

Es gibt darunter eine Art von glasiertem Tongeschirr, die der Forschung bis heute Rätsel aufgibt, weil sie bisher nur in Gellep gefunden wurde. Im übrigen kann man aus dem Charakter dieser Altsachen auf eine ausgesprochene Grenzzonenkultur schließen, in der auch germanische Einflüsse wirksam waren. Auffallend blieb aber jahrzehntelang das Fehlen fränkischer Altertümer – eine Tatsache, die um so erstaunlicher war, als die Sprachwissenschaft längst nachgewiesen hatte, daß die Landschaft um Krefeld auch in der fränkischen Zeit besiedelt war.

Das Verdienst, dieses Manko beseitigt zu haben, gebührt Albert Steeger, einem passionierten Bodenforscher, der den heute so selten gewordenen Typ des Autodidakten der Archäologie zu seiner Zeit wie kaum ein zweiter vertrat.

Er war Lehrer, ehe er Geologie, Botanik und Zoologie studierte und als Achtunddreißigjähriger in Köln mit einer Dissertation über die Eiszeit am Niederrhein promovierte. Nach weiteren dreizehn Jahren, in denen er seiner Schule treu blieb, wurde er 1936 Leiter des »Heimathauses am Niederrhein« in Krefeld. Zur Altertumswissenschaft kam er als Amateur, unter den Fittichen von Prof. Dr. August Oxé, einem verdienten »Oldtimer« der deutschen Archäologie, der ihn um 1930 an seinen Grabungen im Kastell Gelduba beteiligte.

Steeger war kein Schreibtischwissenschaftler, sondern Praktiker vom Scheitel bis zur Sohle. Seine Freunde rühmten seine goethesche Natur. Er beobachtete und lernte auf Schritt und Tritt und war deshalb gern unterwegs, meist zu Fuß oder mit dem Fahrrad. Er kannte alle Pflanzen und Vögel seiner Heimat, alle Acker- und Wanderwege, alle Gewässer, alle Burgen, alle alten Dörfer. Seine Schüler liebten und verehrten ihn, weil er auch die kompliziertesten Zusammenhänge anschaulich zu machen wußte.

Die Bauern vom Niederrhein vertrauten ihm, dessen Zunge das »platteste Platt« mühelos bewältigte, und rückten mit Dingen heraus, die sie sonst sorgfältig verborgen hielten. Genauso gut verstand er sich mit der Krefelder Bürgerschaft. Gab es einmal Meinungsverschiedenheiten, so wurden sie bei einer Flasche Wein beigelegt – und manchmal auch mehreren. Denn er war kein Kostverächter und liebte es, »einen ins Horn zu tuten«, um in seiner eigenen bilderreichen Sprache zu sprechen. Wie seine Kollegen, so empfand auch er es als einen liebenswürdigen Wink des Schicksals, daß einer seiner schönsten Funde ein fränkischer Rüsselbecher war.

Von Organisation hielt er nicht viel. Auch als er längst Professor, Ehrendoktor und Direktor des Niederrheinischen Landschaftsmuseums – Statthalter auf Burg Linn, wie er es nannte – geworden war, arbeitete er praktisch allein, ohne Vorzimmer und Sekretärin, »Parkinsons Gesetz« souverän negierend. Aber er war unablässig tätig, selbst wenn er abends mit dem Lokalzug von Krefeld nach Kempen fuhr, wo er sich fern der Großstadt eingenistet hatte; seine Museumsbestände vergrößerte er nahezu »geräuschlos«.

Neben all seinen fachlichen und menschlichen Qualitäten brachte er gerade für die Spatenforschung noch eine weitere wertvolle Eigenschaft mit: den »guten Riecher« und die glückliche Hand. Wenn es einmal süßen Brei regnete, schrieb Wilhelm Schäfer frei nach Goethe in seinem Niederrhein-Büchlein, hatte Steeger den goldenen Löffel schon in der Hand. Und »so ist er zu einem Schatzgräber von größtem Ausmaß geworden«.

Auch die Entdeckung des Gelleper Gräberfeldes bezeugt seinen außerordentlichen Spürsinn. Er hörte eines Tages, daß ein Spargelbauer des Krefelder Vorortes sich eine kleine Privatsammlung an »Altertümern« zugelegt habe. Steeger ging der Sache nach und fand im Schrank des Züchters verrostete fränkische Waffen, versteckt, verkramt und vergessen. Er erfuhr auch, wo sie gefunden worden waren, ja, daß der fragliche Acker schon mancherlei Altsachen hergegeben hatte.

Im Frühjahr 1934 begann Steeger zu graben, und nun ging es plötzlich Schlag auf Schlag. Schon nach kurzer Zeit hatte er drei fränkische Friedhöfe aufgespürt, einen in Stratum, zwei in Gellep, darunter den berühmt gewordenen Friedhof am Gelleper Spielberg, der unter der vereinfachenden Bezeichnung »Gellep II« in der Fachwelt internationalen Ruhm erwarb.

Bereits Ende der dreißiger Jahre waren Hunderte von Gräbern mit zahlreichen Beigaben aufgenommen: mit Langschwertern, Dolchen und Lanzenspitzen, mit Pinzetten, Schlageisen und Riemenzungen, Tonschalen und Glasbechern – und nicht zuletzt mit zahlreichen Münzen, aus denen einwandfrei hervorging, daß das Gräberfeld sogar in der spätrömisch-frühfränkischen Übergangszeit kontinuierlich belegt war.

So konnte Steeger schon 1937 in seiner ersten größeren Veröffentlichung eine einstweilige Bilanz riskieren. Die Wissenschaft, so stellte er fest, spreche mit Recht von der »Lücke des 5. Jahrhunderts« und habe schon mehrfach betont, »daß die Bodenforschung... keine wichtigere Aufgabe habe als die Aufhellung jener Übergangszeit vom Altertum zum frühen Mittelalter«. Als wichtigstes Ergebnis der Krefelder Grabungen sei daher festzuhalten, »daß hier in Gellep die Bodenforschung endlich eindringen konnte in den dunkelsten Abschnitt unserer Geschichte, in die entscheidenden Jahrzehnte des 5. Jahrhunderts nach dem Zusammenbruch der Römerherrschaft«. Was Steeger in wohlgesetzter Sprache niederschrieb, pflegte er in vertrautem Kreise in eine saloppe Redewendung zu packen, die in den dreißiger Jahren rheinauf und rheinab die Runde machte. *»Das 5. Jahrhundert«*, so lautete sein umwerfender Satz, *»fand nur in Krefeld statt.«*

In der Tat hat man bisher keinen zweiten Friedhof aus der frühen Zeit von Gellep II entdeckt; dazu kommt, daß dieser bis zur Mitte des 8. Jahrhunderts fortdauernd belegt war und ein Fundgut von einzigartiger kulturgeschichtlicher Bedeutung lieferte.

Denn diese Jahrhunderte bezeichnen eine Epoche, die von schriftlichen Quellen nur spärlich erhellt wird: die Jahrhunderte des Frankenreiches, das von allen germanischen Staatsgründungen der Völkerwanderungszeit als einziges überlebte und in der Mitte und im Westen des Kontinents das Erbe des Imperiums antrat.

In den Berichten der antiken Historiker und kaiserlich-römischen Kriegschronisten ist von den *Franken* erstmalig in der Mitte des 3. Jahrhunderts die Rede. Ihr Name hat noch keine endgültige Erklärung gefunden; wahrscheinlich geht er aber auf das Wort *franca* zurück, das sich in der Redewendung »frank und frei« bis heute erhalten hat und am ehesten mit mutig, trutzig oder kühn zu übersetzen ist. Jedenfalls war es zunächst nichts als eine Sammelbezeichnung für eine Reihe westgermanischer Völkerschaften, die vorwiegend im jetzigen nördlichen Westfalen, im Emsland und in Teilen von Holland siedelten.

Die erste handfeste Nachricht über die Franken stammt aus dem Jahre 257. Der damalige römische Kaiser Gallienus – derselbe, der nach dem Fall des Limes in zehnjährigen schweren Kämpfen mit den Germanen wenigstens die Rheingrenze sicherte – trat ihnen am Unterlauf des Stromes entgegen, konnte aber nicht verhindern, daß die germanischen Kriegsscharen in Gallien einbrachen, das blühende Land raubend und sengend durchzogen und schließlich sogar nach Spanien gelangten, das sie zwölf Jahre nach Heuschreckenart heimsuchten. Ein anderer Frankenzug soll sogar die Küsten des Schwarzen Meeres erreicht haben. Die kühnen, beutehungrigen Krieger kaperten dort mehrere Schiffe und fanden nach abenteuerlicher Meerfahrt durch die Dardanellen und die Straße von Gibraltar in die alte Heimat zurück.

Die meisten fränkischen Vorstöße richteten sich gegen die römische Rheingrenze und die fruchtbaren, wohlbestellten Gefilde Galliens. Zu Beginn des Jahres 287 verheerten Franken das Moselland, drangen bis Trier vor und zwangen den Cäsar Maximian, sich vom Festmahl weg ins schweißtreibende Getümmel der Schlacht zu stürzen. Dessen Nachfolger Constantius Chlorus suchte der fränkischen Gefahr durch energische Aktionen am Niederrhein Herr zu werden – jedoch ohne andauernden Erfolg. Auch sein Sohn, Konstantin der Große, war während seiner ersten Regierungsjahre hinreichend damit beschäftigt, die landhungrigen germanischen Stämme am Unterlauf des Stromes in Schach zu halten. Er drang mehrfach in die fränkischen Kernlande ein, ließ seine Truppen nach Belieben morden und brennen und warf die gefangenen Frankenkönige Askarich und Merogais im Trierer Amphitheater ausgehungerten Bären zum Fraße vor.

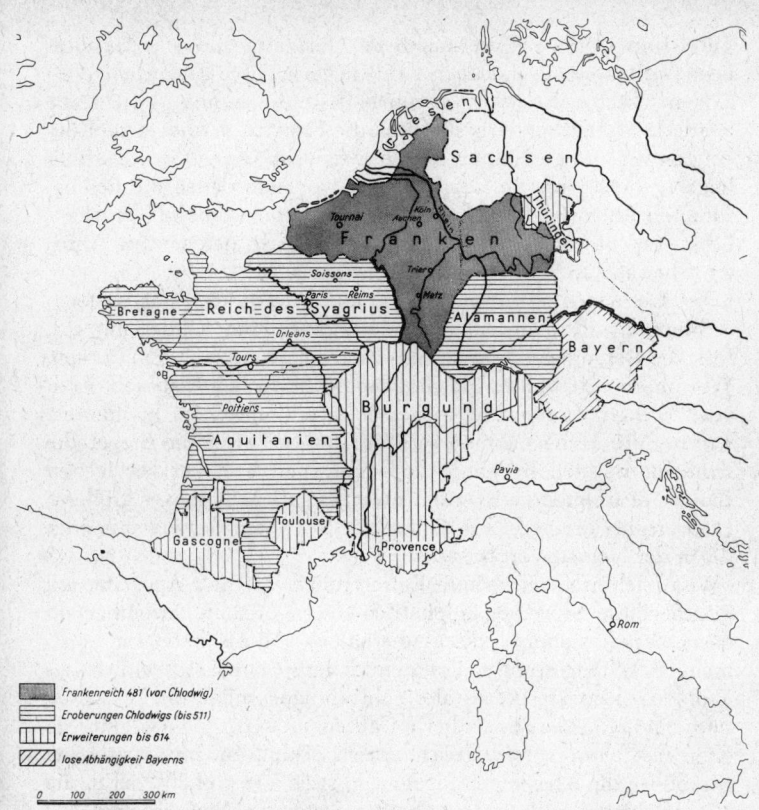

Entwicklung des Frankenreichs unter den Merowingern von 481 bis 614

Aber die Cäsaren wendeten auch mildere Mittel an. Schon um 280 siedelte Kaiser Probus gefangene Franken in den menschenleeren Teilen des nördlichen und östlichen Gallien an, und zwar nicht als Ackerknechte, sondern als freie Bauern und Grenzwächter. Constantius übernahm dieses Verfahren und holte, wie zeitgenössische Chronisten berichten, »von den fernsten Gestaden des Barbarenlandes« Franken herbei, um sie römisches Land bearbeiten und gleichzeitig verteidigen zu lassen. Die kaiserlichen Lobredner dieser Zeit weideten sich geradezu an der Vorstellung, daß die einstigen Raubfahrer nun die Felder bebauten, die Märkte mit Korn und Vieh versorgten und obendrein den römischen Militärgesetzen unterworfen waren.

Tatsächlich waren es Experimente der Not; tatsächlich war das nördliche Gallien bereits damals zur Hälfte germanisch geworden.

Zudem übten diese Manöver nur befristete Wirkung aus. Um die Mitte des 4. Jahrhunderts strömten die Franken, nachdem sie Köln genommen und geplündert hatten, wieder in Gallien ein. Darüber liegen etliche empörte Darstellungen vor, von denen die des berühmten Rhetoriklehrers Libanios aus Konstantinopel die anschaulichste ist (obwohl er die mangelnde Nahsicht gelegentlich durch ein Übermaß an Phantasie auszugleichen sucht).

»Die Germanen« – neben den Franken auch die Alemannen – »schleppten alle Wertgegenstände, Frauen und Kinder mit sich fort; die Gefangenen folgten dem Zug, ihr Gepäck auf dem Rücken. Wer untauglich war als Sklave oder sich nicht damit abfand, Frau oder Tochter vergewaltigt zu sehen, wurde in seinem Jammer erwürgt. Alle Habe nahmen sie mit, und während die Sieger die Ernte einbrachten, ließen sie die Gefangenen die Äcker des eigenen Landes bearbeiten... Es war schwer zu entscheiden, wer größeres Leid erfuhr: die nach Germanien verschleppten Gefangenen oder die in der Heimat Verbliebenen.«

»Weh mir!« rief der spätere Kaiser Julian, genannt Apostata, angesichts dieser Schrecken emphatisch aus, als er am 1. Dezember 355 das Oberkommando Gallien übernahm. »Nichts habe ich durch meine Erhöhung erreicht, als daß mich der sichere Untergang trifft!« Trotzdem kämpfte gerade der »abtrünnige« Julian die Invasoren noch einmal nieder. Er säuberte Gallien, eroberte 356 das römische Köln fast ohne Schwertstreich zurück, schlug ein Jahr später bei Straßburg die Alemannen nieder und stieß 358 und 360 tief in die Wohngebiete der Franken zu beiden Seiten des Niederrheins.

Aber auch Julian vermochte das Feuer der ständigen Aggressionsbereitschaft nur zu dämpfen, nicht zu löschen. Er bereitete den Franken zwar einige blutige Niederlagen, bestätigte jedoch ihr Niederlassungsrecht, nachdem er sie durch einen förmlichen Vertrag zur Anerkennung der römischen Souveränität gezwungen und damit das alte Föderatenverhältnis wiederhergestellt hatte. Tatsächlich treten die Franken von nun an nicht nur als Feinde, sondern auch als Verbündete des Imperiums in Erscheinung: 378 leitete der Frankenkönig Mallobaudes eine römische Strafexpedition gegen die Alemannen; einige Jahre später führte der Franke Arbogast kaiserliche Legionen über den Rhein und brannte die Siedlungen der fränkischen Chamaven, Chattuarier und Amsivarier nieder... Es war der letzte Kriegszug in die düsteren Wälder Germaniens.

Die Dämme brachen, als 405 die letzten Einheiten der römischen Rheinarmee ins Mutterland zurückbefohlen wurden. Viermal in zwei Jahrzehnten wurde damals allein die Kaiserstadt Trier das Opfer fränkischer Überfälle, und bald durchzogen die marodierenden Banden der »Barbaren« wieder ganz Gallien. Aber noch in dieser Zeit gab es fränkische Söldner, die die Sache der römischen Reichsgewalt zu der ihren machten. Umgekehrt nannte sich der in Soissons residierende römische Statthalter Aegidius »König der Franken«. Schließlich kämpften 451 in der Schlacht auf den Katalaunischen Feldern, die dem Vordringen der Hunnen in ganz Europa Einhalt gebot, fränkische Krieger auf beiden Seiten.

Um diese Zeit befanden sich der gesamte Mittel- und Niederrhein sowie das heutige Holland, Belgien und Teile von Nordfrankreich bereits fest in fränkischer Hand. Von einigen nur verschwommen wahrzunehmenden Völkerschaften abgesehen, aus denen sich frühestens während des 6. Jahrhunderts der oberfränkische Stamm bildete, hoben sich deutlich zwei Gruppen voneinander ab: die Ripuarier oder Uferfranken zu beiden Seiten des Stromes und die in Nordgallien siedelnden salischen Franken.

Von ihnen und dem merowingischen Königsgeschlecht, das den salischen Franken entsproß, gingen in der Folgezeit die stärksten Wirkungen aus.

Die Geschichte der merowingischen Dynastie beginnt mit dem Salierkönig Chlodio, der 431 Köln angriff, sich wiederholt mit dem römischen Heerführer Aëtius herumschlug, alles Land zwischen Cambrai und der Somme eroberte und in dem bisher nicht identifizierten Dispargum – im Herzen des belgischen »Kohlenwaldes« – Hof hielt.

Chlodio ist eine historisch durchaus greifbare Figur. Dagegen weiß man von seinem angeblichen Nachfolger Merowech bis heute nicht, ob es ihn überhaupt gegeben hat. Die merowingische Königslegende läßt ihn aus einer Episode hervorgehen, die an die irdischen Amouren des olympischen Jupiter erinnert. Die Gemahlin des Chlodio, so berichtet sie, wäre einst beim Baden im Meer von einem plötzlich auftauchenden stiergestaltigen Meergott überwältigt worden. Sproß dieser Verbindung sei ein Sohn namens Merowech gewesen.

Dieser auf so absonderliche Weise entstandene Merowech hatte einen Sohn namens Childerich, der sich dem Historiker wieder als eine Figur aus Fleisch und Blut darstellt. Gregor von Tours, der Chronist dieses Zeitalters, nennt ihn einen »Wüstling über alle

Maßen«, vor dem nicht einmal die Töchter des eigenen Volkes sicher waren. »Darob ergrimmt, stürzten ihn die Franken vom Thron«, und Childerich entwich ins Land der Thüringer. Dort nahm er unbedenklich von der Gattin seines Gastgebers Besitz, einer Dame namens Basina, die später einwilligte, seine rechtmäßige Gemahlin zu werden, da sie angeblich keinen »weiseren, schöneren und verständigeren Mann« kannte. An ihrer Seite kehrte Childerich in seine Heimat zurück, kämpfte als Bundesgenosse des römischen Heermeisters Aegidius mehrfach gegen die Westgoten und starb 481 in seiner Residenz Tournai an der Schelde.

Das Erbe Childerichs trat sein fünfzehnjähriger Sohn Chlodwig (oder Chlodowech) an.

In diesem Chlodwig nahmen die Laster und Leidenschaften des Merowingergeschlechtes gleichsam übermenschliche, überzeitliche Gestalt an. Äußerlich ein feingliedriger, schmächtiger, fast zartgebauter Mann von schnell erschöpfter Konstitution, war er dennoch einer der zupackendsten, instinktsichersten und brutalsten Herrscher der Weltgeschichte – ein Teufel, der kühlen Herzens nahezu seine gesamte Verwandtschaft umbringen oder blenden ließ, »den besiegten Feind nicht nur in den Staub, sondern in den Kot warf« und vor den Augen des Heeres eigenhändig einen Mann mit der Streitaxt erschlug, der ihm einen Krug streitig machte.

Ebenso unbestritten wie seine Raubgier, Laszivität und Grausamkeit ist aber seine historische Rolle als Schöpfer des Frankenreiches.

Schon Felix Dahn bestätigte »dem gewaltigen, mit allen Leidenschaften, aber auch allen glänzenden Vorzügen seines Stammes ausgerüsteten Krieger und Herrscher«, daß er »ein Werk von höchster weltgeschichtlicher Bedeutung« vollbrachte. Der Basler Historiker Wolfram von den Steinen nennt ihn den »wilden Franken, der mit Kriegen und Morden eine jeden Sturm überstehende Macht begründete«. Und Hans Freyer, Autor der *Weltgeschichte Europas*, bestätigt seiner »triebhaften Eroberernatur« einen Erfolg, den Größere vergebens erstrebten: »Die Bildung einer Großmacht auf dem zerrissenen Feld der Völkerwanderungsstaaten.«

Dennoch war Chlodwig kein Genie, sondern nur ein hartgesottener Praktiker der Tagespolitik. Die Schwingen der Phantasie und des hohen Fluges der Gedanken waren ihm nicht gewachsen. Er nahm seine Chancen wahr und tat, was zu ihrer Verwirklichung notwendig war, dieses freilich »mit einer staunenswerten Sicherheit des Griffs«. Nichts deutet darauf hin, daß er jemals in seinem bewegten, durch und durch amoralischen Leben von einem Tausendjährigen Reich träumte, doch zimmerte er die Grundlagen zweier Staaten, die anderthalb Jahrtausende europäischer Geschichte nicht nur überdauerten, sondern diese noch heute entscheidend bestimmen: die Fundamente Frankreichs und Deutschlands.

Zwei Eigenschaften brachte er mit, die einander scheinbar widersprechen, durch ihr Zusammenwirken aber erst die elementaren Voraussetzungen des politischen Erfolges schaffen: einen nicht zu stillenden Machthunger und die Gabe der Bescheidung, die Fähigkeit, seine und seiner Gegner Kräfte richtig einzuschätzen. Chlodwig wich zurück, wenn er es mit Stärkeren zu tun hatte, und versicherte sich bundesgenössischer Hilfe, wenn er dem eigenen Potential mißtraute. Nur wenn er mit Schwächeren zu tun hatte, schlug er erbarmungslos zu.

Mit sechzehn Jahren zur Macht gelangt, sah er seine Herrschaft auf einen kleinen Teil des nördlichen Galliens beschränkt. Am Rhein befahlen die ripuarischen Könige. Südgallien befand sich in der Hand der Westgoten und Burgunder. Das nordwestliche Gallien

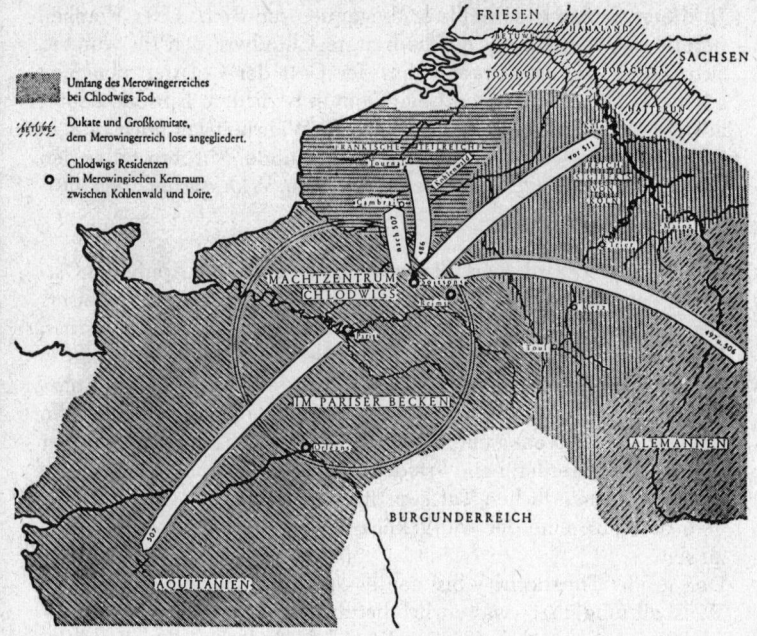

F. Prinz / Institut für geschichtliche Landeskunde der Rheinlande, Bonn

Reichsgründung Chlodwigs

behauptete der in Soissons residierende letzte römische Statthalter Syagrius.

Chlodwig beseitigte zunächst diesen morschen Anachronismus. Als Zwanzigjähriger drang er unter Mißachtung aller bestehenden Verträge in das Pariser Becken ein, siegte bei Soissons und erzwang die Auslieferung des zu den Goten geflohenen Syagrius. »Dann nahm er sich«, wie der Chronist lakonisch bemerkt, »dessen Reich und ließ ihn heimlich mit dem Schwerte hinrichten.« Als sichtbares Zeichen seines Sieges verlegte er seine Hauptstadt nach Soissons.

In den folgenden zehn Jahren dehnte er seinen Machtbereich systematisch weiter aus. Nachdem er die Loire erreicht hatte und damit unmittelbar Anrainer der noch immer gefährlichen Goten und Burgunder geworden war, wechselte er die Richtung und überfiel die in Nordbelgien lebenden Tungrer. Im Jahre 496 schließlich zog er gegen die Alemannen zu Feld und schlug sie bei dem noch nicht lokalisierten *Tolbiacum* (die These, daß es sich um Zülpich in der Eifel handelte, ist nicht mehr haltbar).

In dieser Schlacht, so heißt es, begannen die Reihen der Franken bereits zu weichen, als der bedrängte Chlodwig den Schwur tat, sich taufen zu lassen, wenn ihm der Gott der Christen den Sieg schenkte. Die im frommen Legendenton berichtete Episode deutet auf einen spontanen Entschluß hin. In Wahrheit lag auch diesem Schritt Chlodwigs kühle Staatsräson zugrunde. Mit ihm tat er den entscheidenden Zug gegen seinen großen Widersacher, den Ostgotenkönig Theoderich.

Theoderich, am Hofe von Byzanz aufgewachsen und König der Ostgoten seit 475, führte 488 im Auftrag des oströmischen Kaisers Zenon zwanzigtausend Krieger nach Italien, rang den germanischen Heerkönig Odoaker – den Liquidator der westlichen Reichshälfte, der 476 den Kaiser Romulus Augustulus gewaltsam in den Ruhestand versetzt hatte – in mehreren Schlachten nieder und schloß ihn schließlich in Ravenna ein. Nach Übergabe der Festung erschlug er seinen Konkurrenten beim Friedens- und Freundschaftsmahl. Seine mit dieser schändlichen Tat konstituierte Regierung genießt trotzdem den Ruf, eine der »aufgeklärtesten der Geschichte« gewesen zu sein.

Der große Theoderich – bis heute von der Aura der Milde und Weisheit umglänzt – war ehrlich bemüht, einen *modus vivendi* zwischen seinem gotischen Kriegsvolk und der in lateinischen Traditionen aufgewachsenen Bevölkerung Italiens zu finden, ja, diesen Traditionen seinen Tribut zu entrichten.

So ließ er den einheimischen Verwaltungs- und Rechtsapparat ungestört weiterarbeiten. Dem immer noch tagenden römischen Senat erwies er alle Ehren. Von den riesigen Latifundien der italienischen Grundbesitzer beanspruchte er für seine Goten nur ein Drittel.

Der daniederliegenden Wirtschaft ebnete er mit den Mitteln des staatlichen Dirigismus den Weg zu neuer Blüte. Er setzte Höchstpreise fest und schuf zahlreiche neue Bauernstellen. Die Pontinischen Sümpfe verwandelte er in fruchtbares Ackerland. Er brachte sogar das Kunststück fertig, die Zahl der Beamten zu verringern und trotz Steuersenkungen so viel Geld zu sparen, daß die zerstörten Städte Italiens und ihre ehrwürdigen Denkmäler und Bauten wie ein Phönix aus der Asche neu erstanden.

»Seine gewaltige Hand sorgte für Gerechtigkeit allerwegen und war ein starker Schirm für Recht und Gesetz«, schrieb ein Menschenalter später der Byzantiner Prokop in seiner Historie über den Untergang des Ostgotenreiches. »Dem Namen nach ein Tyrann, war Theoderich in Wirklichkeit ein rechter Kaiser, nicht um Haaresbreite geringer als irgendeiner von denen, die sonst diese Würde bekleidet haben. Obwohl es dem menschlichen Charakter zu widersprechen scheint, liebten und verehrten ihn tatsächlich Goten und Italiker ohne Unterschied.«

Theoderich fühlte sich noch auf dem Totenbett dem Kaiser von Byzanz als Verweser der westlichen Reichshälfte verpflichtet. Seine nationale Position als germanischer Volkskönig bedeutete ihm jedoch genausoviel wie seine imperiale Stellung. Um seine Unabhängigkeit von Rom und gleichzeitig seine Rolle als *primus inter pares* nach außen sichtbar zu machen, baute und bastelte er zeit seines Lebens an einem umfassenden Bündnissystem der germanischen Reiche im westlichen Mittelmeer. Zur Verwirklichung dieses riesigen Projektes setzte er seine ganze Autorität ein. Als väterlicher und wohlmeinender Berater sandte er bald den Vandalen, bald den Westgoten oder Burgundern Freundschaftsadressen. Über die schwächeren Mitglieder der germanischen Völkerfamilie hielt er schützend seine starke Hand.

Chlodwigs Aufstieg verfolgte er ebenso aufmerksam wie mißtrauisch. Geschickt versuchte er, ihn an die Kandare zu legen, indem er auch ihm gegenüber die Fiktion des weiterbestehenden Imperiums aufrechterhielt. »Euer Gedeihen wird uns zum Ruhm«, schrieb er ihm einmal, »jedesmal erachten wir es als Gewinn des italischen Reiches, wenn wir von Euch Erfreuliches vernehmen.« Doch während er ihn zu seinen Siegen beglückwünschte, wies er gleichzeitig mit milden, aber unmißverständlichen Worten darauf hin, daß er derartige Raubkriege in Zukunft nicht tatenlos hinnehmen könne.

Nach guter, alter germanischer Sitte festigte Theoderich sein kompliziertes Bündnissystem durch Herstellung verwandtschaftlicher Beziehungen. Seine Tochter gab er dem Westgotenkönig Alarich zur Frau. Mit dem Vandalenkönig Thrasamund verschwägerte er sich. Dem Thüringerkönig Herminafried verband er sich durch eine Nichte. Er selbst heiratete 492 Chlodwigs Schwester Audefleda – zweifellos in der Hoffnung, damit auch den unheimlichen Franken in seine Bündnispolitik einspannen zu können. Dieser selbst ehelichte ein Jahr später die burgundische Prinzessin Chrodechilde.

Auch ein geistiges Band hielt Theoderichs germanische Allianz zusammen: das gemeinsame arianische Bekenntnis.

Christus war nach der Lehre des Presbyters Arius von Alexandrien nicht wesensgleich mit dem Schöpfer, sondern nur das höchste aller erschaffenen Wesen. Demgegenüber behauptete (und behauptet) die orthodoxe Lehre die Wesensgleichheit von Vater und Sohn. Konstantin der Große, der erste christliche Kaiser der Welt, hielt den Streit um diese Frage für eine Angelegenheit spitzfindiger Theologen. In der Praxis des Zusammenlebens von Staat und Kirche ergaben sich aus den unterschiedlichen Auffassungen jedoch weitreichende Konsequenzen.

Denn wenn Christus nur ein Geschöpf Gottes ist, so wird auch seine Kirche sich bescheiden und den weltlichen Gewalten unterordnen müssen, deren mythische Herkunft ja zumindest von den germanischen Völkern dieser Zeit nicht bezweifelt wurde. Es war deshalb kein Zufall, daß diese durchweg den arianischen Glaubenssätzen huldigten. Folgerichtig ließen sie die Kirche nicht über eine Art landeskirchlicher Organisation hinauswachsen – eine Rolle, mit der sich die universale römisch-katholische Lehre nie begnügt hat und, kraft ihres Dogmas, nie begnügen konnte.

Chlodwig hing noch dem Glauben seiner Väter an, als er die Regierung antrat. Die katholische romanokeltische Bevölkerung Galliens wurde also teils von den heidnischen Franken, teils von den arianischen Goten und Burgundern beherrscht. Es ist nicht das geringste Verdienst des räuberischen Merowingers, dieses Spannungsfeld beseitigt zu haben.

Die Legende führt Chlodwigs Übertritt zum Katholizismus nicht nur auf die bedrohliche Lage in der Schlacht von *Tolbiacum,* sondern auch auf die Einwirkung seiner katholischen Frau Chrodechilde zurück. Diese lag ihm, nach den treuherzigen Versicherungen des Chronisten, vom Tag der Eheschließung an »in den Ohren«, sich dem rechten Glauben zuzuwenden. Sie schmähte die alten Götter, nannte Jupiter einen »Schweinekerl«, der Ungebührliches mit seiner Schwester getrieben habe, und hatte ihrem Mann schon vor dem Alemannenfeldzug das Zugeständnis abgerungen, ihre Söhne christlich erziehen zu lassen.

Solche familiären Wünsche mögen im Spiel gewesen sein, doch haben sie nicht den Ausschlag gegeben. Chlodwigs Taufe war das Ergebnis kühlen, politischen Kalküls. Wie er einerseits die Risse im Bau des Arianismus bemerkte, begriff er andererseits die ungebrochene, in die Zukunft weisende Kraft des Katholizismus. Und unschwer konnte er ausrechnen, daß er mit der Entscheidung für das römische Bekenntnis dessen Klerus als aktiven und erfahrenen Bundesgenossen gewinnen würde, nicht zuletzt gegenüber den Goten und Burgundern, die ihm den Zugang zum Mittelmeer versperrten.

Trotzdem vollzog er den endgültigen Übertritt erst nach langwierigen Verhandlungen mit dem damals sechzigjährigen Bischof Remigius von Reims – ein Zeichen, daß er sich teuer verkaufte. Chlodwig forderte mehr, als der rangälteste Kirchenfürst des fränkischen Machtbereiches eigentlich bewilligen konnte: daß die gallische Kirche die heidnischen Formen des merowingischen Königskultes und, wie in den Arianer-Reichen, die Souveränität des Herrscherhauses anerkenne. Wäre sie dazu nicht bereit, so ließ er durchblicken, würde er mit den Sendboten des Arianismus verhandeln.

Eine glatte Erpressung also. Aber der heilige Remigius setzte auf die Zukunft und gewährte die gewünschten Konzessionen. Chlodwig wurde Haupt der fränkischen Kirche, ohne dessen formelle Zustimmung kein Geistlicher seines Amtes walten konnte. Der König der Franken berief fortan die Reichssynode und kontrollierte die Beziehungen des Episkopats zu Rom. So begründete Chlodwig die »katholische Staatskirche« seines Landes, die eigenständigste, die es je gegeben hat.

Die Verhandlungen, über die der Stuhl Petri wahrscheinlich gar nicht informiert wurde, waren noch nicht beendet, als Chlodwig ihren geheimen Zweck bereits offen enthüllte. Er fiel in das Westgotenreich ein, eroberte Bordeaux und verkündete am Grabe des heiligen Martin von Tours, daß er zu Weihnachten in Reims die Taufe nehmen werde. Gott werde von nun an, so hieß es in seiner Proklamation, die Franken zu *seinem Volke* machen; er aber, Chlodwig, setze darauf, daß seine Waffen dann noch härter sein würden als bisher.

Der Tag der Taufe – und damit, wie wir heute wissen, das bedeutendste Ereignis zwischen dem Zusammenbruch des Imperiums und der Kaiserkrönung Karls – wurde mit großem Gepränge gefeiert. Teppiche bedeckten die Straßen von Reims. Weiße Tücher schmückten die Kirchen. »In der Taufkapelle schimmerten hell die duftenden Kerzen«, und himmlische Düfte erfüllten das Heiligtum, so daß sich die Teilnehmer der Zeremonie, wie Gregor von Tours enthusiastisch vermerkt, »mitten in des Paradieses Wohlgerüche versetzt wähnten«.

Chlodwig schritt weißgewandet »wie ein neuer Konstantin« zum Taufbecken. Dort empfing ihn, von zahlreichen kirchlichen Würdenträgern umgeben, der heilige Remigius, hieß ihn niederknien und nahm ihn in die Gemeinschaft der Gläubigen auf. Der letzte Meister der lateinischen Rhetorik sprach dazu den brokatenen Satz: »Beuge sanft deinen Rücken, Sugambrer; bete an, was du verbrannt hast, verbrenne, was du angebetet hast.«

Von den Franken verehrt und bewundert, von den Romanen als Schutzherr anerkannt, konnte Chlodwig seine Macht nun frei entfalten. So füllte er die Zeit, die ihm noch verblieb, weiter mit der Abrundung des fränkischen Besitzes aus und wuchs damit immer mehr in die Rolle des zähen und verschlagenen Gegenspielers Theoderichs hinein. Des Gotenkönigs große germanische Allianz ging dabei zu Bruch.

Um den von Byzanz trotz allen Ergebenheitsadressen mißtrauisch beobachteten Theoderich in Schach zu halten, stellte Chlodwig freundschaftliche Beziehungen zu Kaiser Anastasios her und begründete damit jenes kordiale Verhältnis des Frankenreiches zu Ostrom, das bis über Karl den Großen hinaus einer der Leitsätze der kontinentalen Politik war. Dann schloß er ein Bündnis mit dem Burgunderkönig Gundobad, den militärisch niederzuringen ihm nicht so recht gelingen wollte, und bereitete, unbeirrt von Theoderichs Warnungen und Vermittlungsversuchen, den entscheidenden Feldzug gegen die Westgoten vor.

Im Jahre 507 fielen Gundobads Scharen in die Provence und ins Languedoc ein. Bei Poitiers bereitete Chlodwig der westgotischen Hauptmacht und ihrem unglücklich operierenden König Alarich ii. ein blutiges Ende. Er erreichte die Pyrenäengrenze und verlegte abermals seine Residenz – diesmal nach Paris, das von diesem Zeitpunkt an seine beherrschende Rolle nur noch kurzfristig abgab.

Ein Jahr später erschien Theoderich, nachdem er seinerseits eine Art Stillhalteabkommen mit Byzanz geschlossen hatte, in der Provence, verjagte die Franken und Burgunder und schlug die vormals westgotischen Provinzen seinem eigenen Reich zu. Den restlichen westgotischen Besitz unterstellte er seinem Schutz.

Der Realpolitiker Chlodwig begriff, daß ihm damit der Weg zum Mittelmeer einstweilen versperrt war, und verlegte prompt das Zentrum seiner Bemühungen wieder in den östlichen Teil des Reiches. Zunächst bewog er den Sohn des in Köln ansässigen Ripuarierkönigs Sigebert, seinen Vater aus dem Weg zu räumen. Dem neuen Regenten sandte er eine Freundschaftsdelegation mit dem geheimen Auftrag, den Vatermörder seiner gerechten Strafe zuzuführen. Als diese ihre Aufgabe mit der erwarteten Akkuratesse erfüllt hatte, zog er selbst nach Köln und zwang die führerlos gewordenen Ripuarier, ihn als König anzuerkennen.

»So ließ Gott jeden Tag«, schrieb der fromme und arglose Gregor zwei Generationen später, »die Feinde unter seiner Hand fallen... weil er rechten Herzens vor dem Herrn wandelte und Dinge tat, die diesem wohlgefielen.«

Dazu gehörte, daß er schließlich auch die noch verbliebenen salischen Kleinkönige Ragnachar, Chararich, Richar und Rignomer zur Strecke brachte, unbekannte Stammesfürsten, die ihren Vermerk in der Geschichte lediglich der Tatsache verdanken, daß sie der nie gestillten Machtgier des wölfischen Franken erlagen.

Zwei Jahre später – 511 – starb Chlodwig, nach dreißigjährigem Morden, Meucheln und Kämpfen; mit fünfundvierzig Jahren ein alter, verbrauchter Mann. Noch auf dem Totenbett setzte er seine vier Söhne gemeinsam als Erben ein, und zwar

Theuderich (511–533) als König von Ripuarien und Ostaquitanien mit der Hauptstadt Reims;

Chlotar   (511–561) als König der altsalischen Gebiete mit der Hauptstadt Soissons;

Childebert (511–558) als König der Armorica mit der Hauptstadt Paris und

Chlodomer (511–524) als König von Westaquitanien mit der Hauptstadt Orléans.

Die Söhne setzten Chlodwigs Werk fort und rundeten das zusammengeraubte Reich nach allen Himmelsrichtungen ab (was sie nicht hinderte, in den Pausen ihrer gemeinsamen Eroberungszüge sich gegenseitig zu befehden). Zäh, verschlagen und ohne Gewissen, wie ihr Vater, eroberten sie 530/31 Thüringen, 532 die Südgaue der Alemannen, 534 Burgund, 536 die Provence, 555 Bayern.

Als 558 bis 561 Chlotar das Frankenreich noch einmal vereinigte, erstreckte es sich von den Pyrenäen bis zur Saale. Die Westgoten behaupteten nur mehr einen schmalen Streifen westlich der Rhônemündung. Im Südwesten des Landes leistete die Gascogne, im Osten Bajuwarien noch hinhaltenden Widerstand.

Theoderichs Reich hatte um diese Zeit bereits den Todesstoß empfangen. Am Vesuv waren 552 die letzten Ostgoten unter König Teja verblutet.

Die weitere Geschichte der merowingischen Dynastie stellt sich als eine nicht abreißende Folge von Teilungen, Kriegen, Gewalttaten, Morden und anderen Scheußlichkeiten dar. Die Chronik ihrer Kämpfe – allein das Jahrhundert nach Chlodwig verzeichnet 29 Familienfehden – enthüllt ein Panorama des Schreckens und der wildesten Leidenschaften. Am Anfang dieser mit dem Tod des Chlotar-Sohnes Charibert einsetzenden Epoche steht jener berühmte Streit zweier Königinnen, der später im *Nibelungenlied* symbolisch wiederkehrte: ein geschichtliches Schauerstück ohnegleichen.

Die Hauptakteurin der Tragödie war die Königin Brunhilde, eine Tochter des Westgotenkönigs Athanagild, die 567 in Reims mit Sigibert I. kopuliert wurde. Der Anblick der edlen Gotin – Venantius Fortunatus nennt sie »schön, anmutig und klug, mächtig an Reiz und an Geist« – bewog Sigiberts Bruder Chilperich, seine rechtmäßige Gattin Audovere sowie seine Nebenfrau Fredegunde zu verstoßen und sich mit Brunhildes älterer Schwester Gailswintha zu vermählen. Obwohl sie ihm reiche Schätze mit in die Ehe brachte, wurde er ihrer jedoch bald überdrüssig und ließ sie, wahrscheinlich auf Anstiften der um ihren Platz kämpfenden Fredegunde, im Schlaf erdrosseln.

Den Krieg, den die tödlich beleidigte Brunhilde im Stil altgermanischer Blutrache gegen ihn entfesselte, verlor er. Doch gelang ihm mit List, was ihm die Waffen versagten: er ließ seinen Bruder Sigibert durch zwei gedungene Mörder umbringen und seine Schwägerin Brunhilde gefangensetzen. Die energische Gotin entwich jedoch aus dem Kerker und übernahm, im Triumph nach Reims zurückgekehrt, für ihren unmündigen Sohn Childebert die Regentschaft.

Bis ins hohe Alter führte sie dann Krieg. Obwohl sie vielfach als eine edle und wohltätige Frau geschildert wird, deren Privatleben im Gegensatz zu dem ihrer Gegner offenbar fleckenlos war, war sie in ihren Mitteln jedoch kaum wählerischer als diese. So hatte sie wahrscheinlich die Hand im Spiele, als 584 ihr Schwager Chilperich erdolcht wurde – nach Gregor ein mordsüchtiger und ausschweifender Geselle, der Gott lästerte und leugnete, anstößige Gespräche mit Juden führte und ganze Bistümer an Meistbietende versteigern ließ.

Seine Nachfolge trat die inzwischen zur rechtmäßigen Gattin avancierte Fredegunde an, eine dämonische Ränkeschmiedin, neben der sich die dubiosesten Frauenzimmer der Weltgeschichte wie reine Tugendengel ausnehmen. Sie regierte fast ausschließlich mit Dolch und Gift und führte – politischer Einsichten unfähig – ein Schrekkensregiment, das lediglich auf den eigenen Vorteil gerichtet war. Den Krieg gegen die verhaßte Brunhilde führte sie mit einer Grausamkeit, die selbst von den wenig empfindsamen Zeitgenossen als unmenschlich empfunden wurde.

Das unablässige Ringen, in das längst alle Reichsteile einbezogen waren, erfuhr durch den Tod der Fredegunde (596 oder 597) eine kurze Unterbrechung, flammte aber bald wieder auf und endete mit einer grauenerregenden Szene. Die siebzigjährige Brunhilde wurde – von der eigenen Partei verraten und von ihren Gegnern gefangengesetzt – drei Tage gefoltert, mit Schimpf und Schande auf einem Kamel herumgeführt und schließlich von einem wilden Pferd zu Tode geschleift.

Der Anlaß des Streites war um diese Zeit längst vergessen. Was als blutige Familienauseinandersetzung begonnen hatte, war zu einem Kampf der überkommenen Zentralmacht mit den regionalen Gewalten des Landes geworden. Obwohl die Fronten vielfach wechselten, war es doch vor allem die gotische Königstochter, die in diesem Kampf die angestammten Rechte des merowingischen Hauses vertrat.

Es ist eine jener Ungereimtheiten, die die Geschichte so sehr liebt: daß von ihrem unentwegten Kampf zunächst ihr Gegner profitierte. Nach ihrem grausamen Ende trat der Sohn der Fredegunde noch einmal das Gesamterbe des Frankenreiches an. Aber dieser Triumph war nur scheinbar. Nicht die Krone hatte gesiegt, sondern der fränkische Adel. Chlotar ii. war nur mehr eine Marionette in den Händen der Nobilität. Das merowingische Königshaus hatte seine Rolle als höchste und einzige souveräne Instanz des Reiches ausgespielt.

Im Jahre 625 wurde Chlotar ii. gezwungen, seinen Sohn Dagobert zum König der östlichen Landesteile zu ernennen und dem Kommando des mächtigen austrasischen Adels zu unterstellen. Als dessen Führer fungierten zwei Männer, die die Ahnherren des karolingischen Geschlechtes wurden: der ältere Pippin und Arnulf von Metz. Als Majordomus Dagoberts – das heißt: als Vorsteher der königlichen Hofhaltung – gewann Pippin damals eine solche Macht, daß der bald erblich gewordene Majordomat fortan die vollziehende Gewalt des Frankenreiches repräsentierte.

Die Historiker werten diesen ersten Hausmeier als den typischen Rebellen gegen eine desorganisierte und entnervte Zentralmacht, dessen Ehrgeiz befriedigt war, als er seine Stellung gleichberechtigt neben der des Königs etabliert hatte. Sein Sohn Grimoald baute diese Position weiter aus und verteidigte sie gegen die neustrischen Mitverschworenen seines Vaters. Aber schon der zweite Pippin, Enkel des ersten, schlug den neustrischen Adel nieder und trat fortan, den Marionettenkönig beibehaltend, als unumschränkter Herr des Frankenreiches auf.

Dieses zweiten Pippins Sohn war jener Karl Martell, der 732 das Frankenreich in seine erste große weltgeschichtliche Bewährung führte, als er die Araber bei Tours und Poitiers besiegte und damit das christliche Abendland vor der islamischen Invasion rettete.

Binnen dreier Generationen, so hat Hans Freyer die Bilanz dieser Entwicklung gezogen, war »der Sturz in den Abgrund aufgefangen, das entartete Geschlecht durch ein aufsteigendes ersetzt worden ... und aus dem Chaos stieg zum zweiten Male eine Gestalt des Abendlandes oder doch die Erwartung einer solchen auf«.

Wie begründet sich diese durch nichts zu erschütternde Stabilität, diese innere Konsistenz, dieses zähe Weiterleben? Warum überstand von allen germanischen Staatengründungen der Völkerwanderungszeit einzig das Frankenreich die ihm auferlegten Prüfungen?

Die Historiker nennen eine Vielzahl von Gründen. Der wichtigste ist zweifellos der, daß sich die Franken nicht in Gebiete fremder Völker und gänzlich andersgearteter Lebensbedingungen verloren. Während Goten und Vandalen in einer feindseligen Umwelt, weitab von ihren Aufbruchsländern, elend zugrunde gingen, lösten sich die fränkischen Stämme nicht von den Zentren ihrer Kraft.

Sie wanderten nicht unstet durch Europa, die Traumgestade des lockenden Südens zu suchen; sie begnügten sich damit, ihren Herrschaftsbereich umsichtig Schritt um Schritt zu erweitern. Sie blieben in ihrer Welt, auch wenn ihr ungestillter Machthunger sie ständig zu neuen Kriegszügen trieb. Selbst im keltoromanischen Gallien fanden sie ja eine Bevölkerung vor, die zumindest zur fernen Verwandtschaft gehörte. Im übrigen war das germanische Element stets stark genug, die Führung zu behaupten, nicht zuletzt dank der ständigen Schwerpunktverlagerung, die schon Chlodwig bei seinen Eroberungen so erfolgreich praktizierte.

Den unterworfenen Völkern gegenüber wahrten die Franken Toleranz, wie vor ihnen die Römer. In Gallien zum Beispiel beschränkten sie sich darauf, die großen Staatsdomänen des Imperiums in den Besitz des Königshauses zu überführen und das herrenlose

Land aufzuteilen – die kleinen keltoromanischen Bauern ließen sie ungeschoren. Sie ließen auch die Städte nach ihrer Art weiterleben und respektierten lateinisches Recht und lateinische Schriftsprache.

Das ganze »Durcheinander von Völkern und Stämmen«, das schließlich unter dem Dach des Frankenreiches Quartier fand, lebte – von den äußeren Veränderungen kaum betroffen – sein eigenes Dasein nach seinen eigenen Gesetzen weiter. Seit Chlodwigs Taufe gab es nicht einmal mehr religiöse Differenzen zwischen Siegern und Besiegten.

Wenn man von dem dynastischen Hader und den Auseinandersetzungen zwischen Adel und Königshaus absieht, war das Frankenreich also frei von inneren Gefahren.

Alle Macht ging vom König oder seinen Beauftragten aus. Zum erstenmal in der germanischen Geschichte hatte sich der Herrscher von der Volksgemeinde nahezu unabhängig gemacht und eine Stellung erworben, die der der Cäsaren durchaus gleichkam. Seine Autorität basierte nicht nur auf jenem germanischen Treueverhältnis, das den freien Mann an einen mächtigen Herrn und umgekehrt diesen an sein Gefolge band, sondern auch auf dem Mythos von der göttlichen Herkunft des Merowingergeschlechtes.

Dieser Mythos war eines der Grundphänomene dieses Zeitalters, das weit über die Christianisierung hinaus im magischen Bannkreis germanischer Glaubensvorstellungen verharrte. Die Merowech-Sage begründete alle die Rechte und Freiheiten, die von den Königen der minotaurischen Sippe so gründlich mißbraucht wurden. Schon äußerlich unterschieden sie sich von ihren Untertanen durch ihre ungestutzten Locken, die in Art eines Pferdeschwanzes vom Hinterkopf herabwallten. Die abgesetzten Könige wurden geschoren, nach einer Theorie des Franzosen Hoyoux sogar skalpiert.

Die Sage vom mythischen Ursprung des merowingischen Königshauses hatte die Härte eines Dogmas. Das Volk feierte die geheimnisvolle Zeugung des Merowech »in wilden Kultübungen«, und Chlodwig warf in seinen Gesprächen mit Remigius von Reims immer wieder die Frage auf, wie ein König göttlicher Herkunft sich dem menschgeborenen Gottessohn unterstellen könne. Und noch lange nach Chlodwig hielten die Merowinger an der Vorstellung fest, »daß die fortzeugende Kraft der hohen ... göttlichen Vorfahren das Heil aller menschlichen Gemeinschaft bestimme«.

Für den Nachweis merowingischen Blutes war – im Sinne altgermanischer Auffassungen – der väterliche Anteil entscheidend. Nach Gregor nannte man, »ohne auf die Herkunft der Frauen zu achten, Königskinder alle die, die von Königen gezeugt« waren.

Vielleicht waren die Ehegewohnheiten der Merowinger schon aus diesem Grunde so außerordentlich großzügig, ihr Frauenverschleiß so grenzenlos und unbekümmert.

Chlotar I. war siebenmal, Charibert viermal verheiratet. Theudebert I., Chilperich und Guntram begnügten sich mit je drei Gemahlinnen. Dazu kamen die Nebenfrauen. Charibert zum Beispiel schenkte seine königliche Gunst nicht nur seinen rechtmäßigen Ehehälften, sondern auch zwei Schwestern, von denen eine Nonne war. Vielfach werden auch die Mägde der hohen Frauen als Konkubinen genannt. Brachten die rechtmäßigen Königinnen keine Söhne zur Welt, waren sie immer der Gefahr ausgesetzt, zugunsten ihrer Dienerinnen verstoßen zu werden.

Daß der Herrscher über seine Frauen wie über eine Ware gebot, entsprach altgermanischem Recht. Ja, das Recht lag, in konsequenter Auslegung der merowingischen Herkunftsmythe, ausschließlich bei der gottgezeugten Dynastie. »Es fehlte die Idee einer *res publica*, die unabhängig von allen personalen Verhältnissen fortbesteht. Ein Staat existierte, solange es einen König gab, und der Gewalt des Königs eignete etwas durchaus Privatrechtliches. Das Staatsgebiet wurde als eine Art Beute angesehen, welche unter die Berechtigten aufzuteilen war.« (Bodmer)

Demgemäß waren auch die Akte der königlichen Justiz überaus fragwürdig. Es herrschten Willkür und Menschenverachtung, tiefste geistige Dunkelheit. Gern operierten die merowingischen Könige mit dem Wort »Verschwörung« und der Schwere dieses Vorwurfs entsprechenden Todesurteilen. Wichtiger aber waren ihnen Vermögenskonfiskationen. Denn mehr noch als der Beseitigung mißliebiger Konkurrenten dienten derartige Justizakte der Auffüllung der königlichen Kasse. Auch für das Verhältnis der merowingischen Herrscher zu ihren Untertanen galt Cassiodors vielsagender Satz: »Die Barbaren leben, wie es ihnen gerade paßt, wobei hauptsächlich derjenige umkommt, der etwas besitzt, was Gefallen erregt.«

Die Nobilität war die zweite tragende Säule des Merowingerstaates. Zwar hatte der vorsorgliche Chlodwig den fränkischen Uradel nach Kräften dezimiert, doch bildete sich in Gestalt des Dienstadels schnell eine neue bevorrechtigte Schicht. Ihr gehörten zunächst vor allem die Herren bei Hofe an, die als der verlängerte und stets bereite Schwertarm des Herrschers fungierten, jene Söldner und Leibgardisten also, die bei entsprechender Honorierung jederzeit zum Kampf aufgeboten werden konnten.

Die fränkischen Könige pflegten dieses Honorar nicht nur durch freie Beköstigung, Waffen und Schmuck abzugelten, sondern auch durch Grundbesitz »in der Provinz«. Grundbesitz aber bedeutete Reichtum, selbst in der Form des »Lehen«. Reichtum bedeutete Macht und Ansehen, und so entstand auch außerhalb des Hofes bald eine neue Adelskaste – eine neue einflußreiche Interessengruppe, die in der Verwaltung des Reiches ein energisches Wort mitsprach.

Die Franken sahen sich gleichsam über Nacht vor die Aufgabe gestellt, ihrem Riesenreich eine funktionsfähige Verwaltung zu schaffen. Wieweit ihnen das gelang, ist trotz emsiger Forschung noch immer eine Streitfrage. Immerhin scheint Chlodwig die Bedeutung des Problems erkannt und seine Lösung vorbereitet zu haben.

Soweit es um den Hof und damit um die zentrale Machtinstanz ging, griff er unbedenklich auf römische Erfahrungen und römische Experten zurück. Er scheute sich zum Beispiel nicht, Mitglieder der senatorischen Familien, nicht zuletzt Geistliche, in seine persönliche Gefolgschaft aufzunehmen und sie mit wichtigen »Zuständigkeiten« zu versehen. So überließ er den bewährten *referendarii* nicht nur das gesamte Steuer-, Zoll- und Münzwesen, sondern auch die Einrichtung und Führung der königlichen Kanzlei. Ebenso behielten die Angehörigen der »großen Familien« Galliens in den vorwiegend romanischen Teilen des Reiches Rang und Stellung. Zentralfigur der franko-gallischen Verwaltung wurde der aus der Militärbürokratie des Imperiums übernommene *comes*, der fortan auch der Inhaber der höchsten Zivilgewalt war.

Was der *comes* in den romanischen Provinzen des Frankenreiches war, wurde der »Graf« – althochdeutsch *grafio* – in den germanischen Landesteilen: als persönlicher Beauftragter des Königs war er nicht nur der oberste Militärbefehlshaber, sondern auch der höchste Verwaltungs- und Rechtsbeamte seines Gebietes.

Viele »Grafschaften« deckten sich mit den überkommenen Gauen, doch griffen sie zum guten Teil auch über sie hinaus. Häufig wurden die alten Gaugrenzen sogar restlos ausradiert. In jedem Fall aber verstand es sich von selbst, daß das königliche Recht »ergänzend und konkurrierend« neben das »überlieferte Gewohnheitsrecht des Stammes« trat, ja, dieses geradezu ablöste und außer Kraft setzte.

Diese einfache, auf den ersten Blick recht wirksam erscheinende Organisation blieb jedoch Stückwerk. Die eingesessenen fränkischen Magnaten – gleichgültig, ob dem alten oder neuen Adel angehörend – waren nicht gesonnen, auf ihre Vorrechte zu verzichten. Da ihre Macht die der Grafen häufig übertraf, hatten sie es in der Hand, diesen das Leben zu erschweren: eine Möglichkeit, von der sie offenbar ausgiebig Gebrauch machten.

Umgekehrt wurden die Grafen, wie es bei Fichtenau heißt, immer mehr »in den Kreis der Interessen der Herrschaftsbesitzer« einbezogen. »Je weniger... das Machtwort des Königs zur Durchsetzung von Forderungen genügte, um so mehr mußte solch ein Graf darauf bedacht sein, sich selbst Hilfsquellen aus Grundeigentum und Herrengewalt über die Bauern zu sichern. Mit anderen Worten: die königliche Ernennung blieb wirkungslos, wenn hinter ihr nicht die Macht des Ernannten stand, wenn er keiner der Mächtigsten und an liegendem Gut Reichsten im Lande war.«

Wählte der König aber den Grafen »aus dem Adel der Provinz, in der er wirken sollte..., verlor die königliche Zentralverwaltung an Einfluß, und was sie verlor, gewannen die Großen. König Chlotar II. hat im Jahre 614 diese praktisch schon längst bestehende Tatsache auch gesetzmäßig sanktionieren müssen, indem er versprach, die Grafen sollten von nun an nur aus den Reihen der Herrschaftsbesitzer des betreffenden Gaues gewählt werden.«

»So bröckelte die Autorität des Königs... immer mehr ab; wo er einziger Träger der Macht gewesen war, hatte schließlich jede Provinz ihren Kreis von... Großen, deren etliche am Hofe bestrebt waren, durch Beherrschung des Königtums das Übergewicht über alte Konkurrenten zu erlangen.«

Das war der Boden, auf dem die Macht der Hausmeier wuchs.

Noch eine andere Erscheinung rief mit dem Absinken des königlichen Ansehens bedenkliche Auflösungserscheinungen im fränkischen Imperium hervor: die zunehmende Macht der in den Außengebieten des Reiches eingerichteten Amtsherzogtümer. Auch als Herzöge fungierten vielfach Angehörige der heimischen Aristokratie. Aber selbst wenn diese Posten mit fränkischen Adligen besetzt waren, verloren sie häufig ihren Amtscharakter. Sie entwickelten eine Art von politischem Eigenleben und bildeten auf Unabhängigkeit bedachte Herrschaftsbezirke aus, in denen das Wort des Königs schließlich nur noch etwas galt, wenn er ihm durch eine bewaffnete Demonstration gehörigen Nachdruck verschaffte.

Durch die gesamte fränkische Geschichte zieht sich also »der Widerstreit zwischen Königtum und Adel« – eine Konstellation, von der vor allem der fränkische Klerus profitierte.

Zusammen mit Chlodwig sollen dreitausend fränkische Herren zum Taufbad geschritten sein. Wahrscheinlich ist dem frommen Chronisten bei der Beschreibung des Reimser Ereignisses eine Null zuviel aus der Feder geflossen. Trotzdem bezeichnet dieser Akt den Beginn der Christianisierung der germanischen Franken.

Chlodwigs realpolitische Haltung bestimmte auch den Stil der nun folgenden Massenbeitritte. Seine Landsleute ließen die Taufe offenbar gleichmütig über sich ergehen. Die Christianisierung hinterließ keine Zäsur in der Geschichte des Frankenreiches. Sie hat etwas von der Anonymität und Geräuschlosigkeit eines Verwaltungsaktes. Die zeitgenössischen Quellen berichten weder von einer großen Bekehrungsaktion, noch nennen sie den Namen eines Bischofs oder Missionars, dessen Dasein eine über den Tag hinausweisende Wirkung gehabt hätte.

Die alten Götter wurden noch lange weiterverehrt. Wortreich führten die Synoden während des ganzen 6. Jahrhunderts Klage darüber, daß vornehmlich auf dem Lande die Lehre Christi nicht in die Herzen der Menschen eingedrungen sei. Chlodwigs Sohn Childebert sah sich gezwungen, Götzenbilder und die Ausübung heidnischer Kulte ausdrücklich zu verbieten. Aber auch dort, wo die neuen Glaubensformen unbestritten triumphierten, verbarg sich hinter ihnen vielfach der alte Geist. Die Heiligen übernahmen die Rolle der amtsenthobenen Götter, und statt heidnischer Bildwerke wurden fortan Reliquien und Devotionalien verehrt.

Auch der Pegel der allgemeinen Sittlichkeit stieg zunächst kaum an. Die neuen Glaubenskinder respektierten die Macht des Christengottes und den imponierenden Bau seiner Kirche, wußten unbequeme Vorschriften aber zu umgehen. Wie sie sich gierig an Kirchenschätzen vergriffen, so setzten sie sich unbekümmert auch über die Heiligkeit der Gotteshäuser hinweg. Den Steuerbeamten Parthenius steinigten wütende Franken in einer Trierer Kirche, nachdem sie ihn in einer Lade unter Meßgewändern entdeckt hatten. Und als ein Rebell namens Bertefred in Verdun in eine Kapelle geflüchtet war, erstiegen die Verfolger die Mauern, deckten das Dach ab und warfen den Missetäter mit Ziegeln und Balken zu Tode.

Die trotz solcher und anderer Widerstände dennoch fortschreitende Christianisierung erfaßte zunächst vor allem das Land zwischen Maas und Schelde. Die kirchliche Organisation im Kernland der salischen Franken stand aber noch lange Zeit auf schwachen Füßen und lebte ein recht peripheres Dasein.

Herzkammer des christlichen Frankenreiches blieb das Rhône-Loire-Gebiet mit seiner vorwiegend keltoromanischen Bevölkerung: das Erbfürstentum des heiligen Martin sozusagen, jenes »kaiserlichen Garderittmeisters a. D.«, der von 371 bis 397 als Bischof von Tours amtierte und die Botschaft des Evangeliums über die wirren Zeiten des imperialen Zusammenbruchs hinwegrettete. Die Franken erhoben den wehrhaften, edlen Mann, der seinen Mantel mit einem Bettler teilte und auch als Bischof in mönchischer Askese lebte, zu ihrem Nationalheiligen. Noch heute sind ihm in Frankreich fast viertausend Kirchen geweiht. Nicht weniger als fünfhundert Dörfer tragen seinen Namen.

Vornehmlich von diesen innergallischen Machtzentren aus baute die Geistlichkeit des Merowingerstaates ihre Stellung methodisch aus. Den Schutz, den ihr das Königshaus gewährte, honorierte sie mit der Anerkennung der irdischen Gewalt. Man hat nicht den Eindruck, daß der Kirche diese Kollaboration mit der herrschenden Dynastie schwergefallen ist. Sie lebte mit dem Staat auf gutem Fuß und ging fast bis zur Selbstverleugnung in ihm auf. Selbst den Kriegen und Schreckenstaten der Merowinger gegenüber verhielt sie sich wohlwollend neutral – konformistisch, wie wir heute sagen würden.

Diese Haltung zahlte sich aus. Wie der Klerus die Königsmacht respektierte, so tasteten die Merowinger den traditionsgeheiligten Bau der Kirche nicht an. König Guntram gab 585 einen Erlaß über Sonntagsheiligung heraus. Auch war den Priestern erlaubt, ihre Gottesdienste weiter in lateinischer Sprache abzuhalten – im Gegensatz zu den Gepflogenheiten der germanischen Arianerreiche. Für das Ende des 6. Jahrhunderts sind 125 Bischöfe bezeugt, darunter 11 Metropoliten, »eine machtvolle geistliche Aristokratie«. Und das Gesetzbuch der salischen Franken »setzte das Wergeld des nach römischem Recht lebenden Bischofs auf das Neunfache des freien Mannes fest, während es für die Beamten nur das Dreifache betrug«. (Haendler)

Der enge Konnex mit dem Königshaus trug der Kirche einen bedeutenden Machtzuwachs ein. Die Geistlichkeit trat in Idealkonkurrenz zur Aristokratie und war wie diese bemüht, riesige Horte an Grundbesitz, Schätzen und Handelsgütern anzulegen. Daß ihr das mit Erfolg gelang, beweist König Chilperichs Stoßseufzer: »Siehe, unser Schatz ist arm, da aller Reichtum der Kirche zugefallen ist. Keiner herrscht jetzt allerorten als die Kleriker allein. Unser Ansehen ist dahin und an die Bischöfe der Städte gekommen.«

Die natürliche Folge war, daß auch die Geistlichkeit immer mehr verweltlichte. Ihre Lebensführung entsprach keineswegs den Zehn Geboten und scheint sich manchmal nur unwesentlich von der des Adels unterschieden zu haben. Viele Kirchenfürsten der Merowingerzeit entwickelten ausgesprochen seigneuralen oder kriegerischen Ehrgeiz, zogen schwerbewaffnet zu Felde und fühlten sich von allen Heiligen am stärksten von Sankt Hubertus angezogen – daher auch der Konzilsbeschluß: »Bischöfe, Priester und Diakone dürfen keine Jagdfalken und Hunde besitzen...«

Trotzdem war die Kirche ein stabilisierender Faktor in diesem anarchischen Zeitalter. Auch die »germanisierte« bischöfliche Organisation des Frankenreiches fühlte sich den lateinischen Traditionen verpflichtet. Und unter ihren Würdenträgern waren Persönlichkeiten von großer Energie und Strahlungskraft, die weit über den geistlichen Bezirk hinaus als Bauherren, Finanzexperten und Armenpfleger öffentliche Aufgaben versahen.

Sidonius von Mainz zum Beispiel kümmerte sich – nach Haendler – um die Eindämmung des Rheins, Felix von Nantes bemühte sich um Schadenersatz nach Plünderungen, andere Bischöfe trafen Maßnahmen gegen die Ausbreitung der Pest. Beim Abschluß von Verträgen wirkten sie häufig als moralisch besonders qualifizierte Zeugen mit. Und wenn sich überhaupt in diesen düsteren, wilden Jahrhunderten die Stimme der Menschlichkeit erhob, wenn für den Schutz der Schwachen oder eine humanere Art der Kriegführung plädiert wurde, sind solche Äußerungen dem Konto des Klerus gutzuschreiben.

Missionarische Kraft entwickelte die Kirche der Merowingerzeit freilich nicht. Um 600 gibt sie das Bild einer saturierten öffentlichen Einrichtung ab, die »ihre äußere Ausbreitung« wie ihren »inneren Wirkraum« den Interessen des fränkischen Staates unterordnete.

Auch das geschriebene Wort gedieh nur noch im Schoß der Kirche. Zwar sollen einige merowingische Könige die Kunst des Lesens und Schreibens beherrscht haben; von König Chilperich heißt es sogar, er habe gelegentlich zur Feder gegriffen und einen Hymnus oder eine theologische Abhandlung zu Papier gebracht. Aber schon der fränkische Adel, vom gemeinen Volk ganz zu schweigen, lebte in tiefer Unwissenheit.

Bildung war in der merowingischen Zeit, nachdem die öffentlichen Schulen des Imperiums eingegangen waren, ausschließlich eine Sache der Klöster und bischöflichen Kanzleien. Aber auch sie vermochten gewissermaßen nur »das nackte Leben« des Alphabets zu retten. Das berüchtigte »Küchenlatein«, bis heute der Schrecken der humanistisch geschulten Philologen, erlebte damals seine Geburtsstunde.

Bevor die Sprache des Imperiums in den Sog der allgemeinen geistigen Verwilderung geriet, fand sie freilich noch einmal ihren Meister. Venantius Fortunatus, der um 530 bei Treviso geborene, in Ravenna aufgewachsene nachmalige Bischof von Poitiers, gilt als der letzte lateinische Dichter, der die Harfe der Poesie nach den strengen Regeln der antiken Literatur zu spielen wußte. Er schrieb zahllose kleine Gelegenheitsgedichte, die sich in ihrer tändelnden Munterkeit oder wehmütig-melancholischen Mollstimmung merkwürdig anachronistisch ausnehmen, liebte aber auch die tönende Hymne, deren eine – die *Vexilla regis* – zum festen Bestandteil der katholischen Liturgie wurde. Den Historiker interessieren vor allem seine *Moselreise* und ein Epos über den Untergang des thüringischen Reiches, das er zu Ehren Radegundes, der Gattin des ersten Chlotar, verfaßte.

Der eigentliche Chronist der Merowinger aber ist der schon mehrfach genannte Gregor von Tours, der – um 540 als Sproß einer Patrizierfamilie in der Auvergne geboren – von 573 bis 594 als Bischof von Tours das Amt des heiligen Martin versah. Auch Gregor fühlte sich als Römer. Anders als Venantius war er aber doch ein Kind seiner Zeit: abergläubisch, simpel und mehr dem Wunder als dem Wissen zugetan. Sein verstrüpptes Vulgärlatein hat mit der eleganten und gekonnten Sprache des Bischofs von Poitiers nur noch den Namen gemein.

Es war daher nur ein Akt der Selbsterkenntnis, wenn er in einem seiner Bücher seine mangelhafte Grammatik entschuldigte und gleichzeitig die Hoffnung aussprach, daß ihm das Jüngste Gericht seine Sprachsünden nicht entgelten möge. Trotzdem war er der vielseitigste, fruchtbarste und zupackendste Prosaschriftsteller seiner Epoche, dessen respektables Werk so vielsagende Titel enthält wie die

Zehn Bücher der Geschichte der Franken
Das Buch vom Ruhm der Märtyrer
Die Lebensbeschreibung der heiligen Väter und
Das Buch von den Tugenden des Heiligen Martinus.

Gregor ging bei mehreren merowingischen Königen sozusagen ein und aus. Er besaß ihr Vertrauen und diente ihnen in wichtigen Angelegenheiten als Sonderbotschafter. Seine Geschichtswerke haben also über weite Strecken hin authentischen Charakter. Gründlich, wie er war, ließ er seine *Zehn Bücher* freilich mit Adam und Eva beginnen. Das zweite hebt mit der Eroberung Galliens durch die Franken an, und erst mit dem vierten erreichte er die Zeit, die er handelnd und beobachtend selbst miterlebte.

Auch seine Art, die Dinge zu sehen, entsprach völlig der Welt, in der er lebte. Sein Werk kennzeichnet ein absoluter Mangel an Zwischentönen. Gregors Palette kennt nur zwei Farben: Schwarz und

Weiß, und beide trägt er gewissermaßen mit dem Spachtel auf. Das ergibt viel Helligkeit auf der einen, viel Düsternis auf der anderen Seite. Da er aber gar nicht versucht, seine Vorurteile zu verbergen, wirkt seine Darstellung weniger polemisch als naiv.

Auch die Fortsetzungen der *Zehn Bücher* Gregors können ihre geistliche Herkunft nicht verleugnen. Die wichtigste ist ein unter dem Namen *Fredegarius Scholasticus* firmierendes Sammelwerk, das wahrscheinlich von drei verschiedenen Autoren stammt und um 658 beendet wurde. Nach einer längeren Pause folgte um 727 eine in Mittelfrankreich geschriebene, heute als *Liber historiae Francorum* bezeichnete Chronik, die zehn Jahre später noch einmal überarbeitet und fortgesetzt wurde.

Die weiteren Darstellungen – darunter verschiedene unter dem Titel *Continuator Fredegarii* zusammengefaßte Arbeiten – greifen dann schon in die nachmerowingische Zeit über. Dieser »Fortsetzer Fredegars« beschäftigte sich aber, allem Anschein nach im offiziellen Auftrag, fast ausschließlich mit dem Aufstieg des karolingischen Hauses. Handfest da, wo es um Details der Familiengeschichte geht, ist er als historische Quelle nur mit Vorsicht zu benutzen.

Doch das gilt mehr oder minder für alle Chronisten dieser Zeit. Sie erzählen, Gregor sogar mit nicht zu leugnender epischer Begabung, von Haupt- und Staatsaktionen jeglicher Art, verzeichnen gewissenhaft jeden Krieg und jeden Mord und verschmähen durchaus nicht, ihre Werke mit jenen Skandal- und Schlüssellochgeschichten zu würzen, die in den Niederungen des Hofklatsches gedeihen. Ort und Zeit der Handlung geben sie nur selten genau an. Sie legen sichtlich auch gar keinen Wert darauf. Denn das Ziel ihrer Darstellung ist, den Ruhm des Königshauses zu preisen und zu mehren – den Ruhm des Frankenreiches, mit dem sich die fränkische Kirche zwei Jahrhunderte lang vollständig identifizierte.

Fragen wir jedoch nach fränkischer Kultur und Lebensweise, nach Handel, Handwerk und Gewerbe der Franken, so lassen uns diese Quellen völlig im Stich. Was wir vom fränkischen Alltag wissen, stammt fast ausschließlich von der Archäologie; stammt aus den reich ausgestatteten Gräbern dieser Epoche, die – wie heute – durchweg in Reihen angelegt wurden. Die Bodenforscher sprechen deshalb von Reihengräbern, auch von einer Reihengräberkultur.

Die Entstehung der Reihengräberkultur ist trotz mancher scharfsinnigen Untersuchung noch nicht restlos geklärt. Die Germanen der Tacitus-Zeit pflegten ihre Toten, wie bekannt, zu verbrennen. Allem Anschein nach haben die fränkischen Völkerschaften, die das

Imperium zur Abwehr der germanischen Gefahr am linken Niederrhein ansiedelte, als erste den bei den Römern vorherrschenden Brauch der Erdbestattung übernommen. Die Franken waren also bereit, sich ihrer neuen Umwelt anzupassen und deren Gewohnheiten zu respektieren. Andererseits hielten sie daran fest, ihre Toten nach Art der Väter mit reichen Beigaben zu verabschieden. Ein symptomatischer Vorgang, der bereits auf die historische Leistung des merowingisch-karolingischen Reiches verweist: die Einschmelzung von antikem und germanischem Gedankengut.

Vom Niederrhein her breitete sich die Reihengräbersitte im Lauf des 5. Jahrhunderts bis in das nördliche Alemannengebiet aus. Hundert Jahre später war sie im gesamten fränkischen, alemannischen, bajuwarischen und thüringischen Raum zu Haus. Im 7. Jahrhundert übernahmen sogar die an der Mosel zurückgebliebenen Romanen den prunkvollen Brauch. Die fränkische Kirche – ohnehin alles andere als kämpferisch – duldete das heidnische Wesen. Das unter Mitwirkung von Bischöfen aufgezeichnete *Salische Gesetzbuch* stellte den Grabraub sogar ausdrücklich unter Strafe.

Erst mit dem Erstarken der kirchlichen Organisationen um die Wende des 7./8. Jahrhunderts begann die Beigabensitte abzusterben. Doch war sie zwischen Thüringen, dem Böhmerwald und Regensburg noch im 10. Jahrhundert lebendig. Mit anderen heidnischen Bestattungsbräuchen – etwa dem Absingen obszöner Lieder und anstößigen Tänzen an den Gräbern der Verstorbenen – hat sich die Kirche bis ins hohe Mittelalter auseinandersetzen müssen.

Die Gräberfelder lassen keinen einheitlichen Plan erkennen. Bei den Franken tritt allerdings deutlich die Neigung hervor, die Friedhöfe oberhalb der Siedlungen am Hang oder auf der Kuppe eines Hügels anzulegen. Häufig liegen die Totenäcker inmitten römischer Ruinen, auf einem Gelände also, das landwirtschaftlich nicht nutzbar war, vielleicht auch die überaus rege Phantasie der fränkischen Völkerschaften stark ansprach.

Das Vordringen christlicher Vorstellungen bezeugt die im Lauf der Zeit immer deutlicher werdende Ost-West-Richtung der Gräber. Grabsteine waren zunächst nur in den Städten gebräuchlich; erst vom Ende des 7. Jahrhunderts an wurden sie auch auf dem Lande üblich. Bis dahin begnügte sich die bäuerliche Bevölkerung mit kleinen hölzernen Totenmalen, die – aus den *Germanenrechten* bekannt – archäologisch nur als Pfostenspuren auszumachen sind.

Unter den Gräbern kennen die Experten eine Vielzahl von Typen. Hermann Hinz fand auf dem erst kürzlich entdeckten Frankenfriedhof von Eick im Landkreis Moers Tote, die auf einfachen Brettern lagen. Andere hatten in rohgezimmerten, bisweilen mit Moos ausgestatteten Särgen Unterkunft gefunden. Wieder andere ruhten in Baumsärgen. Auch Kammerbestattungen kamen mehrfach vor.

Viele Gräber waren ausgeraubt. »Die Raubgruben erschienen als rundliche Störflächen, die genau an der ›richtigen‹ Stelle, nämlich in der Nähe der Schulter-Kopf-Partie des Toten, angelegt worden waren. Sie hielten sich innerhalb der Kammer- oder sogar Sarggrenzen und müssen daher von Leuten verursacht worden sein, die den Grabritus und auch den vermutlichen Inhalt der Gräber gut kannten. Wahrscheinlich sind die Raubgrabungen also noch in fränkischer Zeit, wenn auch wohl in eine spätere Periode, zu datieren.«

Trotz dieser fast überall festzustellenden Leergräber haben die merowingischen Friedhöfe eine solche Fülle von Alltagsgütern, Schmuck, Waffen, Münzen und kostbaren Stoffen geliefert, daß sie die Magazine der Museen – man möchte fast sagen: bis unters Dach – gefüllt haben. Nicht nur in Krefeld und Eick, sondern auch in Köln-Müngersdorf, in Mayen und Andernach, in Ehrang, Eisenach, Hohenfels und Rittersdorf sind jeweils Hunderte von Gräbern mit Sorgfalt ausgehoben und untersucht worden. Die Alemannenforschung kennt nahezu tausend Nekropolen, darunter die großen Friedhöfe von Bülach, Heilfingen, Holzgerlingen, Oberflacht, Schwetzheim und Weingarten. Auch die wichtigsten Kenntnisse über die frühen Bajuwaren verdanken wir derartigen Gräberfeldern, nicht zuletzt den Totenäckern von Giesing, Feldmoching und Sendling, die auf Münchner Stadtgebiet entdeckt und freigelegt wurden.

Insgesamt sind in den mehr als 130 Jahren, die seit der ersten Ausgrabung eines merowingerzeitlichen Friedhofs – 1832 in Bühlingen – vergangen sind, derartige Mengen an Fundgütern angefallen, daß sie noch längst nicht alle registriert und katalogisiert, geschweige denn wissenschaftlich untersucht worden sind. Eine Ausnahme bilden lediglich die vielgenannten Fürstengräber dieser Epoche, deren Inventare nicht nur in Deutschland, sondern auch in der Schweiz und Frankreich zu den unbezahlbaren Kostbarkeiten dieser Epoche gehören.

Den höchsten Ruhm genießt noch immer das Childerich-Grab, das bereits 1652 in Tournay entdeckt wurde und dessen unvergleichliche Ausstattung bis heute der Stolz der Pariser Nationalbibliothek ist. Es barg außer den mit Gold und Juwelen dekorierten Waffen einen massiven goldenen Armreifen, etwa zweihundert Silber- und hundert Goldmünzen und einen ganzen Schwarm goldener Bienen, in deren Flügeln rote Granatedelsteine schimmerten. Es ist anzunehmen, daß diese goldenen Bienen dereinst den Mantel des Merowingers schmückten.

Napoleon I. ließ sie 1804 kopieren und auf seinem purpurnen Krönungsornat befestigen – womit er sich, aller Welt sichtbar, zu den merowingischen Traditionen bekannte.

Der Fund des Childerich-Grabes war auch insofern ein einmaliger Glücksfall, als der Tote durch einen Siegelring mit der Umschrift CHILDERICI REGIS einwandfrei identifiziert werden konnte. Da Gregor von Tours 482 als Childerichs Sterbejahr nennt, konnte man den Fund genau datieren. So ermöglichte die Ausstattung des Grabes bereits den Patriarchen der Bodenforschung, die Beigaben der Völkerwanderungszeit in Mitteleuropa von denen der provinzialrömischen Kultur zu trennen.

Ein derart geschlossener und instruktiver Fund ist später nie wieder gelungen. Dennoch kommt den Fürstengräbern in der Bodenforschung eine große Bedeutung zu, weil sie zeitlich durchweg gut einzuordnen sind und daher die chronologischen Fixpunkte abgeben, deren die Wissenschaft zur Aufhellung des historischen Horizontes bedarf.

So verweist das 1911/12 in Haßleben bei Erfurt entdeckte Grab einer reichen Dame auf eine burgundische Fürstin des ausgehenden 3. Jahrhunderts. Ein bei Altlußheim in der Nähe von Mannheim bestatteter Fürst war vielleicht ein Gote, der in der zweiten Hälfte des 5. Jahrhunderts an den Rhein gelangte. Dem Ende dieses Jahrhunderts – der Zeit des jungen Chlodwig also – gehören die alemannischen Gräber von Planig und Gültlingen an. Die vornehme Dame, die in einem reich ausgestatteten Grab unter dem Kölner Dom ihre letzte Ruhestätte fand, starb um 550. Fünfzig Jahre jünger war der Morkener Fürst, dessen Grab im Rheinischen Braunkohlenrevier zutage kam. In der Mitte oder zweiten Hälfte des 7. Jahrhunderts lebten die Krieger von Ittenheim und Gammertingen, am Ende jenes Jahrhunderts die Fürstin mit dem erlesenen Goldschmuck, die in einem Felsengrab bei Wittislingen an der Donau beigesetzt wurde.

Fragt man nach der Methode der Zeitbestimmung, so zitiert der »frühmittelalterliche« Archäologe zunächst die zahlreichen münzdatierten Gräber, die gerade im austrasischen Teil des Frankenreiches gefunden wurden. Freilich ist auch Münzen gegenüber Vorsicht angebracht. Das Childerich-Grab zum Beispiel enthielt einen Silberling der römischen Republik, der also bereits das stattliche

Alter von fünfhundert Jahren erreicht hatte, als er mit dem toten König der Erde anvertraut wurde. Das war in diesem Fall nicht weiter schlimm, da die meisten der fast dreihundert Münzen der Mitte des 5. Jahrhunderts entstammten, der »Münzspiegel« also eindeutig in die Zeit Childerichs wies. Der Befund zeigt jedoch, daß auf Münzen allein kein Verlaß ist.

Man zieht daher auch die übrigen Beigaben zu Rat – mit gutem Gewissen; denn die Formenwelt des gebräuchlichen Inventars ist so weit erkundet, daß einigermaßen präzise Schlüsse auf Alter und Herkunft möglich sind. Wie für alle Zeiten seit Erfindung der Keramik leisten die Tongefäße weiterhin recht wertvolle Dienste, ohne daß sie freilich noch den Rang des »Leitfossils« beanspruchen können. Auch aus der Art der Bewaffnung lassen sich chronologische Folgerungen ziehen – nach 600 zum Beispiel wurde die bis dahin übliche Streitaxt mehr und mehr durch das einschneidige Hiebschwert, den Beitsax, ersetzt.

Das feinste Instrument der merowingischen Chronologie ist jedoch die hochentwickelte Schmuckkunst dieser Epoche, eine ausdrucksstarke, phantasievolle und nuancenreiche Kunst, die ein Grundelement der germanischen Begabung klar hervortreten läßt: die Fähigkeit, Anregungen aufzunehmen und zu einem eigenen Stil zu verarbeiten.

Sich zu schmücken, war den Germanen – wie allen Naturkindern – ein Herzensbedürfnis. Sie liebten es, ihren Reichtum zur Schau zu stellen, und Kunstfertigkeit weckte ihre helle Bewunderung. Außerdem glaubten sie sich durch magische Zeichen und Figuren gegen die Ränke bösartiger Dämonen gesichert. Der Kunsthandwerker stand demnach in hoher Gunst. Bei den Königen und Fürsten gehörte der Goldschmied gewissermaßen zum Hofstaat.

Die älteste germanische Sagengestalt ist der bucklige Schmied Wieland, den der König Nidhard lähmen, inhaftieren und ausschließlich für seinen Bedarf arbeiten ließ. Auch von der rugischen Fürstin Geiso wird berichtet, daß sie Gold- und Silberschmiede in strengem Gewahrsam hielt. Und der heilige Eligius, bis heute Schutzherr des kunstsinnigen Gewerbes, war Juwelier am Hofe dreier merowingischer Könige, ehe er 641 Bischof von Noyon und Tournay wurde.

Geht man den Einflüssen nach, von denen die Werkstätten der höfischen Kunstschmiede ihre Impulse empfingen, stößt man vor allem auf drei verschiedene Kraftfelder: das römische, das gotische und das langobardische.

In der Keramik, in der Glasindustrie und in der Steinmetzkunst haben zahlreiche römische Werkstätten den Abzug der imperialen Truppen vom Rhein überdauert. Im Metallgewerbe jedoch läßt sich um 400 eine deutliche Zäsur feststellen. Die germanischen Handwerker, die damals ihre Kollegen aus dem Süden ablösten, ließen sich jedoch von deren Techniken und Schmuckelementen gern inspirieren. Als den bedeutsamsten Vorgang der damit einsetzenden Entwicklung verzeichnen die Stilanalytiker die Einführung des Kerbschnittes in die fränkische Kunst.

Die Kerbschnitterzeugnisse des römischen Rhein-Donau-Gebietes gelten als »die letzte bedeutende Schöpfung«, die die »provinziale Kunst vor ihrem Untergang hervorgebracht hat«. Zwischen ihr und den Werken der Klassiker liegt aber bereits ein weites Feld. Dem Geschmack der bodenständigen Bevölkerung entsprechend, knüpfte die Kerbschnittkunst nämlich an keltisch-germanische Traditionen an. Um so leichter fanden die neuen Herren an Rhein und Donau Zugang zu dieser Technik und den von ihr bevorzugten abstrakten Spiralranken, Mäandermustern und stilisierten Tierfiguren.

»Seinem ästhetischen Gehalt nach«, so hat Wilhelm Albert von Jenny diesen Übernahmeakt erläutert, »gehört der Kerbschnitt zu jenen Zierverfahren, die als ›malerisch‹ bezeichnet werden. Die angewandten ornamentalen Motive spielen nur eine nebengeordnete Rolle; die Hauptwirkung beruht auf dem unmittelbar optisch-sinnlichen Reiz, der von der bewegten Oberflächengestaltung, von dem unaufhörlichen Wechselspiel funkelnder Glanzlichter und tiefer Schlagschatten ausgeht. Mit dieser malerischen Grundhaltung liegt der Kerbschnitt auf einer ähnlichen Linie wie der farbige Steinschmuck der gotischen Kunst, der gleichfalls rein optisch-sinnlichen Wirkungen nachgeht... Aus diesem grundsätzlichen Gleichlauf... erklärt sich auch die große Bereitwilligkeit, mit der die mitteleuropäische Schmuckkunst alle jene Anregungen aufnimmt, die ihr aus dem gotisch-donauländischen Kunstkreis zuströmen.«

Die Goten, ursprünglich im südlichen Skandinavien zu Hause (wo die schwedische Insel Gotland noch heute ihren Namen trägt), bemächtigten sich zu Beginn des 1. Jahrhunderts des Weichselmündungsgebietes. Um 150 zu neuer Wanderschaft aufgebrochen, durchquerten sie Polen und die Ukraine und setzten sich nach langem Treck an den Ufern des Schwarzen Meeres fest. Hier begründeten die Ostgoten ein Reich, das in der Zeit seiner größten Ausdehnung von der pontischen bis zur baltischen Küste, vom Dnjestr bis zum Ural reichte. Die Westgoten okkupierten im Lauf des 3. Jahrhunderts das Land zwischen Dnjestr und Donau. Ihre Grenznachbarn waren die in Schlesien und Westpolen beheimateten Vandalen, die um 200 als römische Föderaten im Raum zwischen Karpaten und Theiß angesiedelt worden waren.

In Südrußland, dem Zentrum des riesigen Ostgotenreiches, trafen sich damals die verschiedensten Kulturen. Noch wirkten alte hellenistische Einflüsse fort. Die sarmatischen Reiterheere hatten aus den transkaukasischen Weiten indische und iranische Formelemente mitgebracht. Über den Ural hinweg bestanden Verbindungen zur skythischen Kunst Westsibiriens und zur Mongolei. Auf den großen transkontinentalen Karawanenstraßen gelangten selbst chinesische Formvorstellungen nach Südrußland.

Die gotischen Kunstschmiede entnahmen diesem Stilgemenge, was ihrer frischen, naiven und unverbildeten Art entsprach. Ihr höchstes Gefallen aber erregten die Gold- und Silberarbeiten mit Edelsteineinlagen – Zierweisen indischen und persischen Ursprungs. Unter den Edelsteinen bevorzugten sie den purpurroten Almandin, einen indischen Granat, der wahrscheinlich im halbgeschliffenen Zustand eingeführt wurde.

Darüber hinaus eigneten sich die gotischen Gold- und Silberschmiede »eine Reihe von Zierelementen figürlicher Art« aus dem Fundus der südrussischen Schmuckkünstler an: Raubvogelköpfe mit stark gekrümmten Schnäbeln zum Beispiel, Adler mit ausgebreiteten Schwingen und nicht zuletzt gewisse Zikadenformen aus China – die Urbilder der goldenen Bienen Childerichs, die bei der Kaiserkrönung Napoleons I. zu neuem Leben erweckt wurden.

Aus all diesen Anregungen schufen die gotischen Kunstschmiede einen Stil von eigenem und einheitlichem Gepräge. Dieser hatte sich bis zum Jahre 375, als die beiden Gotenreiche unter dem Ansturm der Hunnen zusammenbrachen, so weit gefestigt, daß er das Jahrhundert der gotischen Odyssee ungefährdet überstand. Die germanischen Handwerker nahmen ihn gewissermaßen mit auf Wanderschaft, reicherten ihn unterwegs noch mit diesem oder jenem Formelement an und schleusten ihn als eine höchst attraktive, technisch perfektionierte Kunst nach Mittel- und Westeuropa ein.

Dieser »farbige Stil«, der um 500 sowohl im Ostgotenreich Theoderichs als auch im Westgotenreich Alarichs II. eine glanzvolle Spätblüte erlebte, ließ auch die Herzen der fränkischen und alemannischen Könige und Nobiles höher schlagen. Nachdem ihm um 450 zunächst die alemannischen Schmuckkünstler ihre Werkstätten geöffnet hatten, adoptierten ihn bald auch die »Hoflieferanten« der fränkischen Könige. Die Beigaben des Childerich-Grabes lassen diesen Einfluß bereits klar erkennen. Gold- und Silberarbeiten mit Almandin-Einlagen gehörten fortan auch zu den Indizien der fränkischen Kunst, nicht zuletzt in den »germanischen« Landesteilen. Die alte Kerbschnittechnik behauptete sich jedoch, ja, allem Anschein nach stieß der »farbige Stil« der Goten nach einem schnellen Siegeslauf auf Widerstand. In dieser Situation – der politisch der Untergang des Ostgotenreiches und der Niedergang des Westgotenreiches entspricht – erhielt er jedoch durch den langobardischen Kunstkreis neuen Auftrieb.

Die ursprünglich am Unterlauf der Elbe siedelnden Langobarden gingen – von demselben unruhigen Blut und derselben Südsehnsucht wie die Goten getrieben – um 400 auf Wanderschaft, ließen sich ein knappes Jahrhundert später im Wiener Becken nieder und brachen unter Führung ihres Königs Alboin 568 mit vehementer Gewalt in Italien ein, wo sie das bis in karolingische Zeit fortdauernde Langobardenreich begründeten.

Die langobardischen Kunsthandwerker, deren Schöpfungen bis dahin ausgesprochen germanischen Charakter hatten, bewiesen in ihrer neuen Umwelt ebenfalls eine außerordentliche Aufnahmefähigkeit. Bereits in der ersten, bis etwa 680 währenden Periode eigneten sie sich die gotische Zellentechnik an und kombinierten sie, für die Stilanalytiker geradezu ein »historischer« Vorgang, mit dem Formenbestand ihrer traditionellen »nordischen« Tierornamentik. Daneben annektierten sie aber auch Zierweisen aus dem Mittelmeer, vor allem Motive der berühmten Flechtornamentik.

Die rheinfränkisch-alemannische Kunst verarbeitete auch diese langobardischen Impulse und gelangte damit im 7. Jahrhundert zu Leistungen, die denen der südlichen Werkstätten nicht nachstehen.

Mittelmeerische Einflüsse erreichten die fränkisch-alemannische Kunstprovinz aber nicht nur über die Alpen, sondern auch über das Rhônetal. Dazu kamen die Verbindungen mit dem Norden, mit Skandinavien und England, auf die wahrscheinlich das in der gleichen Zeit festzustellende Einströmen der germanischen Tierornamentik zurückzuführen ist – des Tierstils I, wie es in der Fachsprache heißt.

Die Verschmelzung der älteren Tierornamentik mit dem Bandgeflecht bedeutet die Geburtsstunde des Tierstils II, der nördlich der Alpen die spätmerowingische Zeit beherrschte und von Bayern bis Südengland und Schweden die »verbindliche Formensprache« wurde.

Die Geschichte der merowingerzeitlichen Kunst – das dürfte selbst aus diesen kargen, vereinfachenden Andeutungen hervorgehen – trägt labyrinthische Züge. Der Stilanalytiker sieht sich einem wahren Dschungel von Einflüssen und Impulsen gegenüber. Die ganze germanische Kunst des Frühmittelalters ist »durchsetzt mit Formen, Motiven, Zierweisen und Techniken... fremden Ursprungs« – kein Wunder, daß es bis heute nicht restlos gelungen ist, die komplizierten Entwicklungslinien dieser Schmuckkultur bis ins Detail nachzuziehen.

Fest steht aber, daß die Kunst des Merowingerreiches, als deren Zentrum man mit einigem Recht das rheinfränkisch-alemannische Siedlungsgebiet ansprechen kann, eine außerordentlich weltoffene Kunst war, deren Verbindungen über die innerasiatischen Hochflächen hinweg bis in den Fernen Osten reichten; und daß sie trotz der Fülle an Fremdgut einen eigenen Stil schuf, der mit seiner kühnen Farbigkeit, seinen »bestrickenden Materialwirkungen« und seiner handwerklichen Gediegenheit den Anbruch eines neuen Zeitalters auch in der Kunst markierte.

Obwohl ihre Entwicklung noch manches Rätsel aufgibt, enthält sie doch gewisse Festpunkte, von denen aus man ihren zahlreichen Veränderungen und Verwandlungen nachgehen kann. Das macht sie nicht nur für den Kunsthistoriker, sondern auch für den Geschichtsschreiber interessant. Die Kunst des Merowingerreiches, aus Zehntausenden von Gräbern wieder ans Licht des Tages geholt, ist die verläßlichste Zeituhr der Epoche. Sie gibt nicht nur Auskunft über die Wanderungen der Formen und Motive, die mit ihren Völkern den Kontinent durchmaßen, sie enthüllt auch den chronologischen Ablauf dieses Vorgangs und wird damit zu einem wertvollen Hilfsmittel der historischen Forschung – mag es auch immer wieder Befunde geben, die »endgültige« Ergebnisse plötzlich in Frage stellen und dazu zwingen, die Probleme der Chronologie neu zu durchdenken.

Um so wertvoller für die Bodenforschung sind angesichts dieser Einschränkungen die Gräberfelder von Krefeld-Gellep, die, wie gesagt, vom 4./5. Jahrhundert bis zum Beginn des 8. Jahrhunderts kontinuierlich belegt wurden. Denn hier wird es eines Tages, wie nirgendwo sonst, möglich sein, ein in sich geschlossenes Fundgut zu bearbeiten...

Noch sind die Grabungen freilich nicht beendet. Noch zieht alljährlich in den Sommerferien die junge Direktorin des Niederrhein-Museums mit einer studentischen Arbeitsgruppe ins Gelände und legt ein weiteres Teilstück des fränkischen Friedhofs frei.

Das Gelände ist ideal. Eine typische Niederrheinlandschaft, weit und flach, so flach, daß man nirgends das Gefühl hat, auf einer sandigen Aufwehung zu stehen, einer Binnenlanddüne – einem »Berg«, wie man hierzulande sagt. Und auf diesem Berg kleine Rudel von Bauernhöfen, die sich im Gegensatz zu den sonstigen Siedlungsgewohnheiten eng zusammengeschart haben, daneben Gruppen schlanker Pappeln und in der Ferne, an den Ufern des Stroms, Fabriken, Lagerhäuser und qualmende Schornsteine, die teils zu Uerdingen, teils zu Duisburg gehören.

Auch das Krefelder Stadtgebiet liegt unsichtbar hinter einer Kulisse von ländlichen Betrieben, Waldstücken und Industriebauten. Die Felder ringsum sind im Spätsommer zum großen Teil bereits abgeerntet. Unmittelbar neben dem Grabungsgelände öffnet sich eine alte Kiesgrube, deren Wasser an warmen Sommertagen für die notwendige Kühlung sorgt.

Der Platz ist archäologisch eine wahre Goldgrube. Die Gräber sind durchweg ungestört, Erdverfärbungen zeichnen sich deutlich ab, und die Beigaben sind zum überwiegenden Teil gut erhalten. Sie bestehen aus Rüsselbechern und anderen Glaserzeugnissen, Perlen und Spinnwirteln, Töpfen und Kannen, Armringen und Halsreifen, Scheibenfibeln und Ohrgehängen, Pinzetten und Feuersteinen sowie Waffen jeder Art: Schwertern und Lanzen, Beilen und Pfeilspitzen, Dolchen und Schildbuckeln.

Steeger schloß aus dem ihm vorliegenden Fundgut auf ein »stolzes, hochgemutes und wehrfestes Volk..., das sich bei einfachen bäuerlichen Verhältnissen einer gewissen Wohlhabenheit erfreute«. Nach seiner Meinung ließen die Grabinventare auch deutlich erkennen, daß der Niederrhein »den Zusammenhang mit der alten germanischen Heimat rechts des Rheins« nie verlor. Dieses Ergebnis schien ihm die eminente politische Bedeutung des niederrheinischen Raumes zu bestätigen. Das Land zwischen der Kölner Bucht und der Nordseeküste war »die Klammer, welche die alte Heimat mit dem germanischen Neuland auf ehemaligem römischen Kolonialboden in Belgien und Nordfrankreich verband«.

Steeger konnte die Arbeit, die er selbst als die wichtigste seines Lebens ansah, nicht mehr zu Ende führen; er starb 1958. Seine Nachfolgerin Renate Pirling mußte das Tempo der Grabungen bedeutend erhöhen; denn das Gelände wird bei der geplanten Erweiterung des Krefelder Rheinhafens in einigen Jahren bebaut werden. So wurde während der Sommerkampagne 1963 bereits das zweitausendste Grab geöffnet und bearbeitet. Insgesamt ist bisher eine Fläche von 250 mal 120 Metern untersucht worden. Trotzdem ist das Ende noch nicht abzusehen. Noch wurde nirgendwo die Grenze des Gräberfeldes erreicht.

Und noch immer steckt der große Gelleper Friedhof voller Überraschungen, wie die Aufdeckung eines fränkischen Fürstengrabes im September 1962 bewies.

Die Kampagne war eigentlich schon abgeblasen. Da jedoch das Wetter gut, die Grabungsmannschaft noch zur Stelle war, beschloß die Leiterin, noch einige Tage weiterzumachen. Zur Abwechslung versuchte sie einen kleinen Schnitt außerhalb des vorgesehenen Grabungskomplexes.
Bald legte der Spaten, etwa achtzig Zentimeter unter der heutigen Decke, eine Lage großer Tuffsteinbrocken frei. Darunter zeichneten sich die Umrisse einer etwa 4 mal 2,5 Meter großen Grube ab: das 1782. Grab des Gelleper Frankenfriedhofs.
»Am späten Nachmittag des zweiten Tages, es war der 25. September«, heißt es in Renate Pirlings Vorbericht über den bisher reichsten Fund von Krefeld-Gellep, »stießen wir nahe dem einen Ende dieser Grube auf einen seltsamen Eisengegenstand, eine Art Stange, die senkrecht im Boden steckte... Am nächsten Morgen zeigte sich, daß die Stange rund einen Meter lang war, und gegen Mittag entdeckten wir nahe ihrem unteren Ende, in etwa 2,60 Meter Tiefe, den Rand eines Bronzegefäßes, wenig später kam ein... guterhaltener Bronzekessel am anderen Grubenende zutage. Da Metallgefäße in fränkischer Zeit äußerst selten sind, war schon jetzt klar, daß uns ein außergewöhnlicher Fund geglückt war.«
»Wir arbeiteten jetzt nur noch mit Kellen, Spachteln und Pinseln. Wie recht wir daran taten, zeigte sich gegen Abend, als nahe bei dem zweiten Bronzegefäß, an der westlichen Schmalseite des Grabes, ein goldener Helm mit bronzenen Wangenklappen, eine Goldmünze und schließlich noch der aus purem Gold gefertigte, mit Almandinen belegte Knauf eines Schwertes zutage kamen.«
»Der Helm war so schlecht erhalten, daß wir ihn sofort samt dem ihn umgebenden Sand mit Mullbinden umwickelten, um zu verhindern, daß er auseinanderfiel. Inzwischen begann es dunkel zu werden, und wir mußten die Arbeit abbrechen. Zwei der Studenten, die bei den Grabungen mitwirkten, übernahmen die Nachtwache und schlugen dicht neben dem Grab des Frankenkriegers ein Zelt auf.«
Aber auch der nächste Tag hatte noch eine Reihe von Überraschungen parat. Die Fundliste nennt unter anderem
einen »prachtvollen goldenen Fingerring mit antiker Gemme«, in die zwei männliche Gestalten eingeschnitten sind, von denen eine Flöte spielt: eine Szene, die vermutlich ›den Wettstreit des Apoll

mit dem Silen Marsyas‹ darstellt, »also ein Thema aus der griechischen Sagenwelt«;

einen goldbesetzten eisernen Schildbuckel;

zwei eiserne Messer mit vergoldeten, filigranverzierten Griffen und goldenen Scheidenbeschlägen;

zwei ebenfalls mit indischen Granaten geschmückte Beschläge, die vielleicht als Einfassung von Taschen oder Besatzstücke seines Gewandes dienten und deren einzige bisher bekannte Vergleichsstücke aus Ravenna Theoderich dem Großen zugeschrieben werden;

ein schlankes Glaskännchen, römisch in der Form und so hoch wie ein Sektkelch;

einen völlig unversehrten gläsernen Becher, der ebenso wie der goldene Fingerring mindestens zweihundert Jahre alt war, als er seinem Besitzer mit ins Grab gegeben wurde.

Dazu kamen weitere Waffen und eine Fülle von Gebrauchsgut, das die beigegebene Münze und die verschiedenen Schmuckstücke eindeutig in die erste Hälfte des 6. Jahrhunderts datierten.

Die Funde, in der Mitte der herrliche Goldhelm, vielleicht der schönste seiner Art, sind heute in einer Glasvitrine im Landschaftsmuseum des Niederrheins ausgestellt. Ihre genaue Bearbeitung steht noch aus. Mit Sicherheit aber war der Insasse von Grab 1782 »eine hochgestellte Persönlichkeit, die gewiß zur Schicht des fränkischen Adels gerechnet werden darf«. Ring und Glasbecher lassen erkennen, daß antikes Kulturgut in seinem Haushalt mit größter Sorgfalt behandelt wurde – anders hätten sie nicht über zweihundert Jahre alt werden können. Aber auch die heimische Produktion brauchte sich, zumindest in der Waffen- und Goldschmiedekunst, ihrer Erzeugnisse nicht zu schämen; eine Feststellung, die nicht nur für die alten römischen Städte am Rhein, sondern sichtlich auch für die ländlichen Gebiete gilt.

Steegers Nachfolgerin hat inzwischen auch die erste größere Publikation über die Gelleper Grabung (von 1934 bis 1959) herausgegeben. Obwohl sie darin bereits das Fundgut aus mehr als 1500 Gräbern analysieren konnte, hat sie sich in der historischen Auswertung des Fundstoffes noch weitgehende Zurückhaltung auferlegt. »Eine Reihe von Fragen, so zum Beispiel die nach der sozialen Struktur der Bevölkerung oder ihrer vermutlichen Anzahl, die bei anderen, komplett oder doch nahezu komplett ausgegrabenen Friedhöfen... mit beachtlichen Ergebnissen erörtert wurden, können für Gellep noch gar nicht diskutiert werden.«

So vorsichtig man den bisher vorliegenden Fundstoff aber auch beurteilen mag, soviel steht heute bereits fest: daß die Bodenforschung in Krefeld-Gellep das bisher größte und ergiebigste Reihengräberfeld entdeckte; daß die dortigen Grabinventare die Entwicklung der materiellen Kultur in der spätrömischen und frühfränkischen Zeit lückenlos wiedergeben; daß sich hier also der Übergang von der Antike zum frühen Mittelalter verfolgen läßt.

Zumindest am Niederrhein vollzog sich dieser Übergang nicht als ein abrupter Besitzwechsel, sondern als eine langsame Ablösung. Folgerichtig stellt sich der älteste Teil des Gelleper Gräberfeldes als der Friedhof einer fränkischen Föderatensiedlung des beginnenden 4. Jahrhunderts dar.

Archäologisch sieht das so aus: »Die Toten wurden, von einzelnen Ausnahmen abgesehen, unverbrannt beigesetzt, und zwar fast ausschließlich in Süd-Nord-Richtung, Kopf im Süden mit Blick nach Norden. So gut wie alle Gräber wurden mit Beigaben ausgestattet... Bei Keramik und Gläsern handelt es sich ausnahmslos um Erzeugnisse der spätrömischen Industrie. Ein großer Teil der Tongefäße stammt aus den Sigillatamanufakturen der Argonnen oder den Töpfereien von Mayen, die Gläser dürften größtenteils in Köln hergestellt worden sein. Handelsbeziehungen müssen also in größerem Ausmaß und nach verschiedenen Richtungen bestanden haben... Insgesamt spiegeln die Grabfunde das Bild einer relativ wohlhabenden Bevölkerung wider, die an den Segnungen der römischen Zivilisation offenbar vollen Anteil hatte.«

Schon dieses Ergebnis hat historisches Gewicht. Bisher nahm man nämlich an, daß die Kastelle des Niederrhein-Limes und die dazugehörigen Kastellsiedlungen während der Frankenstürme des 3. Jahrhunderts zerstört und erst unter Kaiser Julian um 360 wiederhergestellt wurden. Offenbar war aber bereits unter Konstantin das niedergermanische Grenzland – wenn auch mit germanischer Hilfe – wieder fest in römischer Hand.

Ja, aus dem Nachlassen der Beigabensitte in der Mitte des 4. Jahrhunderts ist sogar auf ein Erstarken des Christentums zu schließen. In dieses Bild paßt auch, daß von der zweiten Hälfte des 4. Jahrhunderts die Gräber mehr westöstlich – also christlich – als südnördlich ausgerichtet wurden. »Es kann nach alldem kaum mehr zweifelhaft sein, daß eine der Wurzeln der merowingerzeitlichen Reihengräberzivilisation in den Föderatenfriedhöfen von der Art Gelleps gesucht werden muß...«

Das Gräberfeld wurde auch nach dem Abzug der Römer ungestört weiter belegt. Spätestens um 420 zeigen aber die Beigaben den

Wandel der Situation an. »Während zu Beginn des Jahrhunderts noch... einzelne Gräber mit provinzialrömischer Keramik und mit Gläsern reichlich ausgestattet sind, erfolgt dann... die plötzliche Ablösung durch Gefäße einheimischer Machart.« Diese »lehnen sich in der Form teilweise an römische Gefäße des 4. Jahrhunderts an, es finden sich aber auch gänzlich neue Typen, deren Ursprung im rechtsrheinischen Germanien zu suchen ist«.

Aber nicht nur die Keramik zeigt dieses Einströmen germanischer Elemente an, auch bestimmte Fibelarten sind ein Indiz dafür, daß sich die schon bestehenden fränkischen Siedlungen am Niederrhein im Laufe des 5. Jahrhunderts mit Menschen von jenseits des Stromes auffüllten. Als ebenso auffällig registriert Renate Pirling das Nebeneinander von vielen beigabenlosen Bestattungen neben »wenigen gut ausgestatteten Gräbern«. Vielleicht darf auch diese Erscheinung »mit einem am Beginn des 5. Jahrhunderts... einsetzenden stärkeren Zuzug fränkischer Bevölkerung aus der rechtsrheinischen *Germania libera* in Verbindung gebracht werden, der offenbar den ›römischen Firnis‹, der uns in allen zivilisatorischen Äußerungen des 4. Jahrhunderts entgegentrat, vollends beseitigte«.

Damit gewährt das Gelleper Gräberfeld einen Einblick in eine Bewegung, von der keine schriftliche Quelle berichtet. Die Legionäre gingen, die fränkischen Föderaten blieben. Zu ihnen und den Resten der romanisierten Provinzialen stießen dann verwandte Stämme von jenseits des Rheins, vielleicht sogar sächsische und angelsächsische Elemente. Die neue Bevölkerungsstruktur war also eindeutig germanisch. Doch lebten zahlreiche imperiale Traditionen weiter.

Die damit einsetzende Entwicklung vermag der »frühmittelalterliche« Archäologe durch weitere bedeutende Forschungsergebnisse der letzten Jahre exakt zu belegen.

Die Römerstädte in der nachrömischen Zeit

Das Signum der Heimat · Alarm »vor Ort« · Schmuck und Reiseutensilien einer fränkischen Fürstin · Mörder oder Erben Roms? · »Was in den Boden eingewurzelt war...« · Neue alte Glasmacherkunst · Auch der Handel lebte weiter · Die wandernden Münzmeister · Monetar- und Waagelandschaften · Ruinen, Kirchen und Paläste · Kern der Trierer Bevölkerung blieb romanisch · Aus Crispinus wurde Leutegund · Geschichten aus dem fränkischen Köln · Auf Heckenrosen gebettet · Die neuen Herren im römischen Prätorium · Toilettengeheimnisse merowingischer Damen... · ...und ein merowingisches Menü · Das Wunder der Goldscheibenfibeln · Staatsbegräbnis für Wisigarde? · Brücke zum Abendland

Der Kölner Dom genießt bei den Kunsthistorikern nicht das Ansehen wie etwa die Kathedrale von Reims oder das Straßburger Münster. Die eingeborenen Kölner hat das noch nie gestört, und auch die Zugereisten nicht, die »Pimoks«, wie man hierzulande sagt. Für die Bewohner dieser Stadt ist der Dom das Signum der Heimat schlechthin, gleichgültig, ob sie mit der Geistlichkeit auf gutem Fuße leben oder nicht.

Auch für die Besucher von diesseits und jenseits der Grenzen ist es von jeher eine Selbstverständlichkeit gewesen, den Rundgang durch das »hillige« Köln am Dom zu beginnen. Erst kommt der Dom, dann erst kommen die vielen anderen Kölner Kirchen, obwohl sie zum guten Teil schöner, älter und reicher an Geschichte sind. Die Ehrerbietung, die man dem Dom selbst »draußen« entgegenbringt, mag erklären, daß er 1945 noch aufrecht stand – aufrecht in einer Landschaft aus Geröll und Trümmern, deren Straßen, wenn sie nicht ganz verschüttet waren, nur noch die Breite von Trampelpfaden hatten.

Freilich: ganz unversehrt war auch der Dom nicht aus den Bombennächten hervorgegangen. Vierzehn schwere Fliegerbomben hatten ihn getroffen. Hunderte von Phosphorkanistern waren auf ihn herabgeregnet. Ganz zum Schluß, als der Krieg eigentlich schon beendet war, hatte er noch unter schwerem Artilleriebeschuß gelegen und an die zwanzig Volltreffer hinnehmen müssen, die vor allem in den maßwerkgeschmückten Fassaden schmerzliche Verheerungen anrichteten.

Und noch einmal hatte er bis in die Grundmauern gewankt, als englische Pioniere die Fahrrinne im Rhein von den Resten der eingestürzten Brücken freisprengten. Nach diesem letzten Feuerschlag konnte man tatsächlich vom Boden des Langhauses aus durch die zersplitterten Dachsparren in den Himmel blicken... Ein tröstlicher Anblick, trotz allem. Der Himmel wenigstens war unbeschädigt.

Seit jenen Tagen wird am Dom wieder gebaut. Das zerbrechliche gotische Maßwerk ist inzwischen erneuert. Die Gewölbe tragen wieder. Der Dreikönigsschrein, die alten Chorstühle und die Grabdenkmäler der Kölner Erzbischöfe sind an ihre angestammten Plätze zurückgekehrt, mit ihnen die Händler und Losverkäufer und jene Schwärme von Tauben, die wie eh und je hurtig und wohlgenährt den gewaltigen Bau mit seinen spitzen Türmen umflattern...

Noch einmal zehn oder zwanzig Jahre, und der Dom wird den Krieg vergessen haben.

Seit 1946 wird im Dom auch gegraben. Nahezu zwei Jahre stand dafür das gesamte Dominnere zur Verfügung. Von 1948 an beschränkten sich die Schürfungen auf die durch eine Trennwand abgeteilte Westhälfte des Bauwerks. Als auch diese 1956 »wiedereröffnet« wurde, gingen die Archäologen in die Tiefe und setzten ihre Arbeit »im unterirdischen Stollenbetrieb« fort. So ziehen unter der sechstausend Quadratmeter großen Grundfläche der Kölner Kathedrale heute unterirdische Gänge kreuz und quer. Ein ganzes Bergwerk hat sich dort unten aufgetan, und wirklich wird die jeweilige Grabungsstelle im Fachjargon »vor Ort« genannt.

Es ging zunächst darum, Erkundigungen über den alten karolingischen Dom einzuholen. Das gelang verhältnismäßig schnell. Schon 1950 konnte der Leiter der Kampagne, Dr. Otto Doppelfeld, den Grundriß der 870 geweihten Metropolitankirche vorlegen. Ein imponierender Bau übrigens – fast hundert Meter lang, vierzig Meter breit, mit einem großen Atrium im Westen, dessen überdachter Umgang zum Teil von den Säulen einer alten römischen Straßenkolonnade getragen wurde.

Im gleichen Arbeitsgang wurde festgestellt, daß der karolingische Dom einen Vorgänger hatte, dessen Grundriß »eine auffällige Verwandtschaft« mit der Kirche des St. Gallener Klosterplans erkennen ließ. Dieser im ersten Jahrzehnt des 9. Jahrhunderts begonnene Bau wurde jedoch nie vollendet. Die Grabung bestätigte somit eine Kölner Quelle aus dem 15. Jahrhundert, die besagt, daß der 819 gestorbene Erzbischof Hildebold angefangen habe, die von ihm begründete Kloster- oder Stiftskirche zu einer Hauptkirche auszubauen.

Aber die Ausgräber hatten ihre Ziele weiter gesteckt. Es ging ihnen nicht nur um den karolingischen Dom, sondern um die Baugeschichte des Dombereichs überhaupt. Da sie bereits 1947 in einer nachrömischen Schicht ein Skelett gefunden und später im Mauerwerk des Hildebold-Domes fränkische Grabsteine entdeckt hatten, lag die Vermutung nahe, daß unter dem »alten Dom« noch die Reste eines merowingerzeitlichen Kirchhofs, vielleicht sogar die des »ältesten Domes« verborgen seien. Also beschlossen sie, noch eine Etage tiefer zu gehen.

Sie bauten zu diesem Zweck, etwa vier Meter unter dem Chor, eine Gruftkapelle, um von hier aus weiter in das Erdreich einzudringen. Das Projekt setzte umfängliche Sicherungsarbeiten voraus. So mußte zunächst die neue Krypta auf kräftige Pfeiler gestellt werden. Beim Ausheben der notwendigen Fundamentgruben geschah es dann...

Es geschah, daß ein Grabungsarbeiter – bis an den Bauch in einer Grube stehend – auf eine gespaltene Trachytplatte stieß, plötzlich einbrach und um einen guten halben Meter wegsackte.

Der Leiter der Grabung, Dr. Otto Doppelfeld, vergißt bei seinen Führungen und Vorträgen nie zu erwähnen, daß der Mann, dem dieses Mißgeschick widerfuhr, den seltenen Namen Wildsau trägt. Besagter Wildsau stak also plötzlich bis an den Hals in der Erde und mußte aus seinem Loch regelrecht herausgehievt werden. Aber schon der erste Scheinwerferstrahl, der in die dunkelgähnende Öffnung gerichtet wurde, ließ keinen Zweifel daran, daß man, zwei Stockwerke tief unter dem Kirchenboden, auf eine Grabkammer gestoßen war.

Die einige Tage später – nach dem inzwischen erfolgten archäologischen Großalarm – beginnende Bergung der Beigaben gestaltete sich außerordentlich schwierig. Über der Kammer standen vier Meter hohe Erdschichten an, die abzutragen nicht möglich war, da auch die nächste Deckplatte einen bedenklichen Riß aufwies. Es blieb also nichts anderes übrig, als das Grab von der Einsturzstelle her auszuräumen – das heißt: in das backofenähnliche, notdürftig abgestützte Gewölbe hineinzukriechen, es zentimeterweise zu vermessen, zu zeichnen und zu photographieren und seinen Inhalt mit Hilfe von Dachshaarpinsel und Federmesser der Welt wiederzugewinnen.

Das Grab war bei einer Höhe von 76 Zentimetern drei Meter lang und 85 Zentimeter breit. Das Kopfende bildete ein Stück römischer Mauer, das beim Bau der Kammer frisch verputzt und geweißt worden war. Seitenwände, Boden und Decke waren aus römischen Spolien zusammengesetzt. Trotz der Risse in den Deckplatten war »die Kammer so dicht, daß im Lauf der Jahrhunderte keine Erde eingedrungen war. Bei der Bestattung wurden der 0,55 mal 1,70 Meter große Holzsarg im westlichen Teil der Grabkammer niedergesetzt und in dem freigebliebenen Fußende die Beigaben deponiert. Über das Ganze scheint man dann eine Wolldecke gebreitet zu haben, von der sich aber nur ein gut handgroßer Fetzen neben dem rechten Fußende des Holzsarges erhalten hat, weil die hierunterstehende oxydierende Bronzeschale ihn konservierte.« (Doppelfeld)

Schon der erste Blick hatte gezeigt, daß es sich um ein fränkisches Frauengrab handelte – um die letzte Ruhestätte einer hochgestellten, reichen und offenbar sehr eleganten Dame.
Am Kopfende lagen die Reste einer golddurchwirkten Stirnbinde, die in der Mitte ein goldgefaßter Almandin geschmückt hatte, daneben zwei Ohrringe, die ebenfalls mit dem tiefrot leuchtenden indischen Granat besetzt waren. Um den Hals hatte die Fürstin – denn nur eine Dame aus fürstlichem Geschlecht konnte sich derartige Kostbarkeiten leisten – ein schweres Kollier von barocker Pracht getragen, »ein Kollier mit acht römischen Goldmünzen, fünf filigranverzierten Rundscheiben, zwölf Goldperlen, zwei Perlen mit Almandinen und einer Mittelgruppe aus einem blattförmigen Anhänger, zwei solchen in Form von Blumen und schließlich einer Anzahl verschiedener Glasperlen«.
Ein zweites Gehänge bestand aus einer zweiteiligen Goldkette, die eine in Konstantinopel geprägte Goldmünze mit dem Bildnis des Kaisers Theodosius II. trug. Die Kette hing an zwei Scheibenfibeln, die wahrscheinlich zu beiden Seiten des Halses, in Höhe des Schlüsselbeins, das Gewand der Fürstin verziert hatten; zwei unvergleichlich schöne Stücke mit zellenverglasten Almandinen und filigrangeschmücktem Buckel – die schönsten der gesamten Kollektion, die den Ruhm der Kölner Dame mit Windeseile verbreiteten.
Auch der übrige Schmuck hatte sichtlich einer Dame von erlesenem Geschmack gehört. Den goldenen Fingerring der rechten Hand dürfte sie aus Byzanz bezogen haben. Die Linke trug einen Ring, der ebenso wie der 66 Gramm schwere Armreif aus massivem Gold war. Eine Amulettkapsel kam wahrscheinlich aus einem mittelmeerischen Atelier. Die beiden halbkugeligen Silberschalen mit vergoldeten Weinranken – die größte »Bulle« dieser Art, die ein fränkisches Grab bisher freigab – wurde wahrscheinlich am Gürtel

getragen, zusammen mit einer kunstvoll gefaßten Bergkristallkugel und einem Ledertäschchen, das unter anderem eine Schere, ein Messerchen mit goldenem Griff und einige ostgotische Silbermünzen enthielt: sogenannte »Halbsiliquen« mit den Profilen Theoderichs des Großen und seines Nachfolgers Athalarich.

Zwei schwere Spangenfibeln aus Silber, wieder unverkennbare Erzeugnisse einer fränkischen Bijouterie-Werkstatt, dienten wahrscheinlich als Mantelverschluß. Die Kleidung selbst war bis auf einen Schuhrest und einige unansehnliche Tuchfetzen vergangen. Die silberverzierten Schuhschnallen und die almandingeschmückten Zungen der Wadenriemen verrieten jedoch, daß die Kölner Dame den Forderungen der damaligen Eleganz auch in dieser Hinsicht Rechnung getragen hatte.

Zu Füßen der Toten standen sechs fränkische Glasgefäße, darunter eine grünlich schimmernde Flasche mit einer undefinierbaren Flüssigkeit, wahrscheinlich ein Weinrest, daneben ein bronzebeschlagener Holzeimer und ein gleichartiges Kästchen, das Reste von Tüchern, Pantoffeln, Perlen und Nüssen enthielt. Auch ein Trinkhorn, eine Feldflasche und eine Bronzeschale waren der Dame als Reiseutensil mitgegeben worden. Dazu kamen zahlreiche Glas- und Bernsteinperlen, verschiedene Goldborten und Goldgespinste unbekannter Funktion und noch zwei Münzen, die eine in Konstantinopel, die andere in Ravenna geprägt.

Und wer war die Dame, der ein so außerordentliches Begräbnis zuteil geworden war? Keine Inschrift, keine Gravierung nannte ihren Namen. Sie muß jedoch eine sehr kleine, sehr zierliche Person gewesen sein, allenfalls 1,50 Meter groß, die – nach ihren wohlerhaltenen Zähnen zu urteilen – schon mit achtundzwanzig Jahren gestorben war. Nach Ausweis der fast prägefrischen Kleinmünzen um 550.

Das Frauengrab im Dom war das reichste und wertvollste Grab, das je im Rheinland gefunden wurde. Doch wurde ihm nicht nur wegen seiner ungewöhnlichen materiellen Ausstattung vom ersten Tag an eine sensationelle Bedeutung zuerkannt. Auch die erregenden Fundumstände spielten dabei nur eine zweitrangige Rolle. Was die Kölner Archäologen mehr als alles andere interessierte, war die Tatsache, daß sie zum erstenmal innerhalb der alten Römerstadt eine komplette Bestattung aus der Merowingerzeit entdeckt hatten.

Jahrelang hatten sie danach gesucht, außer zwei leeren Sarkophagen in zwei alten Kirchen jedoch nichts dergleichen gefunden. Nun hatten sie ein sicheres Indiz für die seit Jahren gehegte Vermutung, daß die alte Hauptstadt auch im Frankenreich bewohnt gewesen war und zumindest zeitweilig hauptstädtische Funktionen ausgeübt hatte. Auch Köln hatte nach dem Abzug der Römer weitergelebt. Die alte Colonia Claudia Ara Agrippinensis war von ihren Bewohnern nicht verlassen worden.

Das Frankengrab im Dom leistete damit einen gewichtigen und vielschichtigen Beitrag zu dem Zentralproblem der »merowingischen« Archäologie – dem sogenannten Kontinuitätsproblem.

Noch heute begegnet man bisweilen der Anschauung, die Germanen hätten das Imperium geradezu »gemordet«. Die vorherrschende Lehrmeinung lautet freilich anders. Sie sieht in den germanischen Völkern, vor allem in den Franken, weniger die Überwinder als die legitimen Erben Roms. »In Eurem Staate«, so schrieb der große Theoderich seinem bewunderten Vorbild, dem oströmischen Kaiser Anastasius, »haben wir gelernt, wie wir die Römer regieren können. Unsere Herrschaft ist eine Nachahmung der Euren, ein Abbild des Vorbilds Eurer einzigartigen und beispielhaften Regierung.«

Demnach ist für die heutige Geschichtsschreibung die Völkerwanderungszeit nicht so sehr eine Kulturen und Staaten vernichtende Katastrophe, die die Welt der Antike wie in einem Mörser zerstampfte, sondern eine Epoche der gegenseitigen Durchdringung und Befruchtung. Wichtiger als das Trennende scheint ihr die Kontinuität des Lebens – ein Begriff, der bereits im vorigen Jahrhundert gelegentlich in der wissenschaftlichen Literatur auftauchte, aber erst nach dem Ersten Weltkrieg durch den Wiener Alfons Dopsch in den Rang eines heftig diskutierten wissenschaftlichen Problems erhoben wurde.

Dopsch legte seine Auffassungen in seinem erstmals 1918–1920 erschienenen Buch *Wirtschaftliche und soziale Grundlagen der europäischen Kulturentwicklung* nieder, das er, bezeichnenderweise, den deutschen Geschichts- und Altertumsvereinen widmete. Denn diese vor allem hatten ihm die Stichworte zu einer völligen Umbewertung der Völkerwanderungszeit geliefert. Ihnen dankte er das von der akademischen Geschichtsschreibung bis dahin kaum beachtete Material, das als Ergebnis zahlloser archäologischer Unternehmungen in zahllosen Veröffentlichungen gespeichert war.

Seine Meinungen legte er in Sätzen nieder, deren polemischer und apodiktischer Kraft sich selbst seine Gegner schwer entziehen konnten. Da hieß es etwa: »Die Lehre von der gewaltigen Kulturzäsur, welche nach der herkömmlichen Darstellung die vielberufenen wilden Zeiten der sogenannten Völkerwanderungszeit bewirkt haben soll, ist, meine ich, nichts anderes als der beredte Ausdruck einer

Rückständigkeit der Kulturgeschichtsforschung auf diesem Gebiete.«

Oder: »Die römische Welt ward von innen heraus durch die Germanen allmählich gewonnen, indem sie längst von ihnen durchsetzt, ihre Kultur durch sie übernommen, ja auch ihre Verwaltung vielfach auf sie übergegangen war, so daß die Beseitigung der politischen Herrschaft nur mehr die letzte Konsequenz dieses langwährenden Verwandlungsprozesses war.«

Und schließlich: »Die frühmittelalterliche Kultur tritt nicht neu als primitive roher Barbaren neben eine absterbende, von ihnen selbst vernichtete…, sondern ist ein organisch sich einfügendes Glied voller Anpassung in der Kette einer uralten, von Volk zu Volk weiter überlieferten Gesamtentwicklung.«

Am meisten hat in der Folgezeit der Bonner Hermann Aubin zur Erhellung des Kontinuitätsproblem beigetragen, allerdings von einem gegenteiligen Standpunkt aus. Aubin leugnete keineswegs die Kulturzusammenhänge zwischen Antike und Mittelalter. Auch er ging davon aus, daß das Mittelalter nicht auf einer *tabula rasa* begann. Doch war er der Meinung, daß Dopsch »in der Aufstellung von römisch-germanischen Zusammenhängen« entschieden zu weit gegangen sei. Durch zahlreiche Beispiele, die nicht weniger überzeugten als die von Dopsch, wies er nach, daß man ebenso gut vom Absterben wie vom Weiterleben antiker Einrichtungen sprechen könne; anders ausgedrückt: daß die Völkerwanderungszeit eben doch eine Epoche allgemeinen Verfalls war.

Nach Aubin verfiel damals alles, was mit den Aufgaben des römischen Zentralstaates und den von ihm geschaffenen Zwangsformen zu tun hatte. Das Heerwesen verlor seinen institutionellen Charakter. Der Krieger trat an die Stelle des Soldaten, das Aufgebot der waffenfähigen Männer an die des Militärs. Es gab fortan »keine Spur mehr einer besoldeten, von Staats wegen bekleideten und bewaffneten, zu Waffenbewegungen einexerzierten, nach militärwissenschaftlichen Einsichten befehligten Truppe…« Die Grenzbefestigungen verkamen. Die ausgeraubten und niedergebrannten Proviantlager und Versorgungsmagazine wurden nicht wieder aufgebaut, nicht wieder gefüllt.

Damit fiel auch das Wirtschaftsleben auf eine primitivere Stufe zurück. Die Waffenproduktion ging von den großen Manufakturen auf kleine Werkstätten über. Die heereseigenen Bergbau- und Steinbruchbetriebe stellten ihre Tätigkeit ein oder lebten bestenfalls als private Zwergbetriebe weiter. Die leistungsfähigen Tuchfabriken – etwa der Secundinier in Trier – schlossen ihre Tore. Kurz: die gesamten hochentwickelten frühkapitalistischen Organisationsformen der spätimperialen Wirtschaft brachen zusammen. Auch die temporeiche Verkehrswirtschaft des Imperiums begann zu lahmen. Die hervorragenden römischen Straßen verwahrlosten. Es gab keine Straßenbauverwaltung, keine kaiserliche Post, keinen planmäßigen Fernverkehr mehr.

Verfall und Niedergang also auf der ganzen Linie. Keine Schulen. Keine Wissenschaft. Keine Literatur. Keine öffentliche Hygiene. Keine Wasserleitungen. Keine Badeanstalten. Keine Hotels. Kein Theater. Keine Trennung ziviler und militärischer Gewalten. Keine Baukunst – allenfalls »Flickarbeit an alten Gebäuden«. Keine staatliche Rechtspflege. Kein geordnetes Steuerwesen. Keine spezialisierte Landwirtschaft. Und keine romanische Oberschicht mehr. Was an römischen und vorrömischen Bevölkerungsresten zurückgeblieben war, gehörte fast ausschließlich den unteren Schichten an und war zudem schwer betroffen: enteignet, vergewaltigt, versklavt.

Aubins Bilanz sieht also wesentlich dürrer und karger aus als die von Dopsch: »Die römisch-germanischen Zusammenhänge im Rheinland gehören durchaus einer niederen Sphäre an. Was in den Boden eingewurzelt war, wie der Weinstock, Grenzen, Stadtmauern, feste Steinbauten und manche Fertigkeiten des täglichen Lebens, das hat den Sturm der Völkerwanderung überdauert und auf die germanischen Eroberer eingewirkt. Der ganze Oberbau des römischen Lebens aber ist hier im Rheinland vernichtet worden.«

Aubins berühmt gewordener und vielzitierter Satz hat Jahrzehnte das Bild der nachrömischen Epoche in Deutschland bestimmt. Aber auch er mußte sich im Lauf der Zeit manche Korrektur, manche Ergänzung gefallen lassen – nicht zuletzt dank den Fortschritten der archäologischen Arbeit. Einige glückliche Funde trugen dazu bei wie die gewissenhafte Aufarbeitung der Reihengräberinventare. Eindeutig geht aus ihnen nämlich hervor, daß es eben doch nicht nur gewisse »Fertigkeiten des täglichen Lebens« waren, die die düstere merowingische Zeit überstanden. Allein die fränkisch-alemannische Schmuckkunst beweist ja, daß die provinzialrömischen Formen und Erfahrungen zum guten Teil weitergegeben und weiterverarbeitet wurden. Und niemand wird sagen können, daß die Erzeugnisse der höfischen Gold- und Silberschmiede einer »niederen Sphäre« angehörten.

Eher scheint die Keramik den Feststellungen Aubins zu entsprechen – aber doch nur auf den ersten Blick. Zwar wurden die Fabriken von Rheinzabern bereits während der Alemannenstürme 259/ 260 total zerstört, zwar gingen die Trierer Werkstätten spätestens zu Beginn des 5. Jahrhunderts ein, die Mayener Töpferbetriebe aber behaupteten sich; offenbar haben sie sogar ohne jegliche Unterbrechung weitergearbeitet. Und da die Mayener Formen sich später in den Badorfer und Pingsdorfer Erzeugnissen fortsetzten und diese wiederum die um 1000 beginnende Siegburger Produktion beeinflußten, ist zumindest in der Keramik eine kontinuierliche Entwicklung vom Altertum zum Mittelalter festzustellen, ja, bis in die Gegenwart – denn die Siegburger Meister siedelten später in den Westerwald um und begründeten die heute noch florierenden Töpfereien des Kannenbäckerlandes.

Das beste Beispiel kontinuierlicher Weiterentwicklung aber gibt das fränkische Glasgewerbe ab, das unmittelbar aus der vielgerühmten rheinischen Glasindustrie der römischen Zeit hervorging. Schon die Formen lassen das erkennen. Die Spitz-, Sturz- und Kugelbecher, ja, selbst die »barocken« Rüsselbecher, an denen der etwas grobschlächtige Geschmack der fränkischen Nobiles offenbar am meisten Gefallen fand, können ihre römische Ahnenschaft nicht verleugnen. Freilich vollzog sich in der fränkischen Produktion – trotz der unverkennbaren Neigung zu vulgärem Prunk – ein Wandel zu bescheideneren, schlichteren Formen, die (nach Rademacher) »in starkem Gegensatz zu dem vielfach sehr bewegt gebildeten römischen Glas« stehen. Sie verzichten durchweg auf Henkel, und »der Stengelfuß, die ästhetisch reifste, aber zugleich technisch schwierigste Lösung, findet sich nur selten«. Eigenschöpferische Formversuche zeichnen sich frühestens im 6. Jahrhundert ab.

Auch die ebenfalls dem antiken Fundus entstammenden Fadenverzierungen mit ihren Schleifen, Spiralen und wellenförmig bewegten Bändern wurden stark vereinfacht. Schließlich unterlag auch die Färbung des Glases einem offenkundigen Nivellierungsprozeß. Die satten Rot- und Blautöne der römischen Fabrikate wurden seltener und verschwanden schließlich ganz; es überwog fortan eine leichtgrünliche oder gelblichgraue Glasmasse, die überdies häufig mit Bläschen und Flecken durchsetzt ist.

Solchen Einschränkungen zum Trotz bleibt die Glasmacherkunst jedoch ein Paradebeispiel der Kontinuitätstheorie. Alle Funde deuten darauf hin, daß sie die römischen Traditionen unmittelbar aufnahm und fortsetzte. Freilich gelang es bisher nicht, die fränkischen Produktionsstätten zu lokalisieren. Rademacher vermutet deshalb, daß die Glashütten schon bald nach der fränkischen Landnahme aus den Städten in die Wälder verlegt wurden, in die Nähe der

Rohstoffe, wo dann vor allem in der Nähe der Klöster der Typ jenes »Glasbauern« entstand, der bis in das hohe Mittelalter hinein den immer etwas geheimnisvollen Glasmacherberuf repräsentierte.

Aubin hielt auch die Zeit der großen Fernverbindungen von London bis Budapest, von Schweden bis Ägypten mit Beginn des 5. Jahrhunderts für abgelaufen. Ebenso gestand er dem Handel im Merowingerreich, im Gegensatz zu Dopsch, nur eine zweitrangige Rolle zu. Die Fortdauer von Handelsbeziehungen leugnete er freilich nicht, dem westlichen Teil des fränkischen Territoriums quittierte er sogar die Existenz eines eigenen Händlerstandes.

Es waren dort vor allem die syrischen und griechischen Kaufleute, die den »Zusammenhang mit dem vom Orient kommenden Welthandel« aufrechterhielten. Der belgische Historiker Henri Pirenne verweist im gleichen Zusammenhang auf die ansehnliche Judenkolonie, die zur Zeit des Gregor von Tours in Clermont-Ferrand bestand. Er berichtet auch, daß der Papyrus der merowingischen Kanzleien aus Sizilien bezogen wurde, und lieferte damit ein weiteres Kriterium für den Fortbestand der antiken Wirtschaftsbeziehungen.

Im Rheinland aber und in den übrigen vorwiegend germanischen Gebieten des Merowingerreiches, so glaubt Aubin, seien die Karren und Tragtiere der Fernkaufleute »höchstens sporadisch« aufgetaucht.

In der Tat lag der Rheinhandel nach den Frankenstürmen des 4./5. Jahrhunderts schwer danieder, schon weil die römische Armee als Großabnehmer ausfiel. Nicht nur die Tuchausfuhr der belgischen Provinzen, sondern auch der »Nachschub von Naturerzeugnissen, namentlich Spaniens, von Wein, Öl, Fischkonserven, kam mit dem Abzug der Garnisonen und Beamtenschaft... schon Anfang des 5. Jahrhunderts zum Erliegen«. Trotzdem kann man auch hier nicht von einem gänzlichen Erliegen des Handels sprechen. Holland und Belgien zum Beispiel nahmen weiterhin Mayener Keramik auf. Die Steinindustrie des Neuwieder Beckens versandte Mühlsteine rheinabwärts. Und die Glasmacher Belgiens und Nordfrankreichs vertrieben ihre Produkte bis England und Innergermanien.

Die Formen des Vertriebs sind freilich nicht bekannt. »Vorläufig wissen wir nicht, auf welche Weise die dünnwandigen und leicht zerbrechlichen... Gläser zu ihren letzten Besitzern in Schwaben, Thüringen, Westfalen oder in Kent gelangten und ob mit ihnen zusammen auch der Wein, für den sie bestimmt waren, in die rechtsrheinischen Gebiete und nach England verhandelt wurde.« (Werner)

Fest steht ferner, daß der Handel mit dem Mittelmeerraum – wie zahlreiche Gräber mit byzantinischen Münzen oder langobardischem Schmuck oder Bronzegeräten aus dem koptischen Ägypten zur Genüge beweisen – bald wieder in Gang kam. Aubin begegnet auch dieser Feststellung mit einem Einwand. »Es war ein reiner Luxushandel für den Bedarf der Oberschicht und des Kirchenkults, nichts mehr von jenem breiten Warenaustausch, der selbst Massengüter bewegt und damit die wahre Stufe des antiken Wirtschaftslebens bezeichnet hatte.«

Die Archäologie hat auch diese Auffassung korrigieren müssen. Koptisches Geschirr, das in Süddeutschland und im Rheinland zur Musterausstattung jedes »besseren« Grabes gehört, hat in solchen Mengen den Weg von den alexandrinischen Großbetrieben durch das Mittelmeer und über die Alpen gefunden, daß es fast schon als Massengut anzusehen ist. Die Gräberinventare bezeugen auch, daß der Fernhandel nicht nur die Höfe und bischöflichen Kanzleien zu seinen Kunden zählte, sondern zumindest auch die ländlichen Nobiles mit den Gütern des gehobenen Konsums – heute würden wir sagen: des Repräsentationskonsums – versorgte.

Den Weiterbestand des Handels in der merowingischen Zeit bezeugen vor allem zahlreiche Münzen – Münzen, die zum überwiegenden Teil aus Gräbern stammen und allein damit die Kontinuitätstheorie stützen; denn die Sitte, die Verstorbenen auch finanziell fürs Jenseits auszurüsten, ging ja auf den Charonspfennig, das Geld für den Fuhrmann der Unterwelt, und damit auf ein Element der griechischen Mythologie zurück.

Zunächst freilich scheint das Münzwesen im Frankenreich ein abruptes Ende gefunden zu haben. Die Produktion von Kupfergeld wurde offenbar schon im ersten Jahrzehnt des 5. Jahrhunderts eingestellt. Die Prägeanstalten von Trier und Lyon schlossen in der Mitte des Jahrhunderts, die von Arles um 475 ihre Tore. »Damit hatte« – um noch einmal Joachim Werner zu zitieren – »die offizielle Prägetätigkeit und die Regulierung des Münzvorrates durch die staatlichen ... Münzateliers ihr Ende genommen.«

Das an Gold- und Silbermünzen ebenso wie an Wechselgeld gewöhnte Land empfand diesen Zustand recht bald als unerträglich. Spätestens unter den Söhnen Chlodwigs wurde also wieder Hartgeld hergestellt. Die fränkischen Werkstätten hielten sich an die damalige Weltwährung aus Byzanz und prägten die Solidi und

Trienten (= Drittelsolidi) mit den Bildnissen und Legenden der oströmischen Kaiser nach. Doch schon Theudebert I., der begabte und tüchtige Enkel Chlodwigs, wagte es, Münzen mit eigenem Porträt und Namenszug produzieren zu lassen – »eine zu seiner Zeit unerhörte Neuerung«, mit der zum erstenmal ein germanischer König seinen Anspruch auf Gleichberechtigung öffentlich anmeldete. Die byzantinischen Cäsaren waren denn auch entsprechend empört und vergrämt.

Während die Nachprägungen der oströmischen Münzen ebenso wie die Eigenprägungen völlig das vertraute Erscheinungsbild wahrten, trat in der Herstellung, dem individualistischen Zug dieses Zeitalters folgend, eine wesentliche Änderung ein. Die Münzprägung ging in die Hände wandernder Münzmeister über, die von Ort zu Ort zogen und ihre Kunst im Auftrag der großen und kleinen Herren des Merowingerreiches ausübten. Es muß sich um ein äußerst lukratives Gewerbe gehandelt haben; denn allein aus dem 7. Jahrhundert und den gallischen Landesteilen des Frankenreiches sind – dank dem glücklichen Umstand, daß die Münzmeister ihre Produkte mit ihrem und dem Namen des Entstehungsortes versahen – zweitausend »Monetare« und achthundert Prägeplätze überliefert.

Trotz den Zugvogelgewohnheiten dieser Geldmacher war die Münzprägung vor allem in den romanischen Landesteilen zu Hause. Im Rheinland blieb die Prägetätigkeit fast ausschließlich auf die alten Römerstädte beschränkt, während sie in Gallien sogar in kleinen und entlegenen Siedlungen geübt wurde. Über den Rhein sind die approbierten Münzschläger offenbar nicht gegangen – jedenfalls ist bis heute kein rechtsrheinischer Prägeort festgestellt worden. Hier kursierten durchweg ausländische Münzsorten: ostgotische und byzantinische, westgotische und langobardische, vom Ende des 7. Jahrhunderts an auch friesische Trienten und angelsächsische Sceatteas.

Um diese Zeit hatte sich die Geldwirtschaft freilich längst auf die wenigen städtischen Zentren des Fernverkehrs zurückgezogen. Als noch gravierender wertet Joachim Werner die Tatsache, daß auf dem Gesamtterritorium des Frankenreiches »der breite Unterbau der Kleinmünzen für den Marktverkehr« fehlte.

»Eine reine Edelmetallwährung von der Art der merowingischen, westgotischen oder langobardischen besaß wirtschaftlich zwar eine regulierende Aufgabe als Wertmesser, ermöglichte auch die Hortung von Münzen, schränkte aber andererseits den Gebrauch der Münze als Tausch- und Zahlungsmittel rigoros ein.«

»Da die Funktion der Münze derart eingeengt wurde, kann man die mit ihr verbundene Wirtschaftsform entweder als stark reduzierte Geldwirtschaft oder als hochentwickelte Naturalwirtschaft bezeichnen... Das gemünzte Geld lief zwar um, hatte als Edelmetall aber einen so hohen Eigenwert, daß es, soweit es nicht überhaupt vom Fernhandel mit Luxusgütern absorbiert wurde, höchstens bei Kauf und Verkauf hochwertiger Güter als Zahlungsmittel diente.«

»Die Kleinmünzen für den täglichen Verkehr fehlten dagegen, und damit die Indizien einer vollentwickelten Geldwirtschaft im spätantiken Sinne. Der Bereich des Geldumlaufs blieb auf jene Schichten der Bevölkerung beschränkt, die sich den Besitz von Edelmetall leisten konnten.«

Joachim Werner hat in diesem Zusammenhang auf eine interessante Erscheinung aufmerksam gemacht, die namentlich die germanischen Gebiete des Merowingerreiches betrifft. Während die »Monetarmünzen« der westlichen Landesteile eine gewissermaßen geeichte Ware darstellten, die einen bestimmten Wert repräsentierte und untereinander auswechselbar war, fehlte in Austrasien ein derart fester Münzwert. Dazu kam, daß zahlreiche Fälschungen umgingen. »Wenn 1935 unter 146 Münzen aus süd- und westdeutschen Reihengräbern des 6. und 7. Jahrhunderts 18 vergoldete Kupferfälschungen von Solidi und Trienten festgestellt wurden, dann zeigt dies neben dem frommen Betrug an den verstorbenen Angehörigen, wie notwendig die Prüfung jeder einzelnen Münze... war. Das Gewicht der Münze konnte man auf der Feinwaage kontrollieren, den Feingehalt wohl nur durch Augenschein in langjähriger Erfahrung beurteilen, die Fälschung dagegen leicht mechanisch durch Kratzen mit einem harten Probierstein erkennen.«

In der Tat gibt es unter den Tausenden bisher aufgedeckter merowingischer Reihengräber »einige Dutzend, zu deren Totengabe eine Feinwaage, Gewichte und Probiersteine gehören«, und zwar zum ganz überwiegenden Teil Männergräber. Waage und Probierstein wurden zusammen mit Feuerzeug, Bartzange und Sacknadel in einem Lederbeutel getragen, gehörten also zu den Alltagsrequisiten – zumindest bei Leuten, die sich Edelmetalle leisten konnten oder beruflich mit Münzen umgingen.

Trägt man die insgesamt 65 Waagefunde auf einer Karte ein, so ergibt sich, daß sie vor allem in Flandern, am Rhein und an der Donau zu Hause waren: in den rein germanischen Siedlungsgebieten des Frankenreiches. Werner unterscheidet diese Feinwaagen-

landschaft von der gallischen Monetarlandschaft. »Die ›Monetarlandschaft‹ umschreibt ein Gebiet, in dem die Münze nach dem
Quantitätsprinzip behandelt wurde, d.h. wo der aus Eigenprägung
resultierende Münzvorrat so dicht und einheitlich war, daß man
Geld nach der Stückzahl in Zahlung nahm... Die ›Feinwaagen-
landschaft‹... war gegenüber der ›Monetarlandschaft‹ das Gebiet
des Qualitätsprinzips, wo der gemischte und nicht so dichte Münzvorrat überwiegend fremder Herkunft den Metallwert der Münze
zur alleinigen Norm erhob. Hier nahm man Geld nur nach Gewicht
und nicht nach Stückzahl entgegen.«
Auch auf dem Kapitalmarkt also Kontinuität und Verfall in gleicher Weise. Das frühe Mittelalter schloß im Münzwesen nach
kurzer Unterbrechung unmittelbar an die Antike an; Kunst und
Technik der Prägung gründeten sichtbar auf römischen Erfahrungen. Ebenso sichtbar aber ist die Entartung. Wie das einzelne
Geldstück immer formloser wurde, so ging auch die imperiale
Organisation des Münzwesens aus den Fugen. Was kaiserliches
Privileg und Ausdruck eines straffgelenkten Staates gewesen war,
endete in größter Zersplitterung – ein Vorgang, den Aubin schlicht
als Anarchie bezeichnet.

Eine Ausnahme freilich läßt auch Aubin gelten: die Kirche. In der
Tat – wenn irgendwo eine wirkliche Kontinuität des Lebens und
Denkens beobachtet werden kann, dann in der Fortdauer der
Kirche, im Fortbestand des Christentums. Nicht nur in Gallien,
sondern auch an Mosel, Rhein und Donau überlebten zahlreiche
christliche Gemeinden den Zusammenbruch, schwer getroffen im
äußeren Gefüge, doch unerschüttert in ihrer seelischen Kraft und
hartnäckig darauf bedacht, sich in ihrem Glauben von den neuen
Herren nicht beirren zu lassen.
Zwar entrichtete auch die Kirche ihren Tribut an den allgemeinen
Niedergang. Viele ihrer Bauten gingen in Flammen auf. Doch
wurden sie, wenn auch notdürftig, bald wiederhergestellt. Das
Bildungsniveau der Geistlichen sank wahrscheinlich rapide ab. Doch
scheinen sie die Kunst des Lesens und Schreibens selbst in den
schlimmsten Zeiten nicht eingebüßt zu haben – eine Tatsache,
deren Nutzen, wie wir sahen, auch die Franken schnell begriffen.
Wie die hohen Kleriker am Hofe benötigt wurden, um Verträge
abzuschließen und Urkunden auszustellen, übte auch die niedere
Geistlichkeit in ihrem Raum gewisse Verwaltungsaufgaben aus.
Fehlte es wirklich einmal an geeignetem Nachwuchs, wurden die
Lücken durch ortsfremde Priester aufgefüllt. So gab das mittlere

und südliche Gallien zahlreiche Geistliche an die ungleich schwerer betroffenen austrasischen Landstriche ab.

Man darf daraus folgern, daß die Stufenleiter der kirchlichen Hierarchie intakt, die kirchliche Organisation arbeitsfähig blieb. Sie wahrte auch die überkommenen Grenzen. Die Bistümer Trier und Köln zum Beispiel hielten noch Jahrhunderte »die alte Scheide der römischen Provinzen Ober- und Niedergermanien« fest. Wie selbstverständlich lebte die Kirche nach römischem Recht weiter. Und ebenso selbstverständlich vertrat sie gegenüber den Eroberern nicht nur ihre eigenen Interessen, sondern auch die der romanisierten Volksteile.

Und da jegliche Organisation einen gewissen Bedarf entwickelt, kristallisierte sich der Neubeginn des Handels und gewerblichen Lebens nicht zuletzt um die Kirche. Demnach übten zumindest die Bischofssitze als Einkaufsstätten und Marktplätze sehr bald wieder wichtige wirtschaftliche Funktionen aus. Und wenn irgendwo in Stein gebaut oder alte Bauwerke geflickt wurden, so war fast immer die Kirche der Auftraggeber, schon weil sie dank ihrer immer noch weitreichenden Beziehungen am ehesten in der Lage war, die notwendigen Facharbeiter zu verpflichten.

Die natürlichen Zentren der kirchlichen Fortexistenz waren die alten Römerstädte – die großen Bistumsstädte vor allem: Trier und Köln, Mainz und Straßburg, Passau und Regensburg.

Das Schicksal dieser Städte in der frühen nachrömischen Zeit liegt über weite Strecken noch im tiefsten Dunkel. Sie alle haben in den Jahrzehnten des Zusammenbruchs schwer gelitten. Ihr Niedergang begann jedoch schon vorher. Schon bevor sie Objekt ständiger Überfälle und Plünderungen wurden, hatten sie durch die Abwanderung der Oberschicht – der hohen Beamten, der Fabrikanten, der in ihren Stadtpalästen lebenden Großgrundbesitzer, der Lehrer, der Künstler – viel von ihrem einstigen Glanz eingebüßt. Und der Lebensstandard der zurückgebliebenen Bevölkerung war schon vor den entscheidenden Franken- und Alemannenstürmen bis in die Nähe des Lebensminimums abgesunken.

Dennoch, so ergab sich vor allem aus der Erforschung der Gräberfelder, hat ein Großteil der städtischen Einwohnerschaft – der Himmel mag wissen, wie – das Chaos überlebt, und zwar nicht nur in den Bischofssitzen, sondern auch in Bonn und Basel, in Chur und in Wien. Freilich wird es sich in der Mehrzahl um kleine Leute gehandelt haben, um jenen zähen, praktischen und verschlagenen Typ des Herrn Jedermann, der wie ein streunender Straßenhund alle Schrecken und Fährnisse des Lebens übersteht. Bescheiden in seinen Ansprüchen, den Lauf der Welt und die Launen der Mächtigen als etwas Unabänderliches hinnehmend, lebte er sein Trümmerdasein weiter und ernährte sich von den geringen Einkünften, die ihm ein wenig Handel und Gewerbe, kleine Hilfsarbeiten und ein paar Quadratmeter herrenlosen Ackerlandes einbrachten.

Der Bevölkerungsstruktur wird das Äußere der überlebenden Kommunen entsprochen haben. Schließlich darf man sich »ein Stadtbild jener Zeit«, heißt es bei Harald von Petrikovits, »nicht zu sehr nach einer modernen mittel- und westeuropäischen Stadt mit Arbeitsamt und Meldepflicht vorstellen. Eher paßt ein Vergleich mit mittelmeerländischen Städten, mit solchen auf dem Balkan, in der Levante, wo doch auch viele Menschen vom dolce far niente, ein paar Melonen und von Gelegenheitsarbeiten leben. Sollen wir für die Sozialstruktur dieser Nachfahren alter Römerstädte und Vorfahren späterer deutscher Städte eine Bezeichnung prägen, so scheint mir der Begriff ›vorstadtartiger Struktur‹ am ehesten zu passen.«

Die Franken hielten sich, wie man weiß, diesen unwohnlichen Plätzen nach Möglichkeit fern, wenn sie auch gelegentlich innerhalb der Mauerringe siedelten, wo sie dann nach Art ihrer Väter ein Holzhaus errichteten und Ackerbau trieben. Die Fürsten und Gaugrafen jedoch begriffen sehr schnell die Vorzüge des Stadtlebens und nisteten sich in den alten römischen Verwaltungs- und Repräsentationsbauten ein. Besuchten die fränkischen Herrscher auf ihren Zügen durch das Land eine solche Stadt, so verstand es sich von selbst, daß sie in den früheren Palästen der römischen Statthalter und Truppenkommandeure residierten.

Diese notdürftig hergerichteten Zentren der weltlichen Macht vervollständigen das Bild der schwer zerstörten, aber weiter bewohnten Kommunen, das mit seinen Gärten und Äckern, seinen Holzhäusern und Ruinen, seinen behelfsmäßig hergerichteten Kirchen und grob geflickten Palästen groteske, aber wohlbekannte Züge aufweist.

Die Wissenschaft hat dieses gespenstische Panorama in den letzten Jahren und Jahrzehnten durch eine Reihe von Einzelforschungen um eine Vielzahl von Details und Farben ergänzt.

Von allen römischen Städten in Deutschland hat Trier dem zusammenbrechenden Imperium wohl den höchsten Zoll gezahlt. Allein zwischen 411 und 428 wurde die Residenz des Westens, wie urkundlich belegt, viermal überfallen, geplündert und ausgeräuchert. Trotzdem dauerte es fast noch bis zum Ende des Jahrhunderts, bis die schwer zerstörte Kaiserstadt endgültig in die Hände der Franken überging.

Aëtius, der letzte große Feldherr des weströmischen Reiches, hatte 446 die Rheingrenze wiederhergestellt. Drei Jahrzehnte später schrieb der Bischof Sidonius Apollinaris von Clermont-Ferrand an den *Comes Trevirorum* Arbogast in Trier einen interessanten Brief. Er nennt ihn einen Mann, der den Griffel ebensogut zu führen verstehe wie das Schwert, und hebt hervor, daß die lateinische Sprache in Trier, im Gegensatz zu den Städten am Rhein, noch immer eine Heimstatt habe. Ein Brief des Bischofs Auspicius von Toul spricht den Comes Arbogast sogar als *fili sapiens,* als »weisen Sohn« an. Auch er verherrlicht im überschwenglichen Stil der Zeit noch einmal das römische Trier. Zum Schluß läßt er sich dem dortigen Bischof Jamblychus empfehlen.

In diesem Arbogast sah die ältere Forschung »ziemlich einhellig« einen christianisierten fränkischen Herrscher. Neuere quellenkritische Untersuchungen – insbesondere Eugen Ewigs – vertreten aber mit guten Argumenten die Ansicht, daß der »einer im römischen Reichsdienst groß gewordenen Frankenfamilie« entsprossene *Comes Trevirorum* das Moselland als Beauftragter des Reiches verwaltet habe. Damit wäre zur Genüge erklärt, warum um 475 in Trier noch Sprache und Verwaltungspraxis des Imperiums galten.

Die Fortdauer der römischen Herrschaft wurde auch archäologisch nachgewiesen. Die Inschriften auf den zahlreichen Grabsteinen dieser Jahrzehnte beweisen, daß der Kern der Bevölkerung romanisch geblieben war. Offenbar hatten sogar einige Senatoren-Familien der weingesegneten und einst so schönen und lebensfrohen Stadt die Treue bewahrt.

Die Herrschaft des Arbogast bezeichnet freilich auch das Ende dieser Übergangsepoche. Denn zwanzig Jahre später gehörte Trier nach dem Zeugnis der Kosmographen von Ravenna bereits zur *Francia Rhinensis.* Dieser endgültige Übergang in den fränkischen Machtbereich scheint sich aber ohne weitere Kämpfe vollzogen zu haben. Trier stand fortan unter dem Kommando fränkischer Grafen, die sich wahrscheinlich in den Kaiserthermen niederließen. Ihrem Gefolge gehörten möglicherweise die Bauern an, die ihre Gehöfte am Rande der auf ihren Siedlungskern zusammengeschrumpften Kaiserstadt errichteten und damit die einstige Residenz zu einem guten Teil in eine Ackerbürgerstadt verwandelten.

Den Herzschlag Triers bestimmte jedoch nicht mehr die weltliche Macht, sondern die Kirche. Die Bischöfe haben die Stadt vermutlich nie verlassen, sondern sich mit aller Kraft gegen das Chaos gewandt. Sie waren vom ersten Tage an bemüht, die verfallenen und zerstörten Gotteshäuser wiederherzustellen und ihre Schäflein

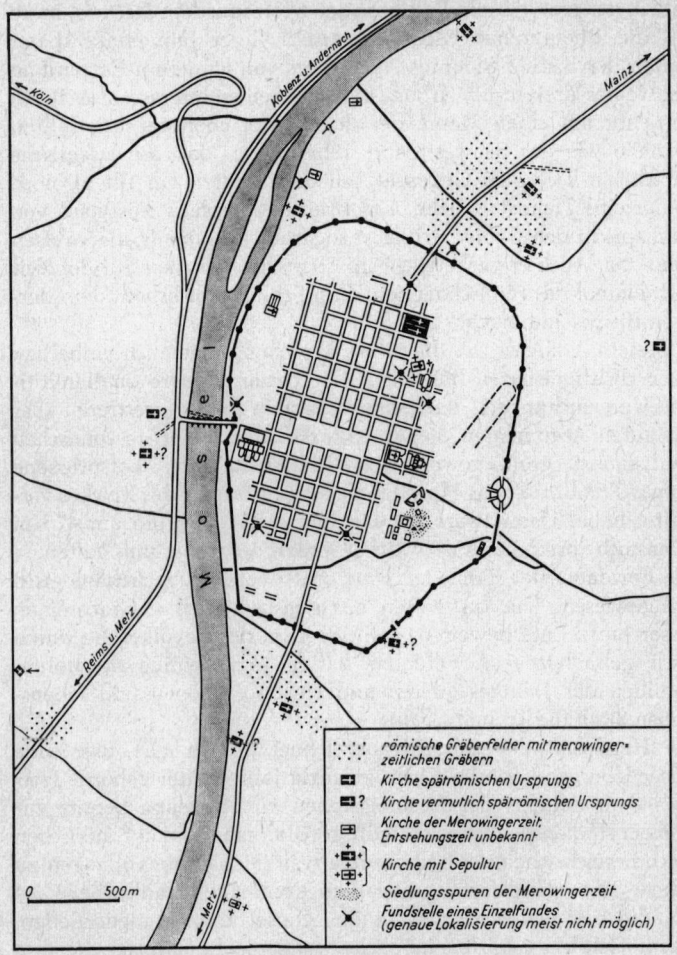

Legende:

- ⬛ *römische Gräberfelder mit merowinger-zeitlichen Gräbern*
- ⬛ *Kirche spätrömischen Ursprungs*
- ⬛? *Kirche vermutlich spätrömischen Ursprungs*
- ⬛ *Kirche der Merowingerzeit, Entstehungszeit unbekannt*
- +⬛ } *Kirche mit Sepultur*
- ⬛ *Siedlungsspuren der Merowingerzeit*
- ✕ *Fundstelle eines Einzelfundes (genaue Lokalisierung meist nicht möglich)*

0   500m

Trier in der Merowingerzeit

zusammenzuhalten. Die Wissenschaft kennt heute nahezu ein Dutzend Trierer Kirchen, die in der frühfränkischen Zeit restauriert wurden. An der Peripherie entstand damals die bedeutende Abtei St. Maximilian. In die verlassenen römischen Speicher an der Mosel zogen Mönche ein. Auch in den Kastellorten und Dörfern des Trierer Sprengels erstanden zahlreiche Kirchen und Kapellen auf den alten Grundmauern. Da die Bischöfe zudem die Aufsicht über die *cellae* der Asketen übernahmen, verfügten sie bald wieder über ein engmaschiges Netz geistlicher Stützpunkte.

Zentralgestalt dieser kirchlichen Erneuerungsbewegung in Trier war der Bischof Nicetius, ein ehrfurchtgebietender Mann, der – in der Nähe von Limoges zu Hause – von 533 bis (mindestens) 561 an der Spitze der geistlichen Hierarchie der Mosellande stand. Vom Volk geliebt und von den Gaugrafen als Autorität anerkannt, verstand er den kirchlichen Besitz wesentlich zu vergrößern. Den konstantinischen Dom baute er wieder auf. Außerdem ließ er in der Nähe von Neumagen, hoch über dem Moseltal, eine mächtige (bisher vergebens gesuchte) Burg errichten.

Nicetius mußte zu diesem Zweck freilich Bauarbeiter aus Italien kommen lassen – eine Tatsache, die die Schwierigkeiten des Wiederaufbaues ins rechte Licht rückt. Da es an tüchtigen Maurern und Steinmetzen mangelte, wurde auch an den trierischen Profanbauten bestenfalls Flickarbeit geleistet. In der Mehrzahl blieben sie sich selbst überlassen und verfielen. Wenngleich also »das Fortbestehen der zahlreichen Kirchen und wohl auch der Grundzüge des Straßensystems aus spätrömischer Zeit gewichtige Zeugnisse für die Lebenskraft Triers und seiner Bevölkerung in der Merowingerzeit sind, so läßt sich doch nicht verhehlen, daß in der gesamten Lebensart der einstigen Kaiserstadt nach dem Zusammenbruch der römischen Herrschaft ein tiefgreifender Wandel eingetreten sein muß.« (Böhner)

Den veränderten Verhältnissen entsprach die Rolle, die die Stadt Trier fortan in der Geschichte spielte. Kulturell versah sie zwar weiterhin eine wichtige Mittleraufgabe, indem sie Anregungen aus dem Mittelmeerraum, die über den klassischen Rhôneweg zur Mosel gelangten, an das Rheintal weitergab. Landeskunde und Lokalforschung mögen auch die Kämpfe interessieren, die in dem Dreieck zwischen Königshaus, Episkopat und Adel ausgetragen wurden und gelegentlich in überregionale Auseinandersetzungen einmündeten. Praktisch aber war die römische Kaiserresidenz bedeutungslos geworden. Die Schwerpunkte des Merowingerreiches lagen im Pariser Becken, in Lothringen und im Rheinland, hier vor allem in dem breiten Uferstreifen zwischen Mainz und Köln.

Mainz, die Hauptstadt der Provinz Obergermanien, teilte das Schicksal Triers und sank in der merowingischen Zeit zu einem Platz minderen Ranges ab. Nur zweimal in dieser Epoche wurde der alten Kapitale ein Abglanz früherer Bedeutung zuteil – zum erstenmal, als Childebert II. das Osterfest des Jahres 589 in Mainz verbrachte, zum zweitenmal, als Dagobert I. auf seinem Zug gegen die Wenden 632/33 in der Rheinfestung Station machte. Im übrigen blieb es auch hier der Kirche vorbehalten, das geistige und bauliche Erbe der Antike in die mit den Karolingern anhebende neue Blütezeit hinüberzuretten.

Zwar war auch das römische *Moguntiacum* aus den schweren Brandschatzungen durch die Alemannen im 4. und 5. Jahrhundert als eine Trümmerstadt hervorgegangen. Genau wie in Trier wurde aber in Mainz zu Beginn des 6. Jahrhunderts wieder gebaut, ebenfalls im Auftrag der hohen Geistlichkeit. Bekannt ist zum Beispiel, daß Bischof Sidonius auf Kosten Berthoaras, der Tochter des austrasischen Königs Theudebert, 534 eine Taufkirche errichten ließ. Spätere Nachrichten besagen, daß die römische Rheinbrücke noch in der karolingischen Zeit bestand. Und die römische Mauer versah bis ins hohe Mittelalter ihren Dienst.

Den wichtigsten Beitrag zum Bild des merowingerzeitlichen Lebens in der früheren Provinzhauptstadt lieferte jedoch eine Grabung, die 1908/09 im Gelände der ehemaligen St.-Albans-Kirche stattfand. Man stellte fest, daß den Platz der römischen Urkirche in der merowingischen Zeit ein Holzbau einnahm. Erst aus ihm ging jene berühmte karolingische Märtyrerkirche hervor, in der Fastrada, eine der Gemahlinnen Karls des Großen, beigesetzt wurde. Wichtiger aber war, daß in den Fundamenten der karolingischen Mauern zahlreiche frühchristliche Grabsteine entdeckt wurden, deren Inschriften mitteilsam wie ein altes Kirchenbuch waren.

Die Grabsteine reichten vom 4. bis zum 8. Jahrhundert und bezeugten damit das kontinuierliche Weiterleben der Stadt Mainz in der nachrömischen Zeit. Dopsch war darüber hinaus der Meinung, daß der Wechsel der Namen auf den Inschriften »das Einfluten der germanischen Elemente und die Ersetzung der alten romanischen Gemeinde durch eine fränkisch-germanische« deutlich mache. Diese naheliegende Folgerung ist aber längst als Fehlschluß entlarvt.

Der Brauch, verstorbenen Angehörigen einen Grabstein zu setzen, wurde damals ausschließlich von den Nachfahren der spätrömischen Christen geübt. Allerdings neigten die überlebenden Romanen (oder romanisierten Reste der vorrömischen Bevölkerung) spätestens vom 6. Jahrhundert dazu, sozusagen eine alemannische oder fränkische Großmutter zu entdecken und sich fortan nicht mehr Crispinus, sondern Ivio oder Leutegund zu nennen; nicht mehr Maura, sondern Pauta oder Optovalda. Um ihren verstorbenen Angehörigen den ewigen Frieden zu wünschen, bedienten sie sich jedoch weiter der lateinischen Sprache.

Mehr noch als das St.-Alban-Gelände trug der Boden von Andernach zu der Erkenntnis bei, daß die Provinzialbevölkerung zum großen Teil überlebte und weiter nach der eigenen Fasson selig werden konnte. In Andernach legten die Forscher sowohl an der Ausfallstraße nach Mayen als auch an der alten Rheinuferstraße Gräberfelder mit spätrömischen und fränkischen Bestattungen frei. Dabei wurden zwei Friedhöfe an den ansteigenden Voreifelhängen durch ihre reichen Beigaben als vorwiegend fränkisch, ein Totenacker an der Straße nach Koblenz als vorwiegend romanisch identifiziert. Ausnahmen bestätigten hier wie dort die Regel. Man konnte daraus schließen, daß beide Bevölkerungsgruppen friedlich miteinander lebten, aber keine übermäßige Eile hatten, ineinander aufzugehen.

Die um 360 noch einmal überholte Festung, deren römische Umfassungsmauern sich an einigen Stellen bis heute erhalten haben, scheint den Franken ziemlich unversehrt in die Hände gefallen zu sein. Da das Kastell Fiskaleigentum war, wurde es als Königsgut in den Besitz des Herrscherhauses überführt. Die Merowinger ließen inmitten der Kastellanlage eine Kapelle errichten, die sie der heiligen Genoveva von Paris weihten. Der Standort dieser Kapelle ist bekannt. Die Königshalle wird sich, dem üblichen Schema entsprechend, unmittelbar angeschlossen haben.

Für die Verwaltung des Königsgutes waren – nach Böhner – vermutlich jene Franken zuständig, die auf den beiden hochgelegenen Friedhöfen am Hang beerdigt wurden. Anders als die römischen Beamten und sonstigen Honoratioren lebten sie jedoch mehr von den Erträgen ihrer Äcker als von finanziellen Einkünften (obwohl sich in Andernach eine fränkische Münzstätte befand). Rechtsexperten wie der an der Rheinuferstraße bestattete Notarius Santa werden ihnen bei ihren Geschäften zur Hand gegangen sein und, wie wir heute sagen würden, vor allem »das Schriftliche« abgenommen haben.

Auf demselben Friedhof fand der Presbyter Crescentius seine letzte Ruhestätte. Beide, Santa und Crescentius, lagen in unmittelbarer Nähe der im 6. oder 7. Jahrhundert entstandenen Peterskapelle, die auf einem der hier gefundenen Grabsteine ausdrücklich genannt wird. Auch in Andernach lebte die Kirche demnach unbehelligt und ungebrochen weiter.

Ebenso deuten in Koblenz, Remagen und Bonn alle historischen und archäologischen Erfahrungen auf »ein ähnliches Nebeneinanderleben und allmähliches Verschmelzen der fränkischen und romanischen Bevölkerung« hin. Und genau wie in Andernach hat man bisher keine Anhaltspunkte dafür gefunden, daß die fränkische »Landnahme« größere Zerstörungen hinterließ. Die zurückgebliebene Bevölkerung scheint sich zum Teil sogar eines gewissen Wohlstandes erfreut zu haben. »Dieser wird nicht nur auf deren maßgebenden Anteil an Handel und Handwerk beruht haben, sondern ebensosehr auf der wachsenden Macht der Kirche und auf dem bedeutenden Einfluß staatswichtiger Stellungen, in denen sich nach wie vor zahlreiche Romanen befanden.« (Böhner)

Die Übergangsjahre freilich kosteten viel Blut und Tränen. Und wie zu allen Not- und Schreckenszeiten traf das Schicksal vor allem die Alten, die dem Wandel der Dinge hilflos gegenüberstanden. Salvian, der zürnende, wortmächtige Chronist des Untergangs, berichtete um 460 in einem Brief von einer Kölner Dame »aus gutem Hause und einer nicht unbekannten Familie«, die nach der Gefangennahme ihres Sohnes »in äußerste Armut und Not« geraten war.

»Es langt nicht aus, um wohnen zu bleiben, und auch nicht, um wegzuziehen, weil einfach nichts mehr da ist, das Leben zu fristen oder die Flucht zu ermöglichen. Nur die eine Möglichkeit bleibt ihr, als Angestellte ihren Unterhalt zu verdienen und sich den Hausfrauen der Barbaren als Dienstmagd zu unterwerfen.«

Und solche Schicksale wird es viele gegeben haben, auch wenn wir nur von diesem einen wissen.

Im übrigen lebte gerade Köln kräftig und unbeirrt weiter, obwohl es nach dem ruhmlosen Ende der ripuarischen Könige ein wenig am Rande der Ereignisse lag, außerhalb des Städtefünfecks Paris, Orléans, Metz, Reims und Soissons, von dem aus das Merowingerreich bis zum Aufstieg der Hausmeier regiert und immer wieder erschüttert wurde, die von dort ausgehenden Erdstöße erreichten aber auch die alte Agrippina.

Gregor von Tours erzählt die etwas rätselhafte, bis heute nicht geklärte Geschichte des Prinzen Gundovald, der von seiner Mutter als echter Merowingersproß ausgegeben, aber nie so recht anerkannt wurde, so daß er je nach Lage der Dinge mit langen Locken oder kahlgeschoren auftrat. Als ihn Sigibert von Metz um 565 nach Köln in die Verbannung schickte, war er gerade wieder zur Barhäuptigkeit verurteilt. Doch gelang ihm eine schnelle Flucht. Er setzte sich nach Italien ab, ließ das Haar wieder wachsen, heiratete und ging weiter nach Konstantinopel. Als er später über Marseille zurückkehrte, erregte er das Gefallen der Königinwitwe Brunhilde, die ihn zu ehelichen beschloß. Bevor es dazu kam, wurde Gundovald jedoch von seinem Bruder – oder Nichtbruder – Guntram besiegt und getötet.

Im Jahre 612 zog sich, wie Gregor und Fredegar übereinstimmend berichten, der von seinem Bruder Theuderich bei Zülpich schwer geschlagene Theudebert II. hinter die Mauern des immer noch wehrhaften Köln zurück. Die Bewohner der alten Agrippina waren aber nicht gewillt, ihre Haut für einen geschlagenen König zu Markte zu tragen. Sie metzelten Theudebert in seinem Schatzhaus nieder und schickten sein abgeschlagenes Haupt dem Sieger entgegen.

»Als Theuderich das sah, besetzte er die Stadt und nahm den reichen Schatz an sich. Die Großen der Franken schwuren ihm heilige Eide in der Basilika des Märtyrers Gereon... Darauf kehrte er mit reicher Beute und den Söhnen sowie der hübschen Tochter König Theudeberts, seines Bruders, nach Metz zurück.« Dort ließ er die Söhne Theudeberts als lästige Anwärter auf den austrasischen Thron ebenfalls »ergreifen und töten«. Der Jüngste, der noch das Taufkleid trug, wurde, wie es bei Fredegar heißt, »von einem Mann am Fuß gefaßt und gegen einen Stein geschlagen. Das Hirn spritzte aus dem Kopf, und er gab den Geist auf.«

Seine hübsche Nichte dagegen erkor Theuderich zur Frau. Da dies gegen den Willen seiner Großmutter Brunhilde geschah, vermochte er sich ihrer Lieblichkeit aber nur kurze Zeit zu erfreuen. Die Alte ließ ihn vergiften und schaffte auch – wenige Monate vor ihrem eigenen schrecklichen Ende – seine Nachkommenschaft aus der Welt, so daß das Merowingerreich unter ihrem Todfeind Chlotar II. mangels anderer Thronaspiranten wieder zur Ruhe kam.

Da der Schwerpunkt des Reiches fortan in Austrasien lag, wuchs auch die Bedeutung Kölns wieder. Dazu trug wesentlich bei, daß die karolingischen Hausmeier – die eigentlichen Herren des Landes – ihren riesigen Schatz in der römischen Colonia lagerten. Köln war damit, wie Otto Doppelfeld bemerkt, »entsprechend den Vorstellungen der Zeit... die heimliche Hauptstadt des Reiches« geworden. Gleichzeitig trat »die alte Aufgabe Kölns, die der Stadt schon von ihrer Gründung an zugedacht war, nämlich die Brücke zum Osten zu bilden, wieder deutlich hervor«. Diese Rolle fand ihre aktenkundige Bestätigung, als Papst Zacharias 745 »seinem hochwürdigsten und heiligmäßigen Bruder Bonifatius«, dem Apostel der Deutschen, zunächst Köln – und nicht Mainz – als Metropolitansitz anwies.

Freilich trug er mit diesem Entschluß auch der kirchlichen Macht des nachrömischen Köln Rechnung. Eine Episode aus der Zeit um

520 beweist zwar, daß es damals nicht nur Christen im »hilligen Köln« gab, sie zeigt aber auch, daß die Anhänger des Evangeliums unter dem Schutz des Herrscherhauses recht gut aufgehoben waren.

Der heilige Gallus von Clermont – offenbar ein recht militanter Vertreter der Kirche – fühlte sich während eines Besuches in der Agrippina durch den Anblick eines heidnischen Tempels derart provoziert, daß er ihn in Brand steckte. Vernünftigerweise wählte er dazu einen Augenblick, in dem sich – wie Gregor schreibt – »keiner von den törichten Heiden« blicken ließ. Kaum aber sahen diese den Rauch aufsteigen, verfolgten sie den kühnen Brandstifter »mit gezückten Schwertern«.

Gallus entwich im Geschwindschritt in den königlichen Palast. Dort traf er zu seinem Glück den gerade in Köln weilenden König Theuderich an, der die »drohenden Heiden mit schönen Worten beschwichtigte und ihre gottlose Wut« dämpfte.

Von Heiden ist nach dieser Begebenheit in den schriftlichen Aufzeichnungen nicht mehr die Rede, um so mehr aber von Gotteshäusern, Gläubigen und Bischöfen. Venantius Fortunatus rühmte um 565 in hymnischen Versen den Bischof Carentinus, der den »goldenen Kirchen« von Köln »neue Pracht und stattliche Stützen« schenkte. »Und damit größere Scharen von Gläubigen fassen die Kirchen, werden in schwebender Höh' Säulenemporen gebaut.«

Und Gregor berichtete um 590 von der wunderbaren Heilung des migränegeplagten Bischofs Eberigisil durch die »goldenen Heiligen« von St. Gereon, der außerhalb der Stadtmauer gelegenen Märtyrerkirche, die in ihrem herrlichen Mosaikschmuck wie vergoldet glänzte. Als alle anderen Mittel versagt hatten, schickte Eberigisil einen Diakon an den Brunnen der Basilika, in dem sich nach der Legende das Schicksal des Märtyrers und seiner fünfzig Kampfgefährten erfüllt hatte. »Der Diakon nahm Erde aus diesem Brunnen und brachte sie zum Bischof; und in der Tat, sowie dieser den Kopf daran hielt, wurden ihm die Schmerzen genommen.«

Dieser Bischof Eberigisil war übrigens ein bedeutender und angesehener Mann. Neben Gregor von Tours und den Oberhirten von Poitiers und Bordeaux gehörte er 590 einer Kommission an, die gewisse skandalöse Vorgänge in einem Frauenkloster bei Poitiers untersuchte und den Schuldigen, zwei merowingischen Königstöchtern, schwere Bußen auferlegte. Und in Xanten ließ er mit Erfolg nach den sterblichen Resten des Märtyrers Mallosus graben – ein Unternehmen, das ihm sogar einen ehrenvollen Vermerk in der Geschichte der Kirchenarchäologie einbrachte.

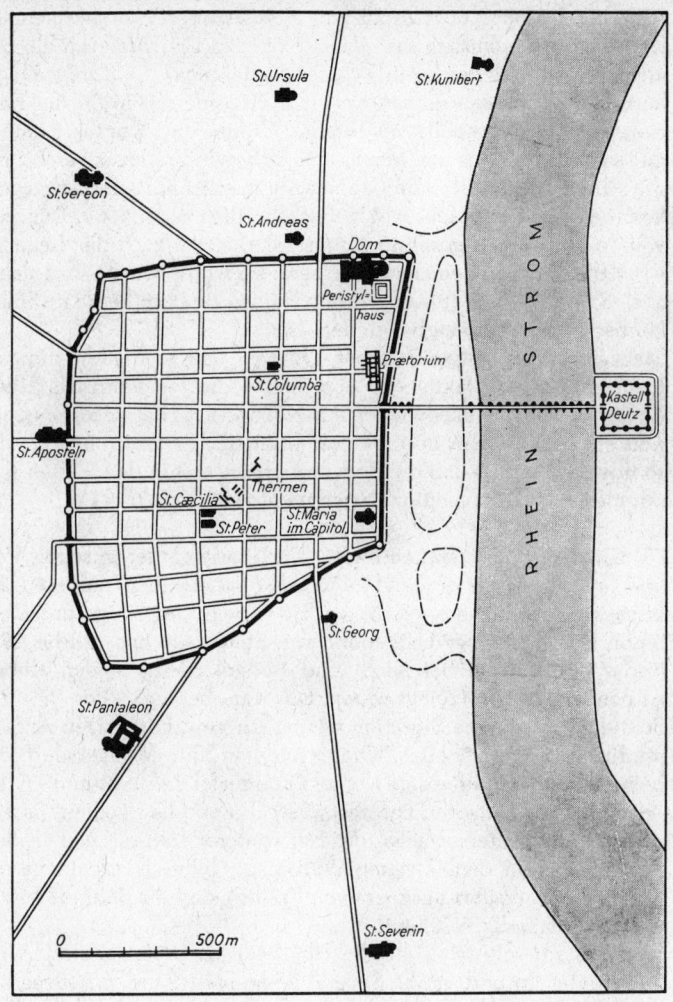

St.Ursula

St.Kunibert

St.Gereon

St.Andreas

Dom

RHEIN STROM

Peristyl=
haus

Praetorium

Kastell
Deutz

St.Columba

St.Aposteln

Thermen

St.Caecilia

St.Peter

St.Maria
im Capitol

St.Georg

St.Pantaleon

0   500m

St.Severin

*Köln in der Merowingerzeit. Köln lag auch in merowingischer Zeit hinter
römischen Mauern. Die weiterlebende Stadt war von einem Kranz früh-
christlicher Kirchen umgeben, die meist auf den Friedhöfen an den verschiedenen Ausfallstraßen lagen. Durch Graben und kunstwissenschaft-
liche Untersuchungen wurden in den letzten Jahren die Baugeschichten
von St. Severin und St. Gereon, St. Maria im Kapitol und St. Ursula
weitgehend geklärt.*

Als eine bedeutende Gestalt der Zeitgeschichte verzeichnen die fränkischen Chronisten auch den Kölner Bischof Kunibert, der 626 an Stelle des heiligen Arnulf von Metz Ratgeber des Königs Dagobert wurde und zusammen mit dem Hausmeier Pippin die Führung der Staatsgeschäfte übernahm. Pippin und Kunibert kamen gut miteinander aus und verstanden sich, wie Fredegar betont, auf die schwierige Kunst, »die Großen Austrasiens klug und entgegenkommend zu behandeln und freundschaftlich zu lenken«. Kunibert weihte auch jene berühmte Kölner Glocke, die nach der Legende von einer Sau aus einem Pfuhl herausgewühlt wurde und daher der »Saufang« hieß (unter welchen Namen sie noch heute im Stadtkölnischen Museum zu bewundern ist).

Man sieht: die zeitgenössischen Quellen berichten nicht nur von Haupt- und Staatsaktionen. Aber selbst die legendarische Überlieferung belegt immer wieder, daß Köln auch in der nachrömischen Zeit ein bedeutendes politisches und kirchliches Zentrum war. Um so überraschender, daß die Bodenforschung erst in den letzten Jahren merowingische Siedlungsspuren entdeckt hat.

Noch vor vier Jahrzehnten mußte Carl Rademacher in seiner *Vor- und Frühgeschichte des Stadtgebietes Köln* bekennen, daß die fränkische Zeit völlig unerforscht sei. Er verwies auf einige unbedeutende Funde aus der Umgebung von St. Gereon und etliche fränkische Gräber, die bei Niehl und Rodenkirchen, in den Kölner Außenbezirken, freigelegt waren. Das war aber auch alles.

Seitdem hat sich die Situation wesentlich gewandelt. Den Anfang machte 1927 das fränkische Gräberfeld von Köln-Müngersdorf, das beim Bau eines Stadions im Kölner Grüngürtel entdeckt und – nachdem es beim Deutschen Turnfest 1928 als Parkplatz gedient hatte – gewissenhaft untersucht wurde. Ein weiterer fränkischer Friedhof wurde kurz vor dem Zweiten Weltkrieg, ebenfalls am Rande der Stadt, in Junkersdorf ausgegraben. Freilich sind die Befunde bisher nur unvollständig veröffentlicht.

In der Stadt selbst leistete die von 1924 bis 1955 dauernde Grabung unter, in und um St. Severin einen bedeutenden Beitrag zur Geschichte der fränkischen Zeit. Dem Leiter der Einunddreißigjahr-Kampagne, Prof. Dr. Fritz Fremersdorf, gelang der einwandfreie Nachweis, daß die aus einer einfachen Friedhofskirche hervorgegangene spätrömische Basilika im 6. und 7. Jahrhundert wesentlich erweitert wurde.

Teils unter, teils neben St. Severin legte er einen merowingerzeitlichen Friedhof mit etwa zweihundert fränkischen Gräbern frei.

Darunter befand sich ein Sarkophag mit den sterblichen Resten eines auf Heckenrosen gebetteten Mannes, der durch eine sechssaitige hölzerne Leier als Sänger ausgewiesen wurde. Wie das »Sängergrab« hat auch das Grab der »reichen Frau« von St. Severin, das unter anderen wertvollen Beigaben drei goldene christliche Kreuze, ein Paar silberne Ohrringe, einen silbernen Fingerring mit goldgefaßter Gemme und ein Bronzearmband enthielt, das Interesse der Kölner lange beschäftigt.

Den Aussagewert der christlichen Quellen bestätigten die Untersuchungen, die Armin von Gerkan 1950 an der schwer beschädigten Gereonskirche vornahm. Sie ergaben, daß der römische Urbau mit seinen »goldenen Mosaiken« nahezu unverändert bis zur Stauferzeit weiterbestand. Auch hier fanden sich zahlreiche Sarkophage, die eindeutig in die nachrömische Zeit wiesen. Ebenso ging aus den Befunden der Nachkriegsgrabungen in St. Ursula und St. Pantaleon klar hervor, daß die in römischer Zeit gebauten Märtyrerkirchen den Zusammenbruch des Imperiums um Jahrhunderte überstanden.

Sie alle – St. Severin und St. Gereon, St. Ursula und St. Pantaleon – lagen freilich außerhalb der römischen Stadtmauern. Als christliche Friedhofskirchen vermochten sie allenfalls christliche Gemeinden zu bezeugen. Ob der Stadtkern selbst bewohnt war, blieb eine offene Frage.

Aber auch im Stadtkern stießen die Kölner Archäologen schließlich auf fränkische Spuren. Im Hof des römischen Statthalterpalastes unter dem Neuen Rathaus entdeckte Otto Doppelfeld Steinverkleidungen für starke Holzpfähle und schloß daraus, daß das ursprüngliche offene Geviert in nachrömischer Zeit ein Dach trug und als Halle diente. Weiter stellte er fest, daß der anspruchsvolle Bau mit seiner neunzig Meter langen Rheinfront frühestens in karolingischer Zeit demontiert wurde. »Es fanden sich nämlich viele Gruben, die mit dem Abbruch des Palastes zusammenhängen und Keramikscherben der karolingisch-ottonischen Zeit enthielten.«

Ebenso gelang ihm der Nachweis, daß die Kirche St. Maria im Kapitol, eines der Hauptwerke der rheinischen Romanik, tatsächlich auf den Trümmern des Kapitols steht, und zwar des Kapitoltempels, in dessen Keller die Römer ihren Provinzialschatz bargen. Während der Frankenstürme wurde der Schatzbunker verständlicherweise zerstört. »Kurz darauf muß das Gebäude aber in irgendeiner Form, die sich leider nicht mehr rekonstruieren läßt, zu irgendeinem Zwecke wiederaufgebaut worden sein. Nach einer geschichtlichen Überlieferung, die allerdings erst aus dem Jahre 1217 schriftlich bezeugt ist, soll Plectrudis, die Gemahlin Pippins des Mittleren, das Marienstift gegründet haben. Da wir in der Mitte des genannten Bauwerks einen leeren fränkischen Kalksteinsarkophag gefunden haben, der möglicherweise als der erste Begräbnisplatz der als heilig verehrten Plectrudis anzusehen ist, so besteht kein Grund, die Richtigkeit dieser historischen Überlieferung zu bezweifeln.«

Einen leeren fränkischen Kalksteinsarkophag förderten auch die Nachkriegsgrabungen in der Cäcilienkirche zutage. Die erste nachrömische Schicht in der Achskapelle des Domes gab ein – leider beigabenloses – Skelett frei. Und das Mauerwerk des karolingischen Domes enthielt frühfränkische Grabsteine, die allem Anschein nach von einem nahegelegenen Friedhof stammten.

Aus all diesen Funden war auf eine Besiedlung des nachrömischen Kölns zu schließen. Aber erst mit der Entdeckung des Frauengrabes im Dom gewannen die Archäologen festen Boden unter den Füßen. Erstmalig hatten sie nun in der Kölner Innenstadt ein fränkisches Grab mit reichen Beigaben gefunden. Erstmalig ließ sich der Befund mit größter Genauigkeit datieren. Erstmalig zeichneten sich hinter dem dürren archäologischen Ergebnis historische Gestalten und Begebenheiten ab.

Dazu kam ein Ereignis, das niemand erwartet hatte – wenige Monate nach der glücklichen Bergung des Frauengrabes und in dessen unmittelbarer Nähe stieß der Spaten der Forscher erneut auf ein sorgfältig verfugtes Plattengrab: das Grab eines etwa sechsjährigen Knaben, der durch die Fülle wertvoller Beigaben ebenfalls als Sproß eines königlichen oder fürstlichen Geschlechtes ausgewiesen wurde.

Und die historischen Folgerungen? Die Franken bewiesen auch in Köln und Umgebung eine instinktive Abneigung, sich in der Steinlandschaft einer ummauerten Stadt niederzulassen. Als Bauern zogen sie die fruchtbaren Äcker der grünen Kölner Bucht vor, wo sie in ihren herkömmlichen Holzhäusern wohnten. Ihre Toten bestatteten sie hier wie überall auf Reihengräberfeldern, in Müngersdorf und Junkershof, »etwa eine Wegstunde von der Römerstadt entfernt«. Trotz der nahrhaften Böden war die Masse dieser Landbevölkerung aber nur kärglich mit irdischen Gütern gesegnet. Die Beigaben in den Gräbern lassen erkennen, daß man es bestenfalls mit kleinen und mittleren Bauern zu tun hat.

Je näher man der Stadt kam, um so mehr hob sich jedoch der Sozialstatus der Bevölkerung. Die Toten dieser wesentlich reicheren

Spätrömisch-frühmittelalterliche Kirche in Köln: Modell der Märtyrer-
memorie unter St. Severin (Röm.-Germanisches Museum, Köln)
(Foto: Rhein. Bildarchiv, Köln)

Spätrömisch-frühmittelalterliche Kirche in Köln: Modell des Urbaues von
St. Severin (Rhein. Landesmuseum Bonn)
(Foto: Rhein. Bildarchiv, Köln)

Schicht fanden vor allem auf den Friedhöfen an den alten Märtyrer-kirchen, deren Blut- und Wundermystik auch die christianisierten Franken stark ansprach, ihre letzte Ruhestätte. Ihrem Wohlstand entspricht der Wert der Beigaben. Die Ausstattung des »Sängers« oder der »reichen Dame« von St. Severin verrät auf den ersten Blick das höhere soziale und kulturelle Niveau. Doppelfeld glaubt in ihnen die Angehörigen einer »bevorrechtigten adligen Schicht«, vielleicht aus dem Gefolge der ripuarischen Könige und Fürsten, zu erkennen.

Diese selbst – und später die Angehörigen des merowingischen Königshauses und der karolingischen Hausmeierdynastie – lebten in der römischen Colonia, wo sie in dem mächtigen, alten Statthalter-palast hofhielten.

Das römische Prätorium war damit zur *aula palatii* der fränkischen Herren geworden. Der Wohnbezirk der Hofbeamten grenzte un-mittelbar an die Residenz, wie aus mittelalterlichen Quellen zu schließen ist, und ging in das Viertel der Juden über, die dank ihrer Geschäftstüchtigkeit den besonderen Schutz der fränkischen Könige genossen. Als die Pfalz – vielleicht in karolingischer, viel-leicht auch erst in ottonischer Zeit – verlegt wurde, dehnte sich das Ghetto der ältesten Judengemeinde Deutschlands über das Ge-lände des einstigen römischen Verwaltungszentrums aus.

Die neue Führerschicht, die mit dem Einzug in den alten Statt-halterpalast das Erbe des Imperiums auch symbolisch antrat, hat im Innern der Stadt nicht nur gelebt, sondern auch ihre Toten bei-gesetzt. Daß sie die Gräber ihrer Angehörigen dem Schutz der Gotteshäuser anvertraute, entsprach der Rolle, die sie als Schutz-macht des neuen Glaubens übernommen hatte. So erklärt es sich, daß Gräber aus dem merowingischen Köln bisher nur unter alt-kölnischen Kirchen gefunden wurden: unter den Trümmern von St. Cäcilien und Maria im Kapitol und schließlich, als vorläufige Krönung der archäologischen Bemühungen, sechs Meter unter dem Chor des Doms.

Die zierliche junge Fürstin, die hier um 550 zur letzten Ruhe ge-bettet wurde, trug, wie berichtet, ein golddurchwirktes Stirnband – wahrscheinlich als Zeichen ihres Brautstandes. Den schmalen Leib gürtete ein Lederriemchen, an dem sie außer einem Täschchen eine Silberbulle und eine Bergkristallkugel trug. Erhalten war ferner ein feingearbeiteter, mit Goldspiralfäden geschmückter Schuhrest sowie ein Stück gemusterter Wolldecke, deren Webtechnik an den südöstlichen Mittelmeerraum denken ließ. Im übrigen war die Kleidung der Fürstin vergangen.

Dieses Manko konnte aber leicht verschmerzt werden, da die Textilien der merowingischen Damen bereits aus anderen Grabungen bekannt waren. Die »reiche Frau« von St. Severin war beispielsweise mit einem netzartigen Unterkleid angetan, das wie ihr Überkleid aus weißem Leinen bestand, aber feiner als dieses strukturiert war. Der damalige Gutachter, Prof. von Stokar, stellte ähnliche Stoffe auch in anderen Sarkophagen der Unterwelt von St. Severin fest. Er schloß daraus, daß es im merowingischen Köln einen »umfassenden Tuchhandel« gab; »denn anders läßt sich die auffallende Gleichheit der Stoffe aus mehreren Gräbern nicht erklären«.

Ergänzt und bereichert wurde das Bild der damaligen Mode durch das bereits erwähnte Grab der Königin Arnegunde, das der französische Forscher Michel Fleury wenige Monate nach dem Kölner Ereignis in der Kathedrale von St. Denis in Paris entdeckte.

Die Gattin des ersten Chlotar, die als Herzensdame des Bischofs und Dichters Venantius Fortunatus auch literarischen Ruhm erwarb, trug als Unterkleid ein Hemd aus feingewebter Wolle und darüber ein weites, fließendes Seidengewand, dessen Farbe zwischen einem kräftigen Violett und Indigoblau lag. Über diese Robe fiel eine rotseidene, goldbestickte Tunika, die bis zu den Knöcheln reichte. Die halblangen Strümpfe waren mit Bändern umwickelt, deren Schließen der Werkstatt eines Schmuckkünstlers entstammten. Ein Schleier aus weißem Satin, mit zwei Nadeln im Haar festgesteckt, verhüllte die Königin bis zu den Hüften.

Der Fund ließ keinen Zweifel daran, daß auch die Damen der merowingischen Dynastie auf dem Altar der weiblichen Eitelkeit opferten, einen kühnen Farbsinn entwickelten und der Natur nachhalfen, wenn es galt, kleine Unebenheiten zu beseitigen. Das war in Köln nicht anders. Auch die Kölner Weiblichkeit bemühte sich, den Anforderungen der Mode zu entsprechen.

Die Eva von St. Severin zum Beispiel hatte ihre rotbraunen Haare blauschwarz gefärbt. Sie benutzte dazu, wie ein diskret mitgegebenes Holzbüchschen verriet, eine Salbe aus Fett, Bleisalz und Kupferoxyd. (»Blei hat« – so Walter von Stokar – »die Eigenschaft, mit Schwefel, der sowohl im Haar selbst als auch in den Ausdünstungen der Kopfhaut vorhanden ist, eine wasserunlösliche Verbindung von schwarzer Farbe einzugehen. Diese Eigenschaft ist schon lange bekannt, und noch heute findet man Eitle, die sich durch Kämmen mit einem Bleikamm bemühen, ihre ergrauten Haare nachzudunkeln.«)

Damit nicht genug, hatte die Dame von St. Severin versucht, ihrem wahrscheinlich rustikal-gesunden Teint einen Hauch von vornehmer

Blässe zu verleihen. Ob ihr das mit Hilfe einer Paste aus Fett und weißer Tonerde gelungen ist, mag dahingestellt bleiben. Das Mittel ist jedenfalls aus zahlreichen römischen Grabfunden bekannt.

Feststellungen dieser Art erregten in den dreißiger Jahren einiges Unbehagen, da sie so gar nicht dem Charakterbild der sittenstrengen Germanin entsprachen. Auch Stokar trug dieser Einstellung Rechnung: »Eine Fränkin, die sich schminkt und die braunen Haare schwarz färbt, um den Römerinnen zu gleichen, das will uns nicht gefallen. Und doch paßt es in die Zeit, die im Zeichen des Niederganges der Merowinger steht.«

Stokar hat auch das Sängergrab genau untersucht und dort ebenfalls einige überraschende Tatsachen festgestellt.

Der Herr mit der Leier war in der Normaltracht des freien fränkischen Mannes bestattet worden. Demnach trug er über einem feinen langen Wollhemd einen geköperten, knielangen Wollkittel. Brust und Rücken schützte überdies ein Wams aus weich gegerbtem Ziegenleder. Die Beine bedeckten Binden aus zwei Lagen Stoff, einer unteren aus Leinen und einer oberen aus Wolle. Fingerbreite Riemen aus Schafleder umschnürten kreuzartig die Waden. Besser als die nur noch in undefinierbaren Resten vorhandenen rindsledernen Schuhe waren die Handschuhe erhalten – ein Meisterwerk fränkischer Lederarbeit, das an Hand und Fingern aus schmiegsamem Wildleder, an den Stulpen aus dickem Rindleder bestand.

Über diese bäuerliche Einheitstracht aber zog sich gleich einer Ordensschärpe ein breit glitzerndes Band aus Goldbrokat. Wie alle Germanen schätzten auch die Franken die schweren, prunkvollen Gewebe aus Seide und Goldfäden. Die brokatene Schärpe des Kölner Sängers ist dennoch bis heute ein einmaliges Fundstück geblieben. Ob sie das Geschenk eines fränkischen Fürsten, der Gunstbeweis einer hohen Dame oder nur eine Art Berufsabzeichen war, wissen wir nicht. Jedenfalls beweist auch diese Schärpe, daß zumindest die herrschende Klasse bemüht war, ihr Leben zu urbanisieren – ein Vorgang, den man wohl besser Verfeinerung als Verfall nennt.

Die Kölner Archäologen vermögen diesen Zug durch zahlreiche weitere Beispiele zu belegen. In den Gräbern von St. Severin fand man nicht nur vergorenen Birkensaft als ermunterndes Reisegetränk, sondern auch Reste von Rebensaft. Selbst das Grabinventar der kleinen Fürstin unter dem Dom enthielt ja ein Fläschchen, in dem sichtlich einmal Wein gewesen war.

Auch der Küchenfahrplan bewies eine gewisse Reichhaltigkeit und beschränkte sich nicht mehr auf die mageren Fladen der Tacitus-

Zeit. Einer der Severins-Toten war von seinen Angehörigen mit einem ganzen Menü verproviantiert worden. Die Speisefolge begann mit Fleisch in gewürzter Brühe, zu der außer Hafermehl auch Salbei, schwarzer Senf und Blüten einer Beifußart verwendet worden waren. Der in einer Glasschale servierte Hauptgang bestand aus gebratenem Geflügel, das mit Honig versetzt worden war. Den Schluß machte eine Süßspeise aus Hirsebrei und Honig.

Honig scheint überhaupt ein unerläßliches Ingrediens der vornehmen Küche gewesen zu sein. Gesüßtes Fleisch mutet heute etwas merkwürdig an, galt damals aber als eine Delikatesse. Stokar erinnert in diesem Zusammenhang an das isländische *Atli-Lied*, in dem es ausdrücklich heißt, daß blutige Herzen mit Honig verzehrt wurden.

Die steinernen Totenkammern unterm Dom enthielten außer sechs Haselnüssen, einer Walnuß und einem Dattelkern nichts Eßbares. Im übrigen übertraf ihre Ausstattung alle bis dahin bekannten fränkischen Grabinventare. Der kleine Prinz zum Beispiel war in einer leinwandverkleideten, hölzernen Totenlade beigesetzt worden, die »der Drechsler- und Schreinerkunst der Franken das beste Zeugnis« ausstellte. Daneben stand ein feingliedriger Stuhl mit Ledersitz, ein zierliches, schönes Möbelstück, wenn auch sicherlich nicht mit jenem gold- und edelsteingeschmückten Stuhl zu vergleichen, den sich Chlotar II. im 7. Jahrhundert zimmern ließ.

Auch die Gläser, Holzgeräte und Bronzen, die das Grab der Fürstin barg, bewiesen den Reichtum und das Repräsentationsbedürfnis der fränkischen Oberschicht. Ein aus Ziegenhorn gefertigtes Trinkgefäß war mit Silberstreifen belegt. Ein bronzebeschlagener Holzeimer zeigte sogar Reste von Vergoldung. Ein Holzkästchen von 30 mal 32 Zentimeter Seitenlänge und einer Höhe von knapp 24 Zentimeter war mit gepunztem Bronzeblech verkleidet und einem raffinierten Schließmechanismus versehen, der wahrscheinlich nur von der Besitzerin betätigt werden konnte.

Den stärksten Eindruck aber hinterließ doch der Schmuck der Fürstin – eine Kollektion von einer Schönheit und handwerklichen Vollendung, die den berühmtesten Fundstücken der Völkerwanderungskunst mindestens gleichrangig ist und sogar die fast gleichzeitig entdeckten Bijouterien der Königin Arnegunde an Eleganz und Gediegenheit übertrifft.

Die Kollektion enthielt – wie erinnerlich – einige bedeutsame Importstücke. Der kostbare Goldreif, der den Ringfinger der Rechten zierte, war byzantinischer Herkunft; auch die silberne Bulle – eine

Amulettkapsel, in der man Andenken von heiligen Stätten zu bewahren pflegte – kam aus dem Mittelmeerraum, wie ihr Weinranken- und Palmettendekor verriet. Aber die attraktivsten und künstlerisch wertvollsten Stücke entstammten doch fränkischen Werkstätten, und es spricht nichts gegen die Annahme, daß diese in Köln selbst beheimatet waren. Das Interesse der Ausgräber konzentrierte sich auf das Fibelpaar, das zu beiden Seiten des Halses am hochgeschlossenen Gewand getragen wurde und bis auf die Nadeln aus reinem vierundzwanzigkarätigem Gold bestand.

»Auf den kleinen Scheiben der beiden Fibeln sind vier verschiedene Werkstoffe: Gold, Perlen, Almandine in zwei Farbnuancen und schließlich Glasflüsse von bläulicher und grünlicher Tönung verarbeitet. Ferner begegnen wir drei im Grunde sehr verschiedenen Werkverfahren: der Filigranverzierung, der Zellenverglasung und der Einzelfassung für Glas und Perlen. Der Künstler hat es aber meisterhaft verstanden, diese Vielfalt zu einer Einheit zusammenzufügen...«

»Auf der dunkelrot schimmernden glatten Scheibe, die behutsam... aufgelockert ist..., erhebt sich plastisch und farblich gut abgesetzt die goldene Kuppe, streng gegliedert durch die vier keilförmigen Fassungen und die große, bekrönende Perle. Gegen die neun auf dem Buckel verteilten Fassungen kann sich der Goldgrund mit seinem lebhaft gestreuten Ringfiligran sehr wirkungsvoll durchsetzen. Seine vier breiten Kreuzarme scheinen das Ganze zusammenzuklammern.«

Mit einem Satz: »Reichtum und Vielfalt sind auf den Fibeln vom Dom mit lockerer Leichtigkeit ausgebreitet und doch in geradezu klassischer Strenge gebunden.«

Die Wissenschaft kannte Goldscheibenfibeln dieser Art bis dahin nur aus fränkischen und langobardischen Gräbern des 7. Jahrhunderts. Sie führte diesen Fibeltyp auf antike Traditionen oder »wenigstens auf entscheidende Anstöße vom nichtgermanischen Kunsthandwerk der Mittelmeerwelt« zurück, und so lautete die offizielle Lehrmeinung, daß er erst durch das Langobardenreich in Italien nach Deutschland vermittelt worden war. Da das Frauengrab unter dem Dom aber eindeutig in die Mitte des 6. Jahrhunderts datiert werden konnte und die Langobarden um diese Zeit noch im Wiener Becken siedelten, blieb nichts anderes übrig, als diese Auffassung zu korrigieren – ein weiterer Beweis für die eminente Bedeutung des Kölner Fundes.

»Wir sehen also« – hat Otto Doppelfeld die Folgerungen formuliert, die sich aus dieser Feststellung ergaben – »im Rheinland des

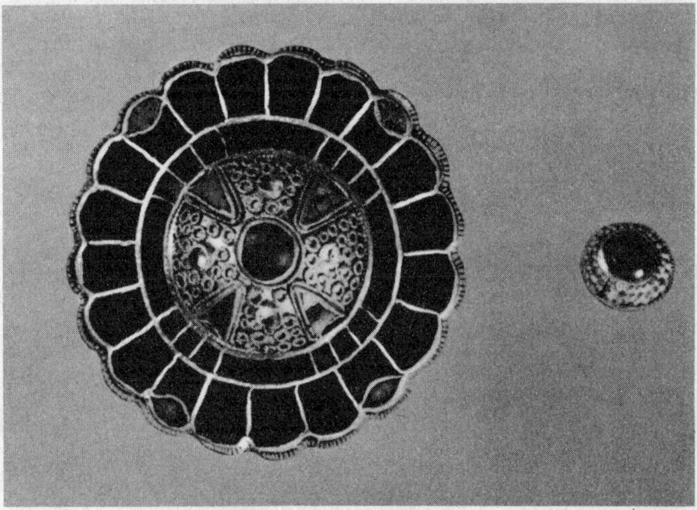

Goldfibeln aus dem Schmuckkästchen des Kölner Doms (Köln, Domschatz)
(Foto oben: Rhein. Bildarchiv, Köln. Foto unten: Th. Felten, Köln)

6. Jahrhunderts und vielleicht in Köln selbst Meister am Werk, die unmittelbaren Kontakt mit der Entwicklung des Kunsthandwerks im Mittelmeergebiet hatten, in einer Zeit, als die Langobarden sich erst anschickten, in Italien einzufallen, um dort zehn Jahre lang ohne Könige und staatliche Ordnung zu leben und räuberische Einzelaktionen ins Frankenreich zu unternehmen.«
Diese mit archäologischen Mitteln gewonnene Erkenntnis läßt sich nun auch historisch belegen.

Als die unbekannte Fürstin unter dem Dom eingesargt wurde, war Köln schon seit Jahrzehnten keine Hauptstadt mehr. Die Herrscher der östlichen Regionen des Frankenreiches residierten in Reims oder Metz. Der erste König Austrasiens, Chlodwigs Sohn Theuderich, unterhielt in der alten Agrippina aber einen Königshof, und sein Sohn Theudebert ließ, wie berichtet, in der früheren Provinzhauptstadt Münzen schlagen.
Dieser Theudebert ist eine höchst interessante Gestalt – fraglos der Hauptakteur jener Zeit, nach Gregor »eine herrliche Erscheinung und ein tüchtiger Mann«, der seinem Großvater Chlodwig an Kühnheit und Wirkung kaum nachstand. Er war wie dieser ein echter Merowinger: pragmatisch, brutal und ohne Gewissen, und unbedenklich in der Wahl seiner Mittel. Maßlos in seinen Plänen, bewies er bei ihrer Verwirklichung doch ein hohes Maß an Einsicht und Nüchternheit, und genau wie Chlodwig besaß er die Fähigkeit, seine Kräfte richtig einzuschätzen und einzusetzen.
Wie dieser war er auch vom ersten Tag an darauf bedacht, seinen Herrschaftsraum zu erweitern und dabei nach Möglichkeit von den Streitigkeiten der anderen zu profitieren. Er schlug sich mit den Sachsen herum, eroberte Thüringen, warf die Bajuwaren nieder und ließ sich von dem im Kampf gegen Byzanz stehenden Ostgotenkönig Witigis für das Versprechen wohlwollender Neutralität Hilfsgelder zahlen und die Provence sowie Teile von Rätien überschreiben. Obwohl ihm auch Byzanz für das gleiche Versprechen die Kassen füllte, marschierte er eines Tages über die Alpen, bekämpfte abwechselnd Goten und Byzantiner und unterwarf das ganze nördliche Italien bis Ravenna. Schließlich plante er nicht mehr und nicht weniger, als das durch seinen jahrzehntelangen Krieg gegen die Ostgoten geschwächte oströmische Reich selbst anzugreifen und mit seinen Franken zum Bosporus zu marschieren. Nur der Tod des seit langem schwerkranken Mannes setzte diesen hochfliegenden Plänen ein Ende.
Wie keiner seiner Vorgänger und Nachfolger war aber dieser

Merowinger der römischen Ratio und der antiken Kultur verschrieben. Nach imperialem Vorbild suchte er den allgemeinen Wohlstand durch Ankurbelung der Wirtschaft, besonders in den Städten, wieder zu heben. Er bediente sich dabei sowohl der kirchlichen Einrichtungen als auch der verzweifelt um ihren Bestand kämpfenden Nachhuten des römischen Finanzwesens, darunter auch jenes Parthenius, der nach dem Heimgang des Königs von den erbosten fränkischen Herren in einer Trierer Kirche gesteinigt wurde. Freilich muß dieser Parthenius, nach der Beschreibung Gregors, ein rechter Windbeutel gewesen sein.

Mit dem oströmischen Kaiser Justinian, dem Vater des *corpus juris*, führte Theudebert eine ausgiebige, wenn auch scheinheilige Korrespondenz. Denn allen Freundschaftsbeteuerungen zum Trotz gab er dann jene schon erwähnten Goldmünzen heraus, die er nach byzantinischem Muster mit seinem Porträt und der Unterschrift *Dominus noster Theudebertus pater patriae Augustus* versehen ließ. Ein unerhörter Affront, den ihm Justinian nie verziehen hat.

Auch als Privatmann bewies Theudebert römischer Lebensart seine Reverenz, so daß sogar Gregor sein weltmännisches Auftreten rühmt. Die erste Frau dieses Chlodwig-Enkels, eine Romanin aus der Provence, war jene berüchtigte Deoteria, die aus Eifersucht ihre eigene Tochter umbringen ließ. »Als aber Deoteria sah, daß ihre Tochter schon ganz erwachsen sei« – so hat Bischof Gregor den Fall protokolliert – »und besorgte, der König möchte sie ... zu sich nehmen, setzte sie dieselbe in eine Sänfte, spannte wilde Stiere davor und ließ das Mädchen von einer Brücke herabschleudern, so daß es in den Wellen seinen Geist aufgab. Dies geschah bei der Stadt Verdun.«

Trotzdem ließ sich Theudebert erst auf heftiges Drängen der fränkischen Großen herbei, die heißblütige Deoteria zu verstoßen und die ihm seit langem anverlobte langobardische Prinzessin Wisigarde zu ehelichen. Sie scheint aber seinen Ansprüchen nicht genügt zu haben. Jedenfalls starb sie kurz nach der Hochzeit.

War die Tote unter dem Dom vielleicht die langobardische Prinzessin Wisigarde? Stießen die Ausgräber auf die Tragödie einer Frau von Geblüt, der ihr königlicher Gemahl zugleich mit dem gewaltsamen Abtritt von der irdischen Szene ein glanzvolles Staatsbegräbnis bereitete? »Sollte die Frau im Grab die noch im Brautschmuck mit der *vitta auro exornata* des Bräutigams beigesetzte Wisigarde sein, die unerwünschte Frau, die Theudebert nur heimführte, weil er einen Skandal vermeiden wollte und die die Heirat *non multo tempore* überlebte?«

Vermutungen dieser Art wurden nicht zuletzt durch das Grab des kleinen Prinzen bekräftigt. Neben den beiden schön gedrechselten Möbelstücken, der Totenlade und dem Stuhl, lag ein Spangenhelm, dem Otto Doppelfeld als dem »zweifellos wichtigsten Fundstück dieses... Grabes« einen eigenen Aufsatz gewidmet hat. Es war der neunzehnte bisher bekannte Spangenhelm überhaupt: ein Helm also, der nicht aus einem Stück getrieben, sondern mühsam aus verschiedenen Segmenten und Rippen zusammengesetzt wurde. Während alle anderen bekannten Fundstücke, meist Arbeiten ober-italienischer Waffenschmiede des 6./7. Jahrhunderts, aus Metall ge-fertigt waren, bestand dieser aber aus Horn.

Der Leiter der Kölner Domgrabung glaubt, daß er damit die Ur-form dieses Helms überhaupt entdeckt hat, konkret gesprochen: daß sich der Spangenhelm aus einer Helmform entwickelte, die von den Hirtenvölkern der russischen und iranischen Steppen ge-tragen wurde – daher auch die Verwendung von Horn, die die Kon-struktion dieses Helmtyps zwangsläufig erklärt.

Zu diesen Steppenvölkern zählten die Awaren, die zur Zeit Theude-berts bereits bis Ungarn vorgedrungen waren und sich dort, in unmittelbarer Nachbarschaft der Langobarden, angesiedelt hatten. Awarischen Einfluß verrieten auch die drei Pfeile mit den drei-flügeligen Spitzen, die ebenfalls in dem Knabengrab gefunden wurden. Helm wie Pfeile fänden eine einfache Erklärung, wenn man den kleinen Prinzen als Sohn eines vornehmen langobardischen Geschlechtes ansähe. Daher Doppelfelds weitere Frage: War der Knabe vielleicht der Bruder der langobardischen Prinzessin Wisi-garde, »ihr kleiner Brautführer, der sie von der fernen Heimat, mit dem stolzen Helm und allen anderen Abzeichen seiner allzufrühen Würde ausgestattet, an den Rhein geleitete, wo beide ein schlim-mes Geschick erwartete?«

Fragen dieser Art sind vorerst nicht zu beantworten, ja, sie werden wahrscheinlich niemals zu beantworten sein. Wer aber auch immer der Prinz und die Dame unterm Kölner Dom gewesen sein mögen, ob Langobarden oder nicht – das Bild Theudeberts und seiner Zeit läßt keinen Zweifel daran, daß das Frankenreich damals weit-läufige, über den ganzen Kontinent reichende Beziehungen unter-hielt. Die verwandtschaftlichen Bindungen an das langobardische Herrscherhaus hatten dabei wahrscheinlich nur periphere Bedeu-tung. Wichtiger waren die Kontakte, die Theudebert – ein fränki-scher König, der sich selbst *Augustus* nannte und mit seinen Italien-zügen die spätere deutsche Kaiserpolitik vorwegnahm – zum Mittel-meerraum herstellte.

Kontakte mit mittelmeerischen Traditionen verrät ja auch die Schmuckkollektion der Fürstin unter dem Dom. Sie bestätigt damit, daß Köln unter den Merowingern nicht nur ein bedeutender Marktort, sondern auch ein wichtiger kultureller Umschlagplatz war. Ein Schmelztiegel lateinischer und germanischer Art.

Die Domgrabung geht weiter. So bedeutsam die Entdeckung der beiden Gräber für die Kölner Stadtchronik und darüber hinaus für die merowingische Kulturgeschichte auch war, das Planziel der Kampagne ist noch nicht erreicht. Die Frage der Domplatzbebauung läßt sich noch nicht bis in alle Einzelheiten beantworten – obwohl der Nachweis der Kontinuität nahezu erbracht ist.

Immerhin wurde bereits ein gutes Stück Arbeit geleistet. Der Grundriß des alten karolingischen Domes liegt lückenlos vor, seine Fundamente sind, soweit möglich, bereits sichtbar konserviert. Eindeutig haben die Grabungen auch ergeben, daß er »nicht in einem Zuge« entstand, sondern aus einer Kirche nach St. Gallener Plan hervorging.

Was aber ist mit dem »ältesten Dom«, dem Vorgänger des karolingischen Bauwerks? Stand er überhaupt an der gleichen Stelle wie die heutige Kathedrale des Kölner Erzbischofs? Oder wurde er, genau wie die unter den Karolingern verlegte Pfalz, irgendwann in nachrömischer Zeit verpflanzt?

Die beiden Gräber allein helfen da nicht weiter. Sie gehörten zwar nicht »zu einem Friedhof unter freiem Himmel«, sondern lagen »innerhalb eines Gebäudes unmittelbar unter dem Estrichboden, der dem ganzen Zusammenhang nach ein Kirchenboden gewesen sein muß«; über diesen Bau aber ist bisher wenig zu sagen. Die spärlichen Reste lassen seinen Grundriß noch nicht erkennen. Ebensowenig ist aus ihnen abzulesen, ob dieser »merowingische Sakralbau auch die Bischofskirche gewesen ist oder nur eine fürstliche oder königliche Gruftkapelle darstellte«.

Dieses Problem zu klären, ist die Hauptaufgabe der noch immer andauernden Domgrabung, die methodisch und mit der gebotenen Rücksicht auf den ehrwürdigen Dom weiterbetrieben wird. Immer tiefer dringen die Forscher in die ebenso gespenstische wie schwer zu erobernde Kellerwelt des Domes ein. Meter um Meter schürfen sie tiefer, Schicht um Schicht tragen sie ab – bis sie eines Tages den gewachsenen Boden erreicht haben werden.

Ob die Spaten der Archäologen weitere Gräber oder Mauerreste freilegen und damit der Forschung den endgültigen Weg zur Baugeschichte des Domplatzes ebnen werden, vermag niemand zu sagen. Aber die beiden Gräber haben die jahrzehntelangen Anstrengungen schon reichlich gelohnt.

Auch wenn wir nicht wissen, wer die zierliche Dame, wer der zu ihren Füßen liegende kleine Prinz war – der Fund hat die dunkle Landschaft der merowingischen Stadt doch wesentlich erhellt. Er hat den Nachweis erbracht, daß nicht nur das römische, sondern auch das merowingische Köln eine Stadt voller Strahlungskraft und herzhaft pulsierendem Leben war, und daß diese Stadt wie keine zweite in Deutschland mit an jener Brücke baute, die von der Antike ins mittelalterliche Abendland führte.

DRITTES KAPITEL
DER FÜRST VON MORKEN

Ein fränkischer Landadliger und seine Welt

Das braune Revier · Unter der Haut der Erde · Alarm in Morken · Waffen, Feuerstahl und Schlangenköpfe · Viehhirtenhelm und Kaiserkrone · Die Welt ein riesiges Schlachtfeld · Besitzwechsel am Rhein und an der Mosel · Die merowingische Soziallandschaft · Blick in ein fränkisches Dorf · Christus, der Himmelskönig · Holzkirchen auf alten Friedhöfen... · ...und Privatkirchen des fränkischen Adels · Und darunter eine römische Villa

Das Kölner Braunkohlenrevier ist keine Feiertagslandschaft. Außerhalb der Traumzonen des rheinischen Tourismus gelegen, führt es ein gleichsam anonymes Dasein, obwohl es unmittelbar vor den Toren der Domstadt beginnt und mit seinen Ausläufern bis an die Endhaltestellen der Aachener Straßenbahn reicht. Der Autobahnfahrer kennt allenfalls die schweren mausgrauen oder schwefelgelben Rauchfahnen, die vor allem in der Gegend von Frechen den Horizont verdüstern. Erst wenn er sich den westwärts aus Köln herausführenden Landstraßen nach Jülich, Düren oder Lechenich anvertraut, gewinnt er Kontakt mit dem Revier – Kontakt mit einer modernen Industrielandschaft, die gleichermaßen beklemmt und fasziniert.

Das Revier stellte sich noch vor fünfzig Jahren als ein Stück unberührter rheinischer Tiefebene dar. Erlen und Pappeln spiegelten sich in der Erft, die – kaum breiter als ein Bach – von den Höhen der Nordeifel gemächlich dem Rhein zufloß. Der helle Lößboden trug Roggen, Kartoffeln und Rüben und füllte die Scheunen wohlhabender Bauern. Kleine Städte verträumten den Tag im Schutz mittelalterlichen Mauerwerks, und abseits der Straßen, in herrschaftlichen Parks mit alten Eichen- und Buchenbeständen, lagen die selbstbewußten Schlösser rheinischer Adelsgeschlechter. Der Verkehr sparte diesen Raum aus. Der Atem ging langsam.

Heute ist das anders geworden. Die Technik hat das Gebiet fest im Griff. Das Land zwischen Köln, Neuß und Aachen untersteht dem Kommando der Revierdirektoren, deren Befehlszentralen mit Funk- und Fernseheinrichtungen ausgerüstet sind.

Der Braunkohlenabbau folgt seinen eigenen Gesetzen. Die bis zu fünfzig Meter dicken Flöze – aus tertiären Laub-, Nadel- und Palmenwäldern entstanden – liegen dank ihrer Jugendlichkeit dicht unter der Erdoberfläche und werden im Tagebau abgetragen. Die kilometerlangen Gruben fressen sich unaufhaltsam weiter und verschlucken, was ihnen im Wege steht: Dörfer und Städte, Wälder und Friedhöfe, Bauernhöfe und Rittersitze.

Ja, sogar die Flüsse können nicht mehr fließen, wie sie wollen. Die Erft wird bald hier, bald dort umgeleitet und neu gebettet. Und um die immer tiefer in die Erde eindringenden Tagebaubetriebe zu sichern, saugen riesige Pumpenanlagen das Grundwasser am Rande der Gruben ab, sammeln es und führen es durch einen sechs Kilometer langen Stollen in einen achtzehn Kilometer langen Kanal, der sich nördlich von Köln stürmisch in den Rhein ergießt. Allein diese Anlage kostete 50 Millionen Mark.

Derartige Zahlen prasseln wie Schrapnelle auf den Besucher nieder. Zweieinhalb Milliarden Mark sind von 1945 bis 1960 in das Rheinische Braunkohlenrevier investiert worden. Die zehn Gruben fördern zur Zeit 77 Millionen Tonnen Kohle im Jahr. Die mächtigen Schaufelradbagger – Ichthyosaurier der Technik, wie man sie häufig nennt, obwohl sich die Riesenreptilien der Urwelt wie Grashüpfer neben ihnen ausnehmen würden – erreichen das Gewicht einer Rheinbrücke, die halbe Höhe des Kölner Doms und zweihundert Meter Länge, verbrauchen so viel Strom wie eine Stadt von 30 000 Einwohnern und sind mit 165 Motoren ausgerüstet. Ein solcher Bagger fördert im Dreischichtenbetrieb 120 000 Kubikmeter Kohle am Tag: den Inhalt von 12 000 Güterwagen. Auf den werkeigenen Schienenanlagen zwischen Köln und Aachen werden mehr Tonnen befördert als auf der ganzen Bundesbahn, und die Elektrizitätswerke des braunen Reviers erzeugen 21,2 Milliarden Kilowatt im Jahr, seine Brikettfabriken 240 Millionen Zentner.

Diese Zahlen erklären, warum die Landschaft sich dauernd verändert. Vor aller Augen vollzieht sich ein kaum zu fassender Zerstörungs- und Neuschöpfungsprozeß. Wo heute noch Dörfer stehen, Frauen einkaufen, Männer aufs Feld und Kinder zur Schule gehen, gähnt kurze Zeit später – als sei ein furchtbarer Meteor niedergegangen – ein kaum zu überblickender Krater, sechzig, achtzig, ja hundert oder zweihundert Meter tief. Asphaltierte Straßen kurven hinab, Elektrozüge verkehren dort unten, und kilometerlange Bandanlagen fahren die Kohle direkt in die Brikettfabriken oder E-Werke, von wo ihre Kraft als Strom ins Land fließt, weit über die Grenzen des Reviers und – wenn nötig – auch über die Grenzen Deutschlands hinaus.

Zwanzig Jahre später können die Bauern – wie heute bereits im Südrevier – auf ihre nahrhaften Lößäcker zurückkehren. Schnellwüchsige Pappel- und Kiefernforsten breiten sich aus. Die »ausgekohlten« Gruben füllen sich mit Wasser. Eine neue Acker-, Seen- und Waldlandschaft entsteht, und nichts erinnert mehr an die Bagger und Förderbänder der einstigen Tagebaubetriebe...

Die ungeheuren Erdbewegungen machen das Revier auch zu einem archäologischen Notstandsgebiet. Die fruchtbaren Lößböden zwischen Köln und Aachen haben die Menschen von jeher angezogen und enthalten daher zahlreiche vor- und frühgeschichtliche Hinterlassenschaften. Soweit diese, wie einige römische Bauten oder frühmittelalterliche Befestigungen, über der Erde liegen (oder lagen), sind sie meist bekannt. Zu den oberflächlich sichtbaren Denkmälern kommt aber etwa die gleiche Zahl »oberflächlich nicht erkennbarer Objekte, z.B. aufgelassene Siedlungen, Gräber, Horte«, und diese werden von den gefräßigen Baggern unbesehen verschlungen, wenn es nicht gelingt, sie rechtzeitig festzustellen und aufzunehmen.

Das setzt zunächst eine gewissenhafte Inventur voraus. Die vielgenannten »archäologischen Landesaufnahmen«, die vor allem in Schleswig-Holstein und Württemberg bereits weitgehend verwirklicht sind, werden »auf Kreisebene« vorgenommen. Im Kölner Revier machte 1953 der am stärksten bedrohte Kreis Bergheim/Erft den Anfang. Die übrigen Kreise folgten, je nach Dringlichkeit und Gefährdung.

Die archäologische Landesaufnahme gehört zum Tätigkeitsbereich der Landesmuseen und umfaßt (nach Herrnbrodt) vornehmlich folgende fünf Aufgaben:
Sammlung, Beschreibung, Einordnung, Erklärung und Auswertung der bekannten vor- und frühgeschichtlichen Bodenaltertümer und

Denkmäler sowie der frühmittelalterlichen Kirchen, Burgen, Höfe, Siedlungen, deren Erforschung nur mit archäologischen Methoden möglich ist;
Erforschung der verlorengegangenen oder beseitigten Denkmäler durch Literatur- und Archivstudium sowie durch eingehende Befragung der Bevölkerung;
Sammlung aller Sagen und sonstigen Volksüberlieferungen, die mit Bodenaltertümern und Denkmälern in unmittelbarer Beziehung stehen oder auf diese hinweisen;
Systematische Geländebegehung zur Feststellung neuer und Überprüfung bereits bekannter Fundstellen;
Durchführung kleinerer Grabungen zur Klärung unklarer und Bestätigung vermuteter Funde.

Die Archäologie hat in den letzten Jahrzehnten eine Reihe von Techniken entwickelt, die ihr erlauben, den Boden gewissermaßen zu röntgen. Minensuchgeräte sprechen beispielsweise auf Bestattungen mit metallenen Beigaben an, und tatsächlich haben die Minensuchtrupps des im Zweiten Weltkrieg schwer dynamitverseuchten Braunkohlenreviers schon manches Grab aufgespürt. Mit elektrischen Widerstandsmessern lassen sich unterirdische Mauerzüge verfolgen: ein freilich zeitraubendes und recht kompliziertes Verfahren, das physikalische Erfahrungen voraussetzt.

Neuerdings hat die archäologische Luftaufklärung an Bedeutung gewonnen. Aus der Vogelperspektive betrachtet, zeichnen sich nicht nur längst abgetragene Steinbauten, sondern auch planierte Grabhügel und Erdbefestigungen zu gewissen Zeiten des Jahres dank bestimmter Boden- und Bewuchsmerkmale deutlich ab, und es gelingen Bilder, die einen tiefen Blick »unter die Haut« der Erde gestatten. Als diese Methode 1960/61 im Rheinland erstmalig in Deutschland gründlich durchexerziert wurde, entdeckten die fliegenden Altertumsforscher innerhalb kurzer Zeit zahlreiche bisher unbekannte Objekte, unter anderem bronzezeitliche Kultanlagen, die bisher nur aus England bekannt waren, und römische Übungslager, die die Legionäre von Xanten-Vetera während ihres Geländedienstes aufgeworfen hatten.

In der Hauptsache aber entscheidet noch immer die sogenannte Geländebegehung über Erfolg und Mißerfolg der archäologischen Bodenaufnahme. Eine harte und anstrengende Arbeit – denn praktisch muß jeder Acker, jede Wiese, jedes Waldstück abgeschritten und mit Luchsaugen betrachtet werden. Carl Friedrich Bath, der verantwortliche Archäologe des Kreises Uelzen, schätzt, daß er allein in diesem Raum für die Zwecke der »Landesaufnahme«

30 000 Kilometer mit dem Auto und weitere 20 000 Kilometer zu Fuß zurückgelegt hat. Die meisten Begehungen zahlen sich freilich aus. So wurden im Finkelbachtal zwischen Blatzheim und Bergerhausen im kölnischen Braunkohlenrevier, wo bisher nur fünf Bodendenkmäler bekannt waren, weitere 39 festgestellt.

Sind die Fundstellen registriert, kann ein Alarmplan für die rechtzeitige Untersuchung der wichtigsten Objekte aufgestellt werden. So war es dank ständiger Kontrollen auch im Rheinischen Braunkohlenrevier möglich, wenigstens die bedeutendsten Bodendenkmäler vor ihrer endgültigen Zerstörung unter die Lupe zu nehmen. Auf diese Weise gelang einer der bedeutendsten Funde der letzten Jahrzehnte: die Entdeckung eines fränkischen Fürstengrabes im Dorfe Morken in unmittelbarer Nähe der Grube Frimmersdorf.

Es begann mit dem »Husterknupp«, einer frühmittelalterlichen Befestigung, die im Vorgelände des Dorfes von einer Erftschleife umflossen wurde. Noch während der Grabungen am »Husterknupp« erreichten die Grubenbagger den Ortsrand und damit den Kirchberg von Morken.

Der Leiter der Grabung, Dr. Adolf Herrnbrodt, wäre kein Archäologe gewesen, wenn er nicht auch die Böschungsprofile an den Rändern des wandernden Tagebaues im Auge behalten hätte. Eines Tages wühlten die Greifer eines Baggers einen alten quadratischen Holzbrunnen frei, der wie die meisten Brunnenschächte als Abfallgrube gedient hatte. Jedenfalls fanden sich auf der Brunnensohle Scherben, die einwandfrei als fränkisch erkannt wurden. Scherben der gleichen Art zeigten sich auch in den »Kulturhorizonten« beiderseits des Schachtes.

Schon während der Husterknupp-Kampagne drängte sich demnach der Gedanke an eine weitere Grabung auf. Als Ort der Handlung bot sich der Morkener Kirchberg geradezu an. Während die Franken für ihre Siedlungen wasserführende Täler bevorzugten, pflegten sie ihre Friedhöfe – wie berichtet – oberhalb ihrer Behausungen anzulegen, am liebsten auf einer Höhe. Diesen Platz nahmen nach der Christianisierung meist die Kirchen in Anspruch. Daß auch die Morkener Kirche auf eine sehr lange Geschichte zurückblickt, ging allein aus der Tatsache hervor, daß sie dem heiligen Martin, dem Nationalheiligen der Franken, geweiht war.

Legten diese Überlegungen nicht den zwingenden Schluß nahe, daß der Kirchberg dereinst ein fränkischer Friedhof gewesen war? Die Grabung begann im April 1955, wurde sehr bald »fündig«, dehnte sich immer mehr aus und erfaßte schließlich eine Fläche von 4300 Quadratmetern – den gesamten Umkreis des kleinen Morkener Gotteshauses.

Im Hochsommer jenes Jahres schrillte im Rheinischen Landesmuseum in Bonn das Telefon. Am anderen Ende des Drahtes meldete sich der Grabungsmeister Krämer und sprach ein Wort aus, das sowohl den damaligen Direktor des Institutes, Dr. Kurt Böhner, als auch den Grabungsleiter Dr. Herrnbrodt die Arbeit am Schreibtisch vergessen ließ. Sie warfen sich unverzüglich ins Auto und rasten »unter Mißachtung aller Verkehrsvorschriften« – mehr fliegend als fahrend – nach Morken, fanden die Grabungsstelle bereits von Neugierigen belagert und stellten fest, daß der Anrufer nicht zuviel versprochen hatte.

Schließlich findet man nicht jeden Tag ein fränkisches Fürstengrab mit einem vergoldeten Spangenhelm.

Die nächsten Stunden gehörten recht profanen Vorgängen. Die Grabungsstelle wurde durch Polizisten gesichert, die auch nachts nicht ihren Posten verließen, der fränkische Herr selber – schon hieß er der Fürst von Morken – im Dorfgasthaus getauft und begossen. Am nächsten Tag begann die archäologisch exakte Freilegung des Toten und all der Dinge, die man ihm mit auf den Weg gegeben hatte.

Während die riesigen Bagger mit ihren achtzehn Meter hohen Schaufelrädern – fast so hoch wie der gedrungene Morkener Kirchturm – gleichmütig ihre vorgeschriebenen 50000 oder 100000 Tonnen am Tage leisteten, trugen die Ausgräber die hüllende Erde Zentimeter um Zentimeter mit kleinen Maurerkellen ab, zeichneten, fotografierten, filmten und benutzten zum Schluß feine, schmale Pinsel, um die verschiedenen Fundobjekte vom letzten Stäubchen Erde zu befreien.

Eine ganze Woche brauchten sie, dann hatten sie es geschafft und selbst die flüchtigste Erdverfärbung in ihren Grabungsakten registriert. Und das Bild des Toten und der Welt, in der er gelebt hatte, stand greifbar nahe vor ihnen.

Der fränkische Landedelmann war in einer Grube von 2,90 Meter Länge, 2,20 Meter Breite und 2,75 Meter Tiefe beigesetzt worden, und zwar in einer eichenen Grabkammer von 1,80 Meter mal 2,65 Meter Größe (die Höhe war nicht mehr festzustellen). Der 2,05 Meter lange und 0,65 Meter breite Sarg stand im Nordteil der Kammer. Seitenwände und Bodenbretter zeichneten sich im Löß noch deutlich ab, erhalten waren aber nur noch die vier Winkeleisen, die ihn an den Ecken verklammert hatten.

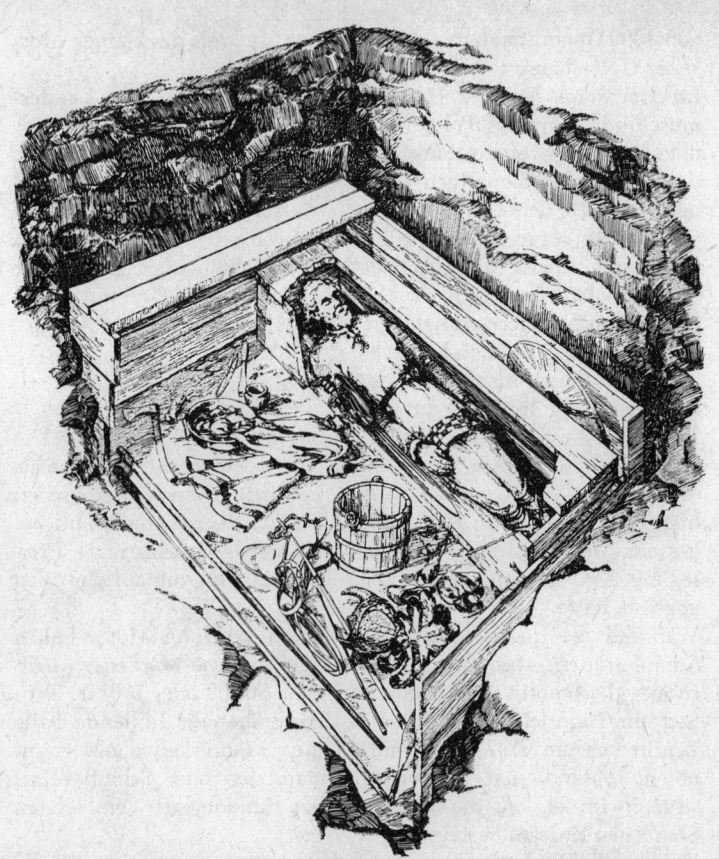

Das von F. Just (Bonn) gezeichnete Bild vermittelt einen Eindruck von der ursprünglichen Beschaffenheit des Morkener Fürstengrabes. In die Grabgrube hinein war eine Grabkammer gebaut, deren nördlichen Teil der Sarg einnahm. Der große Schild stand in der linken Fußecke. Im Vordergrund der mit einem Federbusch geschmückte Spangenhelm, dahinter der hölzerne Tränkeimer. In der Südwestecke neben der Bronzeschale die Franziska genannte Streitaxt, neben der Spatha, dem zweischneidigen Schwert, die bevorzugte Waffe der fränkischen Krieger.

Der Herr von Morken war zu seinen Lebzeiten ein kräftiger, breitschultriger, etwa 1,85 Meter großer Mann gewesen und im Alter zwischen dreißig und fünfzig Jahren gestorben. Er hatte eine hohe adlige Stirn, energische Überaugenwülste und ein tadelloses, wenn auch bereits stark abgekautes Gebiß. Verletzungen an der rechten Stirnhöhle und über der rechten Schläfe wiesen ihn als einen Mann mit kriegerischen Erfahrungen aus – ebenso die verschiedenen Waffen, mit denen man ihn für seinen letzten Weg ausgerüstet hatte.

Da war die Spatha, sein zweischneidiges Langschwert: die Hauptwaffe des vornehmen fränkischen Kriegers überhaupt. Er trug sie in einer fellgefütterten Holzscheide, auf die zur Befestigung des Tragriemens Beschläge aus vergoldeter Bronze genietet waren. Als Schwertanhänger diente eine dem heutigen Portepee ähnliche Vorrichtung, in die eine Meerschaumperle mit almandinverzierten Bronzeköpfen eingelassen war – wahrscheinlich ein Amulett, das seinem Träger Sieg und Ruhm im Kampf sichern sollte.

Die Ausrüstung des schwertfreudigen Franken ergänzte eine jener Streitäxte, die den trauten Namen Franziska führten: ein Beil mit geschwungener Oberkante, das als Wurf- und Hiebwaffe benutzt wurde. Dazu kam der Ango, ein mindestens manngroßer Wurfspeer mit kurzem Holzschaft, langdünnem Eisenhals und pyramidenförmiger Spitze, der aus dem römischen Pilum entwickelt worden war und eine gefährliche Durchschlagskraft besaß. Dem edlen Weidwerk diente ein Jagdspieß, der aber, wie auch die Lanze des Toten, bis auf die eiserne Spitze vergangen war.

Unmittelbar neben dem Schwert lagen mehrere Messer, darunter eines mit Klappvorrichtung, sowie Feuerstahl und Feuerstein – lauter Geräte, die wahrscheinlich in einer am Gürtel hängenden Stofftasche getragen wurden. Die stumpfgewordenen Messer wurden ebenso wie die an anderer Stelle liegende Eisenschere an einem 28,6 Zentimeter langen Wetzstein aus Quarzit geschärft.

Der Verteidigung diente ein hölzerner, lederüberzogener Rundschild von etwa einem Meter Durchmesser. Die Mitte des Schildes überwölbte eine halbkugelige Haube, die in einen mit vergoldetem Bronzeblech belegten pilzförmigen Spitzenknopf auslief. Fünf halbkugelige Bronzeknöpfe hoben sich in regelmäßigen Abständen auch vom Schildrand ab. Die Schmuckfreude der Zeit hatte ihre Spuren vor allem auf den verschiedenen Schildbeschlägen hinterlassen. Die Enden der Schildfessel liefen zum Beispiel in zwei »symmetrisch geformte Schlangenköpfe« aus vergoldeter Bronze aus.

Solche Schlangenköpfe waren nicht nur ein Ausdruck germanischer Schmuckfreude, sondern auch ein Produkt der Weltangst. Als mystische Zeichen hatten sie die Aufgabe, ihren Träger vor der Bösartigkeit und Heimtücke überirdischer Mächte zu bewahren. So kehrten auch auf der zwölfeinhalb Zentimeter großen Gürtelschnalle des Herrn von Morken zwei Schlangen wieder, die eine menschliche Maske bedrohen. Die gleiche Handschrift verriet ein silberplattierter Schnallendorn, auf dem zwei Raubvogelköpfe in der Rolle des unheilabwehrenden Mediums erscheinen: in seiner abstrahierenden, geometrischen Formensprache ebenfalls ein kleines Meisterwerk der Völkerwanderungskunst.

Trotz der Unholde, die in seinem Weltbild Platz hatten, darf man sich den Morkener Herrn aber als einen hartgesottenen bäuerlichen Realisten vorstellen. Die Funde verraten von seinem Naturell freilich nur, daß er einen männlichen Umtrunk nicht verschmähte. Um ihn auch fürderhin nicht dürsten zu lassen, hatten ihn seine Angehörigen daher mit einem zünftigen Becher versehen, einem Sturzbecher aus grünem Glas, der den wackeren Zecher zwang, immer wieder »ex« zu trinken – denn das Gefäß hatte einen gerundeten Boden, man konnte es nicht hinstellen.

Daß der Morkener, der damaligen Mode entsprechend, einen Bart trug, ist wahrscheinlich. Sein wallendes Haupthaar pflegte er jedenfalls mit einem stark abgenutzten Knochenkamm, einer »weit verbreiteten, nicht näher zu lokalisierenden Form«. Eine Knebeltrense und ein hölzerner Tränkeimer wiesen ihn schließlich als einen Mann aus, der beritten in den Krieg zog – was sicherlich nicht jedem freien Franken möglich war.

Die genaue stilanalytische Untersuchung ergab auch die gewünschten chronologischen Hinweise. Als die »frühesten Funde« erwiesen sich die »Franziska (etwa 525 bis 660) und der Glasbecher (etwa 525 bis Anfang 7. Jahrhundert), während die Lanzenspitze ... vom Ende des 6. Jahrhunderts bis in das 8. Jahrhundert hinein begegnet. Die Gürtelbeschläge gehören der Zeit um 600 an. Für die Gesamtdatierung des Grabes ist die Tatsache von Wichtigkeit, daß der Morkener Herr die in der Zeit nach 600 zu beobachtende Veränderung in der Bewaffnung, bei welcher Franziska und Dolch durch das als Hieb-, Wurf- und Stichwaffe gleicherweise zu benutzende einschneidige Hiebschwert, den Breitsax, ersetzt werden, noch nicht mitgemacht hat. Aus diesem Grunde ist das Grab in die Zeit um die Wende des 6. zum 7. Jahrhundert – schematisch ausgedrückt: also um 600 zu datieren.« (Böhner)

Um das Glück vollständig zu machen, entdeckte man im Mund des Toten als »Charonspfennig« eine kaum abgenutzte Goldmünze des 578–582 regierenden oströmischen Kaisers Tiberius II. Constantinus. Auch dieses fast stempelfrische Stück datierte das kulturhistorisch so bedeutsame Fundgut in die Wende vom 6. zum 7. Jahrhundert. Wenn es noch eines weiteren Beweises bedurft hätte, daß der Tote ein hochgestellter Herr war, so war er mit dieser byzantinischen Münze erbracht. Vielleicht hatte er selbst einmal einer der Delegationen angehört, durch die sich das oströmische Reich und die Erben Roms in Westeuropa gegenseitig ihre unverbrüchliche Freundschaft versicherten.

Prunkstück des Herrn von Morken – und des gesamten Schatzes, den sein Grab, einem Tresor gleich, umschlossen hatte – war jedoch der kostbare Spangenhelm, der den Alarmruf nach Bonn ausgelöst hatte: einer jener Spangenhelme, die – wie berichtet – auf östliche Modelle zurückgehen und vielleicht von den Viehhirten der südrussischen Steppen entwickelt wurden. Eine Feststellung, die um so interessanter ist, als die Experten in eben diesen Spangenhelmen das Urbild der deutschen Kaiserkrone zu erkennen glauben.

Der Morkener Helm gilt als einer der schönsten seiner Art. Ein mit magischen Bildern und Zeichen reich geschmückter Stirnreif bildet die Basis. Von diesem Stirnreif gehen sechs vergoldete Eisenbügel aus, die sich in der Spitze, überdeckt von einer Scheitelscheibe, vereinigen. Die Scheitelscheibe läuft in eine Zimierhülse aus, die den Helmbusch trug. Den Raum zwischen den Spangen füllen bronzene Zwickel aus und vervollständigen damit das schützende Kopfgehäuse.

Das Innere des Helmes kleidete ein weiches, wahrscheinlich »schwebendes« Lederfutter aus, das am unteren Rand des Stirnreifens mit einem Lederriemen vernäht war. Auch die beiden Wangenklappen waren mit Leder unterlegt. Genick und Nacken bedeckte ein vierzehnteiliges Kettengeflecht, das zwar völlig verrostet war, sich aber naturgetreu rekonstruieren ließ. Wie der Stirnreif sind auch die Spangen und Bronzeplatten mit figürlichem und geometrischem Schmuck versehen. Doch war der Helm kein bloßes Repräsentationsstück. Spuren kräftiger Schwerthiebe zeigen an, daß er manchen harten Strauß hinter sich hatte, als er zusammen mit seinem Besitzer eingesargt wurde – einem adligen, merowingischen Krieger, wie die Ausstattung des Grabes zur Genüge bewies.

Den Krieger dieser Zeit repräsentierte noch immer der rauhe, zechgewohnte und beutefreudige Schlagetot germanischer Provenienz, für den die Welt ein riesiges Schlachtfeld, Unsicherheit ein Dauerzustand und der Tod ein Bagatellfall war. Wie den Ahnen der Tacitus-Zeit galt dem Adel der Merowingerzeit der Kampf noch immer als das Salz des Daseins, die Fehde als legitime Erwerbsquelle. Zu diesem Zweck unterhielten auch die kleineren Gaufürsten militärische Bereitschaften, die sie jederzeit mobilisieren konnten. Selbst die Bischöfe verfügten über derartige Kader, die sich aus Knechten, privilegierten Kirchenarmen und sonstigen Almosenempfängern seltsam genug zusammensetzten.

Ein »stehendes Heer« gab es ebensowenig wie eine geregelte Ausbildung oder einen festen Sold. Die zahlenmäßige Stärke der eingesetzten Verbände hat die Chronisten offenbar nicht interessiert. In ihrer Gesamtheit ist die fränkische Waffenmacht auch wohl niemals aufgeboten worden. Normalerweise wurden nur die Wehrfähigen der Gebiete mobilisiert, die dem jeweiligen Kriegsschauplatz am nächsten lagen. Denn selbst die »Großkriege« gegen Goten, Burgunder oder Thüringer dienten ja nicht zuletzt dem Zweck, die fränkischen Anrainer mit Beute zu versorgen.

Die Raublust der Franken war eine genauso elementare Tatsache wie ihre mystische Verehrung für die merowingische Dynastie. Es war eine der natürlichen Funktionen des Adels, daß er in dieser Hinsicht einen dauernden Druck auf das Herrscherhaus ausübte. Schien den fränkischen Kriegern der anberaumte Feldzug nicht lohnend, konnte es aber auch geschehen, daß sie sich weigerten, dem Befehl Folge zu leisten.

Die Autorität der Könige war also begrenzt. Der Heerbann besaß einen hohen Grad an Selbständigkeit und vermochte einen starken eigenen Willen zu entwickeln. Es entsprach dem Grundzug der Völkerwanderungszeit, daß dieser selten auf politische Ziele gerichtet war. Nach Meinung des Schweizers Jean-Pierre Bodmer stellt selbst der Sieg über die Hunnen auf den Katalaunischen Feldern nicht mehr »als die erfolgreiche Abwehr einer Räuberbande« dar. »Es blieb einer späteren Zeit vorbehalten, darin die Rettung des Abendlandes vor der asiatischen Barbarei zu sehen.«

Zu dieser urtümlichen« Form der Kriegführung gehörte das Rezept der totalen Zerstörung. Immer wieder berichten die zeitgenössischen Texte von niedergebrannten Getreidefeldern, eingeäscherten Höfen, mutwillig ausgerissenen Weinstöcken und sinnlosen Viehschlachtungen auf offener Weide. Die Franken nahmen es offenbar gleichmütig hin, daß solche Aktionen häufig zum eigenen Schaden ausschlugen. Die Hunger- und Seuchenkatastrophen bei einem Rückzug durch ein Land »verbrannter Erde« waren manchmal – vor allem im heißen Süden – verlustreicher als der Kampf Mann gegen Mann. Mit Nachschubproblemen haben sich die Heere der Merowingerzeit kaum befaßt. Nur selten ist in den Quellen vom Troß die Rede. Mächtigen Eindruck hinterließen deshalb die Kamele, die der Burgunderkönig Gundobad als Lasttiere einsetzte.

Die Disziplin der fränkischen Krieger war gering. Stets zu Meutereien aufgelegt, bedurften sie harter und geschickter Führung. In ihrer Kriegstechnik ist bestenfalls »ein rudimentäres Maß an Taktik« festzustellen, das kaum über die Gewohnheiten der Kimbern und Teutonen hinausreichte. Wie diese neigten sie dazu, Ort und Zeit einer Schlacht vorher festzulegen und den Ausgang von Einzelkämpfen als Gottesurteil zu werten. Auf schwierigere Aufgaben wie die Belagerung einer energisch verteidigten Stadt ließen sie sich nicht gern ein. Ihre Stärke war der plötzliche, alles niederwalzende Ansturm in dichter, geschlossener Formation, der den überraschten Gegner wie ein tödlicher Blitz traf. Mit der Dauer des Feldzuges erlahmte jedoch ihre Lust am kriegerischen Handwerk und damit auch ihre Stoßkraft.

Die Franken »sind tapfer im Kampf, weil sie von Natur aus wagemutig und furchtbar sind«, heißt es im *Strategikon* des Maurikios, in dem die militärischen Erfahrungen der Byzantiner niedergelegt sind. »Die Feigheit und sogar das geringste Zurückweichen halten sie für eine Schande, und mit Leichtigkeit verachten sie den Tod... doch sind sie im Rücken und in den Flanken leicht zu überraschen, da sie sich nicht um die Beobachtung und andere Sicherheitsmaßnahmen kümmern.«

Die Lust des Beutemachens übertraf die Kriegskunst bei weitem. Begehrt waren vor allem Schmuck, Waffen und Münzen. Auch Kirchenschätze wurden nicht geschont. Gefangene wurden totgeschlagen, versklavt oder verkauft, gelegentlich auch, bei entsprechendem Lösegeld, zurückgegeben. Junge Sklavinnen standen noch immer hoch im Wert. Die Verteilung der Beute war ein gleichsam offizieller Akt, der nach traditionsgeheiligten Regeln vor sich ging, denen auch der Herrscher unterworfen war.

Das alles mag auch für den Morkener Herrn gegolten haben, auf dessen Helm sich nicht von ungefähr die Spuren harter Schwerthiebe abzeichnen. Dieser Helm kam aus einem oberitalienischen Atelier. Schwert, Ango, Gürtelschnalle, Bronzeschüssel und Trinkgefäße entstammten fränkischen Werkstätten. Der Schild aber war mit höchster Wahrscheinlichkeit die Arbeit eines skandinavischen Waffenschmieds.

Die Kleidung des Morkener Herrn hatte keine Spuren hinterlassen. Struktur und Qualität der normalerweise verwendeten Tuche ließen sich jedoch an einigen Stoffresten studieren, die in einer flachen Bronzeschüssel die Zeit überdauert hatten. Karl Schlabow, der Schleswiger Experte für vor- und frühgeschichtliche Textilien, stellte drei verschiedenartige, teils rotgestreifte, teils rotgemusterte Leinengewebe fest, die ebenso wie ein blau-weiß-karierter Wollstoff fränkischer Herkunft waren. Als Importe aus dem Mittelmeerraum identifizierte er drei feine Seidenstoffe, ein leuchtend rotes und zwei blau-weiße Gewebe, von denen eines eine »Leinenbindung mit Hahnentrittmuster« zeigte.

Solche Stoffe – und ein solches Arsenal an Waffen, wie es der Morkener Fürst besaß – konnte sich nur ein Mann von großem Wohlstand leisten. Wohlstand aber war gleichbedeutend mit Grundbesitz. So wird auch der Morkener Herr Großbauer und Großgrundbesitzer in einer Person gewesen sein: der Prototyp des Landedelmannes, der über seinen Besitz wie ein absoluter Herrscher gebot. Mehr als der Ackerbau wird ihm freilich die Viehzucht am Herzen gelegen haben. Sein Hof lag nämlich am Rand der Erftniederung, am Südhang des nachmaligen Morkener Kirchberges, der ideale Voraussetzungen für eine lohnende Weidewirtschaft bot.

Der Kirchberg selbst trug damals noch die Ruinen einer alten römischen Villa, deren früherer Besitzer in der Zeit der fränkischen Landnahme entweder verjagt oder erschlagen worden war. Wann das war, wissen wir nicht. Sicher ist nur, daß kein römischer Gutshof in der Provinz Niedergermanien die Mitte des 5. Jahrhunderts überstand – die meisten werden schon Jahrzehnte vorher geräumt oder niedergebrannt worden sein.

Die Römer hatten das Land methodisch erschlossen und dabei selbst vor den rauhen Eifelhöhen nicht haltgemacht. Außer Ackerbau trieben sie dort vor allem Schaf- und Schweinezucht; auch die Bienenhaltung dürfte in einer Zeit, da Honig das Universalmittel zum Süßen war, in ihrem Etat eine bedeutende Rolle gespielt haben. Die Franken vernichteten diese spezialisierten, für den Bedarf der großen Städte und der Armee arbeitenden Betriebe und ließen sie veröden. Noch heute findet man in den Tiefen der Eifelwälder zahlreiche gras- und moosbewachsene Villenreste, die traurigen Überbleibsel der nie wieder aufgebauten römischen Gutshöfe.

Auch in den Niederungen schrumpfte der alte Siedlungsraum mächtig zusammen. Die Landesaufnahme im Kreise Bergheim ergab zum Beispiel, daß sich »nahezu die Hälfte aller Villen und deren Ländereien ... wieder mit zusammenhängenden Wäldern« bedeckten. »In den verbleibenden freien Landstrichen wurde das Leben auf dem Lande offenbar völlig neu organisiert und erhielt ein fränkisches Gesicht.« (Hinz)

Die neuen Herren okkupierten vor allem die fruchtbaren Uferstreifen wie überhaupt alle leicht nutzbaren Böden. Landmesser
und Notare wirkten dabei nicht mit. Der Besitzwechsel erfolgte
wahrscheinlich ausschließlich nach dem Recht des Eroberers. Die
riesigen Staatsdomänen und Legionsterritorien, vielleicht auch die
herrenlosen Güter, verfielen dem König und seinem Gefolge – sicher
empfing auch der erste Morkener Fürst seinen Besitz für treue
Dienste.

Die überlebende heimische Bevölkerung wurde unterjocht und ver-
knechtet. Wie in den Städten hochgeborene Frauen fortan niedere
Arbeit verrichteten, so fand auch auf dem Land ein tiefgreifender
Enteignungs- und Umschichtungsprozeß statt.

Friedlicher vollzog sich offenbar die Ansiedlung der Sieger im
Moselland, das freilich erst fünfzig Jahre später, in der zweiten
Hälfte des 5. Jahrhunderts, dem Frankenreich einverleibt wurde.
Schon Dopsch wies darauf hin, daß sich die Festsetzung der Fran-
ken keineswegs überall als nackter Willkürakt vollzog. Die genaue
Untersuchung der *Fränkischen Altertümer im Trierer Land* durch
Kurt Böhner hat diese These einwandfrei bestätigt. Die Franken
eigneten sich zwar auch hier die besten Böden an und ließen die
aufgegebenen Waldbauernhöfe verfallen, unabhängig davon bestanden aber zahlreiche keltoromanische Siedlungen weiter.

So blieb, wie Böhner überzeugend dartun konnte, vor allem das
Kirchengut nahezu unangetastet. Auch die zum Fiskalbesitz gehörigen Siedlungen lebten, obwohl in den Besitz des Königs überführt,
zum großen Teil unbehelligt und »ohne Zuzug von Franken« weiter. Gingen sie in den Besitz eines fränkischen Bauern über, legte
dieser in geringer Entfernung einen neuen Hof an, so daß sich
heute in zahlreichen moselländischen Dörfern ein romanischer und
ein fränkischer Ortskern unterscheiden läßt. Nur auf größeren
Königsgütern scheinen sich die fränkischen Verwalter inmitten der
romanischen Bevölkerung niedergelassen zu haben.

»Im ganzen«, meint Böhner, »erweckt das Bild, das die merowingerzeitlichen Funde von der fränkischen Landnahme in der Bel-
gica I bieten, den Eindruck, daß diese Provinz im Gegensatz zur
Germania II nicht sosehr auf dem Wege der reinen Eroberung von
den Franken in Besitz genommen wurde, sondern daß der Besitzwechsel weithin nach gewissen Rechtsgrundsätzen erfolgte, nach
denen zum Beispiel das Kirchengut geschont und das Land zwischen Romanen und Franken aufgeteilt wurde.«

Von diesen vorfränkischen Niederlassungen, die die für Handel
und Weinbau günstigen Flußtäler mit ihren festen Straßen be-

haupteten, hoben sich die neu gegründeten fränkischen Siedlungen klar ab. Sie wurden mit Vorliebe in wasserführenden Seitentälern angelegt, und zwar da, wo diese in die breitere Talaue übergingen und außer Ackerbau und Viehzucht auch die Anlage von Mühlen ermöglichten. Von der kleinen Bauernstelle bis zum Großgrundbesitz gab es die verschiedensten Betriebsgrößen. Wie im rheinischen Raum dürfte aber auch im Moselland der Adel den Ton angegeben haben.

Welcher Reichtum und welche Macht sich in seiner Hand vereinigte, bezeugt eine ungewöhnliche Urkunde, die älteste mittelalterliche Urkunde überhaupt, die sich auf ein Stück heutigen Deutschlands bezieht – das Testament des Diakons Adalgisel Grimo.

Das am 30. Dezember 634 in Verdun ausgestellte Dokument liegt in einer Abschrift vor, die heute zum wertvollsten Besitz des Koblenzer Staatsarchivs gehört. Sie wurde im 9. oder 10. Jahrhundert angefertigt und enthält auf einem ehrwürdigen, an den Rändern leicht vermoderten Pergamentblatt von 60 Zentimeter Höhe und 42 Zentimeter Breite genau 59 Zeilen, die freilich nicht vollständig erhalten und überdies schwer zu entziffern sind. Die Urkunde ist in jenem verwilderten Latein geschrieben, das damals üblich war. Auch ihr Aufbau mutet, obwohl sichtlich an römischen Vorbildern geschult, reichlich verworren an. Trotzdem ist diese Urkunde ein überaus inhaltreiches und vielsagendes Dokument – wichtig vor allem für die Aufhellung der Soziallandschaft der merowingischen Epoche.

Adalgisel Grimo gehörte, wie aus dem Schriftstück klar hervorgeht, der fränkischen Hocharistokratie an – sein Neffe Bobo wird Herzog genannt – und war dementsprechend kein armer Mann. Er verfügte über Grundbesitz in Lothringen und in den Ardennen, bei Tongern und bei Trier, er hatte Weinberge an der Mosel und an der Lieser, er betrieb Mühlen und unterhielt Rinder-, Schaf- und Schweineherden. Auch war er Eigentümer eines Hauses in Trier, das – wie Levisohn vermutet – »dem vornehmen Franken als Absteigequartier in der Metropole« gedient haben mag. Kurzum: der Besitz Grimos – und ähnlich wird man sich auch den des Morkener Herren vorstellen müssen – weist bereits die typischen Züge mittelalterlicher Grundherrschaft auf.

Adalgisel Grimo war aber auch ein in Geldgeschäften wohlbewanderter Mann. In seinem Testament ist sowohl von verpachteten als auch von verkauften Grundstücken die Rede. Die Erwähnung von

Wawer-, Ardennen- und Triergau beglaubigt außerdem den Bestand der fränkischen Grafschaftsverfassung. Schließlich ist in dem kulturhistorisch so überaus interessanten Dokument auch von Freien und Unfreien die Rede.

Den wesentlichsten Beitrag zu diesem Problem verdankt die Wissenschaft jedoch der Bodenforschung. Die genaue Analyse der Friedhofsbefunde hat zu Ergebnissen geführt, die weit über alles das hinausgehen, was wir aus schriftlichen Quellen über die fränkische Sozialstruktur erfahren. Die Archäologen sind schon seit geraumer Zeit bemüht gewesen, aus den Grabbeigaben auf den sozialen Rang der Bestatteten zu schließen. Dabei ergab sich sehr bald, daß die Männergräber für derartige Versuche erheblich geeigneter waren als die Frauengräber. Während bei diesen die Übergänge zwischen reichen und armen Ausstattungen fließen, hoben sich bei jenen die unterschiedlichen Waffenausstattungen ganz klar voneinander ab.

Veeck versuchte in seiner Darstellung der alemannischen Reihengräberfriedhöfe die Befunde dadurch zu ordnen, daß er die mit einem Schwert versehenen Krieger als Freie identifizierte, »während er die nur mit Lanze, Pfeil und Bogen ausgerüsteten Toten als Unfreie bezeichnete«. Stoll unterteilte die Schwertgräber weiter in solche, die außer dieser Hauptwaffe noch Lanze, Axt und Schild enthielten, und diejenigen, die nur durch einen Sax gekennzeichnet waren. Die einen schrieb er Großbauern, die anderen Kleinbauern zu. Fand er nur eine Lanze, so rubrizierte er das Grab als das eines Halbfreien. Die gänzlich beigabenlosen Bestattungen ordnete er Unfreien zu.

Auch Böhner kam zu dem Ergebnis, daß »die unterschiedliche Waffenausstattung der Männergräber tatsächlich mit der sozialen Stellung der... Bestatteten« zu tun hat. Auch er legte seinen außerordentlich komplizierten Untersuchungen die Faustformel zugrunde, daß Gräber mit Schwert und mehreren Waffen den freien Mann charakterisieren, Gräber mit nur einem Sax zu Halbfreien und beigabenlose Gräber zu Unfreien gehören. Doch ging er noch einen Schritt weiter: er ermittelte die Belegungsdauer der verschiedenen Friedhöfe, errechnete die damalige menschliche Lebenserwartung auf etwa 35 Jahre und fand so einen gangbaren Weg, auf die Durchschnittskopfzahl der zu dem jeweiligen Friedhof gehörenden Siedlung zu schließen.

Das Resultat seiner Untersuchungen, die er auch auf einige alemannische Friedhöfe ausdehnte, schlug sich in dem folgenden Zahlenbild nieder:

	Gesamtzahl	Freie	Halbfreie	Unfreie
Erste Gruppe:				
Hailfingen	108	32	32	44
Holzgerlingen	80	16	17	47
Bülach	58	13	19	26
Zweite Gruppe:				
Eisenach	34	16	12	6
Basel-Bernerring	14	7	3 oder 4	4 oder 3
Köln-Müngersdorf	25	10	9	6
Dritte Gruppe:				
Ehrang	14	3	6	5
Lörrach-Stetten	17	2	7	8

»Die erste Gruppe von Friedhöfen«, so hat Böhner dieses Ergebnis selbst erläutert, »hat zu verhältnismäßigen großen Siedlungen von etwa 60 bis 110 Bewohnern gehört. Freie und Halbfreie hielten sich in ihnen zahlenmäßig etwa die Waage, doch wurde jede dieser beiden Gruppen von der verhältnismäßig hohen Zahl unfreier Knechte übertroffen. In solchen Siedlungen dürften hauptsächlich die... Nobiles« – wahrscheinlich auch unser Morkener Fürst – »gelebt haben; außerdem sind in ihnen die großen Königshöfe sowie die Fronhöfe von Klöstern und Kirchen zu vermuten.«

»Die zweite Gruppe von Gräberfeldern gehört zu wesentlich kleineren Siedlungen mit etwa 15 bis 35 Bewohnern. Während sich die Zahl der Freien und Halbfreien wiederum ungefähr entspricht, ist die der Knechte verhältnismäßig klein... Diese Siedlungen dürften sich hauptsächlich... in der Hand von Freien befunden haben, doch ist wahrscheinlich, daß ein Teil von ihnen dem König, der Kirche oder sonst einem Großgrundherrn gehört hat und von diesem einem Freien als Pachtgut bzw. Beneficium verliehen war.«

»Die Friedhöfe der dritten Gruppe gehörten nach dem Ausweis von Ehrang im Moselgebiet wenigstens teilweise zu Siedlungen von Nachkommen romanischer Coloni, die in fränkischer Zeit größtenteils halb- und unfrei blieben und aus deren Kreis offenbar nur wenige – vielleicht lediglich die Anführer mit ihren Familien – die Freiheit erlangt haben. Das Gräberfeld Lörrach-Stetten legt die Annahme nahe, daß solche hauptsächlich aus Halb- oder Unfreien bestehenden Siedlungen auch außerhalb der romanisch-germanischen Mischgebiete im rein germanischen Siedlungsgebiet geläufig waren...«

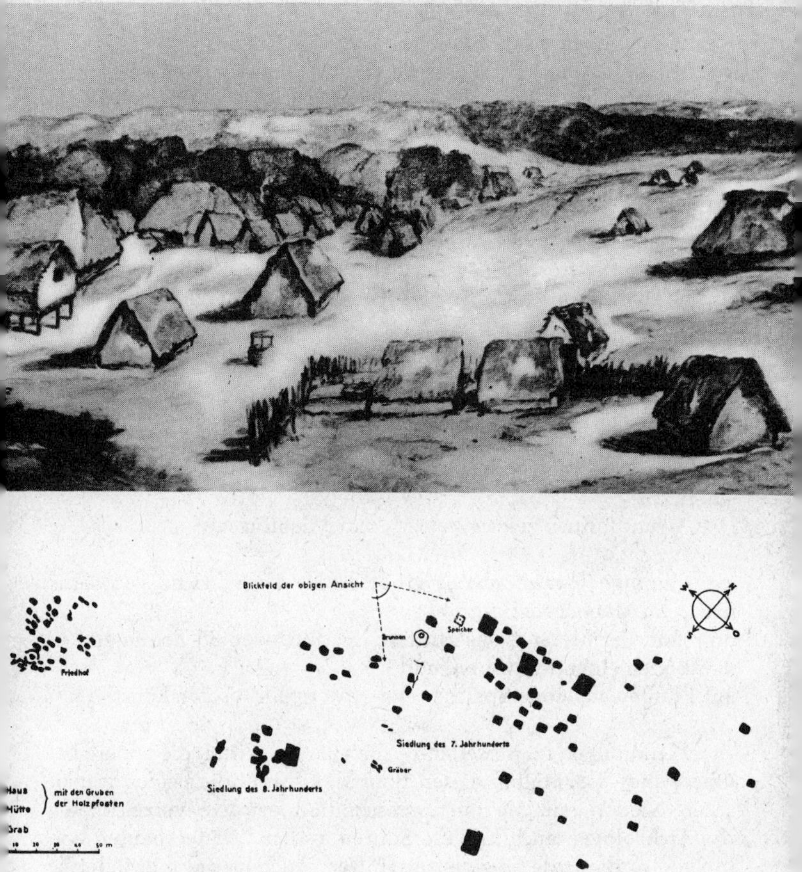

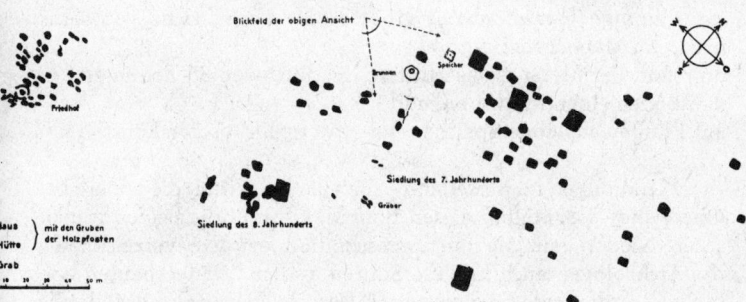

Rekonstruktionszeichnung des fränkischen Weilers Gladbach bei Koblenz (Zustand 7. Jahrhundert)

(Fotos: Rhein. Landesmuseum, Bonn)

Wie sah nun eine solche Siedlung auf dem Lande aus? Nach welchen Prinzipien war sie angelegt? Wie wohnten die fränkischen Freien, Halbfreien und Knechte?

Fragen dieser Art rufen bei den meisten Experten ausgesprochenen Unmut hervor. Bis heute ist es nämlich noch nicht gelungen, das genaue Bild einer kompletten fränkischen Siedlung zu gewinnen. Mit einigem Recht läßt sich sogar sagen, daß wir über die Wohnweise der steinzeitlichen Pfahlmenschen besser informiert sind als über die der fränkischen Bauern.

Der Mangel ist leicht erklärt. Die Hofanlagen der Merowingerzeit liegen unter den heute noch bestehenden Dörfern und sind damit der Spatenforschung entzogen. Die Archäologen sind also auf Zufallsentdeckungen angewiesen, beispielsweise darauf, daß sie eines Tages im freien Gelände die Reste einer nach kurzem Bestand wieder eingegangenen Siedlung finden. Doch dieses Glück haben sie bisher nur einmal gehabt: 1937 in Gladbach am Südhang des Neuwieder Beckens, unweit Koblenz.

Die Grabung wurde durch den fortschreitenden Bimsabbau ausgelöst und stand demgemäß unter Zeitdruck. Trotzdem konnten die von Baggern aufgedeckten Siedlungsreste über eine Strecke von 250 Meter ausgekundschaftet werden. Als die Kampagne nach einjähriger Dauer beendet wurde, enthielten die Grabungsakten die Grundrißzeichnungen von 53 Pfostenhütten, die locker im Gelände verstreut lagen, teils einzeln, teils zu geschlossenen Gruppen vereinigt.

Drei Grundformen zeichneten sich dabei deutlich ab:

mehrräumige Häuser, deren größtes eine Grundfläche von sechs mal zehn Meter bedeckte;
drei mal vier Meter große Hütten, die durchweg 35 Zentimeter in den Boden eingetieft waren, und
auf Pfählen stehende Speicher von etwa quadratischer Form.

Zwei Grabungen im Moselland – die eine bei Nittel, die andere bei Oberbillig – bestätigten diesen Befund. Obwohl die beiden fränkischen Niederlassungen nur angeschnitten wurden, verzeichneten die Archäologen auch hier die Spuren großer Rechteckbauten und kleiner, in die Erde eingetiefter Hütten. Auch hier also das gleiche Bild: einerseits die verhältnismäßig großen Wohnhäuser, andererseits die »unterirdischen« Wirtschaftsräume. »Die Übereinstimmung der aufgeführten Siedlungsreste mit der fränkisch-karolingischen Siedlung von Gladbach läßt vermuten, daß ... in fränkischer Zeit auf dem Lande noch nicht mit Dörfern zu rechnen ist, die sich aus zahlreichen gleichwertigen Höfen zusammensetzen, sondern vielmehr mit Hofsiedlungen oder Weilern, die aus einem oder mehreren umzäunten Gehöften bzw. Gehöftgruppen bestanden.« (Böhner)

Als Umfriedung dienten offenbar einfache Palisaden. Die Wände der Häuser und Hütten bestanden wahrscheinlich aus pfostenversteiftem, lehmbeworfenem Flechtwerk. Die hochgiebeligen Bauten trugen Walmdächer, deren dicker Strohbelag sie wie eine Kapuze bedeckte. Der Rauch zog aus Dachluken ab. Verglichen mit den Lebensgewohnheiten der »lateinischen« Bauern, deren Villen meist mit Fußbodenheizungen und geräumigen Badeanlagen ausgestattet waren, war der Wohnkomfort also recht bescheiden.

Doch wird man sich die Verhältnisse nicht zu primitiv vorstellen dürfen. Wenn man von den Grabeinbauten auf das Mobiliar schließt, wurde zumindest hervorragende Zimmermannsarbeit geleistet. Diese hat sogar einen literarischen Kronzeugen gefunden, und zwar in dem Dichter Venantius Fortunatus, der nach einer seiner vielen Reisen ein fränkisches Holzhaus mit folgenden Versen besang:

»Weg mit euch, mit den Wänden von Quadersteinen!
Viel höher scheint mir ein meisterlich Werk, hier der gezimmerte Bau.
Schützend verwahren vor Wetter und Wind uns getäfelte Stuben,
Nirgends klaffenden Spalt duldet des Zimmermanns Hand.
Sonst nur gewähren uns Schutz das Gestein und der Mörtel
Hier aber bietet ihn freundlich der heimische Wald.   [zusammen.
Luftig umziehn den Bau im Geviert die stattlichen Lauben,
Reich von des Meisters Hand, spielend und künstlich geschnitzt.«

Freilich wird man diese Verse nicht verallgemeinern dürfen. Die spätantike Literatur liebte es, die Dinge dieser Welt hymnisch zu verklären; außerdem wird eine so hochgestellte Persönlichkeit wie der Bischof von Poitiers nicht gerade in einer Bauernkate genächtigt haben. Aber selbst, wenn man annimmt, daß ein Mann wie der Morkener Fürst in einem solide gebauten, fugendichten Holzhaus lebte, verdeutlichen doch gerade die ländlichen Wohngewohnheiten jener Zeit einen unverkennbaren zivilisatorischen Niedergang; oder anders ausgedrückt: die Beharrlichkeit, mit der die neuen Herren an ihren alten Bräuchen und Gewohnheiten festhielten.

Auch geistig verharrten sie noch lange Zeit im Banne ererbter, altväterlicher Vorstellungen. Selbst als sie Christen wurden, gaben sie ihre eigene Art nicht auf. Gerade auf dem Lande läßt sich das Einströmen germanischen Gedankengutes in die Kirche deutlich feststellen.

Für die Germanen war die Welt ein Tummelplatz überirdischer Mächte. Der dürre Rationalismus der Römer war ihnen fremd. Sie sahen sich auf Schritt und Tritt von Dämonen umgeben, die gnädig zu stimmen sie sich einiges kosten ließen – wie Tacitus ausführlich beschrieben hat. Daher die zahlreichen Opfer, die sie ihren Göttern darbrachten, daher die geheimnisvollen Zeichen und Symbole, mit denen sie – man denke an die Schnallen und Beschläge des Morkener Fürsten – ihre Waffen und Geräte versahen, um jeglichem bösen Zauber entgegenzuwirken. Die Religion war für sie keine moralische Aufgabe, sondern Mittel und Institution zur Abwehr drohender metaphysischer Gewalten.

Die damalige Kirche kam dieser Einstellung jedoch weitgehend entgegen. Auch ihr war es zu einem guten Teil um »handgreifliche Hilfen« im Alltag zu tun. Ihr Reliquienkult hatte auch in dem magischen Weltbild der Franken Platz. Und wenn sie den Märtyrern und Heiligen gewisse »Zuständigkeiten« bei der Behebung menschlicher Nöte zuerkannte und für Wallfahrten zu ihren Gräbern und Wirkungsstätten schnell sichtbar werdende Belohnungen versprach, so schlug sie auch damit eine Brücke zu den neuen Herren.

Da sie überdies tolerant war, keine übermäßigen ethischen Forderungen stellte und die Zügel erst anzog, als die alten Götter mehr oder weniger vergessen waren, lebten barbarische und christliche Glaubensvorstellungen lange nebeneinander her. Das bezeugt nicht nur die heidnische Beigabensitte in christlich geosteten Gräbern, dafür sprechen auch die Grabausstattungen selbst. Die Darstellung einer von zwei löwenähnlichen Ungeheuern bedrohten menschlichen Maske auf dem Stirnreif des Morkener Helms wurzelt – genau wie der mystische Dekor der Schnallen und Beschläge – in heidnischen Anschauungen. Dagegen sind die unmittelbar anschließenden Weinranken der Forschung als christliche Paradiessymbole durchaus geläufig.

Das schönste, eindrucksvollste und instruktivste Beispiel für diese Gleichzeitigkeit heidnischer und christlicher Weltsicht ist jedoch der Grabstein von Niederdollendorf, der 1901 auf einem Ziegeleigelände am Nordrand der nördlichsten deutschen Winzergemeinde, gegenüber Godesberg, entdeckt wurde.

Der 53 Zentimeter hohe Stein enthält auf der Vorder- und Rückseite zwei reliefartige Steinritzzeichnungen. Die vordere läßt einen bärtigen Mann erkennen, der mit der Rechten sein strähniges Haar striegelt. Die Linke ruht auf dem quer über dem Leib liegenden Breitsax. Zu Füßen der Gestalt steht eine Feldflasche. Im Hintergrund ringeln sich zwei Schlangen, die den Krieger offenbar verschlingen wollen. Die Schlangen als Grabsymbole, das Haar als Sinnbild der Lebenskraft, Schwert und Flasche als Ausrüstung für das jenseitige Leben – das alles hat heidnisch-barbarischen Charakter.

Die Rückseite dagegen zeigt »die älteste germanische Darstellung Christi, die wir kennen« – eine Darstellung, die bereits auf den Heliand der spätkarolingischen Zeit verweist; denn Christus erscheint nicht etwa als Schmerzensmann und Dulder am Kreuz, sondern als strahlender Himmelskönig, von einem Lichtkranz umgeben, panzerbewehrt und speerbewaffnet, unter seinen Füßen eines jener schlangenhaften Ungeheuer, die die Germanen als Wesen der Erdentiefe empfanden.

Da der Breitsax auf der Vorderseite vor allem in der zweiten Hälfte des 7. Jahrhunderts gebräuchlich war, läßt sich auch der Grabstein mit höchster Wahrscheinlichkeit in das 7. Jahrhundert datieren. Die Feldflasche zu Füßen des Kriegers bestätigt diese Datierung. Ihrer Form nach könnte sie aus Mayen in der Eifel kommen.

Derselben Zeit entstammt eine 1915 bei Moselkern im Kreis Cochem gefundene Grabstele: ein 80 Zentimeter hohes, 44 Zentimeter brei-

Der Grabstein von Niederdollendorf. Links Vorderseite, rechts Rückseite
(Fotos: Rhein. Landesmuseum, Bonn)

tes Grabmal, das auf den ersten Blick an eine abstrakte Komposition aus zwei Kreuzen denken läßt – ein Diagonalkreuz im unteren, ein senkrecht gestelltes im oberen Rahmen.

Bei genauerem Hinsehen entdeckt man jedoch, daß auf das senkrechte Kreuz eine menschliche Figur aufgetragen ist. Ihre Füße sind – nach der Beschreibung von Elbern – »auswärts gewinkelt und folgen der unteren Umrahmung des Kreuzes. Die Arme legen sich um den oberen Rand des Kreuzfeldes herum und sind entsprechend dem Verlauf des rahmenden Quadrates rechtwinklig nach unten gezogen ... Die Hände ergreifen zwei kreuz- oder dolchartige Gegenstände, die bis zum Kreuzmittelpunkt reichen.«

Die Stele wurzelt sichtlich im christlichen Denken, wie allein aus der Wiedergabe von zehn griechischen, vier lateinischen und zwei Diagonalkreuzen hervorgeht. Aber auch sie weist germanische Züge auf. Elbern glaubt zum Beispiel »in der Identifizierung des aufrecht am Kreuz stehenden Christus mit dem Heilszeichen des Kreuzes« einer typisch fränkischen Auffassung zu begegnen, »die nicht die Darstellung des historischen Kreuzigungsvorganges ... anstrebt, wie die orientalische Christenheit, sondern eine eher abstrakte verabsolutierende Weise der Darstellung vorzieht«.

So wird auch dieser Grabstein zu einem Inbild der Verschmelzung von christlichem und germanischem Gedankengut. Bedürfte man noch eines weiteren Beweises für diesen Vorgang, so fände man ihn in der Form der damaligen Landkirchen. Es waren einfache Holzbauten, die ihre Herkunft vom bäuerlichen germanischen Ständerhaus nicht verleugneten, und als Bauherr fungierte nicht etwa die kirchliche Organisation, sondern der fränkische Adel.

Die frühesten Landkirchen, die wir kennen, reichen in das späte 7. Jahrhundert zurück, in jene Zeit also, da die seit Jahrhunderten gepflogene Beigabensitte langsam erlosch und der Einfluß der Geistlichkeit auch im Alltag stärker spürbar wurde.

Daß der Adel – man denke nur an den Diakon Adalgisel Grimo – dabei die Rolle des Mittlers und Schrittmachers spielte, beweist allein der Standort dieser Kirchen. Sie entstanden vielfach in unmittelbarer Nähe großer fränkischer Gehöfte, wie Untersuchungen in Bettenhoven und Oberembt bei Jülich ergaben. In diesen Fällen wurde der alte Friedhof aufgelassen, der neue in den Bereich der Kirche verlegt. Ebenso häufig baute der Grundherr die Kirche auf das alte Reihengräberfeld, um auch seine Ahnen – die er im altgermanischen Sinn weiterhin zum Familienverband rechnete – an den christlichen Segnungen und Paradiesversprechungen teilhaben

zu lassen. So steht die Pfarrkirche von Großvernich im Kreise Eus-
kirchen in einem fränkischen Gräberfeld, das über der im Tal
liegenden Siedlung lag. Zu gleichen Ergebnissen führten Nachkriegsgrabungen in Breberen, Doveren und Palenberg im Kreise
Geilenkirchen. Auch Rommerskirchen im Kreise Neuß begann mit
einer Holzkapelle, die inmitten eines fränkischen Friedhofs errichtet wurde.

Diese frühen fränkischen Landkirchen waren recht bescheidene
Bauten. Der Kölner Tholen rekonstruierte die erste Kirche von
Breberen als einen dreischiffigen, mit einem Sparrendach gedeckten
rechteckigen Saalbau von 9,5 mal 16 Meter Größe. Auf einen ähnlichen Typ ließen die Pfostenspuren in Rommerskirchen schließen.
Auch unter der Pfarrkirche St. Martin in Pier im Kreise Düren, die
ihre Grundmauern ebenfalls in ein altes Gräberfeld senkt, fanden
sich Spuren einer dreischiffigen hölzernen Saalkirche, an deren
8,20 mal 10,15 Meter großen Versammlungsraum sich freilich noch
ein 3,10 mal 4,10 Meter großer rechteckiger Chor anschloß.

Die schlichteste aller bisher bekannten fränkischen Landkirchen
war die Karlskapelle in Palenberg bei Geilenkirchen, von der man
heute noch erzählt, daß sie von Karl dem Großen gegründet worden sei. Der 6 mal 9 Meter bedeckende Raum war weder gegliedert noch unterteilt, enthielt aber ein Taufbecken, wie eine achteckige Mörtelplatte mit einer Vertiefung in der Mitte vermuten ließ.

So anspruchslos diese Landkirchen des 7. und 8. Jahrhunderts
waren, so genossen sie doch den Schutz des Gesetzes. Auch daraus
kann man folgern, daß sie im Leben des fränkischen Adels und der
fränkischen Bauern eine bedeutende Rolle spielten. Wer ein solches
Gotteshaus bestahl, mußte nach salischem Recht 30 Solidi Strafe
bezahlen: 30 Goldmünzen von je 4,55 Gramm Gewicht. Mit derselben Summe wurde die Plünderung eines Hofes geahndet. Enthielt die Kirche Reliquien, so mußte der Übeltäter wie ein Grab-
schänder 200 Solidi Bußgeld entrichten.

Diese Landkirchen unterstanden nun nicht etwa der kirchlichen
Organisation, sondern dem Grundbesitzer. Sie waren sozusagen
Privatkirchen der Nobilität. Auch dieser sonderbare Brauch beweist,
wie sehr das fränkische Element das romanische Erbe – in diesem
Fall also das Christentum – mit eigenen Vorstellungen durchdrang.
Der Grundherr ließ diese Kirchen nicht nur errichten, er verschaffte
ihnen durch großzügige Schenkungen auch die ökonomische Grundlage. Dafür nahm er allerdings das Recht in Anspruch, die Priester –
oder bei Klostergründungen: die Äbte – zu bestellen und nach Gut-

dünken über sie zu verfügen. Daraus entwickelte sich das sogenannte Eigenkirchenrecht, das, juristisch ausgedrückt, die »öffentlich-rechtliche Befugnis« umschreibt, Kirchen und Klöster zu stiften und zu beaufsichtigen.

Dieses Eigenkirchenrecht bedeutet auch von der Seite des Adels her einen tiefen Einbruch in die überkommenen Institutionen der Kirche – einen tiefen und folgenreichen Einbruch zugleich; denn das in karolingischer Zeit gesetzlich fixierte Recht bestimmte später auch das Verhältnis der Monarchen zur Kirche und löste jene »Kriegserklärung der Kirche an den Staat« aus, die die ganze mittelalterliche Kaisergeschichte tragisch überschattete: den Investiturstreit.

Die Möglichkeiten, die dem Grundherrn mit dem Eigenkirchenrecht gegeben waren, verdeutlicht ebenfalls das Testament des Adalgisel Grimo. Dieser fränkische Adlige erbaute auf seinem Grund und Boden in Tholey im heutigen Saarland auf den Trümmern eines römischen Bades eine dem Namen nach heute noch bestehende Kirche sowie eine Art von Kloster, das er vom Trierer Bischof weihen ließ. In seinem Testament aber vermachte er Kirche und Kloster zusammen mit dem Großteil seines Besitzes den Mönchen der heiligen Agatha von Longuyon.

Die aus dem Eigenkirchenrecht resultierende Dezentralisation der kirchlichen Macht hat dem Einfluß der hohen Geistlichkeit manche Schranken gesetzt. Andererseits trug es wesentlich dazu bei, die noch stark in heidnischen Vorstellungen befangenen fränkischen Bauern für das Wort Gottes zu gewinnen und damit auch das »flache Land« zu missionieren.

Die Kirche selbst bewies diesen Tatsachen gegenüber eine bedeutende Elastizität und die Geduld, die große Dinge reifen läßt. Um die fränkischen Bauern und ihre Leibeigenen zu gewinnen, machte sie dem fränkischen Adel Konzessionen, die ihrer Organisation von Grund auf widersprachen. Sie rettete damit ihre Einheit, ihren Reichtum und ihr Bildungsmonopol – und damit ihren Bestand. So konnte sie an der Bildung der neuen Lebensordnung im fränkischen Reich vom ersten Tag an mitarbeiten und rechtzeitig die Position beziehen, von der aus sie der »starken Germanisierung der fränkischen Reichskirche« eines Tages Einhalt gebot.

Ob auch in Morken eine frühfränkische Holzkirche stand, vermochte die Grabung nicht zu klären. Die Experten neigen aber dazu, die Frage zu bejahen, da noch der Steinbau des 10./11. Jahrhunderts genau auf die fränkischen Reihengräber ausgerichtet war – eine Tatsache, die leicht zu erklären ist, wenn man einen Holzbau als Zwischenglied annimmt. Die Reste dieser ersten Kirche werden bei den mehrfachen Um- und Anbauten und den zahlreichen Bestattungen der späteren Zeit zerstört worden sein.

Einwandfrei ergab sich aber, daß unter der Morkener Martinskirche und dem altfränkischen Friedhof eine römische Villa lag – ein römischer Gutshof von imponierender Pracht und Größe. Die Siedler, die sich hier in der zweiten Hälfte des 1. Jahrhunderts niedergelassen hatten, begannen mit einem einfachen Holzfachwerkbau. Dieser wurde aber im Lauf des 2. Jahrhunderts durch einen »exakt und aufwendig gemauerten« Steinbau von 105 Meter Länge ersetzt. Auch an der Innenausstattung wurde nicht gespart. Die Villa hatte Bäder, Fußbodenheizung und farbige Wände. In den Kellerräumen fand man noch Teile des Wandputzes.

Unter den römischen Fundamenten wiederum enntdeckte man Abfallgruben und Grubenhäuser der niederrheinischen Hallstattkultur sowie Spuren jungsteinzeitlicher Kulturen. Der Kirchberg von Morken war also bereits im 3. und 4. Jahrtausend und in der ersten Hälfte des letzten vorchristlichen Jahrhunderts bewohnt. Erst die Franken verwandelten die römische Ruinenstätte, wie vielfach zu beobachten ist, in einen Friedhof.

Das Gehöft des Morkener Herrn wurde trotz emsigen Suchens nicht gefunden. Die Archäologen verzeichneten aber eine Reihe von Siedlungsspuren, aus denen zweifelsfrei hervorging, daß der Morkener Kirchberg und seine Umgebung auch in der karolingischen Zeit besiedelt waren. Alle Erfahrungen und Befunde sprechen schließlich dafür, daß die bereits vorher ausgegrabene Husterknupp-Siedlung in der Erftniederung aus dem Gehöft der Morkener Herren hervorging; mit anderen Worten: daß diese während der Normannenstürme im 9. Jahrhundert sich dem Schutz einer Erftschleife anvertrauten und dort einbauten.

Wäre es so, könnten wir unseren Morkener Fürsten als den Ahnherrn eines berühmten rheinischen Adelsgeschlechtes identifizieren – der Grafen von Hochstaden nämlich, deren Stammburg der Husterknupp war. Doch damit begibt man sich auf das Gebiet der Spekulation, das die Bodenforschung nicht gern betritt.

Das Morkener Grab wurde im Rheinischen Landesmuseum in Bonn gleichsam restauriert. Dort findet man heute alles wieder, was vor dem drohenden Zugriff der Riesenbagger geborgen wurde: die Franziska neben dem hellgrünen Sturzbecher, die große Bronzeschüssel neben dem kleinen Tongefäß, den Helm, den Schild und das Schwert, die kostbaren Schnallen und Beschläge und schließlich auch den Schädel des fränkischen Fürsten mit der byzantinischen Goldmünze zwischen den Zähnen.

Nicht weit davon stehen auch die Grabsteine aus Niederdollendorf und Moselkern, die in ihrer stummen Sprache so beredt von der Zeit berichten, da die fränkischen Bauern begannen, sich der Botschaft des Christentums auch innerlich zu erschließen.

In Morken selbst erinnert nichts mehr an das Grab des fränkischen Fürsten. Das Dorf steht noch. Der Kirchberg aber und die Martinskirche sind verschwunden – verschluckt von den mächtigen Schaufelradbaggern der Braunkohlengesellschaft. Eine Asphaltstraße zieht am Rand der riesigen Grube dahin, und wenn man nach dem Grab des Morkener Herrn fragt, so irrt sogar die Hand des damaligen Grabungsleiters ein wenig unentschlossen über die kaum zu überblickende Mulde.

Das Grab? So mag seine zögernde Antwort lauten, es lag vielleicht da, wo in diesem Augenblick die elektrische Grubenlok mit ihrem Zug von 60-Tonnen-Wagen davonrollt; vielleicht auch dreißig Meter weiter rechts, wo der Betriebsingenieur der Grube gerade seinem geländegängigen Jeep entsteigt.

Übrigens trägt auch der Ingenieur einen Helm – aber einen anderen als der Morkener Fürst. Einen flachen Stahlhelm mit breitem Rand. Wie es die Betriebsvorschrift befiehlt.

VIERTES KAPITEL
ALS STUTTGART NOCH BAUERNLAND WAR

Alemannien von den Römerkriegen bis zum Cannstatter Blutbad

Industriestadt mit Markenwert · Cannstatt war römische Reitergarnison · Das Gräberfeld von Feuerbach · Sueben, Schwaben, Alemannen · Ein Goldschmied kostete 50 Goldstücke · Bußkatalog für Streithühne · Gesetzlich geschützte Mädchenknie · Ebenholzmöbel aus »Totenbäumen« · Der Pflug ersetzte das Schwert · Ein alemannischer Bauernhof · Starke Esser – laute Sänger · Häkelnadeln und Lockenwickler · Meisterleistungen der Drechslerkunst · Im Joch der fränkischen Staatsreligion · Weltflucht in die Welt hinein · Der zornige alte Mann aus Irland · Die Zelle des heiligen Gallus · St. Martin im Cannstatter Kastell · Das Ende des freien Alemanniens · Wo lag Turigobergo?

Schiller las auf dem Bopser im Kreis der rebellischen Karlsschüler zum erstenmal aus den »Räubern« vor. Heute steht dort der Stuttgarter Fernsehturm, das kühnste Bauwerk Europas, wie man hört...

Ein 210 Meter hoher Turm, schlank und biegsam wie ein Roggenhalm.

Das Restaurant in 150 Meter Höhe sieht aus wie eine Laterne am Stock und enthält außer Wirtschafts- und Küchenräumen 180 Plätze für Leute, die auch beim Essen hoch hinauswollen. Auf dem Dach des luftigen Zweietagenlokals befindet sich eine Aussichtsplattform, von der man weit ins Land schauen kann, bis zum Schwarzwald und zur Schwäbischen Alb. Die zu Füßen des Bopsers liegende Stadt ist aus dieser Perspektive mit einem einzigen Blick zu umfassen.

Sie liegt in einer Senke, die von Bergen geschützt und vom Neckar durchflossen wird. Vor hundert Jahren war nur die Talsohle besiedelt, die für die damals 30 000 Einwohner zählende Residenz ausreichenden Lebensraum bot. Heute hat die Stadt, die es nun auf fast 700 000 Seelen gebracht hat, längst die Hänge erobert. Wie nirgendwo sonst kann der Betrachter von seiner Wolkenloge aus erkennen, mit welcher Eleganz die Straßen aus der City auf die Höhen führen, in deren Wäldern sich Schlösser und Seen neben Luxushotels und Villenkolonien verbergen. Ja, Stuttgart ist noch immer eine Stadt im Grünen, eine Stadt der Gärten und Parkanlagen – und mit ihren 440 Hektar Rebenflächen eine der größten Weinbaugemeinden Deutschlands.

Nichts deutet von unserem sphärischen Standort darauf hin, daß diese Großstadt zwischen Wald und Weinbergen zugleich eine der leistungsfähigsten deutschen Industriesiedlungen ist, deren Name nahezu Markenwert besitzt. Aus Stuttgart kommen, wie jeder Pennäler weiß, die schnellsten und teuersten Autos Deutschlands, Elektroartikel ohne Zahl, hochqualifizierte feinmechanische und optische Instrumente. Stuttgart liefert Kleider, Schuhe, Möbel, Musikinstrumente und Papierwaren. Stuttgart ist mit mehr als dreihundert Verlagen die größte deutsche Bücherstadt. Stuttgart hat einen internationalen Flughafen, die modernsten Hafenbecken der Bundesrepublik und einen Bahnhof, der ein Stück zeitgenössischer Architektur repräsentiert... Und mitten in der Stadt die ergiebigsten Mineralwasserquellen Europas, mit Trinkhallen, Badehäusern und Kuranlagen.

Ja, was hat Stuttgart eigentlich nicht? Stuttgart hat eine Technische und eine Landwirtschaftliche Hochschule, dazu ein halbes hundert Fachschulen jeglicher Disziplin, eine Rundfunkstation und einen Fernsehsender, eine Verwaltungsakademie und eine Rennstrecke, einen Botanischen und einen Zoologischen Garten, Staatsarchive und Versicherungsanstalten, Handelskammern und bedeutende

Museen, Banken und Theater – und als Hauptstadt des Bundeslandes Baden-Württemberg natürlich auch eine Regierung.

Kurzum: Stuttgart entspricht genau dem Bild, das man sich von einer modernen Verwaltungs-, Industrie- und Wohnmetropole macht. Stuttgart ist die Stadt von heute schlechthin.

Das historische Stuttgart wirkt angesichts der kompakten Gegenwart blaß und schattenhaft. Allenfalls erinnert man sich, daß an der Stelle der heutigen City um das Jahr 1000 ein fürstlicher »Stutengarten« entstand und daß die daraus erwachsene Siedlung, die zwischen 1254 und 1258 Stadtrechte erhielt, später Residenz der württembergischen Herzöge wurde. Anders aber als in dem etwa gleichaltrigen München spielt die residenzliche Vergangenheit in Stuttgart kaum eine Rolle, obwohl sie mit dem Alten und dem Neuen Schloß, der Stiftskirche und dem »Fruchtkasten«, dem Alten Rathaus und der Alten Kanzlei einige respektable Bauten hinterlassen hat.

Und doch ist auch der Stuttgarter Boden schwer von Geschichte. Mehr noch: es wird, von den großen Römersiedlungen abgesehen, nur wenige Städte in Deutschland geben, deren Untergrund eine so reiche Hinterlassenschaft vergangener Völker und Kulturen birgt.

Lange bevor es Autos, Bücher und Weinberge gab, war der Stuttgarter Kessel bewohnt. Wasser, Wälder und Wärme sowie die gute Verkehrslage zwischen Rhein und Donau zogen bereits den Menschen der Urzeit unwiderstehlich in diese Landschaft.

Wo heute die Bänder einer der größten europäischen Automobilfabriken laufen, haben schon vor zweihunderttausend Jahren Jägerhorden gehaust: Horden unbekannter Art und Herkunft, die in dem damals herrschenden subtropischen Klima Höhlenlöwen und Waldelefanten nachstellten. In den Travertinbrüchen von Untertürkheim fanden die Forscher auch einen Hyänenfreßplatz mit den Resten von Wildpferd und Nashorn, Riesenhirsch und Pferdespringer. Und schon damals, so konnten sie nachweisen, flossen die Sauerwasserquellen von Bad Cannstatt.

Beim Bau des Zeppelinhotels am Stuttgarter Hauptbahnhof wühlten die Bagger riesige Mammutknochen aus dem Boden, Relikte jener urtümlichen Kolosse, die während der letzten Eiszeit von Sibirien bis Spanien die Tundren und Steppen Europas beherrschten. Jäger der Mittleren Steinzeit, die auf dem Birkenkopf bei Stuttgart zelteten, hinterließen dort Tausende von Feuersteingeräten, eine besondere Art von Sticheln und Bohrern, Schabern und Krat-

zern, die ähnlich auch auf dem Bopser, im Schatten des Fernseh-
turmes, zutage traten. Eduard Peters, der Entdecker dieser Werk-
zeugkultur, hat sie in einer eigenen »Stuttgarter Gruppe« zusammengefaßt.

Die ersten seßhaften Bauern und Viehhüter siedelten auf dem Löß-
rücken des Cannstatter Seelberges, wie zahlreiche Funde beim
Eisenbahnbau im vorigen Jahrhundert ergaben. Auch in Zuffen-
hausen und Zazenhausen, bei Degerloch und beiderseits des Feuer-
bachtals bestellten sie ihre Äcker, bauten sie ihre Hütten, formten
sie ihre charakteristischen, mit Bändern, Bogen und Punktreihen
verzierten Tongefäße. Den wertvollsten Einblick in das Leben dieser Bandkeramiker vermittelte die Grabung am Viesenhauser Hof
bei Mühlhausen, einige Kilometer neckarabwärts, wo ein ganzes
Dorf der Jüngeren Steinzeit freigelegt wurde. Wie in Cannstatt
hielten auch die Mühlhausener Siedler in ihren Viehställen nicht
nur Schweine und Rinder, sondern auch Bezoarziegen, die in Persien und im Kaukasus heimisch sind.

In der Bronzezeit entstanden im Raum von Groß-Stuttgart die
ersten Fluchtburgen, so auf dem Kappelberg bei Cannstatt und auf
dem Lemberg bei Feuerbach, wo die damaligen Befestigungsanlagen, tief im Wald verborgen, noch als niedrige Wälle erhalten sind.

Dutzende von Grabhügeln der Älteren Eisenzeit erinnern an den
Auftritt der Kelten. Die größten und reichsten – wenn man von den
außerhalb Stuttgarts gelegenen Mausoleen bei Ludwigsburg und
auf dem Kleinaspergle absieht – barg der Cannstatter Boden; zwei
Fürstengräber mit vierrädrigen Wagen und opulenten Schmuck-
und Waffenbeigaben, die wahrscheinlich der Werkstatt desselben
Kunstschmieds entstammen. Im 6./5. vorchristlichen Jahrhundert
hat also nicht nur auf dem Hohenasperg, sondern auch im Raum
von Stuttgart-Cannstatt ein mächtiges Adelsgeschlecht gelebt.

Längst hatte der Stuttgarter Kessel auch den Anschluß an den inter-
nationalen Handel gefunden. Einer der wichtigsten vorrömischen
Verkehrswege, der noch im 18. Jahrhundert die meistbefahrene
Fernstraße zwischen Ulm und Frankfurt war, passierte an dieser
Stelle das Neckartal: eine schöne, fruchtbare und wohlbestellte
Landschaft. So blieb es bis zur spätkeltischen Zeit, die in den um-
liegenden Wäldern bis heute durch mehrere Viereckschanzen ver-
treten ist.

Und dann kamen die Römer.

Das Imperium richtete sich auch hier häuslich ein. Die um 90 n.Chr.
eindringenden Legionäre bauten auf der Cannstatter Steige ein
Reiterkastell – ein mauergeschütztes Rechteck, das mit 170 mal

210 Meter Größe etwa der Saalburg entsprach. Die Festung – deren Fundamente 1894 archäologisch untersucht und 1908–1910 mit einer Kaserne überbaut wurden, in die kurioserweise wieder ein Reiterregiment zog – war zwar nur siebzig Jahre belegt, doch genügte diese Zeit, das Neckartal bei Stuttgart gründlich zu verändern.

Ein Lagerdorf mit Kneipen, Läden und Handwerkerstuben etablierte sich vor den Wällen des Kastells. Brunnen wurden gebohrt und feste Straßen gebaut. Ein Soldatenfriedhof entstand, Bildhauerwerkstätten deckten den Bedarf an Gedenksteinen, Weihemalen und Altären, und bald waren auch Töpfer an der Arbeit. Die keltischen Bauern rissen ihre schindelgedeckten Häuser ab und ersetzten sie durch feste Steinbauten.

Insgesamt haben die Archäologen allein im Feuerbachtal acht stattliche mauerumschlossene Höfe mit komfortablen Wohnhäusern und großen Wirtschaftsgebäuden festgestellt. Auch in Vaihingen, in Untertürkheim, bei Degerloch und auf der Höhe der Kirche von Münster sind sie auf die Fundamente keltoromanischer Gutshöfe gestoßen. Am Wesenbach, in der jetzigen City, lagen zwei landwirtschaftliche Betriebe, der eine unter dem heutigen Hauptbahnhof, der andere in der Nähe des Wilhelmplatzes. Auch im Schloßgarten werden noch Villenreste vermutet. Die Steine kamen teils von der Geroksruhe, teils aus der Feuerbacher Heide.

Die Zivilsiedlung nahm das Gelände zwischen Steig und Neckar sowie einen Teil der heutigen Cannstatter Altstadt in Anspruch. Töpfereien hatten sich an der Straße vom Kastell zur Prag, in der Nähe des Löwentores und am Standort der heutigen evangelischen Kirche von Untertürkheim angesiedelt. Selbst mit den wenigen vom Spaten erschlossenen Resten gibt das römische Stuttgart also noch das Bild einer dichtbesiedelten, intensiv bewirtschafteten und blühenden Landschaft ab.

Die Römerforscher hatten es freilich leicht. Obwohl das baustoffhungrige Mittelalter die steinerne Hinterlassenschaft des Imperiums bis auf die Grundmauern abtrug, blieb doch genug, um aus den Teilen auf das Ganze zu schließen. Die Gräber der Alemannen, die, wie im Rheinland die Friedhöfe der Franken, das alleinige Arbeitsmaterial der »frühmittelalterlichen« Bodenforschung darstellen, waren demgegenüber erheblich verschlossener. Die meisten älteren Funde wurden zudem nur mit dürren Worten registriert, ja, häufig nicht einmal als alemannisch erkannt. Zahlreiche Bestattungen ordnete erst die heutige Forschung, nach den erhaltenen Beigaben oder den genau überlieferten Fundumständen, richtig ein.

In der Gegend des Hauptbahnhofs wurde bereits 1607 »ein schön gemauertes Grab« angetroffen. Mehr besagt diese älteste archäologische Nachricht der Stuttgarter Lokalakten freilich nicht. Erst spätere Funde, zuletzt beim Bahnhofsbau, haben den Nachweis erbracht, daß es sich bei diesem frühesten Grab um eine alemannische Bestattung handelte. Der nächste Hinweis findet sich in der 1757 erschienenen *Geschichte des Herzogthums Würtenberg* von Sattler. »Nahe bey Zazenhausen...«, so heißt es da, »hat man vor vierzig Jahren an dem Weeg verschiedene Gräber in einer geraden Reyhe angetroffen, welche an den Seiten gemauret und oben mit steinernen Platten zugedecket gewesen. In denselben lagen noch ganze Todten-Gerippe, welche der Aussage der dasigen Einwohner nach von außerordentlicher Größe sollen gewesen seyn.« Auch in diesem Fall wurde der Bericht durch spätere Entdeckungen bestätigt.

Sattler hat auch die ersten Gräberfunde in Cannstatt – 1750 beim Bau der Waiblinger Chaussee – gewissenhaft verzeichnet. Der Fundbericht des »Special-Superattendenten Hellers«, den er in diesem Zusammenhang wiedergibt, verdient auch heute noch zitiert zu werden, da er genau erkennen läßt, wie wenig man mit den Friedhöfen der Alemannen damals anzufangen wußte.

Das kuriose Schriftstück hebt folgendermaßen an: »Es hat in allwege seine Richtigkeit, daß unweit unserer Ufkirch bei machung der Land-Straße unterschiedliche Gräber entdeckt worden... Ich habe solche und, so offt ein dergleichen Grab gefunden worden, allemal auch samt übrigen Herrn allhier in Augenschein genommen und sonderlich getrachtet etwa eine Inscription oder Jahr-Zahl herauszubringen: Es war aber nichts dergleichen zu observiren.«

»In den meisten Gräbern hat man große Menschen-Beine und Hirnschedel, auch noch ganze Gebisse, welche auf meine Verordnung meistens auf unsern nahe liegenden Todten-Garten in locum separatum verscharret worden, gefunden. In einem einigen, so viel mir bewußt, hat man diese zwey hiemit folgende Stücklein gefunden, aus deren einem, nemlich dem Päterlein zu schließen, daß eine Person von Catholischer Religion im Grabe gelegen.«

»Es könnte wohl seyn, daß die an dem Wege arbeitenden Leute, sonderlich die Weg-Inspektores, noch mehrere Alterthümer gefunden hätten, ist mir aber weiter nichts eröffnet worden.«

Diese Waiblinger Straße – heute die Hauptverkehrsstraße von Cannstatt und demnach alles andere als friedhofsstill – hat dann in der Folgezeit noch Dutzende von alemannischen Gräbern freigegeben: 1785, als man Steine für das Hohenheimer Schloß brach;

1833/34, als der um die Erforschung der Stuttgarter Lokalgeschichte hochverdiente Oberamtsarzt Dr. Veiel an eben dieser Stelle recht einträgliche Nachgrabungen unternahm; 1895, als die Eisenbahn Untertürkheim–Kornwestheim gebaut wurde; und schließlich 1936, als die heute noch bestehende Frauenklinik an der Waiblinger Straße 101 entstand.

Das größte und ertragreichste Gräberfeld aber entdeckte die Stuttgarter Lokalforschung im Vorort Feuerbach. Ein gelehrter Amateur, der kunstsinnige und schon von seinem Vater her archäologisch »belastete« Stadtpfarrer Kallee, legte 1911/12 nach mehreren Zufallsfunden an der Kreuzung der damaligen Rosen- und Schlosserstraße einen ganzen alemannischen Friedhof frei, insgesamt 102 Bestattungen. Weitere 36 Gräber kommen auf das Konto der Nachgrabungen, die Walther Veeck, Verfasser des fundamentalen Werkes *Die Alemannen in Württemberg*, und Kallees Mitarbeiter Stabsarzt Dr. Blind in den zwanziger Jahren veranstalteten.

Die übrigen Funde verteilen sich auf das gesamte Stadtgebiet. In Cannstatt barg das römische Kastellgebäude noch zahlreiche alemannische Spuren. In Münster lag ein alemannisches »Erbbegräbnis« in den Ruinen eines römischen Gehöftes – ein Brauch, den wir schon bei den Franken kennenlernten. Auch Untertürkheim ist in den Grabungsakten durch eine Reihe von Gräbern vertreten.

Die zu den Gräberfeldern gehörenden Siedlungen haben sich, wie überall, dem Zugriff des Spatens bisher entzogen. Allein aus der Vielzahl dieser Friedhöfe läßt sich jedoch mit Sicherheit schließen, daß der Raum von Groß-Stuttgart auch in der nachrömischen Zeit dichtbevölkert war. Manches deutet sogar darauf hin, daß er das Siedlungszentrum der Alemannen im deutschen Südwesten war.

Doch wer waren diese Alemannen? Woher kamen sie? Welche Rolle spielten sie in der Geschichte? Was wissen wir von ihrer politischen Organisation, von ihren Sitten und Bräuchen?

Die Alemannen gehörten der großen Sueben-Familie an und haben sich selbst nie anders als Sueben (das heißt: Schwaben) genannt. Das Wort »Alemannen«, vor allem von den römischen Historikern gebraucht, bedeutet soviel wie »Gesamtheit der Männer«, war also kein Stammesname, sondern ein Sammelbegriff für mehrere in einem Kampfverband vereinigte Stämme. Aus dem Lateinischen ging es in die französische Sprache ein, die dann »les Allemands« mit den Deutschen schlechthin identifizierte.

Die Sueben zählten zu den westgermanischen Herminonen und siedelten in Holstein, ehe sie sich elbaufwärts bis Mitteldeutschland ausdehnten. Von dort brachen jene tatenfrohen suebischen Teilstämme auf, die unter ihrem Heerkönig Ariovist um 70 v.Chr. in Gallien einfielen und erst durch das militärische Genie Cäsars bezwungen wurden. Ausgeblutet und schwer geschlagen, siedelten sich die Reste dieses Wanderheeres nach ihrem gallischen Abenteuer in der Gegend von Ladenburg am Neckar an, wo sie während der römischen Okkupation romanisiert wurden.

Die Sueben des freien Germaniens spalteten sich indes in mehrere Völkerschaften auf, deren bedeutendste neben den Quaden, Markomannen und Hermunduren die an der mittleren Elbe lebenden Semnonen waren. Der mächtige germanische Heerbann, der am Ende des 2. Jahrhunderts die römischen Truppen am Limes aus ihrem idyllischen Grenzwächterdasein aufstörte, setzte sich vor allem aus Angehörigen dieses Volkes zusammen, ergänzt um zahlreiche abenteuerfreudige Mitläufer aus anderen Stämmen.

Es waren, wenn wir den antiken Historikern glauben dürfen, wilde und furchterregende Scharen, die sich respektlos dem Grenzwall des Imperiums näherten und unverzüglich eine drohende Haltung einnahmen. Den Römern imponierten nicht nur die vielen Kinder, sondern auch die schnellen und geschickten Reiter der Alemannen. Auch ihrem Mut und ihrem Draufgängertum zollten sie unverhohlen Respekt. In der Tat gebührt den Alemannen neben den Franken der Ruhm, die Legionen des Imperiums am stärksten beschäftigt und beeindruckt zu haben.

Zweihundert Jahre kämpften sie gegen die Römer. Schon 213 überrannten sie erstmals den Limes und ließen sich nur dadurch zum Rückzug bewegen, daß Kaiser Caracalla tief in die Taschen griff. Zwanzig Jahre später bezwangen sie den Limes erneut, und diesmal bedurfte es schon der ganzen brutalen Energie des Maximinus Thrax, sie in ihre Wohngebiete am Obermain zurückzuwerfen. Um 260 rollten sie die römische Grenzverteidigung endgültig auf, zerstörten die Kastelle und Städte des »Zehntlandes« und setzten sich zwischen Main, Rhein und Bodensee unverrückbar fest.

Von dieser Zeit an gehörte ein Feldzug gegen die Alemannen ein Jahrhundert lang zum festen Programm der Imperatoren, auch wenn es dabei mehr um die Schwächung der alemannischen Macht als um die Wiedereroberung des Landes zwischen Rhein und Limes ging. Ihren Höhepunkt erreichten die erbitterten Kämpfe, als sich die alten Schwaben in der Mitte des 4. Jahrhunderts stark genug fühlten, über den Rhein hinweg ins Elsaß und in die Nordschweiz vorzudringen. Das sterbende Imperium erkannte die Gefahr und holte zu einem letzten großen Schlag aus: 357 vernichtete Kronprinz Julian ein alemannisches Heer bei Straßburg; 368 setzte Kaiser Valentinian über den Rhein und verwüstete das Siedlungsgebiet dieses gefährlichen Gegners vollständig. Die Alemannen waren nach diesen Aderlässen so erschöpft, daß sie ihre Unterwerfung erklärten und für geraume Zeit Ruhe gaben.

Nach dem Zusammenbruch des Römischen Reiches, dessen letzter großer Feldherr Aëtius nach seinem Sieg auf den Katalaunischen Feldern 454 ermordet wurde, waren sie jedoch so weit wieder zu Kräften gekommen, daß sie ihren Anteil an der imperialen Konkursmasse zu sichern vermochten. Sie setzten sich im Elsaß und in der Nordschweiz fest, eroberten das Land zwischen Iller und Lech und zogen mit ihren Trecks donauabwärts.

Aber auch diese neuerliche Expansion war nur von kurzer Dauer. Bei Langres und Besançon traten ihnen die Burgunder entgegen. Im nördlichen Elsaß wurden sie von den Franken, im Donauraum von den Bajuwaren geschlagen. Als sie 496 die Schlacht bei Tolbiacum verloren, büßten sie auch ihren mittelrheinischen Besitz ein, und nur der schützenden Hand des großen Theoderich verdankten sie, daß wenigstens ihre südlichen Gaue eine gewisse Unabhängigkeit bewahrten. Das Schicksal des Ostgotenreiches besiegelte dann das Schicksal der alemannischen Freiheit. Die um 536 erfolgte Eingliederung in das Frankenreich setzte nur den amtlichen Schlußstrich unter einen Vorgang, der machtpolitisch längst vollzogen war.

Die Grenzen des alemannischen Lebensraumes haben sich seither kaum mehr verändert. Bis heute umgreift er außer dem deutschen Südwesten das Elsaß und die Nordschweiz. Innerhalb Deutschlands scheidet eine deutlich wahrnehmbare Mundartgrenze die Alemannen von ihren Nachbarn. »Sie verläuft mitten durch das heutige Nordwürttemberg, beginnt südlich von Calw, führt über Weil der Stadt und Leonberg quer durch Ludwigsburg, an Marbach (gleich Markbach) vorbei über Backnang und Gailsdorf und Crailsheim. Nördlich dieser Linie siedelten Franken, und bis auf den heutigen Tag unterscheiden wir die leichtere, lebhaftere, phantasievollere und flüssigere Wesensart der Franken von der zäheren, eigensinnigeren, langsam handelnden und vielfach verschlossenen Wesensart der Schwaben.« (Müller)

Die Alemannen hatten bis dahin, wie die Franken vor Chlodwig, unter der Herrschaft kleiner Gaufürsten gelebt, deren Machtbereiche, germanischem Brauch entsprechend, durch Ödlandstreifen voneinander getrennt waren. Eine echte Zentralgewalt hatte in der Struktur ihres nahezu staatenlosen Lebens keinen Platz. Die Gaufürsten pochten im Gegenteil auf ihre Selbständigkeit und sahen es als ihr natürliches Recht an, Verträge abzuschließen und Kriege zu führen – was nicht ausschloß, daß sie sich gelegentlich zu einem gemeinsamen Feld- und Beutezug zusammentaten und einem gemeinsamen Heerführer unterstellten, der dann, wie Chnodomar in der Schlacht bei Straßburg, als Zeichen seiner Würde auf dem Scheitel einen feuerroten Wulst trug.

Die Franken setzten Herzöge ein und übertrugen damit eine Einrichtung, die sie selbst aus der römischen Verwaltung übernommen hatten, auf Alemannien – mit einem grundlegenden Unterschied allerdings. Nicht ein Vertrauter des fränkischen Königs, sondern ein Herr des hohen alemannischen Adels übernahm das verantwortungsvolle Amt und mit ihm die drei wichtigsten staatlichen Funktionen in seinem Gebiet: die Rechtsprechung, die Einziehung der Steuern und die Aufbietung des Heerbanns.

Die Franken taten damit einen Schritt von außerordentlicher Tragweite. Sie schufen eine zentrale Macht in Alemannien, eine Autorität, der sich auch die Gauhäuptlinge zu beugen hatten. Es war auch in diesem Fall nur eine Frage der Zeit, daß die neubegründete Zentralinstanz das Autonomiegesetz der Macht verwirklichte und sich gegen ihre eigenen Urheber wandte. Schon um die Wende des 6./7. Jahrhunderts kam es zu einer kleinen Kraftprobe, als der in Bodman am Bodensee residierende Herzog Uncilin, um seinem Land den Frieden zu erhalten, sich gegen die alte Königin Brunhilde entschied. Diese bestrafte ihn mit Vermögenseinziehung und ließ ihm außerdem einen Fuß abschlagen.

Die Herzöge bildeten die Spitze des alemannischen Adels. Sie herrschten über drei Schichten von Freien, deren Rang und Namen der um 600 entstandene Pactus Alemannorum überliefert hat. Da waren zunächst die dem hohen Volksadel angehörenden Großgrundbesitzer, in den Quellen Primi, Primates oder Optimates genannt, die auch nach der Eingliederung in das fränkische Reich ihre Stellung behaupteten; sodann die Mediani, die mittelgroßen Grundbesitzer, die zwar größtenteils aus traditionsreichen Geschlechtern stammten, aber bei der Neuordnung der Verhältnisse erheblich an Gewicht verloren hatten; und schließlich die gemeinen Freien, die Minofledi, deren Grundbesitz über den Bedarf einer bäuerlichen Familie nicht hinausging. Dieser Ordnung entsprach auch das Wergeld, das für Tötung eines freien Alemannen zu zahlen war. Es betrug je nach Rang 240, 200 oder 160 Goldsolidi.

Wohlstand und Unabhängigkeit der Freien beruhten, wie bei den Franken, nicht zuletzt auf der Arbeit von Unfreien. Die Sklavenhaltung war auch in Alemannien die natürlichste Sache der Welt. Das Hauptkontingent werden ursprünglich die Reste der kelto-romanischen Bevölkerung, später Kriegsgefangene gestellt haben. Die zahlreichen Feld- und Beutezüge der germanischen Völker-schaften dienten ja nicht zuletzt dem Zweck, die Bestände an Leib-eigenen immer wieder aufzufüllen.

Daß es wirklich Leibeigene waren, geht ebenfalls aus den Bestim-mungen des alemannischen Gesetzbuches dürr und eindeutig her-vor. Ein Höriger konnte nach Belieben innerhalb des Volkes ver-kauft, vertauscht oder verschenkt werden. Ihn an einen anderen Stamm zu verschachern, war dagegen nicht gern gesehen.

Unter den Leibeigenen gab es freilich wieder verschiedene Rang-ordnungen. Am höchsten wurde das Leben der Schmiede bewertet. Wer einen Eisenschmied tötete, mußte 40 Solidi Buße zahlen; ein Goldschmied kostete sogar 50 Solidi. Da ein arbeitsunfähiger Schmied keinen reellen Nutzen mehr stiftete, stand auch die Läh-mung eines Schmiedes mit 15 Solidi unter Strafe.

Unter den Viehknechten war der Sauhirt der wichtigste, sofern er wenigstens eine Herde von vierzig Tieren zu betreuen hatte. Wer einen Sauhirten erschlug oder verletzte, zahlte das Dreifache der Strafe, die für einen gewöhnlichen Knecht angesetzt war. Der Hammel- oder Rinderhirt galt das Doppelte eines einfachen Leib-eigenen. Der Schweinejunge rangierte dagegen noch unter dem Schweinehund.

Überhaupt scheinen die Alemannen ein Herz für Hunde gehabt zu haben. Das Gesetz nennt Windhunde, die auf Bären oder Keiler dressiert waren, und Hirtenhunde, die sogar Wölfe angingen. Daß sie Fremde, die sich einem alemannischen Gehöft näherten, selbst mit wölfischem Zorn anfielen, kam offenbar häufig vor. Erschlugen diese den wütenden Kläffer, so mußten sie schwören, sich in Not-wehr befunden zu haben, und ihn obendrein ersetzen.

Riß der Hund den Besucher und tötete er ihn, was ebenfalls aus-drücklich erwähnt wird, war der Besitzer zwar zur Buße verpflich-tet, doch hatte er nur die Hälfte des normalen Wergeldes zu zah-len, da die Bestie gewissermaßen in Ausübung ihres Dienstes ge-handelt hatte. Außerdem erwartete man wohl von einem freien Alemannen, daß er in der Lage war, sich gegen einen bissigen Hund zu wehren.

Verursachte ein Pferd, ein Rind oder ein Schwein den Tod eines Freien, so hatte der Besitzer die Hinterbliebenen mit dem ganzen Wergeld zu entschädigen. Wahrscheinlich wollte man ihn durch diese Bestimmung zwingen, wenigstens seine gefährlichsten Tiere einzupferchen. Andererseits wurde bestraft, wer eine Viehhürde betrat, durchsuchte oder in Brand steckte. Ebenso hatte ein Bußgeld zu entrichten, wer »einen fremden Zaun zerhaute«.

Auch die sonstigen Haustiere unterstanden dem Schutz des Gesetzes. Die Tötung eines Jagdhirsches wurde mit 3 Solidi Strafe geahndet; war er auf »Wildschweine dressiert«, kostete er sogar 6 Solidi. Die gleiche Summe hatte zu zahlen, wer einen gezähmten Bären erschlug oder stahl. Überhaupt hat sich der Haustierbestand wesentlich von dem heutigen unterschieden. So nennt das Gesetz auch Wisente und Gamsböcke als Hofgefährten, dazu eine Unmenge von Vögeln: Elstern und Kraniche, Raben und Krähen, Störche und Tauben, Dohlen und Jagdfalken.

Die meisten und interessantesten Bestimmungen aber galten den Freien selbst. Trug der mit der Eingliederung ins Frankenreich beginnende Friede – oder besser: das Fehlen von Großkriegen – auch wesentlich zur Zivilisierung der Alemannen bei, so blieben sie doch rauhe und ungeschlachte Gesellen, wild und draufgängerisch, metselig und gewalttätig, und jederzeit zu einer zünftigen Rauferei bereit.

Der alemannische Bußkatalog erweist sich in dieser Beziehung als überaus sachverständig und liest sich über Seiten hinweg wie eine Anleitung zum Umgang mit Streithähnen. Ein Schlag auf das Denkgehäuse, der einen Schädelbruch zur Folge hatte, war mit drei Goldstücken zu begleichen. Wurde der Betroffene dabei um ein Stück Schädeldecke gebracht, hatte der Täter sechs Solidi aufzubringen. Der abgehauene Knochen mußte allerdings so groß sein, daß er – über einen Weg von sieben Meter Breite geworfen – einen hölzernen Schild zum Tönen brachte. Hatte der Hieb über den Schädel ein derartiges Loch hinterlassen, daß das Hirn hervortrat, so kostete das dem Übeltäter zwölf Solidi, ebensoviel wie ein abgehauener Daumen. Der zweite und der kleine Finger hatten einen Streitwert von je zehn Goldstücken; dritter und vierter standen mit sechs und fünf Solidi in Kurs.

Den besonderen Schutz dieses lapidaren Sündenpreisgesetzes genoß das weibliche Geschlecht. Der *pactus* bestrafte den Mord an einer Frau grundsätzlich doppelt so hoch wie die Tötung eines Mannes der gleichen Rangklasse. Auch gegen Beschimpfungen und Beleidigungen nahm das alemannische Recht die Frauen in wohlbedachte Hut.

Schlimmster Zungenfrevel scheint das Wort Hexe oder Giftmischerin gewesen zu sein, es sei denn, die Verdächtige konnte tatsächlich obskurer Gewohnheiten überführt werden, was durch ausdauernde Folter schon möglich war. In diesem Fall hatte natürlich auch eine freie Frau ihr Leben verwirkt.

Straffrei ging sie aus, wenn ihre Partei zwölf Zeugen mobilisierte, die ihre Unschuld beschworen, oder einen Verwandten aufbot, der den Ankläger im Zweikampf besiegte. Als Entgelt für die grundlose Anschuldigung erkannte das Gesetz der so schnöde verdächtigten Dame ein ganzes Vermögen zu, nämlich 800 Solidi, die höchste Strafsumme, die es überhaupt gab. Gelang es einer Hörigen, sich von dem Vorwurf teuflischer Machenschaften zu reinigen, so lautete der Spruch des Gerichtes nur auf 15 Solidi Buße.

Unbescholtene Jungfrauen sicherte das Gesetz in bemerkenswerter Weise besonders gegen allzu stürmische Liebhaber. Wer eine einsam zwischen zwei Höfen wandelnde junge Dame gewaltsam ihrer Kopfbedeckung entledigte, hatte dafür 6 Goldstücke zu erlegen. Dieselbe Strafe galt dem Anheben des Rockes bis zu den Knien. Ging der Wüstling über das Knie hinaus, so daß am Ende gar die jungfräulichen Sitzflächen dem Licht der Welt preisgegeben wurden, hatte der Übeltäter 12 Solidi Bußgeld zu entrichten. »Wenn dies aber bei einem Weib geschieht, büße er dieses alles doppelt, als wir es vorher von einer Jungfrau sagten«, lautet der Schlußsatz dieses Paragraphen.

Dazu ist zu sagen, daß ein Zugochse mit 3 Solidi, ein Stier mit 6 Solidi und ein hochwertiges Pferd mit 12 Solidi gehandelt wurden. Ein Schwein kostete dagegen nur einen Drittelsolidus. Der Anblick von zwei Mädchenknien entsprach also dem Wert eines edlen Renners oder einer sechsunddreißigköpfigen Schweineherde. Der *Pactus Alemannorum* ist das älteste in Deutschland aufgezeichnete germanische Gesetzbuch. In fünf Bruchstücken überliefert, von denen vier allein in einer Pariser Handschrift enthalten sind, hat er die einschlägige Kulturgeschichtsschreibung seit Jahrhunderten um wichtige und recht originelle Details bereichert. Die Beiträge der Bodenforschung zur Chronik der Alemannen sind demgegenüber erheblich jünger – wenn auch um nichts weniger bedeutsam.

Der älteste Hinweis auf einen alemannischen Bodenfund findet sich in der Friedhofskapelle von Zöbingen, die in der Nähe eines alemannischen Gräberfeldes liegt. In der Kapelle wird ein Bild aufbewahrt, das ein Ereignis aus dem 13. Jahrhundert darstellt: ein Reiter ist mit seinem Pferd in eine Grube eingebrochen und hat dabei einen Sarg, einen schwäbischen »Totenbaum«, beschädigt. Dem Sarg wurde damals ein Schädel entnommen, der noch heute, wohlverschlossen unter Glas, in der Kirche gezeigt wird.

Am Anfang der alemannischen Bodenforschung steht – wenn man von Zufallsentdeckungen wie den Funden von Zazenhausen oder Cannstatt absieht – die Grabung, die der Rottweiler Altertumsverein 1832 in Bühlingen veranstaltete. Für die richtige Einordnung der mit großer Sorgfalt freigelegten und beschriebenen Gräber reichten die damaligen Mittel und Methoden aber noch nicht aus. Die mit zahlreichen Waffen ausgestatteten Toten wurden zunächst für alte Kelten oder römische Legionäre gehalten. Zwei Jahre später kam der Rottweiler Stadtpfarrer Wilhelmi, wie viele seiner Amtsbrüder ein passionierter Ausgräber, der Wahrheit aber schon recht nahe, als er von »friedlichen christlichen Gräbern des Adels der Franken« schrieb, »welche sich dort zur Zeit ihrer Herrschaft über die Alemannen... niedergelassen hatten«.

Danach dauerte es nur noch wenige Jahre, bis die Archäologen die charakteristischen Beigaben der Reihengräber richtig unterzubringen verstanden, und als sie 1846 das große Gräberfeld von Oberflacht angingen, war ihnen von vornherein klar, daß es sich um einen alemannischen Friedhof handelte.

Die Grabung Oberflacht, der die Alemannenforscher ihre wertvollsten Funde verdanken, wurde sozusagen durch die Privatinitiative eines schwäbischen Zieglers ausgelöst, der erstmalig 1809, beim Lehmstechen, auf Gräber stieß. Drei Jahre später holte er den ersten »Totenbaum« aus der Erde, einen ausgehöhlten Eichstamm von mehr als acht Fuß Länge, in dem sich eine Axt, ein Bogen und ein Pfeilschaft, ein Krug und drei Haselnüsse erhalten hatten. Weitere Särge der gleichen Art förderte er 1817 und 1825 zutage, 1822 außerdem ein aus Buchenbrettern gezimmertes Gehäuse, in dem neben den sonstigen obligaten Beigaben eine Holzflasche, »in der Form einer Schoppenbouteille«, die Zeit überdauert hatte. Insgesamt soll der Ziegler etwa zwanzig »Totenbäume« entdeckt und weiterverkauft haben.

Es war vor allem der hervorragende Erhaltungszustand der Funde von Oberflacht, der den Württembergischen Altertumsverein zu einer methodischen Grabung bewog. Die beiden Leiter des Unternehmens, der Topograph Hauptmann von Dürrich und der Religionsforscher und Historiker Dr. Wolfgang Menzel, öffneten 52 Gräber, von denen 40 ebenfalls gut konservierte Altsachen enthielten.

Der Grund ließ sich bald feststellen: »Die Särge standen in dem von Feuchtigkeit gesättigten Letten des Braunjuras, der sie luftdicht gegen den Zutritt der Atmosphäre abschloß... In ihnen fand man Wasser oder einen feinen Tonschlamm, der den Boden bedeckte. Dieser war in den oberen Totenbäumen sehr dünn, in den mittleren schon erheblich stärker, die unteren waren ganz mit ihm angefüllt. Hier war er verhärtet, so daß es sehr schwierig war, die von ihm umschlossenen Gegenstände unversehrt herauszuschälen.« (Veeck)

Die gleichfalls verhärteten Sargstämme hatten sich überdies tiefschwarz gefärbt und wirkten wie Ebenholz. Dieser Umstand führte in der Folgezeit zu zahlreichen Raubgrabungen. Pfiffige Schreinermeister kauften die Oberflachter Totenbäume zu hohen Preisen auf und fertigten Möbel daraus – tiefschwarze, ebenholzartige Möbel, die dazumalen manchen Salon verschönt haben. Was sonst an Beute eingebracht wurde, darunter zahlreiche Holzgeräte, wanderte nicht nur in die verschiedensten Museen ab, sondern auch zu Andenken- und Antiquitätenhändlern und ging damit der Wissenschaft verloren. Lediglich die Funde von 1846 kamen komplett in die Stuttgarter Staatssammlungen, wo sie bis heute den Kern der fränkisch-alemannischen Abteilung bilden.

Aber gerade ein Gang durch diese Abteilung beweist, auf welch immenses Erfahrungsmaterial die heutige Forschung zurückgreifen kann. Veeck führte in seinem 1931 erschienenen Buch *Die Alemannen in Württemberg* nicht weniger als 526 Orte mit 787 Reihengräberfeldern auf. Diese Zahlen dürften sich inzwischen noch wesentlich erhöht haben. So wurde noch in den letzten Jahren in Weingarten (Kreis Ravensburg) ein alemannischer Totenacker mit 801 Bestattungen freigelegt. Die nächstgrößeren Friedhöfe waren:

Mengen bei Freiburg mit	749 Gräbern
Schwetzheim bei Dillingen mit	630 Gräbern
Hailfingen bei Kottenburg mit	496 Gräbern
Herten bei Lörrach mit	430 Gräbern
Holzgerlingen bei Tübingen mit	316 Gräbern
Obergrombach bei Bruchsal mit	280 Gräbern
Sirnau bei Eßlingen mit	232 Gräbern

Weitere wertvolle Beiträge zum Studium der alemannischen Frühgeschichte leisteten die in der Schweiz entdeckten Friedhöfe von Basel, Bülach und Kleinhüningen.

Wie im fränkischen Rheinland fanden die Bodenforscher auch im alemannischen Siedlungsgebiet eine Reihe von Gräbern, die sich durch ihre wertvollen Beigaben eindeutig als Fürstengräber auswiesen. Bestattungen in Entringen und Sindelfingen lieferten Meisterwerke der Waffenschmiedekunst: wertvolle Schwerter mit fein ziselierten, perlenbesetzten Griffen. Aus Gültlingen, Gammertingen und Baldenheim (im Elsaß) stammen kostbare gotische Spangenhelme von der gleichen Art wie in Morken. Das Fürstengrab von Ittenheim (ebenfalls im Elsaß) enthielt u.a. ein koptisches Bronzeservice und Teile eines prunkvollen Pferdegeschirrs. Auch ein in Alt-Lußheim bei Mannheim gefundenes Grab hat wahrscheinlich einen alemannischen Fürsten beherbergt, obwohl seine reichen Beigaben durchweg gotischer Herkunft waren. In Schwenningen am Neckar war eine alemannische Fürstin zu Hause, deren Stand und Wohlstand eine erlesene Schmuckkollektion verriet.

Den kostbarsten Schmuck entdeckten 1881 zwei Maurer in einem Grab bei Wittislingen (zwischen Günzburg und Donauwörth). Antiquitätenhändler, die wie üblich schneller auf der Szene erschienen als die Kustoden der Museen, boten für die aus elf Fundstücken bestehende Sammlung schon damals 3000 Mark. Zwar gelang es dem Münchner Gymnasialdirektor Ohlenschlager, einem Altertumsforscher von Rang und Passion, den professionellen Schatzjägern die Beute im letzten Augenblick abzujagen, doch konnte er über die näheren Fundumstände nur noch soviel erfahren, daß die Kollektion einer bei Steinbrucharbeiten angeschnittenen Totenkammer von 3 mal 1,80 Meter Größe entnommen war. Die Gebeine, die die Kammer umschloß, hatten die beiden Arbeiter zerschlagen, so daß nicht einmal »das Geschlecht des Grabinhabers« festzustellen war.

Ohlenschlager schloß aus den Beigaben unverzüglich auf ein Frauengrab. Doch erblickten in der Folgezeit die verschiedensten Interpretationen das Licht der wissenschaftlichen Welt. Alle diese Deutungsversuche inspirierte die auf einer prächtigen Bügelfibel erscheinende Inschrift: »Uffila vivat in deo felix« – Uffila lebe glücklich in Gott. So ist in älteren Publikationen immer noch zu lesen, daß in der Wittislinger Kammer der Alemannenherzog Uffila mit seiner Gemahlin beigesetzt war.

Einer nüchternen Beurteilung hält diese These jedoch nicht stand. Nach Joachim Werner stellt die außergewöhnliche Bügelfibel ein familiäres Erinnerungsstück dar, auf dem eine adlige Dame aus dem fränkischen Rheinland vielleicht die Grabinschrift ihrer Mutter eingravieren ließ, als sie, vermutlich durch Heirat, nach Alemannien verschlagen wurde. Jedenfalls ist ein gutes Drittel der Bijouterien fränkischer Herkunft; die Bügelfibel trägt überdies den Namen des fränkischen Goldschmieds Wigerig, dessen Werkstatt die Stilanalytiker irgendwo zwischen Köln und Worms vermuten.

Die engen Verbindungen zwischen Franken und Alemannen, die nicht nur der Wittislinger Schatz verbürgt, machen es verständlich, daß die alemannischen und fränkischen Friedhöfe keine sonderlichen Unterschiede aufweisen. Die Gräberfelder dieser Zeit liegen

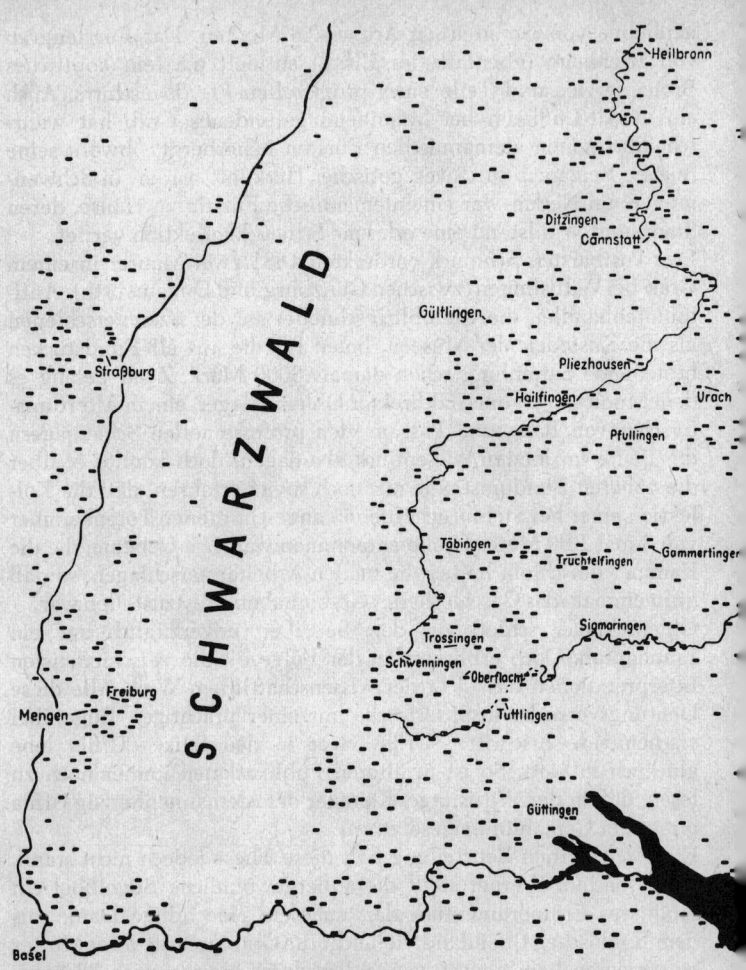

Karte der alemannischen Reihengräberfriedhöfe (Württ. Landesmuseum,

in Schwaben genau wie im Rheinland meist ein wenig oberhalb
der Siedlungen. Die Toten sind, wenn auch nicht übermäßig streng,
westöstlich ausgerichtet, blicken also der aufgehenden Sonne entgegen. Und nicht anders als in Krefeld oder Andernach wurden die
Grabgruben durch Bohlen oder Trockenmauern abgestützt, gelegentlich auch durch Steinplatten, die man – wie in Cannstatt

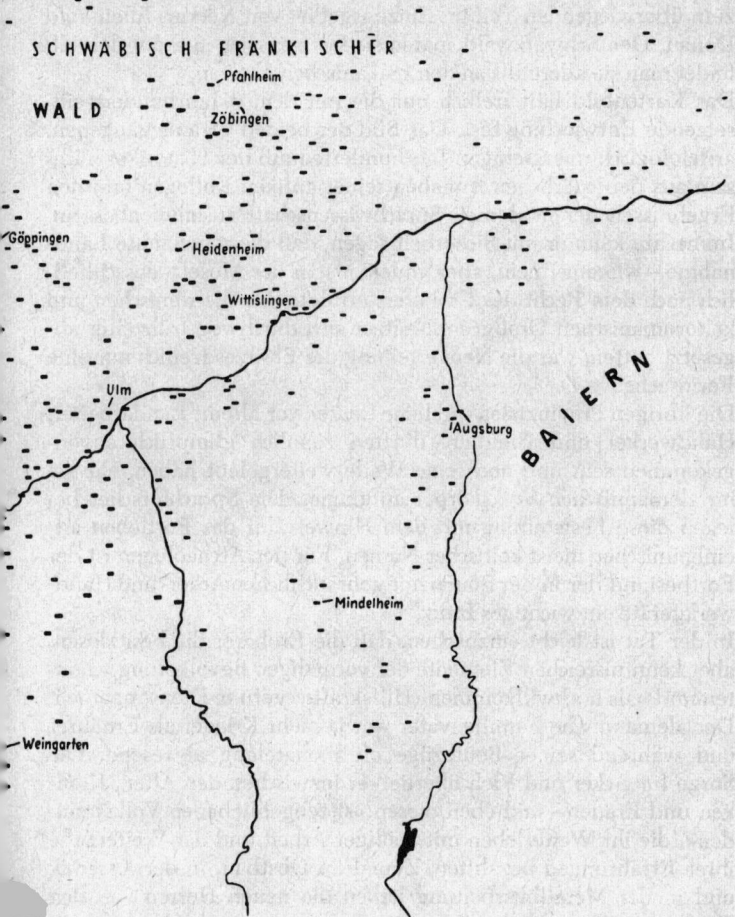

SCHWÄBISCH FRÄNKISCHER

WALD

Pfahlheim

Zöbingen

Göppingen

Heidenheim

Wittislingen

Ulm

Augsburg

BAIERN

Mindelheim

Weingarten

Stuttgart); sie zeigt die im 6. Jahrhundert einsetzende Entwicklung.

leicht nachzuweisen ist – aus römischen Ruinen bezog. Die wissenschaftliche Aufarbeitung des Materials hat dennoch zu Ergebnissen geführt, die das fränkische Zeitpanorama um wesentliche Züge ergänzen.

Schon ein flüchtiger Blick auf die Fundkarte zeigt, daß sich auch die alemannischen Siedler zunächst an die wasserführenden Täler hielten. Ihre Friedhöfe – und damit ihre Niederlassungen – liegen zum überwiegenden Teil im Einzugsgebiet von Neckar, Rhein und Donau. Den Schwarzwald sparen sie fast gänzlich aus, auf der Alb findet man sie allenfalls an den vulkanischen Maaren.

Das Kartenbild hält freilich nur die mit dem 6. Jahrhundert einsetzende Entwicklung fest. Das Bild der beiden vorangegangenen, archäologisch unergiebigen Jahrhunderte muß der Historiker mühsam aus den spärlichen Angaben seiner antiken Kollegen und den Ergebnissen der modernen Sprachwissenschaft zusammenbosseln. Immerhin kann er mit Sicherheit sagen, daß die sogenannte Landnahme – wie am Rhein, aber anders als an der Mosel – ausschließlich nach dem Recht des Eroberers erfolgte. Da die römischen und keltoromanischen Großgrundbesitzer sich durchweg frühzeitig abgesetzt hatten, war die Neuverteilung des Besitzes freilich nur eine Formsache.

Die übrigen Provinzialen – »kleine Leute« vor allem: Landarbeiter, Handwerker und Händler – dürften ziemlich glimpflich davongekommen sein und noch eine Weile weitergelebt haben, ehe sie im alemannischen Volkskörper aufgingen. Die Sprachforscher belegen diese Feststellung mit dem Hinweis auf das Fortleben alteinheimischer, meist keltischer Namen. Für den Archäologen ist der Fortbestand der in der Römerzeit gebräuchlichen Acker- und Handwerkgeräte ein wichtiges Indiz.

In der Tat ist leicht einzusehen, daß die Eroberer die besitzlosen, aber kenntnisreichen Elemente der vormaligen Bevölkerung schonten und »als hochwillkommene Hilfskräfte« gern in Dienst nahmen. Der alemannische Familienvater war ja mehr Krieger als Ernährer und während seiner Beutezüge oft monatelang abwesend. Die Sorge für Acker und Vieh überließ er inzwischen den Alten, Kranken und Frauen – und eben diesen »sitzengebliebenen Volksfremden«, die ihr Weiterleben mit fleißiger Arbeit und der Weitergabe ihrer Erfahrungen bezahlten. Zumal im Obstbau, in der Keramik und in der Metallbearbeitung haben die neuen Herren von den Unterlegenen manches gelernt.

Die Städte mieden die Alemannen, um ein Wort des römischen Historikers Ammian zu zitieren, »wie mit Netzen umgebene Gräber«. Doch darf man diesen Satz nicht auf die Goldwaage legen. Nach Meinung Walther Veecks traf die »Scheu vor dem Römischen« jedenfalls nicht »für römische Kleinsiedlungen« zu. Da die Kastellmauer von Cannstatt von den Alemannen wiederhergestellt wurde, wagt er sogar den Schluß, daß diese sich auch innerhalb des Kastells niedergelassen hätten.

Die römischen Einflüsse haben die Alemannen im Kern aber nicht verändert. Sie blieben, was sie waren: ein besitzhungriges, eroberungsfreudiges Bauern- und Viehzüchtervolk, dessen Welt ein umzäuntes Gehöft, dessen Stolz viele Söhne und dessen größte Lust der Krieg und der blutige Waffengang waren.

Der Zusammenbruch des Imperiums und die Eingliederung Alemanniens in das Merowingerreich waren für das Land zwischen Rhein und Bodensee – und damit auch für die Dörfer und Siedlungen des Stuttgarter Raumes – nur periphere Ereignisse. Der spätestens um die Mitte des 6. Jahrhunderts beginnende langandauernde Friede schmolz aber die kriegerischen Traditionen mehr und mehr in die rustikalen Daseinsgesetze ein. Die Arbeit auf Acker und Weide löste das tatenfrohe Leben auf freier Wildbahn ab. Der Pflug ersetzte das Schwert. Der freie Alemanne wurde Bauer.

Die Beigaben in den Gräbern und beiläufige Bemerkungen in den literarischen Quellen bezeugen, daß aus der Land- und Viehwirtschaft spätestens in der merowingischen Zeit ein beträchtlicher Wohlstand erwuchs. Die Felder trugen wie schon in der vorrömischen Zeit – und zum Teil heute noch – vorzugsweise den Dinkel. In der Viehzucht dominierte das Schwein. Das alemannische Rindvieh gewann sogar dem großen Theoderich Worte der Anerkennung ab. Pferde leisteten sich dagegen nur die Reichen und Vornehmen. Aber selbst der Kleinbauer hatte seine Bienenvölker, die seinen Bedarf an Zucker und – Alkohol befriedigten.

Am System der Familien- und Sippensiedlung hielten die Alemannen auch weiterhin fest. Die nächsthöhere Einheit war die Hundertschaft, deren Führer vermutlich bereits dem Hochadel angehörten und bei den öffentlichen Beratungen daher das entscheidende Wort sprachen. Mehrere Hundertschaften bildeten den Stamm, dessen Lebensraum der Gau war. In Worten wie Breisgau, Hegau oder Linzgau, Aargau oder Thurgau haben sich die Namen dieser Verwaltungseinheiten bis heute erhalten.

Auch in Württemberg hat man in den vergangenen Jahrzehnten ausdauernd nach Siedlungsspuren gesucht – bisher vergebens, obwohl in den schwäbischen Dörfern in den letzten hundert Jahren kaum ein Stein auf dem anderen geblieben ist und der Bau von Bahnen, Straßen und Wasserleitungen manchen Einblick in die Anatomie des Bodens gestattet hat.

Erfreulicherweise haben die alemannischen »Volksrechte« uns jedoch einige Kenntnisse über die Wohn- und Siedlungsbauweise der alten Schwaben vermittelt. Titel 82 des Textes von 730 zeichnet zwischen den Zeilen ein recht detailliertes Bild vom Aussehen eines alemannischen Gehöftes.

Wer nachts, so heißt es dort, bei jemand Feuer legt, so daß er dessen Haus oder Saal niederbrennt, soll alles, was verbrannt ist, wieder aufbauen und außerdem 40 Solidi Buße zahlen.

Wenn er ein Haus innerhalb des Hofes oder eine Scheuer oder einen Fruchtkasten oder die Keller in Brand steckt, so hat er alles mit Gleichwertigem zu erstatten und mit 12 Solidi zu büßen.

Wenn jemand die Badestube, den Schaf- oder Schweinestall eines anderen einäschert, soll er für jeden Bau mit 3 Solidi büßen und ihn durch einen gleichwertigen ersetzen.

Wer das Haus eines Unfreien in Brand steckt, hat 12 Solidi zu zahlen und es wieder aufzubauen.

Wer die Scheuer oder den Kornspeicher eines Unfreien anzündet, hat mit 6 Solidi zu büßen und sie wiederherzustellen.

Wer den Speicher eines Knechtes ansteckt, büße mit 3 Solidi. Brennt er aber die Fruchtkammer eines Herrn nieder, zahle er 6 Solidi Strafe und baue sie wieder auf.

»Wir sehen daraus, daß Wohnhaus, Scheuer, Fruchtkasten, Keller, Schaf- und Schweinestall lauter selbständige freistehende Bauten waren. Diese Bauweise empfahl sich schon wegen der Feuergefahr. An der verschiedenen Höhe der Buße können wir auch den Bauwert dieser Einzelbauten miteinander in Vergleich setzen. Wenn auch das Cellarium, der Keller, in Brand gesteckt werden kann, so geht daraus hervor, daß es sich wohl um freistehende oberirdische Vorratskammern gehandelt hat, was mit dem bisherigen vollständigen Ausbleiben alemannischer Untergeschosse übereinstimmt.«

»Die Bauernhöfe waren wohl von einem Zaun umgeben, die anschließenden Gemüse- und Obstgärten von Hecken und Zäunen, die sich gegen Wiese und Feld zu einem durchgehenden Dorfzaun... zusammenschlossen. Obstbäume, wohl auch ein großer Walnußbaum oder eine Linde, überragten die Strohdächer der kleinen Holzbauten und schützten sie. Schwalben und Störche werden sich schon damals Hausrecht erworben haben, und auch die Spatzen trieben sich auf dem Dreschplatz und im Hühnerhof herum...«

»Da und dort wird am Bache, so auch am Feuerbach, schon eine kleine Mühle geklappert haben, und nicht weit davon hatte ein Gerber seine Gruben. Im Dorf aber hämmerte der Schmied am Amboß und war der Drechsler und der Wagner an seiner Arbeit.« (Paret)

Bronzestatuette eines alemannischen Bauern (Fundort unbekannt, Sammlung Scheufelen, Oberlenningen)
(Foto: Württemberg. Landesmuseum, Stuttgart)

Daß man versucht hat, aus der Belegung der Friedhöfe auf die jeweilige Einwohnerzahl zu schließen, wurde bereits erwähnt; auch daß man dabei in Württemberg zu ähnlichen Ergebnissen gelangt ist wie im Rheinland. Die alemannische Kernsiedlung von Stuttgart-Feuerbach war, nach Paret, dem Nestor der Bodenforschung in Schwaben, im Durchschnitt jedenfalls etwa sechzig Bewohner stark. Zu etwa dem gleichen Ergebnis gelangten Untersuchungen der Holzgerlinger und Hailfinger Befunde. Berücksichtigt man das stürmische Bevölkerungswachstum in der merowingischen Epoche, darf man für eine mittlere alemannische Siedlung um 500 etwa 30 bis 50, um 700 etwa 100 bis 150 Bewohner annehmen.

Den antiken Quellen ist zu entnehmen, daß die Alemannen durchweg kräftige und hochgewachsene Gestalten waren. Die Messungen an den Skeletten der Reihengräberfriedhöfe haben diese Aussagen bestätigt. Auch die frühen Stuttgarter waren keine Liliputaner. Der Oberstabsarzt Dr. Blind, Stadtpfarrer Kallees Freund und Mitarbeiter, fand unter den alten Feuerbachern Männer von 1,90 Meter, Frauen von 1,76 Meter Größe – Maße, die auch heute noch als respektabel gelten. Die »Jedermannsgröße« der Männer entsprach mit 1,72 Meter ziemlich genau dem Normwert unserer Tage.
Das Durchschnittsalter lag schon wegen der hohen Säuglingssterblichkeit wesentlich niedriger. Trotzdem starben die Feuerbacher Bauern zur guten Hälfte »wohlbetagt oder erst im hohen Alter«. Über ihre Krankheiten verrieten die Skelette nur wenig. Hier und da zeichneten sich die Folgeerscheinungen von Skorbut oder Rachitis ab. Bisweilen war ein Knochenbruch, gelegentlich ein Schlag über den Schädel festzustellen.
Viel Pein und Ungemach dürften den alten Alemannen aber die Zähne bereitet haben. Knapp vierzig Prozent waren karieskrank – ein Prozentsatz, der zwar wesentlich unter dem heutigen liegt, aber die Vorstellung vom urgesunden Naturvolk entschieden dementiert. Außerdem waren die Gebisse durchweg stark abgenutzt.
Die Ernährung bestand – soweit aus Beigaben zu schließen ist – im wesentlichen aus Brot und Fleisch. Daß die Alemannen auch Brotsuppe, Fladen und Hirsebrei kannten, ist anzunehmen. Recht beliebt waren, wie aus dem Proviant in den Gräbern hervorgeht, Schweinekoteletts, überhaupt: schweinerne Fleischgerichte. Als »eiserne Ration« wurde den Toten vor allem Nüsse mitgegeben: Haselnüsse und Walnüsse in großer Zahl. Daß die Alemannen

leistungsfähige Esser waren und ihre Gastereien häufig bis in die tiefe Nacht ausdehnten, hat schon Ammian mit einigem Erstaunen vermerkt.

Noch mehr hat die antiken Autoren die außerordentliche Trinkfreudigkeit der alten Schwaben beeindruckt. Der poesiefreudige Kaiser Julian hat sie in wohlgesetzten Versen besungen. Nach Symmachus überfiel Valentinian einmal ein Dorf, dessen Bewohner ihren Rausch vom vorangegangenen Abend noch nicht ausgeschlafen hatten. Und der iroschottische Mönch Kolumban traf in der Bodenseegegend eine grölende Schar alemannischer Bauern um eine mächtige Kufe Bier versammelt, die sie zu Ehren Wotans leerten. Ein Gefäß in Oberflacht enthielt noch Reste des alkoholischen Produktes, dem sie mit solcher Inbrunst zusprachen – einen Sud aus vergorener Gerste, den sie mit Honig süßten: den altdeutschen Met.

Nach Aussage der römischen Historiker wurden an solchen feuchtfröhlichen Metabenden auch die Stimmbänder kräftig strapaziert. Kaiser Julian erschreckte diese Lust an wilden Chören. Das Singen der Germanen erinnerte den musischen Imperator geradezu an das Krächzen von Raben. Die Archäologen wissen von dieser Sangeslust ebenfalls ihr Lied zu singen. Wie in Köln entdeckten sie auch in Oberflacht das Grab eines Sängers, dem man seine Leier mit auf den Weg gegeben hatte, »eine Leier von denkbar einfacher Form, etwa 80 Zentimeter lang, mit Resonanzboden und mit sechs Saiten bespannt«, wie sie Walther Veeck beschrieben hat.

Aber auch die schwäbischen Reihenfriedhöfe sind in erster Linie unterirdische Waffenarchive. Als vornehmste Wehr galt bei den Alemannen, wie bei den Franken, ein doppelschneidiges Langschwert mit perlengeschmücktem Knauf, das aber, wie Sporen, Trensen und Sattelbeschläge, dem berittenen Adel vorbehalten war, von den kostbaren Spangenhelmen ganz zu schweigen. Einmal, im Jahre 1937 bei Leutkirch im Allgäu, wurde ein Grab freigelegt, dessen Inhaber zusammen mit seinem Streitpferd bestattet worden war. Normalerweise enthalten die Gräber nur Schild und Lanze, die älteren auch den Sax sowie Pfeil und Bogen – das »Heergewäte« des einfachen freien Alemannen.

Eine Rarität stellen die in Cannstatt gefundenen Teile eines sogenannten Turkbogens dar, eines aus Holz, Knochen und Sehnen zusammengesetzten Bogens von gewaltiger Spann- und Durchschlagskraft. Die gefährliche Waffe, die wahrscheinlich aus dem awarischen Ungarn durch Vermittlung langobardischer Händler nach Alemannien kam, erforderte – nach Paret – »eine Herstellungszeit von fünf bis zehn Jahren«. Dem entsprach aber auch ihre Leistung: Sultan Selim, »der kräftigste Bogenschütze aller Zeiten«, soll 1798 mit einem dieser Bogen, die damals bei den Turkvölkern noch im Gebrauch waren, 888 Meter weit geschossen haben.

Was den Männern die Rüstung (und mit der Rüstung das Wehrgehänge und seine reichen Metallbeschläge), war den Frauen, wie überall in germanischen Landen, der Schmuck. Die Sonne des Reichtums scheint den frühen Stuttgarterinnen allerdings nicht gelacht zu haben. Geht man von dem Feuerbacher Gräberfeld aus, so reichte es in der Regel nur zu einer billigen Glasperlenkette, in die sich hier und da eine Bernsteinperle verirrte. Ein Amethyst, dem das Altertum übrigens eine magische Wirkung gegen die Folgen übermäßigen Weingenusses zuschrieb, war schon eine ausgesprochene Seltenheit.

Die Damen von Cannstatt waren offenbar besser gestellt. Man fand bei ihnen sehr schöne Ohrringe, Fibeln und Goldblechkreuze. Aus Zazenhausen stammt eine durchbrochene bronzene Zierscheibe, die Paret »zu den eindrucksvollsten Schmuckstücken des 7. Jahrhunderts« rechnet.

Was sonst an Almandinarbeiten, an Fibeln, goldenen Arm- und Ohrringen und anderen Bijous eingebracht wurde, verteilt sich auf das gesamte alemannische Siedlungsgebiet. Die wertvollste Kollektion gehörte fraglos der Wittislinger Fürstin. Ihr Grab enthielt außer der großen Bügelfibel mit der viel umrätselten Uffila-Inschrift eine goldene Scheibenfibel, ein langobardisches Goldblattkreuz, einen goldenen Fingerring und eine goldene Nadel, dazu einen silbernen Gürtelbesatz, eine silberne Amulettkapsel und silberne Schuh- und Taschenbeschläge, schließlich eine bronzene Zierscheibe für eine zweite Handtasche – derart erlesene und kostbare Arbeiten, daß es schon des Fundes im Kölner Dom bedurfte, um der Wittislingerin den Rang der elegantesten Dame der Merowingerzeit streitig zu machen.

Auch an Alltagsgeräten lieferten die alemannischen Gräber, was das Herz des Forschers begehrt: Töpfe und Gläser, Messer und Arbeitsäxte, Häkelnadeln und Webeschwerter, Silberlöffel und Bronzewaagen, Handschuhe und Ledersandalen, ja, selbst eine Art Lockenwickler glaubt Veeck entdeckt zu haben.

Aus der Gesamtheit der Funde geht klar hervor, daß das alemannische Herzogtum dem fränkischen Rheinland an weitreichenden Verbindungen nicht nachstand. Gläser lieferte das fränkische Rheinland. Schmuck kam nicht nur aus dem langobardischen Italien und der burgundischen Schweiz, sondern auch aus England und Skandinavien. Waffen tragen die Kennzeichen gotischer, rheinischer und schwedischer Werkstätten. Glasperlen verweisen ebenso ins nahe Rheinland wie in den fernen Mittelmeerraum. Bernstein holten die Händler von der Samlandküste. Die Bronzegefäße in den Fürstengräbern von Ittenheim und Wittislingen waren im koptischen Ägypten hergestellt, als Amulette getragene Tigerschnecken aus Murr und Zazenhausen im Arabischen Meer östlich von Aden zu Hause.

Die alemannischen Handwerker trugen aber auch selbst wesentlich zur Deckung des Bedarfs bei, durchweg mit Erzeugnissen von unverwechselbarer Eigenart. Die Töpfer zum Beispiel blieben bis ins hohe 6. Jahrhundert den bereits in den heimatlichen Elbgebieten entwickelten Buckelgefäßen treu, die nach Parets Definition alle aussehen, »als sei der ganze Gefäßbauch in Falten gelegt«. Erst dann übernahmen sie – gleichzeitig mit der Drehscheibe – die damals vorherrschende fränkische Gefäßform: »den Topf mit scharf vortretendem Bauchknick«.
Auch die Waffenschmiede hielten sich nach der Landnahme noch jahrhundertelang an den mitgebrachten stammeseigenen Formenbestand, den sie nur zögernd weiterentwickelten. Selbst die Schmuckkünstler gingen bei aller Bindung an den fränkischen Stil vielfach eigene Wege, wenn auch die Unterschiede nur dem Fachmann geläufig sind.
Einen wertvollen Beitrag zur alemannischen Alltagskultur, einer bäuerlichen »Volkskunst im besten Sinne«, leisteten schließlich die Schreiner, Drechsler und Schnitzer – die Handwerker in Holz also, deren Erzeugnisse offenbar das Grundinventar des alemannischen Haushalts bildeten. Die Grabung Oberflacht hat für diese Sparte des alemannischen Handwerks eine Reihe vortrefflicher, ja, einzigartiger Funde geliefert, die auch im fränkischen Rheinland nicht ihresgleichen haben.
Es waren in der Tat ganz außerordentliche Holzerzeugnisse, die der Boden von Oberflacht konserviert hatte. Schalen und Schüsseln, Teller und Becher, hölzerne Kübel und Eimer – teils aus Tanne, teils aus Buche oder Eiche. Als wahre Prachtstücke der Drechslerkunst verzeichnet die Forschung die berühmten Oberflachter zweihenkligen Feldflaschen. Sie wurden »aus einem Stück auf der Drehbank gefertigt, doch mußte man, um das Innere aushöhlen zu können, am Bauch der Flasche ein rundes Loch anbringen, das später durch eine gut eingepaßte Scheibe geschlossen wurde... Die

Feldflaschen sind nicht völlig gleich, doch ähneln sie sich sehr in der Form. Sie haben« – nach der Beschreibung von Walther Veeck – »eine flache Seite, während die andere bauchig gewölbt ist«.

Auch Holzfässer verstanden die alemannischen Drechsler kunstvoll aus einem Stück zu drehen. Die Grabungsakten nennen weiter kleine eichene Schemel sowie etwas rätselhafte Holzleisten, die von älteren Veröffentlichungen gern zu »symbolischen Totenschuhen« aufgewertet wurden, aber wahrscheinlich nur eine sehr profane Funktion als Schuhanzieher ausübten. Zur Musterausstattung wenigstens der vornehmeren Gräber gehörten schließlich auch Leuchter und Wachskerzen – die »Fackeln der Grabesnacht«, wie man sie poetisch genannt hat. Das meiste Interesse aber haben von jeher die Oberflachter Särge beansprucht: die Grabbetten und die Totenbäume.

In den Grabbetten sehen die Forscher genaue Abbilder der Bettkommoden, deren sich auch die Lebenden bedienten. Da keine der Oberflachter Laden erhalten ist, stehen freilich nur noch die seinerzeit angefertigten Zeichnungen als Anschauungsmaterial zur Verfügung. Sie zeigen aber deutlich, daß es sich um kistenähnliche Behausungen handelte, die zwischen vier runden Pfosten ein zierlich gedrechseltes Geländer trugen.

Daß sie nicht ganz billig waren, beweist die Tatsache, daß sie nur in den Gräbern der Reichen vorkommen – auch das kunstvoll gefertigte Bettgestell des Kölner Knaben stand ja in einem Adelsgrab. Wurden sie als Totenbetten benutzt, deckte sie überdies ein flaches oder giebelförmiges Dach mit mancherlei mythologischem Zierat. Den First eines dieser Giebeldächer nahm beispielsweise eine zweiköpfige Schlange ein.

Derartige Schlangendarstellungen finden sich auch auf den Deckeln der Totenbäume, in der Regel als ein »kantig aus dem Holz gehauener Schlangenkörper«, dessen Rücken einen durch sägeartige Einschnitte markierten Kamm trägt. »Vorn und hinten endigt die Schlange in einen Kopf, der« – nach Veeck – »früher Hörner und Zähne trug« und wahrscheinlich recht martialisch aussah. Je schrecklicher aber ihr Anblick, um so mehr Schutz gewährte sie den Toten, und zwar nicht nur gegen Grabräuber, sondern auch gegen böse Geister, von denen sich die Alemannen, wie alle germanischen Stämme, auf Schritt und Tritt verfolgt sahen.

Die Särge von Oberflacht bezeugen also nicht nur das hervorragende Können der frühschwäbischen Schreiner und Drechsler, sie lassen auch einen tiefen Blick in die geistige Welt der Alemannen zu.

Als die Alemannen in der Mitte des 3. Jahrhunderts den Limes überrannten, stießen sie in ein Land hinein, das die Botschaft des Christentums noch nicht empfangen hatte. Die Religionsübungen der überlebenden Romanen aber nötigten ihnen keinen Respekt ab, gleichgültig ob sie dem römischen Kaiser, dem antiken Götterhimmel oder dem persischen Lichtbringer Mithras galten. Die Alemannen hielten am Glauben ihrer Väter fest, dessen mythisches Zentrum das Triumvirat Wotan, Donar und Ziu waren. Besondere Ehre erwiesen sie dabei, ihrem Wesen gemäß, dem Kriegsgott Ziu. Der Dienstag heißt im Alemannischen bis heute der »Zischtig«.

Auch als sie später die römische Welt aus größerer Nähe kennenlernten, wahrten sie offenbar eine selbstbewußte Distanz. Daß ein alemannischer Fürst sich während eines längeren Aufenthaltes in Gallien in die Geheimnisse des Serapis-Kultes einweisen oder daß eine Alemannin sich nach Florenz verheiratete und dort taufen ließ, sind Ausnahmen. Wie die verschiedenen Mysterienkulte des spätrömischen Reiches galt auch das Christentum sozusagen als feindliche Institution, die zu schonen oder gar zu übernehmen kein Anlaß bestand.

So floß bei den ersten Begegnungen zwischen Alemannen und Christen viel Blut. Im Jahre 368 drang der Alemannenfürst Rando in Mainz ein und metzelte mit seinen Scharen die in die Kirchen geflüchteten Gläubigen erbarmungslos nieder. Vierzig Jahre später wiederholte sich die Untat – auch diesmal wurden Tausende von Christen, die in ihren Gotteshäusern Schutz gesucht hatten, von den Alemannen niedergemacht.

Ob das Ausmaß dieser Ausschreitungen den vom Zorn diktierten Berichten der antiken Autoren voll und ganz entsprach, ist freilich zweifelhaft. Jedenfalls überdauerte die Mainzer Christengemeinde, wie die Grabung von St. Alban lehrt, die Zeit der Alemannenstürme. Hermann Tüchle, der Verfasser der *Kirchengeschichte Schwabens*, hält auch die Kontinuität der Bischofssitze Speyer, Worms und Augsburg »wenn überhaupt, so nur für ganz kurze Zeit unterbrochen«. Ganz sicher haben die im Elsaß und in der Schweiz lebenden Christengemeinden von den Alemannen keinerlei Glaubensunbill erfahren. Passau wurde 468 auf Vorstellungen des heiligen Severin von dem Alemannenfürsten Gibuld sogar ausdrücklich geschont. Besonders in Rätien haben viele Christen die religiöse Toleranz der Alemannen damit honoriert, daß sie fortan wieder an heidnischen Opferfeiern teilnahmen.

Auch der Sieg Chlodwigs über die Alemannen änderte an ihrem Heidentum zunächst nichts. Als sie gut fünfzig Jahre später zusammen mit den Franken ihren als Hilfsaktion für die bedrängten Goten getarnten Beutefeldzug nach Italien unternahmen, führten sie sich jedenfalls noch immer wie die Wilden auf.

»Die... Franken«, so heißt es bei Agathias, einem byzantinischen Historiker, dessen fünf Bücher über die Zeit Justinians zu den wertvollsten Geschichtsquellen des 6. Jahrhunderts gehörten, »gingen mit den Heiligtümern schonend und ehrerbietig um, da sie... rechtgläubig sind und dieselben Bräuche wie die Römer haben. Die Alemannen aber, welche andersgläubig sind, plünderten schonungslos die Kirchen und beraubten sie ihres Schmuckes. Viele heilige Gefäße und Weihwasserbecken von Gold, viele Kelche und Körbe und was sonst zum Dienst bei den Sakramenten geweiht ist, nahmen sie weg und machten es zu ihrem Privateigentum. Damit begnügten sie sich aber keineswegs, sondern sie warfen die Dächer von den Gotteshäusern und stürzten ihre Fundamente um.«

Agathias spricht nicht nur von der unbändigen Beutelust der Alemannen, sondern auch von ihren Sitten und Bräuchen. »Sie verehren«, schreibt er weiter, »gewisse Bäume, Flüsse, Hügel und Schluchten, denen sie Pferde, Stiere und unzählige andere Tiere opfern, indem sie diesen die Köpfe abschlagen.« Ähnlich verliefen, wie man sich erinnert, die von Tacitus beschriebenen Kultübungen des alemannischen Urstammes der Semnonen – fast fünf Jahrhunderte waren also an der Walhall der Alemannen und ihrem Naturkinderglauben spurlos vorübergegangen.

Die archäologischen Befunde bestätigen die Aussagen der Quellen. Wie alle germanischen Völkerschaften umgaben sich auch die Alemannen mit unheilabwehrenden Darstellungen. Der aufmerksame Besucher entdeckt gerade in den Stuttgarter Staatssammlungen zahlreiche Waffen, Beschläge und Schmuckstücke mit dem ständig wiederkehrenden altgermanischen Symbolgut: Adlern und Schlangen, wilden Reitern und tierköpfigen Kriegern, mit Tierornamenten überhaupt.

Erst von der zweiten Hälfte des 6. Jahrhunderts an tauchen in diesem Formenschatz christliche Sinnbilder auf: Zeugen der beginnenden Christianisierung. Agathias hat offenbar schon 553 Zeichen der Abkehr vom Heidentum bemerkt. Der wohltätige Einfluß der rechtgläubigen Franken, schreibt er, beginne die Alemannen umzuformen und ziehe schon die Verständigen an; er glaube, daß die anderen bald folgen würden.

Was unter diesem »wohltätigen Einfluß« zu verstehen ist, läßt sich aus der damaligen Situation leicht errechnen. Eben in das Merowingerreich eingegliedert, galten die kriegerischen Alemannen nicht gerade als aufrichtige Freunde der Franken. Was lag für diese also näher, als sie zunächst einmal in das Joch der fränkischen Staatsreligion zu zwingen und damit zu einem sichtbaren Akt der Loyalität zu bewegen.

Es verstand sich von selbst, daß der alemannische Adel dabei voranging und daß diese Entwicklung, wie im Fall Wittislingen mit einiger Sicherheit zu belegen ist, durch Freundschafts- und Ehebündnisse gefördert wurde. Mit den »Verständigen« sind daher wohl die alemannischen Fürsten gemeint, die als erste den veränderten Verhältnissen Rechnung trugen und der christlichen Lehre den Platz in ihrem Land anwiesen, den sie als Religion des Siegers beanspruchen konnte. Dem fränkischen Beispiel folgend, begannen also auch die alemannischen Edelinge für ihre Hundertschaften Kirchen zu stiften, Priester zu berufen und diese mit Land und anderen Gerechtsamen auszustatten: eine blanke Formalität, mit der aber beide Seiten einstweilen zufrieden waren.

So weit etwa waren die Dinge gediehen, als die iroschottischen Mönche auf der Szene erschienen und mit glühendem Glaubenseifer, großem propagandistischem Geschick und einem beispielhaften Leben den Alemannen nicht nur die Verheißungen, sondern auch die Gebote Christi verkündeten.

Irland war damals die letzte Bastion der antiken Kultur in Europa, ein Eiland ungebrochenen geistigen Lebens. Während das Merowingerreich immer wieder von blutigen Kriegen und Beutezügen erschüttert wurde, blühte auf der Grünen Insel die Kunst des Schreibens und des Buchschmucks wie nirgendwo auf dem Kontinent. Ein grammatisch einwandfreies Latein, metrische Versübungen und philosophische Kenntnisse gehörten zum gängigen Bildungsgut. Träger dieser reichen Kultur waren die irischen Klöster, die irischen Mönche.

Die ersten christlichen Klöster entstanden, wie man sich erinnert, im 4. Jahrhundert in den Wüsten und Einöden des Nahen Ostens, und zwar als Kolonien von Einsiedlern, die aller irdischen Lust entsagten und durch ständige Gebete, harte Kasteiungen und ausgiebiges Fasten den Teufel in sich abzutöten und Gott näherzukommen trachteten.

Den Traditionen dieser inbrünstigen Anachoreten fühlte sich besonders das 410 vom heiligen Honoratus, dem späteren Bischof von Arles, gegründete Kloster Lérins vor Cannes verpflichtet. In ihm empfing der heilige Patricius seine Weihen, der 432 mit 24 Gefährten an der irischen Küste landete, die Irokelten erweckte und be-

145

kehrte, viele Klöster gründete, zahlreiche Wunder tat und als St. Patrick der Nationalheilige der sturmumtosten Insel wurde. Mit gutem Recht konnten also die Büßer im Atlantik die Entsager des östlichen Mittelmeeres ihre Väter und Vorbilder nennen.

Dennoch war das Klosterleben auf der Insel, der gänzlich anderen Mentalität und Sozialstruktur entsprechend, eine Schöpfung von unverwechselbarer Eigenart. Das von den irischen Mönchen praktizierte Christentum schmolz wesentliche Elemente keltischer Wesensart in sich ein. Es wurde »mystisch, gefühlsinnig, individualistisch, leidenschaftlich... Es nahm«, um Will Durant zu zitieren, »die Märchenwelt, die Dichtung, die wilde und zarte Einbildungskraft der Kelten in sich auf; die Priester erbten die magischen Kräfte der Druiden und die Mythen der Barden, und die sippenschaftliche Organisation des Staatswesens förderte eine mittelpunktflüchtige Lockerheit im Gefüge der Kirche – fast jede Ortschaft hatte ihren unabhängigen ›Bischof‹.«

Aufbau und Ordnungsprinzipien ihrer Klöster entliehen die irischen Gläubigen jedoch den ägyptischen und syrischen Einsiedlerschulen. Die Mönche lebten – meist in Zwölfergruppen, aber jeder für sich – in kleinen Hütten und Bethäusern und dokumentierten ihre Zusammengehörigkeit lediglich durch einen Erdwall, den sie rund um ihre bescheidenen Holzbauten aufwarfen. Ihr ungeschriebenes Gesetz war, den nahöstlichen Eremiten an Selbstzucht und Askese gleichzukommen, sie in der Härte der Arbeit aber zu übertreffen.

Auch sie erkannten das Einsiedlertum als »religiöse Höchstleistung« an. Da ihrer unsteten Art und Wanderfreudigkeit ein längerer Aufenthalt an einem Platz aber nicht behagte, erhoben sie den Erzvater Abraham – der auszog, Gott in der Fremde zu dienen – zum metaphysischen Leitbild und lehrten, daß man dem Ideal entsagender Einsamkeit sogar die Heimatliebe opfern müsse. Als Pilger und Verbannte durch die Welt zu ziehen und ein gottesfürchtiges Leben zu predigen, erschien ihnen die höchste christliche Daseinsform.

Die Chroniken wissen über diese Art der *peregrinatio* – einer Weltflucht in die Welt hinein – erstaunliche Dinge zu berichten, so etwa, daß sich drei Mönche einem Boot ohne Ruder anvertrauten, um sich »gleichgültig, wohin«, davontreiben zu lassen und ihr ferneres Geschick ganz in Gottes Hände zu legen. Einzeln oder zu zweien oder »in apostolischer Zwölfergruppe« ließen sich christliche Iren auf den Felseninseln im Atlantik nieder, auf den Hebriden und auf den Orkneys, auf Island und auf Grönland. Ja, weit über Island und Grönland hinaus, in der grauen, eisklirrenden Arktis, sollen derartige Büßerstationen bestanden haben.

Trieb es sie auf den Kontinent, so mieden sie die Städte und Markt-flecken. Sie gingen in die Tiefe der Wälder, bauten ihre einsamen Hütten und verbrachten den Tag mit Arbeit und Gebet; oder sie zogen mit Pilgerstab, Hostie und Kelch durchs Land, verhöhnten die alten, heidnischen Götter, verfluchten den Teufel und verkün-deten die Macht und Stärke des Christengottes.

So kamen sie auch nach Alemannien, mit lang herabwallenden Haaren, am Gürtel die Wasserflasche und auf dem Rücken lederne Säcke, in denen sie heilige Bücher, Reliquien und andere Devotio-nalien mitschleppten.

Die ersten Irokelten, die im deutschen Südwesten missionierten, heben sich aus dem Nebel der Legende nur undeutlich ab. Die durchweg erst Jahrhunderte später entstandenen Heiligenviten enthalten aber meist einen harten historischen Kern. So scheint durchaus glaubhaft, daß der heilige Fridolin bereits am Ende des 6. Jahrhunderts in Säckingen (wo er heute noch verehrt wird) das erste Alemannenkloster gründete.

Irgendwo im Breisgau, vielleicht auch im Schwarzwald am Belchen, hauste zur gleichen Zeit der Einsiedler Trudpert, der nach der Le-gende von seinen Knechten mit einem Beil erschlagen wurde. Auch der als Stifter des Klosters Ettenheimmünster verehrte heilige Lan-delin war wahrscheinlich Ire. In Konstanz, Schwarzach am Rhein und Gengenbach im Schwarzwald verweisen lokale Sagen und Be-nennungen auf die Wirksamkeit irischer Mönche. Handfestes Mate-rial enthält die Überlieferung hier wie dort jedoch nicht.

Um so kraftvoller, klarer und gegenwärtiger durchwandert der jün-gere Kolumban die Geschichte der Alemannenmission.

Die Kolumban-Vita, die der Mönch Jonas von Susa dreißig Jahre nach dem Tod des irischen Heiligen in einer Zelle des italienischen Klosters Bobbio niederschrieb, hebt mit einer dramatischen Szene an. Kolumbans Mutter widersetzte sich dem Plan des Sohnes, sein Leben der Kirche zu weihen, und warf sich schließlich auf der Tür-schwelle nieder, um ihn am Verlassen des Hauses zu hindern. Der aber schritt über sie hinweg, rief ihr ein letztes »Lebewohl« zu und entfernte sich, wie der fromme Chronist erzählt, mit den Worten, daß er den Weg des Heils gehen werde.

Er trat in das Kloster Bangor ein, lernte Latein und Griechisch, stu-dierte außer den heiligen Schriften die Werke der antiken Dichter und führte ein exemplarisches, gottgefälliges Leben. Vierzig bis fünfzig Jahre alt, erwirkte er 585 von seinem Abt die Erlaubnis, das Wort Gottes auf dem Kontinent zu verkünden. Mit zwölf Ge-fährten durchzog er die Bretagne und Mittelfrankreich, gelangte nach Burgund und gründete mehrere Klöster in den Vogesen, darunter das berühmte Luxeuil, dem er selbst vorstand und eine Regel von alttestamentarischer Strenge verfaßte.

Die Satzung unterwarf die Mitglieder der mönchischen Gemeinschaft einer erbarmungslosen Zucht, fast möchte man sagen: einem erschreckenden Terrorregime. Kolumbans Kloster war ein totalitärer Staat im kleinen, dessen Abt sich als Vollzugsorgan des göttlichen Gesetzes begriff. Darum verlangte er von seinen Mönchen nicht nur unbedingten Gehorsam, sondern auch völlige Hingabe an die selbst gewählte Aufgabe.

»Ihr müßt alle Tage fasten, alle Tage beten, alle Tage arbeiten, alle Tage lesen«, lautete seine Anweisung für die Novizen. »Ein Mönch muß unter der Aufsicht eines einzigen Vaters, aber in Gemeinschaft mit vielen Brüdern leben, damit er von dem einen Demut, von einem anderen Geduld, einem dritten Schweigsamkeit, einem vierten Freundlichkeit erlerne ... Er muß beim Zubettgehen so müde sein, daß er schon auf dem Wege zum Lager einschläft.«

In der Praxis sah das so aus, daß alle drei Stunden – Tag und Nacht zu jeder Jahreszeit – die Glocke zur Lobpreisung Gottes läutete. Der »musik- und sangesfreudige Kolumban« selbst betete 581 Psalmen in der Woche, jeden Tag 83. Die Pausen zwischen den Gebeten füllten das Lesen der Evangelien und harte Arbeit aus, meist Acker- und Werkstattarbeit; denn das Kloster war ja von Anfang an ein autarker Wirtschaftskörper. Zum gemeinsamen Mahl rief die Glocke nur einmal am Tag, und zwar gegen Abend. Man lebte von Wasser, Brot und Gemüse. Fleischgenuß war verpönt.

Als Haupterziehungsinstrument diente die Peitsche, mit der genau bemessene Prügel verabfolgt wurden. Sechs Hiebe erhielt, wer bei Beginn des Singens hustete oder während des Gottesdienstes lachte. Wer nach dem Essen das Dankgebet vergaß, bekam als Nachtisch zwölfmal die Peitsche zu schmecken. Wer zu spät zum Gebet kam, wurde mit achtzig Schlägen traktiert. Das doppelte Quantum quittierte, wer einen Streit begann. Ein vertrauliches Gespräch mit einer Dame brachte dem Sünder zweihundert Hiebe ein.

Trotzdem zählte Luxeuil schon nach kurzer Zeit 60 Mönche, nach einer anderen Version sogar 600, die meisten aus guter Familie; ja, Luxeuil wurde mit über fünfzig Tochtergründungen »die mönchische Metropole« Westeuropas, ein Kraftfeld zahlreicher missionarischer und siedlerischer Impulse.

Das war, alles in allem, ein ungewöhnlicher Erfolg – der schreckliche Ire hätte mit sich und seiner Arbeit zufrieden sein können. Doch dann überwarf er sich mit König Theuderich II. von Burgund, dem er rundheraus erklärte, daß für ein Leben mit mehreren Frauen in einer christlichen Gemeinschaft kein Platz sei. Sein bisheriger Protektor, der nicht gewillt war, auf seine Kebsen zu verzichten, ließ ihn daraufhin zur Grenze geleiten und ausweisen.

Das Schiff jedoch, das den zürnenden Heiligen in die Heimat zurückbringen sollte, scheiterte an der französischen Küste. Kolumban sah darin einen Fingerzeig Gottes, nahm die asketische Pilgerschaft unverdrossen wieder auf und begab sich nach Metz zu König Theudebert II., dem Bruder des sittenlosen Burgunderkönigs. Der unbequeme Alte scheint auch dort den ständigen Mahner gespielt zu haben. Jedenfalls legte ihm Theudebert bald nahe, an den Bodensee zu gehen und dort die heidnischen Alemannen zu bekehren.

Eine Reise von Metz nach Bregenz war damals ein strapazenreiches Unternehmen. Außer den längst verfallenen Römerstraßen durchzogen nur grundlose Karrenwege und schmale Trampelpfade das Land mit seinen riesigen Wäldern. Wenn es eben möglich war, bediente man sich daher der Wasserwege, um weiterzukommen. Kolumban fuhr zunächst moselabwärts bis Koblenz, dann rheinaufwärts bis Waldshut und über Aare und Limmat zum Zürcher See. Von dort wanderte er mit seinen Gefährten zu Fuß weiter, steckte in Tuggen, gewissermaßen im Vorübergehen, etliche heidnische Tempel in Brand und gelangte, von den erbitterten Alemannen bereits verfolgt, über Arbon nach Bregenz, wo er sich innerhalb des alten Römerkastells niederließ.

Kolumban dürfte fast siebzig Jahre gewesen sein, als er nach Bregenz kam, doch hatte er den Hafen der Altersweisheit noch nicht angelaufen. Noch immer war er ein echter Ire: ein furioses Temperament, leicht erregbar und voller Leidenschaft, ein Vulkan Gottes. Zorn und Unduldsamkeit füllten ihn aus. Er eiferte, tobte, donnerte und duldete keinen Widerspruch – selbst dem Papst hatte er gelegentlich Inkompetenz vorgeworfen.

Seine Jünger beugten sich seiner Willensstärke, erlagen seiner wilden und verzehrenden Frömmigkeit, unterwarfen sich der Macht seines Geistes. Sein loderndes Sendungsbewußtsein entflammte und befeuerte sie. Die störrischen alemannischen Bauern aber ließ es kalt.

Kolumban begann auch in Bregenz damit, daß er die heidnischen Götterbilder zerschlug und in den See warf. Die aus römischer Zeit stammende, von den Alemannen geschändete Aurelienkirche weihte er wieder ein. Seine Bekehrungsversuche aber mißlangen. Die pagani stahlen ihm die Kühe, erschlugen seine Knechte und beschwerten sich bei ihrem Herzog darüber, daß das Gebimmel der

Klosterglocke (die noch heute in St. Gallen gezeigt wird) das Wild vergräme.

Kolumban war nicht der Mann, mit derartigen Hartschädeln fertig zu werden. Er beendete seine Mission und ging – nicht ohne die Alemannen vorher verflucht und ihre Kinder zum Untergang verdammt zu haben – nach Italien. In Bobbio gründete er ein neues Kloster. Dort starb der zornige, alte Mann 615 in einer kleinen, schmucklosen Zelle: sich selber treu bis zum letzten Atemzug.

Dem Bregenzer Mißerfolg zum Trotz bezeichnet das Auftreten Kolumbans am Bodensee jedoch die große Wende in der Alemannenmission; denn er hinterließ einen Schüler, der mit anderen Mitteln das von ihm begonnene Werk fortsetzte: den heiligen Gallus – eine Gestalt von franziskanischer Einfachheit und Güte.

Gallus, um 550 als Sohn einer vornehmen irischen Familie geboren, gehörte zu den zwölf Jüngern, die 585 mit dem heiligen Kolumban von der Insel zum Kontinent übersetzten und fortan gute und böse Tage mit ihm teilten. Er wich in Luxeuil nicht von seiner Seite und folgte ihm auch nach Bregenz. Zum erstenmal trat er hier aus dem Schatten des Meisters heraus. Offenbar war er Kolumbans erfolgreichster Prediger, dem wie keinem zweiten die Kunst der sanften Rede verliehen war. »Aus seinen Worten troff Honig«, heißt es in seiner Lebensbeschreibung.

Als Kolumban zum Fortgang nach Italien rüstete, lag Gallus an einem schweren Fieber darnieder. Der cholerische Ire hielt die Krankheit für simuliert und geriet darüber in einen solchen Zorn, daß er sich zu maßlosen Vorwürfen hinreißen ließ; schließlich verbot er seinem sanftmütigen Schüler, zu seinen, Kolumbans, Lebzeiten je wieder die Messe zu lesen. Gallus, der mit mehr als sechzig Jahren dem Patriarchenalter auch nicht mehr fern war, blieb am Bodensee, gesundete an Leib und Seele und zog mit dem Arboner Diakon Hiltibold aus, eine Eremitenzelle zu gründen. Im Hochtal der Steinach, am Südufer des Gewässers, fanden die beiden Gefährten einen geeigneten Platz.

Aus zwei Haselnußstöcken, so erzählen die mittelalterlichen Chronisten, errichtete Gallus ein schlichtes Holzkreuz und hing daran eine Reliquienkapsel. Hier pflegte er zu beten. Daneben baute er eine primitive Holzhütte für sich und den Diakon. Fern den Umtrieben der Welt vollendete er nun sein Leben, in frommer Abgeschiedenheit, lobsingend und betrachtsam.

Bald stellten sich die ersten Jünger ein. Neben weiteren armseligen Behausungen entstand eine kleine Kapelle, wahrscheinlich auch ein

Vorratshaus mit Küche und ein gemeinsamer Speiseraum. Das Ganze umgaben die Mönche mit einem Holzzaun, und fertig war die klösterliche Anlage, in der sie, wahrscheinlich in der heiligen Zwölfergemeinschaft, nach den kolumbanischen Regeln ihrem Glauben lebten.

So bescheiden diese Anlage war, es ging eine bedeutende Wirkung von ihr aus. Selbst die heidnischen Berggeister, berichten die Reichenauer Mönche Wetti und Walahfried Strabo, die zweihundert Jahre später das Leben des heiligen Gallus beschrieben, respektierten den Bannkreis der Einsiedelei. Nachts hörte man ihre klagenden Stimmen in den Tälern, die ihnen nicht mehr gehörten. Als zwei freche Bachnixen den Diakon mit Steinen bewarfen, genügte das Erscheinen des heiligen Gallus, sie auf der Stelle verschwinden zu lassen.

Sogar die Tiere gehorchten ihm und fraßen ihm gleichsam aus der Hand. Ein Bär, der im Schutz der Nacht die karge Mahlzeit des Heiligen gestohlen hatte, mußte zur Strafe Brennholz aus den nahen Wäldern herbeischleppen – ein Auftrag, dem er sich ohne Murren unterwarf... Daher der holztragende Bär im St. Gallener Wappen.

Der Ruf des Heiligen und Wundertäters erreichte auch den Alemannenherzog Gunzo, dessen Tochter vom bösen Geist befallen war. Nachdem zwei Bischöfe vergebens versucht hatten, das verstörte Mädchen zu heilen, wurde der glaubensmächtige Gallus gerufen. Der kam, sah und befreite die junge Dame durch inständiges Beten von ihren Halluzinationen, gewann damit auch die Gunst des Herzogs und erfreute sich fortan dessen tatkräftiger Unterstützung.

Historisch erwiesen ist, daß der in Überlingen residierende Herzog dem heiligen Mann schon kurz nach seiner Übersiedlung ins Steinachtal den Bischofsstuhl von Konstanz anbot. Gallus lehnte jedoch ab und ließ seinen Schüler Johannes zum Oberhirten des verwaisten Bistums wählen. Er selbst zog sich wieder in seine Klause zurück und lebte dort, unter Verzicht auf weltliche und geistige Ehren, noch Jahrzehnte unter seinen Klosterbrüdern.

Nur einmal noch verließ er seine Zelle: als die Gemeinde von Arbon ihn bat, ihr ein letztes Mal das Wort Gottes zu predigen. Trotz seiner fünfundneunzig Jahre machte sich Gallus auf den Weg, den Wunsch zu erfüllen. Betend und singend verbrachte der Patriarch zwei Tage mit den von weit her zusammengeströmten Gläubigen. Dann ergriff ihn ein heftiges Fieber, und eine Woche später verschied er, nach der kirchlichen Überlieferung im Jahre 645.

Der Erfolg, der Kolumban versagt geblieben war, stellte sich nun gewissermaßen von selbst ein. Die Jünger des Gallus, bald über zahlreiche Neugründungen im Lande verstreut, setzten seine Arbeit fort, und ihrem Fleiß und ihrer Gottesfurcht eignete eine stärkere Überzeugungskraft als den gewaltsamen Bekehrungsversuchen des zornigen Iren.

»Es ist leicht verständlich«, heißt es bei Christopher Dawson, »daß diese Bewegung auf die Landbevölkerung großen Einfluß ausgeübt hat. Sie war wesentlich ländlich, vermied die Städte und suchte die wildesten Wald- und Gebirgsgebiete auf. Weit mehr als die Predigten der Bischöfe und Priester der entfernten Städte hat das Auftreten dieser schwarzgekleideten Asketen den bäuerlichen Geist von der Ankunft einer neuen Macht überzeugt, stärker als alle Naturgeister der alten Bauernreligion. Außerdem waren die irischen Mönche selbst Landleute, mit einem tiefen Gefühl für die Natur und ihre Wildheit.«

»Zwar war das Ideal auch der keltischen Mönche letztlich die Wüste; sie liebten die Wälder und noch mehr unbewohnte, unzugängliche Inseln... Aber die mönchischen Siedler mußten notwendigerweise Bauernarbeit verrichten, die Wälder lichten und den Boden pflügen. Die Lebensbeschreibungen der mönchischen Heiligen aus der Merowingerzeit sind von Achtung für solche landwirtschaftlichen Bemühungen erfüllt; denn sie haben die Wälder gerodet und das seit der Zeit der Wanderungen brachliegende Land dem Ackerbau zurückgegeben.«

»Diesen Männern verdankt das Landvolk seine Bekehrung, denn sie standen der bäuerlichen Gesittung nah genug, um sie mit dem Geist der neuen Religion durchtränken zu können. Durch sie wurde die den Naturgeistern gezollte Verehrung auf die Heiligen übertragen. Die heiligen Quellen, die heiligen Bäume und Steine wurden der Verehrung des Volkes erhalten, aber sie wurden neuen Mächten geweiht und mit neuen Gedankengängen verknüpft.«

So war spätestens um 700 das Gebiet des heutigen Südweststaates dem Evangelium zum größten Teil erobert. Der Bau der Kirche stand, obwohl das organisatorische Dach noch fehlte. Auch Alemannien durfte fortan, bis auf einige entlegene Landstriche im Allgäu, als christlich gelten.

Ihren poetischen Niederschlag hat die Missionierungszeit in den zahlreichen Legenden gefunden, die eine spätere Zeit um das Leben der Heiligen wob. Das 19. Jahrhundert hat diese Heiligenviten kaum eines Blickes gewürdigt. Der heutige Historiker weiß, daß sie bei aller Naivität und Wunderseligkeit doch auch manches

Tatsachenmaterial enthalten. Wichtiger für ihn ist allerdings, daß nach Beendigung der Christianisierung auch in Alemannien die zeitgenössischen schriftlichen Quellen nach dreihundertjähriger Dürre wieder zu rieseln beginnen. Dazu kommen zahlreiche sozusagen »amtliche« Schriftstücke, meist Schenkungsurkunden, wie die älteste württembergische Urkunde überhaupt, die – 708 in Cannstatt ausgestellt – die Überschreibung des Ortes Biberburg am Neckar an das Kloster St. Gallen bestätigt.

Am stärksten aber wird der Erfolg der Missionierung in der 716 bis 719 überarbeiteten Fassung des alemannischen Gesetzbuches sichtbar, das nun nicht mehr der *Pactus,* sondern die *Lex Alemannorum* heißt. Dieser neue Schuld- und Sühnekatalog, der noch Jahrhunderte für die Rechtsprechung verbindlich war und daher immer wieder abgeschrieben wurde, liegt in 53 Handschriften vor, von denen Paris 14, München und der Vatikan je 5, Wolfenbüttel und St. Gallen je 4 besitzen. Aber auch Stuttgart hütet einen solchen Codex – eine Handschrift, die im 9./10. Jahrhundert entstand, bis zur Säkularisation im Kloster Weißenau bei Ravensburg verwahrt und, als sie 1855 im Handel auftauchte, von der Württembergischen Landesbibliothek erworben wurde.

Dieses Gesetzbuch läßt die Bedeutung, die die Kirche im 7. Jahrhundert gewonnen hatte, deutlich erkennen. Während der um 600 verfaßte *Pactus* sie nur beiläufig erwähnt, beschäftigen sich von den 100 Paragraphen der *Lex* 23 Titel allein mit ihrer Stellung. Nach den neuen Bestimmungen wurden Eide in religiösen Angelegenheiten nicht mehr auf die Waffe, sondern am Altar geschworen. Wollte ein freier Alemanne Besitz und Vermögen der Kirche vermachen, so hatte fortan nicht einmal mehr der Herzog das Recht, Einspruch zu erheben. Suchte ein Verfolgter Zuflucht in einem Gotteshaus, war er der weltlichen Gewalt entzogen. Feldarbeit am Feiertag wurde unter Strafe gestellt.

Und fast schon drohend heißt es: »Kirchengut ohne Urkunde zu besitzen, unterfange sich keiner von den Laien; und wenn er die Urkunde nicht vorweist, daß er es von einem Kirchenhirten erworben habe, stehe der Besitz der Kirche zu.«

Man spürt: hier ist eine Organisation, die ihre Ansprüche vornehmlich anmeldet. Die Kirche ist eine öffentliche Einrichtung geworden, die bereits mit den weltlichen Instanzen konkurriert. Sie hat ihre Macht etabliert. Ihr Einfluß beginnt das gesamte Leben einschließlich der Rechtsprechung zu durchdringen.

Auch in den archäologischen Befunden zeichnet sich die Christianisierung sichtbar ab. Bis ins 7. Jahrhundert dominieren auf Waffen und Schmucksachen die Symbole der heidnischen Unheilabwehr: Schlangen, Tierornamente und Fabelungeheuer. Dann aber begegnet man mehr und mehr christlichen Darstellungen: Tauben, Reben und Lebensbäumen. Die sinnfälligsten Zeugen sind jedoch die berühmten Goldblattkreuze, von denen nördlich der Alpen bisher etwa fünfzig gefunden wurden: »aus dünnem Goldblech geschnittene gleicharmige griechische Kreuze«, die dem alemannischen Raum vor allem durch die Langobarden vermittelt wurden.

Auch die Texte auf den Werkstücken der Schmuckkünstler lassen diese Ablösung erkennen. Bis ins frühe 7. Jahrhundert bedienten sie sich der germanischen Runen (die in Skandinavien noch gut vierhundert Jahre weiterlebten). Mit dem unentwegten Fortschreiten der Missionierung aber räumten die heidnischen Schriftzeichen vor den lateinischen Buchstaben das Feld. Auch die Texte selbst wurden dann mehr und mehr dem christlichen Zitatenschatz entnommen. So ist in das Silberband von Weilstetten, das »bedeutendste Denkmal frühen Christentums bei den Alemannen«, der 11. Vers des 91. Psalms eingraviert: *angelis suis mandavit de te ut custodiant te in omnibus viis* – in Luthers herzhaftem Bibeldeutsch: »Denn er hat seinen Engeln befohlen über dir, daß sie dich behüten auf allen deinen Wegen.«

Von den Kirchen der Missionszeit in Alemannien ist bisher nur wenig bekannt. Nach Paret sprechen mancherlei Anzeichen dafür, daß an den fränkischen Königshöfen im Norden des alemannischen Siedlungsgebietes schon im 6. Jahrhundert kleine Kapellen errichtet wurden. Südlich der Grenze von 496 wird man den Beginn des Kirchenbaues jedoch mindestens hundert Jahre später ansetzen müssen, und selbst dann hat es noch einige Zeit gedauert, bis er über die Adelssitze und Thingstätten hinaus die entlegeneren Siedlungen erreichte.

Der Cannstatter Thingplatz auf der Steig trug eine dieser frühen Kirchen. Sie war dem fränkischen Nationalheros Martin von Tours geweiht und lag wahrscheinlich inmitten der Ruinen des römischen Kastellgeländes. Auch die in karolingischer Zeit entstandene Uffkirche in Cannstatt ging aus römischen Trümmern hervor, ebenso das alemannische Kirchlein von Stuttgart-Münster, für dessen Bau ein römisches Gehöft die notwendigen Steine lieferte. Weitere Kirchen der Christianisierungszeit sind in Bregenz und Burgfelden nachgewiesen. Von all diesen Bauten ist jedoch nichts erhalten.

Nur in Füssen im Allgäu – dem Alemannengau – glaubt man in der Krypta der Pfarrkirche die Kapelle wiedergefunden zu haben, die der heilige Magnus dort baute. Bei Restaurationsarbeiten im Jahre

1950 entdeckte man in der nördlichen Kryptawand »ein vorher vermauertes Rundfensterchen«, das wahrscheinlich die Verbindung zu der Zelle des Einsiedlers herstellte. Von dieser Zelle auf dem felsigen Hochufer des Lech aus hat der heilige Mang – wie man ihn heute nennt – das Allgäu missioniert, das als letzter Landstrich Alemanniens sich dem Christentum erschloß. St. Mang ist freilich schon eine Gestalt des 8. Jahrhunderts, und als er 750 hochbetagt starb, gab es bereits kein alemannisches Herzogtum mehr.

Der politische Niedergang Alemanniens begann mit dem Erstarken der Hausmeier. Der Sieg von Tertry 687 hatte den Mittleren Pippin zum unbestrittenen Herrscher des Frankenreiches gemacht. Systematisch ging der energische, stets auf Wahrung seiner Macht bedachte Majordomus nun daran, sich auch in den Grenzprovinzen den gehörigen Respekt zu verschaffen.

Zwischen 709 und 712 drang er mehrfach mit einer starken Truppenmacht in Alemannien ein. Aus verschiedenen Quellen geht eindeutig hervor, daß er diese Kriege nicht mit Samthandschuhen führte. Er hinterließ weite Gebiete »verbrannter Erde«, entführte zahlreiche Gefangene, darunter Frauen, die sich vor den sengenden Franken in Kirchen versteckt hatten, und kehrte beutebeladen heim.

Seine Feldzüge betrafen vor allem das Bodenseegebiet, dessen Herzog gezwungen wurde, außer Landes zu gehen. Die herzoglichen Besitzungen wurden requiriert und als Königsgut dem fränkischen Fiskus zugeschlagen.

Zwei Jahre später starb Pippin. Sein Sohn Karl – bekannt unter dem Namen Martell, das heißt: der Hammer – setzte den Kampf mit den alemannischen Herzögen fort, die sich den Legitimitätsansprüchen des Hausmeier weiterhin versagten. Gleichzeitig versuchte er jedoch, den Krieg auch mit anderen als militärischen Mitteln zu führen. So leitete er jene planmäßige Neuordnung der rechtsrheinischen Gebiete ein, durch die er außer den Alemannen auch die Bayern, Thüringer und Hessen stärker an das Frankenreich zu binden suchte.

Er trachtete dieses Ziel vor allem durch eine Reform der Kirche zu erreichen. Sein Programm, dessen Hauptakteur der Angelsachse Winfried Bonifatius wurde, war ebenso klar wie einsichtig: die alten Bistümer sollten reorganisiert, neue gegründet, ihre Grenzen eindeutig festgelegt, Moral und Ausbildung der Geistlichkeit gehoben, die Reste des Heidentums ausgetilgt werden – und die so geschaffene neue Kirche als Arm der Staatsgewalt fungieren.

Für die alemannischen Herzogtümer übernahm der Bischof Pirmin die Aufgabe, diese Pläne zu verwirklichen. Wahrscheinlich im westgotischen Spanien geboren, hatte er als Oberhirte von Meaux (bei Paris) das Vertrauen des mächtigen Hausmeiers erworben. Er war ein Mann aus hartem Holz, der häufig aneckte, zweifellos aber ein tüchtiger Organisator, der viele Klöster gründete und seine Jünger zu begeistern verstand, allem Anschein nach auch ein mitreißender Prediger und gewiegter Volksmann, dessen *Scarapsus* genanntes Missionshandbuch eine Art Vademecum der damaligen Bekehrer und Erwecker war.

Am 25. April 724 stellte Karl Martell in der Pfalz Jopilla an der Maas jene berühmte Urkunde aus, in der er den alemannischen Herzog Lantfried und den fränkischen Grafen Bertoald anwies, dem Bischof Pirmin die Insel Sintleozesau im Bodensee – die heutige Reichenau – sowie eine Reihe von Dörfern aus dem Königsgut Bodman zu übereignen.

Die Legende hat auch die Gründung des Klosters Reichenau – das bereits hundert Jahre später der kulturelle Mittelpunkt des Bodenseeraumes war – mit mancherlei symbolischer Zutat ausgeschmückt. Die Insel war bis dahin, wie die Pirmin-Vita berichtet, von Schlangen, Kröten und anderem niedrigen Getier bewohnt, und kein Mensch hatte dort je gesiedelt. Kaum aber hatte der Mann Gottes seinen Fuß auf das Eiland gesetzt, verließen »Scharen der giftigen Tiere und Würmer, wie von widerwärtiger Kraft bezwungen, flüchtig die Insel. – »Wo vormals ›die Löcher und Höhlen‹ der unmenschlichen ... Würmer waren«, entstand mit Hilfe von Hauen, Hacken und Schaufeln »in kurzer Zeit ein wundersamer Platz und eine geschickte Wohnung der Menschen«.

Gar so glücklich, wie die Legende behauptet, verlief Pirmins Unternehmen allerdings nicht. Die Herzöge Lantfried und Theutbald und der alemannische Bischof Audoin erkannten sehr bald, daß das Inselkloster ein Stützpunkt der fränkischen Macht am Bodensee war und bereiteten dem Vertrauensmann Martells so viel Schwierigkeiten, daß er nach drei Jahren das Feld räumte. Enttäuscht verließ Pirmin das ungastliche Land, gründete in den Vogesen das Kloster Mürbach und starb 753 vergessen und verbittert als Abt des Klosters Bornbach in der Pfalz.

Pirmins Niederlassung auf der Reichenau blieb bestehen, wurde aber weiter als ein »Pfahl im Fleische Alemanniens« empfunden. Als die beiden Herzöge 730 erneut rebellierten, jagten sie jedenfalls auch seinen Nachfolger Eddo aus dem Land. Die Franken, die eigentlich gerade gegen die Sachsen marschieren wollten, fielen erneut in Alemannien ein. Noch während des Feldzuges starb Herzog Lantfried. Sein Bruder Theutbald – seiner ganzen Rolle nach ein heißblütiger und unversöhnlicher Kämpe – setzte den Widerstand fort, mußte sich aber nach dem endgültigen Verlust des Bodenseeraumes in das alemannische Kernland zwischen Neckar und Donau zurückziehen. Dort wartete er auf eine neue Gelegenheit zum Losschlagen.

Er sah seine Stunde gekommen, als nach dem Tod Martells im Jahre 741 allenthalben in den Grenzgebieten des Reiches die Völkerschaften sich wieder gegen die fränkische Macht erhoben. Karls Söhne Pippin und Karlmann, die jeder einen Teil des Reiches verwalteten, ließen sich aber nicht beirren. Nachdem sie gemeinsam das aufständische Aquitanien bezwungen hatten, wandten sie sich 742 gegen die brodelnden, von Herzog Theutbald aufgewiegelten Ostprovinzen. Der wich nach bewährter Manier einer offenen Schlacht aus und floh zu dem verbündeten Herzog Odilo von Bayern, der aber nach einer Niederlage am Lech die Flagge des Aufstands schleunigst einrollte. Theutbald setzte den Kampf auf eigene Faust fort und organisierte ein Jahr später einen blutigen Rachefeldzug gegen das Elsaß.

Dieses erneute Aufbegehren mag die beiden Hausmeier bewogen haben, die Alemannen nun mit äußerster Härte zur Räson zu bringen. Im Jahre 746 bestellten sie den alemannischen Adel zu einem Gerichtstag nach Cannstatt und ließen ihn, als er vollständig versammelt war, kurzerhand niederhauen.

Das »Blutbad von Cannstatt« wurde von den karolingerfeindlichen Historikern des Dritten Reiches meist mit dem Verdener Blutgericht des Jahres 782 in einem Atemzug genannt. Tatsache ist, daß hier wie dort die Rädelsführer eines aufsässigen Stammes von den Franken brutal niedergemetzelt wurden. Und es spricht vieles für die These des Amerikaners Richard Winston, daß das Cannstatter Ereignis in der fränkischen Geschichte »eine furchtbare Faszination« ausgeübt hat, der ein Menschenalter später auch der Große Karl erlag.

Der Urheber der Cannstatter Aktion, der Hausmeier Karlmann, zog sich noch im gleichen Jahr in ein Kloster zurück, um fortan in Buße und Entsagung zu leben. Auf einem Felsenberg nördlich Rom gründete er 747 das Kloster San Silvestro, in dem er 754 starb, seinen Bruder Pippin in der glücklichen Rolle des Alleinerben zurücklassend.

Herzog Theutbald, der dem Cannstatter Gerichtstag vorsichtigerweise ferngeblieben war, versuchte 748 noch einmal, die Alemannen gegen die Franken aufzuwiegeln, fiel aber in die Hand Pippins und starb 751 an einem unbekannten Platz Galliens.

Theutbalds Ende besiegelte das Schicksal des Landes. Alemannien wurde, wie wir heute sagen würden, in das Frankenreich integriert. An Stelle der Herzöge übernahmen fränkische Grafen die Macht, und die alemannischen Hundertschaften wurden zu Gauen zusammengefaßt, die ihre Namen – wie Glemsgau, Filsgau oder Neckargau – meist von Flüssen empfingen.

Die Neuordnung und der endgültige Anschluß an das Frankenreich sind den Alemannen aber gut bekommen. Als Durchgangsland zum Süden übernahm vor allem das Bodenseegebiet wichtige wirtschaftliche und verkehrstechnische Funktionen. Der überlebende alemannische Adel wurde bald wieder mit verantwortungsvollen Aufgaben betraut, nach dem Ende des Langobardenreiches besonders in Tirol und Oberitalien. Und als Karl der Große 771 seine erste Gemahlin, die langobardische Königstochter Desiderata, ihrem Vater zurückschickte, um die anmutige alemannische Prinzessin Hildigard zu heiraten, fand die Versöhnung der beiden Stämme auch für die Außenwelt ihre weithin sichtbare Dokumentation.

Im Stuttgarter Raum rief das Ende des Herzogtums Alemannien keine wesentlichen Veränderungen hervor. Der große wald- und weidebedeckte Talkessel blieb Bauernland wie zuvor. Zwar nahm die Bevölkerungszahl ständig zu, doch wuchsen die meisten Siedlungen über die Größe eines Weilers oder kleinen Dorfes einstweilen nicht hinaus.

Eine Ausnahme war Cannstatt. Hier in der alten römischen Niederlassung, deren Kastellmauern längst von Gras und Gestrüpp überwachsen waren, liefen die Straßen zusammen, auf denen die Händler das Neckartal erreichten. An Markttagen strömten auch die Bauern von weither zusammen, kräftige, hochgewachsene Gestalten in ihren einfachen Leinengewändern, die sich ebenfalls seit undenklichen Zeiten nicht verändert hatten. Der Grundbesitz lag weiterhin zum größten Teil in den Händen des Adels, das heißt: jener großen, reichen und einflußreichen Familien, die auch nach dem Cannstatter Blutbad die Geschicke des Landes bestimmten.

Oskar Paret hat versucht, der Geschichte dieser Familien nachzugehen, und ist dabei zu interessanten Ergebnissen gelangt. Der sogenannte Geograph von Ravenna, ein unbekannter Schriftsteller des 7. Jahrhunderts, berichtet von einem Turigobergo genannten rechtsrheinischen Ort, der nach seinen Angaben nur im Schwäbischen gelegen haben kann. Schon die ältere Forschung hat dieses

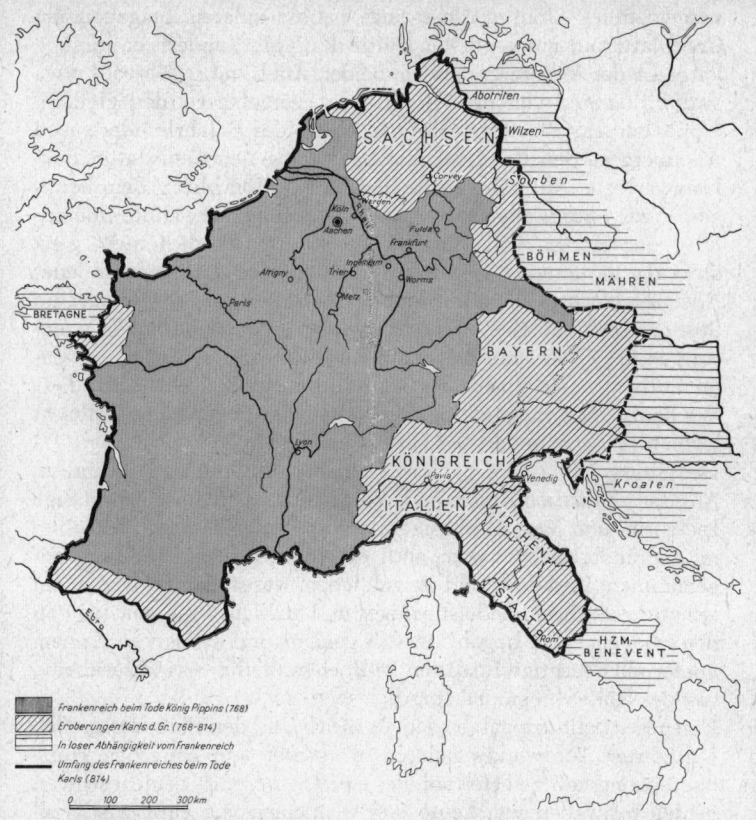

Frankenreich beim Tode König Pippins (768)
Eroberungen Karls d. Gr. (768-814)
In loser Abhängigkeit vom Frankenreich
Umfang des Frankenreiches beim Tode
Karls (814)

0   100   200   300km

*Entwicklung des Frankenreiches unter den Karolingern bis zum Tode
Karls des Großen*

Turigobergo mit gewichtigen Gründen als Türkheim identifiziert.
Da sich der Geograph von Ravenna ausdrücklich auf eine gotische
Landkarte des 5. Jahrhunderts bezieht, muß Türkheim also schon
in dieser Zeit eine wichtige Niederlassung gewesen sein – oder besser: ein bedeutender Adelssitz.
Die Bodenforschung hat diese Annahme bekräftigt. Im Jahre 1857
wurde auf dem Gipfel des Ailenberg das Grab eines vornehmen
Alemannen entdeckt, das sich durch seine Beigaben, unter anderem
eine goldene Gürtelschnalle, eindeutig ins 5. Jahrhundert datieren
ließ. Und 1789 wurde am Mönchberg bei Untertürkheim ein reich

ausgestattetes Grab geöffnet, das neben anderen Beigaben ein Goldblattkreuz aus der ersten Hälfte des 7. Jahrhunderts enthielt.

Paret ist der Meinung, daß die beiden Adelsgräber, obwohl etwa zwei Kilometer voneinander entfernt, Angehörige der gleichen Sippe bargen, die ihren Hof im Laufe des 6. Jahrhunderts von Ailenberg an den Rand des günstiger gelegenen Cannstatter Bekkens verlegte. Auf einer Höhe hinter dem Mönchberg, dem heutigen Wirtemberg, aber stand die 1083 erstmals erwähnte Stammburg der Herren von Wirtemberg. Es ist sicherlich nicht ganz abwegig, in diesen Herren von Wirtemberg die Nachkommen jenes Adelsgeschlechtes zu erblicken, das bereits im 5. Jahrhundert im Stuttgarter Raum lebte. »So reichen sich Vergangenheit und Gegenwart in der Geschichte dieses altschwäbischen Geschlechts und damit auch in der Geschichte des Groß-Stuttgarter Bodens die Hand.«

Wo heute die Hauptstadt des Südweststaates liegt, schlug vielleicht schon im 5. Jahrhundert das Herz Alemanniens.

Der Stuttgarter Raum hat sich seitdem von Grund auf geändert. Aus der idyllischen Acker- und Weidelandschaft wurde eine riesige Industrie- und Verwaltungsmetropole. Mit der Vielzahl der äußeren Veränderungen haben auch die Menschen andere Züge angenommen. Und doch sind sie geblieben, was sie immer waren: ein erfindungsreiches, handelstüchtiges und fleißiges Volk, mit Lust an der schönen Form begabt, in sich gekehrt und etwas versponnen, immer aber tüchtige Realisten, voll jener »heiligen Nüchternheit«, von der Hölderlin einmal sprach.

Einen Fernsehturm gab es damals nicht. Und den Platz des großen Stuttgarter Autowerkes nahmen die Äcker und einfachen Holzbauten eines adligen Herrenhofes ein. Trotzdem ist es nicht schwer, in den Schwaben von heute die Alemannen von einst wiederzuerkennen.

Die Stadt Korbinians und die Missionierung Bajuwariens

Der »doppelköpfige Parnaß« · Der Bär, der das Saumroß fraß · Herzog Grimoalds Wohn- und Kommandohügel · Bojer, Markomannen, Bajuwaren · Ein Land, »gar lieblich anzusehen« · Die irische und die fränkische Mission · Eiserne Kreuze — und andere christliche Symbole · Korbinians Flucht und Ende · Stadt des Geistes und der Geistlichkeit · Der Domberg in Flammen · General Duverdiens »Kanonentest« · Das säkularisierte Freising

Freising gehört zu den Städten, die sich schon von fernher unvergeßlich in Szene setzen. Der Autofahrer, der München nordwärts in Richtung Landshut verläßt, sieht nach kurzer Fahrt zwei dicht beieinanderliegende Hügel aus dem flachen Isarmoos aufsteigen: den Freisinger Domberg mit den wuchtigen Zwillingstürmen der einstigen Bischofskirche und den berühmten Weihenstephan, den Olymp der bayerischen Braukunst... Dazwischen liegt die Stadt selbst, »die vornembste Statt in Oberbayern«, wie sie in der 1701 erschienenen Weningschen *Land-Beschreibung* genannt wurde.

Seitdem hat Freising, wie alle Städte dieser Welt, manches von seinem Adel und seiner einstigen Schönheit eingebüßt. Mauer und Tore verschwanden, zahlreiche Kirchen und Klöster wurden abgerissen, und die letzten hundertfünfzig Jahre hinterließen auch hier ihre sichtbaren Bausünden. Trotzdem ist es eine Stadt von unverwechselbarer Art geblieben, reich an Geschichte und Gelehrsamkeit, an Kunst und Architektur, an Frömmigkeit und Lebensfreude.

Ungezählte Besucher haben bereits das Lob Freisings gesungen. Seine Lage, seine Bauten und sein Bier werden seit Jahrhunderten gerühmt. Die schönste Liebeserklärung aber hat ihm Josef Hofmiller geschrieben, ein Wanderer und Städtebummler wie kein zweiter, der außer seinen Büchern und einem guten Tropfen nichts so schätzte wie die bemoosten alten Flecken und Residenzen zwischen Würzburg und Meran.

Sosehr es den Lehrer und Mehrer der Weisheit am alten bischöflichen Gymnasium von Freising immer wieder auf den Domberg zog, sosehr er auch dem Weihenstephan seine Reverenz erwies, am stärksten hatte es ihm doch das Freisinger Stadtbild als Ganzes angetan, dieses gleichsam atmende, kräftig durchblutete, organisch

gewordene Stadtbild mit seinen »einleuchtenden Längs- und Quer-
straßen, Plätzen, Gassen, Durchblicken, Ecken... Das fühlt auch,
wer zum erstenmal nach Freising kommt, mit wohltuender Klar-
heit: soviel auch im einzelnen im Wandel der Zeiten geändert worden sein mag, das eine, das Kostbarste ist im ganzen unzerstört;
der jahrhundertealte Zug der Hauptstraße.«

Aber auch aus der Nähe betrachtet, enthält die Stadt zwischen dem
»doppelköpfigen Parnaß« manche Kostbarkeit: die Pfarrkirche St.
Georg zum Beispiel, mit ihrem achtzig Meter hohen Turm, einem
charakteristischen Werk der bayerischen Spätrenaissance, die Münchener und die St.-Klara-Kapelle, die schlanke Mariensäule und
den marmornen Mohrenbrunnen, Patrizierbauten im Stil italieni-
scher Palazzi, gotische Giebel und barocke Domherrenhäuser, Ro-
kokofassaden und klassizistische Bürgervillen, idyllische Gäßchen
und reizvolle Hinterhöfe, dazu, wie überall in Bayern, die Pracht
der Blumenarrangements an den Fenstern und Balkonen. Und wo
sonst gibt es einen Kinosaal mit Stukkaturen und Fresken, die kein
Geringerer als Hans Georg Asam schuf, der Vater der berühmten
Brüder Asam, in deren Werken der bayerische Barock seinen trium-
phalen Höhepunkt erreichte.

Trotzdem ist Freising kein Museum, sondern eine herzhafte, zu-
fassende und vitale Stadt, die mit ihren Traditionen zu leben versteht. Schon die Sprache hat einen altväterlichen, urbajuwarischen
Klang. Auf dem Stadtplan erscheinen Namen wie Ochsenbrück und
Rindermarkt, Kammerhof und Kochbäckergasse, Sondermüllerhof
und Kesselschmiedstraße. Die alten Freisinger heißen Stauden-
hecht und Waitzenböck, Freudenschuß und Hennenwadl, Sau-
schlegl und Krautwaschl. Und die Wirtshäuser nennen sich wie eh
und je Bräu- und Schoppenstuben... Und es gibt viele Bräu- und
Schoppenstuben in Freising, obwohl es immer eine sehr fromme
Stadt war, eine Stadt der Kirche und der kirchlichen Exerzitien.

Aber die spezifisch bayerische Frömmigkeit hat den Gegensatz von
Glauben und Leben von jeher negiert. Auch in Freising ist es von
der Andacht zur Ausgelassenheit immer nur ein Schritt gewesen.
Die Niederlassung der Mönche auf dem Weihenstephan – nach der
Weningschen *Topographie* »ein gesunder, freiluftiger Ort«, der
»vor fast allen Klöstern im Land den schönsten Prospect« hat – war
nicht nur jahrhundertelang eine Pflanzstätte benediktinischen Geistes, sie unterhielt auch eine Brauerei, die, schon 1146 erwähnt, als
das älteste Bierhaus der Welt gilt.

Das Herz Freisings aber schlägt auf dem Domberg, der mit seinen
Kirchen, Kreuzgängen, Sakristeien, Bibliotheken, Archiven und

Schulen, seiner »Residenz« und seinen Kanonikerhäusern bis heute das Bild eines mittelalterlichen Bischofshofes abgibt.

Den natürlichen Mittelpunkt bildet der Dom, die Mutterkirche des Bistums, deren Geschichte sich über zwölfhundert Jahre zurückverfolgen läßt. Die Fundamente der Türme, vielleicht auch der Ostteil der Krypta, zählen tausend Jahre. Die romanische Unterkirche und das Gehäuse der Kathedrale stammen aus der Zeit Barbarossas. Die Gotik schuf die Vorhalle und verschiedene Anbauten. Jörg Ganghofer, der Erbauer der Münchener Frauenkirche, wölbte die dreischiffige Pfeilerbasilika ein. Und die Brüder Asam schenkten ihr das kostbare Festgewand, der eine die Stukkaturen mit ihren Muscheln und Voluten, ihren Engelputten und Fruchtgirlanden, ihren Pfeilerkrönungen und Netzwerkgittern, der andere die schwelgerischen Fresken, eine Festmusik in Farben und optischen Akkorden, in der sich die schwellende Kraft der Barockkunst überschwenglich auslebt.

Die Asamschen Stukkaturen und Wandgemälde entstanden 1724, zur prunkvollen Jahrtausendfeier des »altersgrauen Tempels«, die in den Freisinger Annalen als der Gipfelpunkt der Stadt- und Bistumsgeschichte weiterlebt. Die Feier galt vor allem dem unvergessenen Patron des Domes, dem Missionar Korbinian, der, von Bayernherzog Grimoald ins Land gerufen, den Hof des Herzogs auf dem Domberg zum geistigen Zentrum Alt-Bayerns erhob.

Freising nennt sich bis heute die Stadt Korbinians. Der Dom birgt die sterblichen Reste des Apostels der Bayern. Und Cosmas Damian Asam hat die denkwürdigsten Szenen aus dem Leben des Heiligen in seinen Fresken verewigt.

Wer war dieser Mann, der hier im Herzen Bayerns eine Tradition begründete, die über zwölfhundert Jahre bis heute lebendig blieb?

Über seine Herkunft gehen die Meinungen auseinander. Piltrudis, die Gemahlin Grimoalds – die freilich einigen Grund hatte, dem Glaubensboten gram zu sein – schimpfte ihn einen »Brittonen«. Nach Wenings *Topographie* war er »ein geborener Franzoss«. Sein kolumbanisches Naturell läßt mehr an einen Iren denken, und wirklich spricht vieles dafür, daß seine Mutter Korbiniana keltischen Geblüts war. Sein Vater Waldekisus aber scheint ein romanisierter Franke gewesen zu sein. Zwei neuere Autoren, Abele und Lill, stellen Korbinian daher salomonisch als den Sproß einer gallofränkisch-irischen Familie vor.

Einigkeit herrscht darüber, daß er zwischen 670 und 680 in Melun oder Chartres bei Paris geboren wurde. Schon in früher Jugend, so berichten seine geistlichen Biographen, übte er sich mit Inbrunst in den christlichen Tugenden des Fastens, Singens und Betens. Kaum erwachsen, ging er in die Einsamkeit. Doch war ihm nicht vergönnt, ein Leben der Betrachtung zu führen.

Schnell erwarb er einen Ruf als Wundertäter, Heiliger und wortmächtiger Prediger. Außerdem wurde er Abt einer Klostergemeinschaft nach irischem Muster, die – dem Brauch der Zeit entsprechend – von den zahlreichen Pilgern mit Geschenken bedacht wurde. Auch Pippin von Heristal, der damalige Hausmeier, erbat Korbinians Fürbitte und schickte ihm als Dank durch eine »glänzende Gesandtschaft« wertvolle Präsente.

Gerade das »aber war es, was Korbinian befürchtete«, erfahren wir aus der 1727 erschienenen Freisingschen Geschichte des Benediktiners Meichelbeck, einer verspäteten Festgabe zur Jahrtausendfeier. »Er suchte die Einsamkeit und war hier auf den Leuchter gestellt; sein Streben war Demuth, und hier geriet er in Gefahr, auf eitle Ehre stolz zu werden; seine Lieblingstugend war Stillschweigen, und er sollte nun ein Prediger sein; er wollte durch Gebet und Andacht an seiner innern Heiligung arbeiten, und hier sollte er sich ganz für Andere hingeben.«

Nach vierzehnjährigem Klosterleben machte sich der Bekehrer also auf zu Papst Gregor II., schilderte ihm »seinen Abscheu vor zeitlichen Gütern und Ehren« und erbat für sich und seine Brüder die Erlaubnis, an einem stillen Flecken in der Umgebung Roms in frommer Entsagung zu leben. Gregor aber, von der Persönlichkeit und mitreißenden Beredsamkeit des Bittstellers offenbar stark beeindruckt, entschied anders. Korbinian solle Gott nicht in der Einsamkeit dienen, sondern helfen, die vielen noch immer in Finsternis lebenden Seelen zu erhellen. Korbinian war, wie die kirchlichen Chronisten versichern, von dem Bescheid schmerzlich betroffen, fügte sich jedoch dem Spruch des Heiligen Vaters und wurde, gewissermaßen im gleichen Atemzug, zum Bischof ernannt.

Seinem Auftrag getreu, zog er fortan als Wanderprediger durch seine Heimat und verkündete das Wort Gottes mit Leidenschaft. Nach siebenjähriger Erweckertätigkeit empfand er abermals den Wunsch nach Einsamkeit und Stille. Er beschloß, erneut nach Rom zu pilgern, machte aber, um seinen Bewunderern zu entgehen, einen Umweg durch Bayern und fand dort zu seiner großen Bestürzung noch zahlreiche Heiden vor; ja, auch die Getauften waren, wie er feststellte, im Christentum »nur mangelhaft unterrichtet«.

Trotzdem lehnte er ab, als er von dem in Regensburg residierenden Herzog Theodo II. aufgefordert wurde, als Missionsbischof in

Bayern zu bleiben. Auch Theodos Sohn Grimoald, der auf dem heutigen Domberg von Freising hofhielt, versuchte vergeblich, den heiligen Mann für die Christianisierung seiner Untertanen zu gewinnen. Der um sein eigenes Seelenheil besorgte Korbinian schüttelte den Staub Freisings bald wieder von den Füßen, wanderte innaufwärts und gelangte über den Brenner nach Mais in Tirol. Dort verrichtete er das originellste seiner Wunder, das zu.erwähnen kein Freisinger Chronist versäumt.

Es geschah nämlich, nach Meichelbecks altväterlich-ergötzlicher Beschreibung, daß ein Bär, »während Korbinian ... der nächtlichen Ruhe genoß, eines von Korbinians Saumrossen ... zerriß und aufzehrte. Am andern Tage berichtete Anserikus« – ein Gefährte des Heiligen – »den Vorfall ...« Korbinian darauf zu Anserikus: »›Sieh, da hast eine Peitschen, gehe hin und schmiere den Bären wackher ab und befilche ihm in Gottes Namen, daß er die Stell des gefällten Saum-Roß vertrette, und was jenes getragen, auf sich nehme!«

»Anserikus gehorchte dem heiligen Korbinian und züchtigte den wilden Bergbewohner auf verdiente Weise, lud dem Bären die Last des erwürgten Saumrosses auf, und geduldig zu Jedermanns Verwunderung versah er die Dienste des Lastthieres.«

»Die Stadt Freising aber wählte zum frommen Andenken an diese Wunderthat des heiligen Korbinian den bepackten Bären zum Stadtwappen.«

Nach einem ehrenvollen Empfang durch den Langobardenkönig Luitprand trug Korbinian seinen Wunsch erneut dem Papst vor. Der Apostelfürst war aber auch diesmal unzugänglich. Mit milden, doch bestimmten Worten sandte er den Wanderbischof erneut zurück, und zwar mit dem ausdrücklichen Befehl, die Botschaft der Kirche in Bajuwarien zu verbreiten.

Mißmutig lenkte Korbinian seine Schritte wieder nordwärts. Aber schon in Mais bei Meran erwartete ihn ein Reitertrupp Grimoalds, um ihn unverzüglich nach Freising zu geleiten. »Solches Verlangen trug der Herzog, den Korbinian zum Glaubensboten für seinen Landesantheil zu gewinnen, denn an eifrigen Predigern und an tauglichen Männern für die bischöfliche Würde fehlte es damals am meisten in Bayern, wo ... das Volk, erst kurz zum Christenthume bekehrt, immer noch viel Heidnisches an sich hatte.«

Mit heutigen Worten: Grimoald hatte – genau wie Papst Gregor II. – die außergewöhnlichen Fähigkeiten Korbinians erkannt und suchte sich des berühmten Bischofs mit allen Mitteln zu versichern. Fraglos wird man sich den Korbinian dieser Jahre nicht als einen ambulanten Heilsbringer vorstellen dürfen, sondern als einen erfahrenen und klugen Kirchenmann, dessen Autorität auch die weltlichen Gewalten respektierten. Furchtlosigkeit, missionarische Leidenschaft und die Gabe, die abstrakten Begriffe der christlichen Gebote und Verkündungen in die Sprache des Volkes zu übersetzen, sicherten ihm überdies die von den Chronisten immer wieder hervorgehobene Wirkung »nach unten«.

Man schrieb das Jahr 724, als Korbinian mit dem herzoglichen Geleit am Hofe Grimoalds eintraf. Der Aufstieg Freisings zu Alt-Bayerns geistlicher Hauptstadt begann.

Ein mittelalterlicher Wortklauber nennt Freising einen Ort der Frei-Singer. Daher auch der spaßige Satz des Abraham a Santa Clara: »Es ist eine Stadt in Bayern, die heißt Freising, da kehren die Musikanten ein.«

Die moderne Sprachwissenschaft hat eine bessere Erklärung zur Hand. Danach geht der Name Freising auf das Wort Frigisinga zurück, das heißt: Siedlung eines Mannes namens Frigis (oder ähnlich). Leben und Taten dieses Frigis sind nicht überliefert. Jedenfalls war er einer jener Bajuwaren, die zu Beginn des 6. Jahrhunderts das Land zwischen Inn und Donau okkupierten. Vermutlich Sippenoberhaupt und Führer einer Hundertschaft, fiel ihm bei der Auslosung des herrenlosen Besitzes das Gelände zwischen Isar und Amper zu – eine längst kultivierte Flur, wie die Sprachforschung ebenfalls bewiesen hat; denn aus den Ortsnamen der Landnahmezeit geht klar hervor, daß die Einwanderer Weiden und Äcker zur Genüge vorfanden.

Auch um Freising wird eine vorbayerische Siedlung bestanden haben, zumindest das Gehöft eines romanischen oder romanisierten Bauern. Beweiskräftige Funde stehen allerdings noch aus. Bis auf eine Opfergrube in der nahen Garchinger Heide und die spärlichen Reste einer Villa in Bruckberg hat man bisher nur geringfügige Spuren provinzialrömischen Lebens entdeckt. Reichlicher sind in den lokalen Museen und Privatsammlungen Latène- und Hallstatt-Erzeugnisse vertreten: Tonware der keltischen Vindeliker vor allem, deren Hauptort Manching bei Ingolstadt lag.

Keine der vorbayerischen Niederlassungen im Weichbild von Freising ist aber über die Größe eines Weilers hinausgewachsen. Daran dürfte sich auch in den ersten Jahrzehnten nach der bajuwarischen Einwanderung kaum etwas geändert haben. Wahrscheinlich ist die Pfalz der Agilolfinger, des ersten bayerischen Herzoggeschlechtes, erst um die Wende des 6./7. Jahrhunderts entstanden, und zwar nicht auf dem Domberg, sondern auf dem Weihenstephan.

Das lokale Sagengut beschäftigt sich jedenfalls weit mehr mit dem Freisinger Bierbrauerberg als mit dem *mons doctus* der Bischöfe. Es heißt, daß der Frankenkönig Pippin auf dem Weihenstephan residiert habe, »nachdem Er vor die Hayden daraus vertrieben«. Und in einer Mühle unweit Freisings soll Pippins Sohn Karl – der spätere Karl der Große – als Frucht eines königlichen Jagdausfluges zur Welt gekommen sein.

Die Historiker glauben, daß sich in diesen und anderen Geschichten die Erinnerung an Kriegszüge niedergeschlagen habe, die mit der Eroberung der (lateinisch *Tetmons* genannten) Höhe durch die Franken endeten. Vielleicht ist die Zerstörung der Pfalz auf dem Weihenstephan dann der Grund gewesen, eine neue Residenz auf dem Domberg anzulegen.

Das Bild des herzoglichen Wohn- und Kommandohügels zur Zeit Korbinians läßt sich aus den vorliegenden Quellen mit einiger Vorsicht rekonstruieren. Bischof Arbeos Korbinian-Vita, die bereits wenige Jahrzehnte nach dem Tod des ersten Freisinger Oberhirten niedergeschrieben wurde, nennt die Siedlung ausdrücklich einen öffentlichen Platz – *locus publicus, villa publica* oder auch *castrum publicum*. Es geht daraus hervor, daß das damalige Freising nicht nur der herzoglichen Hofhaltung, sondern auch »der Abhaltung von Landtagen und Hofgerichten« diente.

Trotzdem war es nur eine recht bescheidene Siedlung. Die Landtage und Rechtsversammlungen fanden – wahrscheinlich auf dem Weihenstephan – unter freiem Himmel statt. Im heutigen Stadtbereich werden lediglich die Hütten einiger Händler und Handwerker gestanden haben, die die ertragverheißende Nähe der Residenz angelockt hatte. Mittelpunkt der herzoglichen Pfalz auf dem Domberg war ein großes hölzernes Herrenhaus, das mit seinen Stallungen und Gesindehäusern von Wall und Palisade umgeben war. Die Gesamtanlage ähnelte mehr einem ländlichen Adelssitz als einem Fürstenhof, von einer befestigten Stadt ganz zu schweigen.

Schon aber läutete auf dem Domberg, wie Arbeo berichtet, die Glocke einer Kirche, und zwar der Pfalzkapelle, die, wie meist, der Muttergottes geweiht war. Eine zweite Kirche lag auf dem Weihenstephan und trug den Namen des heiligen Stephan.

Korbinian fand den Boden, den er beackern sollte, also schon bearbeitet – nicht nur, daß sich die Herzöge und Herren der Bajuwaren längst zum Christentum bekannten, sein Protektor Grimoald war offenbar entschlossen, auch den letzten seiner Untertanen für die Botschaft des Evangeliums zu gewinnen.

Wer aber waren diese Bajuwaren? Woher kamen sie, wie lebten sie, welche Macht und Bedeutung hatte ihr Herrscherhaus? Und schließlich: Wie hielten sie es mit der Religion?

Man hat die Bayern die Findelkinder der Völkerwanderungszeit genannt. Tatsächlich ist bis heute ungeklärt, wo die Wiege dieses kraftvollsten und eigenartigsten deutschen Stammes stand. Geschichtsschreibung, Sprachwissenschaft und Bodenforschung haben zwar eine Reihe scharfsinniger Beiträge zur Frage der bajuwarischen Herkunft geleistet, doch ist der mit mancherlei Polemiken gewürzte Streit noch keineswegs ausgetragen.

Kaspar Zeuss, der Begründer der keltischen Philologie in Deutschland, hat 1837 die »Bajuwaren« oder »Bajari« als »Leute aus Bajaheim« identifiziert und »Bajaheim« mit Böhmen gleichgesetzt. Doch ist dieses »Bajaheim« auch am Unterlauf der Elbe, in der Gegend von Hamburg, gesucht worden. Ludwig Schmidt, Verfasser der voluminösen *Geschichte der deutschen Stämme,* führt den Namen der Bayern auf den der keltischen Bojer zurück, die vor den Markomannen im böhmischen Kessel siedelten. Da aber zwischen den böhmischen Markomannen und den Ur-Bajuwaren keine engeren Beziehungen nachzuweisen sind, spricht er ungarische Markomannenstämme als Stammväter der nachmaligen Bayern an. In seiner *Geschichte Baierns* plädiert auch Riezler für die markomannische Ahnenschaft, doch glaubt er erhebliche Beimischungen von suebischem und illyrischem Blut feststellen zu können.

Dabei ist es im wesentlichen geblieben. Die heute vorherrschende Meinung besagt, daß die Markomannen nach ihrem rätselhaften Verschwinden aus der Geschichte – das etwa mit dem Auftreten der Hunnen zusammenfällt – als Bajuwaren auf die historische Szene zurückkehrten. Daß sie zuvor suebisches und illyrisches Erbgut, vielleicht auch langobardische und rugische Elemente in sich aufnahmen, wird kaum mehr bezweifelt, schon weil diese Einschüsse gewisse »östliche« Züge des bayerischen Volkscharakters erklären.

Dieses seltsame Mischvolk – nach Hubensteiner »ein Bauernvolk, gutmütig und jähzornig, sinnenfroh und aufwenderisch, eigensinnig und beharrend« – tritt nun mit einer gewissen Plötzlichkeit in den Kerngebieten des heutigen Bayern auf. Seine erste urkundliche Erwähnung verdankt es der um 550 beendeten *Gotengeschichte* des Jordanis, in der die Bajuwaren als Nachbarn der Schwaben vorgestellt werden. Da Jordanis wesentliche Teile seines Werkes von Cassiodor, dem am Hofe Theoderichs des Großen lebenden römischen Gelehrten, entlehnt hat, wird man die bayerische Landnahme unbedenklich einige Jahrzehnte früher ansetzen dürfen. Klosterbrüder des frühen Mittelalters verlegen den Beginn der großen Wanderung in das Jahr 508. Vielleicht liegt diesem Termin eine uralte mündliche Überlieferung zugrunde.

Den Weg der Einwanderer hat vor allem die Sprachwissenschaft ausgekundschaftet. Er wird durch die vielgenannten und überaus zahlreichen bayerischen ...ing-Orte markiert, in denen wie in Freising die Namen der Sippenältesten weiterleben. Eine Karte dieser Plätze grenzt das urbajuwarische Siedlungsgebiet deutlich ein. Es umschloß im heutigen Oberösterreich das Land von der Aschach bis zur Traun, reichte im Norden bis zur Donau, im Westen bis zum Lech, im Süden bis zum Inn. Allerdings griff es bald über den Inn hinaus, so daß es sich schon um 600 über Bozen und Meran bis in das Vorfeld von Trient erstreckte.

Die Einwanderer, die offenbar nicht auf Widerstand stießen, konnten ihren Landhunger vollauf befriedigen, doch strömten sie keineswegs in eine menschenleere Provinz ein. Trotz mannigfachen Zerstörungen hatten sich in den mauerumwehrten alten Römerstädten wie Lorch und Salzburg, Passau und Straubing, Regensburg und Augsburg die Reste der romanischen Bevölkerung zäh behauptet. Ebenso hatten zahlreiche keltoromanische Bauern, wenn auch verarmt und ausgepowert, die Schrecken des anarchischen 5. Jahrhunderts überlebt.

Die Spuren der zurückgebliebenen Romanen – der »Walchen«, wie sie in Bajuwarien hießen – sind wie an Rhein und Donau noch über eine weite Strecke zu verfolgen. In den Salzburger Urkunden des 8. Jahrhunderts verweist zum Beispiel jeder dritte Name auf romanische Abkunft. In Tirol gab es in dieser Zeit mehr Walchen als Bayern; und in den Seitentälern hausten die Breonen, »wie einst zur Zeit des Horaz«.

Diese Provinzialrömer waren in der Bevölkerungsstruktur des frühmittelalterlichen Bayern ein wichtiges Element. In der kirchlichen Hierarchie gaben sie bis in die karolingische Zeit den Ton an – nicht zuletzt in Freising. In den Städten bildeten sie das Gros der Handwerkerschaft. An der Donau und in Tirol lehrten sie den Anbau der Reben, im Gebirge die Almwirtschaft, in Reichenhall und Hallein die Salzgewinnung. Nur »auf dem flachen Lande« gingen sie bald im Troß der Hörigen und Halbfreien auf. Auch biologisch scheinen sie hier der Vitalität der neuen Herren in kurzer Zeit erlegen zu sein.

Überhaupt waren die Bajuwaren, um noch einmal Hubensteiner zu zitieren, »nicht nur zahlenmäßig, sondern auch in der unverbrauchten Kraft ihres Blutes« und in ihrem menschlichen Eigenwuchs die stärkeren. »Höchstens daß im ganzen Volkscharakter ein Stück keltischer Phantasie und Formenfreude, ein Stück keltischer Lust am Auftrumpfen, Rangeln und Raufen zurückgeblieben ist. Eine Statistik dieses germanisch-romanischen Mischverhältnisses wird sich freilich nie erstellen lassen. Aber zuerst die ostgermanische Blutbeimischung aus der Wanderzeit, jetzt die keltisch-romanische im Süddonauland: sie genügt, Eigenart und Eigenwillen bayerischen Volkstums wenn nicht zu begründen, so doch zu erklären.«

Die Einschmelzung der romanischen Bevölkerungsreste war nicht zuletzt das Ergebnis einer ruhigen und stetigen Entwicklung, die über zweihundert Jahre den Pulsschlag des Lebens bestimmte. Dabei barg die Ausgangssituation allerlei Gefahren.
Nördlich der Donau siedelten die Thüringer und übten einen ständigen Druck auf die alte römische Reichsgrenze aus. Im Westen leisteten die Alemannen, die in der Mitte des 5. Jahrhunderts unter ihrem König Gibuld über Straubing und Passau vorgedrungen waren, der bayerischen Expansion zähen Widerstand. Und von Ungarn und Niederösterreich her bedrohten die asiatischen Awaren das locker gefügte Staatsgebilde. Dazu kam, daß sowohl das fränkische als auch das ostgotische Reich die alten römischen Provinzen Noricum und Rätien als Interessengebiet betrachteten.
Die Geschichte machte es den Bayern allerdings leicht, sich zu entscheiden. Als die Franken 531 unter Theudebert – zu einer Zeit, da der Staat Theoderichs bereits zu wanken begann – das Herzogtum Thüringen zerschlugen und damit Anrainer der Bajuwaren wurden, waren die Würfel ohnehin gefallen. Die Bayern taten das Klügste, was in dieser Stunde zu tun war. Sie verständigten sich mit dem Sieger und erkannten dessen Führungsanspruch an. Die Franken honorierten diese Haltung, indem sie großmütig auf die Zahlung von Tributen verzichteten. Auch scheinen sie den Bajuwaren das Recht der freien Herzogwahl zugestanden zu haben – ein reichlich abstraktes Recht allerdings, denn der Herzogtitel war im Haus der Agilolfinger sowieso erblich.
Das zweihundert Jahre später, vermutlich 743–748, aufgezeichnete *Bayernrecht* hat die Rechte und Pflichten der Herzöge genau paragraphiert. Der alte Herzog brauchte zum Beispiel seinen Sohn so lange nicht zum Mitregenten zu ernennen, wie er selbst fähig war, sein Richteramt auszuüben, das Pferd »mannhaft zu besteigen« und kräftig die Waffen zu führen. War der Sohn dennoch »so übermütig oder töricht«, daß er seinen Vater mit Gewalt abzusetzen

trachtete, so wurde er von der Erbfolge ausgeschlossen. Das Wergeld für die herzogliche Familie betrug das Vierfache, das für den Regenten das Sechsfache des Normalbetrages. Ihm nach dem Leben zu trachten, galt als Kapitalverbrechen und wurde mit dem Tod und der Einziehung des Vermögens bestraft.

Die Residenz der Herzöge war die alte römische Festung Regensburg, die den Bajuwaren nahezu unversehrt in die Hände gefallen war; nach der Emmeran-Vita des Bischofs Arbeo von Freising eine uneinnehmbare Stadt, »aus Quadern erbaut, mit hochragenden Türmen, und mit Brunnen reichlich versehen«.

Schon um 555 begegnet man dem ersten urkundlich erwähnten bayerischen Herzog. Er hieß Garibald und war mit Walderada, einer Tochter des Langobardenkönigs Wacho, vermählt. Garibalds Tochter Theodelinde heiratete den Langobardenkönig Authari, dessen Brautfahrt Paulus Diakonus in seiner *Geschichte der Langobarden* beschrieben hat.

Authari scheint ein vorsichtiger Mann gewesen zu sein, der seine künftige Ehehälfte nicht wie eine Katze im Sack zu kaufen gedachte. Also ritt er inkognito in der Gesandtschaft mit, die seine Werbung überbrachte. Erst auf dem Heimweg – nachdem die Prinzessin sein Gefallen gefunden hatte – gab er sich zu erkennen.

In der Nähe der Grenze »richtete sich Authari, sosehr er konnte, auf dem Pferde auf und stieß mit aller Macht die Streitaxt, die er in der Hand trug, in einen nahestehenden Baum, ließ sie darin stecken und sprach: ›Solche Hiebe führt Authari!‹ Wie er das gesprochen hatte, erkannten die Bayern, die ihm das Geleit gaben, daß er der König Authari selbst sei...«

Von den späteren Herzögen bleiben die meisten anonym. Erst Theodo II., der Vater Grimoalds, gewinnt wieder historisches Profil – ein Fürst, der sein Land wie ein König regierte, unabhängig und unmittelbar mit dem Papst und dem langobardischen Herrscherhaus verhandelte und schließlich, ohne Konsultation der Reichsgewalt, sein Land nach eigenem Ermessen unter seine Söhne aufteilte.

Die *Lex Bajuvariorum* nennt auch die bedeutendsten Adelsgeschlechter Alt-Bayerns. Es waren ihrer fünf: die Hosi, Draozza, Fagana, Hahilinga und Anniona – lauter wohlhabende und einflußreiche Familien, die vielleicht aus den Königssippen der Wanderzeit hervorgegangen waren. Mit riesigen Latifundien ausgestattet, übten sie im Auftrag des herzoglichen Hauses die obrigkeitliche Gewalt in den einzelnen Gauen aus (deren Namen wie Chiemgau, Vintschgau, Pinzgau zum Teil noch heute gebräuchlich sind);

ebenso waren sie Inhaber zahlreicher Abts- und Bischofsstühle. Der Rest des Volkes gliederte sich, wie überall in germanischen Landen in Freie, Halbfreie und Knechte. Dabei waren die Übergänge fließend, besonders zwischen den Halbfreien und Knechten, den Zinsbauern, die man später übereinstimmend Kolonen nannte und die schon in karolingischer Zeit die Masse der Bevölkerung stellten. Auch das frühe Bayern zeigt also die typischen Züge eines grundherrschaftlichen Staatsaufbaues.

Daß die Bajuwaren gut dabei gefahren sind, bestätigt Bischof Arbeos Landbeschreibung in der Emmeram-Biographie. »Es war gar lieblich anzusehen, reich an Hainen, wohlversehen mit Wein. Es besaß Eisen in Fülle und Gold, Silber und Purpur im Überfluß; seine Männer waren hochgewachsen und stark, ihr Leben auf Nächstenliebe und Sitte gegründet. Das Erdreich war fruchtbar und brachte üppig Saaten hervor, und der Erdboden schien von Vieh und Herden aller Art fast bedeckt zu sein; Honig und Bienen waren wahrlich in reichlicher Menge vorhanden. In Seen und Flüssen gab es Fische in großer Zahl; das Land war von klaren Quellen und Bächen bewässert und besaß an Salz, soviel es bedurfte.. Das Bergland war ergiebig an Obst und bot Weiden und saftiges Gras; das Waldgebirge war mit wilden Tieren bevölkert und das Unterholz mit Hirschen, Elchen, Auerochsen, Rehen, Steinböcken und mit Tieren und Wild aller Art.«

Ein eindrucksvolles Bild, selbst wenn man annimmt, daß dem hymnisch gestimmten Autor die Feder ein wenig durchgegangen ist.

Mit den Bewohnern dieses paradiesischen Landes ging Arbeo freilich scharf ins Zeug. Sie »hatten zu jener Zeit den Götzendienst noch nicht völlig bei sich ausgemerzt«, ja, sie tranken wie ihre Väter »aus demselben Kelch die Minne Christi und der Dämonen«. Profan ausgedrückt: sie nannten sich zwar Christen, doch waren sie in Wahrheit unchristliche Heiden, die ihren alten Göttern und gottlosen Gewohnheiten noch immer schmähliche Opfer brachten.

Das Christentum hatte im südlichen Bayern, wie erinnerlich, schon in der römischen Zeit eine Heimstatt gefunden. Romuald Bauerreiß, der Chronist der bayerischen Kirchengeschichte, spricht sogar von einem »blühenden christlichen Leben«. Wieweit diese Feststellung für die ländlichen Gebiete zutrifft, bedarf noch der Klärung, in den Städten aber hat es damals zweifellos gut organisierte und glaubensstarke Gemeinden gegeben.

Als sicher gilt, daß zumindest Augsburg und Regensburg Bischofssitze waren. Auch Neuburg am Staffelsee, das um 800 mit dem

Augsburger Sprengel vereinigt wurde, war vielleicht schon in früh-christlicher Zeit Bistum. Am Bodensee und in den Alpen verfügte die Kirche über starke und zuverlässige Stützpunkte. Die Bio-graphie des heiligen Severin bezeugt noch für das chaotische 5. Jahr-hundert Gottesdienste in Passau, Lorch und Salzburg.

Die norischen Christen setzten sich am Ende dieses Jahrhunderts nach Italien ab und nahmen dabei auch die sterblichen Reste des heiligen Severin mit, der verehrungswürdigsten Gestalt dieser Zeit. Die Christen Rätiens, die wohl selbst in der trübseligsten Zeit gewisse Bindungen an die Erzdiözese Aquileia unterhielten, blieben zurück und »reichten die Fackel weiter« – auch an die Bajuwaren, als diese zu Beginn des 6. Jahrhunderts die vormalige römische Provinz besetzten.

Wie bisher nicht genau zu sagen ist, woher die neuen Herren kamen, so sind wir auch über ihr religiöses Leben nur mangelhaft unterrichtet. Vieles deutet aber darauf hin, daß zumindest der Adel dem Christentum bereits gewonnen war, und zwar, wie vermutet wird, der arianischen Lehre, die den Bajuwaren vielleicht durch die Skiren und Thüringer vermittelt wurde. Jedenfalls läßt sich in der frühbayerischen Kirche eine »östliche Schicht« nachweisen, die in der Liturgie und im Heiligenkult ebenso fortlebte wie in den Formen des kirchlichen Schmuckes.

Das Herzoghaus scheint jedoch von Anfang an katholisch gewesen zu sein. Jedenfalls war Garibalds Tochter Theodelinde bereits eine gläubige Katholikin. Ihrem Einfluß wird zugeschrieben, daß ihr zweiter Gatte, der Langobardenkönig Agilulf, um 590 zur römi-schen Kirche übertrat und damit den Abfall der Langobarden vom Arianismus einleitete. Die langobardische Bekehrung war also das Werk einer bayerischen Prinzessin.

Die Masse des Volkes jedoch hielt an ihren alten Mythen, Göttern und Dämonen fest. Aber gerade dieser seelische Wildwuchs zog, wie wir sahen, die irischen Mönche unwiderstehlich an. Spätestens um 600 begannen sie also auch in Bajuwarien das heidnische Un-kraut mit Leidenschaft zu jäten.

Die Anfänge der Irenmission verschwinden, wie überall, im Nebel der Legende. Kolumbans Nachfolger in Luxeuil – der Abt Eustasius, der zunächst in Burgund missionierte – scheint den Anfang gemacht zu haben. Die kirchliche Legende nennt ihn den Gründer von Kloster Weltenburg und schreibt ihm viele Bekehrungen zu. Seine Schüler Marinus und Anianus, die späteren Patrone des Klosters Rott am Inn, die heute noch am Irschenberg bei Miesbach verehrt werden, setzten sein Werk fort. Auch ihre Arbeit »muß mühevoll, aber nicht erfolglos gewesen sein«. Die genaue Analyse der Spuren, die die Luxeuil-Mönche hinterließen, hat jedenfalls zu erstaunlichen Ergebnissen geführt.

Sie predigten in der Sprache des Missionslandes. Aber mehr als ihre gewitterträchtigen Verdammungen und Verkündigungen beeindruckten auch in Bayern ihr elementarer Fanatismus, ihre düstere Askese und die souveräne Verachtung irdischen Besitzes. Ebenso dürften sie durch ihre karitativen Bemühungen und ihre medizinischen Kenntnisse viele Seelen gewonnen haben. Das oberbayerische Landvolk ruft bis heute bei Krankheiten vorzugsweise irische Heilige an; auch als Bauernpatrone leben die keltischen Mönche im Volksglauben weiter.

Über Art und Bauart ihrer Niederlassungen ist kaum etwas bekannt. Sicher ist aber, daß sie gern an Flüssen und Bächen siedelten, auch in der Nähe von Sümpfen und Seen – überhaupt überall, wo eine üppige grünende Landschaft sie an die heimatliche Insel erinnerte. Mit besonderer Liebe bauten sie sich auf kleinen Eilanden oder Landzungen an: so im Staffelsee, im Chiemsee, am Wallersee. Ihre Kirchen weihten sie vor allem den Apostelfürsten Petrus und Paulus. Sie waren tüchtige Glockengießer und riefen mehrfach am Tage läutend und bimmelnd zum Gebet. Glockenlegenden kehren in den Heiligenbiographien häufig wieder, und noch heute werden an verschiedenen Orten Bayerns Glocken irischen Ursprungs verehrt.

Der frühirischen Welle folgte eine zweite, die meist als frühfränkische Mission gekennzeichnet wird. Tatsächlich kamen die Apostel dieser Kampagne durchweg aus Frankreich. Ihr geistiger Habitus aber verrät die keltische Schule – sie hatten die straffe Zucht irischer Klöster genossen, lebten nach der Regel des heiligen Kolumban und gingen wie dieser als zürnende Propheten an ihre Aufgabe heran.

Einige von ihnen scheinen zudem irisch versippt gewesen zu sein. Ob das auch für den heiligen Emmeram gilt, ist unsicher. Sein Name jedenfalls ist germanisch: Haim-hraban heißt soviel wie »häuslicher Rabe«, und die von Bischof Arbeo von Freising verfaßte, gleichsam offiziöse Biographie nennt Poitiers als seinen Geburtsort – Emmeram wäre demnach ein romanisierter Franke gewesen.

Sicher ist aber, daß Emmeram in Regensburg lebte, dort sozusagen das Amt des herzoglichen Hofbischofs versah, das nach ihm benannte Kloster gründete und in den Pausen seines höfischen Lebens predigend und missionierend durchs Land zog.

Daß er irgendwann – die kirchliche Überlieferung hält an dem Jahr 652 fest – den Märtyrertod starb, darf man ruhigen Gewissens in Rechnung stellen. Vielleicht wurde er tatsächlich, wie Arbeo berichtet, von einem Mitglied des herzoglichen Hauses umgebracht. Unbequeme Sittenrichter waren damals ihres Lebens nie recht sicher.

Ein gutes Menschenalter später begegnet man dem heiligen Rupert, dem ersten Bischof Salzburgs. Auch in seinem Fall sind die Herkunftsangaben so ungenau, daß man bis heute nicht weiß, ob er Ire, Engländer oder Franke war. Auch er wirkte zunächst am Regensburger Hof, auch ihn trieb es bald weiter.

Er wanderte donauabwärts bis Lorch, wandte sich dann aber den Alpengauen zu und setzte sich mit seinen zwölf Begleitern in den Ruinen des römischen *Juvavum* fest. Dort gründete er das Kloster St. Peter sowie das Frauenstift auf dem Nonnberg; er starb um 715, hochgeehrt als weißhaariger Patriarch. Seine sterblichen Reste werden in der Salzach-Stadt bis heute verehrt.

Auch der heilige Rupert scheint die Kutte des missionierenden Wanderbischofs nie abgelegt zu haben. Daß die christliche Lehre, wie jede Religion, nicht nur der Verkündung, sondern auch der Institutionalisierung, der Organisation und einer festgefügten hierarchischen Ordnung bedurfte, diese Einsicht war ihm genauso fremd wie allen anderen Aposteln aus der Nachfolge Kolumbans.

Dem entsprachen ihre Erfolge. Alle diese Kolumbaner schufen zwar »Seelsorgekomplexe«, aber keine Kirche. Sie tauften und predigten und hatten großen Zulauf, doch wenn sie weiterzogen, stellten sich die alten Verhältnisse bald wieder her. Es fehlte nicht nur an Oratorien und Versammlungsräumen, sondern auch an Geistlichen und Priestern; überhaupt an der Allgegenwart der kirchlichen Organisation.

Die archäologischen Befunde spiegeln diese Erkenntnis exakt wider. Die römerchristliche Zeit in Bayern hat einige bedeutende Denkmäler hinterlassen. Das wertvollste ist der in Regensburg gefundene Grabstein der Sarmannina, »die in Frieden ruht und mit den Märtyrern vereint ist«. Die durch diese Inschrift eindeutig als Christin ausgewiesene Sarmannina hat vielleicht ein ähnliches Schicksal erlitten wie die in Augsburg verehrte Afra, die – wahrscheinlich während der diokletianischen Christenverfolgungen – auf einer Lechinsel südlich der Stadt lebendigen Leibes verbrannt wurde.

Auch baugeschichtliche Untersuchungen haben hier wie dort das Bild eines regen kirchlichen Lebens bestätigt. In Regensburg wird die Begräbniskirche St. Georg bei St. Emmeram noch im 4. Jahrhundert entstanden sein. In Augsburg wurde südlich des Doms eine spätrömische Taufanlage ausgegraben und konserviert. Auch in Kempten und auf dem Lorenzberg bei Epfach hat die Bodenforschung die Grundmauern frühchristlicher Kirchen freigelegt. In Passau dürfte in der aus karolingischer Zeit stammenden Severinsbasilika die aus christlichen Quellen bekannte Betzelle des heiligen Severin weiterbestehen.

Reicher an frühchristlichen Kirchen ist das benachbarte Österreich, dessen Alpenprovinzen zu weiten Teilen noch am Anfang des 7. Jahrhunderts zu Italien gehörten. Die Grundmauern einiger Gotteshäuser aus dieser Zeit, so von St. Peter im Holz bei Spittal an der Drau und der Bischofskirche auf dem Lavanter Kirchbichl, sind erhalten und vermitteln noch als Ruinen einen bleibenden Eindruck von der Kraft und Schlichtheit frühchristlicher Baukunst. In jüngster Zeit ergaben Untersuchungen in der Linzer Martinskirche, »daß die Mauern des Langhauses in der Karolingerzeit in drei große Arkaden eines spätantiken Baues« plaziert wurden – wahrscheinlich einer frühchristlichen Kirche.

Derartige Denkmäler kennt die frühbajuwarische Zeit nicht. Die neuen Herren bauten wie alle Germanen in Holz, und auch die irischen Mönche, wiewohl sonst in allen handwerklichen Künsten wohlbeschlagen, begnügten sich mit den überkommenen Holz- und Fachwerkbauweisen. Die frühbajuwarische Archäologie hat es also fast ausschließlich mit Kleinaltertümern zu tun – mit Beigaben aus jenen berühmten Reihengräberfeldern, auf denen zwischen 550 und 750 auch die Bajuwaren ihre Toten bestatteten.

Die bayerische Bodenforschung hat eine ganze Reihe solcher Friedhöfe ausfindig gemacht und untersucht, wenn auch keinen von der Größe des Krefeld-Gelleper Totenackers oder der Bedeutung des Oberflachter Gräberfeldes. Der Schwerpunkt der bisherigen Forschungen liegt in und um München. So wurden bis 1960 allein im heutigen Stadtgebiet 35 bajuwarische Friedhöfe festgestellt, darunter der von Feldmoching mit weit über fünfhundert Gräbern, die allerdings – nicht gerade zum Ruhme der alten Bajuwaren – zu achtzig Prozent ausgeraubt waren. Andere Friedhöfe oder Gräbergruppen wurden, zumeist bei Bauarbeiten, in Sendling, Giesing und Untermenzing angeschnitten. Die wichtigsten Gräberfelder außerhalb der Landeshauptstadt legten die Archäologen in Kelheim, Reichenhall, Irlmauth bei Regensburg und Weihmörting bei Passau frei. Es fehlt also auch in Bayern nicht an Anschauungsmaterial, und auch hier vergrößern sich die Bestände von Jahr zu Jahr.

Die Friedhöfe liegen durchweg auf altem römischem Siedlungs-
boden und bestätigen damit die Erkenntnisse der Sprachwissenschaft über die Wege der bajuwarischen Landnahme. Meist kleiner
als die Gräberfelder der Rheinfranken und Alemannen, sind sie
auch in der Ausstattung ärmer. Die Männer – im Durchschnitt
1,68 Meter groß – tragen in der Regel nur den Langsax sowie Pfeil
und Bogen. Die Ausstattung der Frauen – ihre Normalgröße beträgt 1,58 Meter – beschränkt sich im wesentlichen auf Kamm,
Schere und Nadel, Anhänger und Fibeln, Ohr- und Fingerringe
sowie billige Perlhalsbänder. Waffen und Schmuck verraten die
Hand erfahrener Schmiede. An formaler Eleganz und Erfindungs-
kraft können ihre Arbeiten freilich nicht mit denen der westlichen
Nachbarn wetteifern. Offenbar hat vor allem das alemannische
Handwerk die bajuwarische Schmuckkunst stark beeinflußt. In der
Zeit Theudeberts sind auch Ausstrahlungen der Kölner Gegend
spürbar. Fränkische Massenware scheint damals, wenigstens vorübergehend, den Markt beherrscht zu haben. Später gingen von
den langobardischen Werkstätten starke Impulse aus – ein Symptom für die guten Beziehungen zwischen den Bayern und ihren
südlichen Nachbarn. Unverkennbar lebten in den Erzeugnissen
bajuwarischer Handwerker aber auch byzantinische und awarische,
ja, selbst gepidische Einflüsse weiter.
Christlicher Schmuck wurde vor allem von den Langobarden bezogen. Hier sind noch einmal die vielzitierten Goldblattkreuze zu
nennen, jene foliendünnen Kreuze, die man vornehmen Toten auf
die Kleider heftete, um sie im Jenseits als Christen auszuweisen.
Jedenfalls hat man sie nur in Gräbern gefunden, zudem waren sie
für den Alltagsbedarf entschieden zu fein und zu empfindlich.
Auch der gängige Schmuck – Scheibenfibeln und Durchbruchschei-
ben, Fingerringe und Riemenzungen, Taschenbeschläge und Bronze-
schnallen – enthält vielfach christliche Symbole. Allerdings erblickt
die heutige Forschung nicht mehr in jeder Hirtendarstellung ein
Bild des Erlösers, nicht in jedem Kreuz ein christliches Sinnbild. Die
vielgenannten, im Durchschnitt zwanzig Zentimeter großen eisernen
Aufsteckkreuze werden von diesen Zweifeln allerdings nicht betroffen – obwohl man sich über ihren Verwendungszweck noch nicht
restlos klargeworden ist.
Sechzehn von ihnen entstammen der ersten nachrömischen Schicht
nördlich des Römerkastells Eining; auch die übrigen acht wurden
zwischen römischen Bauresten angetroffen. Da bekannt ist, daß sich
die schmiedekundigen irischen Mönche gern in römischen Ruinen
ansiedelten, sieht man auch in diesen Aufsteckkreuzen ein Indiz der

irischen Mission. Die Eininger Kreuze waren sicher »auf Vorrat hergestellt« und gehörten vielleicht zum Bestand eines keltischen Devotionalienhändlers.

Aber selbst wenn man diesen Eininger Kreuzen ihren gebührenden Platz zuerkennt – die Ausbeute an einwandfrei christlichen »Altertümern« ist doch gering. Auch aus den Ergebnissen der Bodenforschung läßt sich also folgern, daß das Christentum in Bayern bis zum Jahre 700 nur wenig Tiefenwirkung erzielte, ja, daß untergründig zahlreiche heidnische Elemente weiterlebten und die Macht der in der spätrömischen Zeit gegründeten Bistümer kaum mehr über die Mauern der Bischofssitze hinausreichte.

Dem entspricht die geringe Bautätigkeit der Kirche im Bayern der Merowingerzeit. In Epolding bei Mühltal ist man auf die spärlichen Fundamentreste einer bajuwarischen Eigenkirche gestoßen, und in München-Aschheim glaubt man die Pfostenlöcher einer alten Holzkapelle festgestellt zu haben. Das ist einstweilen alles – wenn man von den Spuren kirchlicher Bautätigkeit in den spätrömischen Städten einmal absieht.

Die Bodenforschung steht hier an der Grenze eines weiten, noch unerschlossenen Gebietes, das zu erkunden allerdings nicht leicht sein wird; denn auch in Bayern sind die merowingerzeitlichen Landkirchen und frühen Münster längst überbaut und damit der Spatenforschung entzogen.

Selbst in Freising hat die Archäologie bisher keine Gelegenheit gehabt, das Erbe Korbinians und damit die Anfänge des Bistums zu untersuchen. Der Chronist ist hier fast ausschließlich auf die wenigen, spärlich fließenden schriftlichen Quellen angewiesen.

Obwohl Gast und gewissermaßen Hofbischof des Herzogs, war Korbinian von Anfang an bemüht, seine Unabhängigkeit zu wahren und öffentlich darzutun. Er wohnte nicht im Schloß, sondern bezog in einem kleinen Haus der Zivilsiedlung ein kärgliches Quartier. Von dort pilgerte er täglich mit seinen Klerikern zum abendlichen Chorgebet in das Oratorium auf dem Weihenstephan. Später scheint er dort für sich und seine Gefährten ein kleines Kloster gebaut zu haben.

Das Vespergebet pflegte er in der Pfalzkapelle zu verrichten. Daß er diese als Bischofskirche betrachtete, beweist die Tatsache, daß er sie materiell reich ausstattete. Er erwarb für sie zahlreiche Liegenschaften, vor allem im Vintschgau und bei Meran. Die engen Beziehungen Freisings zu Südtirol und darüber hinaus zur Lombardei gehen also bis in die Tage Korbinians zurück.

Im übrigen erfahren wir von Korbinians Tätigkeit nicht eben viel. Offenbar hat er nicht den Versuch gemacht, seinen Sprengel – das heißt: Grimoalds Herzogtum – zu gliedern und abzugrenzen. »Als Haupt und Vorsteher einer Gruppe von Klerikern, die nach Art von Mönchen in klosterähnlicher Gemeinschaft lebten«, fand er wahrscheinlich in täglichem Gebet und Gottesdienst die gesuchte Erfüllung – mehr Missionar und Moralist als Kirchenfürst.

Wie Kolumban neigte er deshalb auch dazu, den Teufel mit Beelzebub auszutreiben. Wenn ihm die Gesetze des Glaubens verletzt schienen, entwickelte er einen alttestamentarischen Zorn, der brachiale Mittel nicht verschmähte. So schlug er eigenhändig eine Bäuerin blutig, die, »vom Teufel verführt«, mit Zaubersprüchen und unchristlichem Firlefanz den kranken Herzogssohn behandelt hatte. Und als Herzog Grimoald seine Hunde mit Brot fütterte, das der Heilige zuvor geweiht hatte, warf er wutentbrannt den Tisch um und ließ die erschreckte Tafelrunde vor den Resten der gesegneten Mahlzeit sitzen.

Überhaupt war sein Verhältnis zu dem herzoglichen Paar von Anfang an gespannt. Grimoald hatte die Witwe seines Bruders Theodo geheiratet und sich damit nach Auffassung Korbinians der Blutschande schuldig gemacht. Offenbar war der Herzog auch geneigt, die Vorhaltungen seines Oberhirten zu beherzigen und auf seine Ehe zu verzichten. Die schöne und selbstbewußte Pilitrud aber dachte nicht daran, sich den Sprüchen des eifernden Sittenpredigers zu unterwerfen. Schließlich ergrimmten sie die ständigen Anwürfe derart, daß sie beschloß, sich des lästigen Moralapostels zu entledigen. Ihr Geheimschreiber Ninus sollte den frommen Mann in seiner Behausung überfallen und töten.

Korbinian erfuhr aber – nach Arbeo durch seinen Bruder Erimbert, der ihn seit seiner frühesten Jugend begleitete und später sein Nachfolger wurde – rechtzeitig von dem Anschlag und setzte sich nach Südtirol ab, nicht ohne vorher dem sündhaften Herzogpaar ein furchtbares Strafgericht angesagt zu haben.

In Tirol wuchs sich die Privataffäre zu einer Haupt- und Staatsaktion aus. Grimoald hatte mit der Witwe seines Bruders auch dessen Länder an der Etsch einzuholen versucht, war aber auf den Widerstand der rechtmäßigen Erben gestoßen, die inzwischen in seinem Bruder Hugibert und dem Langobardenkönig Luitprand zwei wertvolle Bundesgenossen gefunden hatten. Es verstand sich von selbst, daß diese den geflüchteten Korbinian mit offenen Armen empfingen und ihm, wie die Legende glaubwürdig versichert, »viel Gutes« erwiesen.

Bald darauf verbündete sich Hugibert mit dem Hausmeier Karl Martell, der nur auf eine Gelegenheit wartete, in die bayerischen Querelen einzugreifen, führte »mit überlegener Mannschaft« einen erfolgreichen Krieg gegen Grimoald und ließ ihn schließlich umbringen – wo und wann, verschweigen die Quellen.

Das von Korbinian beschworene Strafgericht traf dann auch die übrigen Übeltäter. Ein weiterer Mord beseitigte den Sekretär Ninus. Die Herzogin Pilitrud fiel in die Hände Karl Martells, genoß kurzfristig dessen Gunst, trat ihre Rolle aber bald an ihre hübsche, junge Nichte Sunnihild ab, die dem alternden Martell fortan den Lebensabend verschönte. Derart in Ungnade gefallen, wurde die Herzogin, wie es in Meichelbecks Freisinger Geschichte heißt, »auf einem Esel ins Elend geführt, wo sie verschmachtete«.

Unter Hugibert kehrte Korbinian, von der Bevölkerung mit gebührendem Jubel empfangen, nach Freising zurück. Doch waren ihm nur noch wenige Jahre vergönnt: um 730 starb er.

Sein Tod gibt dem geistlichen Biographen Gelegenheit, in die Korbinian-Legende noch einmal einen Kranz von Wundern zu flechten. Aus der Fülle von merkwürdigen Begebenheiten, die er berichtet, besteht als historische Tatsache nur, daß die Gebeine des Apostels zunächst nach Obermais bei Meran überführt wurden. Vierzig Jahre später wurden sie jedoch feierlich nach Freising zurückgeleitet und in der Kirche auf dem Domberg eingesargt.

Das geschah unter Bischof Arbeo, der dem Helden seiner Heiligenvita zeitlich noch recht nahestand. Wo es um die Tätigkeit Korbinians geht, ist seine Darstellung dennoch ausgesprochen blaß. Selbst die Kirchenhistoriker wissen die große Wirkung des Bayernapostels nicht so recht zu erklären. Wahrscheinlich gehörte er zu jenen Gestalten, die – ohne selbst große Taten zu verrichten – kraft ihrer Persönlichkeit nicht nur auf die Umwelt, sondern noch auf die Nachwelt einen starken Einfluß ausüben.

In der Sprache der Kirche: der Same, den Korbinian ausstreute, trug tausendfache Frucht. Das »Senfkörnlein« wuchs zum mächtigen tausendjährigen Baum. Freising wurde das Musterbeispiel einer Stadt, die fast ausschließlich von der Kirche lebte – eine Stadt der Künste und Wissenschaften, eine Hochburg der Klerisei.

Freilich bedurfte es dazu noch eines weiteren, sehr wichtigen Schrittes: der Konstituierung des Bistums Freising.

Herzog Theodo II., der Vater der feindlichen Brüder Grimoald und Hugibert, hatte bereits 716 auf seiner Osterwallfahrt nach Rom mit dem Heiligen Vater den Plan einer nach römischem Muster geordneten bayerischen Kirchenprovinz entworfen. Sein früher Tod und die danach aufflackernden Erbstreitigkeiten ließen das Projekt jedoch nicht zur Reife kommen. So dauerte es noch bis zum Jahre 739, bis durch den Angelsachsen Winfrid Bonifatius eine bayerische Kirchenordnung und damit »die erste Landeskirche rechts des Rheins« geschaffen wurde.

Wie die Bistümer Regensburg, Passau und Salzburg – Eichstätt folgte kurze Zeit später – erhielt auch der Freisinger Sprengel damals seine festen Grenzen. Und auch hier setzte das bonifatianische Reformwerk, nicht zuletzt durch die straffe Ausrichtung auf Rom und die endgültige Ablösung der kolumbanischen durch die benediktinischen Klosterregeln, sichtbar neue Kräfte frei. Der letzte heidnische Winkel wurde nun missioniert. Überall entstanden neue Kirchen und kirchliche Niederlassungen. Überall wurde gerodet.

»Kein Kloster gibt hier ein geschlosseneres Bild als das im Herzen des Landes gelegene Freising. Bald legte sich um das Domkloster ein Kranz von Wirtschaftszellen. Im weiteren Umkreis die Freisinger Tochterklöster: Isen im Faganaland, Schäftlarn im Isartal, im Gebirg Scharnitz-Schlehdorf und Schliersee; sogar das Tassilo-Kloster Innichen kam an Freising, und vom Pustertal aus stieß man germanisierend und kolonisierend nach Karantanien hinein. Im 10. Jahrhundert gab es selbst im Venetianischen noch freisingsche Gebietssplitter. Dabei war es ein einziges Domkloster, das all diese Gründungen durchhalten und mit frischem Leben speisen konnte.« (Hubensteiner)

Auch Freising selbst wuchs schnell heran. Als ihm am Ende des 10. Jahrhunderts, anderthalb Jahrhunderte vor der Gründung Münchens, die Stadtrechte verliehen wurden, hatte es sich längst zu einer Kommune von unverwechselbarer Art entwickelt, zu einer Stadt des Geistes und der Geistlichkeit, die sich sowohl von den alten Römerstädten als auch von den bayerischen Landsiedlungen beträchtlich unterschied – vor allem durch die Gelehrsamkeit, die hier auf engem Raum zu Hause war.

Die Freisinger Domschule genoß ein Ansehen wie keine zweite weit und breit. Ludwig der Deutsche und Ludwig das Kind zählten Freisinger Bischöfe zu ihren Erziehern. Der um die Jahrtausendwende lebende Bischof Abraham führte den nachmaligen Kaiser Heinrich den Heiligen – den letzten Sachsenkaiser – in die Welt der Wissenschaft ein. Kaiser Konrad II. übergab seinen Sohn Heinrich, der schwarze Heinrich genannt, der väterlichen Obhut von Bischof Egilbert und kam 1029 eigens nach Freising, um sich von den Fortschritten seines Sprößlings zu überzeugen.

Auch die bayerische Geschichtsschreibung empfing vom Freisinger Domberg starke Impulse. Die Reihe der großen Chronisten, die sich mit ihrer Zeit forschend, betrachtend und philosophierend auseinandersetzten, eröffnet der bereits mehrfach zitierte Bischof Arbeo, der – in Obermais bei Meran geboren, wo ihm der heilige Korbinian angeblich das Leben rettete – von 765 bis 783 Oberhirte des Bistums war. Arbeo unterhielt, wie der ihm freundschaftlich verbundene Bischof Virgil von Salzburg, eine Schreibschule, aus der zahlreiche bedeutende Manuskripte hervorgingen: Bibeltexte und Bibelkommentare, die *Briefe des Hieronymus,* die christliche *Weltgeschichte des Orosius* – und natürlich auch des Bischofs eigene Werke. Das frühe 9. Jahrhundert steuerte zu diesen bibliophilen Kostbarkeiten, die heute in München wie Kleinodien gehütet werden, das berühmte *Evangeliar aus Innichen* bei, das 10. Jahrhundert eine Abschrift der ersten deutschen Reimdichtung, des *Evangelienbuches* Otfrieds von Weißenburg.

Aber der Acker der mönchischen Gelehrsamkeit trug auch vielfältige eigene Frucht. Schon unter Arbeo entstand der Freisinger *Abrogans,* das erste lateinisch-deutsche Lexikon: das älteste deutsche Buch überhaupt. Das älteste deutsche Güterverzeichnis schuf fünfzig Jahre später, unter Bischof Hitto, der Freisinger Mönch und Notar Kozroh mit seinem *Liber traditionum antiquus,* in dem er mit höchster Akribie die Schenkungsurkunden des Bistums zusammenstellte: eine Quelle, die für die frühe Wirtschaftsgeschichte ebenso wertvoll ist wie für die Ortsnamenforschung. Die Sprachwissenschaft schätzt vor allem die Ende des 10. Jahrhunderts niedergeschriebenen *Freisinger slawischen Denkmäler,* die ältesten Dokumente der slowenischen Sprache – ein Produkt der Freisinger Slawenmission.

Freising wurde auch die Wiege des bayerischen Theaters. Zu Beginn des 9. Jahrhunderts verfaßte ein unbekannter Mönch das Freisinger *Dreikönigsspiel,* das erste bekannte lateinische Weihnachtsspiel. Um bei den Superlativen zu bleiben – auch das älteste deutsche Kirchenlied stammt aus Freising, die zu Beginn des 10. Jahrhunderts gedichtete *Petrusleich,* ein erstes Exempel volkstümlicher bayerischer Liedkunst.

Ebenso scheint die frühe Kirchenmusik in Freising eine besondere Pflegestätte gefunden zu haben. So wandte sich im Jahre 873 Papst Johann VII. an Bischof Anno von Freising und bat ihn um einen Orgelbauer und einen Organisten. Die Musikwissenschaft kennt eine *Freisinger Schule,* aus der im 11. Jahrhundert mit dem Mönch Aribo sozusagen der erste und älteste deutsche Musikschriftsteller hervorging.

Die Hochblüte des mittelalterlichen Freising fiel jedoch in die Zeit des Bischofs Otto, dem die Kirchengeschichte den Beinamen »der Große« verliehen hat. Der gebürtige Babenberger, ein Halbbruder König Konrads II., studierte in Paris, hörte dort die bedeutendsten Philosophen seiner Zeit und wurde 1136 Abt des Zisterzienserklosters Morimond in Lothringen. Ein Jahr später übernahm er das verwaiste Bistum von Freising, brachte den aufsässigen Adel zur Räson, führte die Domschule auf ihre alte Höhe zurück und fand überdies Zeit, als ein aufrechter Ritter Christi an dem Kreuzzug seines Bruders Konrad teilzunehmen.

Europäische Bedeutung gewann er durch seine tiefsinnigen historischen Werke. Das berühmteste ist die Chronik *Von den zwei Staaten*, in dem er nach dem Vorbild Augustins das Elend dieser Welt mit der Idee des Gottesreiches konfrontierte – ein grüblerisches, von der bangen Ahnung eines kommenden Antichrist erfülltes Buch, in dem sich außer der düsteren Weltsicht aber auch die Bildung und Bildungsprobleme seines Zeitalters niederschlugen. Ein zweites Werk widmete er den Taten seines Neffen Barbarossa, dessen erste glückliche Regierungsjahre den Pessimismus Ottos von Freising – er starb 1158 in Morimond – mit einem Abglanz der Hoffnung überstrahlten.

Ein Standbild des bedeutenden Mannes steht auf dem Freisinger Domplatz. In ihm verehrt die Stadt Korbinians ihren größten Bischof, der das Feld der praktischen Politik mit dem gleichen Erfolg bestellte wie das der Philosophie und Geschichtsschreibung.

So gut sich die Forschung in der geistigen Landschaft des frühen Freising auskennt, so wenig weiß sie über das bauliche Panorama mitzuteilen. Selbst die Frage, ob es sich bei der ersten Freisinger Bischofskirche – die bereits bei der Übertragung der Korbinians-Reliquien stand – um eine Basilika oder Rundkirche handelte, ist bis heute nicht endgültig beantwortet. Einstweilen plädieren die meisten Stimmen für eine Basilika.

Sowohl Arbeo als auch Hitto sind um die Ausstattung dieser ersten Kirche des Bistums bemüht gewesen. Arbeo ließ das Gotteshaus, wie aus der Korbinian-Vita hervorgeht, mit Bildwerken verschönern. Und vom Bischof Hitto weiß der Mönch Kozroh zu berichten, daß er den Dom durch »kostbare Metalle und künstlerische Bauzierden ruhmreich« schmückte.

Im Jahre 903 ging der Bau in Flammen auf; auch das bischöfliche Archiv und die Bibliothek verbrannten. Der Wiederaufbau begann unmittelbar nach der Katastrophe unter dem tatkräftigen Bischof Waldo, der den letzten Karolinger, König Ludwig das Kind, bewog, das Projekt durch die Überlassung des Königshofes Föhring an der Isar zu fördern.

Freilich dürften die Arbeiten an dem zweiten Dom nicht sehr schnell vorangekommen sein. Sie fielen in die Zeit der großen Ungarneinfälle, die auch Freising wiederholt erreicht haben. Der Freisinger Bischof Uto wurde 907 in der Schlacht in der Ostmark getötet, zusammen mit den Bischöfen von Säben und Salzburg. Zwei Jahre später brannten die Ungarn die Talsiedlung Freising nieder, die daraufhin eine Umwallung erhielt. Noch einmal – im Jahre 955, kurz vor der entscheidenden Schlacht auf dem Lechfeld – wurde der Ort eingeäschert. Der wohlbefestigte Domberg aber behauptete sich, nach der Legende dank dichtem Nebel und inständigem Gebet des Bischofs Lantbert.

Irgendwann in der ersten Hälfte des 10. Jahrhunderts dürfte die zweite Kathedrale, allen äußeren Bedrohungen zum Trotz, geweiht worden sein – eine dreischiffige Basilika im ottonischen Stil, deren Abmessungen bereits die des heutigen Domes erreichten. Die Krypta ist zumindest teilweise ein Werk jener Zeit. Auch die Turmfundamente weisen unverkennbar ins 10. Jahrhundert.

Ein halbes Jahr nach Bischof Ottos Tod wurde der Dom zum zweitenmal das Opfer eines verheerenden Feuers. Wieder blieb eine rauchgeschwärzte Trümmerstätte zurück.

Der neuerliche Wiederaufbau war das Verdienst des Bischofs Albert, der bis zu seinem Tod 1184 unermüdlich tätig war, die notwendigen Mittel zu beschaffen. Er erfreute sich dabei der besonderen Gunst Friedrich Barbarossas – daher die steinernen Bildnisse des Kaisers und seiner Gattin Beatrice an den Seitenwänden des romanischen Portals. Auf dem Kaiserrelief erscheint auch ein hoher Geistlicher, wahrscheinlich Bischof Albert selbst.

Fünfundvierzig Jahre, von 1160 bis 1205, wurde an dem staufischen Dom gearbeitet, dessen Backsteingehäuse sich, im wesentlichen unverändert, über achthundert Jahre bis heute erhalten hat. Seine ursprüngliche Gestalt hat das Kastulus-Münster in Moosburg, das nach dem Modell des Freisinger Doms entstand, am besten bewahrt. Die dreischiffige Basilika mit ihrer flachen Holzdecke muß demnach ein weiträumiger, feierlich-ernster Bau gewesen sein, mystisch und asketisch zugleich, mit einer kargen Innenausstattung.

Jahrhundertelang ist dann an dem Dom gebaut worden. Er wurde ergänzt und erweitert und dem jeweiligen Geschmack entsprechend verändert. Gotik und Renaissance und Barock hinterließen in dem romanischen Gehäuse ihre unauslöschlichen Spuren.

Noch im 13. Jahrhundert entstand die erste Anlage des dreiflügeligen Kreuzganges.

1314, im letzten Jahr des Bischofs Gottfried von Hexenagger, wurde die dreischiffige gotische Vorhalle gebaut.

Nach 1319 wurden die Seitenschiffe um mehrere Kapellenanbauten ergänzt, »so daß allmählich der Eindruck einer fünfschiffigen Basilika entstand«.

1481 bis 1483 entfernte der Münchener Stadtbaumeister Jörg von Halsbach, genannt Ganghofer, die romanische Holzdecke und ersetzte sie durch ein gotisches Gewölbe.

1563 wurde der Nordturm nach einem Brand erneuert.

1620 begann Bischof Veit Adam von Bebeck mit der Neueinrichtung der Kathedrale. Mit dem prunkvollen Hochaltar kam damals das heute in der Münchener Pinakothek hängende *Apokalyptische Weib* des Peter Paul Rubens nach Freising.

1710 wurde an der Ostseite der Krypta die Maximilian-Kapelle errichtet und von Asam-Vater ausgemalt.

1716 wurde der Kreuzgang von Johann Baptist Zimmermann barockisiert.

1723/24 freskierten und stuckierten die Brüder Asam den Dom und schufen damit eines der schönsten Werke des bayerischen Barock.

Seitdem hat der Dom sein Aussehen kaum mehr verändert. Sowohl das 19. als auch das 20. Jahrhundert beschränkten sich im wesentlichen auf notwendige Restaurierungen und die Erhaltung des überkommenen Bestandes. Einmal allerdings drohte dem Bau das unvorstellbare Schicksal abgerissen zu werden: im Jahre 1803, als das Bistum Freising nach dem Regensburger »Reichsdeputationshauptschluß« in den Strudel der Säkularisierung gerissen wurde.

Auch die Kathedrale auf dem Freisinger Domberg wurde damals ihrer kirchlichen Würde entkleidet. Monatelang diente sie als Magazin der von den Beamten der Münchener Hofbibliothek requirierten Bücher und Manuskripte der bischöflichen Institute. Schließlich wurde der ehrwürdige Bau für einen Spottpreis an einen Metzger auf Abbruch verkauft.

Es war das unfreiwillige Verdienst des französischen Generals Duverdien, daß der vorgesehene Akt blinder Barbarei nicht ausgeführt wurde. Der General hatte den absurden Gedanken gefaßt, den Dom als Festsaal für eine Kaisergeburtstagsfeier zu benützen, und verlangte seine schleunige Räumung. Als die zuständigen Instanzen daraufhin das Gespenst drohender Einsturzgefahr beschworen, ließ Duverdien auf dem Domplatz einige Kanonenschüsse abfeuern, um die Wirkung der Detonation zu erproben. Das altersgraue Gemäuer war jedoch nicht zu erschüttern. Es nahm die Explosionswelle gelassen hin. Duverdiens Pionieroffiziere entdeckten nicht einmal irgendwelche Risse ... Der Freisinger Dom war gerettet, im Gegensatz zu vielen anderen alten Kirchen, die damals wie baufällige Scheunen demontiert wurden.

Im Jahr der Säkularisation erlosch auch das tausendjährige Bistum Freising. Zwar erlebte es 1817, als durch ein neues Konkordat der Friede zwischen Staat und Kirche wiederhergestellt wurde, als Erzbistum München-Freising eine Art von Restauration, der Sitz des neuen Erzbistums aber wurde die bayerische Hauptstadt. Der Dom von Freising trat seinen Rang an die Münchner Frauenkirche ab:

Auch für die Stadt Freising wurde das Jahr 1803 der Beginn einer schweren Zeit. Die Säkularisierung stellte nicht nur ihre Traditionen in Frage, sondern ihre Existenz schlechthin.

Seit den Tagen Korbinians war die Stadt ein Trabant der bischöflichen Residenz gewesen, ihre kulturelle Ausstrahlung stärker als ihre wirtschaftliche Leistung. Freisings Territorium war auch allzu zersplittert, als daß es eine Basis wirksamer Machtentfaltung hätte werden können. Es entwickelte weder eine adlige Herrenschicht wie Landshut oder München noch ein wohlhabendes und einflußreiches Bürgertum wie Augsburg oder Nürnberg. »Nie ging der Handel ins Weite ..., nie blühte ein besonders eigenartiges Gewerbe, nie stellte Freising eine beträchtliche Wehrmacht, und die Rolle des Angreifers hat es nie gespielt.« (Birkner)

Es waren immer nur die Kirche und die Kleriker, die der Stadt ihren Lebensodem einbliesen. Nun gab es kein Bistum und keinen Bischof mehr, auch keine fürstbischöfliche Regierung, keine Domherren, keine Schulen, keine gelehrten Professoren. Dazu kamen die Lasten der napoleonischen Jahre: das Hin und Her der Kriege, der Durchzug fremder Armeen, die Requisitionen der Besatzung. Liest man Berichte aus jener Zeit, so spürt man die tiefe Verzweiflung, die sich der einstigen Residenz und ihrer Einwohner bemächtigte. Fraglos drohte der Stadt Korbinians damals die Gefahr, zu einer kleinen Ackerbürgersiedlung abzusinken.

Aber gerade damals, als die Existenz der Stadt überhaupt auf dem Spiel stand, erwiesen die geistlichen Traditionen ihre Lebenskraft. Kehrte auch der Bischof nicht zurück, so doch ein Teil der bischöflichen Einrichtungen – vor allem die klerikalen Lehranstalten. Der Domberg wurde wieder ein Berg der Schulen, ein *mons doctus*, wie er es seit Korbinians Tagen gewesen war.

Auch der Weihenstephan fand eine seiner ehrwürdigen Geschichte entsprechende neue Funktion. Als Bayerische Staatsbrauerei beherbergt die alte mönchische Sudstätte heute ein Hochschulinstitut für Brauwesen, und »wo immer uns in weiter Welt ein Trunk Bier labt, in Rom oder Kopenhagen, in Kairo, Kapstadt, Buenos Aires – es ist«, nach Josef Hofmüller, »hundert gegen eins zu wetten, daß der Braumeister ein alter Weihenstephaner ist«. Im übrigen werden auch Milchwirtschaft und Saatzucht auf dem einstigen Klostergelände mit Eifer und Wissenschaft betrieben.

So ist auch das säkularisierte Freising eine der charaktervollsten Städte Bayerns geblieben. Am nahen München gemessen, das eines Tages vielleicht auf Sichtweite heranrücken wird, mag es heute zwar nur als ein Ort von provinziellem Mittelmaß gelten. Immer aber wird es die ältere, die ehrwürdigere, die traditionsreichere Stadt bleiben – die »geistliche Stadt«, schlechthin: Herz und Hirn Alt-Bayerns.

SECHSTES KAPITEL

WÜRZBURG — ODER DIE INTHRONISATION EINES HEILIGEN

Auf dem Marienberg steht die älteste rechtsrheinische Kirche Deutschlands

»Bocksbeutel«, Heilige und Madonnen · Die Grenzfestung Marienberg · Glück und Ende des Thüringerreiches · Ein Märtyrer namens Kilian · »Wer Würzburg in der Hand hatte ...« · Patron der fränkischen Ostpolitik · Königshof wurde Bischofshof · Herr der Münze und des Zolles · Rundkirche – mit oder ohne Chor? · Das »neue Gewand« der Echter-Zeit · Ein Geschichtsbuch aus Stein

Würzburg ist im Zweiten Weltkrieg schwer getroffen worden. Ein einziger Luftangriff, wenige Wochen vor dem Zusammenbruch, zerschlug die Stadt, die eine der schönsten in Deutschland war. Noch monatelang gingen die Überlebenden wie benommen durch die rauchgeschwärzten Ruinendistrikte. Die lebensfrohe, heiter-barocke Stadt schien ausgelöscht für alle Zeiten. Allen Ernstes kam damals der Gedanke auf, das »Grab am Main« den Mächten der Zerstörung zu überlassen und ein neues Würzburg an anderer Stelle zu bauen. Inzwischen ist die Stadt doch an ihrem alten Platz wiedererstanden. Es ist auch hier nicht alles geglückt, was die Stadtväter und ihre

Architekten geplant haben. Auch hier sind die geistvollen Einfälle der Baumeister von einst meist durch die mathematischen Gleichungen der Bauingenieure von heute ersetzt worden. Der überquellende Reichtum der einstigen Stadtlandschaft ist dahin. Dennoch haben Kunstverstand, restauratives Geschick und handwerkliches Können ihre Möglichkeiten genutzt. Die Residenz, die Kirchen, die »Spitäler«, die alte Universität und zahlreiche ehrwürdige Bürgerhäuser sind wiederhergestellt. Die Neubauten passen sich, ohne einem überholten Historismus zu huldigen, ihrer traditionsreichen Umgebung und der etwas regellosen Führung der Straßen behutsam an, und die barocken Heiligen auf der alten Mainbrücke haben ihre angestammten Plätze wieder eingenommen, betend und segenspendend wie eh und je.

Wiedererstanden ist vor allem das Stadtbild in seiner Gesamtheit, jenes unvergleichliche Stadtbild, für das die Natur selbst den Rahmen geschaffen und den Raum ausgespart hat. Wer von der Höhe der Festung Marienberg auf das neue Würzburg hinabblickt, nimmt kaum eine Änderung wahr. Wie früher bilden die Berge und ihre Täler, die Rebenhänge und der Fluß ein Panorama, in dem auch die Straßen und Plätze, die Dächer, Kuppeln und Türme der Stadt wie nach dem originalen Plan der Schöpfung ihren Platz gefunden haben.

Schon den jungen Heinrich von Kleist hat der Blick von der Festung derart berauscht, daß er, wie einer seiner Biographen bemerkt, darüber zum Dichter wurde. »Die Höhe senkt sich allmählich herab, und in der Tiefe liegt die Stadt... wie in der Mitte eines Amphitheaters«, schrieb er seiner Braut Wilhelmine von Zenge im Oktober 1800. »Von beiden Seiten hinter ihr ziehen im halben Kreise Bergketten heran und nähern sich freundlich, als wollten sie sich die Hände geben.«

Es folgt dann jene berühmte Schilderung, in der Kleist den lieben Gott selbst in der Loge des Himmels Platz nehmen läßt. »Und aus dem Gewölbe des großen Schauspielhauses sank der Kronleuchter der Sonne herab und versteckte sich hinter der Erde... Ein blauer Schleier umhüllte die ganze Gegend, und es war, als wäre der azurne Himmel selbst herniedergesunken auf die Erde.«

»Die Häuser in der Tiefe lagen in dunklen Massen da, wie das Gehäuse einer Schnecke; hoch empor in die Nachtluft ragten die Spitzen der Türme wie die Fühlhörner eines Insektes, und das Klingeln der Glocken klang wie der heisere Ruf des Heimchens...«

Hundert Jahre später kostete Alfred Lichtwark, der Direktor der Hamburger Kunsthalle, den Blick von der Festung aus und fühlte sich dabei an Bamberg und Salzburg erinnert, mit denen »Würzburg die Grundgestalt gemeinsam« hat: »den hohen Fels mit der Veste des Mittelalters, die Stadt zu seinen Füßen...« Dem vielgereisten Josef Hofmiller erschien Würzburg wie eine Schwester Wiens: »Hier wie dort in der Mitte der Dom und, gewissermaßen die alten Straßenzüge enger aneinanderrückend, die raumschwelgerischen Baumassen der Wiener Hofburg und der Würzburger Residenz.« Ricarda Huch sah die rebenbedrängte Stadt von südlicher Sonne übergossen. »Der Becher, den sie ihren Gästen kredenzt, entzündet Freudenfeuer der Seele. Selbst die Heiligen, die hier herrschen, haben davon getrunken; ihre Gewänder flattern im Tanz, verführerisch winkt ihr Lächeln.«

Ja, Würzburg war immer eine Mischung besonderer Art, und auch dieses spezifisch »Würzburgische« ist unversehrt aus dem Bombenregen hervorgegangen.

Dem Besucher, der mit dem Wagen nach Würzburg kommt, erscheint die Stadt als einziger großer Verkehrsstrudel, der ihm kaum Zeit läßt, nach rechts oder links zu blicken. Hat er sein Fahrzeug glücklich abgestellt, kann er zwei Minuten später jedoch durch kleinstädtische Gassen schlendern, in denen Katzen mit hochgestelltem Schwanz auf Raub ausgehen. Im Hochschulviertel, wo der Physiker Konrad Röntgen 1895 »eine neue Art von Strahlen« entdeckte, sieht er Studenten, vornehmlich Mediziner und Theologen, zu ihrem lichtbringenden Prometheus hasten, dem Wahrzeichen der Neuen Universität. Unten am Fluß begegnet er den Wäscherinnen der Waschschiffe, am Markt den Blumen-, Obst- und Gemüsefrauen, die im unverfälschten »Mainfränkisch« ihre Ware aussingen, und überall verschwiegenen Weinstuben und jenen berühmten »Bäcken«, die auf so absonderliche Namen wie »Johanniter-Bäck«, »Fiskal-Bäck«, »Sophien-Bäck« oder gar »Maulaffen-Bäck« hören. Wenige Schritte vom Trubel der Würzburger Geschäftsstraßen umfängt ihn der wiederhergestellte salische Dom, eine der größten romanischen Kirchen in Deutschland, oder der riesige Kuppelraum des barocken Neumünsters, in dessen Kreuzgruft die Reliquien der Frankenapostel Kilian, Kolonat und Totnan verehrt werden. Wieder nur wenige Schritte weiter mag er den staufischen Kreuzgang im »Lusamgarten« bewundern, in dessen Schatten das Grab Walthers von der Vogelweide liegt. In der »Residenz« steigt er auf Balthasar Neumanns freischwebenden Treppen zum Freskenhimmel des Venezianers Tiepolo empor. Im Bürgerspital nimmt er in einem Weinfaß Platz und leert andächtig einen »Bocksbeutel«. Hat er sich hier mit der herben Rasse des »Steinweins« befreundet, wird er auch dem »Stachel« noch einen respektvollen Besuch abstatten, dem ältesten Weinhaus hierzulande, in dem einst Florian Geyer, der ritterliche Bauernführer, sein Hauptquartier aufgeschlagen hatte.

Und schließlich die Festung, die noch immer eine imposante Verteidigungsanlage ist, eine riesige Fortifikation mit Wällen, Bastionen und Kasematten. An ihren Flanken aber wächst, gänzlich unkriegerisch, der Würzburger »Leisten«, und die Hallen und Säle des ehemaligen Zeughauses hat das Mainfränkische Museum okkupiert – eines der schönsten deutschen Museen, das sich vor allem dem großen Tilman Riemenschneider verschrieben hat, dem Würzburger Bildschnitzer, dessen lieblich-herbe Madonnen zum unschätzbaren Erbe der deutschen Gotik gehören. Wer sich einer Führung durch die Festung anschließt, kann auch einen Blick in das Verlies werfen, in dem die Hände, die diese Madonnen schufen, nach dem Bauernkrieg von Folterknechten zerschlagen und zerbrochen wurden.

Aber noch eine weitere Überraschung erwartet den Besucher zwischen den Mauern, Türmen und palastartigen Bauten der Festung – die Begegnung mit der Marienkirche, dem ältesten deutschen Kirchenbau außerhalb des römischen Deutschlands: einem Werk des frühen 8. Jahrhunderts.

Die Kanzel des Marienberges liegt hundert Meter über dem Mainspiegel und fällt nach drei Seiten schroff ab. Derartige Naturfestungen haben den Menschen von jeher angelockt, und so diente der Marienberg schon vor dreitausend Jahren als leicht zu verteidigende Zufluchtsstätte. Als stärkste Bastion des mittleren Mainlaufs wird er in der Geschichte des Landes auch schon vorher eine Rolle gespielt haben.

Diese Geschichte hat die Bodenforschung bis tief in die Altsteinzeit erschlossen, bis in die Zeiten von Nashorn und Riesenhirsch, Waldelefant und Höhlenbär, Rentier und Mammut. Schon der Neandertaler ging, wie aus den hunderttausend Jahre alten Steingeräten von Estenfeld und Kitzingen hervorgeht, an den Ufern des Mains der Jagd nach. Und sicher ist es nicht falsch, »wenn wir annehmen, daß immer wieder so eine Urmenschhorde an den Felsen unseres Marienberges Schutz suchte, wo die Sonne leichter Wärme spendete und kalte Regengüsse wie Schneestürme wenig zu spüren waren«. (Endrich)

Ebenso sind die jüngeren Epochen der mainfränkischen Urgeschichte durch Bodenfunde mannigfach erhellt worden. Wildbeuter und Fischer der Mittleren Steinzeit, ausgewiesen durch kleine Pfeil-

Die Marienkirche im Burghof der Würzburger Festung (um 700 ent-standen)   *(Foto: Gundermann, Würzburg)*

spitzen, Angelhaken und Messerklingen, kampierten in Großlang-
heim. Auf den fruchtbaren Lößäckern an den Rändern der Talaue
ließen sich in der Jüngeren Steinzeit Donaubauern nieder – so bei
Heidingsfeld, wo der Begründer der mainfränkischen Urgeschichtsforschung, Professor Hock, ein »bandkeramisches« Dorf freilegte.
Ein halbes Jahrtausend später, vor 4500 Jahren, siedelten die Rös-
sener am Main, die wiederum durch die Schnurkeramiker abgelöst
wurden, jenes tief aus dem Osten kommende Streitaxtvolk, das die
heutige Wissenschaft für indogermanisch hält.
Auch Pfahlbauten hat man gefunden, und zwar mitten in Würzburg: 1868 bei Kanalisierungsarbeiten unter dem Markt, und genau
wie in der Schweiz und am Bodensee haben sie die Phantasie der
Prähistoriker jahrelang beflügelt. Heute weiß man, daß es sich um
mittelalterliche Fundamente handelte. Denn das rechtsmainische
Würzburg war bis in geschichtliche Zeiten hinein Überschwem-
mungsgebiet und daher unbesiedelt.
Der Marienberg dagegen dürfte, wie Grabungen 1962 und 1963
erkennen ließen, schon in der Bronzezeit, zumindest zeitweise, bewohnt gewesen sein. Spätestens um 1000 v.Chr. wurde er zu einer
mächtigen Höhenfestung ausgebaut – vielleicht gegen die von Osten
her vordringenden Illyrer, vielleicht von den Illyrern selbst. Im
Schutz der Festung entstand am Fuß des Marienberges, etwa an
der Stelle der heutigen Burkarduskirche, eine lebenskräftige, ebenfalls durch Grabungen nachgewiesene Siedlung.
Diese Siedlung hat offenbar kontinuierlich weitergelebt. Während
sich der Berg um 650 v.Chr. – hundert Jahre nach der Gründung
Roms – in einen umwallten Fürstensitz verwandelte, der in Notzeiten auch der umwohnenden Bevölkerung Zuflucht bot, wuchs
sich die Niederlassung am Fluß zu einem Händler-, Handwerker-
und Fischerdorf aus. Hock fand bei seinen Grabungen 1929 und
1932 das wohlerhaltene Skelett einer jungen Frau, die später – ins
Mainfränkische Museum umgesiedelt – als »älteste Würzburgerin«
regionalen Ruhm erwarb. Erst der Riesenbrand im März 1945
löschte die irdische Spur der mit Halsreifen, Armringen und kobalt-
blauen Glasperlen geschmückten Dame aus.
Aus den spärlichen Angaben antiker Autoren ist zu schließen, daß
um 400 v.Chr. nördlich des Mains die keltischen Bojer saßen, südlich des Mains die keltischen Helvetier. Beide Stämme waren im
Lauf der nächsten Jahrhunderte starkem germanischem Druck ausgesetzt. So wird auch der Würzburger Marienberg in der Späteisen-
zeit eine dem hohen Stand der keltischen Befestigungskunst entsprechende neue Umwallung erhalten haben. Genutzt hat sie nicht.

Schon in der ersten Hälfte des letzten vorchristlichen Jahrhunderts ließen sich germanische Kriegsvölker am Main nieder.

Auch ihre Spuren wurden im linksmainischen Würzburg entdeckt. Als 1899 beim Wirtshaus »Zum Onkel« Wasserrohre verlegt wurden, stieß man auf ein Brandgräberfeld germanischen Ursprungs. Die Beigaben ergaben eindeutig, daß man es mit markomannischen Bestattungen zu tun hatte. Da aus schriftlichen Quellen bekannt ist, daß Angehörige dieses Stammes am Zug des Suebenkönigs Ariovist nach Gallien teilnahmen und nach dessen Niederlage bei Mülhausen sich am Main festsetzten, ließ sich der Befund mühelos in das historische Bild einordnen. Auch der Marienberg und seine Trabantensiedlung am Fluß war in jenen Tagen markomannisch – freilich nur für ein knappes halbes Jahrhundert. Denn im Jahre 9 v.Chr. führte König Marbod seinen Stamm nach Böhmen, warf dort die Bojer nieder und begründete das Markomannenreich.

Das menschenarme Mainland wurde eine Beute der suebischen Alemannen, die von Thüringen her Schritt um Schritt näherrückten und die zurückgebliebenen keltogermanischen Bevölkerungsreste schnell aufsogen. Würzburg dürften sie freilich erst in der Mitte des 2. Jahrhunderts erreicht haben, wie aus den spärlich fließenden Quellen zu schließen ist. Die Bodenfunde im Weichbild der Stadt schweigen sich über diesen Vorgang noch immer hartnäckig aus.

Auch die nach dem Fall des Limes und dem Abzug der Alemannen folgenden hundert Jahre burgundischer Herrschaft haben archäologisch keine Spuren hinterlassen. Das Interregnum liegt einstweilen in tiefer Finsternis. Selbst der Historiker muß sich mit der vagen Feststellung begnügen, daß die Burgunder wahrscheinlich vom zentral gelegenen Würzburger Marienberg aus ihr Land verwalteten – ein Land, das von dem alemannischen Siedlungsraum, wie bereits erwähnt, durch den römischen Limes getrennt war.

Als die Burgunder zu Beginn des 5. Jahrhunderts weiterzogen, kehrten die Alemannen vom Süden her ins Mainland zurück. Hier stießen sie auf die vom Norden kommenden Hermunduren. Der Main bildete die Grenze. Der alemannische Wächter, der vom Marienberg über den Fluß blickte, hatte hermundurisches, das heißt: thüringisches Gebiet vor Augen. Allerdings wird er nicht viel gesehen haben – denn das heutige Würzburger Stadtgebiet war noch immer unbesiedelt.

Schon aber gab es den Namen Würzburg in seiner Urform. Der Geograph von Ravenna nennt für das Jahr 500 bereits zwei feste alemannische Plätze rechts des Rheins – Ascapha und Uburzis, Aschaffenburg und Würzburg. Hier wie dort wurde Jahrhunderte später der Name der Burg auf die inzwischen entstandene städtische Siedlung übertragen.

Zu Beginn des 6. Jahrhunderts wechselte das Land am Main erneut den Besitzer. Es wurde fränkisch und, da es noch immer dünn besiedelt war, das Ziel zahlreicher Einwanderer, die überwiegend aus der Mainzer Gegend stammten. Nach dem Zeugnis der Bodenfunde ging die damit beginnende Frankisierung schnell vonstatten. Der Habitus der Beigaben war spätestens von der Wende des 6./7. Jahrhunderts an ausgesprochen fränkisch.

Das Fundgut ist allerdings, schon dem Umfang nach, wenig ergiebig. Eigentlich hat nur der Friedhof an der evangelischen Kirche von Würzburg-Heidingsfeld einen wertvollen Beitrag zur Kultur der Merowingerzeit am Main geleistet. Hock legte dort 1912 etliche Reihengräber frei, die von der Spatha bis zum Knochenkamm die von den rheinischen Friedhöfen her bekannten Inventare enthielten. Die schönsten Fundstücke lieferte ein reich ausgestattetes Frauengrab: die beiden Heidingsfelder Fibeln, die zu den kostbarsten Erzeugnissen fränkischer Goldschmiedekunst gehören und heute gewissermaßen als die Gebrauchsmusterstücke des mainfränkischen Frühmittelalters gelten.

Würzburg selbst meldet für diese Zeit nur einen kleinen bescheidenen Beitrag an, der aber für die Stadtgeschichte von höchster Bedeutung ist. Es handelt sich um ein fränkisches Gefäß aus dem 7. Jahrhundert, das 1898 aus einem Grab in der Bibrastraße geborgen wurde. Der erste Grabfund im rechtsmainischen Würzburg. Die erste Siedlungsspur auf der »anderen Seite« des Flusses.

Auch diese Entdeckung ließ sich historisch mühelos einordnen. Irgendwann in der ersten Hälfte des 7. Jahrhunderts entstand nämlich auf der rechten Mainseite eine herzogliche Pfalz. In ihr residierten die Herzöge von Thüringen – des fränkischen Thüringen, wie man hinzufügen muß; denn das Thüringerreich war bereits hundert Jahre vorher zertrümmert worden.

Der Name der Thüringer wird normalerweise auf die Stammesbezeichnung der Hermunduren zurückgeführt. Doch ist diese Deutung nicht unbestritten. Ludwig Schmidt zum Beispiel hält die keltischen Teurier, nach Ptolemäus eine Völkerschaft nördlich der Sudeten, für die etymologischen Ahnen. Wie der Name der Bojer in dem der Bajuwaren weiterlebte, so meint er, hätten die Teurier ihren Namen an die Thüringer weitergegeben.

Unabhängig von solchen Überlegungen gilt als historisch erwiesen, daß die Hermunduren den Kern des thüringischen Volkes bildeten, daß dieses aber im Lauf seiner Geschichte verschiedene weitere Stämme aufsog, vor allem Angeln und Warnen aus Schleswig.

Die frühesten Spuren der Hermunduren wurden im Raum zwischen Altmark und Harzvorland gefunden und in das letzte vorchristliche Jahrhundert datiert. Um Christi Geburt hauste der Stamm nach Strabo zu beiden Ufern der Elbe. Bei Ptolemäus erscheinen die Hermunduren zwischen Thüringer Wald und Lausitzer Bergland. Man weiß auch, daß sie sich im Jahre 58 mit den Chatten um irgendwelche Salzquellen in der Nähe eines Flusses stritten – vermutlich der Werra. Zentrum ihres Siedlungsraumes war also bereits in den ersten nachchristlichen Jahrhunderten die Landschaft, die noch heute Thüringen heißt. Dort behaupteten sie sich jahrhundertelang, ohne expansive Gelüste.

Erst die Unrast der Völkerwanderungszeit störte die Hermunduren aus ihren Sitzen auf. Zeitgenössische Quellen verzeichnen thüringische Kontingente unter den Hilfsvölkern Attilas. Um 480 überfielen Hermunduren Passau und plünderten es gründlich aus. Das Ende des 5. Jahrhunderts bezeichnet überhaupt die Zeit ihrer größten Machtfülle. Ihr Stammesgebiet reichte damals von der Werra bis zur Elbe, von der Aller bis zur Oker. Dazu kamen abgesprengte hermundurische Volksteile am Niederrhein, in Süddeutschland und in Böhmen.

Seßhaftigkeit blieb aber auch im Hin und Her der Völkerwanderungszeit das besondere Merkmal der Thüringer: der unwiderstehliche Zug in die Ferne, der die Goten und Wandalen einen ganzen Erdteil durchmessen ließ, hat dieses Volk der Mitte nie erfaßt.

Es ist nur natürlich, daß auch die Bodenfunde diese Beharrlichkeit bestätigen. Keramik, Waffen und Schmuck sind von unverkennbar germanischer Art und haben sich nahezu ungestört entwickelt. Zwar sind provinzialrömische und östliche Elemente verarbeitet worden, doch haben sie keine schöpferische Unruhe hervorgerufen. Mit fränkischen und alemannischen Produktionen verglichen, mutet die Völkerwanderungskunst der Hermunduren – bis auf einige Ausnahmen, wie die kostbaren Fibeln von Mühlhausen und Weimar – bieder und provinziell an. Erst mit den »Reitersteinen von Hornhausen«, Reliefs aus einem Grabbau, ist der thüringischen Kunst ein überregional bedeutsames Werk gelungen. Sie sind allerdings frühestens um 700 entstanden.

Diese Beständigkeit ist um so erstaunlicher, als die Hermunduren ein tüchtiges Händlervolk waren und zumindest mit ihren Nachbarn einen lebhaften Güteraustausch unterhielten. Die Ausfuhr von Salz, die Einfuhr von Metall, Ton und Glas hat ihnen mancherlei Kontakte mit der Außenwelt verschafft, ihren Konservativismus aber kaum berührt.

Die Franken rückten nach ihrem Sieg über die im heutigen Hessen lebenden Chatten noch unter Chlodwig bis an die Grenzen der Thüringer vor. Da die thüringischen Könige – wahrscheinlich Arianer – jedoch zu den Verbündeten und Protegés des großen Theoderich zählten, war ihnen noch eine kurze Zeit der Unabhängigkeit beschieden. Erst 529 drang ein merowingisches Heer, auf der Straße Hanau–Fulda–Eisenach, erstmalig bis in die Mitte des thüringischen Reiches vor, wo die Recken beider Armeen einen ganzen Tag aufeinander losschlugen, ohne freilich eine Entscheidung zu erzwingen.

Zwei Jahre später brachen die Brüder Theuderich und Chlotar, nachdem sie sich der Mithilfe der Sachsen versichert hatten, erneut in Thüringen ein. Diesmal rieben sie das thüringische Aufgebot völlig auf, und nur der Tatsache, daß sich die Sieger über die Beute – insbesondere über die schöne Prinzessin Radegunde – nicht einigen konnten, verdankte der thüringische König Herminafried noch ein mehrjähriges Schattendasein.

Immerhin hatte er sich so kräftig zur Wehr gesetzt, daß die Franken einen dritten Feldzug scheuten. Theuderich löste das Problem auf merowingische Art. Er lud, wie Gregor von Tours erzählt, seinen Widersacher zu sich, »gab ihm sein Wort zum Pfande, daß ihm nichts Böses widerfahren sollte, und überhäufte ihn mit Ehrengaben. Da sie aber eines Tages auf der Mauer der Stadt Zülpich standen und miteinander plauderten, erhielt Herminafried von einem Unbekannten einen Stoß, stürzte von der Mauer und starb. Wer ihn dort herabgestürzt hat, wissen wir nicht; man behauptet aber, Arglist Theuderichs sei dabei im Spiele gewesen.«

Einer der Königssöhne brachte es in bzyantinischen Diensten noch zu hohen Ehren. Die begehrte Radegunde – ihr Grab wurde, wie man sich erinnert, 1959 in St. Denis in Paris entdeckt – wurde die Gemahlin König Chlotars, der dessenungeachtet den leiblichen Bruder seiner Frau, getreu der merowingischen Staats- und Familienraison, über die Klinge springen ließ.

Das Thüringerreich teilten die Sieger wie einen Bauernhof. Den Norden erhielten die Sachsen, der Rest wurde fränkische Königsprovinz, zunächst wohl unter heimischen Herzögen. Der Schwerpunkt der Provinz dürfte aber von Anfang an im mittleren Mainland gelegen haben.

Die Geschehnisse der nächsten hundert Jahre liegen noch immer hinter einer fast undurchdringlichen Nebelwand. Das Herzogtum scheint eine gewisse Unabhängigkeit gewahrt und mit dem großen Frankenreich in gutem Einvernehmen gelebt zu haben. Von Thüringern in fränkischen Diensten und thüringischen Hilfskontingenten in den Heeren der Franken ist in der Folgezeit mehrfach die Rede. Am meisten trug aber wohl die ständige Gefährdung der von slawischen Völkerschaften bedrohten Ostgrenze zur beiderseitigen Friedensliebe bei. Die gemeinsamen Interessen dürften den einstigen Gegnern spätestens zu Beginn des 7. Jahrhunderts bewußt geworden sein, als die Wenden unter ihrem König Samo ein fränkisch-sächsisches Expeditionsheer mit schweren Verlusten zurückgejagt hatten.

Etwa zur gleichen Zeit lichtet sich das Dunkel um das frühe Würzburg. Um 630 setzte König Dagobert den fränkischen Edlen Radulf als Herzog von Thüringen ein, und dieser Radulf und seine Nachfolger Hetan I., Gozbert und Hetan II. residierten in der Pfalz auf der rechten Seite des Mains. Würzburg war Provinzhauptstadt des fränkischen Reiches geworden.

Radulf regierte jedoch wie ein König und ließ es 640 sogar auf eine kriegerische Auseinandersetzung mit den Franken ankommen. Auch seine Nachfolger scheinen die ferne und durch zahlreiche innere Kämpfe geschwächte Zentralgewalt nicht übermäßig respektiert zu haben. So waren die Bindungen des Herzogtums Thüringen an das Frankenreich im letzten Drittel des 7. Jahrhunderts offenbar recht locker. In diese Zeit datiert die Legende das Ende des heiligen Kilian und seiner Gefährten, die in Würzburg den Märtyrertod starben. Die politische Situation des Mainlandes in den letzten Jahrzehnten des 7. Jahrhunderts hat den unbekannten Legendenschreiber freilich nicht interessiert. Für ihn war Kilian einer jener frommen Gottesmänner irischen (oder iroschottischen) Geblüts, die Heimat und Familie verließen, um den germanischen Heiden den Trost der Welt zu bringen.

Er hieß eigentlich Killena und entstammte einem alten, vornehmen Geschlecht, berichtet der unbekannte Hagiograph. Und genau wie Kolumban oder Korbinian verspürte dieser Killena schon in früher Jugend das brennende Verlangen, sich in die Schriften der Kirchenväter zu vertiefen und ein Leben in Glaube und Demut zu führen. Eines Tages fühlte er sich vom Himmel selbst angesprochen und gemahnt, das Wort Gottes weiterzutragen. Er versammelte daraufhin seine Gefährten und Schüler, »nämlich die Presbyter Colonat, Gallo und Arnuval und den Diakon Totnan ... und begann sie dafür zu gewinnen, das Eigentum zu verachten, Vaterland und Eltern zu verlassen und völlig arm Christus nachzufolgen«.

Nach gebührender Vorbereitung brach er mit seinen Gefährten auf und gelangte – auf welchem Weg, sagt der Verfasser nicht – »zu dem Kastell, das Wirciburg genannt wird«, einem »herrlichen Ort«, dessen Bewohner allerdings nach heidnischer Weise lebten; denn »sie verehrten die Bilder von Dämonen und erkannten noch nicht den Gott des Himmels und der Erde«.

Kilian empfand tiefes Mitleid mit der »Menge von Menschen edler Art«, die sämtlich »vom alten Feind besessen« waren, und beschloß, ihnen »den Namen unseres Herrn Jesus Christus zu bringen«. Zuvor aber wanderte er mit seinen Jüngern zum Papst, um Segen und Vollmachten des Apostelfürsten einzuholen. Erst dann spendete er, wie es in einer späteren Fassung der *Passio* heißt, dem Herzog Gozbert und seinen »ungläubigen Völkern das Brot des göttlichen Vaters«.

Nun aber trat eine Schwierigkeit auf, die wir bereits aus der Lebensgeschichte Korbinians kennen. Auch Gozbert hatte die Frau seines Bruders geheiratet, und genau wie Korbinian verurteilte Kilian die herzogliche Ehe als sittenwidrig. Gozbert war geneigt, sich von der Dame seines Herzens zu trennen; sie selbst aber, Geilana mit Namen, »entbrannte mit heftigem Zorn wie eine Löwin, der man die Jungen geraubt ... und schlau überlegend sann das ruchlose Weib, wie sie die heiligen Männer verderben könne, ohne daß« – an dieser Stelle enthält die Legende vom Würzburger Stadtpatron eine ganz moderne Wendung – »die Öffentlichkeit aufgeregt würde und das Volk Kenntnis bekäme«.

Als Gozbert eine Reise unternahm, nahm Geilana die Gelegenheit wahr und ließ den heiligen Kilian und seine Gefährten Colonat und Totnan durch gedungene Mörder umbringen.

Noch in derselben Nacht wurden die Leiber der entseelten Märtyrer verscharrt. »Auch die Gewänder, in denen sie die göttlichen Handlungen vollzogen hatten, und ihre heiligen Bücher wurden vergraben, damit ... der Anschein erweckt würde, daß sie unbemerkt wie gewöhnlich auf Wanderung gegangen seien.« Und wirklich gelang es Geilana, die Untat geheimzuhalten. Selbst Herzog Gozbert erfuhr nichts von dem hinterhältigen Mord.

Da die Übeltäterin sich auf diese Weise der irdischen Gerechtigkeit entzogen hatte, übernahm Gott selbst das fällige Strafgericht. »In Geilana fuhr ein böser Geist und quälte sie so lange, bis sie ihr Leben aufgab.« Einer der Henker verfiel in Raserei und stürzte sich in sein Schwert. Der andere zerfleischte sich mit seinen eigenen Zähnen, ehe er »von der zeitlichen Strafe zur ewigen überging«. Selbst Gozbert, dessen Strafakte doch eigentlich unbefleckt war, wurde nach dem Bericht des Legendenschreibers von seinen Knechten umgebracht.

Die *Passio* endet mit dem Hinweis auf die von Bischof Burchard von Würzburg ins Werk gesetzte Erhebung der Märtyrer – »zur Zeit, da Pippin, der erste König der Ostfranken, glücklich regierte«.

Das ist alles. Kein Wort über den Menschen Kilian, sein Aussehen, seine Eigenschaften, seinen Bildungsgang. Kaum ein Wort über seine Wirksamkeit und den Erfolg seiner Arbeit. Die Gestalt Kilians gewinnt nirgendwo Kontur. Die Historiker begnügen sich deshalb mit der etwas skeptischen Feststellung, daß irgendwann am Ende des 7. Jahrhunderts drei irische Mönche in Würzburg ermordet wurden.

Um so überraschender ist die spätere Volkstümlichkeit des Frankenapostels. Der knapp hundert Jahre später im Auftrag von Karl dem Großen entstandene *Kalendar des Godescal* verzeichnet Kilian, gleichrangig neben Winfrid Bonifatius, als ersten Heiligen der rechtsrheinischen Reichsgebiete, und bereits im 9. Jahrhundert hatte der Kilianskult nicht nur im Mainland Wurzel geschlagen, sondern auch in Teilen von Hessen, in der Mainzer Gegend, bei Düsseldorf, bei Heilbronn, im Bistum Paderborn und in Oberösterreich.

Welche Rolle spielte der Kilianskult, und welche bewegenden Kräfte zeichnen sich hinter ihm ab?

Pippin der Mittlere hatte 687 bei Tertry seine innerfränkischen Gegner aus dem Feld geschlagen und war damit alleiniger Hausmeier und Herr des Frankenreiches geworden. Wenig später spürten auch die rechtsrheinischen Gebiete den neuerlichen Zugriff der fränkischen Macht. Pippin legte vor allem das Herzogtum Thüringen wieder fest an die Zügel, zumal es über Mosel, Rhein und Main verkehrstechnisch am leichtesten zu erschließen war.

Zahlreiche familiäre Bindungen begünstigten die damit einsetzende Entwicklung. Der um die Wende des 7./8. Jahrhunderts in Würzburg residierende Herzog Hedeno war offenbar mit der karolingischen Familie versippt. Auch die fränkischen Adelsgeschlechter am Main standen durchweg in verwandtschaftlichen Beziehungen zur Nobilität der austrasischen Kerngebiete am Oberlauf der Mosel.

Ebenso wurde das Herzogtum Thüringen von hier aus religiös betreut. Filialen der Klöster Echternach und Weißenburg im Elsaß trugen entscheidend zur Ausbreitung des Christentums in den Mainlanden bei. Die missionarische Kleinarbeit vor Bonifatius leisteten also nicht die iroschottischen Mönche unter Kilian, sondern anonyme Kräfte gallorömisch-fränkischer Herkunft.

In diese Zeit der stillen Missionierung fällt auch der Bau der Marienkirche. Sie entstand vermutlich an der Stelle eines alten germanischen Heiligtums, getreu der Anweisung, die Papst Gregor der Große seinen Glaubensboten bereits um 600 mit auf den Weg gegeben hatte: christliche Kirchen nach Möglichkeit am Platz heidnischer Bergtempel zu errichten. Als Baujahr gibt eine mittelalterliche Quelle das Jahr 706 an.

Herzog Hedeno scheint 717 auf einem Kriegszug im Gefolge von Karl Martell gefallen zu sein. Damit erlosch das fränkische Amtsherzogtum in Würzburg. Die fränkische Macht aber bestand und wirkte weiter, und zwar wie bisher von dem befestigten Herzoghof im rechtsmainischen Teil der Siedlung. Unter den Fittichen dieser Macht entwickelte sich auch das kirchliche Leben. So konnte Winfrid Bonifatius, der Organisator der rechtsrheinischen Diözesen, Würzburg 741 – gleichzeitig mit Erfurt und Büraburg – ohne Bedenken zum Bistumssitz erheben.

Die Karolinger gewährten ihm dabei jegliche Unterstützung. Sie stimmten der Ernennung des von Bonifatius vorgeschlagenen Angelsachsen Burchard zum ersten Bischof von Würzburg unverzüglich zu und statteten das junge Bistum mit vollen Händen aus. Durch die von den Brüdern Karlmann und Pippin unterzeichneten Schenkungsurkunden gingen damals 26 königliche Kirchen und Zellen sowie unübersehbarer Grundbesitz vom Ostharz bis zum Neckar in das Eigentum des Würzburger Sprengels über.

»Faßt man den Inhalt dieser ... Verfügungen zusammen, dann eröffnet sich ein Bild, das ... eindrucksvoll überrascht: fast das gesamte damals unter fränkischer Hoheit stehende rechtsrheinische Gebiet mit Ausnahme des von Mainz betreuten und beansprüchten ... war in dieser oder jener Form von den Karolingern für den Haushalt der neugeschaffenen Institution in Anspruch genommen worden.«

»Da diese Aktivierung samt und sonders die Übereignung staatlicher Rechte an das Würzburger Bistum bedeutete, zeigt sich ... klar, welch lebhaftes Interesse das fränkische Reich karolingischer Prägung an diesem Raum sowie an dessen verfassungsrechtlicher Neugestaltung besaß. Denn nur unter einem straff zusammengefaßten Bistum konnte es sich in erforderlichem Maße jene Kräfte nutzbar machen, die es für seine sich hier augenfällig neu orientierende Politik benötigte. Sie konnte sich nach Ostfalen, Engern und Westfalen, in den slawischen Osten, nach Bayern und nach Alemannien hin in Bewegung setzen – überall in diese Richtungen strahlten die Verbindungen von Würzburg aus.«

»Wer Würzburg in der Hand hatte und mit ihm die Verbindung zum Rhein, bestimmte das Schicksal des rechtsrheinischen Germanien.« (Dienemann)

Bischof Burchard konnte schon wenige Jahre später seinen Dank für die ungewöhnliche Erstausstattung seines Bistums entrichten. Zusammen mit Fulrad, dem Abt von St. Denis, der später noch jahrzehntelang Karls des Großen diplomatischer Romexperte war, begab er sich 751 zu Papst Zacharias, um diesem Pippins Wunsch vorzutragen, den letzten Merowinger in klösterliche Obhut zu nehmen und selbst Würde und Bürde des Königtums zu tragen. Burchard, der schon 747/48 während eines längeren Romaufenthaltes das Vertrauen des Apostelfürsten gewonnen hatte, entledigte sich seines Auftrags mit großem Geschick. Als er heimkehrte, brachte er dem jüngeren Pippin den Segen des Papstes und damit die Königskrone mit.

Aber auch nach Würzburg kehrte er nicht mit leeren Händen zurück. Er hatte in Rom die Erlaubnis erwirkt, die Gebeine der schon beinahe vergessenen iroschottischen Märtyrer zu erheben und damit einen »eigenen, bodenständigen Würzburger Heiligenkult« zu begründen. Tatsächlich wurde bereits im folgenden Jahr die *Translatio* der sterblichen Reste Kilians und seiner Gefährten feierlich begangen.

Das waren – verbunden durch die Gestalt Burchards, der hier wie dort die entscheidende Mittlerfunktion ausübte – zwei bedeutsame Ereignisse innerhalb von Jahresfrist: 751 die Königskrönung Pippins, 752 die »sakrale Untermauerung« des Bistums Würzburg.

Joachim Dienemann, der den politischen Hintergründen der Kiliansverehrung eine scharfsinnige Untersuchung gewidmet hat, glaubt in der schnellen Folge der beiden Geschehnisse einen geheimen Zusammenhang entdecken zu können. Nach seiner Meinung war der Kilianskult »dank seiner engen Berührung mit den Intentionen des Königs« von Anfang an ein Instrument der karolingischen Ostpolitik. Der iroschottische Märtyrer wurde durch seine *Translatio* nicht nur der Schutzheilige des Bistums Würzburg, sondern auch der Protektor der »neuen königlichen Machtbasis« am Main.

Damit wird verständlich, warum Kilian schon dreißig Jahre später im »Festkalender« Karls des Großen neben Bonifatius »den Heiligenhimmel des ausgedehnten germanischen Raums« repräsentiert. Überhaupt zeichnet sich die dem toten Glaubensboten zugedachte politische Sendung unter Karl noch wesentlich deutlicher ab als unter Pippin, am deutlichsten am 8. Juli 788, als der große Franke am Kiliansgedenktag in Würzburg teilnahm.

Das Datum ist in mehrfacher Hinsicht interessant. Ein Jahr zuvor war Karl mit drei starken Heeren gegen Bayern aufmarschiert, und die Bereitstellung dieser Armeen hatte genügt, Herzog Tassilo zur Kapitulation und dann – im Frühjahr 788 – zur Annahme der Tonsur zu bewegen. Damit war ihm ein großer, überdies unblutig errungener Sieg gelungen, vergleichbar jenem Triumph von Tertry, mit dem der mittlere Pippin hundert Jahre vorher die karolingische Hausmeiermacht endgültig konsolidiert hatte. Karl sah in diesem Erfolg eine Bestätigung seines göttlichen Auftrags und hatte daher beschlossen, die Geschichte seines Hauses vom Jahr 688 an – dem Jahr der eigentlichen Machtübernahme – aufzeichnen zu lassen.

Dann begab er sich nach Würzburg, um das Fest der *Translatio* Kilians zu feiern. Allem Anschein nach nutzte er die Gelegenheit, den Märtyrertod des Iren nun ebenfalls in das Traditionsjahr 688 zu datieren und den Würzburger Glaubensboten zum Bannerträger der karolingischen Dynastie zu erheben. Die fällige Jahrhundertfeier wurde somit zu einem Doppeljubiläum von geschichtlicher Bedeutung: der Ehrentag des königlichen Hauses fiel fortan mit dem Todestag des heiligen Kilian zusammen.

Irgendwann in dieser Zeit dürfte – nach den Mutmaßungen Dienemanns, dessen Indizien sich aber zu einer fast lückenlosen Beweiskette zusammenschließen – auch die erste Fassung der *Passio Kiliani* entstanden sein, und zwar als Auftragsarbeit in der unmittelbaren Umgebung des Königs (wobei von dem vorliegenden »hagiographischen Material« unbekümmert Gebrauch gemacht wurde).

Sichtbarer konnte der König die Rolle des Bistums Würzburg als geographisches und geistiges Zentrum seiner Ostpolitik nicht bekunden. Wie fünfhundert Jahre vorher der Bischof Martin von Tours zum fränkischen Nationalheiligen »aufgebaut« wurde, so ließ Karl jetzt einen nahezu vergessenen irischen Glaubensboten als karolingischen Reichsheiligen inthronisieren. Tatsächlich hat der heilige Kilian fortan nicht nur zur Ausbreitung des Christentums, sondern auch, als »Patron... fränkischen Pioniergeistes im Osten«, zur Integration des Reichsgedankens wesentlich beigetragen.

Die Missionsarbeit unter den Sachsen – dem widerspenstigsten und aufsässigsten aller germanischen Stämme, der sich erst nach dreißigjährigem Kampf geschlagen gab – fand in dem heiligen Kilian die Symbolfigur, unter deren Schutz die Glaubensboten in das dunkle, drohende Waldland eindrangen. Mehr noch als Fulda hat Würzburg an der endgültigen Befriedung Sachsens und seiner halsstarrigen Bewohner mitgewirkt. Schon um 780 hatte Kilian weite Gebiete des Paderborner Missionssprengels erobert, und Hathumar, der 806 als erster Sachse Bischof von Paderborn wurde, war ein Zögling Würzburger Klosterschulen.

Mainfranken selbst blieb auch unter kirchlicher Führung eine Provinz, die dem Königshaus besonders nahestand. Fastrada, Karls des Großen zweite rechtmäßige Gemahlin, dürfte mainfränkischen Geblüts gewesen sein. Die berühmten Nonnenklöster des Würzburger Bistums, Schwarzach und Kitzingen, Ochsenfurt und Tauberbischofsheim, waren »Pflegestätten karolingischer Herrscher- und Familientradition«. Und schließlich entstand in Neustadt an der Saale eine prächtige Königspfalz, deren Geschichte zahlreiche Besuche Karls und seines Sohnes Ludwig (des Frommen) verzeichnet.

Diese Neustädter Pfalz – bekannter unter dem Namen »Königshof Salz« – wurde im 9. Jahrhundert das Repräsentationszentrum der Karolinger im Maingebiet. Würzburg aber blieb geistiger, kirchlicher und politischer Mittelpunkt der Provinz, die bis heute den Namen der Franken führt.

Die Frühgeschichte der Stadt Würzburg ist freilich eine rechte wissenschaftliche Crux. Die schriftlichen Quellen reichen auch in diesem Fall für ein eindeutiges Bild nicht aus, von der erwünschten Anschaulichkeit ganz zu schweigen. Die beträchtliche Zahl vorliegender Untersuchungen wartet also mit recht verschiedenen Ergebnissen auf.

Die Überlieferung beginnt mit einem am 1. Mai 704 ausgestellten Schriftstück, mit dem Herzog Hedeno »in castello Virteburh« der Abtei Echternach mehrere Liegenschaften vermachte. In der Bonifatius-Vita des Angelsachsen Willibald und in verschiedenen Bonifatius-Briefen wird Würzburg jeweils kurz erwähnt. Aus den Jahren 777 und 779 liegen zwei vielzitierte »Markbeschreibungen« vor, die die Grenzen und Besitzverhältnisse des »Siedlungsverbandes« Würzburg verzeichnen, aus dem 9. Jahrhundert zwei Urkunden, in denen Ludwig der Fromme und Ludwig der Deutsche die Schenkungen Karlmanns und Pippins bestätigen. Dazu kommen die beiden Kilians-Passionen, die ältere Fassung einer Burchard-Biographie sowie eine unklare und widerspruchsvolle Bischofsliste.

Mit einem Abstand von vier Jahrhunderten hat um 1125 der Mönch Engelhard – ein Pseudonym, hinter dem sich wahrscheinlich der Abt Eckehard von Aura verbarg – eine weitere Burchard-Vita verfaßt, die ebenfalls ein wenig Licht auf das frühe Würzburg wirft. Wie der Mönch Engelhard genießt auch der um 1550 gestorbene Magister Lorenz Fries, dessen *Würzburger Chronik* bis heute so etwas wie ein heimatgeschichtliches Volksbuch blieb, den Respekt der

Historiker. Beide fußten nämlich auf Büchern und Aufzeichnungen, die inzwischen längst verloren sind.

In der Endabrechnung erscheinen dennoch nur einige dürftige Fakten. Die meisten dieser Texte operieren zudem mit mehrdeutigen Begriffen. So hat allein der in der Karlmannschen Schenkungsurkunde enthaltene Hinweis auf die »innerhalb der Burg Würzburg gelegene Marienkirche« einen jahrzehntewährenden Streit entfacht, der noch immer weiterschwelt.

Karl Dinklage plädiert, wie die gesamte ältere Forschung, für die innerhalb der heutigen »Burg« gelegene, 706 geweihte Marienkirche. Und er sieht in diesem Bau »die in der alten Volksburg an heidnischer Kult- und Thingstätte errichtete Urpfarrkirche für den ursprünglichen Bereich des Zentgerichtes Würzburg«. Sie wäre damit auch die erste Kathedrale des jungen Bistums gewesen, »welche vom Andreas-(und späteren Burchardus-)Kloster zu Füßen des Marienberges, wo Bischof und Domklerus hausten, bedient wurde«.

Karl Bosl, Ordinarius für Bayerische Landesgeschichte an der Universität München, lokalisiert das *castrum* dagegen in der rechtsmainischen Niederlassung, »die befestigt war« und zunächst eine Herzogpfalz, später einen Königshof enthielt. Er polemisiert deshalb auch gegen die Ansicht, daß die in den Bestätigungsurkunden des 9. Jahrhunderts genannte *basilica infra predictum castrum in honore sanctae Mariae constructa* mit der Marienkirche in der Festung gleichzusetzen sei. Er glaubt vielmehr, daß es auch in der befestigten Pfalz auf der rechten Seite des Flusses eine *basilica sanctae Mariae* gab – eben die Pfalzkapelle, die wie üblich der Gottesmutter geweiht war. Bei Bosl »bleibt also von der Kathedralkirche auf dem Würzburg nichts übrig«.

Übereinstimmung herrscht aber darüber, daß Bischof Burchard unterhalb des Marienberges – am Standort der heutigen Pfarrkirche St. Burkard – ein Kloster bauen ließ, das die bischöfliche Domschule, die Bibliothek und das Skriptorium aufnahm. Die Kirchenfürsten selbst residierten in der rechtsmainischen Pfalz, die ursprünglich als Herzogs- und Königshof gedient hatte, und führten neben dem Krummstab das Schwert als Zeichen der Herrschergewalt – ein Recht, das außer ihnen nur den geistlichen Kurfürsten zukam.

Das Pfalzgelände erstreckte sich südwärts vom alten Dom, der an der Stelle des heutigen Neumünsters stand, der Grablege der drei Märtyrer und des zweiten Würzburger Bischofs Megingoz. Dinklage vermutet, daß der erste Dom vielleicht ein eilig errichteter Holzbau gewesen sei, der erst Ende des 8. Jahrhunderts unter Bischof Bernwolf durch eine Steinbasilika ersetzt wurde. Ein Blitz setzte diese, wie die Fuldaer Annalen berichten, 855 in Brand, und ein schreckliches Unwetter riß vier Wochen später die rauchgeschwärzte Ruine ein.

Die neue und größere Kathedrale ließ Bischof Arno an der Stelle des heutigen Doms errichten. Der Arnodom umschloß auch die Reliquien der drei iroschottischen Glaubensboten. Als um die Jahrtausendwende an der alten Märtyrer-Gedächtnisstätte eine neue Kirche entstand, kehrten die Heiligen jedoch an den Ort ihres Opfertodes zurück. Seitdem haben sie ihren Platz nicht mehr gewechselt; die Krypta, in der sie ihre letzte Ruhestätte fanden, wahrte ihren baulichen Bestand bis zum heutigen Tag.

Der bischöfliche Immunitätsbezirk griff um das Jahr 1000 längst über das alte Königshofviertel hinaus und bildete einen verhältnismäßig dichten Siedlungskomplex: den späteren Stadtkern. Das Hauptgebäude – der Bischofshof, in mittelalterlichen Urkunden teils *palatium*, teils *curia episcopalis* genannt – nahm etwa den Platz des nachmaligen Kürschnerhofes ein, an dessen Südende das eigentliche Wohngebäude lag: der Salhof.

»Erst als die Ritterburgen auf den Höhen allgemein üblich wurden, verlegte Bischof Hermann von Lobdeburg (1225–1254) seine Residenz auf die von Bischof Konrad von Querfurt (1198–1204) begonnene Marienburg, und der ›Saal‹ wurde Bischofskanzlei und Stadtgerichtsgebäude, um schließlich bis zu seinem Abbruch im Jahre 1894 noch das bayerische Landgericht zu beherbergen. Jetzt erhebt sich an seinem Platz der Neubau der Städtischen Sparkasse.« (Dinklage)

Doch wichtiger als diese topographischen Details – die die Stadthistoriker überdies noch eine Weile beschäftigen mögen – ist die Tatsache, daß die Bistumserrichtung auch in Würzburg einen schnellen Wachstumsprozeß einleitete. Die Stadt wurde nicht nur »ein Brückenkopf der karolingischen Expansionspolitik«, sondern auch das geistige Strahlungszentrum der fränkischen Königsprovinz.

Die Würzburger Dombibliothek war die bedeutendste des frühen Mittelalters, nicht zuletzt dank ihrer unvergleichlichen Sammlung angelsächsischer Handschriften. Die Würzburger Schreibschule konnte es an Fleiß und Leistung durchaus mit den Freisinger Skriptorien aufnehmen. Die Forschung verdankt ihr unter anderem einen bedeutenden Bibliothekskatalog sowie eine Abschrift der berühmten Epistel über die Pflege der Wissenschaften, die Karl der Große an Abt Baugulf von Fulda sandte.

Und auch im Würzburger Boden schlug schließlich ein eigenwüchsiges Schrifttum Wurzeln, das von den rhetorischen und grammatischen Studien des 9./10. Jahrhunderts bis zu der Biographie Kaiser Heinrichs IV. reicht, für die höchstwahrscheinlich der 1121 gestorbene Bischof Erlung verantwortlich war. Albertus Magnus, der große Scholastiker, der die Werke des Aristoteles dem christlichen Abendland zurückgewann, wirkte mehrere Jahre in Würzburg. Konrad von Würzburg, die stärkste dichterische Persönlichkeit des 13. Jahrhunderts, war in der Mainstadt zu Hause. Und sicher war es kein Zufall, daß Walther von der Vogelweide seinen Lebensabend in Würzburg beschloß und in nächster Nachbarschaft des heiligen Kilian zur letzten Ruhe gebettet wurde.

Auch wirtschaftlich hat Würzburg von der Erhebung zum Bischofssitz erheblich profitiert. Rings um die Domfreiheit wird man sich schon um 750 eine lebenskräftige Siedlung vorzustellen haben, die im wesentlichen von Bauern und Fischern bewohnt war. Nun aber zog der heilige Kilian auch Kaufleute in großer Zahl an, die in der jungen Bistumsmetropole alles fanden, was ein gesundes Händlerherz erbaut: außer dem ständig steigenden Bedarf der geistlichen Residenz und der konsumfreudigen Wallfahrerscharen vor allem die zentrale Lage im Herzen der mainfränkischen Königsprovinz.

Der älteste Markt- und Handelsbetrieb im frühen Würzburg, der Markt der kleinen Leute sozusagen, spielte sich zwischen Dom und Fluß ab, wo ja heute noch beträchtliche Umsätze getätigt werden. Die Fernhändler mit ihren Tuchen und Pelzen schlugen ihre Buden und Stände unmittelbar vor der Bischofsburg auf – daher auch der spätere Kürschnerhof. Kaiser Ludwig der Fromme erteilte 820 dem Würzburger Markt ein Zollprivileg, und bereits drei Jahre später ist von einem *comes Wicboldus* die Rede, der von den Kaufleuten und sonstigen Nutznießern des Handelsplatzes die notwendigen Abgaben kassierte. Den Abschluß dieser Entwicklung bezeichnet eine Urkunde König Konrads II. aus dem Jahre 1030, durch die der Würzburger Oberhirte »Herr der Münze und des Zolles, der Mainfähre und des täglichen Marktes, eines achttägigen Jahrmarktes und der Gerichtsbarkeit über die Bürgerschaft« wurde.

Aber auch die Stadt des Bischofs blieb eine Stadt des Königs und des Reiches. Mochten die Karolinger den Königshof Salz dem Pfalzort Würzburg vorziehen – die Salier und Staufer fühlten sich von der Hauptstadt Mainfrankens derart angezogen, daß (nach Karl Bosl) »sein zu Hof- und Heerfahrt sowie Gastung verpflichteter Bischof mehrmals fast bankerott wurde«. Neunzehnmal hielt sich König Konrad III. mit seinem Hofstaat in Würzburg auf. Achtzehnmal besuchte Friedrich Barbarossa die Bistumsmetropole am Main, die ihm auch für seine Hochzeit mit der Prinzessin Beatrix von Burgund als prächtige Festkulisse diente. Sein Sohn Heinrich VI. kehrte in den sieben Jahren seiner Regierung, die er zudem meist in Italien verbrachte, neunmal in Würzburg ein.

Würzburg war 1127 Stätte des ersten ritterlichen Turniers in Deutschland, von dem die Chroniken berichten. Ungezählte Staatsfeste, Synoden und politische Konferenzen setzten während des glanzvollen »staufischen Jahrhunderts« der lokalen Geschichte ihre unvergessenen Glanzlichter auf. Zwischen 1121 und 1196 trat allein der Reichstag neunmal in der Stadt des heiligen Kilian zusammen.

Um 1130 entstand die erste steinerne Mainbrücke zwischen den beiden Würzburger Stadtteilen, am Ende des Jahrhunderts der große Mauerring, der bereits mehrere Vorstädte in die Umwallung einbezog. Die Entwicklung der Stadt hatte damit auch äußerlich einen vorläufigen Abschluß erreicht. Würzburg war im Laufe eines halben Jahrtausends zu einer der bedeutendsten Städte des Reiches herangewachsen, gleichermaßen berühmt als Pfalzort wie als Residenz eines unermeßlich reichen Bistums.

Im Schutze seiner Mauern regte sich nun aber auch ein selbstbewußtes Bürgertum, das den Bischöfen ihre Vorrechte streitig zu machen begann. Das war einer der Gründe dafür, daß sich die Würzburger Kirchenfürsten – die 1168 durch Friedrich Barbarossa noch einmal ausdrücklich als Herzöge von Franken bestätigt worden waren – im frühen 13. Jahrhundert auf den Marienberg zurückzogen und damit sichtbar von ihren rebellischen Untertanen absetzten. In der Art weltlicher Herren bauten sie sich dort oben ein, als erster jener Konrad von Querfurt, der als Kanzler Heinrichs VI. und Legat für Italien und Sizilien kurz zuvor den zypriotischen König Amalrich als Vasallen des Reiches gekrönt hatte.

Aber erst 1253 verlegte Bischof Hermann von Lobdeburg nach einem schweren Zusammenstoß mit der Bürgerschaft die Residenz endgültig in die Marienfestung und baute diese zu der Zwingburg aus, die das geistliche Regime zur Wahrung seiner Rechte benötigte. Anderthalb Jahrhunderte hielt diese Auseinandersetzung das Bistum in dauernder Unruhe. »Zwischen 1250 und 1400 blieb keine Generation ... von schweren inneren Kämpfen verschont. Wie Ebbe und Flut folgten einander Brand, Mord, Friedensbruch – Unterwerfung, Sühnevertrag, Schadenersatz. Erst als Fürstbischof Gerhard von Schwarzburg 1400 ein Würzburger Bürgerheer bei Bergtheim vollständig zerrieben hatte, fanden die Chronisten wieder Zeit, sich erfreulicheren Ereignissen zuzuwenden.« (Engel)

Immer von neuem verstärkt und verändert, ergänzt und erweitert, blieb die Festung aber das Zentrum der mainfränkischen Geschichte – kultureller Mittelpunkt im Frieden, Wellenbrecher im Kriege.

Mit der Burg überdauerte die Marienkirche alle Stürme der Jahrhunderte – das geheime Herz der Festung und zugleich der älteste Teil des riesigen Kombinats von Wällen, Türmen und mächtigen Toren, prächtigen Palästen und dunklen Kasematten. Allerdings hat auch die Marienkirche mancherlei Wandlungen durchgemacht.

Ihre Urgestalt ist nicht bekannt. Noch um die Jahrhundertwende wurde die Herkunft der Kirche aus dem frühen 8. Jahrhundert von vielen Forschern energisch bestritten. Inzwischen haben die Grabungen Karl Hermann Röttgers auf dem Marienberg die mittelalterliche Überlieferung bestätigt.

Röttger hat die Marienkirche zweimal genau untersucht: 1937, als die Burg gründlich restauriert wurde, und 1948, als die noch nicht behobenen Kriegsschäden die Arbeit des Ausgräbers erleichterten. Trotz mancher äußeren Erschwernisse – er arbeitete zeitweise nur mit einer einzigen Hilfskraft – reichten die beiden Kampagnen aus, die Außenwände der Rotunde zu vermessen und ihre Fundamente freizulegen.

Röttgers 1950 unter dem Titel *Felix Ordo* veröffentlichte Ergebnisse bilden bis heute die Grundlagen der Marienkirchen-Forschung. Der Rundbau, der, von außen betrachtet, an zwei ineinandergeschobene Zylinder erinnert, mißt 12,55 Meter »im Lichten«; die untere Ummantelung, in die außer dem Eingang und dem Chorzugang die sechs Nischen des Innenraumes eingetieft sind, erreicht eine Wandstärke von 3,50 Meter. Der volle Durchmesser der Rotunde, einschließlich des mächtigen Mauerkörpers, beträgt 19,85 Meter – ein respektabler Bau also, schon in seinem äußeren Volumen.

Bei den Grabungen ergab sich die erstaunliche Tatsache, daß das Fundament der darunter liegenden »Hallstattschicht« gewissermaßen aufgesetzt wurde. Die heute zwischen 65 und 95 Zentimeter tief liegende, am Sockel noch einmal um 25 Zentimeter verbreiterte Grundmauer reichte zur Zeit ihrer Entstehung also nur einen Fußbreit unter die Erde. Die geringe Eintiefung dürfte, wie die Experten meinen, die gewaltige Mauerstärke begründet haben.

Röttger konnte weiter feststellen, daß an diesem Mauerwerk wiederholt gearbeitet wurde. Baumeister der romanischen Zeit ummantelten zum Beispiel den Kuppelzylinder und deckten das Gewölbe mit flachen Steinen zu. Ebenso sicher aber konnte Röttger nachweisen, daß der eigentliche Baukörper erheblich älter ist, ja, daß der Innenraum bei allen späteren Arbeiten nahezu unverändert blieb.

Er bediente sich dabei eines ebenso mühseligen wie geistvollen und fruchtbaren Verfahrens. Von der Erkenntnis ausgehend, »daß gewisse Proportionierungen zum immanenten Gut künstlerischen Geistes gehören«, errechnete er die komplizierten Proportionsverhältnisse der Rotunde. Er stellte fest, daß alle Abmessungen der ersten Steinkirche Mainfrankens auf den sogenannten »karolingischen Fuß« bezogen sind – eine Maßeinheit wahrscheinlich byzantinischen, sicher aber mittelmeerischen Ursprungs.

Aus dem Baubefund und der »Analyse nach Maß und Zahl« ließ sich zwingend folgern, daß an der »mediterranen Herkunft der Marienkirche« nicht zu zweifeln ist; und weiter: daß der Urbau in eine sehr frühe Zeit verweist und daher »wohl mit dem überlieferten Datum 706« in Verbindung zu bringen ist.

Überaus aufschlußreich waren auch die Grabungen Röttgers unter dem Chor. Er stieß dort auf zwei Pfeilerbasen und den Torso einer Wand mit gemalten Scheinpfeilern und konnte aus diesem Befund unschwer das Bild einer dreischiffigen Krypta mit vier Jochen rekonstruieren. Aus der Rotunde in die Krypta führte eine Treppe, deren unterste Stufen Röttger noch wohlerhalten antraf. Wichtiger dünkte ihm jedoch, daß an der Treppe der Fundamentsockel aussetzte. Er folgerte daraus, daß Rundbau und Krypta (und mit ihr der darüberliegende Chor) gleichzeitig entstanden, das heißt: einem einheitlichen Bauplan entstammten. Auch er hielt die Festungskapelle also für eine alte Bischofskirche mit hohem Chor und Laienraum, deren besondere Form er damit begründete, »daß die Spendung der heiligen Taufe bei einer noch sehr jungen Christengemeinde eine überragende Rolle spielte«. Als Urbild der Marienkirche nannte er die Taufkapelle San Giovanni in Fonte zu Ravenna, ein Werk des 5. Jahrhunderts.

Archäologen und Kunsthistoriker sind sich darüber einig, daß Röttger mit seinen gewissenhaften Untersuchungen einen hervorragenden Beitrag zur Baugeschichte der Marienkirche geleistet hat. Aber sie haben nicht alle seine Folgerungen widerspruchslos hingenommen. Seine Kritiker meldeten vor allem gegen die These Bedenken an, daß Rotunde und alter Chor gewissermaßen aus einem Guß seien. Kurt Gerstenberg, Ordinarius für Kunstgeschichte an der Universität Würzburg, datiert diesen Chor und seine Krypta – die übrigens in schriftlichen Quellen nie erwähnt werden – in die ottonische Zeit, zusammen mit den Fresken in der Krypta. (Röttger hat die gemalten Scheinsäulen ebenfalls als ottonisch angesprochen, meinte darunter aber eine zweite ältere Schicht feststellen zu können.)

Auch stilgeschichtlich läßt sich, wie Gerstenberg meint, die Kombination von Rotunde und Chor nicht mit Sicherheit in das frühe 8. Jahrhundert einordnen. Nach seiner Auffassung stand die Rotunde bereits jahrhundertelang, »ehe der durchaus heterogene Rechteckbau des Chores mit einer Krypta darunter hinzugefügt wurde... Eine gleichzeitige Erbauung von Rundkirche und zweigeschossigem Choranbau« ist nach seiner Meinung schon deshalb nicht zu begründen, weil »die Rundkirche in sich geschlossen und als isolierter Raum gedacht ist mit einer gleichmäßigen Helligkeit des feierlichen Oberlichts, während Krypta und Hochchor eine malerische Zerspaltung des Raumbildes bedingen und mit dem wirkungsvollen Gegensatz von hellem Ober- und dunklem Unterraum rechnen«.

Wenn es sich aber um einen echten Rundbau handelte, so dürfte er am ehesten als »eine monumentale Grabkirche für die ersten christlichen Herzöge des Frankenlandes« zu identifizieren sein, »wobei die Nischen des weiten Innenraumes zur Aufnahme der Sarkophage dienen sollten«. Gerstenberg weiß auch für eine solche Grabkirche das entsprechende mittelmeerische Vorbild zu nennen: das stadtrömische Mausoleum der Kaiserinmutter Helena, das von ihrem Sohn, dem großen Konstantin, eine halbe Meile südöstlich der Porta Maggiore errichtet wurde und als Ruine Torre Pignatarra noch heute besteht. »Die Übereinstimmung dieser fast doppelt so großen Grabkirche mit der Marienkirche kann kaum größer sein: in beiden Fällen... ein zylindrischer Rundbau mit acht tiefen Nischen im Erdgeschoß, die nach außen nicht erkennbar in einer runden Ummantelung liegen.«

Doch ob Tauf- oder Grabkirche, ob Rotunde mit oder ohne Chor, ob ravennatisches oder stadtrömisches Vorbild, es bleibt der lapidare Tatbestand, daß mit der Würzburger Marienkirche zu Beginn des 8. Jahrhunderts in dem eben erst missionierten Mainland, mitten im Herzen Deutschlands, ein Stück antiker Architektur erscheint, fünfzig Jahre vor der Kathedrale von St. Denis in Paris, ein Jahrhundert vor der Ratgar-Basilika von Fulda.

Der Baumeister ist unbekannt. Doch mag er einer jener italischen Wanderkünstler gewesen sein, deren Spuren im Frankenreich auch anderswo anzutreffen sind. Jedenfalls war er, nach Röttgers Überzeugung, »ein bedeutender Architekt, voll des Wissens seiner Zeit und begnadet mit feiner künstlerischer Empfindung«. Daran ändert auch die Tatsache nichts, daß er sich beim Bau der Burgkapelle von überkommenen Formen inspirieren ließ.

Als ein Vorbote jener großen Erneuerung der Baukunst aus antikem Geist, der wir in der karolingischen Renaissance begegnen, steht die Würzburger Marienkirche – ein Werk von höchstem historischem und kunstgeschichtlichem Rang – am Anfang der deutschen Architekturgeschichte.

In welcher Verfassung sie sich befand, als die Würzburger Bischöfe den Marienberg bezogen, verraten die Quellen nicht. Da sie aber, wie aus einem Güterverzeichnis des Jahres 985 hervorgeht, als Pfarrkirche des Burkardus-Klosters diente, werden die Klostermönche sie wenigstens notdürftig erhalten und gepflegt haben; durchaus möglich auch, daß der dickwandige Rundbau bei Kämpfen auf dem Berg für profane Zwecke verwendet wurde. Beispielsweise hat man ihn in späterer Zeit während einer Belagerung einmal als Pulvermagazin mißbraucht.

Doch das führt bereits in die Mitte des 16. Jahrhunderts und damit in eine Zeit, die über die Veränderungen auf dem Marienberg Buch geführt hat. So ist überliefert, daß Bischof Konrad von Thüngen zehn Jahre nach dem Bauernkrieg die wahrscheinlich kegelförmige Bedachung der Burgkapelle erneuern ließ. Der spitze Helm, der auf einem Holzschnitt von Schedels *Weltchronik* aus dem Jahre 1493 über die Dächer des Palastes ragt und fast die Höhe des Bergfrieds erreicht, verschwand damals und wurde durch einen viereckigen Glockenstuhl ersetzt. Dieser Glockenstuhl wieder ging während des großen Feuers, das am Gründonnerstag des Jahres 1600 die Burg heimsuchte, in Flammen auf. Das war für den baufreudigen Bischof Julius Echter ein Anlaß, auch die ehrwürdige Marienkirche gründlich zu renovieren und dem Geschmack und dem Bedarf seiner Zeit anzupassen.

»Das Dach war« – nach Max. H. von Freeden, der diesen Umbau in seinem Marienberg-Buch eingehend beschrieben hat – »völlig abgebrannt und das Innere durch Rauch und Wasser beschädigt. Die Marienkirche war ohnedies durch die Mängel ihres Alters und durch Kerzenrauch . . . recht düster geworden, und ihr alter Chorraum erwies sich als zu eng für die von Julius angeordneten festlichen Gottesdienste.«

»Professor Marianus berichtet in der Festschrift«, die 1603 zum dreißigjährigen Regierungsjubiläum Echters erschien, »daß die Mauern als Zeugen des Altertums unverändert belassen wurden, man habe ihnen aber, gleich einem heiligen Körper, ein neues Gewand angelegt, wodurch das Alte nicht vernichtet, sondern hervorgehoben werden sollte.«

Zu diesem neuen und überaus prächtigen Kleid, das »kaum ein Stückchen Wand« freiließ, gehörten die bis heute erhaltenen Stuckreliefs, »die dem Mauerleib zwischen den Kapellennischen angelegt wurden«. Wesentlich an Wirkung gewann der Innenraum auch durch die Entfernung der beengenden Emporen. Da der Rotunde überdies ein halbhoher Turm aufgesetzt wurde, konnte sich der Blick fortan wie in einem Himmelsrund ergehen.

Die wichtigste Veränderung aber »war die Vergrößerung der Rundbogenfenster in der Höhe des oberen Mauerrings, von denen sich nur eines nach Nordwesten hin zugemauert in seiner kleineren Form erhalten hat, und dann vor allem der Ausbruch der neuen Fenster in den Nischen des Erdgeschosses«.

»Diese Maßnahmen und die Vergrößerung durch einen neuen, geräumigen, rechteckig geschlossenen Chor an Stelle des alten, kleineren und höher gelegenen Chores haben aus dem dunklen und dumpfen, frühmittelalterlichen Kirchenraum eine lichte und freundliche Schloßkirche mit geräumigem Chor gemacht.«

Knapp anderthalb Jahrhunderte später stattete Johann Philipp von Greiffenklau die Marienkirche mit einem pompösen Hochaltar – marmorweiß das Gehäuse, rot der Stuck, golden die Schnitzereien – und anderen barocken Zutaten aus. Das 19. Jahrhundert ersetzte Echters schöne Kuppel wieder durch eine kegelförmige Bedachung, deren Proportionen aber nicht so recht stimmten. In dieser Gestalt ging die Burgkapelle dann in die kunstgeschichtlichen Handbücher ein.

Die Restauration der Festung, die Röttger Gelegenheit zur Grabung gab, war 1939 nahezu abgeschlossen. Die noch nicht verwirklichten Pläne und Projekte verschwanden bei Kriegsausbruch in den Schubladen. Die Festung wurde sozusagen noch einmal militarisiert. Während das wertvollste Mobiliar »ausgelagert« wurde, richteten sich Luftwaffen- und Sanitätseinheiten in den alten, dauerhaften Gemäuern ein.

Der Brandbombenregen, der im März 1945 auf Würzburg niederprasselte, verschonte auch die Bischofsburg auf dem Marienberg nicht. Der gesamte Süd- und Ostflügel brannte aus. Die Marienkirche verlor ihre erneuerte Kuppelhaube; auch die barocke Innenausstattung verglühte und veraschte. Der Stuck der Decken und der Putz der Wände bedeckten als weißgrauer Kehricht die steinernen Böden.

In den Festungsruinen nisteten sich Flüchtlinge ein: Heimatlose, Fremdarbeiter, Ausgebombte, Verfolgte und Versprengte, und die nackten, ausgeräucherten Mauern bildeten die düstere Szenerie eines Landsknechts- und Schacherlebens, wie es die Festung trotz ihrer bewegten Vergangenheit nie gesehen hatte.

Inzwischen haben die Restauratoren auf der Burg erneut Hand angelegt und ein gutes Stück Arbeit geleistet. Zwar sind noch längst nicht alle Schäden behoben, ja, die Renovierungsarbeiten werden wahrscheinlich noch Jahre dauern – trotzdem hat das Bild seine alten vertrauten Züge zurückgewonnen.

Die Marienkirche trägt wieder ihre schöne barocke Haube und auch innen wieder ihr altes Gewand. Das zierliche Brunnenhäuschen über dem hundert Meter tiefen Schacht, der Randersackerer Turm mit dem Verlies Tilman Riemenschneiders, nicht zuletzt das barocke Zeughaus – heute, wie gesagt, die Schatzkammer der mainfränkischen Kunst – sind längst wiederhergestellt. Und wie früher glaubt sich der Besucher in den wiedereingerichteten Fürstenzimmern in die Welt der großen Würzburger Bischöfe des 17./18. Jahrhunderts zurückversetzt.

Gänzlich unverändert ist schließlich auch das schönste Kleinod der Festung, der Fürstengarten, aus dem Feuersturm von 1945 und der Anarchie der ersten Nachkriegsjahre hervorgegangen – jenes »Blumenparterre mit Wasserspielen und zwei doppelläufigen Treppen«, das wie ein herrschaftlicher Balkon hoch über dem Fluß liegt und einen in allen Reisebüchern empfohlenen, gleichsam dreisternigen Blick über die Stadt gewährt.

Von einem leichten Dunst verschleiert, liegt sie dort unten am Ufer des Mains, den man in den letzten Jahrzehnten zu einer Großschifffahrtsstraße mit Schleusen und befestigten Ufern ausgebaut hat. Diesseits die alten Forts, neben dem drohenden »Höllenschlund« die beiden Basteien, die ungeachtet ihrer militärischen Funktionen die Namen zweier Heiligen tragen: des Kinderfreundes Johann Baptista und des Schifferschutzherrn Johannes Nepomuk. Davor das engbrüstige linksmainische Viertel mit der Burkarduskirche und der Jugendherberge, einem Barockbau, der vormals als Kaserne und Frauenzuchthaus diente.

Von Ufer zu Ufer drei Brücken, in der Mitte die alte Mainbrücke mit ihren überlebensgroßen Heiligen – und schließlich die Stadt, ein Geschichtsbuch aus Stein.

An der Peripherie die Universitätsinstitute, die Fabriken, die Neubauviertel. Dann das Zickzack der Ringstraßen, die deutlich sichtbar die polygonale Umwallung nachziehen, die die Festung Würzburg bis 1866 wie ein Halseisen einzwängte. Daran angelehnt der mächtige Komplex der Residenz, die Napoleon »den schönsten Pfarrhof der Welt« nannte.

Und dann die Stauferstadt, jenes berühmte Fünfeck, das so beziehungsvoll an eine Bischofsmütze erinnert. Und inmitten des wiederaufgebauten Altstadtviertels die beiden Herzkammern der Stadt: das barocke Neumünster und der salische Dom.

Hier in dem mythischen Bereich von Münster, Dom und Kürschnerhof begann die Würzburger Stadtgeschichte. Hier erhob ein obrigkeitlicher Befehl das Land am Main zur fränkischen Königsprovinz, den iroschottischen Märtyrer Kilian zum fränkischen Reichsheiligen. Noch heute, zwölfhundert Jahre später, singt man in Würzburg:

> »Dich loben, Dir danken
> Deine Kinder in Franken,
> Sankt Kilian.«

SIEBTES KAPITEL
DIE BONIFATIUS-GRUFT IN FULDA

Weg und Wirkung des »Apostels der Deutschen«

Die Basilika und der Barockdom · Der Entschluß des Mönches Winfrid, ... die Angeln in Engel zu verwandeln · Das Goldene Zeitalter der angelsächsischen Kirche · Versuchsfeld Friesland · Bonifatius' missionarisches Praktikum · Kelten, Chatten, Hessen · Der Tag von Geismar · Winfrids angelsächsische Hausmacht · Die Reform der fränkischen Kirche · Sturmis Ritt in den Urwald · Fußbodenheizungen unter dem Fuldaer Domplatz · Monte Cassino in Hessen · »Ich gleiche einem bellenden Hunde ...« · Das Ende in Friesland · »Tapfer in Waffen – frei von Häresie« · Größte Klosteranlage nördlich der Alpen · Die Rettung der »Germania« · Wiege der deutschen Sprache · Hochschule von europäischem Rang · »Der römischen Kaiserin Erzkanzler« · Der Deutsche aus Wessex

Fulda entspricht auf den ersten Blick dem Musterbild einer deutschen Mittelstadt. Es zählt knapp fünfzigtausend Einwohner, darunter zehntausend Vertriebene, ist Einkaufs-, Schul- und Verwaltungszentrum seiner grünen Umgebung und Standort zahlreicher florierender Fabriken, die außer ortsansässigen Arbeitskräften siebzehntausend »Pendler« beschäftigen. Es verlor im Krieg dreißig

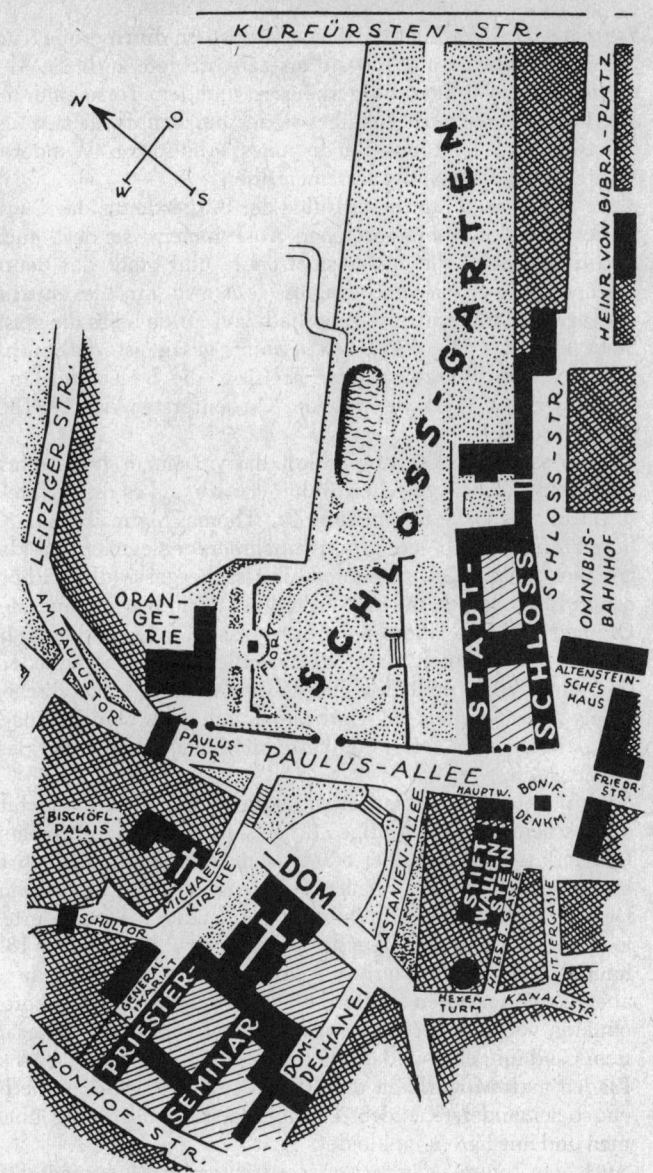

Plan des Fuldaer Barockviertels

Prozent seiner Wohnfläche, die es inzwischen durch große Siedlungen vornehmlich am Stadtrand ersetzte, richtete auch die Altstadt mit ihren ehrwürdigen Bürgerhäusern und dem Torso eines mittelalterlichen Tores nach Gebühr wieder her, empfiehlt sich als Tagungsort und liegt am Rande eines erholsamen Wander- und Wintersportgebietes: der einsamen Rhön.

Aber es gibt nicht nur dieses Fulda der Bürgersleute, des Gewerbefleißes und des wohlbemessenen Auskommens, sondern auch das kirchliche Fulda, die Bistumsmetropole und Stadt der deutschen Bischofskonferenzen, und fraglos geht von ihr die entschieden stärkere Ausstrahlung aus. Innerhalb von Fulda heißt die geistliche Stadt kurz das »Barockviertel« – womit gesagt ist, daß auch hier, genau wie in Würzburg oder Freising, die bedeutendsten Bauleistungen ein Werk der großen Kirchenfürsten des 17./18. Jahrhunderts sind.

Da ist das alte bischöfliche Schloß, das vor einem guten Jahrzehnt noch einmal einen gewissen Ruhm erwarb, als es die architektonische Kulisse für die Filmfassung von Thomas Manns Roman *Königliche Hoheit* abgab – ein grundvornehmer, gediegener und klarliniger Bau Johann Dientzenhofers. Da ist die geistvollste Schöpfung des Fuldaer Barock, die im Nordteil des Schloßgartens angesiedelte Orangerie, ein Kavaliersbau wie nur wenige in Deutschland: heiter, festlich und verspielt, dabei übersichtlich und wohlgegliedert. Da sind die vielbewunderten Palastbauten, das heutige Bischöfliche Palais zum Beispiel, das Hofbeamtenpalais, in dem sich nach der Säkularisation ein Hotel etablierte, die Domdechanei und das Stift Wallenstein.

Und inmitten dieser festlichen, hochgestimmten Barockarchitektur die bescheidene, unauffällige Michaelskirche, deren frühromanisches Bauwerk die Krypta einer 820 entstandenen karolingischen Rundkirche umschließt: das Beinhaus des früheren Mönchsfriedhofs.

Der beherrschende Mittelpunkt des Fuldaer Barockviertels ist jedoch der Dientzenhofersche Dom, der zu Beginn des 18. Jahrhunderts die neunhundertjährige Ratgar-Basilika ablöste, ihre Form aber in wesentlichen Teilen beibehielt. Denn Dientzenhofer, der ohnehin von Bamberg nur »ausgeliehen« war, mußte sparsam mit dem Geld umgehen und deshalb das bestehende Mauerwerk seinen Plänen nach Möglichkeit dienstbar machen. So wurden die beiden eng beieinanderstehenden Türme von ihm vollständig übernommen und nur barock umkleidet.

Auch das Innere, das in seiner »nüchternen Monumentalität« so ganz anders als der farbenprächtig instrumentierte bayerische Barock zum Betrachter spricht, läßt die alte Basilika noch immer erkennen – trotz der von einer mächtigen Kuppel überwölbten Vierung, die ihre Verwandtschaft mit St. Peter in Rom nicht verbirgt. Noch immer bestimmt das mächtige Mittelschiff die optische Wirkung des riesigen Raumes. Noch immer ist dieses Mittelschiff auf den Hochaltar vor dem ehemaligen Mönchschor konzentriert, dessen holzgeschnitzte Krönung Mariens Himmelfahrt darstellt.

Das Herzstück des Domes aber ist die Krypta unter dem Hochaltar: die Bonifatius-Gruft, die die sterblichen Reste des »Apostels der Deutschen« birgt.

Ein schwarzer Marmoraltar steht an der mit Goldmosaiken ausgelegten östlichen Kryptawand, eine Arbeit des Fuldaer Bildhauers Johann Neudecker, dem damit ein unvergängliches Werk gelang, unvergänglich vor allem dank der beiden Alabasterreliefs, die hell aus dem dunklen Gestein hervortreten.

»Das Stirnbild stellt« – nach der Beschreibung von Anton Schmitt – »in lebendiger Szene den Augenblick dar, in dem Bonifatius den Schwertstreich des Mörders empfängt. Noch ist er nicht zu Boden gesunken, da stürzen schon die Engel des Himmels blitzschnell herunter, die Palme und die Krone des Märtyrers zu bringen... Sich selbst übertroffen hat der Künstler in dem Antependium des Altartisches. Wir sehen gewissermaßen in das Grab hinein und erleben die Stunde des Jüngsten Tages voraus, in der der Märtyrer sich zur ewigen Auferstehung erhebt... Die wuchtige Grabplatte entschwebt. Die Posaune des Weltgerichts hat gerufen. Siegreich wird der heilige Kirchenfürst aus Grabestiefe emporsteigen.«

Winfrid Bonifatius, der Gründer des Klosters Fulda, war eine »Schlüsselgestalt der Weltgeschichte«. Von diesem Angelsachsen, der den Bau der Kirche in Deutschland schuf, gingen Wirkungen aus, die bis heute andauern. Auch das Reich Karls des Großen wäre ohne die Vorarbeit dieses ebenso nüchternen wie leidenschaftlichen Mannes nicht möglich gewesen.

Winfrid Bonifatius erblickte um 675 im äußersten Westen des Königreiches Wessex das Licht der Welt. Ältere Biographen bescheinigen ihm durchweg eine Abstammung aus adligem Hause. Die heutige Forschung ist eher der Meinung, daß er der Sohn eines wohlhabenden Großbauern war. Seine Eltern interessieren jedoch kaum, da der junge Winfrid schon im Alter von sieben Jahren mönchischer Obhut anvertraut wurde. Das Kloster Exeter, das dem wißbegierigen, durch Wanderprediger bereits stark beeindruckten Knaben die erste Heimstatt wurde, vermochte ihn nicht lange zu halten. Kaum herangewachsen, trat er in das Kloster Nursling ein, wo er in dem Abt Winbert, einem Schüler des berühmten Aldhelm von Malmesbury, einen väterlichen Führer und Mentor fand.

Im Kloster Nursling genoß er eine hervorragende Ausbildung, die beste, die damals überhaupt möglich war. Sie erstreckte sich nicht nur auf Theologie und die Auslegung der heiligen Schriften, sondern auch auf das Studium der antiken Autoren und deren grammatikalische, metrische und rhetorische Kunstgriffe – und wirklich hat der angelsächsische Organisator der deutschen Kirche die Regeln der klassischen Bildung und Formkultur zeit seines Lebens gewissenhaft angewandt.

Der Ruf seiner Gelehrtheit reichte bald weit über Nursling hinaus. Auch als volkstümlicher Prediger hatte er großen Zulauf. Schließlich führte er eine Delegation zum Metropoliten von Canterbury mit so viel Geschick und Geistesschärfe, daß auch seine diplomatische Begabung strahlend hervortrat. So war er bereits mit vierzig Jahren eine der imponierendsten Gestalten des angelsächsischen Christentums: stark und unbeirrbar im Glauben, klug, erfahren und in allen Sparten der damaligen Wissenschaft wohlbeschlagen – ein souveräner Kirchenmann. Der Weg zu hohen und höchsten Ehren lag offen vor ihm. Doch plötzlich verließ er die vorgezeichnete Straße, um Missionar in Friesland zu werden – im Jahre 716 setzte er bei Dorestad, dem heutigen Wijk bij Duurstede im Rheindelta, den Fuß auf den Boden des Kontinents.

Die meisten Bonifatius-Biographen verwenden einige Anstrengung darauf, diesen unvermittelten Schritt zu erklären. Sosehr sie einander widersprechen, sind sie sich doch in einem Punkte einig: daß es sich, bei aller spürbaren Spontaneität, um den Entschluß eines reifen Mannes handelte, dessen Leben bis dahin stetig und ohne Sprünge verlaufen war. Der Winfrid des Jahres 716 steht gewissermaßen »fertig« vor uns; das Besondere seiner Persönlichkeit zeichnet sich bereits deutlich ab.

Mit Kolumban und seinen Jüngern verglichen, betrat er den Kontinent als »Träger eines bewußten Bildungswillens«. Zwar war die Fähigkeit zu Askese und Leidenschaft bei ihm kaum geringer entwickelt, doch äußerte sie sich nie in den Formen jenes düsteren Fanatismus, dem sich die irischen »Vagabunden Gottes« offenbar mit einer gewissen Wollust ergaben. Die aufwendige, vielfach hypertrophierte Religiosität der keltischen Wanderapostel war ihm zuwider. Bei aller Glaubenskraft war schon der junge Winfrid Bonifatius von einer gewinnenden Sachlichkeit und frei von der verderblichen Inbrunst des Eiferers.

St. Michael in Fulda (820–822 als Friedhofskapelle gebaut)

(Foto: Verfasser)

Noch etwas unterschied ihn von den irischen Erweckern und Ver-
kündern: die feste Bindung an Rom. Der Mann, der sich 716 entschloß, eine sichere und ehrenvolle Zukunft der ungewissen Missionsarbeit auf dem Kontinent zu opfern, fühlte sich als Beauftragter
der römischen Kirche. Während er die weltlichen Großen bisweilen
hochmütig die Überlegenheit seines Geistes spüren ließ, erkannte
er die Apostelfürsten auf dem Stuhl Petri ohne Vorbehalte als

höchste und letzte Instanz an. Diese Ausrichtung auf Rom war, wie sein antiker Rationalismus, ein Ergebnis seiner klösterlichen Erziehung oder, allgemeiner ausgedrückt, ein Resultat jener frühangelsächsischen Kultur aus frühchristlichem Geist, die eines der merkwürdigsten Phänomene der europäischen Geistesgeschichte ist.

Ihr Begründer war Papst Gregor der Große – der erste »Knecht der Knechte Gottes«, der in seinem Palast wie ein Bettelmönch lebte, seinem ständig kranken Körper eine gigantische Arbeitsleistung abzwang und nicht nur als Restaurator des kirchlichen Lebens, sondern auch als Diplomat, Verwaltungsmann, Sozialreformer und Verfasser zahlreicher theologischer Schriften die Zentralgestalt des ausgehenden 6. Jahrhunderts war.

Gregor war noch Abt des Andreasklosters in Rom, als er – wie Beda Venerabilis anderthalb Jahrhunderte später in seiner *Kirchengeschichte der Angeln* berichtete – auf dem städtischen Sklavenmarkt eine Gruppe von Gefangenen entdeckte, die ihm »wegen ihrer weißen Haut, ihrer würdevollen Haltung und ihrem prachtvollen Haar« auffielen.

»Als er sie eine Weile betrachtet hatte, soll er gefragt haben, aus welcher Gegend oder welchem Lande sie kämen, und er erhielt zur Antwort, sie kämen aus Britannien, allwo das Volk dieses Aussehen habe.«

»Und er fragte weiter, ob die Bewohner dieser Insel Christen seien, und es ward ihm die Antwort, sie seien Heiden ... ›Weh‹, sprach er darauf, ›es ist ein Jammer, daß der Urheber der Finsternis ein so strahlend schönes Volk besitzt und daß Menschen, die so anmutig und so prächtig anzusehen sind, innerlich jeder Gnade und Anmut bar sein sollen!‹«

»Wiederum fragte er darauf, wes Namens dieses Volk sei, und er erhielt zur Antwort, es seien Angeln. Worauf er sprach: ›Zu Recht heißen sie so, denn engelgleich ist ihr Antlitz, und billig wäre es, daß solche Menschen bei den Engeln im Himmel wären.‹«

Die Geschichte ist, wie der Amerikaner Durant meint, »zu hübsch, um glaubwürdig zu sein«. Tatsache ist jedoch, daß Papst Gregor 595 Auftrag gab, angelsächsische Sklaven an der unteren Rhône aufzukaufen und in den Klöstern Roms für die spätere Missionsarbeit unter ihren fernen Landsleuten auszubilden. Um das Verfahren abzukürzen, sandte er aber bereits ein Jahr später den Benediktiner Augustin mit vierzig Mönchen aus, die Angelsachsen zu bekehren.

Es war kein Zufall, daß er einen Benediktiner nach Britannien sandte. Papst Gregor fühlte sich als Erbe und Testamentsvollstrecker des Heiligen von Nursia. Von seinen zahlreichen Schriften gilt die über den Patriarchen des abendländischen Mönchtums bis heute als das Standardwerk der christlichen Hagiographie.

Dieser Benedikt von Nursia, Sproß einer alten Landadelsfamilie, ging nach einer bewegten, lockeren Jugend als Einsiedler in die Sabinerberge und gewann viele Schüler. Mit ihnen zog er 529 – dem Jahr, da die athenischen Philosophenschulen endgültig schlossen – auf den Monte Cassino, einen fünfhundert Meter hohen Berg oberhalb der antiken Stadt Casinum. Dort gründete er »jene ideale Klosterfamilie«, mit der er zum erstenmal das benediktinische Regelwerk durchexerzierte, das dann für mehr als sechshundert Jahre die »Magna Charta« des europäischen Klosterwesens wurde.

Die 73 Kapitel der benediktinischen *Regula*, trotz mancher Entlehnungen ein »geschlossenes Ordnungssystem« von äußerster Folgerichtigkeit, sind nicht das Werk eines Fanatikers, sondern eines nüchternen und toleranten Römers. Indem er sich unausgesprochen zu dem Bibelwort bekannte, das die Menschen »allzumalen Sünder« nennt, ließ Benedikt bei aller Strenge und Härte – Härte vor allem im Leiblichen – doch Raum für Maß und Milde. Er setzte nicht das Erstrebenswerte, sondern das Erreichbare als Norm. Er unterwarf die Mönche dem Wort und dem Willen des Abtes, nicht aber der Diktatur eines absoluten Ideals. Und sosehr er Bereitschaft zu Armut, Keuschheit und Gehorsam verlangte, sowenig war er doch gewillt, das Glück der brüderlichen Gemeinschaft ständigen Bußübungen und Selbstkasteiungen zu opfern. Nicht Weltverzicht, Weltüberwindung war sein Ziel: Weltüberwindung durch tätige Liebe – durch den Geist der antiken *Humanitas*.

Damit formulierte Benedikt von Nursia unausgesprochen eine klare Absage an die irische *peregrinatio*. Seßhaftigkeit und Arbeit bedeuteten ihm mehr als Pilgerschaft und freiwilliges Exil. Seßhaftigkeit aber setzt Besitz voraus, und um diesen Besitz zum Lobe Gottes zu verschönern und zu mehren, richtete er sein Regelwerk von vorherein auf soziales Zusammenwirken aus.

Das benediktinische Kloster war, um mit dem Engländer Christopher Dawson zu sprechen, »ein Staat im kleinen mit einer festen Rangordnung und Verfassung und einem geordneten Wirtschaftsleben«. Seine Mönche lebten nicht von milden Spenden, sondern von ihrer Hände Arbeit – sie waren autark, und um dieser Autarkie willen betrieben sie Ackerbau und Viehzucht, Mühlen und Bäckereien, Werkstätten und Gartenbauschulen. Es verstand sich von selbst, daß auch den Musen in diesem System ein legitimer Platz eingeräumt war. Ebenso war für Benedikt die Pflege der Wissenschaften »eine Schule des Dienstes am Herrn«.

Der Abt von Monte Cassino konnte die Tragfähigkeit seiner *Regula* noch am eigenen Werk erproben. Er starb während der Stürme des Gotenkriegs, wahrscheinlich am 21. März 543. An Heidenbekehrung hat er offenbar nicht gedacht. Erst ein halbes Jahrhundert nach seinem Tod, unter Papst Gregor, seinem glühenden Bewunderer, schlug die Stunde der benediktinischen Weltmission.

Gregor gab seinem Ordensbruder Augustin für den geplanten Missionsfeldzug in Britannien genaue Regieanweisungen mit, die er später in einem Brief an den Apostel schriftlich niedergelegt hat. Sie verraten Toleranz, Lebensklugheit und Verständnis für die Struktur naiver Seelen und kennzeichnen damit den neuen benediktinischen Geist der Kirche. »Man soll die heidnischen Tempel nicht zerstören, sondern nur die Götzenbilder daraus entfernen«, dozierte der gewiegte politische Taktiker. »Man soll die Tempel mit Weihwasser besprengen, Altäre in ihnen errichten und Reliquien hineinlegen. Denn wenn das Volk seine Andachtsstätten erhalten sieht, wird es um so leichter den Irrtum aus seinem Herzen entfernen und sich in der Anbetung des wahren Gottes willig an den Orten versammeln, wo es auch bisher zusammenzukommen pflegte.«

»Und da es gewohnt ist, als Opfer für die Dämonen viele Tiere zu töten, soll ihnen auch in dieser Hinsicht einige Festlichkeit gestattet sein, wenn auch in anderer Form . . . Sie sollen die Tiere fortan nicht mehr dem Teufel opfern, sondern zum Lobe Gottes verzehren und dann dem Spender aller Gaben Dank sagen; denn wenn ihnen solch äußere Freuden bleiben, werden sie um so leichter der inneren Freuden teilhaftig werden.«

»Verhärteten Herzen auf einmal alles nehmen, ist ohne Zweifel unmöglich. Wer einen hohen Berg besteigen will, kommt nur mit langsamen Schritten, nicht mit Sprüngen hinauf.«

Gebührend vorbereitet begab sich Augustin mit seinen Gefährten auf die große Wanderung. In Gallien vermittelten ihm Geistliche die ersten eingehenden Informationen über die Völkerschaften, deren Bekehrung ihm aufgegeben war. Er vernahm, daß die ursprünglich an der deutschen Nordseeküste behausten Angeln, Sachsen und Jüten sich um 428 im Ostteil Britanniens festgesetzt hatten und von diesem Brückenkopf aus in anderthalb Jahrhunderten die Insel erobert und die einheimische Bevölkerung niedergeworfen hatten. Unter der Herrschaft von Kleinkönigen lebten sie in der Art frühgermanischer Stämme, ohne Beziehungen zur römischen Welt. Ihrem urtümlichen Dasein entsprachen ihre rauhen, von

Die karolingische Krypta der Michaelskirche in Fulda
(Foto: Bildarchiv Foto Marburg)

keinerlei mildernden Einflüssen berührten Sitten. Papst Gregors
»Engel«, erfuhr der erschreckte Augustin, seien in Wirklichkeit
»wilde Tiere, die lieber töten als essen, nach Menschenblut dürsten
und dem Christenblut den Vorzug vor allem geben«.

Wer wird es dem Abt Augustin verargen, daß er unverzüglich nach
Rom zurückkehrte und den Papst händeringend bat, ihn nicht
geradewegs in die Höhle des Löwen zu schicken!

Gregor war aber nicht gesonnen, auf seinen Plan zu verzichten. Er sprach dem verstörten Glaubensboten offenbar gut zu, empfahl ihn durch ein Handschreiben dem fränkischen Klerus, dem er das Projekt ebenfalls ans Herz legte, und sandte den Prior des Andreasklosters erneut aus, die Angeln in Engel zu verwandeln. Noch im selben Jahr landete Augustin, durch die ermutigenden Worte des Heiligen Vaters wiederaufgerichtet, in Begleitung fränkischer Dolmetscher mit seinen Benediktinern auf der britannischen Insel und begab sich zu König Ethelberth von Kent.

Ein Jahr später, am Weihnachtstag 597, ließ sich der König taufen. Fünf Jahre später entwarf Papst Gregor eigenhändig einen Organisationsplan für die angelsächsische Kirche; gleichzeitig ernannte er Augustin zum Metropoliten von Canterbury. Fünfzig Jahre später war das Land der Angelsachsen ein Hort des Christentums. Hundert Jahre später blühten dort antike Philosophie und Gelehrsamkeit wie nirgendwo sonst in Europa.

Die Entwicklung hat etwas von einem Naturereignis und ist daher schwer zu erklären. Es gilt auch in diesem Fall der Satz, daß sich das Wunder der wissenschaftlichen Analyse entzieht. Immerhin traf Augustin wesentlich günstigere Bedingungen an, als er sie unter dem Eindruck der gallischen Greuelmären erwartet hatte.

Die Angeln, Sachsen und Jüten waren zwar ein recht rauhbeiniges Volk, aber durchaus umgänglich und aufgeschlossen, dabei lernbegierig und intelligent, und sicherlich war ihnen der neue Glaube nicht so fremd, wie Augustin erwartete. Vielleicht hatten sie hier und da noch christliche Kolonien aus der römischen Zeit der Insel angetroffen. Händler aus Schottland werden ihnen vom Wirken der irischen Mönche berichtet haben. König Ethelberth schließlich hatte eine merowingische Prinzessin geheiratet und unterhielt freundschaftliche Beziehungen zum katholischen Frankenreich.

Trotzdem ging die Christianisierung nach Augustins schnellen Anfangserfolgen – er starb bereits 604 – keineswegs reibungslos vonstatten. Als 633 einer der vielen Kleinkriege auf der Insel mit einem Sieg des heidnischen Königs Penda von Mercia über den christlichen König Edwin von Northumbrien endete, war das Missionswerk auf seine Ausgangsstellung, die heutige Grafschaft Kent, zurückgeworfen, und es benötigte geraume Zeit, bis es die alten Positionen zurückerobert hatte.

Auch die Auseinandersetzung mit der irischen Kirche, die ihr Einflußgebiet von Schottland aus südwärts ausdehnte, führte zu dramatischen Situationen. Der Konflikt, der sich an Streitpunkten wie der Tonsur, den Taufriten, der Bischofsweihe und vor allem der Osterberechnung entzündete, wurde erst durch die Synode von Whitby 664 bereinigt. Sie bestand im wesentlichen aus einem Streitgespräch zwischen dem anglischen Edeling Wilfrid und dem Abtbischof Colman von Lindisfarne, in dem Wilfrid, der Herold der römischen Traditionen, mit dem umwerfenden Argument siegte, daß nur der Bischof von St. Peter, der irdische Stellvertreter des himmlischen Türhüters, den freien Zugang zum Himmel verbürge – einem Argument, dem sich der praktisch denkende König Oswy nicht verschloß.

Sein Votum für den Papst entschied den jahrzehntelangen Streit: die angelsächsische Landeskirche nahm römischen Kurs; die kirchliche Integration Europas begann.

Der Ausgang der Synode setzte geradezu unwahrscheinliche Kräfte frei. Ein Vierteljahrhundert noch, und der Bau der Kirche in England war unter Dach und Fach. Im Norden leistete der Angelsachse Benedikt Biscop, ein Mann von altem Adel, die noch ausstehende organisatorische Arbeit. Die eigentlichen Baumeister aber waren – auch das gehört zu den Merkwürdigkeiten dieser erstaunlichen Zeit – der Grieche Theodor, ein Sohn der Paulus-Stadt Tarsos im südlichen Kleinasien, der 669 mit siebzig Jahren sein Amt als Erzbischof von Canterbury antrat, und sein Gehilfe Hadrian, ein gebürtiger Afrikaner. Als Theodor neunzigjährig starb, hinterließ er fünfzehn straff geführte Bistümer, die sich – trotz gelegentlicher Ausbruchsversuche – längst an die straffe kanonische Zucht gewöhnt hatten.

Diese organisatorische Festigung leitete das berühmte Goldene Zeitalter der angelsächsischen Kirche ein. Angelsächsischer Bildungswille, irische Formphantasie und benediktinische Weisheit schufen gemeinsam jene eigenartige, faszinierende Kultur, die nicht nur griechisch-römischem Gedankengut eine neue Heimstatt schenkte, sondern auch, dank Theodor und Hadrian, zahlreiche orientalische Impulse verarbeitete. Die angelsächsische Kultur des ausklingenden 7. Jahrhunderts, auf der bis heute der Morgentau der Frische glitzert, »ist vielleicht das wichtigste Faktum zwischen dem Zeitalter Justinians und dem Karls des Großen«. England hat nie einen größeren Einfluß auf das kontinentale Geistesleben ausgeübt. »In Kunst und Religion, in Gelehrsamkeit und Dichtung waren die Angelsachsen des 8. Jahrhunderts die Führer ihrer Zeit.« (Dawson)

Träger dieser Kultur waren die Klöster, die sich ausschließlich der benediktinischen Regel verpflichtet hatten. Sie erfreuten sich der besonderen Gunst ihrer Herrscher, die die Mönchsgemeinschaften – wahrscheinlich in der Erwartung himmlischen Gewinns – durchweg reich ausstatteten. Zwischen dem 7. und 11. Jahrhundert beschlossen 33 angelsächsische Könige und Königinnen ihr Leben in einem Kloster; 83 Angehörige von Königshäusern wurden in der gleichen Zeit heiliggesprochen.

Unter dem Schutzdach der königlichen Fürsorge fanden die Mönche tausendfach Gelegenheit, betend und arbeitend Gott und der Kirche zu dienen, jeder nach seinem Vermögen und Talent. Viele von ihnen pilgerten nach Rom und brachten von dort nicht nur Bücher, Gewänder und liturgische Gegenstände mit, sondern auch Handwerker und Baumeister – selbst das Orgelspiel wird bereits 680 urkundlich erwähnt. Sie lernten Latein und Griechisch und suchten es dem Erzbischof Theodor gleichzutun, der jeden Tag einige Seiten Homer las. Sie begannen aber auch, das gewissermaßen herrenlose Lied- und Epengut ihrer heimischen Literatur zu sammeln und aufzuzeichnen, Unvollständiges zu ergängen, Unvollkommenes zu verbessern. Diesem ersten Aufbruch des angelsächsischen Schrifttums verdankt zum Beispiel das *Beowulf-Lied* seine Entstehung.

Eine neue Blüte erlebte damals die lateinische Dichtung in England – die schönste nachantike Blüte überhaupt. Ihre Meister waren: der Bischof Aldhelm von Sherborne (640–709), der mehrere Bücher über Grammatik und Poetik sowie zahlreiche Traktate, Briefe und Kommentare schrieb und mit seiner kunstvollen, volltönenden Sprache ein ganzes Jahrhundert beeinflußte;

der Mönch Beda Venerabilis (674–735), der Autor der ersten Kirchengeschichte Englands und zahlreicher erbaulicher Schriften, deren prägnanter und makelloser Stil gegenüber den Sprachbarbarismen eines Gregor von Tours geradezu die Wiedergeburt des Lateinischen einleitete – nach Dawson »ein Mann ..., der im Westen zwischen dem Untergang Roms und dem 9. Jahrhundert den höchsten Stand der Kultur vertritt«, und

der Erzbischof Ekbert von York, dessen Domschule in der Mitte des 8. Jahrhunderts »der geistige Mittelpunkt des Abendlandes« war – aus ihr ging u.a. der gelehrte Alkuin hervor, der im Reiche Karls des Großen die Funktionen eines »Wissenschafts- und Kulturministers« ausübte.

Auch Winfrid Bonifatius wuchs, wie wir sahen, in einem angelsächsischen Kloster auf. Auch er nahm dort die ganze Bildung seines Zeitalters in sich auf. Auch für ihn schlug das Herz der Kirche in Rom. Auch ihm waren die benediktinischen Regeln ein Teil seiner selbst.

Ebenso war sein plötzlich durchbrechender Missionswille ein Produkt seiner Klostererziehung; denn schon vor Winfrid waren angelsächsische Mönche ausgezogen, heidnische Seelen zu erwecken.

Versuchsfeld der angelsächsischen Mission war Friesland, das Land hinter der leicht zu erreichenden Gegenküste mit seiner bluts- und sprachverwandten Bevölkerung.

Als erster versuchte jener Wilfrid von York, der dem Religionsgespräch von Whitby die entscheidende Wende gegeben hatte, dieses Feld zu bestellen, als nächster der in einem irischen Kloster erzogene Mönch Wikbert, beide ohne bleibenden Erfolg. Der erste sichtbare Geländegewinn gelang dem Mönch Willibrord – dem ersten großen Praktiker der angelsächsischen Mission.

Als er 690, wie Kolumban in apostolischer Zwölferzahl, zum Kontinent übersetzte, hatten die Franken den südwestlichen Teil Frieslands, das heutige Holland etwa, gerade zurückerobert und nahmen die Sendboten der Insel gastlich auf. Willibrord war klug genug, über den fränkischen Machtbereich in Friesland zunächst nicht hinauszugehen – er missionierte im Schutz der fränkischen Schwerter. Da er ein vorsichtiger Mann war, schuf er außerdem Etappenstationen im sicheren Hinterland. Die wichtigste war die Abtei Echternach, die unter seiner Führung nicht nur so etwas wie ein karolingisches Hauskloster wurde, sondern auch eine Festung benediktinischen Geistes mitten im Frankenland.

Im Bannkreis römischer Traditionen aufgewachsen, versicherte er sich aber auch der Hilfe des Heiligen Stuhls. So wanderte er 692 nach Rom, um sich die päpstliche Missionslizenz für Friesland zu holen. Als er drei Jahre später erneut in der Ewigen Stadt erschien, ernannte ihn Papst Sergius zum Erzbischof und honorierte damit die beträchtlichen Erfolge der Friesenmission. Willibrord ließ sich nun endgültig in Utrecht nieder, errichtete eine Kathedralkirche und baute eine alte, zerstörte fränkische Kapelle wieder auf. Seine Helfer zogen predigend und taufend über Land und pflanzten auch in entlegenen Niederlassungen das Kreuz auf. Nach zwei Jahrzehnten schien Friesland endgültig dem christlichen Glauben gewonnen.

Über Nacht aber brach das ganze Gebäude der Willibrord-Mission zusammen: 714 starb der mittlere Pippin, und der hartnäckige Friesenherzog Radbod jagte die Franken mit blutigen Schlägen wieder aus dem Land. Willibrord flüchtete nach Echternach. Seine Kirchen brannten. Seine Priester wurden umgebracht. Die störrischen Friesen beteten wieder zu ihren alten Göttern.

Das war die Situation, die Winfrid vorfand, als er 716, von London kommend, in Durstede an Land ging.

Es gelang ihm, bis zu Radbod vorzudringen. Der heidnische Herzog scheint dem christlichen Missionar großzügig erlaubt zu haben, seine Heilsbotschaft zu verkünden. Da der Friesenfürst selbst aber unansprechbar blieb, predigte Winfrid auch bei dessen Untertanen gegen eine Mauer von Gleichgültigkeit und Starrsinn. So erfuhr er, was Willibrord längst erfahren hatte: daß die Missionierung heidnischer Völkerschaften nicht nur einen unerschöpflichen Fundus an Glaubens- und Überzeugungskraft, sondern auch die Präsenz der staatlichen Macht voraussetzte.

Es spricht für Winfrids praktischen Sinn und innere Unabhängigkeit, daß er unverzüglich die Konsequenz aus dieser Einsicht zog. Noch im Herbst 716 kehrte er auf die heimatliche Insel zurück.

Als er 718 – nachdem er vorübergehend Abt des Klosters Nursling gewesen war – erneut auf Wanderschaft ging, führte ihn sein erster Weg nach Rom. Papst Gregor II., der bereits zwei Jahre vorher mit dem Bayernherzog Theodo über den Gewinn und die Organisation kirchlichen Neulandes nördlich der Alpen gesprochen hatte, brachte Winfrids Plänen offenbar viel Verständnis entgegen. Doch konnte er ihnen nur seinen apostolischen Segen spenden.

Der Bischof von Rom hatte andere Sorgen. Er lag mit Kaiser Leo III. von Byzanz im Streit, der den kirchlichen Besitz in Italien gerade mit schweren Abgaben belegt hatte, er fühlte sich von den Langobarden bedroht, und er sah die Franken in schwere Abwehrkämpfe mit den vordringenden Arabern verstrickt. Die Christianisierung heidnischer Germanenstämme konnte ihm in dieser Situation nur als eine Angelegenheit zweiter Ordnung erscheinen.

Im historischen Rückblick stellt sich diese erste Begegnung Winfrids mit Gregor dennoch als eine Sternstunde des werdenden Abendlandes dar: sie schuf die Voraussetzungen für die weltgeschichtliche Allianz, die ein halbes Jahrhundert später die römische Kirche mit der neuen zentraleuropäischen Kulturwelt verband.

Als Winfrid am 15. Mai 719 von der Ewigen Stadt schied, hatte er das erbetene Dokument in der Tasche. Es ermächtigte ihn, wie es bei seinem Biographen Willibald heißt, »mit der Auskundschaftung bei den wilden Völkern Germaniens«, war also denkbar unverbindlich formuliert. Winfrid, der während dieses ersten Romaufenthaltes den Namen Bonifatius empfangen hatte, blieb Herr seiner Entscheidungen. Zunächst verlegte er sich auf eine Art Kundschaftertätigkeit. Er durchquerte Bayern und Thüringen, nahm Verbindungen zum herrschenden Adel auf, besuchte die von Willibrord eingerichteten Missionsfilialen des Klosters Echternach und stellte bestürzt fest, daß sich die Kirche der germanischen Grenzprovinzen in einer chaotischen Verfassung befand. Das mag der Grund dafür gewesen sein, daß er sich zunächst wieder westwärts wandte – vielleicht um ein Machtwort des neuen Hausmeiers Karl Martell zu erwirken.

In Mainz hörte er jedoch, daß der hartschädlige Friesenherzog Radbod gestorben, sein Land wieder fränkisch geworden und Willibrord zurückgekehrt sei. Bonifatius änderte daraufhin seine Pläne und fuhr, wahrscheinlich zu Schiff, rheinabwärts nach Utrecht. Drei Jahre dauerte die missionarische Lehrzeit, die er dort durchmachte, sein missionarisches Praktikum sozusagen, unter Leitung des erfahrenen Willibrord und »im Zusammenwirken mit der staatlichen Gewalt«.

Willibrords Methoden hatten Hand und Fuß. Er sprach in jedem Fall zunächst den Adel an. Hatte er Erfolg, knauserte er nicht mit Belohnungen. Nach Beda vergab schon der mittlere Pippin für gute christliche Führung Landbesitz an getaufte Friesen. Auch Willibrord bediente sich dieser unschuldigen Art der Korruption, die dem nüchternen Sinn der bekehrten Bauern und Händler entsprach. Doch scheute er auch vor Demonstrationen wie der Zerstörung heidnischer Heiligtümer nicht zurück. Entscheidend für seinen Erfolg war aber, daß er die bekehrten Friesen über den Taufgang hinaus im Griff behielt. Im Gegensatz zu den irischen Mönchen betrieb er also auch den organisatorischen Ausbau der Kirche mit Energie und Leidenschaft.

Nach dreijähriger gemeinsamer Arbeit gedachte Willibrord, mittlerweile ein Mann in den Sechzigern, einen Teil der Verantwortung an den jüngeren Gefährten abzugeben. Bonifatius verzichtete aber auf die angebotenen Titel und Ehren. Wahrscheinlich drängte es ihn, endlich selbständige Arbeit zu leisten. Die Saat im Herzen Frieslands war aufgegangen. Nichts hielt ihn mehr in dem bisherigen Aufgabenkreis – nicht einmal die Aussicht, als Willibrords Nachfolger Erzbischof von Utrecht zu werden.

Im Jahre 721 ging er erneut auf Wanderschaft. Sein Ziel waren die heidnischen Hessen.

In den Hessen begegnet uns nach den Franken, Alemannen, Bayern und Thüringern der fünfte jener germanischen Stämme, die später den deutschen Volkskörper bildeten. Sie waren die Nachfahren der Chatten, deren Name mit dem Jahre 213 aus der schriftlichen Überlieferung verschwindet. Die Sprachwissenschaftler glauben aber, in den Hessi, Haessones oder Hassi des frühen Mittelalters die alte Wortform, wenn auch in völlig veränderter Gestalt, wiederzuerkennen.

Die Chatten, die sich im letzten vorchristlichen Jahrhundert im Einzugsgebiet von Eder, Lahn und Fulda festsetzten, drangen in ein Land ein, das seine Herren bereits wiederholt gewechselt hatte. Die Ergebnisse der hessischen Urgeschichtsforschung spiegeln diese Mittellage deutlich wider. Die Bandkeramiker, die Streitaxtleute, die Steingrabbauern, die bronzezeitlichen Hügelgräbermenschen, die Urnenfelderkultur, die Hallstatt-Zeit – sie alle haben ihre Spuren hinterlassen. Am dauerhaftesten verewigten sich allerdings die Kelten in der hessischen Landschaft. Sie waren die Erbauer jener mächtigen Ringwälle, die wie eine große Festungslinie vom Taunus bis zum Thüringer Wald das Gebiet nach Norden abschirmten – ohne daß sie dem germanischen Druck auf die Dauer standhalten konnten.

Die siegreichen Chatten dehnten sich nach der Umsiedlung der Ubier im Jahre 38 v.Chr. bis zum Rhein aus und wurden damit unmittelbare Anrainer der Römer. Die antiken Historiker haben sich in der Folgezeit häufig mit ihnen beschäftigt – notgedrungen, denn die Chatten waren in den beiden ersten nachchristlichen Jahrhunderten die hartnäckigsten Gegner der imperialen Germanenpolitik.

Germanicus, Caligula, Galba und Domitian hatten ihre liebe Not mit ihnen, und es ist sicher kein Zufall, daß die von Domitian geschaffene Urform des Limes gegen das chattische Grenzgebiet gerichtet war. Die kriegerische Tüchtigkeit dieses germanischen Stammes fand in Cornelius Tacitus einen unverdächtigen Gewährsmann. Er bestätigt ihm nicht nur taktisches Geschick, sondern auch straffe Organisation und eine Planmäßigkeit der Kampfführung, die jener der römischen Legionen nicht viel nachstand.

Auch im freien Germanien waren die Chatten lange Zeit ein Herd der Unruhe; beispielsweise trugen sie wesentlich zum Sturz des Arminius und zum Niedergang der Cherusker bei. Man hat aber den Eindruck, daß sie ihre überschüssigen Energien spätestens um 200 verbraucht hatten. An den großen Stürmen und Wanderungsbewegungen des 3. Jahrhunderts nahmen sie, wenn überhaupt, nur noch mit Teilstämmen teil, die dann in dem großen fränkischen Stammesverband aufgingen.

Das hessische Kerngebiet um Fulda hat dieser Aufbruch der germanischen Völker wahrscheinlich nicht berührt. Die Chatten lösten hier das Kontinuitätsproblem auf ihre Weise. »Sie blieben in ihren alten Sitzen und entwickelten sich wie ein Baum, der Jahr um Jahr seine Jahresringe ansetzt.« (Sante)

Dieses chattische Kernvolk – oder Restvolk – stellt sich als ein konservatives Bauernvolk dar, das fremden Einflüssen offenbar unzugänglich war. Selbst die Berührung mit den Römern ist spurlos an ihnen vorübergegangen. Seine politische Struktur kennzeichnet das Nebeneinander von kleinen Gaufürstentümern. Die handwerklichen Erzeugnisse sind formarm und bieder. Aus allen seinen Äußerungen sprechen Weltferne, Bodenständigkeit und Mangel an Phantasie – die typische Geisteshaltung kleiner und mittlerer Landbesitzer, die, um leben zu können, ihre Felder mit Schweiß düngen müssen.

In dieses Bild paßt, daß die Reihengräbersitte erst in der zweiten Hälfte des 7. Jahrhunderts in Hessen Eingang fand. Die Ausbeute ist dementsprechend spärlich – und ziemlich nichtssagend. Erwähnung verdienen allenfalls die sorgfältig gezimmerten Kammergräber von Leihgestern im Kreise Gießen, die wie in Oberflacht hervorragend erhaltene Holzsachen bargen.

Die Unberührtheit Zentralhessens ist freilich auch geschichtlich bedingt. Zwar schoben sich die Franken schon unter Chlodwig über Lahn und Wetterau ostwärts, doch scheint ihr kolonisatorischer Elan bald ermattet zu sein. Während sie im westlichen Hessen siedelten und Grafschaften nach fränkischem Muster errichteten, begnügten sie sich zwischen Rhön und Vogelsberg mit einzelnen militärisch gesicherten Stützpunkten.

Dieser ersten West-Ost-Bewegung folgte eine frühe Missionswelle, die von Mainz und Trier ausging. Trierische Glaubensboten bauten bereits im 6. Jahrhundert in Dietkirchen an der Lahn eine Kapelle. Mainzer Mönche predigten am unteren Main und in der Wetterau. Offenbar ist diese fränkische Mission aber ebenfalls auf halbem Wege steckengeblieben. Das chattische Kerngebiet hat sie jedenfalls nicht erreicht.

Als Winfrid Bonifatius nach Hessen kam, fand er zwar einige fränkische Stützpunkte vor. Die Bevölkerung aber hielt starrsinnig an ihrem alten Götter- und Dämonenglauben fest, dessen mythisches Zentrum vielleicht das heutige Gudensberg war, der Wotansberg der Chatten. Ohnehin zu Argwohn und Mißtrauen neigend, begegnete sie dem angelsächsischen Glaubensboten mit unverhohlener Feindschaft.

Es war keine leichte Aufgabe, die Bonifatius sich hier gestellt hatte. Das Land bedurfte nicht nur der »kirchlichen Durchdringung«,

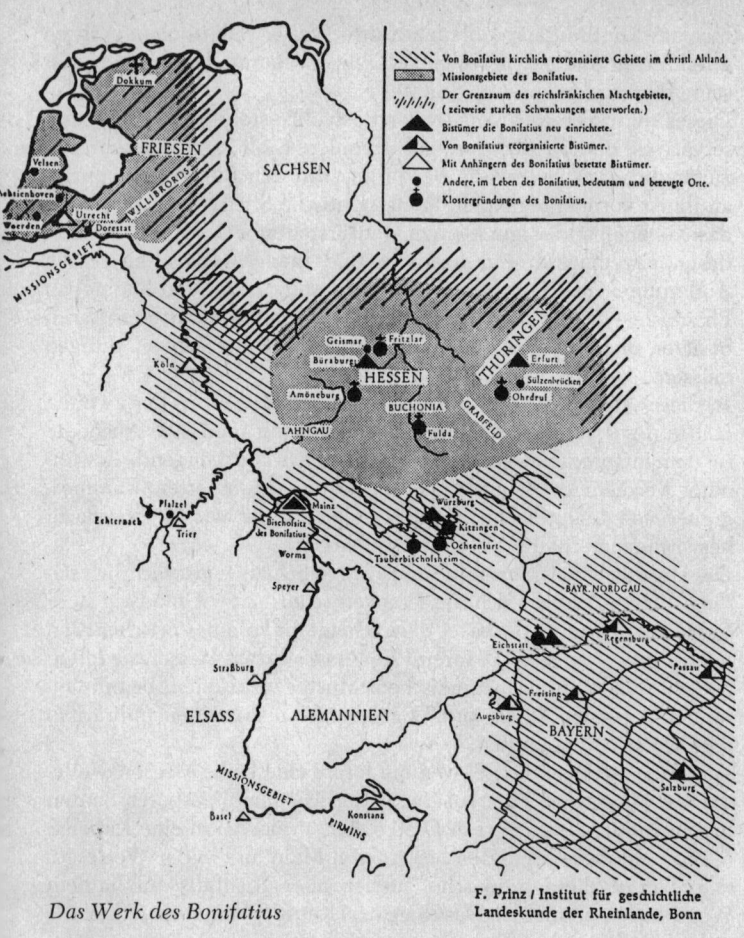

Das Werk des Bonifatius

F. Prinz / Institut für geschichtliche
Landeskunde der Rheinlande, Bonn

sondern über weite Strecken »noch der elementaren Missionierung«.
Er löste diese Aufgabe souverän.

Seinen ersten Stützpunkt richtete er auf der Festung Amöneburg
ein, einem kegelförmigen Basaltberg östlich von Marburg, der
bereits Jahrtausende vorher als Fliehburg gedient und in der Latène-
Zeit ein keltisches Oppidum getragen hatte. Als Verwalter der
Festung amtierten die beiden Brüder Dettic und Deorulf, die zwar

getauft, aber völlig in heidnischen Vorstellungen befangen waren. Sie waren die ersten, die Bonifatius einer kräftigen Hirnwäsche unterwarf – mit Erfolg übrigens, wie sein Biograph Willibald berichtet. Auch die umwohnende Bevölkerung war von der Kraft seiner Persönlichkeit offenbar derart beeindruckt, daß sie sich bald eines gottgefälligen Lebens befleißigte.

Um die Jahreswende 721/22 zog Bonifatius, ohne die Amöneburger Niederlassung, die erste benediktinische Zelle in Hessen, aufzugeben, in nordöstlicher Richtung weiter, auf Fritzlar zu, wo ihm die Festung Büraburg militärischen Schutz gewährte.

Im Gegensatz zur Amöneburg sind von den Gräbern und Wällen dieses merowingischen Stützpunktes ansehnliche Reste erhalten. Die Denkmalpfleger haben sogar einen Teil der alten Mörtelmauer wiederaufgebaut, die der Fuldaer Josef Vonderau vor drei Jahrzehnten freigelegt und vermessen hat. Außer zahlreichen fränkischen Siedlungsresten fand Vonderau bei seinen Grabungen auch einen gemauerten Taufbrunnen, und zwar in unmittelbarer Nachbarschaft der kleinen Kirche, die heute die Kuppe des ins Edertal vorspringenden Bergmassivs krönt.

Die Gegend um Fritzlar, in der Bonifatius nun zu missionieren begann, war gerade von den Sachsen heimgesucht worden. Da der Mensch in Notzeiten dazu neigt, seinen alten Göttern abzuschwören, traf er also eine psychologisch günstige Situation an. Dazu kam, daß er Ohr und Herzen der Hessen dadurch gewann, daß er ihre Sprache offenbar schnell erlernte. Der Erfolg blieb ihm treu. Zu Tausenden – wenn man Willibald glauben darf – strömten sie ihm zu, um sich taufen zu lassen.

Doch damit allein war es ja nicht getan. Entscheidend kam es jetzt darauf an, die weiterwirkenden organisatorischen Einrichtungen zu schaffen. Dazu benötigte er eine stärkere Stellung, als sie der unverbindlich formulierte päpstliche Missionsauftrag umriß. Das wird der Grund gewesen sein, warum er im Herbst 722, nach vorheriger Anmeldung beim Heiligen Vater, seine zweite Romreise antrat, wahrscheinlich mit beträchtlichem Gefolge.

Auch diese Reise lohnte die Strapazen einer Alpenüberquerung. Gregor II. begrüßte ihn als alten Vertrauten und ernannte ihn zum Bischof. Außerdem gab er ihm ein Empfehlungsschreiben an Karl Martell mit, in dem er dem Hausmeier mitteilte, daß er den »in den Satzungen des Heiligen Apostolischen Stuhles ... unterwiesenen Bruder Bonifatius« abgeordnet habe, »den Völkerschaften Germaniens und verschiedenen östlich des Rheins seßhaften Stämmen zu predigen. Deshalb empfehlen Wir ihn Deinem ruhmreichen Wohlwollen in jeder Weise, auf daß Du ihm in allen Nöten helfest und gegen Widersacher aller Art aufs kräftigste verteidigst«.

Hausmeier Karl versicherte, wie gewünscht, Bonifatius seiner besonderen Protektion und stellte ihm einen förmlichen Schutzbrief aus – ein Dokument von allerhöchstem Wert. »Bonifatius war von jetzt an nicht mehr mit seinen Jüngern auf sich selbst gestellt; er war... der elementaren Sorgen um des Lebens Notdurft enthoben und konnte sich, gemessen an den Verhältnissen eines Zeitalters des Selbsthilferechtes und einer sehr unvollkommenen ins Alltagsleben eingreifenden staatlichen Ordnungsmacht, vor Gewalttat sicher fühlen.« (Schieffer)

So führte er die Hessenmission in kurzer Zeit zu Ende. Sie schloß mit einem propagandistischem Schaustück ersten Ranges. Bonifatius fällte die heilige Donareiche bei Geismar.

Sein Biograph Willibald hat, um dieses öffentliche Spectaculum gebührend herauszustreichen, ein Tableau von außerordentlicher Farbigkeit entworfen.

»Damals empfingen viele Hessen die Taufe. Manche aber weigerten sich, des reinen Glaubens Wahrheiten zu empfangen; einige opferten heimlich, andere offen an Bäumen und Quellen; andere wieder betrieben... Seherei, Weissagungen, Zauberei und Beschwörungen. Diese besonders rief Bonifatius zu der ungeheuren Eiche bei Geismar, die mit dem alten heidnischen Namen die Donareiche genannt wurde, und kündete an, daß er sie mit seinen Gottesknechten fällen werde.«

»Als er nun den Baum zu fällen begann, verwünschte ihn die große Menge der anwesenden Heiden als einen Feind der Götter in ihrem Innern. Kaum aber hatte er den Baum ein paarmal getroffen, stürzte die gewaltige Masse der Eiche, von göttlichem Winde geschüttelt, mit gebrochener Krone zur Erde und barst, wie durch höheren Winkes Kraft, sofort in vier Teile. Als die vorher fluchenden Heiden dies sahen, wurden sie wie umgewandelt, priesen Gott und glaubten an ihn.«

»Darauf aber erbaute der Bischof aus dem Holzwerk dieses Baumes ein Bethaus und weihte es zu Ehren des heiligen Apostels Petrus.«

Die jüngere Forschung hat auch das Geismarer Ereignis ein wenig entzaubert – entheroisiert, wenn man so will. In der Tat darf man annehmen, daß die Aktion im Schutz fränkischer Waffen stattfand. Trotzdem stellt sie im missionarischen Leben des Bonifatius den sichtbaren Höhepunkt dar, und ihre Symbolkraft hat ausgereicht, der Gestalt des großen Angelsachsen einen Platz im Geschichtsbewußtsein der Deutschen zu sichern.

Der Tag von Geismar beschloß die Hessenmission. Das Land war bekehrt, schneller als erwartet. Was zu tun blieb, war eine Sache der Kleinarbeit, die Bonifatius seinen Schülern überlassen konnte. Er selbst war für andere Aufgaben frei.

Er wanderte nach Thüringen, traf auch dort nur Rudimente kirchlicher Organisation an, ging energisch, wie seinen Briefen zu entnehmen ist, gegen »Häretiker und Ketzer« vor, verschaffte den kanonischen Gesetzen wieder Respekt, gründete das Kloster Ohrdruf, das dritte nach Amöneburg und Fritzlar, und erwarb wie alle Reformer und Neuerer viele Feinde.

Die Jünger und Helfer, die die Gefahren und Mißhelligkeiten der Säuberungsaktion mit ihm teilten, kamen zum überwiegenden Teil von der britannischen Insel. Gerade die thüringischen Jahre beweisen, in welchem Maße Winfrid Bonifatius von der Glaubens- und Bildungssubstanz seiner Heimat zehrte; oder umgekehrt: welche enormen Energien die junge angelsächsische Kirche für die Christianisierung des rechtsrheinischen Germaniens aufbrachte.

Bonifatius benötigte dieses Kräftereservoir wie das tägliche Brot. Die fränkische Reichsmacht gewährte zwar Schutz und knauserte nicht mit herrenlosem Land, weiter reichte ihr Interesse jedoch nicht. Auch der Heilige Stuhl, mit anderen Sorgen ausreichend belastet, begnügte sich mit der Versicherung seines Wohlwollens; die hessischen und thüringischen Wälder waren ihm überdies so fremd, daß Papst Gregor seinem Bruder Bonifatius allen Ernstes empfahl, die Städte zu Missionszentren zu machen.

Aus England dagegen kamen nicht nur geschulte Mönche, sondern auch kostbare Geschenke: kirchliche Geräte, Altardecken, geistliche Gewänder, Bücher und Musikinstrumente, profanes Geld nicht zu vergessen. Am wichtigsten war dennoch der menschliche Nachschub. Die Namen der anonymen Gefährten des Bonifatius werden allenfalls einmal in Briefen genannt – ein jeder von ihnen aber brachte mit, was in den Missionsstationen täglich und stündlich gebraucht wurde: frommen Eifer, physische Arbeitskraft und die Elementarkenntnisse der mönchischen Bildung.

Auch die angelsächsischen Frauen trugen dazu bei, die ersten schwachen Setzlinge antiker Kultur und christlichen Lebens in die germanischen Wälder zu verpflanzen. Am gewinnendsten verkörpert sich ihr verfeinernder Einfluß in der liebenswerten Gestalt der ersten Äbtissin von Tauberbischofsheim, der heiligen Lioba, deren fraulicher Schönheit und geistiger Anmut selbst ein so spröder, stolzer und herrschgewohnter Geist wie Winfrid Bonifatius erlag.

Im Jahre 732 schrieb sie ihm ihren ersten wohlziselierten und in Hexametern endenden Brief, in dem sie sich als eine nahe Verwandte in Erinnerung brachte und darum bat, ihn ihren Bruder nennen zu dürfen. Wenig später kam sie selbst nach Deutschland, und Bonifatius richtete ihr das Kloster Tauberbischofsheim ein, das unter Liobas liebevoller Führung das Mutterkloster zahlreicher kleinerer Nonnenstifte wurde. Heiter, gelassen und herzlich in jeder ihrer Äußerungen, war sie dennoch streng und genügsam, obwohl sie von »asketischen Rekorden« nichts hielt.

Als Bonifatius den ersten Brief Liobas empfing, hatte er gerade das Pallium des Erzbischofs empfangen. So konnte er bei seinem dritten Besuch in Rom – wahrscheinlich 738/39 – wie ein Souverän auftreten. Es ist verständlich, daß Ruhm und Persönlichkeit des gefeierten Mannes vor allem die angelsächsische Kolonie in der Ewigen Stadt beeindruckten. Bonifatius nutzte die Gelegenheit, weitere Jünger für sein unwirtliches geistliches Reich nördlich der Alpen zu gewinnen.

Von ihnen stand Lul seinem Herzen am nächsten. Der Mönch aus Wessex war in Rom an einem schweren Fieber erkrankt. Um ihm die Zeit der Genesung zu verkürzen, führte ihn Bonifatius in die »jokose Kunst« der Scherz- und Versrätsel ein. Dabei lernte er seinen jüngeren Landsmann als einen tüchtigen und begabten Adepten aldhelmischer Gelehrsamkeit und Formfreude kennen. Er spürte mit untrüglicher Witterung auch dessen menschliche Qualitäten und forderte ihn deshalb auf, ihm nach Germanien zu folgen. Lul stimmte begeistert zu und wurde sein »geliebter Schüler«: Famulus, Geheimsekretär und Vertrauter zugleich.

Gänzlich anderer Art war der Mönch Willibald, eine der markantesten Erscheinungen dieser Zeit: ein Mann, in dessen Brust Weltfahrer- und Einsiedlerseele dicht beieinander wohnten.

Um 700 geboren, trat er als Zwanzigjähriger mit seinem jüngeren Bruder Wunibald seine Pilgerschaft an, lebte drei Jahre in einem römischen Kloster und brach 723 mit zwei unbekannten angelsächsischen Adligen zu einer Fahrt ins Heilige Land auf. In Neapel schifften sie sich ein, um über Syrakus, Korinth und Samos nach Ephesos zu segeln. Von dort wanderten sie zur kleinasiatischen Südküste, setzten nach Cypern und Syrien über und wurden in dem heutigen Homs, der Spionage verdächtigt, von Arabern eingekerkert.

Auf Fürsprache eines reichen spanischen Kaufmanns wieder freigelassen, durchzog Willibald mit seinen Gefährten dreimal das Heilige Land, besuchte die Klöster, Mönchsgemeinden und Einsiedeleien Ägyptens, erkrankte schwer im syrischen Akka und lebte danach zwei Jahre als Klausner in Konstantinopel. Im Jahre 729 kehrte er nach Italien zurück, half beim Wiederaufbau des zerstörten Klosters Monte Cassino und versah dort acht Jahre die Dienste eines Türhüters. Als ihn 740 durch seinen Bruder Wunibald der Ruf des Bonifatius erreichte, zauderte er keinen Augenblick, die Anstrengungen eines Alpenmarsches auf sich zu nehmen. Ein Jahr später wurde der weitgereiste, welterfahrene Pförtner von Monte Cassino erster Bischof von Eichstätt.

Wie er fand auch sein Bruder Wunibald in der deutschen Mission die Erfüllung seines Lebens. Der stille, kluge und gelehrte Mönch, der dem Menschenfischer Bonifatius – um ein Wort von Joseph Bernhart zu gebrauchen – ebenfalls in Rom ins Netz gegangen war, wirkte vor allem als wortgewaltiger Prediger, zunächst in Thüringen, später in Bayern und am Mittelrhein. Er starb 761 als Abt von Heidenheim.

Seine Schwester Walburga, neben Lioba die zweite bedeutende Frau der angelsächsischen Mission in Deutschland, baute das familieneigene Stift nach heimischem Modell zu einem Doppelkloster für Männer und Frauen um. Die tatkräftige Äbtissin holte später eine junge Verwandte nach Heidenheim, die federbegabte Nonne Hugeburc, die in Walburgas Auftrag die Viten Willibalds und Wunibalds schrieb, zwei der wertvollsten frühmittelalterlichen Quellenwerke.

Zum Angelsachsenkreis um Bonifatius gehörten ferner der schon genannte Burchardus, der erste Bischof von Würzburg; der Mönch Denehard, »ein in Verhandlungen geschickter Mann«, der Zuverlässigkeit und diplomatisches Geschick vereinigte; und schließlich Sola, der später als Klausner von Solnhofen solchen Ruhm erwarb, daß ihm Karl der Große 793 einen förmlichen Besuch abstattete.

Das war der Kern der Hausmacht, mit deren Hilfe sich Bonifatius nach Rückkehr von seiner dritten Romreise an die mühseligste, gefährlichste und undankbarste Aufgabe seines Lebens wagte: die innere und äußere Restauration der fränkischen Landeskirche.

Er trat damit, um ein Wort von Georg Wilhelm Sante zu zitieren, sozusagen in sein »drittes Leben« ein – »auf den Mönch und Missionar folgte der Organisator«.

Das Reformwerk – in Rom ausgiebig besprochen und von Gregor III. dadurch legitimiert, daß er den Angelsachsen zum Päpstlichen Legaten ernannt hatte – begann in Bayern. »Mit Zustimmung des Herzogs Odilo und der Großen des Landes« grenzte Bonifatius die

Diözesen Freising, Regensburg, Passau und Salzburg voneinander ab. Zwei Jahre später, im Juli 741, nachdem er irgendwo »am Ufer der Donau« eine Synode abgehalten hatte, erhob er auch Eichstätt zum Bischofssitz. Anschließend ging er nach Thüringen und Hessen und gründete dort die Bistümer Würzburg, Erfurt und Büraburg.

In der ersten Garnitur bonifatianischer Bischöfe in Deutschland überwog der angelsächsische Anteil. Außer Willibald von Eichstätt und Burchard von Würzburg war auch Witta von Büraburg ein Landsmann des Bonifatius. Bei Vivilo von Passau und Johannes von Salzburg deutet manches auf angelsächsische Herkunft hin. Von dem Oberhirten des bald wieder eingegangenen Bistums Erfurt kennt die Überlieferung nicht einmal den Namen. Gaibald von Regensburg ist nicht näher zu identifizieren. Lediglich Erimbert von Freising, der Bruder des Bayernapostels Korbinian, war Franke mit irischem Bluteinschlag.

Die Organisation der acht Bistümer war aber nur der Auftakt zu dem großen Werk, das die Geschichte dem »Apostel der Deutschen« zugedacht hatte – der schwierigste Teil der Aufgabe lag noch vor ihm.

Im Jahre 741 war Karl Martell gestorben: ein Herrscher, der Bonifatius zwar Schutz gewährt, die fränkische Kirche aber bedenkenlos der karolingischen Familienräson unterworfen hatte. So hatte er, um den stets widerspenstigen Adel bei der Stange zu halten, kirchlichen Besitz und geistliche Würden nach Gutdünken verschenkt und verschleudert und damit der Verweltlichung des Klerus unbekümmert Vorschub geleistet.

Seine Söhne Karlmann und Pippin, beide in der Abtei St. Denis bei Paris erzogen, zeigten sich vom ersten Tag an entschlossen, der fränkischen Nobilität wieder frontal zu begegnen. Wahrscheinlich waren sie sich auch darüber klar, daß die Zeit gekommen war, den alten karolingischen Familientraum zu verwirklichen und ihr Prinzipat in eine erbliche Monarchie zu verwandeln. Dazu benötigten sie, mangels anderer Legitimation, den Segen des Heiligen Stuhls, um den sie sich aber erst nach der inneren Reinigung der fränkischen Landeskirche bemühen konnten.

In diesem Punkt trafen sich ihre Überlegungen mit den Wünschen des Bonifatius. Die Reform benötigte einen Mann seiner Autorität. Der austrasische Hausmeier Karlmann – jener Karlmann, der nach dem Cannstatter Blutbad ins Kloster ging – tat den ersten Schritt. Er rief den Angelsachsen zu sich und bat ihn um seine Hilfe. Und Bonifatius sagte unverzüglich zu.

Es war für den päpstlichen Legaten eine Selbstverständlichkeit, den

Apostelfürsten in Rom über sein Gespräch mit Karlmann zu informieren. Damals, im Sommer 742, schrieb er seinen berühmten Brief über die sittliche Verwahrlosung der fränkischen Kirche – ein Zeitdokument, dessen unverhüllte Sprache von Zorn und Leidenschaft bebt.

»Es sei Euer Väterlichkeit kundgetan, daß Karlmann, der Herzog der Franken, mich zu sich gerufen und ersucht hat, daß in dem Teile des Frankenreiches, der unter seiner Gewalt steht, eine Synode anberaumt werde; ... denn die Franken haben, wie die älteren unter ihnen sagen, in mehr als achtzig Jahren weder ein Konzil gehalten noch einen Erzbischof gehabt, noch die Satzungen des Kirchenrechtes irgendwo eingeführt oder erneuert.«

»Jetzt aber sind in den Städten die Bischofsstühle größtenteils im Besitz habgieriger Laien oder ehebrecherischen, habgierigen Klerikern zur weltlichen Nutznießung ausgeliefert ... Wenn ich unter sogenannten Diakonen Leute finde, die ... vier, fünf und noch mehr Beischläferinnen ... haben und gleichwohl sich nicht schämen, das Evangelium zu verlesen, Leute, die Sünden auf Sünden häufend behaupten, sie könnten als Verwalter des Priesteramtes Fürbitte für das Volk einlegen, Leute, die gar noch, was das Schlimmste ist, bei solchem Leumund Stufe um Stufe aufsteigen, zu Bischöfen geweiht werden und Bischöfe heißen – wenn ich solche Menschen finde, so brauche ich die Weisung und Vorschrift Eurer Autorität, was Ihr über sie verfügt ...«

»Es gibt unter ihnen auch Bischöfe, die zwar behaupten, daß sie keine Hurer und Ehebrecher sind: aber sie sind Säufer und Pflichtvergessene, die der Jagdlust frönen, die bewaffnet im Heere kämpfen und mit eigener Hand Menschenblut, sei es von Heiden oder Christen, vergossen haben ...«

Der Brief des zornigen, alten Mannes war an Papst Zacharias gerichtet, einen Griechen, dem die Ereignisse nördlich der Alpen noch ferner lagen als seinem Vorgänger Gregor. Das mag der Grund gewesen sein, daß die Antwort über Gebühr auf sich warten ließ. Bonifatius, von Karlmann gedrängt, rief daher bereits vor Rückkehr seines Boten Denehard ein Konzil ein: das erste seit Auxerre im Jahre 695. Zwei weitere folgten innerhalb eines Jahres. Die drei Konzilien zusammen schufen die gesetzlichen und moralischen Fundamente für den Neubau der fränkischen Kirche.

Die erste Synode – das sogenannte *Concilium Germanicum,* das in Wahrheit mehr eine Versammlung angelsächsischer Bischöfe war – trat im Anschluß an eine austrasische Heeresversammlung am 21. April 743 an einem unbekannten Ort zusammen. Karlmann selbst verkündete autoritativ die auf der Tagesordnung stehenden Beschlüsse. Sie bestätigten die neueingerichteten Bistümer, faßten die ostfränkische Kirche zu einem Metropolitanverband zusammen und unterstellten sie dem Erzbischof Bonifatius, »dem Gesandten des heiligen Petrus«, erneuerten die Aufsichtsbefugnisse der Bischöfe gegenüber den Klerikern ihres Bezirks, verboten das Auftreten illegitimer Wanderprediger und untersagten der Geistlichkeit das Tragen von Waffen sowie die Teilnahme an Jagden und Kriegszügen. Außerdem versprach Karlmann, der Kirche den Besitz zurückzuerstatten, »um den sie betrogen« worden sei.

Das zweite Konzil – am 1. März 744 in Estinnes im Hennegau – bestätigte die Anordnungen, faßte strittige Texte härter und präziser und verpflichtete Äbte und Mönche ausdrücklich »auf die Regel des heiligen Vaters Benedikt«. Außerdem erließ es die Ausführungsbestimmungen zum Gesetz über die Rückgabe des Kirchenvermögens. Sie zu akzeptieren, wird Bonifatius freilich nicht leichtgefallen sein; denn sie erlaubten, kirchliches Eigentum den bisherigen Inhabern als Leihgut zu belassen, und nahmen damit das ursprüngliche Versprechen zur Hälfte zurück.

Noch zurückhaltender als der schwärmerische Karlmann behandelte der nüchterne Pippin das Problem des verschobenen Kirchenbesitzes, als er zwei Tage später, auf der Synode von Soissons, die Beschlüsse der austrasischen Bischofskonferenz für den neustrischen Teil des Reiches übernahm. So hinhaltend er in dieser Frage taktierte, so eindeutig bonifatianisch waren jedoch seine übrigen Entscheidungen. So ließ er etwa einen umherziehenden Erwecker namens Aldebert als falschen Propheten verdammen und einsperren, ja, er wagte sogar, den Reimser Bischof Milo, das Haupt der »altfränkischen« Fraktion unter den 23 kirchlichen Würdenträgern Neustriens, durch den Angelsachsen Abel zu ersetzen.

Somit war die Kirche des Frankenreiches in denkbar kurzer Zeit neu fundamentiert worden – fundamentiert im Sinne des römischen kanonischen Rechtes. Fast wörtlich stimmten manche Reformgesetze mit den Anordnungen überein, die Theodor von Tarsos als Sachwalter der päpstlichen Macht siebzig Jahre vorher auf der Synode von Hertford (bei London) erlassen hatte.

Mit dem Reformwerk der Jahre 743/44 hatte Bonifatius den Gipfelpunkt seines Lebens erreicht. Er war nun das Gewissen der fränkischen Kirche, ein Mann von immensen Erfahrungen und beklemmender Autorität. Gestützt auf das Vertrauen des Papstes, das Wohlwollen der Hausmeier und die Treue seiner Schüler schien seine Stellung unanfechtbar.

Nahezu siebzig Jahre alt, gönnte er sich trotzdem keine Ruhe. Im Frühsommer des Jahres 744, zehn Wochen nach Estinnes und Soissons, gründete er das Kloster Fulda.

Die Geschichte des Kloster Fulda beginnt in Hersfeld, im Bereich der heutigen Stiftsruine, deren mächtiges Mauerwerk alljährlich die steinerne Kulisse der Hersfelder Festspielaufführungen bildet.

In der Nähe des Ortes Haerulfisfeld an der mittleren Fulda ließ sich 741 – ältere Darstellungen nennen meist das Jahr 736 – ein junger Priester nieder und baute eine kleine Einsiedelei. Er hieß Sturmi, war der Sproß einer bayerischen Adelsfamilie und gehörte seit 735 zum engsten Schülerkreis des Bonifatius. Der hatte ihn dem Kloster Fritzlar anvertraut, wo der lernbegierige junge Mann – zunächst im Küchendienst tätig – in dem angelsächsischen Abt Wigbert einen väterlichen Lehrer fand.

Ruhe und Frieden des Klosterlebens scheinen ihm aber nicht behagt zu haben. Jedenfalls trug er nach der Priesterweihe seinem Herrn und Meister den Wunsch vor, irgendwo in der Einsamkeit ein »härteres Leben« zu führen. Bonifatius willigte ein und wies ihn an, in der Buchonia, einem unübersehbaren Waldgebiet zwischen Vogelsberg und Rhön, eine christliche Bleibe zu finden.

Es muß eine rechte Buschexpedition gewesen sein, die Sturmi, von zwei Gefährten begleitet, darauf unternahm. Drei Tage lang wanderten sie durch unwegsamen Urwald, frierend und von hungrigen Wölfen verfolgt. Dann fanden sie, wie der Sturmi-Biograph Eigil berichtet, ein waldfreies Tal, in dem sie wieder frei zu atmen wagten. »Und nachdem sie die ringsum gelegenen Stätten... erforscht hatten, errichteten sie... kleine mit Baumrinde bedeckte Häuschen, blieben dort geraume Zeit und dienten Gott mit Fasten, Wachen und Gebeten.«

Bonifatius, von Sturmi gewissenhaft informiert, hielt den Ort jedoch wegen der nahen Sachsengrenze für gefährdet. Die drei Weltflüchtigen machten sich also erneut auf die Suche und fuhren mit einem kleinen Boot fuldaaufwärts in das unheimliche Walddickicht hinein. Doch kehrten sie unverrichteterdinge in ihre Einsiedelei zurück.

Ein Jahr später berichtete Sturmi in Fritzlar von der ergebnislosen Flußfahrt. Bonifatius rückte nun mit der Sprache heraus und entwickelte den Plan eines großen Klosters, das er in der Wildnis bauen und in Sturmis Obhut geben wollte. Die Quellen lassen ahnen, daß er einen bestimmten Platz im Sinn hatte – wobei offenbleibt, ob er ihn aus eigener Anschauung oder nur vom Hörensagen kannte.

Diesmal ließ sich der geduldige Sturmi von einem Esel in das sonnenlose Dickicht tragen. Eigil verschweigt nicht, daß dem wackeren Kundschafter bei seinem Waldritt recht unbehaglich zumute war. Betend und Psalmen singend, bezwang Sturmi jedoch die panische Angst, die ihm wie ein Schatten folgte.

Am fünften Tag traf er einen ortskundigen Pferdeknecht, von dem er erfuhr, daß die Gegend, in der er sich jetzt befand, Eichloha genannt werde. Kurz darauf fand er den »gesegneten und vom Herrn lange vorbereiteten Ort«, der der Beschreibung des Bonifatius entsprach. Eigil läßt sich nicht darüber aus, wie der Platz aussah, den Sturmi sozusagen »weisungsgemäß« entdeckt hatte; auch die Bonifatius-Briefe, die so manches bedeutsame Detail enthalten, berichten darüber nicht.

Die Antwort, die die schriftlichen Quellen verweigern, hat auch hier die Bodenforschung gegeben.

Der archäologische Entdecker der Landschaft zwischen Eder, Vogelsberg und Rhön war Joseph Vonderau, ein Sohn der Stadt Fulda. Er gehörte wie Steeger in Krefeld zu jenem fast ausgestorbenen Forschertyp, der von der Heimatkunde zur Altertumswissenschaft kam. Zunächst Lehrer, dann Rektor der Domschule seiner Vaterstadt, war er ein Autodidakt des Spatens, der sich die schwierigen Grabungstechniken und die Kunst der Fundanalysen selbst erarbeiten mußte.

Sein Aktionsradius reichte weit über das Fuldaer Land hinaus. Er grub auf der Büraburg und in der Hersfelder Stiftsruine, er untersuchte steinzeitliche Wohnstätten und vorgeschichtliche Schlackenwälle, Hallstattgräber und keltische Festungen – die größten Verdienste aber erwarb er sich mit seinen Grabungen in Fulda, und hier vor allem auf dem Domplatz, wo er von 1908 bis 1913 und von 1919 bis 1923 mehrjährige Dauerkampagnen führte. Noch mit einundachtzig Jahren hat er 1944 vor der Fuldaer Bischofskirche seine Suchgräben gezogen, Schichtenprofile gezeichnet, unterirdische Mauerzüge freigelegt und zahlreiche Scherben und Münzen geborgen.

Als er, längst »Doktor und Professor gar«, als Ehrenbürger seiner Vaterstadt starb, hinterließ er außerdem ein vorbildlich eingerichtetes Museum, das später seinen Namen empfing. Es wird heute von seinem Neffen Dr. Heinrich Hahn betreut, einem »gelernten« Prähistoriker, der die Domplatzgrabungen fortsetzte und – wenn auch einige Fragen offenblieben – zu einem einstweiligen Abschluß brachte. Diese letzte und ertragreichste Grabung fand 1953 statt.

Ihr äußerer Anlaß waren größere Bodenbewegungen, die dazu dienten, dem imposanten Barockbau Dientzenhofers den gebührenden Repräsentationsraum zu verschaffen. Zu diesem Zweck wurden die bis zu elf Meter hohen Erdmassen, die 1715 zwischen Schloß und Dom aufgeschüttet worden waren, zu einem guten Teil wieder entfernt. Die verschiedenen vorbonifatianischen und mittelalterlichen Mauerfundamente, die bereits Vonderau ausgiebig beschäftigt hatten, konnten nun erstmalig im Zusammenhang untersucht werden.

Die Geschichte des Fuldaer Domplatzes und seiner Bauten ist seitdem wenigstens in ihren Grundtatsachen bekannt.

Der Dom liegt auf einer Muschelkalkterrasse, die ursprünglich von einem längst verlandeten Fuldaarm und dem (1715 überwölbten) Waidesbach begrenzt wurde. Zur Höhe des heutigen Schlosses stieg das Gelände ziemlich unvermittelt an. Auf der Gegenseite bildete es einen sogenannten Schlepphang, der genügend Platz für eine Ansiedlung bot.

Spätestens in keltischer Zeit entstand an dieser Stelle eine Niederlassung, deren Bewohner im Lauf des letzten vorchristlichen Jahrhunderts offenbar friedlich germanisiert wurden. Irgendwelche besonderen Ereignisse lassen die archäologischen Befunde nicht erkennen. Die Holzhütten der nunmehr chattisch gewordenen Siedlung drängten sich in die Nähe einer alten Wegkreuzung, an der sich die Straßen vom Mittelmain zur Weser und von der Wetterau zum Grabfeldgau schnitten. Über die Fulda führte eine hölzerne Brücke. Die Höhenstraße vom Untermain nach Thüringen zog in geringer Entfernung an dem Weiler vorbei.

Jahrhundertelang hat sich an diesem Panorama nichts geändert. Eine klare Grenzscheide zur Merowingerzeit ist archäologisch nicht festzustellen. Dann aber zeichnen sich in den Befunden der Bodenforscher einige sehr merkwürdige Fakten ab.

Im Jahre 1919 legte Vonderau unter und teilweise vor dem Dom drei hintereinanderliegende Zellen frei, deren siebzig Zentimeter starke, sorgfältig verfugte Steinmauern noch Reste von Bemalung zeigten. Der Estrich bestand aus einer Art von »Ziegelterrazzo«; darunter waren die Reste einer Fußbodenheizung zu erkennen. Eine Reihe »römischer« Indizien also, mit denen die Experten, trotz mehrfacher Deutungsversuche, im Grunde nichts anzufangen wußten.

Während der Grabung 1941 stieß Vonderau südlich vom Dom auf ein winkelförmiges Gebäude, das mindestens fünf Wohn- und Wirtschaftsräume enthielt. Auch hier, wie bei den drei Zellen, ein Basaltfundament ohne Mörtelbettung, darüber ein sorgfältig verfugtes Schichtmauerwerk, auch hier Ziegelterrazzo und eine »römische« Fußbodenheizung; außerdem aber – und das brachte die Forschung einen entscheidenden Schritt weiter – zeitlich genau zu bestimmendes Material: fränkische Scherben und Riemenzungen nämlich, darüber eine mit Kalksteinplatten abgedeckte Brandschicht und eine karolingische Kulturschicht. Der Winkelbau war also in der merowingischen Zeit entstanden, nach einer Brandkatastrophe wiederaufgebaut und weiterbenutzt worden.

Und schließlich die große Überraschung des Jahres 1953: genau in der Richtung der drei Zellen entdeckte Heinrich Hahn unter dem Domplatz ein großes rechteckiges Gebäude von 32,75 Meter Länge und 17,65 Meter Breite. Und wieder die gleiche Bautechnik, wieder die gleiche Brandschicht. Am auffälligsten aber der Grundriß: »ein großer Raum, von zwei kleinen flankiert, davor zwei nahezu quadratische Eckräume mit dazwischenliegendem langen Raum« – das Schema eines römischen Landhauses.

Eine *villa rustica* unter dem Fuldaer Domplatz. Römische Bauweisen in der nachrömischen Zeit im nichtrömischen Teil Germaniens. Fußbodenheizungen und Ziegelestrich mitten im Hessenland. Ein einmaliger Befund, und nur so zu erklären, daß die in der Merowingerzeit hier eingedrungenen Franken derartige Bauten aus dem Westteil des Reiches kannten und in den Ostteil übertrugen.

Die verschiedenen Mauern gehörten wahrscheinlich zu einem befestigten fränkischen Stützpunkt, vielleicht einer curtisartigen Anlage: einem Königshof. Das Hauptgebäude wird freilich an der Stelle des Domes gelegen haben. Der Waidesbach begrenzte die Anlage im Süden, zur heutigen Stadt hin; die »Landseite« schützte, wie ältere Funde vermuten lassen, eine Trockenmauer, die im Norden und Osten noch durch einen Spitzgraben ergänzt wurde.

Der fränkische Königshof wurde um 700, vermutlich bei einem Sachseneinfall, durch Brand zerstört. Zurück blieb die Einöde, von der Eigil wiederholt spricht: ein aschegedüngtes Ruinengelände, das bald von Gras und Buschwerk überwachsen war. Nur die massiven Mauern der Steinbauten trotzten dem Unkraut und wucherndem Gestrüpp.

Es ist anzunehmen, daß Bonifatius von der Existenz des niedergebrannten und verlassenen Königshofes wußte, als er Sturmi in die Buchonia schickte, und daß er längst beschlossen hatte, dort ein Kloster zu gründen. Die Situation war in der Tat denkbar günstig. Der Platz lag zentral im Herzen Hessens. Die vorhandenen Bauten konnten leicht wieder aufgebaut werden, und eine Schenkungs-

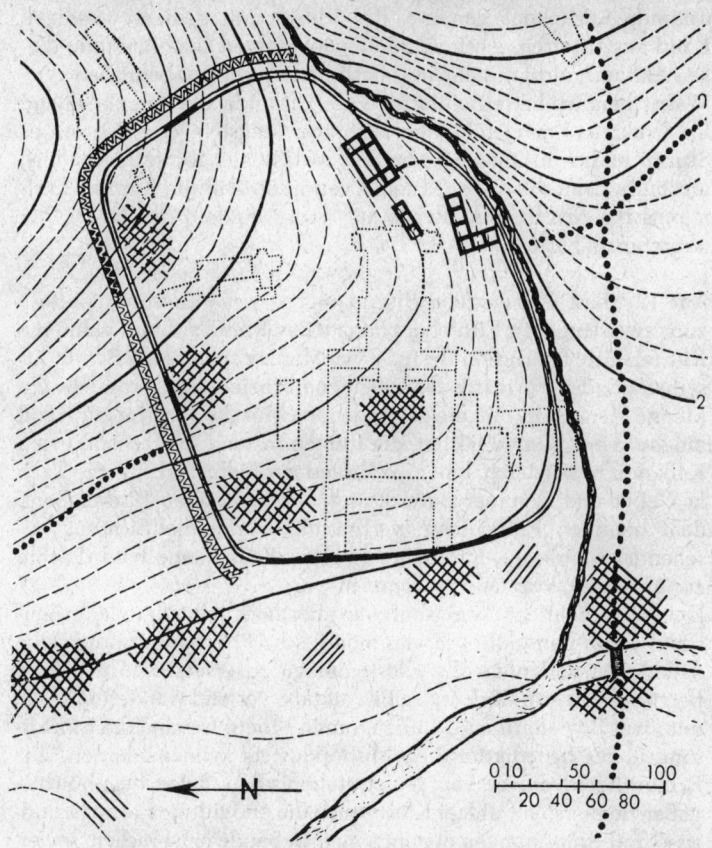

Lage und Größe des fränkischen Königshofes in Fulda. Eingetragen auf einer Höhenschichtenkarte, die kleinpunktierten Linien zeigen eine Reihe von heutigen Bauwerken (Dom mit Priesterseminar, Michaelskirche usw.). Nördlich der Waides, die bei einer alten Brücke in die heute verlandete Fulda mündete, der Bezirk der Curtis, später der Bezirk des ersten Klosters.

Schwarz: sichere Mauern des alten Klosters und ältere Trockenmauern. — Zickzack davor: kaiserzeitlicher oder etwas jüngerer Spitzgraben. — Die Doppellinien: Ergänzungen. — Schwarzgezeichnete Gebäude innerhalb der Curtis: Vorbonifatianische Bauten. — Schraffuren von links unten nach rechts oben: kaiserzeitliche Siedelplätze durch Grabungen nachgewiesen; und ebenso von rechts unten nach links oben: Siedelstellen der fränkischen Zeit; wenn Linien unterbrochen: vermutet, aber noch nicht nachgewiesen. — Starkpunktierte Linien: alte Wegezüge.

urkunde Karlmanns genügte, das Kloster mit dem notwendigen Land auszustatten, mochten die umwohnenden Grundbesitzer diesen Akt auch nicht mit einem christlichen »Jubilate« begrüßen.

Wahrscheinlich hatte Bonifatius diese Urkunde, die ihm alles Land im Umkreis von vier Meilen zusprach, längst in der Tasche, als Sturmi nach fünftägiger Suche den verlassenen Königshof endlich ausfindig gemacht hatte. Schieffer vermutet, daß die Kanzlei Karlmanns das Schriftstück bereits auf dem Märzfeld des Jahres 743 ausgefertigt hatte.

Am 12. März 744 erschien Sturmi mit seinen »Knechten Gottes« zum zweitenmal in Eichloha, pflanzte das Kreuz auf und nahm die Klosterstätte feierlich in Besitz. Zwei Monate später kam Bonifatius selbst, um den Fortgang der Arbeit zu inspizieren. Er brachte »eine Menge Menschen« mit, die den rodenden Mönchen kräftig zur Hand gingen, viele Bäume fällten, die Ruinen instand setzten und einen Kalkofen in Betrieb nahmen. Während der Siebzigjährige die Tage in Gebet und frommer Betrachtung auf dem nahen Bischofsberg, dem heutigen Frauenberg, verbrachte, wurde die Lichtung zusehends wohnlicher. So konnte er seine Baukolonne bald dorthin zurückführen, »woher er gekommen war«.

Der alte fränkische Königshof war aber noch jahrzehntelang Baustelle, denn nun galt es ja, das mönchische Provisorium durch eine dauerhafte und planvolle Klosteranlage zu ersetzen. Abt Sturmi bereitete sich gründlich auf seine Aufgabe vor und wanderte 747/48 mit zwei Begleitern nach Italien, um in Monte Cassino die Einrichtungen des benediktinischen Mutterklosters kennenzulernen. Die Erfahrungen, die er von seiner italienischen Reise heimbrachte, gaben dem ersten Fuldaer Klosterplan die endgültige Form: Grundrisse und Anordnungen der einzelnen Gebäude entsprachen, soweit bekannt, südlichen Vorbildern.

Die Kirche, ein Bau von 34 Meter Länge, dessen Standort Bonifatius selbst bestimmt hatte, war genau geostet. Es handelte sich um eine rechteckige Basilika, von der wir noch nicht wissen, ob sie ein- oder dreischiffig war. Die Apsis befand sich an der Stelle des jetzigen Domportals und hatte einen Radius von 5,50 Metern. Der Haupteingang lag in der westlichen Abschlußwand, etwa in der Mitte des heutigen Mittelschiffes. Die Klostergebäude schlossen sich an den Südteil der Kirche an.

Bonifatius hat an dem Klosterbau offenbar tätigen Anteil genommen. Jahr um Jahr, so berichtet Eigil, besuchte er seine Brüder in der Buchonia und förderte ihr Werk durch Schenkungen und gute

Ratschläge. Eichloha blühte auf. Bereits 751, kaum drei Jahre nach der Rückkehr Sturmis aus Monte Cassino, war die Kirche so weit fertiggestellt, daß Bonifatius den ersten Altar in der Apsis weihen konnte. Im selben Jahr schrieb er an Papst Zacharias jenen vielzitierten Brief, in dem er – nun schon an der Schwelle der Achtzig – den Wunsch aussprach, im Kloster an der Fulda bestattet zu werden.

»Inmitten der Völker meines Missionsbereiches habe ich in tiefer Waldeinsamkeit ein Kloster erbaut und daselbst Mönche angesiedelt. Sie leben nach der Regel des heiligen Vaters Benedikt in strenger Enthaltsamkeit, ohne Fleisch und Wein, ohne Met und Knechte und begnügen sich mit dem Ertrag der Arbeit ihrer Hände. Ich habe diesen Ort von frommen und gottesfürchtigen Männern, insbesondere von Karlmann, vormals Fürst der Franken, durch redliche Bemühungen erworben und zu Ehren des Heiligen Erlösers geweiht.«

»Hier möchte ich nun mit Eurer huldvollen Zustimmung von Zeit zu Zeit, sei es auch nur für wenige Tage, meine altersmüden Glieder erholen und nach meinem Tode begraben werden. Denn vier Völker, denen ich Christi Wort mit Gottes Gnade verkündete, haben im Umkreis dieses Ortes ihre Sitze. Ihnen könnte ich mit Eurem Einverständnis, solange ich noch lebe und meine geistigen Kräfte habe, nützlich sein.«

»Ist es doch mein Wunsch, mit Eurem Gebet und Gottes Gnade mit der römischen Kirche innig vereint und in Eurem Dienst unter den Völkern Germaniens auszuharren und Eurem Gebot zu gehorchen, wie geschrieben steht: Höret, geliebte Söhne, des Vaters Spruch und handelt so, daß es Euch wohlgehe.«

Der Brief übt noch nach zwölfhundert Jahren eine eigentümliche, zu Herzen gehende Wirkung aus. Er ist wie alles, was Bonifatius zu Papier gebracht hat, kunstvoll stilisiert, bis zur biblischen Endfloskel hin. Aber es schwingt ein neuer Ton darin – seine Sätze sind gewissermaßen umflort, erfüllt vom Abschiedsschmerz und Novemberstimmung.

Bonifatius war müde geworden. Er hatte in den Jahren nach der Gründung des Klosters viel Schweres und, was schlimmer war, viel Unbegreifliches erlebt. Der große, alte Mann, dessen Rechnung immer aufgegangen war, glaubte sich um die Früchte seiner Arbeit gebracht, er sah sein Reformwerk gefährdet, ja, fast schon zerronnen.

Es war nur natürlich, daß die Synodalbeschlüsse der Jahre 743/44 die Gegner der Reform auf den Plan gerufen hatte. Nicht nur das geistliche Fußvolk fühlte sich angegriffen und in seinen Rechten bedroht, auch die jagd- und waffenfreudigen Bischöfe des fränkischen Adels waren nicht gesonnen, ihre Stellung widerstandslos aufzugeben. Ihre Argumente waren ebenso primitiv wie verständlich und wirkungsvoll. Galten die altfränkischen Traditionen gar nichts mehr? Sollten sich die Söhne hochgeborener heimischer Familien einem hergelaufenen Angelsachsen unterstellen?

Haupt der Opposition, die von der offenen Sabotage bis zum geheimen Boykott alle Mittel des Widerstandes erprobte, war neben dem abgehalfterten Milo von Reims der Bischof Gewilib von Mainz, ein Rauhbein und Raufbold, der an einem sächsischen Krieger eigenhändig das Gesetz der Blutrache vollzogen hatte. Zwar gelang es Bonifatius, Gewilib zu stürzen, dessen weitreichenden Einfluß aber vermochte er nicht einzudämmen. Auch die längst als Ketzer verurteilten »falschen Propheten« Aldebert und Clemens zogen weiterhin unbehelligt durchs Land. Und als das Konzil des Jahres 745 dem Bonifatius Köln als zukünftigen Metropolitansitz anwies, geschah nichts, diesen Beschluß zu realisieren. Der päpstliche Legat mußte sich damit begnügen, 747 zum Bischof von Mainz ernannt zu werden. Von der Einrichtung einer Metropolitanverwaltung war nicht mehr die Rede.

Spätestens von diesem Jahr an stand Bonifatius mit dem Rücken zur Wand. Noch schwerer allerdings als die alltäglichen Intrigen der fränkischen Bischofsaristokratie und ihres niederen Anhangs trafen ihn zwei nicht alltägliche Ereignisse: die Übergabe des Bistums Salzburg an den Iren Virgil und Karlmanns Gang ins Kloster.

Virgil war eine der schillerndsten Gestalten seiner Zeit: ein gelehrter Theologe iroschottischer Tradition und ein hervorragender Mathematiker, den seine Landsleute gern den »Geometer« nannten, dazu ein philosophisch-spekulativer Geist, der sich Gedanken über die Form und Struktur der Erde machte und energisch die Existenz von Antipoden verfocht. Bonifatius polemisierte mit Heftigkeit gerade gegen diese These. Weit mehr als Virgils »Ketzereien« empörte ihn aber die Tatsache, daß Herzog Odilo von Bayern den Kelten berufen und als Verwalter des verwaisten Bistums eingesetzt hatte, ohne ihn, den päpstlichen Legaten, auch nur zu informieren. Denn das war mehr als ein Affront – es war ein Schlag gegen die Reform, gegen die hierarchische Ordnung der Kirche überhaupt.

Auch Karlmanns Abschied vom weltlichen Leben erschwerte seine Situation. Einerseits bewies der Entschluß des Hausmeiers (um Schieffer zu zitieren) die »tiefe, elementare Wirkung..., die von der angelsächsischen Mission und Bonifatius ausgegangen war«, andererseits trat damit der eigentliche Protektor des Reformwerks von der Szene, dem die kirchliche Erneuerung mehr als ein Akt der Staatsräson gewesen war.

Der nüchterne Pippin hielt zwar an den Reformbeschlüssen fest, war aber gleichzeitig bemüht, den fränkischen Adel und mit ihm die hohe fränkische Geistlichkeit nicht unnötig zu reizen. Das Ziel, das er umsichtig und besonnen ansteuerte, die Legalisierung des karolingischen Prinzipates, duldete keine inneren Zwistigkeiten.

Der eigensinnige, unduldsame, ewig zürnende Bonifatius hatte in Pippins Spiel keine Funktion mehr. Für einen Realpolitiker wie den nunmehrigen Alleinherrscher des Frankenreiches hatte der Alte seine Aufgabe in dem Augenblick erfüllt, da er die Verbindung zum Heiligen Stuhl hergestellt hatte. Jetzt brauchte er ihn nicht mehr. Die Qualen und Selbstkasteiungen, die Bonifatius durchmachte, haben in seinen Briefen einen erschütternden Niederschlag gefunden. Der souveräne, herrschgewohnte Mann, der nie an sich selbst und seiner Mission gezweifelt hatte, war schweren Depressionen und Anfechtungen ausgesetzt. Er hielt sich für den »letzten und schlechtesten aller Sendboten« der apostolischen römischen Kirche. Er fürchtete, »ohne jede Frucht des Evangeliums« zu sterben. Unaufhörlich haderte er mit den »falschen Brüdern«, die für ihn – den das Ungeordnete mehr als das Unchristliche beleidigte – schlimmer als alle Heiden waren.

Am meisten aber beklagte er seine Machtlosigkeit. »O Schmerz!« schrieb er mit rhetorischem Schwung, hinter dem man doch eine echte Verzweiflung spürt, 747 an Papst Zacharias. »Ich gleiche einem bellenden Hunde, der wohl sieht, wie Diebe und Räuber das Haus seines Herrn erbrechen und verwüsten, aber weil er keine Helfer zur Verteidigung hat, knurrt und jammert und nichts als elend ist.«

Das waren harte und schmerzliche Worte, der Seelenlage eines Mannes angemessen, der sein Lebenswerk bedroht sieht, und doch wurden sie der Situation nicht eigentlich gerecht. In seinem ohnmächtigen Zorn übersah Bonifatius, daß die kirchlichen Reformen bereits heilsame Wirkungen ausübten, ja, daß in Wahrheit nur die Führung gewechselt hatte. Längst war nämlich eine dritte Kraft am Werk, eine fränkische Reformpartei sozusagen, die unter der Ägide des Bischofs Chrodegang von Metz und des späteren Abtes Fulrad von St. Denis genauso an der »Kanonisierung« der fränkischen Reichskirche arbeitete wie Bonifatius selbst.

In den Haupt- und Staatsaktionen dieser Jahre spielte der verbitterte alte Mann keine Rolle mehr (obwohl er Pippin vielleicht noch zum König gesalbt hat). Da seine Energien aber noch nicht erschöpft waren, schlug er sich mit nichtigen Alltagsproblemen herum. Während Burchard und Fulrad in Rom über die endgültige Ablösung der Merowinger durch die Karolinger verhandelten, traktierte er den Papst mit abseitigen und wunderlichen Fragen. Ob man sich der Verfolgung durch Heiden entziehen dürfe? Was mit aussätzigen Menschen und Tieren geschehen solle? Ob das heilige Feuer aus Stein geschlagen werden dürfe? Ob Klosterfrauen einander die Füße waschen dürften? Und nach welcher Zeit Schweinespeck gegessen werden dürfe?

Ungerührt antwortete Papst Zacharias auf diese letzte Frage: »Auf Dein Ansuchen geben Wir Dir den Rat, daß der Speck nicht eher verzehrt werden soll, als bis er über dem Rauche getrocknet oder am Feuer gekocht ist. Zieht man vor, ihn ungekocht zu verzehren, so soll er erst nach dem Osterfest genossen werden.«

Um so majestätischer war nach diesem bedrückenden Niedergang das Finale des Bonifatius-Lebens: jener letzte Akt, den der Märtyrertod des Angelsachsen in Friesland so dramatisch beschließt. Dieser Märtyrer von Friesland war ganz der alte Bonifatius, der souveräne, willensstarke Kirchenfürst, der bei aller Leidenschaft und Unduldsamkeit nichts ohne Plan und kühl wägenden Verstand tat... Fast hat man den Eindruck, daß auch das Ende an der Zuidersee gewollt und wohlbedacht war.

Dieser letzte Akt war Abschied und Vermächtnis zugleich. Seine erste Sorge galt dem Kloster an der Fulda. Er bat den Abt Optalus von Monte Cassino, die Mönche im grünen Herzen Hessens in die Gebetsbruderschaft des benediktinischen Mutterklosters aufzunehmen. Den Apostelfürsten in Rom ersuchte er – ein unerhörter Vorgang im damaligen Frankenreich – um ein formelles *Exemtionsprivileg*, das diese seine ureigenste Schöpfung dem Apostolischen Stuhl direkt unterstellte. Beide Wünsche wurden ihm erfüllt.

Seine nächste Sorge galt dem Mainzer Bistum. Im Jahre 752 weihte er seinen Schüler Lul zum Chorbischof und erbat Pippins Einverständnis. Etwa zur gleichen Zeit schrieb er an Abt Fulrad einen Brief, in dem er den damals mächtigsten Mann der fränkischen Kirche eindringlich beschwor, die angelsächsischen Missionsgefährten nicht im Stich zu lassen – eines der vornehmsten und unmittelbarsten Dokumente seines Schriftwechsels überhaupt.

»Es hat den Anschein, daß ich dieses zeitliche Leben und den Lauf meiner Tage in meiner Hinfälligkeit bald beenden werde. Deshalb bitte ich die Hoheit unseres Königs, er möge mir noch, solange ich lebe, mitteilen..., welche Fürsorge er meinen Schülern später zukommen lassen will. Sie sind ja fast alle Fremdlinge. Manche sind als Priester an vielen Orten zum Dienst der Kirche und des Volkes eingesetzt; andere leben als Mönche in unseren Klöstern oder sind noch Kinder, die in den Wissenschaften unterrichtet werden; manche, die lange Zeit mit mir gelebt und gewirkt haben, sind alt.«

»Um alle diese bin ich bekümmert, daß sie nicht nach meinem Tod ins Elend geraten... Sie sollen sich nicht zerstreuen wie Schafe ohne Hirten, und auch die Völker an der Grenze der Heidenschaft sollen nicht das Gesetz Christi einbüßen. Deshalb bitte ich Eure Huld, daß Ihr meinem Sohn und Mitbischof Lullus... zu diesem Dienst der Völker und Kirchen bestimmen und zum Prediger und Lehrer der Priester und Völker ernennen wollet.«

»Ich wünsche dies vor allem deshalb, weil meine Priester an der Grenze der Heiden ein armseliges Leben haben. Sie können sich wohl das notwendige Brot verschaffen, nicht aber ihre Kleidung, wenn ihnen nicht von anderswo Rat und Hilfe zuteil wird, damit sie an jenen Orten im Dienste des Volkes ausharren können... Sollte die Liebe zu Christus in Euch diesen Entschluß erwecken..., so lasset es mir durch meine Boten oder durch ein Schreiben mitteilen, damit ich dank Eurer Fürsorge um so freudiger leben oder sterben kann.«

Auch in diesem Fall erhielt Bonifatius eine positive Antwort: Pippin bestätigte Lul in seinem Amt und versprach, ihn später zum Bischof von Mainz zu ernennen.

Im Frühjahr 753 reiste Bonifatius noch einmal an den Königshof, der sich bereits auf den Besuch von Papst Stephan II. vorbereitete, eine Begegnung, die ohne die Vorarbeit des Angelsachsen nie möglich gewesen wäre. Aber nicht darum ging es Bonifatius. Er erbat von Pippin eine letzte Gnade: wieder in Friesland, der Wiege der Angelsachsenmission, das Wort Gottes predigen zu dürfen. Der Frankenkönig kam auch diesem Wunsche nach, obwohl er damit eine Auseinandersetzung mit Bischof Hildegar von Köln riskierte, der Anspruch auf dieses Gebiet erhob.

Im Frühsommer 753 kehrte Bonifatius nach Mainz zurück und begann unverzüglich zu seiner friesischen Fahrt zu rüsten. Den vertrauten Lul beauftragte er, die »Basilika an der Fulda« zu vollenden und dort »seinen alten Leib« zu begraben.

Auch von Lioba, der Äbtissin von Tauberbischofsheim, nahm er bewegten Abschied. Die Berichte über diese letzte Begegnung mit seiner Herzensfreundin gewähren einen tiefen und überraschenden Blick in sein sonst so unzugängliches Inneres. Er bestimmte, daß ihr

Leichnam eines Tages zu seinen eigenen sterblichen Resten gelegt werde. Ein erschreckender Vorgang – dieses »Hervorflammen einer ein Leben lang zurückgehaltenen Leidenschaft«, wie es bei Ricarda Huch heißt. »Die er im Leben sich ferngehalten hatte, getreu dem strengen Gebot, dem er sich unterstellt hatte, riß er im Tode an sich, in seinem herrischen Sinn sicher, daß sie so oder so die Seine war, ihm folgend in der Entsagung, ihm folgend im besten Einswerden der Liebe.«

Im Juni 753 fuhr Bonifatius mit elf Gefährten, meist Angelsachsen, rheinabwärts. Während des Sommers predigte er in den Siedlungen am Ostufer der Zuidersee. Nachdem er den Winter in Utrecht verbracht hatte, zog er im Frühjahr mit großem Gefolge wieder als Erwecker durch die Lande.

Für den 5. Juni 754, den Mittwoch nach Pfingsten, hatte er eine große Zahl von Bekehrten in der Nähe des heutigen Dokkum am Flusse Doorn zusammengerufen. Als der Tag graute, sahen die Wachen ihr Lager von beutehungrigen Friesen umstellt. Auch unter den Begleitern des Bonifatius waren Männer, die ein Schwert zu führen verstanden. Der Achtzigjährige verbot ihnen jedoch, ihre Waffen zu gebrauchen, und seine Autorität war immer noch so groß, daß sie ihm widerspruchslos gehorchten. Der Reihe nach wurden sie niedergemacht, mehr als fünfzig Laien und Priester, unter ihnen Eoban, den Bonifatius als Bischof von Utrecht ausersehen hatte.

Ein Utrechter Presbyter, der fünfzig Jahre später Leben und Tod des heiligen Bonifatius beschrieb, will eine Frau gekannt haben, die den weißhaarigen Alten fallen sah. Furchtlos sei er der Meute wütender Friesen gegenübergetreten. Erst in dem Augenblick, da ein heidnischer Krieger mit seinem Schwert auf ihn einhieb, habe er schützend ein Evangeliar über sein Haupt gehalten – vergebens, denn die tödliche Waffe habe ihm das Buch aus der Hand geschlagen; blutüberströmt sei er niedergesunken.

Wenn Bonifatius, was die neuere Forschung durchaus für möglich hält, diesen Bühnentod gesucht hatte, so hatte er damit ein letztes Mal seine eminente Menschenkenntnis bewiesen. Sein Ende in Friesland wirkte weit über Raum und Zeit hinaus. Dem toten Märtyrer – einem der letzten großen Glaubensapostel – wurden höhere Ehren erwiesen, als sie dem Legaten des Papstes je zuteil geworden waren.

In feierlichem Zuge wurde der Leichnam über die Zuidersee gerudert. Eine Kavalkade von Booten folgte ihm rheinaufwärts. Abt Sturmi zog dem Trauergeleit entgegen. Lul selbst übernahm es, König Pippin und die Großen des Reiches zu informieren. Doch war er bereits wieder in Mainz, als die Schiffsprozession am 4. Juli 754 unter dem Geläut der Glocken am Ufer der Bischofsstadt anlegte.

Wenige Tage später ging es mainaufwärts bis Hochheim. Dort bildete sich ein unübersehbarer Trauerzug, der den toten Bonifatius in einem mehrtägigen Marsch nach Fulda geleitete.

In der Klosterbasilika fand er, seinem Wunsch entsprechend, die letzte Ruhestätte, vermutlich in einem Felsengrab an der Westwand der Kirche.

Das Werk des Bonifatius aber lebte weiter, ja, es begann Jahr um Jahr reichere Frucht zu tragen. Die Entwicklung, die sich bereits in seinen letzten Lebensjahren abgezeichnet hatte, bewies nun Kraft und Dauer. Die große Kirchenreform löste sich von der Gestalt und aus dem Bannkreis ihres Begründers und ging – ein Akt der geschichtlichen Vernunft – endgültig in fränkische Hände über.

Zwar behaupteten die Bonifatius-Schüler ihre Positionen: Hessen, Thüringen und Teile von Bayern blieben angelsächsische Domänen, und Lul wurde Bischof von Mainz, aber die kirchlichen Befehlsstellen wurden mit Franken besetzt. Wahrscheinlich noch im Todesjahr des Bonifatius ernannte König Pippin den Bischof Chrodegang von Metz zum austrasischen Metropoliten, einen energischen und geschickten Kleriker aus altem moselländischem Adel, mit dem auch die Großen des Frankenreiches einverstanden waren.

Die jährlichen Konzilien wurden wieder Brauch. Und schon das erste – 755 in Ver bei Senlis – konnte es an reformatorischem Eifer und Bekennertum sehr wohl mit den bonifatianischen Synoden aufnehmen. Die hohe Versammlung bestätigte die Führungsaufgaben der Bischöfe, verpflichtete sich erneut den »Regeln der alten Väter« und rief Priester, Nonnen und Mönche zu unbedingter Disziplin auf.

Die in eben diesen Jahren entstandene Neufassung der Lex Salica nannte die Franken nicht nur »tapfer in Waffen«, sondern auch »zum katholischen Glauben bekehrt« und »frei von Häresie«. In der Tat wurde die kanonische Autorität des Bischofs von Rom nun auch nördlich der Alpen respektiert, und wie hundert Jahre vorher die angelsächsische Kirche war die fränkische Kirche bemüht, ihre rituellen und liturgischen Bräuche an den römischen Traditionen zu orientieren. Selbst Chrodegang von Metz versäumte nicht, seinen Klöstern Märtyrerreliquien aus dem schier unerschöpflichen Fundus des Heiligen Stuhls zu beschaffen.

Lul mußte zwar noch bis 780 auf das Pallium des Erzbischofs warten, doch ehrte und achtete man ihn als den Testamentsvollstrecker des angelsächsischen Reformers. So konnte er nach dem Tod der ersten Bischöfe von Erfurt und Büraburg deren Diözesen kurzerhand »eingemeinden«, ohne daß ihm die fränkische Macht in den Arm fiel. Ebenso erwarb er sich um die Pflege des Bonifatius-Erbes unvergängliche Verdienste. Er ließ durch den Priester Willibald die erste Bonifatius-Biographie schreiben und sammelte die Briefe seines »verehrten Vaters«, die bis heute als eine unersetzliche Quelle der frühmittelalterlichen Kirchengeschichte gelten.

Der eigentliche Nachlaßverwalter des Bonifatius aber wurde das Kloster Fulda.

Der Tod des Heiligen vervielfachte die Wachstumskräfte der Abtei. Das Grab mit seinen sterblichen Resten zog Ströme von Pilgern und Wallfahrern an, zahlreiche Schenkungen mehrten den Besitz von Jahr zu Jahr, und schon um 800 zählte das Kloster vierhundert Mönche. Außerhalb der geistlichen Niederlassung hatten sich damals, wie Funde aus der Umgebung des Fuldaer Domes bestätigen, bereits zahlreiche Handwerker und Händler niedergelassen.

Das ständige Wachstum zwang auch den Mönchen sein Gesetz auf. Die Maurerkelle war ihr Gebetbuch, Bauen wurde eine Art Gottesdienst.

Nach mehrfachen Veränderungen begann Abt Baugulf, der Nachfolger Sturmis, 791 mit der Neuanlage des Klosters, die dem veränderten Bedarf großzügig Rechnung trug. Die Bauleitung hatte der Mönch Ratgar, einer der genialsten Architekten seiner Zeit und neben Odo von Metz und Einhard, den karolingischen Hofbaumeistern, der einzige, dessen Namen wir kennen.

Allein der Neubau der Klosterkirche beanspruchte nahezu dreißig Jahre. Die zeitgenössischen Berichte lassen ahnen, daß er auch die Nerven und den guten Willen der Mönche kräftig strapazierte. Abt Baugulf gab 802, offenbar resignierend, die Führung des Klosters an den bauwütigen, souverän schaltenden und waltenden Ratgar ab, der seinerseits 817 auf die Beschwerde seiner geistlichen Brüder hin von Ludwig dem Frommen abgesetzt wurde. Abt Eigil, der Sturmi-Biograph, führte das Werk jedoch unbeirrt weiter. Gleich nach der Weihe der neuen Kirche im Jahre 819 legte er den Grundstein des neuen Klosters.

Ratgar baute zunächst – wahrscheinlich bis 802 – rund um die weiterbestehende erste Klosterkirche einen »östlichen Tempel«, das heißt: eine dreischiffige Basilika mit Ostapsis. Ihr folgte das 88 Meter messende Querhaus mit Westapsis, das die Chronisten den »Westtempel« nennen. Im Endergebnis stellte sich die neue Klosterkirche als eine dreischiffige Basilika mit zwei Chören und einem mächtigen Querschiff dar – eine imposante Bauleistung, selbst wenn man heutige Maßstäbe anlegt.

Diese »Ratgar-Basilika« war aber nur das monumentale Mittelstück der Fuldaer Klosteranlage. Schon um 800 baute Ratgar der ostwärts gerichteten Kirche ein 24 mal 27 Meter großes Atrium vor: ein von einem Säulengang umschlossenes »Paradies«, das als Versammlungsort, Gerichtsstätte und Prozessionsstation diente. Von diesem Hof führten Zugänge in die Seitenschiffe der etwa 34 Meter breiten Basilika. Im Westen der Kirche schlossen sich »nach römischer Sitte« – *more romano*, wie es in der Eigil-Vita des Mönches Candidus Bruun heißt – die Klosteranlagen mit ihrem Kreuzgang an, der den Westchor im Halbkreis umfuhr.

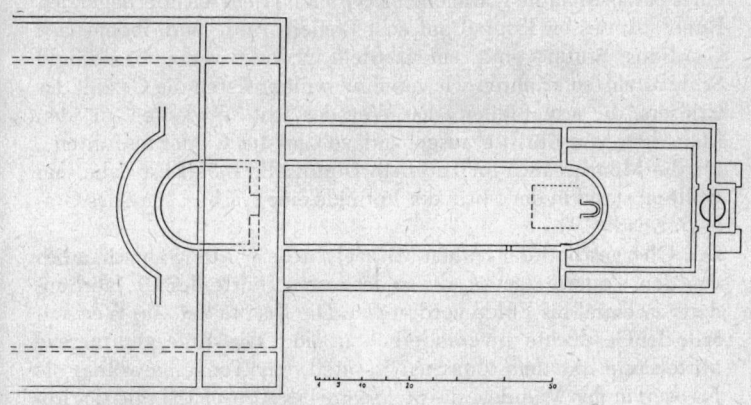

Grundriß der Ratgar-Basilika in Fulda

Die Gesamtanlage von der Eingangshalle des »Paradieses« bis zum Westabschluß der Klostermauern war etwa 220 Meter lang. Wo Sturmi 744 inmitten unübersehbarer Wälder die Ruinen eines niedergebrannten fränkischen Königshofes angetroffen hatte, stand hundert Jahre später die schönste und geschlossenste Klosteranlage nördlich der Alpen: ein Werk wie aus einem Guß. Allein die Ratgar-Basilika, das Kernstück des riesigen Gebäudekomplexes, erreichte eine Länge »von etwa 95 bis 100 Meter« und war damit jahrhundertelang das größte Gotteshaus Mitteleuropas. Auch in Italien wurde sie nur durch einige stadtrömische Bauten übertroffen.

Die Baulust der Fuldaer Mönche erstreckte sich bald auch auf die nähere und weitere Umgebung. Hrabanus Maurus allein, der fünfte in der Reihe der Fuldaer Äbte und der bedeutendste zugleich, errichtete über dreißig Kirchen im Bereich des Klosterbesitzes. Er war auch der geistige Vater der Michaelskirche, die – etwas erhöht unmittelbar neben dem Dom gelegen – einen Teil ihres ursprünglichen Baubestandes bis heute gewahrt hat.

Sie entstand unter Abt Eigil in den Jahren 812 bis 822 und diente als Friedhofskapelle und Beinhaus der Mönche. Die von Racholf, dem Nachfolger Ratgars, erbaute Rundkirche war denselben Traditionen verpflichtet wie die Aachener Pfalzkapelle. Als ihre gemeinsamen Ahnen bezeichnen die Kunsthistoriker San Vitale in Ravenna und St. Michael in Byzanz.

Die Racholfsche Kirche bestand aus zwei Geschossen: einer von einer einzigen Säule getragenen Krypta und dem darüberliegenden Rundbau, dessen Kuppel auf acht Pfeilern ruhte und oben – nach Candidus Bruun – »mit einem Stein gedeckt war«. Säule und Schlußstein, so erfahren wir von ihm, symbolisieren die Gestalt des Erlösers, die acht Pfeiler »den Weg der acht Seligkeiten, die den Menschen, von Christus ausgehend, zu Christus wieder hinführen«. Da die Mönche auch im Tod dem Gottessohn möglichst nahe sein wollten, stand in der Mitte der Rotunde eine Nachbildung des Grabes Christi.

Das Obergeschoß der frühen Michaelskirche wurde wahrscheinlich von den Ungarn zerstört, die in der ersten Hälfte des 10. Jahrhunderts zweimal bis Fulda vordrangen. Die Krypta hat alle Wechselfälle der Geschichte unverändert überdauert. Die kurze, gedrungene Mittelsäule mit dem jonischen Kapitell, das Tonnengewölbe, die Nischen in den Wänden, die Steinsärge des Abtes Eigil und des iroschottischen Mönches Amnichard, der in dem düsteren Gewölbe als Klausner gelebt haben soll – das alles schafft einen Raum, in dem sich ein Stück karolingischer Architektur unverfälscht erhalten hat.

Auch die Höhen um Fulda bebauten die Mönche des frühen Klosters mit Kapellen, Kirchen und Propsteien. Ein ganzer Kranz von geistlichen Niederlassungen umgab schließlich, »vorgeschobenen Kastellen gleich«, die mächtige Reichsabtei. Die bedeutendsten waren:

Im Norden: St. Maria auf dem Bischofsberg, dem heutigen Frauenberg, wo schon Bonifatius in einer kleinen Klause zu beten und zu ruhen pflegte. Aufständische Bauern zerstörten 1525 den von Ratgar entworfenen Bau. Das 1762–1765 errichtete Barockkloster, das während des letzten Krieges als SS-Polizeischule und Lazarett diente, wurde 1945 dem Franziskanerorden zurückgegeben.

Im Osten: die Propsteikirche auf dem Petersberg, deren Urbau wahrscheinlich schon unter Abt Baugulf entstand. Die Krypta der unter Hrabanus Maurus zu einer dreischiffigen Basilika erweiterten Klosterkirche nahm 836 die Gebeine der heiligen Lioba auf, die bis dahin in der Nähe der Bonifatius-Gruft geruht hatten. Von dieser Basilika sind Teile des Untergeschosses und des Vierungsquadrates erhalten, von der Krypta drei tonnengewölbte Nischen mit den ältesten deutschen Wandgemälden, die Hrabanus Maurus in lateinischen Versen besungen hat.

Im Süden: die 812 geweihte Propsteikirche auf dem Johannesberg, die aber schon in der romanischen Zeit einem Neubau weichen mußte; der Turm enthält Wandmalereien aus dem 13./14. Jahrhundert.

Im Westen: die Andreaskirche auf dem Neuenberg, die zwar erst zu Beginn des 11. Jahrhunderts gebaut wurde, aber als direkter Abkömmling der T-förmigen Ratgar-Basilika gilt. Vom Urbau stehen noch Querhaus, Apsis und Krypta. In der Unterkirche wurden 1932 spätottonische Wandmalereien von hohem Rang entdeckt.

Im weiteren Umkreis von Fulda haben Schlitz und Großenlüder Baureste der Ratgar- und Hrabanus-Zeit konserviert. Auch das Nachbarkloster Hersfeld war ein Trabant der fuldischen Architektur, obwohl es sich immer ein wenig als Konkurrenz gefühlt hat. Grabungen im Jahre 1955 bewiesen, daß zumindest der 850 von Hrabanus geweihte Vorgängerbau der heutigen »Festspielruine« mit der Ratgar-Basilika verwandt war. Wie dort bestimmten auch hier die beiden Chöre und das mächtige, durchgehende Querhaus den Grundriß.

Weitere Reflexe der Ratgar-Kirche haben die Kunsthistoriker am Alten Dom in Köln, an der Paderborner Abdinghof-Kirche und in St. Gallen festgestellt. Seiner ganzen Anlage nach war das Kloster Fulda also, mit Großmann zu sprechen, »das bedeutendste architektonische Zeugnis der *Renovatio Romanorum Imperii*«, jenes Erneuerungsgedankens, der seit dem Auftreten des Bonifatius und der Allianz Pippins mit dem Papst das Fränkische Reich vielfältig befruchtete. Fulda war aber nicht nur in der Architektur das Zentrum der *Renovatio*. Das Bonifatius-Kloster wuchs im 9. Jahrhundert zu der bedeutendsten Pflegestätte römisch-christlicher und antiker Traditionen überhaupt heran. Es wurde die geistige Kapitale des werdenden Abendlandes.

Schon 748 richtete Sturmi eine Klosterschule ein, das erste humanistische Gymnasium in Deutschland, wenn man so will; denn Latein

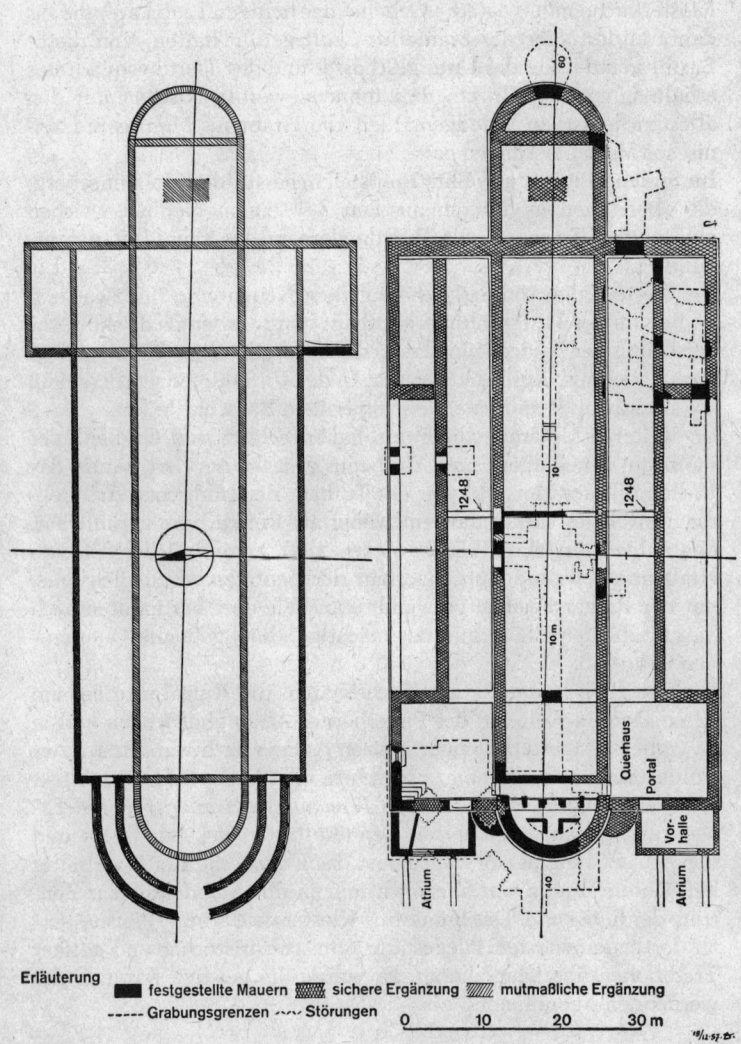

Periode VI
Anfang 9. Jh.

Periode VII
Weihe 870

Erläuterung

■ festgestellte Mauern ▨ sichere Ergänzung ▨ mutmaßliche Ergänzung

----- Grabungsgrenzen ∿∿ Störungen

0   10   20   30 m

Domgrabung Köln 1957. Die beiden karolingischen Grundrisse

und Griechisch rangierten vor allen anderen Fächern. Die Lehrer kamen zum Teil, wie Sturmi selbst, aus Bayern, doch überwog, wie die erhaltenen Handschriften bezeugen, das angelsächsische Element.

Dieser Bildungsimport verstärkte sich noch, als die Klosterschule unter dem zweiten Fuldaer Abt Baugulf durch Karls des Großen »Kultusminister« Alkuin reformiert wurde. Noch bis in die Zeit von Hrabanus Maurus hinein, der das Kloster zwischen 822 und 842 auf seinen Höhepunkt führte, sind diese Einflüsse, wie in Würzburg, deutlich wahrzunehmen. »Die erste Schrift Fuldas ist die angelsächsische, seine ersten Bücher gehören in den Kreis angelsächsischer Gelehrsamkeit; kaum an einem anderen Orte auf dem Festland war der Einfluß der Angelsachsen so nachhaltig wie hier...« (Schröbler)

Karls des Großen berühmte *Epistola de litteris colendis* dirigierte den Fleiß der schreibkundigen Mönche dann in die Richtung der römischen *Renovatio*. Der zwischen 780 und 800 geschriebene und an Abt Baugulf gerichtete Brief über die Pflege der Wissenschaften empfahl den Klosterbrüdern vor allem den Umgang mit der lateinischen Sprache. Eine falsche Grammatik, das war des Königs unverblümte Meinung, sei auch dem Glauben nicht dienlich, und nur der werde den allegorischen Sinn der heiligen Schriften begreifen, der wissenschaftlich entsprechend vorgebildet sei. Mit des Königs eigenen Worten: »Wer sich bemüht, Gott durch eine richtige Lebensweise zu gefallen, der wird sich auch darum kümmern, ihm durch eine richtige Redeweise zu gefallen.«

Demgemäß konzentrierte sich die Tätigkeit der Fuldaer Schule jahrzehntelang auf lateinische Texte. Nicht nur die Schriften der Kirchenväter, sondern auch die Werke von Cicero und Vergil, Horaz und Ovid wurden kopiert, kommentiert und studiert. Die eigentliche literarische Großtat des Fuldaer Klosters aber war die Rettung des Tacitus, insbesondere der *Germania*, jener einzigartigen Volk- und Landbeschreibung, der wir die wichtigsten Kenntnisse über das Leben der alten Germanen verdanken.

Die Geschichte der vorhumanistischen Tacitus-Handschriften mutet über weite Strecken wie ein Kriminalroman an. Noch um 1950 galt als feststehende Tatsache, daß die Klöster Monte Cassino, Hersfeld und Corvey die Werke des großen römischen Historikers für die Nachwelt bewahrten. Inzwischen hat eine Untersuchung von Ludwig Pralle mit überzeugenden Argumenten dargetan, daß die beiden Handschriften aus Deutschland ein Werk der Fuldaer Schreibschule der karolingischen Zeit waren.

Pralle kam einem rechten, über fünfhundert Jahre zurückliegenden Gaunerstück auf die Spur. Er stellte fest, daß die beiden Klassiker-kodices 1427 von dem Koadjutor Hermann von Buchenau aus der Fuldaer Klosterbibliothek entwendet und gegen gute Belohnung den Handschriftenjägern des Heiligen Stuhles überlassen wurden. Der Überbringer der kleineren Werke des Tacitus, darunter der *Germania,* war der Hersfelder Benediktiner Heinrich von Graben-stein, eine etwas zwielichtige Erscheinung, der mit seiner dubiosen Dienstleistung einen Streit zwischen den ewigen Widersachern Fulda und Hersfeld zugunsten seines Klosters zu beeinflussen suchte. Das zweite Handschriftenpaket schaffte der junge Nikolaus von Cues heimlich nach Rom, ein nachmals sehr bedeutender Mann, der unter dem Namen Nicolaus Cusanus der letzte bedeutende Vertreter der mittelalterlichen Philosophie wurde.

Beide Kodices aber – und das war das wichtigste Ergebnis dieser nachträglichen Durchleuchtung des unrühmlichen Vorganges – ka-men aus Fulda. Alle heute bekannten Texte der *Opera minora* und der ersten sechs Bücher der Tacitus-Annalen gehen auf Handschrif-ten des Bonifatius-Klosters zurück. Ja, Pralle hält sogar für möglich, daß auch »der Tacituskodex aus Monte Cassino, der die Bücher XI bis XVI der Annalen und die Bücher I–V der Historien überliefert hat, eine Abschrift aus einem Codex Fuldensis ist. Denn diese Handschrift entstand gerade in der deutschen Periode von Monte Cassino«, das heißt: im 11./12. Jahrhundert, als sich das Mutter-kloster der Benediktiner ausgiebig mit der Abschrift von Klassiker-manuskripten aus Deutschland beschäftigte.

Das intensive Studium lateinischer Autoren im karolingischen Klo-ster Fulda trug auch insofern reiche Frucht, als es die Mönche an-spornte, sich mit ihren Vorbildern zu messen. So schrieb Abt Eigil die mehrfach erwähnte Sturmi-Vita, der Maler Candidus Bruun zwei Biographien über Baugulf und Eigil (von denen die erste leider verlorenging), der Mönch Servatus Lupus über Leben und Taten des Fritzlaer Abtes Wigbert.

Auch der bedeutendste Historiker des karolingischen Zeitalters, der Mönch und Baumeister Einhard, kam aus der Fuldaer Kloster-schule; wahrscheinlich lernte er hier schon als Fuldaer Schüler Suetons farbige Cäsarengeschichte kennen, die später bei seiner Karlsbiographie so sichtbar Pate stand. Tacitus scheint dem Ver-fasser der *Annales Fuldenses* die Feder geführt zu haben, dem Magister Rudolf also (höchstwahrscheinlich), der in seine sächsische Stammesgeschichte ganze Partien aus der *Germania* wörtlich übernahm. Auch Walahfrid Strabo, der große Abt der Reichenau und neben Einhard und Hraban der hervorragendste Lateiner des Frankenreiches, hat sein wissenschaftliches Rüstzeug in Fulda erworben. Die Pflege antiken Bildungsgutes kam auch den Bemühungen um eine deutsche Schriftsprache zugute. Der um 775, also noch in der »angelsächsischen« Zeit des Klosters Fulda, verfertigte lateinisch-deutsche *Vocabularius* verweist deutlich in die Welt des Griechen Theodor von Tarsos. Er geht auf ein spätantikes Lehrbuch zurück, das für griechische Lateinschüler geschrieben war. Ein Mönch aus dem kleinasiatischen Gefolge des ersten Erzbischofs von Canterbury brachte es vermutlich nach England. Nachdem dort das Griechische durch das Angelsächsische ersetzt worden war, gelangte es ein knappes Jahrhundert später nach Fulda, wo das Angelsächsische nunmehr dem Althochdeutschen weichen mußte – ein erstaunlicher, doch symptomatischer und keineswegs einmaliger Vorgang; denn auf ähnliche Weise haben auch andere althochdeutsche Glossarien das Licht der Welt erblickt.

Nach dem Muster angelsächsischer Urkunden ging man in Fulda bald dazu über, deutsche Worte oder Satzbrocken in lateinische Texte einzuflechten. So ist zum Beispiel die *Hammelburger Markbeschreibung*, ein am 8. Oktober 777 in Fulda ausgestelltes Dokument, mit deutschen Artikeln, Präpositionen und Adjektiven gespickt. Auch die in Fulda aufgeschriebenen *Basler Rezepte* stellen sich als ein krauses Neben- und Durcheinander von lateinischen, angelsächsischen und althochdeutschen Worten dar.

Die Fuldaer Klosterbrüder schufen aber nicht nur die Grundlagen einer deutschen Schriftsprache, sie zeichneten auch die Lieder und Gesänge der Altvordern auf. Ob es mit System geschah oder nicht, das Kloster bewahrte die wenigen monumentalen Reste der altgermanischen Sängerpoesie, die die deutsche Literaturgeschichte kennt:

den Torso des *Hildebrandliedes*, die dramatische Ballade von der Heimkehr eines alten Recken, der seinen eigenen Sohn erschlägt, aufgezeichnet im 2. Jahrzehnt des 9. Jahrhunderts auf dem ersten und letzten leeren Blatt eines älteren geistlichen Buches – heute die größte Kostbarkeit der Kasseler Landesbibliothek;

die *Merseburger Zaubersprüche*, Beschwörungsformeln im archaischen Gewand der Alliteration, die noch ganz dem Dämonenglauben der Germanen verhaftet sind – heute im Besitz der Bibliothek des Merseburger Domkapitels;

wahrscheinlich auch das *Wessobrunner Gebet*, die »hymnische Schilderung des uranfänglichen Nichts«, deren sprachliche und ortho-

grafische Eigenarten ebenfalls nach Fulda führen – heute das literarische Kleinod der Bayerischen Staatsbibliothek in München.
Möglicherweise geht auch das *Muspilli-Gedicht* auf eine Fuldaer Vorlage zurück. Das würde bedeuten, daß sämtliche heute bekannten Bruchstücke altgermanischer Dichtung der Nachwelt durch das Bonifatius-Kloster vermittelt wurden.

Es war eigentlich nur natürlich, daß aus dem philologisch derart aufbereiteten Boden schließlich auch die erste deutsche Dichtung wuchs: das *Heliand-Epos,* dessen Fuldaer Herkunft zwar nicht zweifelsfrei bewiesen, jedoch durch mancherlei Indizien belegt werden kann. Die textliche Grundlage dieser imposanten Umdichtung des Erlöserlebens in altsächsische Vorstellungen lieferte die von Fuldaer Mönchen ins Althochdeutsche übersetzte *Evangelienharmonie* des Tatian, eines altchristlichen Theologen aus Syrien. Das um 175 entstandene Buch war auf Missionierung und volkstümliche Predigt bedacht und kam damit den Absichten des unbekannten sächsischen Dichters von vornherein entgegen (was dessen originale Leistung nicht mindert).
Auch Otfrid von Weißenburg, der vier Jahrzehnte später, um 870, seinen althochdeutschen *Krist* schrieb und mit diesem Versepos den von der lateinischen Hymnendichtung nach Mitteleuropa gebrachten Reim in die deutsche Literatur einführte, hat den *Tatian* gekannt. Auch er ging durch die Schule des Klosters Fulda. Auch er war ein Schüler des größten Abtes der fuldaischen Geschichte: des Hrabanus Maurus, den schon seine Studenten als den ersten *Praeceptor Germaniae* verehrten.
Hrabanus Maurus kam aus Rheinfranken und hatte mehrere Jahre im romanischen Tours zu Füßen des Angelsachsen Alkuin gesessen, als er, noch unter Ratgar, die Fuldaer Klosterschule übernahm. Er war ein Bücherwurm und Gelehrter, wie es keinen zweiten in seiner Zeit gab, ein Mann von klassischer Bildung und antikem Formbewußtsein, der eine Reihe der damals so beliebten Glossarien – unter anderem zur Weltgeschichte des *Orosius* – herausgab, unter dem Titel *De Universo* das früheste wissenschaftliche Lexikon in Deutschland schuf und schließlich auch die Tatian-Übersetzung inspirierte und betreute: den ersten Versuch, ein Schriftdeutsch »oberhalb der Mundarten« zu entwickeln.
Die Kirchenhistoriker halten ihn für den Verfasser der *Fuldaer Beichte* und der fuldischen Form des fränkischen Taufgelöbnisses. Seine religiösen Gedichte bezeugen nicht nur einen scharfsinnigen theologischen Geist, sondern auch eine ungewöhnliche musische

Begabung. Sein Pfingsthymnus *Veni creator spiritus* ging in die katholische Liturgie ein, lebt in Luthers Übersetzung »Komm, Gott Schöpfer, Heiliger Geist« auch in der evangelischen Kirche weiter, wurde von Goethe umgedichtet und noch in diesem Jahrhundert von Gustav Mahler in seiner 8. Symphonie vertont.

Am stärksten aber wirkte Hrabanus Maurus als Lehrer, Anreger und Organisator. Als er 842, nach zwanzigjähriger Abtzeit und insgesamt vierzigjähriger Tätigkeit, die Leitung des Klosters aus der Hand gab, gehörte es »zum guten Ton, in Fulda in die Schule gegangen zu sein«. Seine Zöglinge saßen in Hersfeld und Halberstadt, in Mainz und Köln, in Worms und Weißenburg, in Konstanz und St. Gallen und gaben die hrabanischen Erfahrungen weiter.

Die Schule des Bonifatius-Klosters hatte damals Weltruf. Sie war ein Hort des Glaubens, der Wissenschaft und der schönen Künste. Sie war das Herz des christlichen Deutschland, ein Kraftfeld von kontinentalem Rang: der Platz, an dem am sichtbarsten und wirksamsten antikes und christliches Gedankengut mit germanischen Traditionen verschmolzen wurde; kurzum – das geistige Zentrum der karolingischen *Renovatio Romanorum Imperii*.

Hraban starb 856 als Erzbischof von Mainz, 102 Jahre nach Bonifatius. Welch ein Wandel hatte sich seitdem vollzogen! »Während Bonifatius noch eine Eiche fällte, um die Ohnmacht der germanischen Götter zu demonstrieren, lehrte Hrabanus Maurus bereits die Kunst«, Platon und Vergil zu lesen und »die Herzen der germanischen Völkerstämme in ihrer Muttersprache zu erobern«.

Das Kloster Fulda hat auch nach Hraban noch Bedeutendes geleistet, vor allem in der Buchmalerei und in der Goldschmiedekunst. Doch wurde es mehr und mehr eine Heimstatt weltlicher Interessen. Ihren Besitz zu wahren und zu mehren, scheint die nach-hrabanischen Äbte mehr beschäftigt zu haben, als Seelen zu gewinnen und Sünder zu bekehren.

Mit bemerkenswertem Erfolg übrigens. Die Klosterbesitzungen reichten im 12. Jahrhundert von den Alpen bis zu den friesischen Inseln, von der romanischen bis zur slawischen Sprachgrenze und bedeckten eine Fläche von 450000 Morgen, also immerhin 1125 Quadratkilometer, zehn mehr als der frühere Freistaat Lippe. Noch das zusammenhängende Gebiet im Spätmittelalter umfaßte die heutigen Kreise Fulda, Hünfeld, Brückenau und Hammelburg sowie Teile des Kreises Eisenach; dazu kamen zahlreiche einträgliche Exklaven wie etwa die Herrschaft Schloß Johannesberg im Rheingau.

Diesem ungewöhnlichen Reichtum entsprach die politische Bedeutung. Schon Karl der Große erhob Fulda zum königlichen Eigenkloster und unterstellte es damit direkt der fränkischen Krone. Als Reichsabtei erfreute sich das Bonifatius-Kloster dann jahrhundertelang des besonderen Wohlwollens der deutschen Kaiser und Könige.

Nicht nur Karl der Große, sondern auch Ludwig der Fromme und Ludwig der Deutsche haben Fulda wiederholt besucht. Konrad I., der erste deutsche Wahlkönig, wurde hier bestattet. Der Staufer Konrad III. war fünfmal, Friedrich Barbarossa achtmal in Fulda zu Gast. Insgesamt verzeichnen die Klosterchroniken über fünfzig Aufenthalte gekrönter Häupter. Einmal – am 1. Mai 1020, dem glanzvollsten Tag der fuldischen Klostergeschichte – weilten Papst und Kaiser, Benedikt VII. und Heinrich II., gemeinsam am Grabe des Bonifatius.

Macht und Reichtum des Klosters verschafften auch seinen Oberen eine Ausnahmestellung. Papst Johannes XII. verlieh ihnen 969 den höchsten Rang unter allen Benediktineräbten Deutschlands und Frankreichs. Seit der Hochzeit Ottos II. mit der byzantinischen Prinzessin Theophano führten sie außerdem den Titel eines Erzkanzlers der Kaiserin. Fortan zeichneten sie ihre Briefschaften als »der römischen Kaiserin Erzkanzler, durch Germanien und Gallien Primas«. Im Jahre 1212 erhob Friedrich II. die Fuldaer Äbte zu Reichsfürsten. Seit 1360 hatten sie überdies das Recht, »bei Zügen gegen Reuber und andere schedeliche Leute« das Reichspanier zu führen. Im Kriege stellten sie sechzig Panzerreiter, genauso viele wie der Bischof von Würzburg und nur eine Handvoll weniger als die Erzbischöfe von Köln, Mainz und Trier.

Als Reichsfürsten waren die Äbte auch die Herren der Siedlung Fulda, die in der Nachbarschaft des Klosters zu einem kräftigen Gemeinwesen heranwuchs. Im Jahre 1019 mit dem Münz-, Zoll- und Marktrecht versehen, konnte sie sich bereits hundert Jahre später eine feste Umwallung leisten, um sich gegen »Überfälle verdorbener Menschen« zu schützen. Und selbstverständlich entwickelten ihre Bürger bald derartige Unabhängigkeitsgelüste, daß sie mit den Fürstäbten hart aneinandergerieten.

Die Folgen waren auch hier, genau wie in Würzburg, endlose Reibereien, Aufstände und kriegerische Verwicklungen. Die waffengewohnten Äbte, die am Ende des 13. Jahrhunderts – ein einmaliger Vorgang in Deutschland – in eine eigene feste Burg übersiedelten, behaupteten sich zwar, das Stift aber nahm immer mehr den Charakter einer riesigen Landverwaltungsbehörde an. Die Zahl der

Mönche, die zu Sturmis Zeiten 400 betragen hatte, war um 1300 auf 58 abgesunken. Zu Beginn des 16. Jahrhunderts waren es nicht einmal mehr zwanzig.

Auch die Bauleidenschaft der frühen Zeit verkümmerte. Die Kräfte reichten gerade aus, den übernommenen Bestand zu wahren. Die Geschichte der Ratgar-Basilika registriert nur noch zwei wesentliche Veränderungen. In der Mitte des 10. Jahrhunderts, unter Abt Hadamar, wurde eine neue Ostpartie mit zwei Rundtürmen und einer vorspringenden Apsis aufgeführt, nachdem die alte Front durch ein Feuer schwer beschädigt worden war. Und in der zweiten Hälfte jenes Jahrhunderts ließ Abt Werner das vorgelagerte Atrium abreißen und durch ein neues ersetzen: das sogenannte Werner-Paradies, einen von zweigeschossigen Bauten gebildeten Hof von 24,80 Meter Breite und 39,75 Meter Tiefe, dessen kreuzgangartige Umgänge Fresken »von erlesener Schönheit« schmückten. Die östliche Front beschloß ein neun Meter tiefer Querbau, dessen Zentrum eine dreischiffige, doppelchörige Eingangskapelle war. Sie war Johannes dem Täufer geweiht und diente als Königskapelle. Links und rechts davon lagen die Repräsentationsräume für hohe Besucher.

»Die Stiftskirche hat danach noch mehrfach Schaden gelitten, 1120 durch den Einsturz des Südturmes, 1286 und 1398 durch Brand, doch wurde jeweils der alte Zustand wiederhergestellt . . . So stand die ehrwürdige, monumentale Stiftskirche über dem Grab des großen Fuldaer Heiligen bis zum Jahre 1704. Ohne baufällig zu sein, mußte sie dem heutigen Dom weichen, der nun, der kultischen Entwicklung der Stiftskirche folgend, gewestet ist. Das Grab des hl. Bonifatius in der Krypta unter dem Hauptaltar ist damit eindeutig zum Mittelpunkt des Gotteshauses geworden.« (Hahn)

Der Bonifatius-Mythos ist in Fulda immer lebendig geblieben. Selbst im rationalistischen 18. Jahrhundert strahlte die Erinnerung an den Märtyrer über den hessisch-thüringischen Raum und die Mainzer Diözese aus. Doch dann kam 1803 die Säkularisation, und mit ihr das Ende des tausendjährigen Bonifatius-Klosters, die Auflösung der Fürstabtei und des seit 1752 bestehenden Bistums, es kamen alle jene schwerwiegenden Eingriffe und Veränderungen, die uralte, gewachsene Ordnungen mit einem rigorosen Federstrich beseitigten. Auch Fulda, die barocke Residenz, mußte damals als kleine Kreisstadt noch einmal von vorn beginnen. Erst 1829 wurde es wieder Bischofssitz.

Doch gerade dieses Jahrhundert, das für die katholische Kirche so trüb begann, entdeckte den »Apostel der Deutschen« gewissermaßen neu. Am Anfang der Bonifatius-Renaissance steht das vaterländische Geschichtsbewußtsein, das aus der romantischen Kehrtwendung zur Vergangenheit erwuchs. Bereits 1829 erschienen in der Reihe der *Monumenta Germaniae historica* die verschiedenen frühmittelalterlichen Bonifatius-Viten. Der gleiche Impuls begeisterte den geschichtskundigen König Ludwig I. von Bayern, im klassizistischen München nach altchristlichem Modell eine fünfschiffige Bonifatius-Basilika zu bauen. Ebenso bezeugen die rund zwanzig Bonifatius-Biographien, die im Lauf des 19. Jahrhunderts entstanden, das von der Romantik so nachhaltig entflammte Interesse an der deutschen Nationalgeschichte.

Auch die kirchlichen Bewegungen des 19. Jahrhunderts trugen erheblich zur Wiederbelebung und Vertiefung des Bonifatius-Bildes bei. Im Jahre 1849 wurde der Bonifatius-Verein aus der Taufe gehoben. Das Echo der Elfhundertjahrfeier 1855 reichte weit über Fulda und Mainz hinaus, und 1874 erhob ein päpstliches Dekret den Todestag des Märtyrers zu einem allgemeinen katholischen Kirchenfest.

Der Tag wird seitdem vor allem in Fulda mit großem Pomp und festlichem Gepränge gefeiert. Eine Woche lang ziehen endlose Prozessionen aus allen Himmelsrichtungen am erzgegossenen Standbild des Heiligen vorbei zur Bonifatius-Gruft in der Domkrypta. Im feierlichen Hochamt wird den Pilgern das in einem kostbaren Schrein bewahrte, von einer purpurroten Mitra gekrönte Haupt des Märtyrers gezeigt, und der Fuldaer Oberhirte segnet die Wallfahrer mit dem Bischofsstab des Heiligen.

Am meisten aber haben zum Ruhm des großen Angelsachsen die seit 1867 regelmäßig stattfindenden Fuldaer Bischofskonferenzen beigetragen. Sämtliche deutsche Bischöfe pflegen vor Beginn der Beratungen am Grab des Apostels im stillen Gebet zu verharren. An solchen Tagen zeigt sich, daß die Gruft des heiligen Bonifatius im Fuldaer Dom eine Art Nationalheiligtum der deutschen Katholiken geworden ist.

Aber Bonifatius ist mehr als der Schutzheilige einer Konfession. Auch die evangelische Kirche verehrt ihn als den großen Glaubensbringer. Zwar hat der von Bonifatius so erbittert verfochtene »römische« Zentralismus im Weltbild des Protestantismus keinen Platz. Doch sind sich die Historiker beider Richtungen darüber einig, daß erst die bonifatianischen Reformen den endgültigen Sieg des Christentums in den »deutschen« Landesteilen des Frankenreiches bewirkten und damit den Anschluß an die antike Kultur herstellten. Ohne die von Bonifatius reformierte Kirche »wäre aus so verschiedenen Volksstämmen nie ein deutsches Volk hervorgegangen. Wir hätten vielleicht nicht einmal eine Sprache gefunden... Ohne jene mächtige geistige Anregung, welche der heilige Bonifatius seiner Zeit gab..., hätten auch wohl die Karolinger sich nicht zu der Idee einer christlichen Staats- und Weltordnung erhoben.« So vor mehr als hundert Jahren der Bischof Wilhelm Emanuel von Ketteler.

Und so der Engländer Christopher Dawson: »Die Schaffung einer neuen Provinz christlicher Kultur... durch Bonifatius und seine Begleiter war von einer Bedeutsamkeit, die das unmittelbar sichtbare Resultat weit überstieg. Auf den ersten Blick mag es scheinen, als ob die Bekehrung einiger weniger deutscher Stämme, der Hessen, Sachsen und Friesen, nur ein recht kleiner Gewinn war, wenn man ihn mit dem Verlust vergleicht, den die Christenheit in den alten zivilisierten Gebieten Nordafrikas und in Spanien erlitten hatte... Nichtsdestoweniger trug das Werk des heiligen Bonifatius mehr als irgendein anderer Faktor dazu bei, den Grund für die mittelalterliche Christenheit zu legen.«

Und so Theodor Schieffer, dessen kühl wägende, unpathetische Biographie das überkommene Bonifatius-Bild für unsere Zeit neu gezeichnet hat: Bonifatius »bleibt nicht nur eine über alle Geschichte hinweg verehrungswürdige Erscheinung: er gehört auch unverlierbar zu unserer deutschen und europäischen Geschichte, wir zehren von seinem Erbe, denn die von ihm vermittelte abschließende römisch-germanische Begegnung war geschichtsträchtig im höchsten Sinne, der Mönch aus Wessex, der beim Stuhl Petri die Missionsvollmacht einholte, der bei Hessen, Thüringern, Bayern und Friesen, bei austrasischen und neustrischen Franken wirkte, der den universalkirchlichen Zusammenhalt erneuerte, er gehört zu den bahnbrechenden Initiatoren, zu den Baumeistern unseres Kulturkreises.«

Mit andern Worten: an der Schwelle des riesigen Karolingerreiches steht die überlebensgroße Gestalt des Angelsachsen Winfrid Bonifatius. Ohne die bonifatianische Kirchenreform keine karolingische Renaissance, ohne Bonifatius keinen Karl den Großen. Ohne Fulda kein Aachen.

Fulda und Aachen trennt heute fast die gesamte Breite der Bundesrepublik. Im Imperium der Geschichte sind sie Nachbarstädte.

Vom Römerbad zur Residenz des Frankenreiches

Stadt an der Grenze · Aquae Grani – die Quellen des Granus · Kaiser Karls Marmorthron · Herrscher in Leinenhemd und Wams · Frauen zur Rechten und zur Linken · Er führte mehr als fünfzig Kriege · Stärkste Macht des Abendlandes · »Ein Gott, eine Kirche, ein Glaube ...« · Exerzierreglements für Weisheitsrekruten · Das Aachener Gelehrtenkollegium · David, Pindar und Homer · Der Eid auf die Reichsgewalt · Karls »Magna Charta für das Volk« · Herzkammern der königlichen Macht · Aachener Grabungen · Zwischen Pfalzkapelle und Palast · Herz und Mitte des Reiches · Zeichen des nahenden Endes · Sprachen die Franken Aachener Platt? · »Haupt aller Städte diesseits der Alpen« · Das Standesamt im »Juliusturm«

Aachen liegt im Dreiländereck Deutschland–Holland–Belgien. Von der einundfünfzig Kilometer langen Stadtgrenze sind siebzehn Kilometer auch Staatsgrenze. Ein Straßenbahnbillett genügt für eine Auslandsreise, ein halber Nachmittag für einen Einkaufstrip auf die andere Seite des Schlagbaums – eine Möglichkeit, von der die Aachener Hausfrauen gern Gebrauch machen.

Umgekehrt ist das Interesse kaum geringer. Für die Millionen Besucher, die alljährlich bei Vaals und Horbach, bei Köpfchen und Bildchen die Zollstationen passieren, ist Aachen sozusagen das Schaufenster des deutschen Wirtschaftswunders. Mit einigem Recht; denn Aachen ist eine Industrie- und Handelsstadt wie nur wenige in Deutschland.

Vor seinen Toren breitet sich das älteste deutsche Stein- und Braunkohlenrevier aus. Aachener Tuche, die im Mittelalter den europäischen Markt zwischen Nowgorod und Lissabon beherrschten, tragen auch heute noch wesentlich zur Wohlfahrt der Stadt bei. Die größte Schirmfabrik der Welt liegt in Aachen, ebenso eine der größten europäischen Schokoladenfabriken, und Aachener Printen – ein »Gebildbrot« aus einer Art Honigkuchenteig, dessen Rezepte geheimgehalten werden wie Atomformeln – gelten nicht nur in Deutschland als Festtagsgebäck erster Klasse. Aachener Nadeln werden laut Statistik selbst nach Madagaskar und Samoa exportiert.

Seit David Hansemann – demselben Hansemann, der 1848 als preußischer Finanzminister lakonisch feststellte, in Geldfragen höre die Gemütlichkeit auf – ist Aachen auch eine Kapitale moderner Finanz- und Versicherungswirtschaft. Auf die Initiative der großen »Assekuranzen« geht die 1870 gegründete Technische Hochschule zurück, die mit ihren tausend Lehrkräften und zwölftausend Studenten aus aller Welt heute eine der bedeutendsten Forschungs- und Ausbildungsstätten in Deutschland ist. Dazu kommen Fachschulen und Seminare jeglicher Art: Ingenieurschulen, Textilschulen, Bergschulen, Konservatorien, Akademien.

Aachen, immerhin eine Stadt von 180 000 Einwohnern, ist aber auch ein vielbesuchter Kur- und Badeort, mit den ältesten und heißesten Quellen Mitteleuropas. Ebenso tragen die »närrischen Kuren«, die alljährlich zahllose Besucher, vor allem aus Holland und Belgien, in den Thermen des Karnevals absolvieren, zum Ruf der Stadt bei. Die »tollen Tage« von Aachen sind fast genauso berühmt wie die von Köln und Mainz, ja, der hierorts erfundene »Orden wider den tierischen Ernst« ist heute die begehrteste Auszeichnung, die die deutsche Narrenrepublik zu vergeben hat.

Ein kompletter Steckbrief Aachens müßte noch manches besondere Kennzeichen nennen: die vielen Brunnen und Denkmäler etwa, die rauschenden Aachener Kirmesfeste, kurz »Bends« genannt, und sicher auch das Internationale Reitturnier, das jeweils im Sommer die Springreiter-Elite der Welt ins Stadion des Laurensberger Rennvereins zieht.

Trotzdem – das eigentliche Aachen ist doch das historische Aachen. Ort und Landschaft sind mit Vergangenheit reich und schwer befrachtet. Kaum eine andere Stadt Deutschlands, Köln und Trier vielleicht ausgenommen, speichert soviel Geschichte in ihren Mauern wie Aachen. Jeder Aachener Volksschüler weiß, daß in seiner Heimatstadt einunddreißig deutsche Kaiser und Könige gekrönt worden sind; daß Aachen einmal die Hauptstadt Europas, die Residenz Karls des Großen war; und daß das gotische Rathaus Aachens auf karolingischen Fundamenten ruht.

Und noch steht unversehrt und nahezu unverändert seit fast zwölfhundert Jahren die Palastkapelle, die mächtige, kuppelgekrönte Rotunde, die bis heute das Kernstück des Aachener Doms bildet – jenes monumentale Oktogon, mit dem sich die karolingische Baukunst ihr großartigstes Denkmal setzte.

Der Besucher, der das Münster durch das westliche Hauptportal betritt, entdeckt an der bronzenen Eingangstür zwei Löwenköpfe, deren rechter einen fingerartigen Auswuchs zeigt. Im lokalen Sagengut findet sich dafür eine hübsche Erklärung.

Der Teufel, heißt es, habe sich am Dombau mit einer namhaften Spende beteiligt, freilich um den Preis der ersten Seele, die sich dem fertigen Bauwerk nähern würde. Als der Dom nun stand, überlisteten die Aachener den Bösen, indem sie einen Wolf durch das offene Tor in das Gotteshaus jagten. Der Höllenfürst, der sich um seinen Zins geprellt sah, schlug voller Zorn die Tür zu und quetschte sich dabei den Daumen ab, der als ein Stück Eisen in dem Löwenkopf steckenblieb. Der Verlust des Daumens wiederum erregte ihn so sehr, daß er auf der Stelle beschloß, das Aachener Becken in eine Wüste zu verwandeln. Er schleppte einen mächtigen Sack voll Meersand heran, um Stadt und Münster darunter zu begraben. Doch brach er kurz vor dem Ziel zusammen, als eine Bauernfrau einen Rosenkranz nach ihm warf. Der Sack platzte, der Sand rieselte heraus, und so entstanden vor den Toren der Stadt zwei Sandhügel: der Lous- und der Salvatorberg.

Wie viele solcher Geschichten fabuliert auch diese nicht nur das Blaue vom Himmel herab. Tatsächlich enthalten die beiden Erhebungen am Rande der Stadt zahlreiche versteinerte Meerestiere. Irgendwann in unvorstellbar fernen Zeiten muß die Nordsee also bis Aachen gereicht haben.

Die Bodenforschung hat in ihrem »vorgeschichtlichen Naturmuseum« noch viele interessante Dinge entdeckt: eiszeitliche Steingeräte, Hirschhornhacken und Knochenwerkzeuge. Die Hügel rund um Aachen – und auch die Stadt selbst, wie neuere Funde im Elisengarten bekunden – waren demnach schon vor Jahrzehntausenden bewohnt. Aachen ist alter Kulturboden von den Anfängen der Geschichte an.

Aber erst vom Beginn der Keltenzeit an war der städtische Lebensraum kontinuierlich besiedelt. Als Cäsar 57 v.Chr. das Land zwischen Maas und Rhein okkupierte, siedelten hier die keltisch-germanischen Eburonen. Ihr kultischer Mittelpunkt war Aachen. Noch die mittelalterlichen Chronisten nannten die Stadt nach dem keltischen Heil- und Brunnengott *Aquae Grani:* die Quellen des Granus.

Das Haupttheiligtum lag »am Büchel«, in der Nähe des heutigen Rathauses, tief unter dem neuen »Kaiserbad« und dem »Hotel zur Königin von Ungarn«. An dieser Stelle jedenfalls legten die Römer das eine der beiden Aachener Soldatenbäder an. Aus den Funden läßt sich schließen, daß die in Neuß stationierte »Sechste« in den achtziger Jahren des 1. Jahrhunderts mit dem Bau des militär-fiskalischen Gesundheitstempels begann. Die »Dreißigste« aus Xanten-Vetera setzte ihn um 120 fort. Das Hauptbassin der Therme, das bereits in der ersten Hälfte des vorigen Jahrhunderts angeschnitten wurde, hatte die respektable Größe von 22 mal 8,20 Meter.

Das zweite Bad lag unter dem Münster, wie seit dem Neubau der Ungarischen Kapelle im Jahre 1755 bekannt ist. Das Schwimmbecken war zwar nur 16 Meter lang, doch schlossen sich kleinere Baderäume, eine Reihe von Nebengelassen und ein großer Lichthof an, der etwa den Raum zwischen Dom und Rathaus einnahm.

Die Bäder wurden von den heute noch fließenden heißen Quellen gespeist. Um sie richtig zu temperieren, bauten die Pionierabteilungen der römischen Legionen Kaltwasser-Zuflüsse. Das Münsterbad versorgte ein umgeleiteter Bach, das Büchelbad ein Aquädukt, der von Burtscheid das gewünschte Quellwasser heranführte.

Im Weichbild der beiden Jungbrunnen entstand so etwas wie eine kleine Kursiedlung, ein freundlicher Flecken mit Läden und Werkstätten, Gasthäusern und Unterkünften, die sich vornehmlich um den heutigen Markthügel gruppierten. Das römische Aachen – obwohl den rheumatisierten und müde gewordenen Helden der Armee vorbehalten – scheint ein vielbesuchter Ort gewesen zu sein, nicht zuletzt dank seiner guten Verkehrslage. Die keltogermanische Bevölkerung hat von dem Badebetrieb wahrscheinlich nur profitiert. Sie verdiente gut, hatte am zivilisatorischen Komfort der Besatzungsmacht teil und lebte unbehelligt mit ihren alten Göttern weiter. Auch dafür gibt es eine Reihe gewichtiger Zeugen.

Wer durch die Bronzetür des Domportals die karolingische Vorhalle betritt, steht dort einer lebensgroßen, mit bemerkenswerter Verve modellierten Tierfigur gegenüber, dem unfreiwilligen Helden der Domsage: dem berühmten Aachener Wolf, der – zoologisch betrachtet – freilich kein Wolf, sondern eine Bärin ist. Diese Bärin nun wurde als Teil eines Standbildes identifiziert, das die keltische Göttin Artio mit ihrem zottigen Lieblingstier darstellte – ein Werk des 2. Jahrhunderts.

Aber nicht nur die eherne Bärin bezeugt die Fortdauer keltischer Kulte. An der Büchelquelle wurde bereits 1822 ein Weihestein für die heimische Glücksgöttin Sirona gehoben. Und der Untergrund des Münsters gab zwei Altarsteine frei, die wahrscheinlich zu einem Heiligtum des Esus – des keltischen Merkur – gehörten. »Der eine davon zeigt in stark verstümmeltem Zustand das Bildnis eines Jünglings, den ein Hahn auf einer Schildkröte begleitet... Der andere ist ein mächtiger Inschriftstein, den ein gewisser Victorinus... dem Gott Merkur mit dem geheimnisvollen Beinamen ›Susurrio‹ (der Flüsterer) hatte setzen lassen... Der Stein fand sich in der Grundmauer des Münsteroktogons und diente ehedem als Fußplatte des Petrusaltars in der karolingischen Pfalzkapelle.« (Kaemmerer)

Was nach dem Abzug der Römer in Aachen geschah, läßt sich eigentlich nur vermuten. Auch hier werden zumindest Reste der keltogermanischen Bevölkerung weitergelebt und gewisse Kenntnisse – wie etwa die Kunst des Metallgusses – weitergegeben haben, ohne daß sie damit den allgemeinen zivilisatorischen Niedergang aufzuhalten vermochten. Auch die kostspieligen Badeanlagen wurden vom Zahn der Zeit langsam, aber sicher zernagt. Die heißen Quellen aber dampften und rauschten weiter. Das Tal der Thermen blieb eine geheimnisvolle Stätte, die Phantasie und Vorstellungskraft übermächtig ansprach.

Das mag der Grund dafür gewesen sein, daß die Kirche wenigstens einen Teil des Quellenbezirks mit Beschlag belegte. Irgendwann im 5. oder 6. Jahrhundert wurden, wie Grabungen ergaben, die Thermen des Münsterbades zugedeckt. Über dem alten Brunnenheiligtum entstand bald darauf eine kleine christliche Kirche, die später – unter Pippin dem Kleinen – umgebaut und mit wertvollen Reliquien ausgestattet wurde.

Die Bücheltherme bestand weiter, wenn auch nur als Ruine und verwunschener Ort. Noch in der christlichen Legende des frühen Mittelalters entdeckt man, wenn auch gewissermaßen seitenverkehrt, Spuren der mythischen Verehrung, die sie bis in die karolingische Zeit genoß.

Als König Pippin, so berichtet Notker der Stammler, »in den heißen und sehr heilsamen Quellen bei Aachen« baden wollte, fand er sie von einem bösen Geist besetzt, einem dicken, unförmigen Schattenwesen, das den Rand des Bassins über und über »mit Blut, Moder und Fett besudelt hatte«. Erst als Pippin das Zeichen des Kreuzes geschlagen und zur Bekräftigung »sein unbesiegbares Schwert« in den Boden gestoßen hatte, verschwand der grunzende Dickwanst und gab das Becken für den Christenmenschen frei.

Konkret gesprochen: noch Pippin traf in Aachen Reste heidnischer Quellenkulte an, und es bedurfte wahrscheinlich energischer Maßnahmen, die mißgeleiteten Seelen der ansässigen Bevölkerung vom Unfug ihres Aberglaubens zu überzeugen.

Nach Notker fand die fabulöse Begegnung von König Pippin mit dem feisten Brunnengeist Weihnachten 765 oder Ostern 766 statt. Drei Jahrzehnte später war das Büchelbad wiederhergestellt. Über der alten Münstertherme aber erhob sich Karls des Großen Pfalzkapelle – eines der bedeutendsten Werke der abendländischen Kirchenarchitektur, der erste deutsche Beitrag zur europäischen Baugeschichte.

Dem »Aachener Wolf« gegenüber steht ein merkwürdiges, knapp

meterhohes Gebilde: ein überdimensionierter, bronzener Pinienzapfen – nach der Domsage die Seele des Wolfes.

Die Kunstgeschichte kennt viele solcher Pinienzapfen, die schon im
alten Assyrien als Symbole des Lebens und der Lebenskraft galten.
Griechen und Römer verwendeten die Zapfenform vielfach als
Wasserspeier, und die frühen Christen schmückten ihre kirchlichen
Brunnen gern mit diesem Zeichen. Auch im Vorhof der alten Peters-
kirche in Rom war ein Pinienzapfen aufgestellt.

Ebenso stand der Aachener Pinienzapfen ursprünglich im Atrium
der Pfalzkapelle, und sicherlich war er dort mit Bedacht plaziert.
Was dem Papst recht war, schien dem Frankenkönig billig. Unverhohlen bekundete er mit der Aufstellung dieses Symbols seinen
Anspruch, neben dem Apostelfürsten als Haupt der Christenheit
respektiert zu werden.

Karl wetteiferte aber auch mit den römischen Cäsaren. Er ließ für
den Bau der Pfalzkapelle, deren Vorbild die Kirche San Vitale in
Ravenna ist, eine Palastkirche nach byzantinischem Modell, Säulen
und Kapitelle, Mosaiken und Emporengitter von Ravenna nach
Aachen holen. Auch ein Reiterdenkmal Theoderichs des Großen
wurde damals aus der alten Kapitale in die fränkische Residenz
umgesiedelt. Rom lieferte Säulen und Marmorplatten, Spolien und
behauene Steine. Auch aus den Trierer Kaiserpalästen wurde Baumaterial nach Aachen geholt.

Die Kirche, die auf diese Weise entstand, steckt voll der geheimen
arithmetischen Beziehungen, die schon die antike Architektur so
sehr liebte. Ein zweistöckiges Sechzehneck umfängt das regelmäßige
Achteck in der Mitte, das vom Boden zur großen Kuppel empor-
steigt. Das Achteck ist – nach Stephany – 50 Fuß breit, das Sechzehneck 100 Fuß, das Sechzehneck 50 Fuß hoch, das Achteck
100 Fuß.

Trotz aller Entlehnungen ist der Aachener Bau keine Kopie. Er
folgt seinem eigenen Gesetz, gerade als wenn der fränkische Baumeister Odo von Metz seinem Kaiser beweisen wollte, daß er auch
andere Wege als die der syrischen, griechischen und italienischen
Architekten seiner Zeit beschreiten konnte. Die Pfalzkapelle hat
nicht nur eine »gleichsam erdbebensichere Fundamentierung«, sie
nimmt gewisse Formelemente der mittelalterlichen Architektur
vorweg: die »Herrschaft der Vertikalen« etwa oder eine neue Kup-
peltechnik, die sich fast schon gotischer Konstruktionsgedanken bedient.

So unterscheidet sich die Pfalzkapelle auch innen wesentlich von
ihren byzantinischen Ahnen oder ihrem unmittelbaren Vorbild in

Ravenna. Odo von Metz, so heißt es bei Leo Bruhns, »scheint ebenso wie sein Kaiser keinen weichen und runden, sondern einen herben und eckigen Raum gewollt zu haben; keinen selig schwingenden, sondern einen fest, aber schlank stehenden; keinen mehrstimmig singenden, sondern einen straff gehorchenden; keinen paradiesisch leichten, sondern einen ruhigen und stämmigen Raum«. Auch Heinrich Lützeler hebt hervor, daß die Aachener Kirche trotz ihrer »mannigfachen Bezüge zur Vergangenheit... im Grunde unvergleichlich« ist. »Die Wucht und Strenge ihrer architektonischen Gesinnung, die jugendliche Härte und Kraft des Fügens war in der byzantinischen Baukunst nicht anzutreffen, die vielmehr das Verschwimmen der festen Grenzen in Licht und Farbe liebte.«

Die Pfalzkapelle stellte also nicht nur den Anschluß an die mittelmeerische, christlich-imperiale Welttradition her, sie kündigte auch die Eigenart der aufblühenden fränkisch-germanischen Kunst an.

Am stärksten offenbart sich die religiöse und weltliche Symbolik des Oktogons dem Betrachter, wenn er sich dem Thronsessel Karls des Großen nähert, dem Herz des Bauwerks, dem Platz, auf den alles konzentriert, der zwar »nicht Mitte... doch Strahlungsfang im Raum« ist. Denn »um ihn kreist und dreht sich das ganze Bauwerk«.

Der Kaiserstuhl steht seit nahezu zwölfhundert Jahren im westlichen Teil des oberen Umgangs, gegenüber dem Hauptaltar im Erdgeschoß. Auch diesen Platz, so darf man annehmen, hat der große Karl absichtsvoll gewählt. »Die ganze Raumfront des Oktogons mit den reichen Säuleneinbauten«, so hat ihn Joseph Buchkremer in seinem Dombuch beschrieben, »breitete sich hier vor ihm aus. Nach unten schauend übersah er den Chor der Capella mit ihren Altären, geradeaus in der Höhe der Oberkirche... den von einem Kreuz überragten Erlöseraltar«, darüber »im Mosaikbild«, das wie ein goldschimmernder Baldachin den Thronsessel beschirmte, »das gewaltige Bild der *Majestas Domini*«. Schließlich der Thronsessel selbst, der Thron Karls des Großen, den nach ihm noch einunddreißig deutsche Herrscher bestiegen – denn erst wenn sie für die Länge eines Vaterunsers »auf den Stuhl zu Aachen gekommen waren«, hatten sie »Gewalt und königlichen Namen«.

Sechs Stufen führen, wie zum Sessel Salomons, zu dem aus gelblichweißen Marmorplatten zusammengesetzten Kaiserstuhl empor. Eine von ihnen, die vielleicht dem Marmorboden einer Therme entnommen wurde, läßt ein eingeritztes Mühlespiel erkennen. Als Sitzfläche diente eine roh behandelte Eichenholzplatte, die an den Seiten von lose eingestellten Brettern eingefaßt wird.

Unter dem Holzsitz, der eine unverkennbare Ähnlichkeit mit dem Thronsessel der Königin Aasa aus dem berühmten norwegischen Osebergschiff hat, öffnet sich ein Hohlraum, über dessen Funktion lange gerätselt worden ist. Wahrscheinlich wurde in ihm ein Häuflein Erde aufbewahrt, das nach der kirchlichen Überlieferung mit dem Blut des Erzmärtyrers Stephan getränkt ist, eines Mitglieds der Jerusalemer Urgemeinde, der sieben Monate nach der Himmelfahrt Christi gesteinigt wurde. Das bis heute erhaltene Reliquiar mit der heiligen Erde gehörte jedenfalls zu den deutschen Reichsinsignien und wurde, nach Buchkremer, bei den Krönungsfeierlichkeiten auf den Altar gestellt.

Auch hier also die gleiche symbolische Dreiheit: auf einem marmornen Kaiserthron ein hölzerner Königsstuhl, der eine kostbare Märtyrerreliquie barg – Römertum, Germanentum und christliche Antike in einem einzigen Sinnbild vereinigt. Deutlicher, nachhaltiger und geistvoller hat wohl nie das Programm eines Herrschers Gestalt angenommen als in dem Thronsessel Karls des Großen in der Aachener Pfalzkapelle.

Hier saß der riesenhafte Franke, der Schöpfer eines neuen mächtigen Imperiums, dessen Wirkung über zwölfhundert Jahre bis in unsere Zeit reicht.

Er war schon äußerlich ein Riese. Als 1861 das Karlsgrab in Aachen geöffnet wurde, konnte man aus der Größe des Skeletts eine »Lebendlänge« von 1,92 Meter errechnen. Diese Zahl entspricht genau den Angaben seines Biographen Einhard.

Von Einhard wissen wir auch, daß er wie eine Eiche gewachsen war. Er hatte breite, starke und kräftige Schultern, einen kurzen und gedrungenen Hals wie ein Stier und einen Brustkorb wie ein Arbeitspferd. Doch war er gut proportioniert und in all seiner massiven Leiblichkeit ein hervorragender Reiter und Jäger, vor allem ein begeisterter Schwimmer – daher auch seine Liebe zu den Aachener Quellen.

Die meisten Karls-Darstellungen, besonders die des hohen Mittelalters, zeigen eine Art Gottvater-Physiognomie mit Silberhaar und Patriarchenbart. In Wahrheit pflegte er Kinn und Wangen zu rasieren. Auf der berühmten Bronzestatuette aus dem Dom zu Metz trägt er lediglich einen herabhängenden Bojarenschnurrbart. Seine Nase war etwas zu lang, seine Stimme, wie die Bismarcks, ein wenig zu hell und dünn. Alle Chronisten rühmen jedoch seine »wie Karfunkel« blitzenden Augen, seine imponierende Haltung und sein energisches, männliches Auftreten.

Auch die Kraft, die in diesem Koloß steckte, hat viele Bewunderer gefunden. Mit bloßen Händen zerbrach er Hufeisen wie trockenes Holz. Einen schwer bewaffneten Krieger hob er mit ausgestrecktem Arm. Tagelange Märsche riefen keine sichtbare Müdigkeit bei ihm hervor. Er strotzte von Vitalität und bäuerlicher Robustheit. Selbst seine nervliche Leistungsfähigkeit scheint keine Grenzen gekannt zu haben.

Erstaunlich dabei ist, daß er seine athletische Form bis ins hohe Alter bewahrte; erst in den letzten Lebensjahren wuchs ihm ein majestätischer Bauch zu, vielleicht weil er trotz der Ratschläge seiner Ärzte, die ihn an Kochfleisch gewöhnen wollten, auf seinen geliebten Braten nicht verzichtete.

Ein Schlemmer aber ist er nie gewesen. Auch im Essen war er vor allem den einfachen, natürlichen und gehaltvollen Genüssen zugetan. Wild vom Spieß zog er jeder anderen Nahrung vor. Außer dem Fleischgang ließ er sich, wie der aufmerksame Einhard berichtet, vier weitere Gerichte auftragen. Vom Fasten hielt er nichts, ja, er meinte, es schade der Gesundheit, und erließ deshalb ein Gesetz, das jedem Franken erlaubte, sich durch eine Geldbuße von der kirchlichen Hungerkur freizukaufen. Im Trinken hielt er sich zurück. Berauschte riskierten, wenn auch nicht Kopf und Kragen, so doch ihre Stellung am Hof. Nur an hohen Festtagen ließ er Milde walten.

Gekleidet ging er wie ein fränkischer Bauer. Er trug das traditionelle Leinenhemd der Germanen sowie Wams und umwickelte Hosen, derbes Schuhwerk und einen meergrünen oder blauen Wollmantel, den er im Winter durch einen Umhang aus Otter- oder Marderfell ersetzte. Die römische Amtstracht ließ er sich nur an hohen Staatsfeiertagen anlegen. Auswärtigen Gesandten, denen er in seinem Galagewand mit goldenen Spangen, edelsteinbesetzten Schuhen und allen Zeichen imperatorischer Würde gegenübertrat, erschien er wie ein Gott auf Erden.

Im Grunde seines Herzens aber war ihm jeglicher Byzantinismus zuwider, wie überhaupt alle »steife Würde und zeremoniöse Distanz«. Sein Temperament versagte sich dem Dienst am Protokoll. Er liebte Unmittelbarkeit und menschliche Nähe und sah es als eine seiner natürlichen Funktionen an, Familie und Hofstaat mit hausväterlicher Liebe zu lenken und von seiner Umgebung als treusorgendes Sippenhaupt gelobt und verehrt zu werden.

Seine Paladine kamen diesem Bedürfnis gern entgegen; denn er war großmütig und pflegte Schmeicheleien mit handfesten Geschenken zu erwidern. Freilich spielte er auch gern den zornigen Löwen.

Wenn er seinem Unmut Luft machte, schleuderte er Blitze wie Zeus, und seine Fanfaronnaden grollten und dröhnten wie Gewitter. Doch zog das Unwetter meist schnell wieder ab, am schnellsten in Gegenwart seiner Töchter, denen er von Herzen zugetan war und die ihn mit Bedacht verwöhnten.

Die Lust zu reden und zu schwadronieren war ihm in einem solchen Ausmaß zuteil geworden, daß er ständig Gesellschaft brauchte. Selbst die Bäder suchte er am liebsten an der Spitze einer ganzen Armada von Begleitern auf. Beim gemeinsamen Mahl war für Unterhaltung stets gesorgt. Vaganten traten auf, Feuerfresser und Spielleute, und je derber die Geschichten, die die fahrenden Sänger zu berichten hatten, desto derber auch das Gelächter, das sie neben klingendem Lohne ernteten.

Am wohlsten scheint sich der große Karl jedoch »im Getöse der Hofjagd« gefühlt zu haben, auf der Sauhatz und reiterlichen Pirsch. Sie endete meist mit einer lärmenden Lustbarkeit in den Jagdhütten des kaiserlichen Reviers. Häufig waren dazu auch die Damen des Hofes geladen, nicht zuletzt die Töchter und die Mätressen des Kaisers.

Denn prüde war dieser neue Cäsar aus altaustrasischem Geschlecht nicht, zum großen Kummer der hohen geistlichen Herren am Hofe, denen seine Geschlechtsmoral geradezu muselmanisch erschien. Karl fochten die Bedenken seiner Kleriker jedoch wenig an. So blieb ihnen angesichts seiner überschäumenden Lebenskraft nichts anderes übrig, als gute Miene zum bösen Spiel zu machen und ihren sündhaften Herrn, dem die Natur die Gabe der Enthaltsamkeit so sichtbar vorenthalten hatte, der Gnade Gottes zu empfehlen.

Karl war fünfmal verheiratet, hatte mindestens ebenso viele Nebenfrauen, die zahllosen Konkubinen nicht gerechnet, und bekannte sich zu siebzehn leiblichen Kindern.

Seine erste legitime Gemahlin war die »fränkische Edeldame« Himiltrud. Der von Vater Pippin arrangierten Ehe entsprossen zwei Kinder: der bucklige Pippin, der wegen seines Höckers um sein Erstgeburtsrecht betrogen wurde, und eine Tochter namens Rothaid. Trotzdem kannte Karl keine Bedenken, Himiltrud zu verstoßen, als seine Mutter Bertrada aus Gründen der Staatsräson eine Verbindung mit der langobardischen Königstochter Desiderata für notwendig hielt.

Diese zweite Ehe währte nur ein Jahr. Denn schon nach kurzer Zeit hatte sich die politische Lage so gewandelt, daß der junge König der Franken die »Ersehnte« – Désirée würden wir sie heute nennen – ihrem Vater zurückschickte, »als ob sie«, wie der Amerikaner Richard Winston trocken bemerkt, »ein unverlangter Ballen Seide wäre«. Als nächste führte er die Schwäbin Hildegard heim, eine hübsche Dreizehnjährige, die, wie gewissen Andeutungen zu entnehmen ist, bereits unter Desideratas Augen das Lager mit ihm geteilt hatte. Die Ehe mit der kindlichen, sanften Hildegard, die sich – was unbedingt für sie spricht – der besonderen Neigung der Äbtissin Lioba erfreute, war die glücklichste in Karls Leben. Sie dauerte knapp zwölf Jahre und war mit fünf Töchtern und vier Söhnen gesegnet, von denen je drei ihre Mutter überlebten. Hildegard starb am 30. April 783, wenige Monate nach dem Blutgericht von Verden, und als Karl von ihrem Tod erfuhr, fielen ihm »dicke Tränen zwischen Schwert und Schild«.

Drei Monate später ließ sich der trauernde Witwer mit der Ostfränkin Fastrada kopulieren, einer »morbiden Schönheit«, die überaus zänkisch und herrschsüchtig war und deren »blutdurstiger Sinn« nach Einhard unheilvollen Einfluß auf den König ausübte. Sie schenkte ihm drei Töchter und verschied, von niemandem beweint, 794 mit einer gewissen Plötzlichkeit, nachdem Luitgard, eine junge Alemannin, die Gunst Karls gewonnen hatte.

Diese letzte »Legitime«, die Rudolph Wahl gesund und sportlich nennt, während Richard Winston ihren Charme, ihre gewinnende Menschlichkeit sowie ihre intellektuelle und musische Begabung hervorhebt, war im Gegensatz zu ihrer Vorgängerin der Liebling des Hofes. Den unersättlichen Karl scheint sie, zumindest zeitweise, domestiziert zu haben. Kinder hinterließ sie nicht, am Bau der Aachener Pfalz aber hatte sie wesentlichen Anteil. Sie war der letzte Fixpunkt in Karls bewegtem Liebesleben. Erst als sie im Jahre 800, wenige Monate vor der Kaiserkrönung, »ausgesogen von der Urkraft dieses Mannes«, das Zeitliche gesegnet hatte, scheint jene Mätressenwirtschaft am Hofe zu Aachen begonnen zu haben, die der Kirche so viel Kümmernis bereitete.

Vornehmer ausgedrückt: Karl machte nach Luitgards Ende ausgiebig von den Möglichkeiten der Friedelehe Gebrauch, einer Art morganatischer Verbindung, die nach Gutdünken wieder gelöst werden konnte. Die Kinder freilich standen nach germanischem Recht denen einer Vollehe gleich, vorausgesetzt, daß sie der Vater anerkannte und in den Familienclan aufnahm. Der großmütige Karl war in dieser Beziehung nicht kleinlich. Schließlich entstammte er selbst einer Verbindung, die erst nach seiner Geburt legalisiert worden war. Auch sein Großvater Karl Martell war aus einer Ehe »linker Hand« hervorgegangen.

Karls Biographen schweigen sich darüber aus, wie viele solcher Nebenfrauen Hausrecht in seinen Privatgemächern genossen. Immerhin werden fünf mit Namen genannt: Amodru, Madelgard, Gervinda, Reina und Adelinda. Möglicherweise hatte auch Karls erstes Gespons, die Fränkin Himiltrud, nur morganatische Rechte.

Die Nachkommenschaft war, den Umständen entsprechend, erheblich. Der karolingische Sippenverband wuchs, blühte und gedieh. Es wimmelte und wuselte von legitimen und illegitimen Kindern. Karl liebte sie alle und war stolz auf jeden Neuzugang. Unverkennbar waren aber die Kinder Hildegards seine Favoriten. Ihre drei Söhne Karlmann, Karl und Ludwig ließ er als präsumtive Nachfolger mit besonderer Sorgfalt erziehen. Den buckligen Pippin sperrte er nach einer erfolglosen Rebellion in das Kloster Prüm ein.

Auf fast unbegreifliche Weise war er seinen Töchtern zugetan. Er erfüllte ihnen jeden Wunsch und erklärte sich außerstande, ohne sie zu leben. Zwar ließ er sich gelegentlich herbei, sie zu verloben, wie etwa die Hildegard-Tochter Rotrud dem byzantinischen Thronfolger Konstantin, doch wenn der Ehevertrag erfüllt werden sollte, fand er tausend Gründe, ihn für null und nichtig zu erklären. Im übrigen drückte er beide Augen zu, wenn sich die zur Ehelosigkeit verurteilten, »ungemein schönen« Prinzessinnen auf andere Weise schadlos hielten. So flüchtete die verhinderte Kaiserin von Byzanz in die Arme des Grafen Rorich von Mainz. Bertha, Hildegards zweite Tochter, fand in Angilbert, dem ritterlichen Abt von St. Riquier, einen ständigen Gefährten. Von ihr wird jene lockere Geschichte berichtet, die ein Boccaccio erfunden haben könnte.

Als Angilbert seine Geliebte zum erstenmal besucht hatte, mußte er in der Morgendämmerung feststellen, daß inzwischen Schnee gefallen war. Da sein Rückzug aus dem Fenster hinaus und durch einen Garten führte, fürchtete er, daß seine Fußspuren den nächtlichen Abweg an den Tag bringen würden. In dieser verfänglichen Situation erwies sich die tüchtige Bertha als ein echter Karolingersproß.

Sie lud den Abt von St. Riquier auf ihre kräftigen Schultern, trug ihn durch die Winternacht und kehrte in ihren eigenen Spuren zurück.

Der große Karl, so erzählte man am Hofe von Aachen, habe den Vorgang vom Fenster aus beobachtet und sein diebisches Vergnügen an dieser Art des Huckepack-Verkehrs gehabt.

Bei allem Libertinismus aber war dieser Karl weder ein Wüstling noch ein Blaubart. Von den Merowingern gar, die ihre Kraft in wahren Orgien der Selbstzerstörung vergeudeten, trennten ihn Welten. Die Freude an den Freuden des Lebens gehört zwar zum Bild seiner Persönlichkeit, die noch im Müßiggang vor Vitalität barst, doch füllte sie nur die kurzen Pausen eines unermüdlich tätigen Daseins aus. Karls Leben war nach außen gerichtet, und zwar mit so viel Leidenschaft und schöpferischer Energie, daß er die Welt in einem halben Jahrhundert von Grund aus veränderte.

Auch seine geschichtliche Leistung basiert nicht zuletzt auf seinem ungeheuren Kraftpotential, jener schier unerschöpflichen Energie, die ihn befähigte, Tag und Nacht aktiv zu sein, niemals müde zu werden, immer am Feind zu bleiben. Dazu kam, daß er das machtpolitische Ränkespiel gewissermaßen von Geburt an beherrschte. Ihm war angeboren, was normalerweise die Frucht jahrelanger, meist bitterer Erfahrung ist; er brachte mit, was andere mühsam erwerben müssen. Die Historiker sind sich heute noch nicht ganz klar darüber, was mehr an diesem Herrscher zu bewundern ist: seine verblüffende Instinktsicherheit oder die Virtuosität, mit der er – der Barbar – das komplizierte Instrumentarium der Politik vom ersten Tag an handhabte.

Er war ein Mann der Macht, dem der Erfolg alles, die Moral nichts bedeutete, doch ließ er sich nur selten zu sinnlosen Grausamkeiten verleiten. Er herrschte unumschränkt, doch hörte er auf die Worte erfahrener Berater. Souverän spielte er die überlegenen Mittel des mächtigen Frankenreiches aus, doch vergeudete er sie nicht. Bei aller Härte war er klug wie eine Schlange, und wenn es die Situation erforderte, verstand er sich auf die honigsüße Rede und die liebenswürdige Kunst der Verführung ebenso wie auf die vulgäre Technik der Korruption.

Er führte mehr als fünfzig Kriege, schlug ungezählte Schlachten und schenkte seinem Reich erst im vierunddreißigsten Jahr seiner Regierung das erste Jahr des Friedens, doch kannte er sich auch in der Kunst der bewaffneten Demonstration aus, und ein Rückzug zur rechten Zeit dünkte ihm keine Schande.

Unbedenklich machte er vom Recht des Stärkeren Gebrauch, räumte er beiseite, was sich ihm in den Weg stellte, zerschlug er, was ihn bedrohte. Als einer der wenigen Eroberer der Weltgeschichte wußte er aber nicht nur Kriege zu gewinnen, sondern auch Frieden zu stiften. Gegner, die sich loyal verhielten, waren guter Belohnung sicher. Selbst dem Sachsenherzog Widukind, seinem härtesten und verschlagensten Feind, gewährte er einen ehrenvollen Lebensabend.

Er reagierte schnell und überraschte seine Feinde immer wieder durch die Blitzartigkeit der Entscheidungen und Aktionen. Aber er verstand auch zu warten, er brachte die Geduld auf, unreife Früchte reifen zu lassen. Der Choleriker in ihm war jederzeit der Selbstbeherrschung fähig.

Im Vollgefühl der Macht richtete er wie ein orientalischer Despot über Leben und Tod seiner Untertanen. Dennoch war er bemüht, Gerechtigkeit zu üben und sich selbst und seine wilden Völkerschaften zu humanisieren. Allerdings hatte er ein robustes Gewissen. Zweifel und Skrupel haben ihn nie geplagt. Sein Sendungsbewußtsein war unerschütterlich, wie Cäsar glaubte er an sein Glück und seinen guten Stern.

Trotzdem erlag er niemals der Gefahr, sich »aus dem Reich des praktisch Durchführbaren in die Traumwelt gigantischer Pläne und Illusionen« zu verlieren. Bei allem Schwung und Wagemut war er ein eiskalter Realist: ein Herrscher, dessen Scheitel die Sterne berührte, dessen Füße aber, wie die eines fränkischen Bauern, fest auf der Erde standen. Mit einem Wort Fontanes über Bismarck ausgedrückt: eine Mischung von Übermensch und Schlaumeier.

Karls Realismus war ein Erbteil seines bedächtigen, nüchternen Vaters Pippin, in dem schon Ranke einen »politischen Kopf ersten Ranges« erkannte. Die zupackende Härte – auch Karls Faust konnte wie ein Hammer niederfahren – hatte er von seinem Großvater Karl Martell, die tiefe und inbrünstige Religiosität von seinem Onkel Karlmann. In seinem brutalen Machtsinn summierten sich die Erfahrungen des jahrhundertelangen Machtkampfes der Hausmeier – wie überhaupt die karolingische Sippe ihre wertvollsten Eigenschaften an der Wiege ihres größten Sohnes zusammengetragen hat.

Karl setzte aber nicht nur die karolingischen Familientraditionen fort, er verkörperte in sich, wie es bei Fichtenau heißt, die Tendenzen seiner Epoche. Er trat nicht als Programmatiker, sondern als Praktiker in die Welt, nicht als Anreger, sondern als Vollender. Die Strömungen seiner Zeit flossen in ihm zusammen, und so tat er genau das, was die geschichtliche Stunde von ihm verlangte. Sein politisches Leben begann mit einem Schauspiel, das leitmotivisch bereits auf das zentrale Ereignis seiner späteren Regierung verweist.

Der Elfjährige ritt um die Jahreswende 753/54 dem als Bittsteller ins Frankenreich kommenden Papst Stephan II. hundert Meilen weit entgegen und geleitete ihn in die Pfalz Lothion in der Champagne. Dort sah er seinen Vater Pippin vor dem Apostelfürsten niederknien und dessen Pferd und Zügel führen. Der Heilige Vater wiederum trat am nächsten Morgen in einem härenen Bußgewand, mit Asche bestreut, dem Frankenkönig gegenüber und bat ihn um Schutz und Hilfe gegen die Langobarden.

Nach diesen Präliminarien begannen die Verhandlungen, die am 7. Januar 754 – einem der wichtigsten Daten der nachrömischen Geschichte – zu einem förmlichen Bündnis zwischen den Karolingern und den Päpsten führten. Pippin versprach dem Inhaber des Stuhles Petri, ihn aus seiner Bedrängnis zu befreien, und schenkte ihm zwei Jahre später, nach einem erfolgreichen Feldzug gegen die Langobarden, das Exarchat Ravenna. Stephan II. wiederholte noch einmal die feierliche Königssalbung und nahm auch Pippins Söhne Karl und Karlmann in den mystischen Bund auf. Außerdem verlieh er dem Frankenherrscher den Titel *patricius Romanorum*, der eigentlich dem Exarchen von Byzanz in Ravenna zustand, und bekundete damit, daß er die von ihm geführte Kirche dem Schutz der fränkischen Könige anvertraute. Der Vertrag von Lothion hat auch die Politik Karls bestimmt, jedenfalls von dem Zeitpunkt an, da er als Alleinherrscher des Frankenreiches dessen Geschicke bestimmen konnte. Das Zwischenspiel währte nur wenige Jahre.

Als Pippin 768 starb, teilte er sein Reich nach altfränkischer Art unter seinen Söhnen Karl und Karlmann auf. Karlmann als der jüngere erhielt das größere Stück, und zwar »einen geschlossenen Block von Ländern«, der sich von Septimanien bis an den Rhein und nach Alemannien erstreckte. Karls Teil, der von Roncesvalles in den Pyrenäen über Rouen und Utrecht bis Regensburg reichte, schloß den Komplex Karlmanns hufeisenförmig ein. Da Karl nicht gesonnen war, die Teilung als endgültig hinzunehmen, begann er – von seiner höchst aktiven Mutter Bertrada beeinflußt, wenn nicht sogar geführt – eine Liaison mit den Bayern und Langobarden, um Karlmann einzuschließen.

Der erwartete Bruderkrieg fand aber nicht statt, da der Jüngere 771 starb und als Erben nur unmündige Söhne hinterließ, deren Ansprüche Karl kurzerhand vom Tisch wischte. Damit trat auch die Pippinsche Politik wieder in ihre alten Rechte ein. Karl zerriß das Bündnis mit dem Langobardenkönig Desiderius, schickte ihm, wie berichtet, die von Bertrada protegierte Tochter Desiderata zurück, fiel 773 in die Lombardei ein und zwang die Hauptstadt Pavia nach fast einjähriger Belagerung zur Kapitulation. Nachdem er Desiderius in einer gut gesicherten Klosterzelle untergebracht hatte, setzte er sich selbst die Eiserne Krone der Langobarden auf. Dem Heiligen Vater bestätigte er die Pippinsche Schenkung – ein Akt, der ihn jedoch nicht hinderte, die Städte des Exarchats Ravenna selbst zu annektieren.

Auch Karls sonstige Kriege standen gewissermaßen seit langem auf dem karolingischen Familienprogramm. Mit der Vertreibung der

Sarazenen vom gallischen Boden und der Errichtung der spanischen Mark setzte er das Werk fort, das »der Hammer« mit der Schlacht von Tours und Poitiers begonnen hatte. Ebenso hatten die Hausmeier bereits zahlreiche Feldzüge gegen die Sachsen geführt, jenes zähe, verschlagene und kampffreudige Volk, das sich dreiunddreißig Jahre lang erbittert gegen das fränkische Joch wehrte. Sogar der Kampf mit den Bayern, den der mächtige Franke gleichfalls zu einem guten Ende führte, war sozusagen durch Traditionen geheiligt. Es war danach nur noch der Vollzug einer geschichtlichen Notwendigkeit, daß er auch das riesige Awarenreich zerschlug und die jenseits der Elbe siedelnden slawischen Stämme befriedete.

»Das also waren die Kriege, die der große mächtige König während 47 Jahren – so lange nämlich dauerte seine Regierung – in den verschiedensten Ländern mit außerordentlicher Klugheit und großem Glück führte«, heißt es bei Einhard, der Karls weltgeschichtliche Taten mit suetonischer Prägnanz und Kürze beschrieben hat. »Dadurch gelang es ihm, das Frankenreich ... beinahe um das Doppelte zu vergrößern.«

»Er unterwarf durch die geschilderten Kriege zuerst Aquitanien, das Baskenland, die Pyrenäen und das dahinterliegende Gebiet bis zum Ebro ..., hierauf ganz Italien, das sich von Aosta bis nach Unterkalabrien, wo die Griechen und Beneventaner aneinandergrenzen, über tausend römische Meilen erstreckt, sodann Sachsen; außerdem die beiden Pannonien und das auf dem anderen Donauufer liegende Dacien, ebenso Istrien, Liburnien und Dalmatien, mit Ausnahme der Seestädte, die er dem Kaiser von Konstantinopel aus Freundschaft und mit Rücksicht auf das mit ihm geschlossene Bündnis überließ. Schließlich machte er sich die wilden Barbarenstämme, die Germanien zwischen Rhein und Weichsel, dem Meere und der Donau bewohnen, tributpflichtig; mit den bedeutendsten dieser Völkerschaften, den Weletaben, Sorben, Abodriten und Böhmen, führte er Krieg und machte sie zinspflichtig, die übrigen, eine weit größere Zahl, unterwarfen sich ihm ohne Kampf.«

»Den Glanz seiner Regierung hob er ferner durch Freundschaftsbündnisse mit verschiedenen Königen und Völkern. Alfons, den König von Gallicien und Asturien, wußte er so an sich zu fesseln, daß sich dieser in allen Briefen und Gesandtschaften ... als ›ganz der Seine‹ bezeichnen ließ. Die Könige der Schotten hatte er sich ... so gefügig und geneigt gemacht, daß sie ihn immer ihren Herrn, sich selbst aber seine Untergebenen und Knechte nannten ... Mit dem Perserkönig Harun al Raschid, der mit Ausnahme Indiens fast den ganzen Orient beherrschte, hatte er einen so harmonischen

Bund geschlossen, daß dieser seine Huld der Freundschaft aller Könige und Fürsten des Erdenrunds vorzog.«

So wurde das Frankenreich unter Karl die stärkste und imponierendste Macht des Abendlandes. Die riesige zentraleuropäische Landmasse, vordem ein Konglomerat von Königreichen und Fürstentümern, von Feindschaften und Eifersüchteleien, gehorchte nun dem Willen des einen großen Franken. Aachen wurde das Byzanz des Westens. Die Kaiserkrönung am 23. Dezember des Jahres 800 bestätigte nur einen längst erhärteten und jedermann sichtbaren Tatbestand. Sie beurkundete, wenn man so sagen darf, die Wiedergeburt des Imperiums und legitimierte damit die Franken als die eigentlichen Erben Roms – den Frankenkönig als neuen Cäsar.

Die »Ideologie« allerdings war neu. In Karls Vorstellung war dieses Imperium ein Imperium Gottes – oder wenigstens der Vorbote eines kommenden Gottesreiches.

Karls Frömmigkeit zeigt Züge durchaus heidnischer Art und Herkunft. Er war abergläubisch, ließ die Sterne beobachten und legte allein für seinen privaten Bedarf eine umfangreiche Reliquiensammlung an. Mehr als die Stimme des Gewissens plagte ihn die Angst vorm Fegefeuer, mehr als der Gedanke an seine guten Taten ließ ihn die Annahme, daß die hohe Geistlichkeit seines Reiches einschließlich des Heiligen Vaters für ihn betete, auf mildernde Umstände und einen verständnisvollen Richter im Jenseits hoffen. Es kennzeichnet seine Einstellung, daß er auch die gewaltsam christianisierten Sachsen und Awaren am Tage des Jüngsten Gerichts für seine ewige Seligkeit demonstrieren sah.

Nie aber zweifelte er daran, daß er »Herr und Vater, König und Priester, Führer und Schützer aller Christen« sei. In einem Brief an Papst Leo III. bezeichnete er sich gar als den »Stellvertreter Gottes, der alle Glieder Gottes zu beschützen und zu lenken hat«. Es war seine Überzeugung, daß es des Königs Aufgabe sei, »die Kirche zu regieren und zu verteidigen«, die Pflicht des Papstes dagegen, dem König den Segen des Allmächtigen zu verschaffen. So glaubte er sich berechtigt und berufen, die längst petrifizierten Schriften der Kirchenväter mit Kommentaren und Zensuren zu versehen. Den Klerikern seines Reiches stellte er regelrechte theologische Schulaufgaben, die er sich zur Prüfung vorlegen ließ. Und auf der Frankfurter Synode 794 verwarf er kraft seines Amtes die wenige Jahre zuvor in Nicäa gefaßten Beschlüsse über Bilderverehrung, obwohl diese die Zustimmung von Papst Hadrian gefunden hatten.

Seine kirchliche Autorität spielte er auch in Fragen der weltlichen Macht konsequent aus. Angeregt durch die Lektüre des Augustinischen *Gottesstaates,* dessen Gedanken er freilich bis zur Unkenntlichkeit vulgarisierte, schuf er seinem Reich einen religiösen Unterbau von totalitärem Anspruch. Er forderte nicht mehr und nicht weniger als die Einheit von Staat und Kirche und erhob »das Bekenntnis zum fränkischen Thron«, um noch einmal Rudolph Wahl zu zitieren, zu einer »Art von Gottesdienst«.

»Ein Gott, eine Kirche, ein Glaube, darum Friede und Eintracht unter einheitlicher Führung«, so hat er selbst – um schlagkräftige Formulierungen nie verlegen – das Gesetz umschrieben, das er seinem Vielvölkerstaat aufzwang.

Derartige Proklamationen klingen heute fatal. In der Tat stehen neuere Historiker dem karolingischen Gottesdienst skeptischer gegenüber als die Geschichtsschreiber der älteren Generation. Nach Christopher Dawson sah das von Karl befohlene Staatskirchentum »einer christlichen Abart des Islam gefährlich ähnlich«. Hier wie dort »dieselbe Gleichsetzung von Religion und Politik, derselbe Versuch, Sittlichkeit mit gesetzlichen Mitteln zu erzwingen und den Glauben mit dem Schwerte zu verbreiten«.

Dennoch gingen ungeheure Impulse von diesem im Glauben geeinten Imperium und seinem cäsarischen Gottkönig aus. Bei aller Fragwürdigkeit seiner Mittel schuf der halbbarbarische Franke damals die Bildungsgrundlagen, die weit über seine Zeit hinaus den Humus der abendländischen Kultur abgaben. Seine Aachener Pfalz war nicht nur der machtpolitische Mittelpunkt des fränkischen Imperiums, sondern auch das geistige Strahlungszentrum.

Karl hatte einen scharfen, zufassenden Verstand. Doch war er »eher der Alexander als der Aristoteles seiner Zeit«. Seine Bildung erschien nicht nur anderen, sondern auch ihm selbst als Stückwerk.

Das Lesen ging ihm glatt von der Zunge, und Latein beherrschte er wie seine Muttersprache. Aber schon mit dem Griechischen hatte er seine Not. Schreiben hat er nie richtig gelernt, obwohl er, wie der getreue Einhard berichtet, stets ein Schreibtäfelchen unter dem Kopfpolster seines Bettes hatte, »um in schlaflosen Stunden seine Hand an das Formen von Buchstaben zu gewöhnen«.

So unzulänglich jedoch sein Wissen war, sein Wissensdurst war nicht zu stillen. Seine Bereitschaft zu lernen kannte keine Grenzen, und in seiner Bewunderung für die klassische Gelehrsamkeit war etwas von dem Staunen eines Kindes. Doch verleugnete er auch in dieser Beziehung den Pragmatiker nicht. Wenn er die Aachener Hofschule unter großen Kosten zu einer Art fränkischer Reichsuniversität ausbaute, so dachte er dabei nicht nur an den Ruhm der Wissenschaft, sondern auch an die Erfordernisse der Verwaltung seines Imperiums.

»Es geschah nun zu der Zeit, da Karl die Regierung im westlichen Teil der Welt allein übernommen hatte, daß zwei Schotten aus Irland... an der gallischen Küste landeten. Diese Schotten waren«, wie der stotternde Mönch von St. Gallen erzählt, »in der geistlichen und weltlichen Gelehrtheit beispiellos beschlagen« und begannen alsbald ihre Weisheit öffentlich zu verkaufen. Denn, so sagten sie sich mit einigem Recht, was die Leute umsonst bekommen, wissen sie nicht zu schätzen.

Der Ruf der Weisheitsverkäufer drang auch an den Königshof. Karl ließ sie kommen und fragte, was sie für ihre ungewöhnliche Ware begehrten. »Wir verlangen keinen Preis, o König!« erwiderten sie. »Wir bitten nur um einen geeigneten Ort zum Unterrichten und um helle Köpfe, sie zu lehren.«

Diese Antwort gefiel ihm. Er beschenkte die beiden Wissenshändler, versah sie mit Trank und Speise, »machte ein Gebäude frei« und schickte ihnen die gewünschten klugen Knaben. So entstand die Aachener Palastschule.

Die Geschichte ist in der Anekdotenwerkstatt des St. Gallener Mönches entstanden. Doch gibt sie den Sachverhalt im Kern richtig wieder. Karl war tatsächlich jederzeit bereit, für einen tüchtigen Gelehrten ein ansehnliches Handgeld zu zahlen. Und wirklich war die Hauptsäule seiner Aachener Hochschule ein Insulaner – wenn auch kein Schotte aus Irland.

Alkuin, etwa zehn Jahre älter als sein königlicher Gönner, war in der Kathedralschule von York aufgewachsen und sagte unverzüglich »Ja«, als ihn Karl 780 in Parma fragte, ob er gewillt sei, die »Saat der Gelehrsamkeit im Frankenreich« auszustreuen. Die Freundschaft, die von diesem Tag an datierte, hat fast ein ganzes Leben gedauert. Karl vermachte seinem Mentor ein halbes Dutzend Klöster – darunter die berühmte, mit zwanzigtausend Leibeigenen ausgestattete Abtei Tours – und erwies ihm auch sonst mancherlei Ehren, nicht zuletzt die des dauernden Fragens, worauf der Schulmeister Alkuin auch dann hereinfiel, wenn ihn der gewitzte Karl aufs Glatteis führte. Und das tat er oft und gern, ja, es scheint ihm ausgesprochenes Behagen bereitet zu haben, sich an des Engländers gouvernantenhafter Besserwisserei zu reiben.

Alkuin war in der Tat mehr Manager als schöpferischer Geist: ein Gelehrter, dessen Kopf einen riesigen Zettelkasten barg, in dem alles Wissen seiner Zeit wie in einem Magazin gehortet war; ein Lexikonhirn und Kompilationsgenie, das neugierig und spürsinnig einen unübersehbaren Erfahrungs- und Zitatenschatz zusammentrug und – nach Fichtenau – von der religiösen Reliquie bis zum zweiköpfigen Embryo alles sammelte, was seinen Weg kreuzte: nicht zuletzt Reichtümer, Freunde und geistliche Fürbitter.

Karl schätzte ihn als umsichtigen Planer und tüchtigen Lehrer. In seinem Aachener »Kabinett« versah der Angelsachse die Aufgaben eines fränkischen Kultus- und Unterrichtsministers. Alkuins Aktionsradius reichte in der Tat weit über den Bereich der Palastschule hinaus. Gerade in der Kunst der Fernwirkung entwickelte er ein bewundernswertes Talent. Zahllose Dekrete, Verordnungen und Rundschreiben bezeugen seine Bemühungen, mit Hilfe der Klöster nicht nur einen geregelten Schulbetrieb durchzusetzen, sondern auch einen einheitlichen Lehrstoff einzupauken: außer Lesen und Schreiben vor allem Rhetorik, Grammatik und Psalmensingen.

Wie diese Fächer muten auch die damaligen Lehrmethoden etwas merkwürdig an. Alkuin entwarf für seine Weisheitsrekruten regelrechte Exerzierreglements. Er hämmerte den Lehrstoff gewissermaßen in die Köpfe der fränkischen Jugend hinein. Er kommandierte sie wie ein Fronvogt. Zu diesem Zweck erfand er jene Frageund Antwortetüden, nach denen bald im ganzen karolingischen Imperium gelehrt und gedrillt wurde. Sie sahen etwa so aus:

Was ist der Mensch? Der Leibeigene des Todes, ein flüchtiger Wanderer, ein Gast auf Erden.

Was ist das Leben? Die Freude des Guten, das Leid des Bösen, das Warten auf den Tod.

Was ist Glaube? Das feste Fürwahrhalten eines unbekannten und wunderbaren Etwas.

Was ist der Mond? Das Auge der Nacht, der Spender des Taus, der Prophet der Stürme.

Was sind die Sterne? Bilder am Dach des Himmels, Lenker der Seeleute, der Schmuck der Nacht.

Eine ganz andere Erscheinung war der Langobarde Paul Warnefried, genannt Paulus Diaconus, ein Mönch von Monte Cassino, der 782 zu Karl kam, um sich für seinen gefangenen Bruder zu verwenden. Die Bitte um Hafterlaß, die er auf Anraten guter Freunde in Versen abgefaßt hatte, fand des Herrschers allerhöchsten Beifall. Er versprach auch, den Verschwörer freizulassen, wenn Paulus an seinem Hofe bliebe. Er tauschte also, wie Winston bemerkt, einen Gefangenen gegen einen anderen aus und sicherte sich damit einen weiteren tüchtigen »Weisheitsverkäufer«.

Paulus hat seinen Aufenthalt in Aachen auch nie anders als eine vornehme Inhaftierung empfunden. »Ich lebe hier unter guten Christen«, schrieb er an seinen alten Abt, »aber im Vergleich zu Eurem Kloster erscheint mir dieser Hof wie ein Gefängnis; verglichen mit dem Frieden bei Euch, ist das Leben hier Sturm... Glaubet mir, mein Herr und Meister, nur das Gefühl des Mitleids, nur das Gebot der Liebe, nur die Forderungen der Seele halten mich für eine Weile hier; dieses und noch mehr als dieses: die schweigende Macht unseres Herrn Königs.«

Das Gefühl des Eingesperrtseins hat Paulus Diaconus aber nicht gehindert, diesen seinen »Herrn König« aufrichtig zu verehren. Im Gegensatz zu Alkuin hatte der langobardische Mönch einen lebhaften Sinn für politische Konstellationen. Der Historiker in ihm witterte bereits in dem jungen Karl den künftigen neuen Cäsar. Sehnte er sich auch nach der »Süße der mönchischen Gesänge« in Monte Cassino, so spürte er doch den ungeheuren Furor der karolingischen Machtentfaltung, und sein unabhängiges, zugleich skeptisches und gläubiges Naturell fand in dem nüchternen, auf dem Boden der Tatsachen stehenden König einen Verwandten im Geist. Karl erwiderte diese Gefühle und respektierte die menschliche Würde des langobardischen Patrioten, der aus seiner Verehrung für die in alle Winde zerstobene Desiderius-Familie keinen Hehl machte. Außerdem hielt er ihn für unentbehrlich. »Wenn ich ihm nun die Hände abhauen lasse«, fertigte er einen Denunzianten ab, »wer wird im ganzen Reich dann überhaupt noch anständig schreiben? Und wenn ich ihn blende, wer soll unser Wissen bereichern?«

Der Erfolg gab ihm recht. Der Langobarde führte die Söhne der fränkischen Oberschicht in die Geschichte ein. In der *Chronik der Bischöfe von Metz* stellte er die Anfänge des karolingischen Geschlechtes dar, und sein Kommentar zu den benediktinischen Regeln wurde der Leitfaden der klösterlichen Ordnung im Frankenreich. Als er schließlich in seine Heimat zurückkehren durfte, verfaßte er in der Stille von Monte Cassino die *Geschichte der Langobarden*, eines der bedeutendsten Quellenwerke des frühen Mittelalters, das dem Leser den letzten Akt der Tragödie freilich vorenthält. Das Ende seines Königshauses darzustellen, hat der alte, vornehme Langobarde offenbar nicht übers Herz gebracht.

Die mündig gewordene fränkische Geisteskultur repräsentierte der Mönch Einhard, mit dem überdies der Typ des geschmeidigen, hochgebildeten und vielseitig begabten Hofbeamten auf der Aachener Szene erscheint.

Er kam, wie wir wissen, aus Fulda, wo er unter Abt Baugulf außer den klassischen Wissenschaften auch Architektur studiert hatte. Er war klein von Statur, doch betriebsam wie eine Ameise. Der Zwerg Einhard leistete das Arbeitspensum eines Riesen. Er fungierte als königlicher Geheimsekretär und »ghostwriter« und überwachte die Niederschrift der Hofannalen. Als »Minister für öffentliche Arbeiten« war er für den Bau und die Instandsetzung von Klöstern und Kirchen, Straßen und Brücken verantwortlich. Als Generalinspektor der kostspieligen königlichen Projekte hatte er neben Odo von Metz entscheidenden Anteil an der Entstehung der Aachener Bauten. Dabei pflegte er häufig selbst mit Hand anzulegen. Seine Freunde, die Akademiemitglieder, schätzten ihn nicht nur als kenntnisreichen Zimmermann und Steinmetzen, sondern auch als geschickten Gold- und Silberschmied.

Unvergänglichen Ruhm aber erwarb dieses Genie des Fleißes und der Vielseitigkeit als Autor der berühmten Karls-Biographie, der wertvollsten literarischen Produktion der Karolingerzeit. Man weiß, daß die *Vita Caroli Magni* zum Teil wörtlich von Suetons Augustus-Leben inspiriert worden ist. Derartige Entlehnungen waren damals jedoch üblich und stellen die Originalität des Werkes kaum in Frage. Naiv und gewitzt zugleich und mit einem hellwachen Sinn für das, was die Amerikaner heute *human interest* nennen, schildert Einhard in seiner historischen Studie nicht nur die weltbewegenden Taten Karls, sondern auch seine menschlichen Züge; doch hat er die anekdotischen Details dem großen Geschichtsbild maßgerecht eingeordnet und sich – im Gegensatz zu Gregor von Tours – den Niederungen des Hofklatsches bewußt ferngehalten.

Auch zwei ausgesprochen urbane Gestalten gehörten zum Lehrerkollegium der Aachener Palastschule: die Herren Angilbert und Theodulf, zwei kluge und liebenswerte Weltkinder, die beide später hohe Posten in der kirchlichen Hierarchie einnahmen.

Angilbert – jener nächtliche Besucher der Prinzessin Bertha, der huckepack in seine Behausung zurückbefördert wurde – liebte nicht nur das Glück holder Zweisamkeit, sondern auch die Freuden einer wohlgedeckten Tafel. Pikante Gerichte weckten sein Entzücken, gute Weine seine Sangeslust. Als Vertrauter Karls erfüllte er die Aufgaben eines geheimen Kabinettsekretärs, oft genug auch die eines persönlichen Sonderbotschafters. Außerdem schrieb er Gedichte über das Leben am Hofe, meist in sauberen Hexametern. Er haßte theologische Haarspaltereien und ließ sich noch als Abt von St. Riquier das Mittagsmahl von Sängern und Possenreißern würzen. Als er starb, vermachte er seinem Kloster eine der wertvollsten Bibliotheken seiner Zeit.

Den Westgoten Theodulf, der später Bischof von Orléans wurde, brachte Karl als Kriegsbeute von seinem spanischen Feldzug mit: einen kunstsinnigen Kavalier mit feinem Humor, dessen Kultur und intellektuelle Brillanz seine »westliche« Herkunft verrieten. Der Aachener Hof fürchtete und bewunderte seinen Sarkasmus, seine Ironie, seine geschliffene Feder. Nach Alkuins Abgang übernahm Theodulf die Obliegenheiten des Unterrichtsministers. Doch versuchte er, auf den karolingischen Staat auch ideologisch einzuwirken und »den weltlichen Reichseinheitsgedanken über die... theokratische Gottesstaatidee hinauszuheben«, mit dem Erfolg, daß ihn Karls frommer, aber unbedarfter Sohn Ludwig nach seinem Regierungsantritt einsperren ließ.

Diese fünf – Alkuin, Paulus, Einhard, Angilbert und Theodulf – waren die Nobiles des Aachener Gelehrtenkollegiums. Die übrigen Kapazitäten werden in den Quellen nur am Rande erwähnt: Alkuins Freund Paulinus von Friaul etwa, der nachmalige Patriarch von Aquileja, der Gedichte und theologische Traktate schrieb, oder der spitzzüngige Peter von Pisa, der den großen Karl in die Geheimnisse der lateinischen Grammatik einführte. Während der »Brautzeit« von Rotrud und Konstantin weilte auch ein griechischer Grammatiker am fränkischen Hof. In dem Iren Dungal schließlich fand Karl einen Mann, der seine astronomischen Neigungen teilte.

Gelehrte von Rang und Namen also, Wissenschaftler aus aller Welt – eine internationale Akademie. Zeitweise waren so viele Ausländer in Aachen zu Gast, daß der königliche Hof in ernsthafte finanzielle Schwierigkeiten geriet. Ein geordneter Schulbetrieb entstand aus dem Beisammensein so vieler kluger Männer jedoch nicht. Lediglich im königlichen »Pageninstitut«, der Bildungsanstalt des hohen fränkischen Adels, herrschte strenge Zucht.

Die Sitzungen der Akademie aber waren durchweg improvisiert. Sie fanden statt, wann immer Zeit und Gelegenheit sich bot: beim »Lever«, während einer Jagdpause, beim Baden, nach dem gemeinsamen Kirchgang. Auch das Mittagsmahl diente häufig der Disputation gelehrter Fragen – wobei Karls geistiger Generalstab nicht versäumte, dem Geist auch in seiner flüssigen Form Reverenz zu erweisen. Besonders der trockene Alkuin pflegte seine Kehle ausgiebig mit Wein und Bier zu befeuchten, »um desto besser lehren zu können«.

Die Sitzungen unterlagen aber nicht nur bacchantischen Riten. Die ständigen Mitglieder der Akademie hatten sich – vielleicht aus programmatischen Gründen, vielleicht auch nur zur Hebung des Selbstbewußtseins – biblische und antike Namen zugelegt, die sie wie

Verdienstmedaillen trugen. Der Goliath Karl nannte sich merkwürdigerweise David. Alkuin, der Reichsmagister, hieß Horatius Flaccus, Einhard, nach dem Architekten des Tabernakels, Bezaled; Theodulf von Orléans wurde als Pindar angesprochen, Angilbert gar als Homer.

Die Palastschule lehrte die Sieben Freien Künste: außer Grammatik, Rhetorik und Dialektik auch Arithmetik, Geometrie, Musik und Astrologie. Die Themen der Akademiesitzungen – oder, trivialer ausgedrückt, der von Karl anberaumten Gelehrtenpalaver – richteten sich nach den ständig wechselnden Interessen des Königs. Das Generalthema aber hieß Gott, das Jenseits und die menschliche Seele. Häufig war von der Notwendigkeit allumfassender Liebe die Rede. Bibelstellen wurden ausgelegt und gedeutet, theologische Fragen, wie das Geheimnis der Trinität oder das Problem der Bilderverehrung, mit Leidenschaft diskutiert. Nur selten verirrte sich das Gespräch in naturwissenschaftliche Bereiche. Gern wurden nach angelsächsischem Vorbild Rätsel gelöst: eine Art von Denksport, in dem der scharfsinnige Karl die Angehörigen seines Hirntrustes durchweg deklassierte; vielleicht ließen sie ihn – schlau, wie Akademiker gelegentlich sind – auch absichtsvoll gewinnen.

Doch selbst wenn man annimmt, daß ein gewisser Byzantinismus im erlauchten Kreis der Aachener Geistesfürsten seine Blüten trieb – Karl war fraglos auch in diesem Gremium die beherrschende Figur: nicht nur der aufnahmefähigste, sondern auch der gründlichste Denker, nicht nur der lebhafteste, sondern auch der unbequemste Fragesteller; ein durch und durch »moderner« Geist. Manchmal freilich fehlten ihm die Maßstäbe. So kannte er keine Bedenken, Aachen mit Athen zu vergleichen. Als Christ fühlte er sich den antiken Schriftstellern und Philosophen durchaus überlegen. Andererseits verachtete er – und mit ihm seine Gelehrtenschule – alle Mitchristen, denen das griechisch-römische Altertum nichts bedeutete.

Karls Genie bemächtigte sich auch der Verwaltung und der staatlichen Bürokratie. Seine Vitalität und sein Wirklichkeitssinn waren stärker als der der allen Gesetzesvätern eigene Zug zu Abstraktion und papierener Selbstgenügsamkeit. Zwar hielt er an den bestehenden Bräuchen und Prinzipien fest, doch verstand er ihnen eine Art von Wirkkraft zu verschaffen, die sie vorher nicht besaßen. Seine Verordnungen wurden nicht nur niedergeschrieben, sondern auch angewandt, gleichgültig, ob er neue erließ oder bereits vorhandene bestätigte und ergänzte.

Die ideelle Grundlage des karolingischen Staatsalltags blieb der

altgermanische Moralkodex, der den Untertanen zu bedingungs-
loser Treue gegenüber seinem König verpflichtete, zumindest von
dem Tag an, da er an der Schwelle des Jünglingsalters seinen feierlichen Eid geschworen hatte. Dieser Schwur wurde unter Karl nach
vollendetem zwölften Lebensjahr geleistet und hatte die Bedeutung eines Fahneneids. Das Aachener Zentralarchiv verwahrte die
Namenlisten aller Vereidigten, so daß jederzeit ersichtlich war, wer
über die Aufgaben eines freien Franken aufgeklärt und auf das
Reichsgesetz verpflichtet worden war. Die staatsbürgerlichen Pflichten erstreckten sich vor allem auf drei Komplexe: den Wehrdienst,
die Abgabe von Steuern und die Einhaltung des Banns.
Die Vorschriften über den Wehrdienst gingen vom Besitz aus. Jeder
Eigentümer von mindestens vier Hufen – nach heutiger Rechnung
etwa 28 Morgen – war gehalten, dem Aufruf zum Kriege unverzüglich und auf eigene Kosten zu folgen. Großgrundbesitzer schuldeten
für je vier Hufen einen Soldaten. Dafür fiel ihnen automatisch das
Kommando zu. Es gab zwei Möglichkeiten, sich dem Militärdienst
zu entziehen: entweder durch die kirchliche Weihe oder die Aufgabe von Besitz. Beide Möglichkeiten wurden nach Kräften genutzt,
so daß Karl sich gezwungen sah, den Mißbrauch gesetzlich zu verhindern.
Steuern zahlten die Franken in Form von Abgaben, die zwar Schenkungen hießen, aber notfalls auch mit Gewalt eingetrieben wurden.
Recht ertragreich für den königlichen Staatssäckel waren auch die
sogenannten Mautsteuern, die sich im wesentlichen aus Wege- und
Transportgebühren, Brückenzöllen und den Erlösen von Markt-
lizenzen zusammensetzten. Schließlich konnten der Herrscher und
seine Beauftragten jederzeit von ihren Völkern Unterkunft und Verpflegung auf Reisen beanspruchen.
Der Bann war, nach Calmette, »die Form, in der sich die öffentliche
Gewalt geltend machte«. Dem Bann Folge zu leisten, bedeutete
also: den geltenden Gesetzen und der Staatsmacht die gebührende
Reverenz zu erweisen. Das Wort ist übrigens vieldeutig – es bezeichnet nicht nur den Befehl selbst (etwa die Order, vor Gericht zu
erscheinen), sondern auch »den dadurch geschaffenen Zustand« und
die Buße, die bei Übertretung verhängt wurde.
Der Bann war, genau wie die Technik der Steuereinziehung und
der Vollzug des Wehrdienstes, eine durch merowingische Traditionen geheiligte Einrichtung. Karl hat sich also auch in dieser Beziehung an die Überlieferung gehalten.
Seine eigene, sehr umfängliche gesetzgeberische Arbeit schlug sich
in den *Kapitularien* nieder: Verordnungen, Entscheidungen und

Instruktionen, die sich mit tausenderlei Dingen befaßten – den Getreidepreisen, dem Lebenswandel der Kleriker, der Arbeit auf den Landgütern, dem Handel bei Nacht (der verboten war), der Aufzeichnung der alten Volksrechte und was sonst einer obrigkeitlichen Entscheidung bedurfte.

Die fünfundsechzig erhaltenen *Kapitularien* stellen sich als Dokumente einer souveränen Alleinherrschaft dar. Aus den zeitgenössischen Quellen geht jedoch eindeutig hervor, daß Karl auf den jährlich oder halbjährlich stattfindenden Reichstagen die Großen des Landes ernsthaft zu Rate zog. Diese Versammlungen hatten nicht das Recht, einem einsamen Entschluß des Königs ihre Zustimmung zu versagen, doch war Karl klug genug, ihre Haltung rechtzeitig zu erkunden und seinen Wünschen entsprechend zu manipulieren.

Er nutzte die Zeit der Beratungen, sich leutselig unters Volk zu mischen und auf seine Weise »öffentliche Meinung« zu machen. »Er begrüßte die Vornehmen«, berichtet Hinkmar von Mainz, »sprach mit den Männern, die er längere Zeit nicht gesehen hatte, war voll gütigem Interesse für die Alten und scherzte mit den Jungen... Auch betrachtete er es als Aufgabe, die einzelnen zu befragen, ob in den jeweiligen Reichsteilen etwas Erwähnenswertes vorgefallen sei. Die Großen hatten nämlich... die strenge Pflicht, sich genaue Kenntnis von den innen- und außenpolitischen Verhältnissen des Reiches zu verschaffen, ehe sie vor dem König erschienen.«

So hatte Karl die Hand ständig am Puls, mit dem Erfolg, daß er die Reaktionen der Volksversammlung mit größtmöglicher Sicherheit vorausberechnen konnte. In der Tat scheint er den Reichstag so beherrscht zu haben, daß dieser allen Gesetzesvorlagen widerspruchslos seinen Segen erteilte. Andererseits hat er die Grenzen des »Zumutbaren« wohl nie überschritten.

Eine eigentliche Regierung – ein Kabinett, würden wir heute sagen – besaß das Frankenreich nicht. Doch gab es eine Art ständiger Administration, die in der jeweiligen Pfalz, später also ausschließlich in Aachen, ihre festumrissenen Funktionen ausübte. Ihren Kern bildeten drei Großbeamte, und zwar:

der Erzkaplan, der als Vorsteher der Pfalzkapelle (und der angeschlossenen Pfalzschule) die kirchlichen Angelegenheiten des Reiches bearbeitete und als Leiter der königlichen Kanzlei Karls Siegelbewahrer war – eine Doppelfunktion, die der Einheit von Staat und Kirche genau entsprach;

der Pfalzgraf, der sich, nach Hinkmar, der »weltlichen Dinge« anzunehmen hatte, das heißt: neben zahlreichen kleinen Obliegenheiten vor allem die vielen Rechtsstreitigkeiten zu erledigen hatte, die »zur Erlangung einer gerechten Entscheidung« bei Hofe vorgebracht wurden, und

der Kämmerer, der als Verwalter der »Vasallengeschenke« die Aufgaben des Schatzministers versah und neben der Königin »dafür zu sorgen hatte, daß die Hofhaltung der Würde und dem Glanz eines königlichen Palastes entsprach«.

Die nächstwichtige Gruppe repräsentierten der Seneschalk, der Mundschenk und der Marschalk, das Triumvirat der königlichen Hofhaltung, dessen Einfluß meist über seine abgegrenzten Zuständigkeiten hinausreichte. So übernahmen sie in Kriegszeiten als Truppenführer durchweg hohe Verantwortung. Je mehr die Reiterei die »Königin der Schlachten« wurde (eine Entwicklung, die seit der Araberschlacht Martells zu beobachten ist), um so mehr trat allerdings der Marschalk, der königliche Stallmeister, als Oberkommandierender hervor.

Da das Amt des Hausmeiers mit Pippin erloschen war, teilten sich diese sechs Würdenträger in die Verwaltung der Staatsgeschäfte, deren Führung Karl nie aus den Händen gab. Das sieht nach einer sparsam wirtschaftenden Regierung aus, doch entdeckt man bei näherem Zusehen, daß »Parkinsons Gesetz« schon am Hofe von Aachen galt. Jeder dieser Großbeamten baute nämlich seine Machtstellung aus, indem er sich mit so vielen Bedienten und Hilfskräften umgab, als er – wie ein vielsagender Satz Hinkmars verrät – »nur lenken und ohne Sünde, das heißt: ohne Raub und Diebstahl, erhalten konnte«.

Verkörperten die Pfalzbeamten, wenn man so will, die königliche Zentralregierung, so die Grafen den regionalen Arm der Verwaltung. Karl behielt also auch die überkommene Grafschaftsverfassung bei. Doch baute er sie zu einem »allgemeinen und regulären System« aus, so daß das Reich am Ende seiner Regierungszeit mit einem »lückenlosen Netz« von Grafschaftsverwaltungen überspannt war.

Ein Novum – eine karolingische Erfindung sozusagen – waren die Marken oder Markgrafschaften: jene militärisch organisierten Grenzräume, die dem Frankenreich in allen Himmelsrichtungen vorgelagert waren. Sie wurden von königlichen Statthaltern verwaltet, deren wichtigste Aufgabe es war, die meist nur halb gewonnenen Grenzlande in Schach zu halten. Einige der tüchtigsten Heerführer Karls erwarben sich als erfolgreiche Markgrafen zusätzlichen Ruhm.

Die notwendige Bindung zwischen Zentral- und Regionalregierung stellten die königlichen Sondergesandten her: die *missi dominici*.

Schon die Merowinger pflegten gelegentlich Beauftragte auszu-
schicken, um irgendwo nach dem Rechten sehen zu lassen. Karl
erhob diesen Brauch zu einer ständigen und jährlichen General-
inspektion aller öffentlichen Dienste und »schuf damit die Kontroll-
instanz, deren das ständig wachsende Reich dringend bedurfte«.
»Er teilte das Reich in Missatsprengel ein, die jeweils mehrere Grafschaften umfaßten, und bestimmte für jeden dieser Sprengel je
einen Laien und Geistlichen als Königsboten auf ein Jahr; sie
mußten ihr Gebiet durchreisen, Versammlungen der Beamten und
des Volkes abhalten. Die Grafen, Bischöfe und Äbte hatten zu diesen Versammlungen zu erscheinen und über ihre Amtsführung
Rechenschaft abzulegen; die Königsboten mußten auch sonst Beschwerden jederzeit annehmen. Nach Ablauf ihres Amtsjahres statteten sie dem König Bericht ab und wurden dann öfters für ein
weiteres Jahr ernannt.« (Bühler)
Die Königsboten waren also mit bedeutenden Vollmachten ausgestattet. Offenbar hat sich die Einrichtung auch bewährt. Die
Delegierten waren die geschworenen Feinde von Vetternwirtschaft
und Erpressung, Schiebungen und Betrügereien und scheinen auch
gegen die Ausbeutung des kleinen Mannes energisch vorgegangen
zu sein. Durant hat also sicher nicht ganz unrecht, wenn er ihr Amt
eine »Magna Charta für das Volk« nennt, die vier Jahrhunderte
eher erlassen wurde, als »Englands Magna Charta für den Adel
zustande kam«.
In der Person der Königsboten erreichte Karl eine Art von Allgegenwart, die seinen Willen – und eine Ahnung seiner absoluten Macht –
bis in die entferntesten Winkel seines Reiches trug. Zugleich hatte
er damit ein wirksames Mittel gegen die zentrifugalen Tendenzen
der Provinzmachthaber gefunden. Das Frankenreich, bis zu den
Karolingern kaum mehr als eine riesenhafte, nur locker zusammenhängende Landmasse, war nun, soweit damals überhaupt möglich,
ein straff organisierter Zentralstaat geworden.
Trotzdem hielt Karl, zumindest in den ersten Jahrzehnten seiner
Regierung, an den nomadischen Gewohnheiten seiner Vorgänger
fest. Er zog durchs Land, residierte bald hier, bald dort, veranstaltete Reichstage und Gerichtsversammlungen, ließ Zorn und Milde
walten und sah patriarchalisch selbst nach dem Rechten.
Die traditionellen Stützpunkte dieser ambulanten Art der Regierung
waren die zahlreichen, über das ganze Reich verstreuten Pfalzen.

Die Pfalzen – auch Königshöfe, Königsgüter oder Königsdörfer genannt – waren befestigte Wohnstätten, in denen die fränkischen

Herrscher auf ihren Landfahrten Quartier machten. Die bis ins hohe Mittelalter fortbestehenden Niederlassungen verdanken ihre Entstehung, wie man sich erinnert, dem schon von Chlodwig geübten Brauch, den imperialen Fiskalbesitz in Königsland zu verwandeln und seine Erträge für die Ernährung der merowingischen Sippe und ihrer hungrigen Gefolgschaften zu verwenden. Seitdem war der gesamte fränkische Hofstaat eigentlich dauernd unterwegs, um einen Brotkorb nach dem anderen zu leeren. Die Pfalzen dienten vorweg also einem sehr profanen Zweck – sie waren gleichsam die königlichen Speisekammern.

Mit dem Erscheinen des Herrschers – und seines unübersehbaren Anhangs an Frauen, Mägden und Mätressen, Klerikern, Kriegern und Ministerialen, Schreibern, Dienern und Knechten – wuchsen diesen Gravitationszentren der Versorgung automatisch aber eine Fülle öffentlich-rechtlicher Aufgaben zu. Als zeitweilige Residenzen waren sie selbstverständlich auch die »Hauptorte politischer Handlungen« und die Mittelpunkte von Verwaltung und Gerichtsbarkeit. Unter Karl wurden diese Herzkammern der königlichen Macht und Autorität außerdem die Repräsentationsstätten der neuen karolingischen Staatsbaukunst. Trotz der vielzitierten Stadtfeindlichkeit der Franken dienten nicht zuletzt die alten römischen Festungen und Kastelle mit ihren imposanten Pracht- und Verwaltungsbauten als Pfalzorte. Das war, um nur einige Beispiele zu nennen, in Nymwegen so, wo Karl von 790 bis 804 eine fast ebenso rege Bautätigkeit wie in Aachen entwickelte. Das war nicht anders in Köln, wo – wie berichtet – schon die ripuarischen Könige im Statthalterpalast der Provinz Niedergermanien residierten.

Kleinere Königshöfe, die zumindest zeitweilig eine »pfalzähnliche Stellung« einnahmen, lagen hinter den römischen Mauern von Remagen, Sinzig, Koblenz, Boppard und Kreuznach, größere in den heutigen Dombezirken von Mainz, Worms und Speyer. Linksrheinisch hatten sich in Straßburg und Brumath, in Metz und in Diedenhofen Pfalzen in den Bauten des Imperiums eingenistet. Auch in Basel, Zürich und Chur setzten fränkische Königshöfe die Tradition von römischen Kastellen fort.

Ebenso bestand in *Castra Regina*, dem heutigen Regensburg, eine ausgedehnte Pfalzanlage, die – zunächst von den Agilolfingern bewohnt – nach dem Sturz des Bayernherzogs Tassilo in karolingischen Besitz überging und von Karl mehrfach besucht wurde.

Daneben gab es eine große Zahl ländlicher Königshöfe, zum Beispiel in Duisburg, wo das Pfalzgelände den Burg- und Salvatorplatz bedeckte, der noch heute »op de Borg« genannt wird, in Düren, der *villa Duria*, wo die Königsgebäude in der Nähe der heutigen Annenkirche lagen,

in Frankfurt am Main, das schon unter Chlodwig als Königsgut genannt wird,

in Ingelheim, das vermutlich aus einem römischen Landgut hervorging, oder in

Erstein im Elsaß, dessen große Zeit allerdings erst unter Ludwig dem Frommen begann.

Die Quellen nennen außerdem eine Reihe von Pfalzen, die erst unter den Karolingern ins Licht der Geschichte traten. Pippin baute Heristal, das Stammgut der Familie, zu einer pfalzartigen Anlage aus. Karl erhob Schlettstadt im Elsaß, Forchheim an der Regnitz und Salz an der fränkischen Saale zu Krongütern und nahm nach Tassilos Ende auch Altötting in Bayern in Besitz. Zahlreiche neue Königshöfe entstanden während und nach den Sachsenkriegen auf der Linie Duisburg–Essen–Soest–Dortmund–Lippstadt–Paderborn, später auch an der Weser und an der Aller.

Die Pfalzen hatten allerdings, je nach Lage und Einkünften, einen unterschiedlichen »Gebrauchswert«. Ihr Rang zeichnet sich in der Zahl der Besuche ziemlich exakt ab. Für Aachen sind 28 Aufenthalte beglaubigt, für Worms 19, für Heristal 14. Auch in Nymwegen, Düren und Diedenhofen hat Karl häufig Quartier bezogen. Besuchte er den Westteil des Reiches, stieg er meist in Quieray ab. In Bayern nahm Regensburg dank seiner günstigen Verkehrslage eine Favoritenstellung ein.

So gut die Historiker über Lage und geschichtliche Bedeutung der karolingischen Pfalzen informiert sind, so wenig wissen sie jedoch über ihr Aussehen, ihr bauliches Bild, ihre Struktur.

Waren sie befestigt? Lag ihnen ein bestimmter Plan zugrunde? Verfügten sie in jedem Fall über steinerne Wohngebäude? Was beanspruchten sie an Platz? Wie groß waren die zugehörigen Territorien? Alle diese Fragen bedürfen noch der Beantwortung – eine Aufgabe, die nur von der Bodenforschung gelöst werden kann.

Aber nicht einmal in Aachen, wo bedeutende Teile der Pfalz erhalten sind, können die Archäologen einen kompletten Aufriß der karolingischen Pfalz vorlegen.

Die erste aktenkundige Grabung fand im Mai des Jahres 1000 statt. Otto III., der Sohn der Byzantinerin Theophano, ließ damals das Grab Karls in der Pfalzkapelle öffnen; ja, er stieg selbst in die (bis heute nicht gefundene) Gruft hinab, kniete vor dem Toten nieder

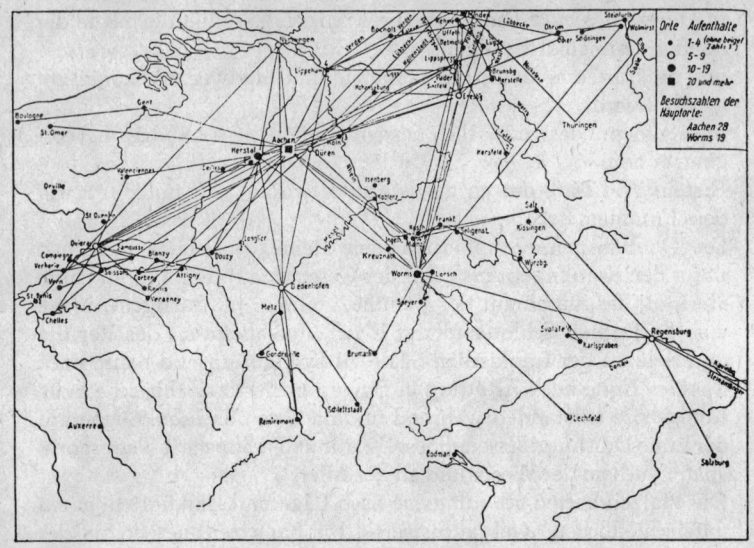

Königsitinerar Karls des Großen

und nahm dessen Halskreuz an sich — für das Mittelalter ein Akt
von extremer Vermessenheit, dem der kirchlichen Überlieferung
nach auch bald die göttliche Strafe folgte. Denn der junge Kaiser
starb zwei Jahre später kinderlos in Italien, von Fieber und Wahn-
vorstellungen verfolgt. Auch er fand im Aachener Münster seine
letzte Ruhe.

Sieht man von dieser ersten »Grabung« ab, die nicht die Tat eines
Forschers, sondern eines schwärmerischen Mystikers war, wird das
Gelände der Pfalz, vor allem die unmittelbare Umgebung des
Münsters, seit etwa zweihundert Jahren von der Wissenschaft beob-
achtet. Den Anfang machte der Stadtarchivar Karl Franz Meyer, der
1781 in seinen *Aachener Geschichten* über die Entdeckung eines
»Römerbades« beim Neubau der ungarischen Kapelle berichtete.
Damit war das Interesse geweckt, das Signal gegeben, das dann in
der Folgezeit ganze Hundertschaften von Lokalpatrioten und Hei-
matfreunden auf die Walstatt der Pfalzenforschung lockte.

Die erste gelenkte Grabung inszenierte allerdings ein Auswärtiger,
und zwar der Generaldirektor der Königlichen Museen in Berlin,
J. M. J. von Olfers. Mit der Akribie eines preußischen Beamten suchte
er im August 1843 zwei Wochen lang, täglich von fünf Uhr nach-

mittags bis Mitternacht, nach dem verschollenen Grabe Karls des Großen – ohne Erfolg übrigens, genau wie 1861, als er noch einmal sein Heil versuchte. Immerhin entdeckte er diesmal die Grundmauern des karolingischen Chores der Pfalzkapelle.

Viele wertvolle Einzelbeobachtungen verdankt die Aachener Forschung dem Architekten Carl Rhoen, einem Amateurarchäologen, der von der Mitte des vorigen Jahrhunderts an jeden erreichbaren Fund in der Umgebung des Doms registrierte und in Wort und Schrift um die Erhaltung der karolingischen Atriummauern stritt.

Die umfassendste baugeschichtliche Kampagne, von Landeskonservator Paul Clemen veranlaßt, fand von 1910 bis 1914 unter Leitung von Regierungsbaumeister Erich Schmidt-Wöpke statt. Leider bereitete der Ausbruch des Ersten Weltkrieges dem Unternehmen, das bereits 38 000 Mark verschlungen hatte, ein vorzeitiges Ende. Da Schmidt-Wöpke nach 1918 nicht die Zeit fand, das wertvolle Grabungsmaterial aufzuarbeiten und viele seiner Aufzeichnungen später verlorengingen, ist es nie zu einer umfassenden Publikation gekommen – ein Manko, das fleißige Rekonstruktionsversuche nicht aus der Welt schafften.

Bedeutende Verdienste um die Erforschung der Pfalz erwarb sich schließlich der langjährige Dombaumeister Joseph Buchkremer, ein Mann, der, mit Stock und Lodenmantel ausgerüstet, einen breitkrempigen, schwarzen Hut auf dem weißen Haar, als stadtbekannte Respektsperson durch Aachen schritt. Der »erfahrenste aller Münsterbaumeister«, wie ihn Paul Clemen nannte, hütete den Dom wie ein Kleinod, war aber gleichzeitig unablässig bemüht, ihm seine Geheimnisse abzulisten. So hinterließ er, als er 1949 vierundachtzigjährig starb, Hunderte von Veröffentlichungen, darunter zahlreiche archäologische Untersuchungen, unter anderem über die vorkarolingische Taufkapelle, den karolingischen Chor, das Atrium und den Gang zwischen Pfalzkapelle und Palast.

Was war nun das Ergebnis der fast zweihundertjährigen Bemühungen um die Erforschung der Aachener Residenz?

Karls Pfalz war »keine burgähnliche Anlage«, sondern ein offener Hofbezirk, der ungefähr das Kerngebiet der heutigen Altstadt bedeckte – die genauen Grenzen sind noch nicht erschlossen. Die beiden wichtigsten Bauten treten auf den bisher vorliegenden Plänen deutlich hervor: die Pfalzkapelle und der königliche Palast – beide streng ostwestlich ausgerichtet, beide auf römischen Ruinen stehend. Capella und Palatium verband ein langer Gang, der auf einem steinernen Unterbau wahrscheinlich eine hölzerne Bedachung trug. In der Mitte des Ganges lag ein Querbau, dessen Funktionen noch nicht geklärt sind.

Der Palast – der noch den Grundriß des heutigen Rathauses bestimmt – nahm die höchste Stelle im Gelände ein. Auf einem niedrigen Untergeschoß, dessen Mauerzüge durchweg gut erhalten sind und auf der Südseite des Rathauses bis zur Höhe des Kaisersaals aufsteigen, ruhte die 50 mal 20 Meter große Halle. Eine flache Holzdecke überspannte den wohl neun Meter hohen Raum. Darüber befand sich vielleicht die Flucht der königlichen Gemächer.

An der östlichen Schmalseite des Palastes stand der Schatzturm, der heutige Granusturm, dessen karolingisches Mauerwerk noch immer eine Höhe von einundzwanzig Metern erreicht. Auch der jetzige Marktturm, ursprünglich die halbrunde Apsis auf der Westseite der Königshalle, wurde »bis zur Höhe von elf Metern noch von den Bauleuten Karls gefügt«. Ebenso findet man im »Paradies« – –dem alten Atrium der Pfalzkapelle, dem Buchkremers besondere Liebe galt – noch Mauern karolingischer Herkunft.

Die Archäologen haben darüber hinaus zahlreiche unterirdische Mauerzüge festgestellt, die das Bild der Pfalz wesentlich ergänzen. An das Münsteroktogon schlossen sich im Norden und Süden zwei Annexbauten an, deren Bedeutung heute zwar noch umstritten ist. Der nördliche könnte aber eine dreischiffige Basilika, der südliche »das Secretarium oder die Sakristei und Schatzkammer« gewesen sein.

Leider reichen die gesicherten Befunde über das Kernstück der karolingischen Anlage kaum hinaus. Trotz ihrer langen Geschichte steht die Aachener Pfalzforschung eigentlich immer noch am Anfang. Sie hat bisher nur einen kleinen Teil der »Residenz« erfaßt, und die Chancen, darüber hinauszugelangen, sind in dem dichtbesiedelten Stadtgebiet nicht eben groß. Aber auch im Pfalzkern selbst gibt es noch viele ungelöste Probleme.

Der neue Dombaumeister, Felix Kreusch, hat einige dieser künftigen Aufgaben folgendermaßen umrissen: »Es gilt festzustellen, was unter dem Fußboden der ungarischen Kapelle noch von dem Römerbad, das Meyer im 18. Jahrhundert sah, vorhanden ist. Wie endete das Atrium im Osten? Wann werden die letzten noch möglichen Feststellungen an den Fundamentresten des Querbaues getroffen? Was enthielten die Annexbauten, wozu dienten sie? Wie kam der Kaiser in die Kirche? Wenn er nicht im Gebäude der Aula, an Stelle des jetzigen Rathauses, wohnte, was steckt von seiner Wohnung noch im Boden?« Fragen über Fragen, die für die Arbeit von Jahrzehnten genügen ...

Bis dahin wird man sich mit den schriftlichen Quellen begnügen, die aber gerade im Falle Aachens so munter und ergiebig sprudeln wie die Thermen, die Karl in das alte Römerbad zogen.

Aber nicht nur der Bäder wegen errichtete Karl sein »königliches Haus« in Aachen, das er »in seinen letzten Lebensjahren bis zu seinem Tod« kaum mehr verließ.

In Aachen lebte er in der Nähe der bedrohten Ostgrenze. Von hier aus konnte er die Sachsen im Auge behalten, denen er auch nach ihrer gewaltsamen Befriedung nie ganz traute. Hier residierte er im Zentrum der fränkischen Macht und Volkskraft: Maastricht und Nymwegen, Metz und Diedenhofen, Worms und Ingelheim, der Rhein, der Main und die Mosel waren von Aachen aus leicht und schnell zu erreichen.

Den Bau der Aachener Pfalz hat er selbst, soweit seine ständigen Kriege ihm Zeit dazu ließen, wie ein Feldherr geplant und dirigiert. »Schaffen, Befehlen, Bauen, das war seine eigentliche Leidenschaft«, dieses Wort Burckhardts über den großen Konstantin gilt auch für den größten aller Karolinger. Angilbert, der Homer der berühmten Tafel- und Geistesrunde, fertigte über die Entstehung der Pfalz ein Poem an, das zwar unbefangen die Verse Vergils über die Entstehung Karthagos plagiiert, aber sicher aus einem aktuellen Eindruck entstand.

»Mild auf der Burg steht Karl und bezeichnet die einzelnen Plätze. Für das künftige ›Rom‹ bestimmt er die ragenden Mauern: Hier sei der Markt, sagt er, und die heilige Halle des Rates, Woher die Rechte des Volks, Gesetze und Ordnung entstammen. Eifrig gehorcht die fleißige Schar, es schneiden die einen Steine für ragende Säulen und türmen den Bau in die Höhe. Andere sind um die Bäder bemüht, um warme Quellen zu finden, Die von selber siedenden Fluten in Steine zu fassen Und aus marmornen Stufen die herrlichen Sitze zu fügen ...«

So wurde aus der kleinen, ländlichen Domäne Pippins – um ein Wort von Joseph Calmette zu zitieren – das »Versailles des großen Karolingers«.

Daß Karl seiner Hauptpfalz zuliebe die Kassen des Reiches über Gebühr beanspruchte, daß er Maurer, Zimmerleute und Steinmetzen aus allen Landstrichen der westlichen Christenheit nach Aachen kommandierte, daß zahlreiche Geschäftemacher hier ihr Unwesen trieben, während der Mörtel mit dem Schweiß und den Tränen der Armen angerührt wurde, wird zwischen den Zeilen der zeitgenössischen Berichte vielstimmig beklagt. Bedenken dieser Art taten der Baulust des Königs jedoch keinen Abbruch.

Die Bautätigkeit erstreckte sich bald auch auf die Umgebung der Pfalz. Bäche wurden umgeleitet, neue Straßen und Wege angelegt, Ödland kultiviert. Die Tallandschaft mit ihren Wiesen und Wäldern verwandelte sich in ein gepflegtes Idyll. Mit besonderer Liebe scheint Karl den Tierpark gehegt zu haben, der sich unmittelbar vor den Mauern der Pfalz erstreckte und eine Sehenswürdigkeit ersten Ranges gewesen sein muß.

Doch lagen auch viele feste Gebäude außerhalb der Pfalz: die Hütten der Hörigen, die Hofstätten der Bauern, die Quartiere der Bischöfe, Äbte und Geistlichen. Auch Einhard, der Generalinspekteur der königlichen Bauten, scheint »draußen im Grünen« gewohnt zu haben.

Das öffentliche Leben der »Residenz« konzentrierte sich auf dem vor dem Palast gelegenen Markt. Hier hatten die Händler ihre Buden und Stände, hier wurde gekauft, getauscht und gefeilscht, hier hörte man bisweilen das Wehgeschrei der Übeltäter, die ihre Kunden ungebührlich übervorteilt hatten und dafür die Peitsche zu spüren bekamen. Hier erhob sich auch das berühmte Theoderich-Denkmal (das möglicherweise nicht den Gotenkönig, sondern den römischen Kaiser Zeno darstellte).

Am meisten hat die Chronisten aber doch der Palast beeindruckt, von dem aus Karl sein Imperium mit harter und strenger Hand patriarchalisch regierte. Denn dieser Palast war nicht nur »Herz und Mitte« des Frankenreiches, seine Ausstrahlung erreichte den ganzen, damals bekannten Teil der Welt. Und Karl wußte, was er seiner Rolle als mächtigster Mann seiner Zeit schuldig war.

Als 812, zwei Jahre vor seinem Tod, hohe byzantinische Gesandte nach Aachen kamen, um ihn als Basileus und Imperator zu ehren, ließ er sie vier Räume durchschreiten, in denen sie nacheinander der Marschalk, der Pfalzgraf, der Truchseß und der Oberkämmerer empfing. Viermal warfen sie sich nieder, weil sie glaubten, dem Kaiser gegenüberzustehen, viermal wurden sie von den lächelnden fränkischen Herren über ihren Irrtum aufgeklärt – erst dann durften sie vor das Antlitz des glorreichen Kaisers treten, der sie inmitten seiner Söhne und Töchter erwartete, »strahlend wie die Sonne beim Aufgang«. Geblendet von so viel Hoheit fielen sie erneut nieder und verharrten ratlos und stumm zu seinen Füßen, bis »der gütige Kaiser« sie eigenhändig aufrichtete.

Die Chronisten berichten von vielen solchen Empfängen und feierlichen Staatshandlungen. Papst Leo III. sandte 796 – ein halbes Jahr-

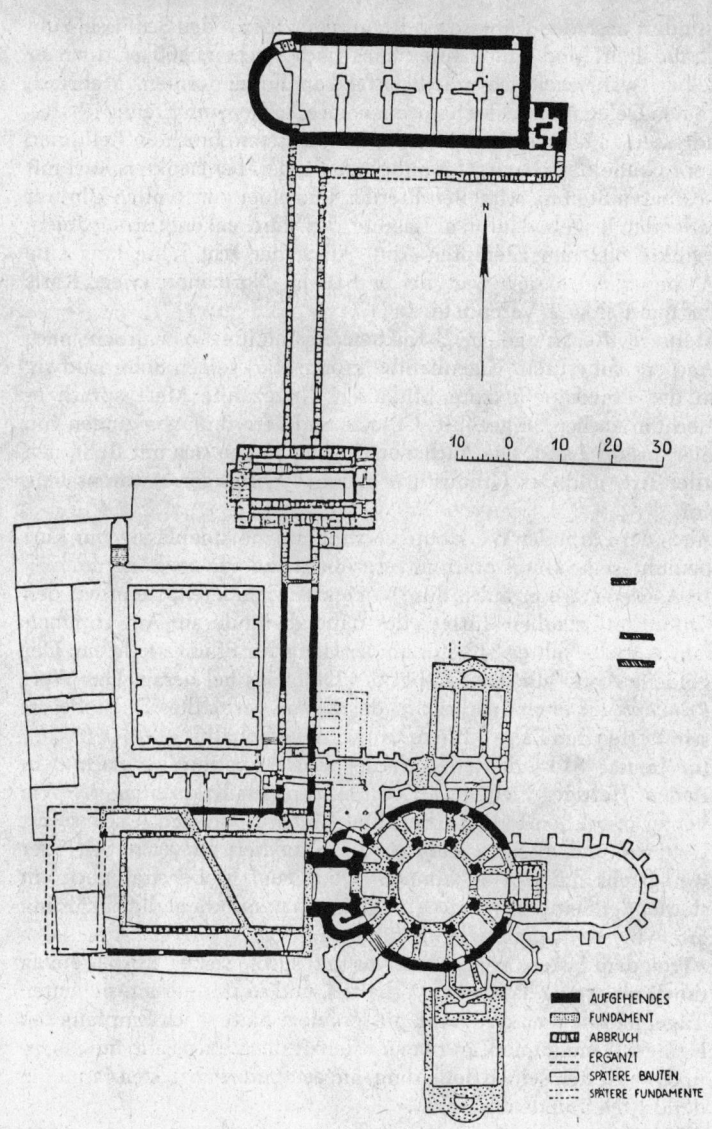

AUFGEHENDES
FUNDAMENT
ABBRUCH
ERGÄNZT
SPÄTERE BAUTEN
SPÄTERE FUNDAMENTE

Der Aachener Pfalzbezirk

303

hundert nach den fränkischen Reformkonzilien – den Schlüssel zum Grabe Petri und die Fahne Roms nach Aachen; 805 erschien er selber, wahrscheinlich um die Pfalzkapelle zu weihen. Mehrfach kamen Delegationen der Sarazenen nach Aachen, um Freundschaftsadressen zu überreichen. Mönche aus Jerusalem brachten Reliquien vom Grabe des Herrn. Gesandte aus Persien beschenkten Karl mit kostbaren Stoffen, schnellen Pferden und einer kunstvollen Uhr mit fallenden Kugeln. Harun al Raschid, der Märchenkönig aus Arabien, schickte 802 den Elefanten Abul Abaz, der acht Jahre lang eine Aachener Attraktion war, bis er 810 im Normannenkrieg, Karls letztem Feldzug, verendete.

Mehrere Reichstage und Kirchenversammlungen wurden nach Aachen einberufen. Eigenhändig krönte Karl seinen Sohn Ludwig in der Pfalzkapelle zum Mitkaiser. Ungezählte Male sprach er Recht in Aachen, ungezählte Gesetze und Verordnungen gingen von hier aus ins Land. Die Aachener Kirchen füllten sich mit Reliquien aller Art, und der Granusturm nahm den riesigen Awarenschatz auf.

Auch der Lärm der Werkleute verstummte nie: unablässig war Karl bemüht, seine Hauptpfalz zu vergrößern und zu verschönern.

In Aachen starb er auch. Böse Vorzeichen kündeten, wenn wir den Chronisten glauben dürfen, das nahende Ende an. Am Himmelfahrtstag des Jahres 813 stürzte der Gang zur Pfalzkapelle ein. Der goldene Apfel auf der Kuppel des Oktogons fiel herab. Das Wort *Princeps* auf einer Inschrift in der Kirche verblaßte. Erdstöße erschütterten den Palast. Blitze schlugen ins Gebälk.

Im Januar 814 erkältete sich der Kaiser, vermutlich nach dem Baden. Heftiges Fieber warf den Hünen aufs Krankenlager. »Wie immer in solchen Fällen«, berichtet Einhard, »schrieb er sich selbst Diät vor und glaubte dadurch die Krankheit zu vertreiben oder wenigstens mildern zu können. Doch zum Fieber trat noch ein stechender Seitenschmerz« – medizinisch gesprochen: die Erkältung artete in eine Rippenfellentzündung aus.

»Trotzdem fastete er nach wie vor und suchte seinen Körper einzig durch ein wenig Trinken zu erhalten, und so starb er am siebenten Tage, nachdem er sich krank niedergelegt hatte, nach Empfang der Heiligen Kommunion, im zweiundsiebzigsten Lebensjahr, im siebenundvierzigsten seiner Regierung, am achtundzwanzigsten Januar in der dritten Stunde des Tages.«

»Sein Körper wurde«, noch an seinem Sterbetag, »nach altem Brauche gewaschen, behandelt und unter der tiefsten Trauer des ganzen Volkes in die Kirche getragen und bestattet.«

Luftaufnahme des Aachener Pfalzbezirkes – im Vordergrund das karolingische Oktogon, dahinter Katschhof und Rathaus

(Foto: Aero-Foto A. Schwarzer)

Nach einer mittelalterlichen Überlieferung wurde der Kaiser aufrecht auf dem Thron sitzend bestattet – wie es auch Alfred Rethel auf einem seiner Fresken im Aachener Rathaussaal dargestellt hat. In Wahrheit nahm ein reliefverzierter römischer Marmorsarkophag den Toten auf. Darin verbrachte er 351 Jahre bis zu jenem Tag im Dezember 1165, da Friedrich Barbarossa die sterblichen Reste des großen Karl erheben und in einer Lade zur allgemeinen Verehrung ausstellen ließ.

Sein Nachfolger stiftete jenen reich verzierten Goldsarg, in den Friedrich II. – der in Palermo residierende Staufer – 1215 Karls Gebeine verschloß. In diesem kostbaren Schrein der staufischen Goldschmiedekunst ruhen sie bis heute.

Karls Reich hat, wie man weiß, seinen Schöpfer nur kurze Zeit überdauert. Karls Name wurde ein Mythos. Lied und Legende bemächtigten sich seiner Gestalt, die in der volkstümlichen Überlieferung immer größer, immer gewaltiger wurde und nicht nur als eine der großen Heldengestalten des Abendlandes, sondern auch als Hüter des Rechtes und des Glaubens, als weiser und gütiger Völkerfürst weiterlebte. Schließlich fand er, ungeachtet seines unheiligen Lebens, Eingang in den christlichen Heiligenhimmel. Als Kirchenpatron wurde er der Schutzherr der großen Aachener »Heiligtumsfahrt«, die von 1238 bis heute ihre eigentümlichen Formen wahrte.

In Karls Reliquientruhe, so lautet die kirchliche Kunde, wurden damals die textilen Erinnerungsstücke gefunden, die frommer Glaube als »das Kleid der Gottesmutter, die Windeln Christi, das Enthauptungstuch des heiligen Johannes und das Lendentuch des sterbenden Heilands« erkannte. Die »Heiligtumsfahrt«, die diese Funde begründete, machte Aachen im Mittelalter neben Rom und Santiago de Compostela zum meistbesuchten Wallfahrtsort der Christenheit. Im Jahre 1496 zählten die Wachen an den Aachener Stadttoren an einem einzigen Tag 142 000 Pilger, und noch 1925 zogen die »Heiligtümer«, die alle sieben Jahre nach überliefertem Zeremoniell auf der Turmgalerie des Münsters ausgestellt werden, über eine Million Besucher nach Aachen.

Ein Nebenprodukt dieser Wallfahrten, deren Einzugsbereich sich bis Ungarn erstreckte, waren die allegorischen Karlsdramen, die vor allem während der Barockzeit auf den Plätzen und Märkten der Stadt mit jesuitischem Pomp gespielt wurden.

Aber das alte Aachen kannte auch andere, derbere Formen der Karlsverehrung. So wurde jahrhundertelang bei den Umzügen der spektakulären Kaiserfeste eine »zwei Manneslängen hohe« Figur

Karls mitgeführt, die sich nicht zuletzt durch die Abgabe von Zuckerwerk beliebt machte. Der »ungestalte Colosso« trug einen gelben Damastrock »mit des Reiches Adler vornen und hynten«, einen wallenden, weißen Bart und eine Perücke, die sechs Pfund Puder benötigte, dazu bewegliche Augen, eine vergoldete Krone und auf den kräftigen Armen ein Münstermodell.

Die Aachener haben diesen ihren »Riesen Karl« offenbar sehr geschätzt. Sie reagierten deshalb auch ausgesprochen kühl, als ihn 1811 der französische Präfekt mit der Aufschrift »Mich übertrifft nur Napoleon« versah. »Aus einem Charlemagne ist ein Charlatan geworden«, schrieb ein erbitterter Zeitgenosse – worauf der Phantomkaiser abgetakelt und seines Amtes enthoben wurde.

Auch die Aachener Künstlerschaft hat dem Schutzheiligen der Stadt mancherlei Ehren erwiesen. Schon das 1150 entstandene älteste Ratsiegel trägt die Aufschrift *Carolus Magnus Romanorum Imperator Augustus* und zeigt den gekrönten Karl mit Reichsapfel und Zepter. Hundert Jahre später führte die Aachener Münze das Bildnis des Kaisers auf ihren Prägungen ein. Schließlich wurde sein Konterfei eine Art Standardmotiv der Aachener Kunstwerkstätten überhaupt. So feierte der mächtige Karl immer wieder fröhliche Urständ: auf geschnitzten Altären und farbigen Glasfenstern, auf Reliefs und Wandgemälden, auf eisernen Kaminplatten und gläsernen Prunkschalen, auf Printenformen und Pilgerfähnchen.

Die berühmteste Darstellung – neben den idealisierenden Fresken Alfred Rethels – wurde das Erzbild, das seit 1620 den Marktbrunnen ziert. Ein eindrucksvolles Monument: »Durchaus in Eisen gekleidet, den linken Fuß vorgesetzt, in kühner, fast theatralischer Haltung, mit Apfel und Zepter, mit hoher Krone auf dem bärtigen Haupt, vereinigt diese Gestalt die Züge des Stadtheiligen mit denen des ritterlichen Zeitideals.« (Clemen)

Auch in der städtischen Topographie hat sich der Ruhm des Kaisers vielfach verewigt. Da gibt es einen Karlsgraben, einen Karlsturm und ein Karlsbad, und wo immer in der Umgebung ein bemoostes altes Gemäuer liegt, da wird es als ein Werk des baufreudigen Karolingers angesehen. Überhaupt lebt der Aachener, wie Will Hermanns einmal launig bemerkt hat, »mit seinem Stadtpatron auf du und du«. Das Aachener Platt wird stolz als das Originalfränkisch der Karlszeit bezeichnet, und niemand findet es ungewöhnlich, wenn ein tüchtiger Handelsmann sein Creme- und Seifenmagazin als Carolus-Magnus-Drogerie bezeichnet; oder wenn ein Karnevalsplakat den »eisernen Karl« von seinem Brunnenpodest herabsteigen und ein Tänzchen mit einer Aachener Marktfrau riskieren läßt.

So wunderliche Blüten dieser volkstümliche Karlskult treibt, man spürt dahinter den Stolz und den Respekt, mit dem die Aachener ihre karolingischen Traditionen hegen, pflegen und verwalten. Seinen sichtbaren Ausdruck hat diese Verbundenheit in dem 1950 gestifteten Internationalen Karlspreis gefunden, der alljährlich im Krönungssaal des Rathauses für besondere Verdienste um die Wiederbelebung des karolingischen Werkes verliehen wird – in einem Raum, der selbst noch auf karolingischen Fundamenten ruht.

Auch der fromme Ludwig, Karls ebenso unglücklicher wie untüchtiger Nachfolger, verbrachte seine Regierungszeit zum großen Teil in der »Residenz« seines Vaters – obwohl er sich in Frankfurt und Ingelheim offenbar wohler fühlte. Aber schon 881 erlag die prächtige Pfalz einem Angriff der Normannen, die sie tagelang ausplünderten und verwüsteten und ihre Pferde in der »Kapelle des Königs« einstellten. Danach wird Aachen nur noch selten genannt, wenn auch Ludwig das Kind und Karl der Einfältige hier wiederholt geurkundet haben.

Es wirkt auf den ersten Blick ein wenig widerspruchsvoll, daß die karolingische Zentralpfalz erst nach dem Aussterben der Karolinger zu neuer Blüte gelangte – und doch war es nur ein Akt historischer Konsequenz. Denn als sich der Sachse Otto I. im Jahre 936 als erster deutscher König in der Aachener Pfalzkapelle feierlich krönen und salben ließ, gab er damit vor aller Welt zu erkennen, daß er sich als Erbe Karls des Großen fühlte und dessen Werk in seine Obhut nahm. Im gleichen Geist haben nach ihm noch dreißig deutsche Könige die Nachfolge des Franken angetreten.

Schon bei der Ankunft in Aachen, am äußersten Stadttor, stieg der neue Herrscher vom Pferd und verbeugte sich vor dem Haupte Karls, das ihm Geistliche in einem kostbaren Reliquiar entgegentrugen. Bei der späteren Eidesleistung ruhte die Hand des Souveräns auf dem Reichsevangeliar aus der karolingischen Palastschule. Endgültig aber wurde er erst König, wenn er den Marmorthron des großen Karl bestiegen und dort ein Vaterunser gebetet hatte.

Die glanzvolle Rolle als Krönungsmacht hat die Entwicklung Aachens entscheidend gefördert. Die gewählten und gesalbten Häupter statteten ihren Krönungsort großzügig mit Privilegien aus. Friedrich Barbarossa verlieh der Stadt als »Haupt aller Städte und Provinzen diesseits der Alpen« einträgliche Markt-, Münz- und Handelsrechte. Sein Enkel, Friedrich II., gewährte Freiheit jedem Untertanen, der sich in Aachen niederließ. Und Karl IV. beschränkte die Militärpflicht der Aachener auf die unmittelbare Um-

Der Aachener Granusturm, Karls des Großen »Juliusturm«, mit modernem Verwaltungsgebäude und Hühnerdiebbrunnen

(Foto: Ann Bredol-Lepper)

gebung der Stadt – so daß sie, wenn sie morgens ausmarschierten, abends wieder in ihre Mauern zurückkehren konnten.

Die königlichen Huldbeweise kamen auch den Bauten Karls zugute. Otto III. bestellte 997 einen italienischen Künstler nach Aachen, um die Hofkirche r.eu ausmalen zu lassen. Der berühmte Ambo, die kupfervergoldete Evangelienkanzel mit ihren ägyptischen Elfenbeinskulpturen, ist ein Geschenk Heinrichs II.; Heinrich IV. vermachte der Pfalzkapelle reichen Grundbesitz. Friedrich Barbarossa stiftete den schönen Radleuchter, der noch heute das Münster erhellt, und ließ das Oktogon mit einer neuen Kuppel versehen. Karl IV. spendete dem Königsdom bei der Geburt seines Sohnes Wenzel so viel Gold, wie der Stammhalter wog. Auch »die französischen Könige, die Karl den Großen ebenso wie die Deutschen als Vorgänger und Reichsgründer verehrten«, sind in der Reihe der »Dedikanten« mehrfach vertreten.

Inzwischen aber war die Stadt selbst, vor allem dank ihrer florierenden Tuchmanufakturen, reich genug geworden, das Erbe Karls zu übernehmen. Irgendwann in der zweiten Hälfte des 13. Jahrhunderts wurde sie – »unbestimmt wann, und ungewiß ob durch Kauf, Lehen oder Schenkung« – Eigentümer des fast fünfhundert Jahre alten und schon recht baufälligen Palastes. Die Aachener Bürger rissen ihn ab und errichteten auf seinen Grundmauern ihr Rathaus: ein stolzes und repräsentables Gebäude, das weiterhin als Festhaus für die großen Staatsfeiern und Königsmähler diente. Enea Silvio Piccolomini, der nachmalige Papst Pius II., nannte es 1435 »das vornehmste Rathaus von ganz Deutschland«.

Die Baufreude dieser Zeit bemächtigte sich auch des Dombereiches. In der Mitte des 14. Jahrhunderts entstand der neue Westbau, von 1355 bis 1414 der herrliche gotische Chor, das »Aachener Glashaus« mit seinen 27 Meter hohen Fenstern, mit ihm jene »faszinierende Dissonanz«, die dem Domínnern seine heimliche Spannung verleiht. Auch der Kranz der sechs Kapellen, die den Urbau heute fast verdecken, ist im wesentlichen ein Werk des 14. und 15. Jahrhunderts.

Die Schönheit des Münsters wurde durch diese Ergänzung nicht beeinträchtigt. Als Albrecht Dürer 1520 in Aachen weilte, bewunderte er nichts so sehr wie die wohlproportionierten Säulen »mit ihren guten Capitälen von Porphit grün und rot, die Carolus von Rom dahin hat bringen lassen... Diese sind wirklich nach Fitruvius Schreiben gemacht, da hab' ich gesehen alle herrlich Köstlichkeit, desgleichen keiner, der bei uns lebt, köstlicher Ding gesehen hat.«

Nach der Zeichnung, die er gleichzeitig anfertigte, hat sich das äußere Bild des Domes danach nur noch unwesentlich gewandelt, obwohl der damalige Turm 1664 durch eine melonenförmige Barockkuppel ersetzt wurde. Das Innere machte im 18. und 19. Jahrhundert noch manche Veränderung durch, denen 1719 die (durch Stukkaturen ersetzten) karolingischen Mosaiken, 1794 die antiken Säulen der Empore zum Opfer fielen. Im Jahre 1814 konnten einige der von Napoleon entführten Werkstücke aus ihrer Pariser

Emigration zurückgeholt werden. Die kostbaren Steingemälde aber waren unwiederbringlich dahin. Die nach Entfernung der barocken Stukkaturen entstandenen Mosaiken von 1879–1881 stellen nur einen unvollkommenen Ersatz dar.

Auch das Rathaus mußte nach dem großen Brand von 1665, der in zwanzig Stunden nach amtlicher Zählung 4664 Häuser zerstörte, manchen Eingriff erdulden. Nachdem es sich, wenn auch nur äußerlich, in einen barocken Palast verwandelt hatte, wurde es im 19. Jahrhundert wieder »gotisiert« – mit einigermaßen zweifelhaftem Erfolg... Aber auch diesem neugotischen Bau war nur eine kurze Zeit beschieden. Wie die meisten Baudenkmäler der Stadt ging es in den 75 Luftbombardements und den beiden großen Schlachten, die während des Zweiten Weltkriegs durch Aachens Straßen tobten, nahezu vollständig unter.

Besser kam der Dom davon, nicht zuletzt dank wirksamer Sicherungsmaßnahmen. Oktogon und Chor wurden gleich zu Beginn des Krieges durch Holzkonstruktionen abgestützt. Splitterschutzwände schirmten Fenster und Außenwände. Karls Thron verbrachte den Krieg unter einem hölzernen Schutzkasten, »der dicht mit Sand gefüllt und später mit Backsteinen und schweren Rundeiseneinlagen ummauert wurde«. Ein vom Prälaten Dr. Stephan Buchkremer, einem Sohn des Dombaumeisters, angeführter Löschtrupp, der in der Hauptsache aus Aachener Jungen bestand, erstickte eine Reihe von Bränden, bevor sie größeres Unheil anrichten konnten.

Trotzdem trug auch der Dom schwere Schäden davon. Die Chorhalle wurde durch eine Bombe und Artilleriegeschosse hart getroffen, die Farbverglasung der Fenster restlos zerstört, die Turmgalerie schwer beschädigt. Auch der Kranz der Kapellen war am Ende stark zerrupft. Der Kreuzgang lag in Schutt und Asche.

Karls Pfalzkapelle aber – es war schon ein Wunder – blieb nahezu unversehrt.

So war es nach dem Krieg verhältnismäßig leicht, den ehrwürdigen Zentralbau wiederherzustellen. Größere Anstrengungen verursachten die Anbauten und die gotische Chorhalle, der Kreuzgang und die Dachkonstruktionen. Die technische und künstlerische Lösung all dieser Aufgaben gilt als ein Meisterstück moderner Denkmalspflege und hat internationale Anerkennung erfahren. Auch die einmaligen Ausstattungsstücke des Aachener Münsters sind an ihren angestammten Platz zurückgekehrt: der Proserpina-Sarkophag und der Karlsschrein, der Ambo Heinrichs II. und der Leuchter Friedrich Barbarossas, die Pala d'oro des Hauptaltars und der Marienschrein, die Strahlenmadonna und das Adlerpult – eine Revue abendländischer Kunst.

Den stärksten Eindruck aber hinterläßt noch immer das Oktogon, einen um so stärkeren Eindruck, als es sein karolingisches Mauerwerk fast schmucklos präsentiert. Wer in die Gewölbe der Schatzkammer hinabsteigt, findet auch dort noch, neben zahlreichen Kleinodien frühmittelalterlicher Kunst, karolingische Mauerzüge, unter anderem eine Fensteröffnung des Verbindungsganges zwischen Kapelle und Palast. Auch das in seiner frühgotischen Gestalt wiedererstandene Rathaus steht wie eh und je auf seinen 2,50 Meter starken Fundamenten aus karolingischem Gußsteinmauerwerk.

Ebenso hat der Granusturm – »nach dem Münster noch immer das umfangreichste erhaltene Bauwerk aus karolingischer Zeit« – die Teppichwürfe und Flächenbrände des Zweiten Weltkrieges überstanden. Wie früher bilden seine kubischen Steinmassen wieder einen Teil des Rathauses. Nach Süden aber geht er nun in einen modernen Verwaltungsbau über, der neben anderen Zellen des heiligen Bürokratius das Aachener Standesamt enthält.

Die jungen Paare, die dort Brief und Siegel über ihr gemeinsames künftiges Leben empfangen, steigen im Zickzack ein Treppenhaus hinauf, das unmittelbar an Kaiser Karls Juliusturm und dessen unverputztes Mauerwerk angelehnt ist, und passieren auf ihrem folgenreichen Weg eine erst kürzlich entdeckte Tür, die unmittelbar in den steinernen Tresor hineinführt.

Eheadepten im feierlichen Schwarz, junge Bräute mit dem obligaten Blumenstrauß im Arm – und dann der Schatzturm der Aachener Pfalz! Einen Tusch der modernen Denkmalspflege, die diesen alten, ehrwürdigen Turm nicht nur konserviert und restauriert, sondern auch in den Alltag einbezogen hat!

Für Aachen übrigens eine Selbstverständlichkeit. Denn der große Karl gilt noch immer als der erste Bürger dieser Stadt. Noch immer singen die Aachener am 28. Januar, dem Todestag des Kaisers von Europa, die alte lateinische Karlshymne »*Urbs aquensis, urbs regalis*«. In der Sprache von heute:

>»Aachen, Kaiserstadt du hehre,
>aller Städte Kron und Ehre,
>Königshof voll Glanz und Ruhm.
>Sing dem Himmelskönig Lieder,
>Festesfreuden, füllet wieder
>Karls des Großen Heiligtum.«

Der letzte Agilolfinger und das Ende des Herzogtums Bayern

Eiland des Friedens · Die Fresken auf dem Münsterboden · Fünf Erzengel aus Byzanz · Grabungen zwischen Turm und Torbau · Tassilos »Heeresliez« · Der Wormser Schauprozeß · Epilog in Frankfurt · Das erste deutsche Schulgesetz · Chiemsee-Pensionär Pontius Pilatus · Fünfzehn Ochsenwagen voller Gold · Karls Rhein–Main–Donau-Kanal · Die Äbtissin mit der Königskrone · Die Aufbaugroschen des Weißen Brauhauses · Benediktiner nach uraltem Rezept

Das Motorboot legt ab und nimmt Kurs auf die Insel, die etwa fünfhundert Meter vom Ufer sozusagen vor Anker liegt. Zurück bleiben winkende Urlauber, ein Wirtshausgarten mit bunten Sonnenschirmen und ein kleiner Allerweltsort im Grünen, mit einer spitzturmigen Kirche, ein paar alten Bauernhäusern und einem Kranz adretter Villen und Pensionen – ein Punkt auf der bayerischen Landkarte.

Der Punkt heißt Gstadt. Die Insel, die das tuckernde Motorboot ansteuert, nennt sich Frauenchiemsee – und wo anders könnte sie liegen als im Chiemsee, den man gern auch das »Bayerische Meer« tituliert. In der Tat ist der Chiemsee nächst dem Bodensee das größte Binnengewässer der Bundesrepublik, so groß, daß er von einer eigenen Dampfschiffahrtsgesellschaft befahren wird.

Die Umgebung des Sees – kurz der Chiemgau genannt – gehört zu den Reklamelandschaften des deutschen Tourismus, obwohl »Filmstars und Playboys«, wie die Skalden der Verkehrsverbände glaubhaft versichern, ihre Schönheiten noch nicht entdeckt haben. Das Land am Chiemsee, so heißt es, sei noch unverdorben: »Keine modischen Badeorte, keine Hotelpaläste mit Parks und Terrassen, keine Golfplätze und keine Spielkasinos ..., keine Modelle von Dior und keine Roben aus römischen Ateliers.« Statt dessen – was jederzeit bestätigt werden kann – Natur gleichsam aus erster Hand: Wiesen und Moore, Wälder und Gärten, Korn- und Kartoffeläcker im Norden, im Süden aber die majestätische Alpenkulisse mit ihren bizarren Bilderbuchgipfeln: dem Zahmen und dem Wilden Kaiser, der Kampen- und der Scheibenwand, dem Hochgern und der Hochplatte, und wie sie alle heißen.

Und in dieser Landschaft alles, was das Herz des Urlaubers erfreut: Gasthäuser und Wallfahrtskirchen, Seilbahnen und Barockkapellen, Zeltplätze und Sanatorien, Museen und Bauernbühnen, Pferdedroschkenfahrten und Segelregatten, rustikale Bierschwemmen und herrschaftliche Schlösser, darunter das herrschaftlichste von allen, des unglücklichen Königs Ludwig II. Wunschtraumschloß auf Herrenchiemsee, dem Nachbareiland der Fraueninsel.

Auch die Kunst ist an den Gestaden des Bayerischen Meeres längst heimisch geworden. Seit mindestens hundert Jahren ist der Chiemsee das bevorzugte Feld der Münchner Landschaftsmaler. Vor allem in der Saison, wenn mit dem Tourismus auch das Bildgeschäft blüht, pilgern die Leibl- und Trübner-Apostel in ganzen Hundertschaften zu ihm hinaus. Auch in Romanen, Balladen und lyrischen Gedichten ist der See tausendfach verklärt worden. Der Ganghofer- und der Thoma-Ludwig liebten ihn über alles, Josef Victor von Scheffel dichtete, hier sei »vom Weltenbauherrn ein Meisterstück geschehn«, und den wotansbärtigen Felix Dahn packte, wie er selbst berichtet, die Sehnsucht nach dem Chiemsee manchmal derart, daß er die fünfzig Kilometer von München bis Gstadt in einem einzigen Tagesmarsch zurücklegte. Heute hat man die Autobahn, die am Südufer des Sees entlangführt, und zur Fraueninsel setzt man nicht mehr, wie dazumalen, mit einem »morschen Einbaum« über, sondern mit einem weißlackierten Dieselschiff. Das Inselpanorama dagegen hat sich nur wenig geändert. Laubreiche Linden und herkulische Eichen beschatten die schmalen Wege, die die siebenhundert Meter lange, knapp dreihundert Meter breite Insel kreuz und quer durchziehen. Am Ufer haben Fischer ihre Netze zum Trocknen aufgehängt. Es riecht nach Wasser, nach Teer und nach dem würzigen Brodem der Lachsräuchereien.

Die vierzig Häuser der Insel drängen sich im Nordteil zusammen. Bauernhäuser mit Fremdenzimmern, etliche Töpferwerkstätten, eine kleine Bootswerft, das Gasthaus »Zur Linde«. Dazwischen Gemüsegärten und Wiesen – und dann und wann das tiefzufriedene »Muh« einer wiederkäuenden Kuh . . . Das perfekte Idyll also. Ruhe, Heiterkeit und Weltenferne.

Es paßt gut in dieses wohltemperierte Bild, daß den Südteil der Insel ein Nonnenkloster einnimmt: eine ansehnliche Gebäudegruppe aus dem 18. Jahrhundert, die ein einzelstehender, achteckiger Glokkenturm überragt. Derbes Mauerwerk, das eine schön geschwungene Kuppel trägt – das Wahrzeichen von Frauenchiemsee.

Daneben das Münster, ein altersgraues Bauwerk, an dem Jahrhunderte gearbeitet haben. Die Vorhalle ist ein Werk der Gotik. Das rundbogige Kirchenportal mit seinen Fratzen, Ungeheuern und eigenartigen Bekrönungen wird dem Stilbereich der lombardischen Romanik zugerechnet. Der Innenraum läßt die Form einer dreischiffigen Basilika erkennen, obwohl das Mittelschiff später gotisch eingewölbt wurde. In den Seitenschiffen überwiegen die romanischen Bauelemente. Auch die Fresken in den Bogenfriesen um den Hochaltar weisen eindeutig in das 11. und 12. Jahrhundert. Die Stelle der Apsis nimmt eine gotische, hernach barockisierte Kapelle ein. Ebenso haben sich in der Marienkapelle am Ostende des nördlichen Seitenschiffes Gotik und Barock innig verschwistert.

Eine Kirche also, wie man sie – zumal in Bayern – zu Dutzenden findet: im Kern alt, aber immer wieder erneuert und dem jeweiligen Zeitgeschmack bedenkenlos angepaßt. Um so überraschender, daß gerade in diesem Münster und seiner nächsten Umgebung in den letzten Jahren eine Reihe bedeutsamer Entdeckungen gelangen.

Seit mehr als hundert Jahren wissen die Kunsthistoriker von den Freskenresten, die oberhalb des nördlichen Seitenschiffes die Wände des Münsterspeichers schmücken. Nach dem letzten Krieg stellte der Pfarrer Gumpertsberger, damals Vikar der Fraueninsel, auch oberhalb des Mittelschiffes Reste von alten Wandmalereien fest. Er informierte den Denkmalpfleger des Kreises Rosenheim, Dr. Peter von Bomhard, und regte eine genauere Untersuchung an.

So kam es im Herbst 1960 zu einem ersten Lokaltermin, an dem außer dem Pfarrer und dem Denkmalpfleger auch der Heidelberger Ordinarius für Vor- und Frühgeschichte, Dr. Vladimir Milojcic, teilnahm. Schon diese erste Inspektion verlief erfolgreich. Milojcic konnte einen Christuskopf freilegen, der »durch seine Lebendigkeit und seinen Ernst ungemein« beeindruckte. Eine gewissenhafte Kontrolle des alten Gewölbekessels oberhalb des Mittelschiffes bekräftigte die Vermutung, daß »mit weiteren hervorragenden Malereien zu rechnen« sei.

Dieser erste Spähtrupp löste eine länger dauernde Aufklärungskampagne im Sommer 1961 aus, eine gewissermaßen hochoffizielle Untersuchung, an der vom Bayerischen Kultusministerium bis zum Landesamt für Denkmalpflege Sachverständige der verschiedensten Institutionen beteiligt waren. Die notwendige kunsthistorische Expertise lieferte der Münchner Professor Dr. Hans Sedlmayr. Das Ergebnis so vieler gemeinsamer Bemühungen: man konnte eine ganze Reihe durchweg gut erhaltener Fresken freilegen, darunter zwei bedeutende Bildkompositionen oberhalb des Sanktuariums.

»Es handelte sich«, wie Milojcic einige Monate später in einem Rundfunkvortrag erklärte, »um zwei fast neun Meter lange Bildfolgen, die jeweils eine Zentralfigur besitzen. Auf der nördlichen Wand ist dies eine Christusbüste unter einer Aedikula auf einem

Der Seraph – karolingische Freske auf dem Dachboden des Münsters zu Frauenwörth (um 850)
(Foto: Bayer. Landesamt für Denkmalspflege, München)

turmartigen Bau... Rechts von Christus sieht man den noch zum großen Teil erhaltenen Kopf des alttestamentarischen Propheten Ezechiel, der mit einer Hand auf die Erscheinung des Herrn im Turm deutet, links von der Christusdarstellung... den Oberkörper eines mächtigen Engels, der mit... erhobenem Zeigefinger auf die Erscheinung des Herrn... zeigt.«

»Links und rechts von dieser zentralen Dreiergruppe folgten zwei Figuren, die leider nicht mehr erhalten sind... Ganz links (im Westen) findet sich schließlich ein Prophet, der mit weitgeöffneten

Christus, der Weltenherrscher – karolingische Freske auf dem Dachboden des Münsters von Frauenchiemsee (um 850)

(Foto: Bayer. Landesamt für Denkmalspflege, München)

Augen in die Ferne blickt und zugleich mit der Hand auf das deutet, was die Zukunft bringen wird. Ganz rechts (im Osten) ist noch eine Gestalt zu sehen, die keinen Heiligenschein besitzt ... Auffallend ist hier die Haartracht mit dem abstehenden Schnurrbart und einem kurzen, gestutzten Bart, wie ihn die ungarischen Magnaten trugen. Eine Haartracht, wie sie vor allem in der karolingischen Zeit üblich war.«

»Ähnlich ... das Thema der etwa gleichgroßen Szene auf der gegenüberliegenden südlichen Langwand ... Diese Szene begann links (im Osten) mit der Gestalt eines Laien ohne Heiligenschein, der die verlorengegangene Zentralfigur voller Ehrfurcht und Demut betrachtete... Auch dieser Laie, ein jüngerer Mann, hat einen stark abstehenden Schnurrbart... Auf der anderen Seite der einst vorhandenen Zentralfigur (im Westen) steht der durch eine Beschriftung und seine Tracht... gekennzeichnete Pontifex des Alten Testaments, Aaron..., rechts von Aaron... eine Gestalt mit langem Bart, die wahrscheinlich Moses darstellt. Ganz im Westen folgt eine ›en face‹ gezeichnete Männergestalt, wieder mit abstehendem Schnurrbart und lichtem Bart... Um wen es sich bei dieser Person handelt, der kein vollwertiger Heiligenschein zugebilligt wurde..., ist vorläufig noch nicht zu ermitteln.«

Nun aber die Kernfrage – wann sind diese Fresken entstanden? Milojcic bekannte in seinem Rundfunkvortrag, daß dieses Problem »noch nicht endgültig geklärt sei«. Er verwies jedoch darauf, daß »die einzelnen Gestalten und ihre Haltung und die Farbgebung« an die Wandgemälde von Mals in Südtirol und den großen Bilderzyklus von Müsteir in der Schweiz erinnern, ein Werk, das noch in die ausgehenden Jahrzehnte des 8. Jahrhunderts datiert wird. Die »altertümliche Art der Malerei in Rot, Weiß und mattem Hellblau« läßt auch an die Miniaturen der Schule von Tours denken, deren Blütezeit in die zweite Hälfte des 9. Jahrhunderts fällt. So plädierte Milojcic am Ende ebenfalls für die von Sedlmayr vertretene These, nach der die Speicherfresken des Münsters von Frauenchiemsee karolingischer Herkunft sind.

Wenn aber die Fresken karolingisch sind, so muß auch das Münster ein Werk der Karolingerzeit sein und nicht erst ein Bau des 11. oder 12. Jahrhunderts, wie bis dahin angenommen worden war. Eine entschiedene Bestätigung erfuhr diese Theorie dadurch, daß man bei Untersuchungen in der unmittelbaren Umgebung des Münsters zu ähnlichen Ergebnissen gelangte.

Nördlich der alten, ehrwürdigen Klosterkirche steht ein unauffälliger Torbau, der bis zur Säkularisation im Jahre 1803 als Doppelkapelle diente. Das Erdgeschoß war dem heiligen Nikolaus, das Obergeschoß dem heiligen Michael geweiht. Heute übt die Toranlage wesentlich profanere Funktionen aus. Unten befindet sich die Leichenhalle der etwa dreihundert Köpfe zählenden Gemeinde Frauenchiemsee. Oben stellten bis 1960 die »Frauenwörther«, eine Vereinigung von Chiemseemalern, ihre Werke aus.

Der Saal im ersten Stock zeigte bis vor wenigen Jahren die Reste von Fresken, die einigermaßen verläßlich in das 13. Jahrhundert datiert werden konnten. Die Hauptwand nahm das Bild eines »lehrenden Christus« ein. Oberhalb dieses Bildes lösten sich eines Tages Teile der Übertünchung und gaben die Spuren einer Inschrift und zweier übereinandergemalter Mäanderfriese frei, die sich als Arbeiten des 11. Jahrhunderts klassifizieren ließen. Darunter aber zeichneten sich bei entsprechenden Tests noch weitere Malereien ab.

Diese Beobachtungen veranlaßten ebenfalls eine sorgfältige wissenschaftliche Untersuchung. Am 1. Mai 1961 begannen die Experten damit, den Wandverputz Schicht um Schicht abzulösen. Insgesamt fünfundfünfzigmal hoben sie – eine unvorstellbare Arbeit – eine Farblage von der anderen, ehe sie auf die letzte und interessanteste Schicht stießen: eine Gruppenkomposition der fünf Erzengel, dargestellt vor einer Kolonnade, deren Säulen auf attischen Basen ruhten.

»Die dargestellten Engel« – so Hans Seldmayr, der dieses Wandgemälde zu den erregendsten kunsthistorischen Entdeckungen der Nachkriegszeit rechnet – »sind von außerordentlicher Schönheit. Monochrom in Rot mit sicheren, weichen, großzügigen Strichen gemalt, suggerieren sie allein durch das Mittel der Linie die Körper unter dem Gewand, die Rundung des Armes, sein Ausgreifen im Raum ... Es gibt in der Malerei des westlichen Mittelalters, aber auch in der Buchmalerei kaum ein Werk, das so ›antik‹, so ›griechisch‹ wirkt wie diese Gestalten. Doch ist zum Beispiel die große Ovalkurve, die den gesamten Arm des Engels links neben dem östlichen Mittelfenster zusammenschließt, in ihrer Ornamentförmigkeit echt mittelalterlich.«

Damit war man – im Herzen Bayerns – einem Werk auf die Spur gekommen, das sichtbar in den Strahlungsbereich der byzantinischen Kunst gehörte. Eine genaue Stilanalyse ergab aber noch weitere Hinweise, vor allem auf fuldische Handschriften der Wende vom 8. zum 9. Jahrhundert. Auch die »fünf Erzengel« konnten also ihrer karolingischen Herkunft überführt werden.

Als man daraufhin die Toranlage selbst unter die Lupe nahm, stellte man eine frappierende Ähnlichkeit mit der karolingischen Torhalle von Lorsch fest – eine Ähnlichkeit, die bis dahin selbst den Kennern der karolingischen Baukunst nicht aufgefallen war.

Freilich hat die Torhalle von Frauenchiemsee, wie auch die von Lorsch, manchen Wandel durchgemacht. »Der heute so unscheinbare Torbau, in dem man früher die Besucher der Abtei empfing und begrüßte, ist ursprünglich eine sehr dekorative Anlage gewesen. Das Erdgeschoß hatte auf beiden Seiten der Durchfahrt Loggien, die nach Norden und Süden Doppelarkadenfenster besaßen. Auf

Pfeilern und zungenförmigen Eckvorlagen ruhte eine gewagte Konstruktion aus Tonnengewölben, die den ersten Stock mit dem Saal trug. Ein hölzerner Fußboden und die flache Holzdecke gaben diesem Saal Festlichkeit und Wärme.« (Milojcic)

Nachdem also in der Torhalle ebenfalls eine Reihe karolingischer Indizien festgestellt worden war, war es schließlich eine Selbstverständlichkeit, auch den Boden nach karolingischen Spuren abzusuchen.

Die bis heute nicht beendeten Grabungen lieferten bereits in den beiden ersten Kampagnen wertvolle Ergebnisse. Zwischen Turm und Torbau stieß Milojcic auf die Reste eines großen »auf antike Art« fundamentierten Gebäudes, dessen Grundriß an die karolingische Obermünster-Abtei in Regensburg erinnerte. Unter dem im 11. Jahrhundert entstandenen achteckigen Turm, den früher ein zweigeschossiger Gang mit dem Westteil des Münsters verband, fand er ältere Mauerzüge, die er durch Kleinfunde in die Wende des 8./9. Jahrhunderts datieren konnte.

Im Münster untersuchte er vor allem den westlichen Teil des Mittelschiffes, wo heute das Hochgrab der seligen Irmengard steht, einer Tochter Ludwigs des Deutschen. Bei seinen Schürfungen entdeckte er unter anderem die ursprüngliche Grabstätte der Klosterpatronin und stellte fest, daß der Sarkophag der frommen Königstochter »zu einem Drittel in das Fundament der Kirche hineingeschoben« worden war. Er konnte daraus folgern, »daß mindestens an dieser Stelle die Fundamente der heute stehenden Kirche vor 866 – dem Jahr, in dem die selige Irmengard starb – angelegt worden sein müssen. Demnach wären sie sicher karolingisch.«

Im westlichen Teil der Kirche legte er Mauerzüge eines frühromanischen Arkadenhofes frei, der – dem Mittelschiff angegliedert – gleichfalls auf älteren Fundamenten stand. Daraus ergab sich, »daß das Mittelschiff und die alten Bauteile unter dem Vorhof älter sind als dieser«. Und wirklich fand Milojcic »unter dem romanischen Fußboden die Reste alter Stuck- und Trampelböden«, die bewiesen, »daß an der gleichen Stelle schon früher kirchliche Bauten gestanden« hatten. Schließlich grub er noch »eine viereckige Stuckanlage« aus, die er mit einem hohen Wahrscheinlichkeitsgrad als eine alte Taufanlage identifizieren konnte.

Bei allen diesen Grabungen nun – und das war das Tüpfelchen auf dem »i« – zeigte sich, »daß vor dem Bau dieser Anlagen das Gelände bis auf den gewachsenen Boden abgetragen worden war ... Somit spricht alles dafür, daß die Ablagerungen bei der Nivellierung vor der Errichtung der Abtei abgetragen wurden. Dieser Umstand würde darauf hinweisen, daß die ursprüngliche Abtei auf eine geschlossene große Planung zurückgeht.«

Sie setzt also »einen mächtigen Stifter« voraus. Als solcher kommt nach der klösterlichen Überlieferung aber nur einer in Frage: Herzog Tassilo III., der letzte Agilolfinger, dessen Schicksal es war, daß er auf der Höhe seines Lebens die Bahn eines Größeren und Stärkeren kreuzte.

Und daß in dem Imperium Karls des Großen kein Platz war für ein selbständiges Bayern.

Der letzte Agilolfinger war ein ehrenwerter, tüchtiger und frommer Mann. Seine Mutter Hiltrud – eine Tochter Karl Martells, die nach Herzog Odilos frühem Tod 748 die Regentschaft übernahm – ließ ihm eine sehr sorgfältige Erziehung angedeihen, so daß er nach kirchlichem Zeugnis schon als Knabe seinen Vorgängern »im Verständnis der heiligen Schrift« überlegen war. Mit fünfzehn Jahren mündig gesprochen, erwies er sich als ein wohlmeinender, auf das Glück seiner Untertanen bedachter Landesherr. Auch militärisch stand er seinen Mann, vor allem im Kampf mit den Alpenslawen.

Der Sinn für politische Ränke aber ging ihm ab. Er nahm keine der Chancen wahr, die sich ihm im Lauf der Jahrzehnte boten. Versuchte er einmal, Intrigen mit Intrigen zu beantworten, war er erschreckend hilflos und ungelenk. »In seiner beharrenden Bayernart, der die eigene Freiheit alles, das schrankenlose Ausgreifen in die Weite nichts bedeutete, fehlte ihm die Fähigkeit zur politischen Konstruktion und zum rücksichtslosen Nutzen der Lage.« (Hubensteiner)

So konnte ihn Karl nach allen Regeln der politischen Strategie überspielen und mattsetzen. Ja, Karl statuierte mit seinem beharrlichen Kampf gegen Tassilo, der ihm anders als die Auseinandersetzung mit dem Sachsenführer Widukind kaum einen Soldaten kostete, geradezu ein Exempel politischer Methodik. Er nahm sich sehr viel Zeit dafür; nicht weniger als dreißig Jahre dauerte das fünfaktige Lehrstück mit Vorspiel und Epilog, das als die Tragödie Tassilo über die geschichtliche Bühne ging.

Das Vorspiel fand, noch zu Pippins Zeiten, im Sommer 763 in Aquitanien statt. Der junge Bayernherzog, sechs Jahre vorher erst »wehrhaft gemacht«, verließ das mit der Bekämpfung von Aufständischen beschäftigte fränkische Heer und zog mit seinem bayerischen Hilfskontingent heimwärts. Pippin, dem die aquitanischen Rebellen schwer zu schaffen machten, verfügte nicht über die Machtmittel, gegen Tassilos »Heeresliez« vorzugehen, und nahm auch in der

Folge dessen wachsende Selbständigkeit widerspruchslos hin. Schließlich erkannte er Bayerns Unabhängigkeit stillschweigend an, indem er darauf verzichtete, es einem seiner Söhne testamentarisch zuzuteilen.

Das eigentliche Drama begann fünf Jahre nach der »Heeresliez« mit dem Austausch von Ergebenheitserklärungen. Unter dem Einfluß seiner Mutter Bertrada schloß Karl – die drohende Auseinandersetzung mit seinem Bruder Karlmann vor Augen – ein Bündnis mit Tassilo, der inzwischen die langobardische Königstochter Luitperga geheiratet hatte. Karl selbst verband sich, wie bekannt, ebenfalls mit einer langobardischen Prinzessin und wurde somit, wenn auch nur kurzfristig, Tassilos Schwager. Freundschaft und Einverständnis also auf der ganzen Linie. Als Bertrada in höchsteigener Person zu Besprechungen nach Regensburg kam, stand die bayerische Unabhängigkeit nicht mehr zur Debatte. Gleichberechtigt, als Souverän unter Souveränen, trat Tassilo der fränkischlangobardischen Koalition bei.

Der zweite Akt hätte eigentlich auch Tassilo beweisen müssen, was von den Freundschaftsbeteuerungen des Frankenkönigs zu halten war. Sofort nach Karlmanns Tod warf Karl das Steuer nämlich herum, bekriegte und besiegte die Langobarden und verurteilte ihren König Desiderius zu lebenslänglicher Klosterhaft. Tassilo sah der Abhalfterung seines Schwiegervaters tatenlos zu, obwohl er den über die Alpen ziehenden Franken leicht hätte gefährlich werden können. Offenbar begriff er nicht, daß Karl mit der Zerstörung des Langobardenreiches die Axt auch an den Stamm der bayerischen Unabhängigkeit gelegt hatte.

Der dritte Akt vollzog sich 781, sieben Jahre später. Wie die frommen Chronisten dieser Zeit berichten, zog Karl in diesem Jahr zum zweitenmal nach Rom, um an den Gräbern der Heiligen zu verweilen. Er nutzte die Zeit aber nicht nur zu demütigen Gebeten, sondern auch zu harten Gesprächen mit dem Heiligen Vater. In aller Offenheit ließ er ihn wissen, daß er nur dann die in Aussicht gestellte Erweiterung des Kirchenstaates verwirklichen könne, wenn der Stuhl Petri in der bevorstehenden Auseinandersetzung mit Bayern die fränkische Karte spielen werde.

Papst Hadrian war Realist genug, die Chancen dieser Begegnung richtig zu beurteilen, und so erschien, ausgerechnet zu den Ostertagen, eine königlich-päpstliche Gesandtschaft in Regensburg, um den Herzog an den Vasalleneid zu erinnern, den er Pippin und seinen Söhnen als Fünfzehnjähriger im Wald von Compiègne geschworen hatte. Tassilo muß es wie Schuppen von den Augen gefallen sein. Da er aber den Bann des Papstes fürchtete, versprach er, sich im Herbst auf dem Reichstag in Worms einzufinden und seinen Eid zu erneuern.

So geschah es, und Karl war gnädig genug, ihn seiner unwandelbaren vetterlichen Freundschaft zu versichern. Reich beschenkt und tief gedemütigt verließ Tassilo den Ort seiner schmächlichen Niederlage: ein Mann mit gebrochenem Rückgrat, dessen Autorität bereits bedenklich wankte.

Genau das hatte Karl gewollt. So vervielfachte er in den folgenden Jahren seine Untergrundbemühungen. Agenten und Agitatoren bearbeiteten vor allem den bayerischen Adel, der traditionsgemäß gegen die herrschende Macht eingestellt war, setzten ihm die Vorteile der »Reichsunmittelbarkeit« auseinander und halfen, je nach Lage der Dinge, mit großzügigen Versprechungen und unverhüllten Drohungen nach. In der gleichen Weise konspirierten sie mit der hohen bayerischen Geistlichkeit, die – ohnehin imperial und fränkisch engagiert – auch in diesem Fall keine Bedenken kannte, mit fliegenden Fahnen zu den stärkeren Bataillonen überzugehen.

Selbst der brave Tassilo versuchte nun mitzumischen. Er verstärkte sein Heer, tauschte Freundschaftsadressen mit dem Vatikan, schloß einen Geheimvertrag mit seinem Schwager Arichis von Benevent, der letzten antifränkischen Kraft Süditaliens, und war allem Anschein nach sogar bestrebt, die Awaren gegen Karl zu mobilisieren. Bei Bozen ließ er es 785 sogar zu einem Grenzzwischenfall kommen, bei dem die Franken offenbar den Kürzeren zogen.

Karl verstand aber auch diesmal im rechten Augenblick zu handeln. Zu Beginn des Jahres 787 zog er erneut an der Spitze eines starken Heeres nach Italien, »um an den Gräbern der Apostel zu beten«, warf Arichis ohne Schwertstreich nieder, schenkte dem Heiligen Vater einige Städte aus der beneventanischen Konkursmasse und sicherte sich damit erneut die vatikanische Unterstützung gegen den frommen Tassilo. Eine in Rom – wie üblich: zu spät – vorsprechende bayerische Delegation (die merkwürdigerweise von dem frankenfreundlichen Bischof Arn von Salzburg geführt wurde) konnte also nur noch die »apostolische Mißbilligung« für Tassilos Verhalten mit nach Regensburg nehmen, dazu die päpstliche Empfehlung, der Herzog möge sich Karls Wünschen fügen.

Als Tassilo, nicht zuletzt unter dem Einfluß seiner Gattin Luitperga, sich weigerte, in Worms erneut vor der Reichsversammlung zu erscheinen, inszenierte Karl die eindrucksvollste militärische Demonstration, die Europa bis zu den napoleonischen Kriegen erlebte. Eine langobardische Armee bewegte sich von Süden her, über den

Brenner, auf das bayerische Kernland zu. Vom Norden wälzte sich ein aus austrasischen, sächsischen und thüringischen Einheiten gebildeter Heerbann nach Süddeutschland. Karl selbst führte die Hauptmacht vom Rhein her ins Feld. Auf dem Lechfeld bei Augsburg traf sich das riesige Aufgebot – und schon strömten die bayerischen Standesherrn von allen Seiten herbei, dem Frankenkönig als ihrem legitimen Herrn zu huldigen.

Als Tassilo sich von seinen Getreuen verlassen sah, auch von den hohen Klerikern, die ihn in guten Tagen als neuen Konstantin gefeiert hatten, kapitulierte er. Am 3. Oktober 787 beugte er zum zweitenmal das Knie vor seinem größeren und klügeren Vetter, reichte ihm zum Zeichen seiner völligen Unterwerfung sein adlerbekröntes Szepter, stellte dreizehn Geiseln, darunter seinen Sohn und Thronfolger Theodo, und empfing sein Herzogtum als Lehen zurück. Damit hatte ihn Karl erneut erniedrigt. Tassilo war jetzt nicht mehr Vasall, sondern Gefolgsmann des Frankenkönigs.

Diesem vierten Akt folgte bereits ein Jahr später der fünfte und letzte: ein Meisterstück politischer Regie. Auf dem Reichstag in Ingelheim ließ Karl den störrischen Tassilo kurzerhand verhaften und vor Gericht stellen. Und nun erwies sich, welch vortreffliche Arbeit seine Untergrundagenten – Winston spricht geradezu von einer »fünften Kolonne« – geleistet hatten. Es waren vor allem die bayerischen Magnaten, die in diesem mit höchstem Raffinement vorbereiteten Schauprozeß gegen ihren früheren Herzog auftraten und ihn schwer belasteten.

»Ihre Anklagen enthielten all jene Einzelheiten, die uns aus politischen Prozessen der modernsten Geschichte nur allzu vertraut geworden sind: ›Er plante, die Boten unseres edlen und erhabensten Königs zu töten.‹ ›Als wir unserem Herrn König den Treueid schworen, gebot er uns, es anders dabei im Sinn zu meinen und betrügerisch zu schwören.‹ ›In unserer Gegenwart sagte er, wenn er zehn Söhne hätte, wolle er lieber, daß sie alle stürben, als daß er die Bedingungen seines Paktes innehalte, und er sagte, es sei für uns alle besser, zu sterben, als so in Knechtschaft zu leben.‹ ›Er schmiedete ein Komplott mit... den blutdürstigen heidnischen Hunnen, forderte sie auf, in unser Land einzufallen, und versprach, mit ihnen gemeinsame Sache zu machen, um die Franken zu vertreiben.‹ Ohne die Hilfe geheimer Drogen und physischer oder psychischer Folter, sondern einfach in der Erkenntnis seiner Hilflosigkeit... gestand Tassilo. Er machte keinen Versuch, die Beschuldigungen zu leugnen. Er gab alles zu... und ergab sich Karl auf Gnade oder Ungnade.« (Winston)

Als die Versammlung trotzdem eine gewisse Neigung verspüren ließ, Tassilo nicht wie einen Straßenräuber abzuurteilen, holte Karl zu einem letzten Schlag aus. Altfränkische Herren standen auf und klagten den Bayernherzog der im Sommer 763 begangenen »Heeresliez« an, eines längst verjährten und vergessenen Vergehens, über das bereits vor einem Vierteljahrhundert Gras gewachsen war. Auf Fahnenflucht aber stand Tod. Ohne weitere Diskussion beschloß die Versammlung, daß dem Gesetz Genüge getan werde. »Wie aber alle einstimmig das Todesurteil über Herzog Tassilo aussprachen, wurde der fromme König von Milde ergriffen, und aus Liebe zu Gott, und weil Tassilo sein Anverwandter war, bewog er die Geistlichen und seine Getreuen, ihm das Leben zu schenken . . .«

Das endgültige Urteil lautete also, den Bräuchen der Zeit entsprechend, auf lebenslängliche Klosterhaft. In St. Goar am Rhein wurde Tassilo geschoren, bevor er hinter den Klostermauern von Jumièges an der Seine verschwand. Später büßte er seine Aufsässigkeit in Lorsch bei Worms. Das gleiche Schicksal widerfuhr den Söhnen des Herzogs. Auch Luitperga verbrachte den Rest ihres Lebens als Sippenhäftling in einer Zelle.

Da Karl aber noch nicht zufrieden war, folgte dem fünfaktigen Spectaculum ein dramatischer Epilog. Im Jahre 794, genau 31 Jahre nach dem aquitanischen Ereignis, trat ein alter, grauhaariger Mönch, Bruder Tassilo genannt, vor die Frankfurter Synode und bat mit tonloser Stimme, »der Verzeihung gewürdigt zu werden«, wie auch er »allen Zorn und alle Trübsal« vergessen wolle. Wichtiger aber war, daß er ausdrücklich auch für seine Söhne und Töchter auf jegliches Eigentum verzichtete. Denn nun war Karl befugt, den gesamten agilolfingischen Familienbesitz zugunsten der fränkischen Krone einzuziehen und ihren Parteigängern zu überschreiben . . . Nach diesem allerletzten Triumph »schenkte er Tassilo wieder huldvoll seine Gnade« und befahl, darüber »drei Urkunden von gleichem Wortlaut schreiben« zu lassen.

Damit war das Herzogtum Bayern endgültig von der Karte des Frankenreiches getilgt. Es gab keinen Tassilo, keine Agilolfinger-Sippe mehr. Streng »legitim« war die Macht der urbayerischen Herzöge auf die Karolinger übergegangen.

Mit der makabren Frankfurter Szene verschwindet der Name Tassilos aus den historischen Protokollen. Im Kloster Lorsch stand noch im 16. Jahrhundert ein Sarkophag mit der Aufschrift: »Tassilo, Herzog zuerst, Mönch am Ende, starb eines ruhigen Todes am 11. des Monats Dezember. Hier liegt er in der Gruft. Mache ihn selig,

Herr!« Später soll der Steinsarg noch eine Weile als Futtertrog für Schweine gedient haben.

Das Land Bayern aber hat seinem letzten Agilolfinger-Herzog ein gutes Andenken bewahrt. Selbst die karolingische Propaganda hat nicht vermocht, sein Bild für alle Zeiten zu verdunkeln. In den bayerischen Klöstern erzählt man noch heute die Legende vom guten Herzog Tassilo, der – auf Befehl von Kaiser Karl geblendet – allnächtlich von einem lichtumflossenen Engel durchs Lorscher Münster geführt wurde. Ja, sogar in der aktuellen Politik brechen, wie in den letzten Jahren zur Genüge zu beobachten war, die antifränkischen, antirheinischen Ressentiments der Bayern gelegentlich wieder auf – Ressentiments, in denen die Erinnerung an den Sturz des letzten Agilolfinger-Herzogs und die darauf folgende »Provinzialisierung« des Landes noch immer weiterschwelt.

Der Nachruhm Tassilos ist nicht unbegründet – tatsächlich erlebte Bayern unter dem politisch so ungeschickt manövrierenden Herzog seine erste kulturelle Hochblüte.

Dabei hatte Tassilo kein leichtes Erbe übernommen. Sein christliches Herzogtum wurde an drei Seiten von heidnischen Völkerschaften bedroht. Im Norden hinter fast undurchdringlichen Urwäldern siedelten die Böhmen. Die große pannonische Ebene, donauabwärts im Osten, war im Besitz der Awaren. Südlich in den Alpen hausten die slawischen Karantanen. Fließende Grenzen und breite Streifen Niemandsland erschwerten die Überwachung der ungezügelten, räuberischen Völkerschaften, die vor allem an der Drau, im Pustertal sowie zwischen Enns und Wienerwald einen dauernden Druck ausübten.

Tassilo hatte also nicht ganz unrecht, als er 763 seine Truppen von der aquitanischen Front zurückführte, um sie an den eigenen bedrohten Grenzen einzusetzen. Tatsächlich drängten die Bayern während der folgenden Jahre die Karantanen in den Alpentälern wieder zurück. Im Jahre 772 – Karl hatte in Sachsen gerade die Eresburg und Irminsul zerstört – war die Eroberung Kärntens so gut wie abgeschlossen. Die Missionierung konnte beginnen.

Der schnelle und andauernde Erfolg der Christianisierung in den Alpentälern läßt erkennen, mit wieviel Energie und kolonisatorischem Geschick das Land Bayern diese schwierige Aufgabe löste. Die treibende Kraft war fraglos Tassilo selbst. Noch in den siebziger Jahren stiftete er das Kloster Innichen und die Benediktinerabtei Kremsmünster – die Heimat des berühmten Tassilo-Kelches, der schönsten Goldschmiedearbeit dieser Zeit.

Wie im Reiche Karls des Großen lebten Staat und Kirche auch in Tassilo-Bayern in einer engen Symbiose. Der fromme Herzog regierte sein Land nicht zuletzt mit Hilfe klerikaler Institutionen und Erfahrungen. Einer seiner engsten Berater war der bereits genannte Bischof Virgil von Salzburg, der kluge und witzige Ire, der wegen seiner naturwissenschaftlichen Kenntnisse »der Geometer« genannt wurde. Auf die bildungsfreudige Geistlichkeit dieser Zeit ist wahrscheinlich auch zurückzuführen, daß Tassilo das erste deutsche Schulgesetz erließ – ein Gesetz, das jedem Bischof auferlegte, einen Lehrer zu bestellen, »der nach Überlieferung der Römer unterrichten könne«.

Die geistigen und zivilisatorischen Zentren waren – außer Freising, von dem bereits ausführlich die Rede war – die beiden alten Römerstädte Regensburg und Salzburg. In Regensburg, der Hauptstadt des Herzogtums, beendete in der Tassilo-Zeit Bischof Sindpert den Bau der großen Wallfahrtskirche St. Emmeram, einer dreischiffigen Basilika, deren Krypta und Außenmauern alle Veränderungen späterer Jahrhunderte nahezu unangetastet überstanden. In Salzburg baute Virgil 767 die erste Bischofskirche. Ihre Grundmauern liegen unter dem heutigen Dom. Das wertvollste Vermächtnis Tassilos waren die neunundzwanzig Klöster, die während seiner Regierungszeit in Bayern gegründet wurden. Von ihnen ging eine ungeheure Wirkung aus: sie bauten, sie rodeten, sie drangen in die Wildnis vor, sie kultivierten Ödland und brachliegende Äcker, sie legten Obstplantagen, Würzgärten und Weinberge an. Kurzum – sie »erneuerten die bayerische Erde« in wenig mehr als einer Generation.

Herrscherhaus, Kirche und Adel wetteiferten miteinander, die Klöster für ihre missionarischen und kolonisatorischen Aufgaben auszustatten. Der freigebigste aber war der Herzog selbst, der nach der kirchlichen Überlieferung allein acht Klöster stiftete und aussteuerte: außer Innichen und Kremsmünster auch Scharnitz, Weltenburg, Schäftlarn, Schliersee, Gars und – ein Doppelkloster auf der Fraueninsel.

Die Chiemseeinseln waren um diese Zeit längst erschlossen. Die zwischen Herren- und Fraueninsel gelegene Krautinsel, ein winzigkleines Eiland, auf dem die frommen Nonnen bis heute ihr Gemüse bauen, war schon in der Jüngeren Steinzeit, vor mehr als viertausend Jahren, bewohnt. In der Römerzeit scheinen die Seeufer vor allem »lateinischen Bauern« gehört zu haben, aber auch Ruheständlern, die in dieser fast südlichen Landschaft nach Art alter »Kolonialer« ihren Lebensabend verbrachten.

Als den prominentesten Chiemsee-Pensionär nennt die deutsche Sage jenen Pontius Pilatus, der als Prokurator von Judäa eine so unrühmliche Rolle im »Prozeß Jesu« spielte. Handfester und verläßlicher sind die Spuren, die ein gewisser Lucius Adnamatus, vormals Ratsherr der römischen Stadt Teurnia (im heutigen Oberkärnten), und seine Gattin Secunda hinterließen. Ihr gemeinsamer Grabstein war in die Südmauer des Münsters eingemauert, bevor er 1845 nach München gebracht wurde. Ebenso ist ein Mann aus der venetischen Stadt Altinum durch eine Inschrift bezeugt.

Bekannt ist ferner, daß die Äbtissin Magdalena Auer zu Winkel 1472 bei Bauarbeiten im Kloster Frauenchiemsee behauene Quadersteine verwenden ließ, die mittels Seilwinden aus dem See gehoben wurden. Eine andere, freilich unverbindliche Überlieferung spricht den alten, alleinstehenden Glockenturm als »Nachkommen eines römischen Wehrturmes« an.

Wie an der Mosel dürfte im Chiemgau ein Teil der romanischen Bevölkerung die Völkerwanderungszeit überlebt haben. Als die irischen Mönche um 600 nach Bayern kamen, trafen sie jedenfalls noch kleine christliche Zellen an – vielleicht auch auf der Fraueninsel. Ja, vielleicht bauten sie schon um 625 zwei Klöster »in den Chiemsee ... eines für Frauen, das andere den Mannen: da sollt man unterweisen die edeln Knaben und Maidlein in gueten Künsten und christlichen Glauben«. So behauptet jedenfalls der Humanist Johannes Turmair, genannt Aventin, in seiner *Baierischen Chronik* von 1519.

Aber selbst wenn Tassilo eine klosterähnliche Einrichtung auf der Fraueninsel vorfand, die eigentliche Geschichte der Chiemseeklöster beginnt erst um 770, als der Herzog auf Frauenwörth das benediktinische Doppelkloster stiftete, dessen geistlicher Protektor der Bischof Virgil von Salzburg wurde. Der »Geometer« weihte 782 auf der Insel eine Kirche zu Ehren der heiligen Maria. Aus salzburgischen Urkunden ist weiter bekannt, daß der erste Leiter des Instituts der Abt Dobdachrech war, ein Ire, der Griechisch wie seine Muttersprache sprach und daher »Graecus« genannt wurde. Ein salzburgisches Dokument aus dem ersten Viertel des 9. Jahrhunderts nennt auch die Namen der ersten Frauenwörther Äbtissinnen: Diemuth, Christine und Ellanburg. Das ist einstweilen alles. Kein Wort über Plan und Größe der Abtei, kein Wort über die Zahl der Nonnen und Mönche, kein Wort über ihre frühen Bauten. Auch hier wird der Spaten erkunden müssen, was die Quellen verschweigen.

Was wir sonst von Tassilo-Bayern wissen, entspricht dem Bild eines gesunden, kräftigen und unternehmungsfreudigen Staates – soweit dieser Begriff auf das lockere Gefüge des damaligen bajuwarischen Herzogtums überhaupt anzuwenden ist. Die Hauptstadt des Landes war Regensburg, wie seit nahezu dreihundert Jahren. Aber das regierende Haus war reich genug, sich außerdem eine Reihe von Pfalzen leisten zu können: in Ingolstadt und Dingolfing, in Ascheim und in Neuching, in Osterhofen und Lauterhofen, in Altheim und in Reisbach, in Ötting und in Aibling, wo Teile der alten Herzogsburg mit ihren anderthalb Meter dicken Mauern heute als Gerichtsgefängnis dienen.

Die rechtlichen Verhältnisse von Tassilo-Bayern regelte die schon von Herzog Odilo erneuerte und »christianisierte« *Lex Bajuvariorum*. Den Staatsschatz versorgten Zölle, Tribute, Straf- und Friedensgelder. An der Spitze der Gaue – der Chiemgau trägt seinen agilolfingischen Namen heute noch – standen als oberste Verwaltungs- und Truppenkommandeure herzogliche Vertraute, den fränkischen Grafen vergleichbar. Und der eingesessene Adel war, wie überall in germanischen Landen, auf die ständige Vergrößerung seiner Macht und seines Reichtums bedacht. Daher sein offenes Ohr für Karls Versprechungen und Propagandaparolen, daher seine Bereitschaft, das kleinere, in seinen Mitteln und Möglichkeiten begrenzte Bayern in dem größeren und mächtigen Frankenreich aufgehen zu lassen.

Soweit ihre Hoffnungen auf militärische Abenteuer und Beutezüge gerichtet waren, wurden die bayerischen Herren auch nicht enttäuscht. Schon bald nach der Inhaftierung Tassilos nahm Karl ein Problem in Angriff, mit dem Bayern allein nie fertig geworden wäre. Er zerschlug das Awarenreich.

Die Historiker verzeichnen die Awaren als eines jener mongoloiden Reitervölker, die – von den Hunnen bis zu den Türken – Europa in seinen Grundfesten erzittern ließen, ehe sie von eben diesem Europa verschluckt oder »europäisiert« wurden. Sie kamen aus Südrußland, zerstörten auf ihrem Zug donauaufwärts um 570 das Königreich der Gepiden, bedrohten um 600 vom bulgarischen Raum her die byzantinischen Grenzen und setzten sich schließlich in der alten römischen Provinz Pannonien fest. Schließlich umfaßte ihr Reich das gesamte heutige Ungarn, das Wiener Becken und Teile von Jugoslawien.

Von hier aus unterwarfen sie die umwohnenden Slawenstämme, räuberten sie aus und zwangen sie zu Tributzahlungen. Auch Byzanz suchte ihre Beutelust durch regelmäßige Zuwendungen zu dämpfen. »Von den Kaisern in Konstantinopel erhielten sie« – nach Richard Winston – »jährlich 120 000 Goldsolidi, daneben unzählbare Geschenke von Seide, Gewürzen und einmal sogar ein goldenes Bett, das der stolze Chakan der Awaren als ungeeignet zurückwies. Die ungeheuren Schätze von zweieinhalb Jahrhunderten wurden im Palast des Chakan (etwa: *Chan der Chane*) innerhalb der Stadt oder des Lagers, das von kreisförmigen Wällen geschützt und als der Ring bekannt war, aufbewahrt; nach dem Mönch von St. Gallen, dessen Gewährsmann im Awarenkrieg mitgefochten hatte, handelte es sich dabei um neun konzentrische Ringwälle.«

Ihre Raubzüge führten sie vornehmlich auf den Balkan und nach Oberitalien. Ebenso unvermittelt tauchten sie mit ihren schnellen Pferden wiederholt auch in Bayern oder Thüringen auf. Hier wie dort galten die untersetzten, breitschultrigen und schlitzäugigen Reiter mit ihren bändergeschmückten Zöpfen als die leibhaftigen Teufel – mit einigem Recht, denn Plündern, Morden und Brennen war ihre Leidenschaft. Um so härter traf den Bayernherzog Tassilo in Ingelheim der Vorwurf, daß er Awaren gegen das Frankenreich mobilisiert habe.

Wirklich brachen sie 788 wieder in die bayerischen und lombardischen Grenzgebiete ein, doch mochten sie nach Tassilos endgültigem Sturz wohl einsehen, daß es besser sei, sich mit dem mächtigen Frankenkönig zu verständigen. So schickten sie 790 eine Gesandtschaft zum Wormser Reichstag, die vorschlug, die awarisch-fränkische Grenze festzulegen. Karl, der längst beschlossen hatte, der ständigen Bedrohung Herr zu werden, hielt die Unterhändler eine Weile hin und schickte sie dann kühlen Herzens heim.

Ein Jahr später begann er nach langer und sehr sorgfältiger Vorbereitung den vorgesehenen Krieg. Ein italienisch-lombardisches Heer unter Führung seines fünfzehnjährigen Sohnes Pippin drang südlich der Alpen in das Awarenreich ein. Karl selbst führte die fränkische Hauptmacht, in der auch die Bayern mitfochten, von Regensburg aus donauabwärts. Die Awaren wichen vor dem riesigen Heerwurm in die Weiten der Pußta zurück, so daß Karl sich damit begnügte, das Land südlich der Donau zu verwüsten. Als ihn alarmierende Nachrichten aus Sachsen erreichten, brach er die Strafexpedition ab und führte seine durch Seuchen dezimierten Truppen zurück.

Mit um so härteren Mitteln setzte er in den folgenden Jahren den Krieg fort, dessen blutige Alltagspraxis er allerdings seinen Militärs überließ. Diese lösten ihre Aufgabe offenbar sehr gründlich, indem sie sich, ohne Gefangene zu machen, durch das Land regelrecht hindurchsäbelten. Ebenso nützliche Arbeit leistete erneut Karls »fünfte Kolonne«. Seine Agenten bestachen den Tudun, einen vom Mythos der fränkischen Unbesiegbarkeit bereits geblendeten Unterführer der Awaren, und dieser ließ den *Chan der Chane* in seinem neunfach gesicherten Ring umbringen. Danach brach der awarische Widerstand schnell zusammen.

Im Jahre 795 erstürmten die Franken den zwischen Donau und Theiß gelegenen Ring und bemächtigten sich der darin gehorteten Schätze, ein Vorgang, der im karolingischen Reich »eine an Raserei grenzende Begeisterung« weckte. Denn die Franken waren, wie Einhard versichert, bis dahin ziemlich arm. Nun aber »ward in der Königsburg so viel Gold und Silber gefunden und so viele kostbare Beute in den Schlachten gewonnen, daß man mit gutem Grunde annehmen darf, die Franken hätten sie mit Recht den Hunnen entrissen, weil diese sie anderen Völkern mit Unrecht geraubt hatten«.

Der Ringsieg muß sich in der Tat ausgezahlt haben. Fünfzehn Wagenladungen mit Kleinodien und Kostbarkeiten, jeder Wagen von vier stämmigen Ochsen gezogen, trafen 796 in Aachen ein; fünfzehn Wagen voller Goldstücke, Spangen, Armbänder, wertvoller Preziosen, juwelenbesetzter Schwerter und golddurchwirkter Seidengewänder; fünfzehn Wagenladungen glitzernder, funkelnder Reichtum. Selbst Karl muß es die Sprache verschlagen haben.

Der Überwinder der Awaren war nicht kleinlich, und so schenkte er mit vollen Händen. Da er alle seine Unternehmungen so sichtbar gesegnet sah, bedachte er die Kirche zuerst. Auch Papst Hadrian erhielt ein ansehnliches Deputat. Ebenso alle Heerführer, alle Herren bei Hofe, der königliche Damenflor, die Leibwachen und die Jagdaufseher, am Ende sogar die Knechte auf den königlichen Gütern. Eine solche Menge von Gold und Geld strömte damals von Aachen ins Reich, daß die Preise, wie wir aus zeitgenössischen Chroniken wissen, kräftig anzogen.

Einige Zeit später erschien auch der von Karl korrumpierte Tudun in Aachen, um sich taufen zu lassen. Damit verschwinden die Awaren aus der Geschichte. Zurück blieb ein total verwüstetes, niedergewalztes, nahezu menschenleeres Land – die awarische Mark, jene schreckliche Awarenwüste zwischen Theiß und Donau, die erst hundert Jahre später durch die Madjaren wieder aufgefüllt wurde.

Bayern aber lebte nun frei von jeder äußeren Bedrohung und konnte sich ungestört weiterentwickeln. Die Schulen und Bibliotheken von Freising, Regensburg und Salzburg bezeugen, welche Früchte gerade das beginnende 9. Jahrhundert trug.

Im übrigen wird das Land in den zeitgenössischen Annalen fast ein halbes Jahrhundert kaum mehr genannt. Karl setzte gleich nach

Tassilos Sturz auch in Bayern seine Grafen ein, die er allerdings einem Präfekten mit Sondervollmachten unterstellte: seinem Schwager Gerold, dem Bruder der Alemannin Hildegard. Als dieser wenige Jahre später »in Pannonien im Kampf gegen die Hunnen« getötet wurde, unterschied sich das frühere Herzogtum nicht mehr von einer fränkischen Provinz.

Der neue Status hatte keinerlei nachteilige Folgen. Die Verwaltung funktionierte wie überall im fränkischen Reich. Die Unternehmungsfreude und Spontaneität der Tassilo-Zeit wich allerdings einer bedächtigeren Gangart. Auch die Kirche begnügte sich vorerst damit, ihre Stützpunkte auszubauen; zu neuen Klostergründungen reichte die Kraft nicht mehr aus. Ihre innere Organisation jedoch festigte sich, nicht zuletzt durch die Gründung des Erzbistums Salzburg, mit dem Karl das Glacis für weitere Missionsaufgaben schuf und seine Dankesschuld an den »schwarzen Arn« abtrug, »der unter den bayerischen Bischöfen nicht nur der hellste Kopf, sondern auch der vorderste Parteigänger des Frankenkönigs« war.

Noch ein großes, allerdings nicht vollendetes Werk trägt Karls Namen: die *Fossa Carolina.* Unmittelbar nach der Beseitigung Tassilos, noch während der Vorbereitungen zum ersten Awarenzug, faßte Karl einen kühnen Entschluß: einen Kanal zwischen Rednitz und Altmühl zu bauen und damit eine Verbindung zwischen Main und Donau zu schaffen. Wäre der Plan verwirklicht worden, hätte der Frankenkönig seine Truppen von Mainz oder Köln nach Regensburg zu Schiff verlegen können – ein unschätzbarer Vorteil in einer Zeit, deren beste Straßen noch immer die fünfhundert Jahre alten Römerstraßen waren.

Das Projekt sah vor, die Wasserscheide zwischen den beiden Flüssen an ihrer schmalsten Stelle (bei dem heutigen Eisenbahnknotenpunkt Treuchtlingen) durch einen zwei Kilometer langen Kanal zu verbinden. Der Kanal sollte acht Meter breit und zwei Meter tief werden und »die ungleich hohen Spiegel beider Wasserläufe« durch ein Stauwehr im Norden und zwei im Süden ausgleichen. Die Boote wären an diesen Stellen ausgesetzt worden.

Karl zauderte auch in diesem Fall nicht lange, das Projekt in Angriff zu nehmen. Im Herbst 793 trommelte er Tausende von Arbeitern – Soldaten, Halbfreie und Sklaven – zusammen, die unverzüglich begannen, die Landenge zu durchstechen. Der König hielt sich wiederholt an der Baustelle auf, um den Fortgang des Werkes zu inspizieren – aber diesmal hatte er seine Möglichkeiten überschätzt.

Nach einigen Wochen verwandelte ein Dauerregen die vorgesehene Rinne in einen Schlammsee. Die Arbeiter wateten knietief durch

Morast, und die Erdmassen flossen schneller zurück, als sie ausgehoben werden konnten. Bei Eintritt des Winters gab Karl das aussichtslose Unternehmen auf.

Aber noch heute, fast zwölfhundert Jahre später, zieht die *Fossa Carolina* in der Nähe des Dorfes Graben – das von eben diesem Graben seinen Namen bekam – wie ein mächtiges Urstromtal durchs Gelände: dreizehnhundert Meter lang, achtundvierzig Meter breit, zwölf Meter tief; ein respektables Werk, auch wenn es nie vollendet wurde.

Im übrigen hat Karl nur wenige Spuren in Bayern hinterlassen. Das frühere Herzogtum vermochte auch unter fränkischer Herrschaft seine stammesmäßige Geschlossenheit und damit seine Eigenart zu wahren. Es blieb, was es war: ein charaktervolles Land, rustikal und kulturfreudig zugleich, fromm und tüchtig, eigenbrötlerisch und weltoffen – und allen guten Dingen des Lebens zugetan.

Und so zog es zwei Generationen später die Sieger selbst in seinen Bann. Unter Ludwig dem Deutschen, Karls Enkel, wurde Regensburg sozusagen die erste Hauptstadt Deutschlands.

In dieser Zeit tritt auch das Doppelkloster auf Frauenchiemsee wieder stärker in das Licht der Geschichte.

Karl hatte die Insel des heiligen Benedikt im Bayerischen Meer dem Bistum Metz geschenkt. Den Metzer Kirchenfürsten scheint an dieser Neuerwerbung aber nicht viel gelegen zu haben. Jedenfalls begnügten sie sich damit, sie durch einen geistlichen Kurator verwalten zu lassen.

Dieses etwa hundert Jahre während Interim – 890 ging die Abtei in den Besitz des Erzbischofs von Salzburg über – hat in den Klosterannalen bis heute einen schlechten Ruf. Offenbar haben die fremden Verwalter ihre Vollmachten allzu autoritär wahrgenommen und über das erlaubte Maß hinaus in die eigene Tasche gewirtschaftet. Um so heller strahlt in dieser »trüben Zeit der Bedrückung« der Stern der Äbtissin Irmengard, einer Tochter Ludwigs des Deutschen, die in den Dokumenten des Frauenklosters als dessen erste Leiterin geführt wird.

Irmengard, die Sanftmut und Güte in Person, leitete das ihr anvertraute Institut nach der Klosterüberlieferung »wie eine Heilige«. »Da war niemand, der ungetröstet von ihr ging«, und ihre Mildtätigkeit war so groß, »daß zu ihren Lebzeiten kein Notleidender am Chiemsee wohnte«. Mit einigem Stolz vermerken die Klosterannalen auch, daß zwei Schwestern Irmengards ebenfalls den Schleier nahmen: Hildegard und Berta, die den Urbau des Zürcher Frauenklosters stifteten.

Die karolingische Königstochter Irmengard brachte außer ihren Tugenden aber auch eine reiche Aussteuer mit, die genügte, das Kloster neu zu fundieren. Sie stattete es mit neuen bedeutenden Liegenschaften aus und entwickelte eine rege Bautätigkeit. Auch die 1960/61 wiederentdeckten Wandgemälde sind wahrscheinlich in ihrer Zeit entstanden. »Einer karolingischen Prinzessin« – so Milojcic – »dürfte es wohl am ehesten möglich gewesen sein, einen so hervorragenden Künstler, wie es der Schöpfer dieser Fresken war, zu berufen.«

Irmengard starb 866, im Alter von zweiunddreißig oder dreiunddreißig Jahren, und wurde in der Klosterkirche beigesetzt, wo sie – geliebt und verklärt, seit 1928 auch offiziell seliggesprochen – bis heute verehrt wird.

Im Jahre 907 vernichteten die Ungarn – die »Hunnen« des 10. Jahrhunderts – das Doppelkloster auf der Chiemseeinsel. Die mönchische Niederlassung wurde damals für alle Zeiten zerstört. Die Frauen aber erwiesen sich einmal mehr als das zähere Geschlecht und bauten ihr Kloster wieder auf, das sich offenbar weiterhin höchster und allerhöchster Protektion erfreute. Jedenfalls erscheint es in mittelalterlichen Urkunden häufig als *abbatia regis* – als königliche Abtei, deren Äbtissinnen, lauter Töchter des hohen bayerischen Adels, bei feierlichen Anlässen, wie Irmengard, eine Königskrone tragen durften.

Dementsprechend zählte das Chiemseekloster spätestens unter den Ottonen wieder zu den reichsten benediktinischen Niederlassungen des Landes. Es besaß Grund und Boden nicht nur am Seeufer, bei Landshut und München, sondern auch in Tirol; außerdem verfügte es über die Einkünfte einer Salzpfanne bei Reichenhall. Dieser Wohlstand weckte manch begehrlichen Wunsch, auch anderer kirchlicher Institutionen. Die Äbtissinnen von Frauenchiemsee standen in diesen Auseinandersetzungen aber ihren Mann und verteidigten ihren Besitz mit großer Zähigkeit.

Was die Chronisten sonst berichten, läßt ahnen, daß auch die Nonnen von Frauenchiemsee im Lauf ihrer zwölfhundertjährigen Geschichte nicht immer auf Rosen gebettet waren. Kriegslasten, Hagelschlag, Mißernten, Teuerungen, Hungersnöte und feindliche Angriffe haben die Existenz des Klosters häufig gefährdet. Wiederholt überschwemmten Flüchtlinge die Insel. Anno 1504 ließ die Äbtissin Ursula, genannt die Pfäffingerin, das Eiland durch Palisaden und mächtige Tore zu einer kleinen Festung ausbauen, und noch im letzten Jahr des Dreißigjährigen Krieges hörten die verängstigten, aber gefaßten Nonnen das Donnern schwedischer Geschütze, die bei Rosenheim in Stellung gegangen waren. Nach wochenlangem Sommerregen trat jedoch der Inn weit über die Ufer und rettete den Bestand des Klosters.

Um 1700 – nachdem die Abtei 1682 ihre Neunhundertjahrfeier mit großer Pracht begangen hatte – befanden sich die Gebäude trotzdem »in einem derart ruinösen Zustand«, daß ein Neubau unumgänglich war.

Das Kloster Frauenchiemsee, so schrieb die damalige Äbtissin Irmengard Scharfstedt an ihren Landesherrn, sei von König Tassilo um 780 gebaut und von Bischof Virgil von Salzburg am 1. September 782 geweiht worden. Es seien 1491 und 1512, da das Kloster abgebrannt, auf die alten Gemäuer immer wieder neue aufgesetzt worden. Nun sei aber das Kloster so baufällig geworden, daß alle Tage der Einsturz drohe, daher auch keine adligen Kinder mehr kommen wollten. Da nun der Kurfürst bei dem Weißen Brauhause in München von jedem Faß einen Groschen zu einem frommen Zwecke bestimmt habe, so bitte sie, ihr von diesem Gelde etwas zufließen zu lassen. Auch ersuche sie um ein unverzinsliches Lehen von den Gotteshäusern des Salzburger Bistums in Bayern.

Tatsächlich wurde das neue Kloster nicht zuletzt von den Aufbaugroschen des Weißen Brauhauses in München errichtet: »ein Gebäude von ansehnlicher Größe in Form eines Vierecks mit dem Konventgarten in der Mitte«, und zwar so gut und dauerhaft, daß selbst der Säkularisationskommissär vom Jahre 1803, »sonst nicht eben weichen Herzens«, erklärte, es wäre jammerschade, »ein solches Gebäude zu vernichten«.

Die Säkularisation hat das Kloster jedoch schwer getroffen. Während auf der benachbarten Herreninsel das Langhaus der Domkirche in ein Bräuhaus, die Gruft in einen Bierkeller »profaniert« wurde, verwandelte sich auf der Fraueninsel die Michaelskapelle in der alten Torhalle in eine Knabenschule. Die Martinskirche, vermutlich das älteste Gotteshaus der Insel, wurde abgebrochen. Das Kloster allerdings fand keinen Käufer, und so blieben einige geistliche Schwestern – die ohnehin nicht wußten, wohin – mit ihren kärglichen Tagegeldern in dem mächtigen Baukomplex zurück: zuletzt noch drei, von denen die Jüngste über Siebzig war.

Diese letzten Nonnen von Frauenchiemsee warfen sich am 30. August 1837 bei einem Besuch König Ludwigs I., »im Gefühl ihrer Verlassenheit dem Landesvater zu Füßen« und erwirkten die Wiederherstellung und »Neufundierung« ihres Klosters. Seitdem genießt neben dem unglücklichen Herzog Tassilo auch König Ludwig I. von Bayern die besondere Verehrung der Frauen von Frauenchiemsee.

Das Klostergebäude, das 1803 keinen Käufer fand, steht heute noch. Und es sind noch dieselben hohen und laubreichen Linden, die ihre Schatten auf das große Viereck werfen – Linden, die die Ortskundigen für mindestens fünfhundert Jahre alt erklären. Wie eh und je lebt die Insel Frauenchiemsee ihr eigenes, friedliches, abseitiges Leben. Die Fischer, Töpfer und Bauern zahlen zwar ihren Obolus für die Fernsehwelt, aber ein Auto gibt es auf dem Eiland bisher nicht.

Auch die Besucher erliegen schnell dem besonderen Zauber der Insel. Die Stille des Münsters, die schlichte Architektur der Torhalle, die ragende Wucht des Glockenturms, das Rauschen der Bäume, das Plätschern des Wassers, das alles schafft jene Sphäre der Abgeschiedenheit und Weltferne, in der klösterlicher Geist auch heute noch gedeihen mag. Unversehens gerät selbst der eilige Tourist ins Schlendern und Betrachten. Er begreift, »daß der Weg auf dieser Insel tatsächlich nirgends weiterführt« – und so wird er ganz von selbst bereit, sich von ihrer Vergangenheit erzählen zu lassen.

Nach solchen Eindrücken und Erfahrungen lohnt eine geruhsame Einkehr im Inselgasthaus oder im Klostercafé, wo man einen vortrefflichen Benediktiner trinkt: eine Eigenproduktion der Klosterfrauen, nach uraltem Rezept – wie eben auf dieser Insel alles uralt ist.

Der Abend kommt. Die Klosterglocken läuten das Ave. See und Berge versinken in einem immer tiefer und satter werdenden Blau. An den Ufern blinzeln die ersten Lichter. Das letzte Motorboot nach Gstadt legt an und bringt seine Fracht blubbernd zurück. Die Insel, nun wie ein bewaldetes Floß anzusehen, verschwindet in der hüllenden Dunkelheit.

Schließlich zeichnet sich schemenhaft nur noch der alte Glockenturm ab, von dem es heißt, daß sein Vorgänger ein römischer Wachtturm war.

Karl der Große und die Sachsen

Am Born der Pader · Herz des Sachsenlandes · Erbfeind der Franken ·
Stammsitz des Teufels · Die Beckumer Pferdegräber · Eine Siedlung an
der Ems · »Pergamon im Münsterland« · Die sächsischen Fliehburgen ·
Erfolgloser Kolonialkrieg · Karls »römische« Königshöfe · Die Pader-
borner Massentaufe · Das Massaker von Verden · Weihnachten in der
Pfalz Attigny · Widukind, die »Timpken« und die Sattelmeier · »... der
soll des Todes sterben« · Papst Leo kommt nach Paderborn · »Leucht-
turm Europas« – »Haupt der Welt« · Von der Lagerkirche zur Basilika ·
Liudger, der »Bonifatius der Sachsen« · Danewerk und Limes Saxoniae ·
Eine Epoche schöpferischer Politik · Meinwerk – ein Bischof aus Widu-
kinds Geschlecht · Die Basilika über den Paderquellen

Früher, sagen die alten Paderborner, sei ihre Stadt noch viel schöner gewesen, intimer, farbiger, geschlossener – eine Welt für sich.
Früher, das heißt: vor dem Zweiten Weltkrieg. Vor den schweren
Bombardements, die auch das alte Paderborn noch kurz vor Tores-
schluß erdulden mußte.
Als die Amerikaner am Ostersonntag 1945, von schweren Panzern
gedeckt, in die Stadt einrückten, bemächtigten sie sich eines unübersehbaren Trümmerfeldes. Nachträgliche Berechnungen ergaben,
daß Paderborn damals zu 85 Prozent zerstört war; daß mehr als
achthundert Menschen den Wahnsinn der letzten Kriegsmonate mit
dem Tod bezahlt hatten; und daß eine halbe Million Kubikmeter
Schutt geräumt werden mußten, bevor mit dem Wiederaufbau
überhaupt begonnen werden konnte.
Wie in Würzburg oder Aachen hat das Wunder auch in Paderborn
nur etwa fünfzehn Jahre gebraucht: 1960 stand die Stadt wieder,
nicht gerade lückenlos, aber doch so, daß sie ihre Funktionen als
Markt- und Handelszentrum der ländlichen Umgebung und als
Mittelpunkt eines bis über die Zonengrenze reichenden Erzbistums
wieder ausüben konnte.
Paderborn ist heute eine Stadt mit 60 000 Einwohnern, 99 Industrie-
betrieben, vielen Behörden und einer Reihe traditionsreicher Schulen, in denen lateinische und griechische Grammatiken noch immer
hoch im Kurs stehen – wie in allen alten Bischofsstädten. Und genau
wie in allen alten Bischofsstädten führt ein Rundgang durch die
Stadt von Kirche zu Kirche, von Kapelle zu Kapelle. Am Anfang

steht allerdings das Rathaus, eines der schönsten Werke der Weser-Renaissance, das trotz seiner festlich-eleganten Fassade seine innere Verwandtschaft mit dem niedersächsischen Bauernhaus nicht verleugnen kann. Dann aber kommen die Kirchen: die Jesuitenkirche, die Kapuzinerkirche, die Franziskanerkirche, die Michaelskirche – lauter triumphale Barockbauten, deren Auftraggeber einer der großen Bischöfe der Gegenreformation war: Ferdinand von Fürstenberg, der Schöpfer des »Fürstenbergischen Barock«.

Sie alle überragt der mittelalterliche Dom, die von spätromanischen Pfeilern getragene dreischiffige Hallenkirche mit ihrem neunhundertjährigen Vierkantturm, von dem Ricarda Huch schrieb: »Nie ist mir ein Turm so überwältigend groß erschienen wie der des Domes von Paderborn; es raubt den Atem, an ihm hinaufzusehen.«

Wie der Dom so sind auch die Bauten des berühmten Bischofs Meinwerk wiedererstanden: die Bartholomäuskapelle, die um 1017 im Herzen Westfalens von byzantinischen Handwerkern errichtet wurde; die Busdorfkirche, die erste Nachbildung der Jerusalemer Grabeskirche in Deutschland; und die Abdinghofkirche, eine flachgedeckte Pfeilerbasilika, die sich heute wieder in den reinen, unverdorbenen, schlichten Formen der Frühromanik präsentiert.

Die Abdinghofkirche steht auf dem Westausläufer des Domhügels und damit auf dem schönsten Platz der Paderborner Stadtlandschaft. Zu ihren Füßen erstreckt sich ein kleiner, wohlgepflegter Park, in den sich die Quellen der Pader ergießen. Ein einzigartiges Schauspiel: fast zweihundert Quellen sprudeln hier aus dem Domhügel hervor und speisen ein munteres Flüßchen, das trotz seines stürmischen Beginns bereits vier Kilometer weiter in der sanft fließenden Lippe endet.

Mit diesen Paderquellen, die der Stadt ihren Namen gaben, hat es seine besondere Bewandtnis. Am Westhang des Eggegebirges versickern zahlreiche Bäche und kleine Flußläufe in einer durchlässigen Kreideschicht, sammeln sich unterirdisch zu einem kräftigen Grundwasserstrom, der unter dem Paderborner Domhügel auf Emschermergel trifft, und drängen wieder mit Macht nach draußen. Diese ständig fließenden, strömenden Quellen, deren Wasser auch im stärksten Winter nicht vereisen, sind neben den vielen Kirchen und Kapellen von jeher ein Objekt der Schaulust gewesen.

»Ich kenne«, so schrieb um 1600 der Jesuit Horrion an den Fürstbischof Dietrich von Fürstenberg, »keinen lieblicheren Anblick als den der Quellen, welche mitten in der Stadt am Fuße einer Anhöhe entspringen und alsbald mit einer solchen Wassermenge hervorbrechen, daß sie durch ihre Vereinigung einen Fluß von staunens-

*Die wiederaufgebaute Abdinghofkirche in Paderborn – im Vordergrund
die Paderquellanlage* (Foto: Verfasser)

werter Kraft bilden, der noch innerhalb der Stadtmauern mehrere
Kornmühlen treibt... Welch ein Schauspiel, die kleinen Enten zu
beobachten und die Schwäne, die mit gesenktem Schnabel fischen,
ein Vergnügen, das uns nicht einmal durch eines harten Winters
Strenge geraubt wird... Im Sommer aber kann es nichts Schöneres

geben als die Lust-, Obst- und Gemüsegärten an beiden Ufern, nicht zu sprechen von den Springbrunnen, den Fischteichen, den Badebecken und von den tausend anderen Annehmlichkeiten ...«

Die »Lust-, Obst- und Gemüsegärten« sind inzwischen verschwunden. Die Rolle der verschiedenen Badebecken hat ein modernes Hallenbad, das Kaiser-Karl-Bad, übernommen. An der Paderquellanlage aber rauscht und rieselt, quillt und sickert es wie vor hundert Jahren, vor fünfhundert, vor tausend oder zweitausend Jahren.

Wasser hat die Menschen von jeher angezogen. Wasser hat die meisten menschlichen Siedlungen entstehen lassen. Auch die frühesten Spuren Paderborns fanden sich unmittelbar am Born der Pader.

Die alte, unzerstörte Erzbischofstadt der Vorkriegszeit hat zur Geschichte der Archäologie in Deutschland nur wenig beigetragen. Eine methodische Fundregistrierung setzte eigentlich erst in den dreißiger Jahren dieses Jahrhunderts ein, als der Paderborner Boden bei größeren Kanalisationsarbeiten erstmalig einen Teil seiner Geheimnisse preisgab: Pfostenlöcher und Abfallgruben, Herdstellen und Metallreste. Intensivere Beobachtungen, um die sich vor allem der Baurat Bernhard Ortmann verdient machte, waren aber erst in den Geröll- und Trümmerwüsten der Nachkriegsjahre möglich.

Freilich reichte es in der niedergewalzten Stadt nur zu *einer* größeren Grabung: der mehrjährigen Kampagne in der ausgebrannten Abdinghofkirche. Aber auch die kleineren Flächenaufdeckungen, die meist unter Mithilfe von Oberschülern veranstaltet wurden, die Aufzeichnung von Schichtprofilen und die gewissenhafte Sichtung des anfallenden archäologischen Materials lieferten eine Fülle wertvoller Ergebnisse. Paderborn wurde einer der Hauptplätze der Bodenforschung in Deutschland. Allein im Stadtkern entdeckte Ortmann in wenigen Jahren dreiundneunzig ur- und frühgeschichtliche Fundstätten.

Diese Vielzahl von Fundstätten charakterisiert, wie Ortmann meint, bereits das frühe Paderborn als eine jener germanischen Großsiedlungen, die Ptolemäus und Herodian im 2./3. nachchristlichen Jahrhundert als Städte bezeichneten. Trägt man die Grabungsstellen auf einer Karte des Paderborner Stadtgebietes ein, so ergibt sich, daß man »nach Anzahl und örtlicher Ausdehnung... den bisher wohl größten Fundzusammenhang innerhalb der alten Städte Westfalens« vor sich hat, »so daß Paderborn bereits um Christi Geburt herum und in den anschließenden Jahrhunderten der römischen Kaiserzeit eine für damalige Größenverhältnisse ausgedehnte und bedeutende Siedlung gewesen sein muß, ein Hauptort und Landschaftszentrum, günstig gruppiert um die ›doppelte Quellbucht‹ der Pader.«

Wahrscheinlich haben schon die Offensiven der Römer diesen germanischen Hauptort wiederholt berührt. Und noch immer spricht manches dafür, daß die mehrtägige Varus-Schlacht im Jahre 9 n.Chr. tatsächlich im nahen Teutoburger Wald geschlagen wurde. Das Paderborner Land war damals von den Cheruskern und nach ihnen von den Brukterern bewohnt, einem fränkischen Teilstamm, auf den Ortmann die am Ende des 1. Jahrhunderts beginnende erste Blütezeit Paderborns zurückführt.

Bodenfunde und Stammessagen deuten darauf hin, daß nach den Brukterern die Langobarden – vermutlich im 4./5. Jahrhundert – an der Pader ein Gastspiel gaben. Sie »scheinen hier etwa fünfundfünfzig Jahre lang seßhaft gewesen zu sein..., wählten hier ihren ersten König Agelmund und zogen dann, ›unter Trompetenschall‹ nach Süden, wo sie in Oberösterreich und Oberitalien Reiche gründeten, die durch ihre Zucht, Staatsordnung und Kulturleistung berühmt wurden«.

Danach geriet das Land zwischen Teutoburger Wald und Lippe in den Machtbereich der Sachsen. Das vierzig Hektar große frühgeschichtliche Paderborn war in dieser Zeit vielleicht dünner besiedelt als in den ersten nachchristlichen Jahrhunderten, blieb aber die Hauptniederlassung des Gebietes. Oberhalb der Paderquellen vermutet Ortmann einige Adelshöfe. Am heutigen Markt, nahe dem Kreuzungspunkt der nordsüdlichen »Steinstraße« und dem westöstlichen »Großen Hellweg«, standen die Hütten der Händler und Handwerker. Nichts spricht gegen die Annahme, daß auf dem Domhügel ein Thingplatz lag, der dank der nahen Quellen auch als kultisches Zentrum diente. Kurzum: Paderborn war zu Beginn der karolingischen Kriege das Herz des Sachsenlandes.

Die Niederwerfung der Sachsen hat, wie man weiß, Karl den Großen mehr als jedes andere Problem beansprucht. Als er 786 glaubte, jeglichen Widerstand erstickt zu haben, ließ er in allen seinen Ländern Dankgottesdienste veranstalten – so sehr bewegte ihn die Vorstellung, die letzten heidnischen Germanen dem Evangelium gewonnen zu haben.

Wer waren diese Sachsen, die es wagten, um ihrer Freiheit willen mit der stärksten politischen und militärischen Macht jener Zeit einen offenen Kampf aufzunehmen?

Den Eintritt der Sachsen in die Geschichte bezeichnet das Jahr 286, in dem sie gemeinsam mit den salischen Franken von See her in

Nordfrankreich einfielen und die reichen Hafenstädte »mit furchtbarer Wut« plünderten. Nach dem Abzug der Römer setzten sie sich an vielen Küstenorten fest, und so hieß schließlich die gesamte Nordküste bis zur Loire-Mündung, die sie Mitte des 5. Jahrhunderts erreichten, *litus Saxonicum*.

In derselben Zeit begann die Invasion der Angeln und Sachsen in Britannien. Die kühnen Seefahrer, die mit ihren schnellen Schiffen auf der stürmischen Nordsee wie auf einem kleinen Binnengewässer zu Hause waren, nahmen von ihren Stammsitzen am Unterlauf von Weser und Elbe Kurs auf die meerumspülte Insel und legten ihren ersten größeren Brückenkopf im Golf von Wash an. Hundert Jahre später war, wie wir wissen, die Südhälfte Britanniens fest in der Hand der Angelsachsen, die mit dieser Invasion ihre erste große Probe als Amphibienkrieger bestanden.

Der Ausdehnungsdrang der Sachsen erstreckte sich aber auch binnenwärts. Im Gefolge der niederrheinischen Franken scheinen sich sächsische Kommandos an der Ausräuberung der gallischen Städte beteiligt zu haben. Als *socii Francorum et amici* nahmen sie 531 an dem Krieg der Chlodwig-Söhne gegen die Thüringer teil, die sie in der (von manchen Historikern angezweifelten) Schlacht bei Ronnenberg vernichtend schlugen.

Damit waren die Tage der sächsisch-fränkischen Freundschaft allerdings gezählt. Schon bei der Verteilung der Beute gab es Streit. Es begann die zweieinhalb Jahrhunderte dauernde Zeit der sächsisch-fränkischen Erbfeindschaft.

Dazu trug entscheidend bei, daß sich die Sachsen nun immer stärker in südwestlicher Richtung ausdehnten. Um 555 drangen sie, nach Gregor auf Anstiften von König Childebert, der gerade mit seinem Bruder Chlotar I. in Fehde lag, bis Köln-Deutz vor und »verübten schwere Freveltaten«. Um 690 war alles Land nördlich der Lippe sächsisch geworden, 693 zwangen sie den im heutigen Ruhrgebiet ansässigen Brukterern ihre Herrschaft auf, um 750 hatten sie Südwestfalen unterworfen und bedrohten von hier aus die Lahn und die ins Innere Hessens führenden fränkischen Straßen.

Als Grenze respektierten die Sachsen damals allenfalls den Rhein. Im übrigen stießen die sächsischen und fränkischen Interessenzonen, wie Einhard schreibt, »fast überall in offenen Gegenden aufeinander, nur an einzelnen Stellen schieden sie ziemlich ausgedehnte Wälder und Gebirge in fester Begrenzung, und so gab es fast unaufhörlich Mord, Raub und Brand. Dadurch wurden die Franken so gereizt, daß sie es für gut hielten, nicht bloß Gleiches mit Gleichem zu vergelten, sondern einen offenen Krieg zu beginnen.«

Eine ähnliche Situation also wie achthundert Jahre vorher, nur daß diesmal Germanen gegen Germanen standen. Wie zu Cäsars und Augustus' Zeiten verteidigte rechts des Rheins ein kriegerisches Bauernvolk seine überkommene Lebensart gegen den Herrschaftsanspruch einer höheren Lebensform – verteidigte *seine* Welt und bedrohte die des Gegners.

Es war also nicht nur ein Akt imperialer Eroberungslust, sondern auch eine Handlung der politischen Selbstbehauptung, als Karl sich entschloß, das Übel mit der Wurzel auszurotten.

Altsachsen war ein lockeres staatliches Gebilde ohne inneren und äußeren Zusammenhalt. Seine vier Stämme – die Westfalen, die Ostfalen, die Engern und die jenseits der Unterelbe lebenden Nordalbingier – traten zwar einmal im Jahr in Marklo an der Weser (wahrscheinlich dem heutigen Marklohe bei Nienburg) zu einer gemeinsamen Landesversammlung zusammen, doch vermochte sie nicht einmal der Kampf gegen die Franken zu einen. Jeder Stamm führte auf eigene Faust Krieg. Jeder schloß Frieden nach eigenem Belieben.

Die vier Stammesgebiete, von denen jedes einem Herzog unterstand, waren in Gaue aufgeteilt. Jeder dieser Gaue entsandte zur Markloher Landesversammlung sechsunddreißig Vertreter: zwölf Edelinge, zwölf Freie und zwölf Halbfreie, die alle dasselbe Stimmrecht hatten. Das sieht auf den ersten Blick sehr demokratisch aus, in Wahrheit regierten jedoch die Edelinge, die mit Hilfe der abhängigen Halbfreien die freien Bauern jederzeit überstimmen konnten. Auch diese Edelinge betrieben selbständig Politik und waren wie ihre bajuwarischen Vettern zu einem Gespräch mit den mächtigen Franken durchaus bereit.

Der Hauptwiderstand ging von der Masse der sächsischen Bauern aus, die von den zeitgenössischen Chronisten als kräftige, hochgewachsene Gestalten mit kurzen Bärten und langen, meist blonden oder rötlichblonden Haaren beschrieben werden: schon äußerlich ein Bild rustikaler Kraft und Beharrlichkeit.

In der Tat war der Grundzug ihres Wesens ein zäher Konservativismus, der sich bisweilen zu einem monumentalen Starrsinn auswuchs. Aber sie neigten nicht nur in ihren Gefühlen für Tradition und Herkommen zur Maßlosigkeit. Alle ihre Eigenschaften wirken als eine Bestätigung des Satzes, daß das Böse nur die Perversion des Guten ist. Ihre Freiheitsliebe war von einer anarchischen Bindungslosigkeit. Ihr Sinn für Unabhängigkeit machte sie widerspenstig wie störrische Esel. In ihrer bäuerlich nüchternen Welt war kein

Platz für die schönen Dinge des Lebens, in ihrer Einfachheit ein unverhohlener Hang zur Primitivität. Ihre Freude an Besitz steigerte sich leicht zu wölfischer Gier. Ihre Schlauheit war voller Heimtücke. Ihr Stolz entartete oft zum Bramarbasieren, ihre Vitalität zur Kraftmeierei.

Zweifellos war es aber gerade ihre elementare Robustheit, die Karl so ungeheuer schwer zu schaffen machte. In ihrer überschäumenden Kriegs- und Beutelust übertrafen sie selbst die streitbaren Franken. Gregor von Tours charakterisierte sie als wilde Streithähne, die die Weiber ihrer Gegner bereits vor dem Kampf auswürfelten, Siege mit ausschweifenden Gelagen feierten und nach verlorenem Gefecht nur einen Gedanken hatten: baldmöglichst Rache zu üben und die Schmach ihrer Niederlage zu löschen. Friedensverträge und fromme Schwüre hielten sie deshalb nur so lange, wie sie sichtbare Vorteile brachten. Ihre Moral sei eine Moral der Gewalt, ertönte vielstimmig der Chor ihrer Gegner – obwohl die andere Seite um nichts oder nur wenig besser war.

Am meisten klagten die Chronisten über die religiöse Finsternis, die zwischen Rhein und Elbe herrschte. Ja, die Sachsen waren eingefleischte Heiden. Sie glaubten an Zauberer und Hexen, lebten im Bannkreis magischer Riten und brachten ihren Göttern jeden zehnten Gefangenen als Schlachtopfer dar. Selbst Alkuin, der gegen die ebenso törichte wie blutige fränkische Missionierungspraxis unermüdlich zu Felde zog, hielt das Land der Sachsen allen Ernstes für den Stammsitz des Teufels. Soweit die fränkischen Chronisten, die die Sachsen allerdings nicht anders als durch die Brille des Zorns betrachteten. Das Bild, das die Archäologie von diesem kraftstrotzenden Bauernvolk gewonnen hat, ist wesentlich spröder – aber auch sachlicher. Und sehr viel detaillierter.

Die Zementstadt Beckum, wenige Kilometer südlich der Autobahn Hamm–Bielefeld gelegen, ist normalerweise keine Ausflugs- und Touristenstadt. Im Sommer 1959 aber zog sie monatelang Scharen von Besuchern an, die allesamt dasselbe Ziel hatten: eine Grabungsstelle in den Beckumer »Bergen«, die eigentlich nicht viel mehr zu bieten hatte als Knochen, verrostete Metallteile und kaum sichtbare Erdverfärbungen. Trotzdem haben die Archäologen des Westfälischen Landesmuseums Münster damals mehr als fünfzehntausend Interessenten über den altsächsischen Friedhof geführt, den sie kurz zuvor entdeckt und freigelegt hatten.

Im August 1959 meldete ein Mitarbeiter des Museums den Fund einer zerbrochenen Schwertklinge und mehrerer Pferdezähne – der übliche, recht profane Auftakt. Einen Tag später wurde der Fundacker sozusagen amtlich »begangen«. Und schon drei Tage später begann die Grabung, die mit der Aufdeckung »von 24 Körpergräbern, 16 Brandgräbern und 30 Pferdegräbern« endete.

Die Friedhöfe der dunklen nachrömischen Jahrhunderte sind auch in Niedersachsen und Westfalen die wichtigsten Horte archäologischer Erkenntnisse. Reihengräber wie in den übrigen germanischen Stammesgebieten sind hier jedoch unbekannt. Die alten Sachsen pflegten ihre Toten bis zur Wende des 4./5. Jahrhunderts in der von Tacitus beschriebenen Weise zu verbrennen. Erst dann fand, wahrscheinlich von Nordgallien her, die Körperbestattung bei ihnen Eingang, ohne daß jedoch die traditionelle Art der Einäscherung gänzlich aufgegeben wurde. So findet man zumal in den altsächsischen Kerngebieten bis in das 8. Jahrhundert hinein Spuren von Brandbestattungen. Auch das häufige Vorkommen von Pferdegräbern gilt als ein Charakteristikum sächsischer Begräbnisplätze.

Hier in Beckum fand man die verschiedenen Formen des sächsischen Totenkultes auf einem einzigen Friedhof vereinigt, Pferdebestattungen sogar in so großer Zahl, wie sie die Archäologie bis dahin nur in den nordgermanischen Ländern festgestellt hatte.

Unter den Gräbern, die nach altväterlichem Brauch mit den üblichen Beigaben versehen waren, beanspruchte die aus Holz gebaute Totenkammer eines sächsischen Fürsten das Hauptinteresse. Wieder, wie in Gellep oder Morken, füllte das Verzeichnis der dem Toten mitgegebenen Reiseutensilien eine lange Liste. Sie enthielt vom hölzernen Tränkeimer bis zum gläsernen Sturzbecher, vom Charonspfennig bis zum knöchernen Taschenkamm, von der Spatha bis zum Breitsax sozusagen die Musterausstattung eines germanischen Edelmannes oder, wie es Grabungsleiter Winkelmann formuliert hat, den »ehrenden und persönlichen Besitz eines führenden Mannes seiner Zeit...«, der mit dem Tode den Weg in den heidnischen Himmel, nach Walhalla, antrat«.

Das wertvollste Stück seiner Ausstattung war die zweiseitige Spatha: eines jener seltenen und kostbaren Ringknaufschwerter, die – wie Siegfrieds »Balmung« – meist bekannte Namen trugen und von der germanischen Sage geradezu mit menschlichen Eigenschaften bedacht wurden. »Aber damit nicht genug: zu Füßen des Toten und an seiner Seite bot sich ein bisher noch nicht gesehenes Bild – zehn Pferde, davon vier Doppelpferdebestattungen und zwei einzelne Pferdegräber.« Das eine von ihnen enthielt außer dem Skelett »ein reiches, metallbeschlagenes Zaumzeug mit 46 verzinkten und vergoldeten Riemenbeschlägen«. Das zweite Pferd trug nur ein einfaches Riemenzeug. »Vermutlich handelte es sich bei dem reich ausgestatteten Pferd um das Reitpferd des Toten, bei dem anderen um das waffentragende Pferd.«

In einem der Pferde-Zwillingsgräber fanden die münsterschen Archäologen ein Zaumzeug byzantinischer Herkunft, das sich ebenso wie die »einem fortgeschrittenen Stadium des germanischen Tierstils II« angehörenden Ornamente der Spatha in die erste Hälfte des 7. Jahrhunderts datieren ließ: die Zeit, in der die Sachsen den Raum zwischen Ems und Lippe eroberten.

Die wichtigsten Grabungsplätze im Herzen Westfalens: Paderborn, Beckum und Warendorf

Der Beckumer Fürst hat, wie »aus der Beisetzung auf dem Schild« zu schließen war, sein Kriegerleben im Kampf beendet. Sein Grab, wahrscheinlich das erste dieses Friedhofs, hob sich äußerlich noch lange Zeit von den nachfolgenden Bestattungen ab. Familie und Gefolge bauten ihm einen Erdhügel von acht Meter Durchmesser, dessen Seitenwände sie mit hölzernem Flechtwerk abstützten. In die Mitte des Rundhügels stellten sie ein auf vier Pfosten ruhendes Totenmal, das auf dem erhöht gelegenen Begräbnisplatz weithin zu sehen war.

Der Friedhof wurde mehr als anderthalb Jahrhunderte benutzt. Um 800, nachdem der Frankenkönig die Verlegung der Begräbnisplätze in die Nähe der Kirchen befohlen hatte, hörte er auf zu bestehen. Der Umbruch ging aber nicht spurlos an ihm vorüber: die letzten Gräber waren bereits christlich geostet. Dabei geschah etwas sehr Merkwürdiges: auch die Pferdegräber machten diesen Richtungswechsel mit. Der urtümliche heidnische Brauch wurde gewissermaßen christianisiert – ein Vorgang, der die geistige Verfassung dieses Volkes um die Wende vom 8. zum 9. Jahrhundert erbarmungslos enthüllt.

Zur selben Zeit ließen die siegreichen Franken eine sächsische Siedlung dreißig Kilometer nördlich von Beckum, in der Nähe des heutigen Warendorf, räumen und ihre Bewohner deportieren.

Die Siedlung lag auf der Südterrasse der Ems, hochwasserfrei über der fünfhundert Meter breiten Talaue. Eine Furt führte durch den Fluß, der in vielen Schleifen und Windungen mühsam seinen Weg suchte. Der Boden war sandig, fand in der Uferniederung aber Feuchtigkeit genug, um eine kräftige Grasdecke sowie Gemüse- und Buchweizenfelder zu ernähren. Flußauf und flußab hatten sich weitere Siedlungen auf der Uferterrasse angebaut; die nächste war nur zweihundert Meter entfernt.

Die Warendorfer Niederlassung bestand aus vier oder fünf selbständigen Besitzungen, von denen jede über eine Hoffläche von etwa hundert mal hundert Meter verfügte. Darauf standen außer dem großen Wohnhaus des Bauern jeweils acht bis zehn ebenerdige Gebäude, drei oder vier Grubenhütten und zwei Sechseckspeicher. Die Siedlung – ihrer Größe nach ein Weiler oder Drübbel – war von einem mannshohen Holzzaun umgeben, der auch einen freien, unbebauten Raum umschloß. Er verhinderte das Ausbrechen des Viehs und markierte, wie aus den Volksrechten bekannt ist, die Grenzen der Niederlassung.

Die Wohnbauten der freien Bauern lagen durchweg etwas erhöht und boten den vorherrschenden Westwinden nur die fünf bis sieben Meter breite Schmalseite. Mehrere dieser Großbauten wölbten ihre Längsseiten nach außen, so daß die Form eines Schiffsleibes entstand. Etwa in der Mitte der Längsseiten traten pfostengetragene Ausbauten in der Art eines Windfangs aus der Fluchtlinie heraus.

Charakteristisch für diese sächsischen Bauernhäuser waren auch die schräggestellten Außenpfosten, die das Innengerüst abstützten, ähnlich den späteren gotischen Schwibbögen. Die Wände waren aus Lehm, der Dachstuhl trug eine Decke aus Stroh, Schindeln oder Heidekraut. Die Schmalseiten waren »abgewalmt«.

Die Haustür lag meist unter dem nördlichen Ausbau. Wer sie öffnete, betrat eine weite, pfostenfreie, aber nur spärlich beleuchtete Halle. Der Blick ging ungehindert bis zum Dach, das auf der Unterseite verschalt war. Im Ostteil des Hauses stand der Herd, normalerweise eine einfache, lehmverstrichene Steinpackung. Der Rauch sammelte sich unterm Dach und zog durch die Giebelöffnung ab. Im Westteil der Halle befand sich ein abgeteilter Raum, der vielleicht kultischen Zwecken diente.

Das Mobiliar war einfach, roh und unbequem und bestand eigentlich nur aus Tisch und Bänken. Schwere, plumpe Holzbänke, meist in der Nähe des Herdes aufgestellt, dienten auch als Schlafstatt. Vermutlich im Südausbau stand der aus der isländischen Sage bekannte Hochsitz mit den nägelbeschlagenen Pfeilern, auf dem der Herr des Hauses wie auf einem Thronsessel Platz nahm: der freie Sachse, der über Haus und Hof, über Familie und Gesinde wie über sein Eigentum gebot.

Das Gesinde lebte in kleinen Einraumhütten, die wie die bäuerlichen Großbauten von einer Doppelpfostenreihe getragen wurden. Daneben gab es Scheunen, Ställe und Wirtschaftsgebäude jeglicher Art und Größe, die sich ohne erkennbare Ordnung respektvoll um das Herrenhaus lagerten, in ihrer Holz- und Lehmbauweise getreue Abbilder der herkömmlichen Zimmermannsarchitektur. Über eine eigene Werkstätte verfügte lediglich der Schmied; genaugenommen sogar über mehrere; denn er arbeitete bald auf diesem, bald auf jenem Gehöft.

Der Schmied war der einzige selbständige Handwerker in der etwa hundert Bewohner zählenden Siedlung. Die Hausbautechnik war eine Alltagskunst. Die selbstgeformten Töpferwaren brannte die Hausfrau wie schon vor undenklichen Zeiten im Feuer des häuslichen Herdes. Zum Spinnen und Weben versammelten sich die Frauen in jenen kleinen, unscheinbaren Hütten, die – ähnlich wie bei den Franken – zwei oder drei Fuß in die Erde eingetieft waren.

Brannte eine Siedlung ab, was sicher recht häufig vorkam, wurden diese Grubenhäuser beim Wiederaufbau gern als Abfallgruben benutzt – ein lobenswerter Brauch, der den Bodenforschern zwölfhundert Jahre später einen wertvollen Einblick in die materielle Kultur der sächsischen Bauern vermittelte.

Die Grabung Warendorf, deren Ergebnisse hier kurz skizziert wurden, zählt zu den größten und ergiebigsten archäologischen Unternehmungen, die nach dem Zweiten Weltkrieg in Europa veranstaltet wurden.

Modelle altsächsischer Häuser der Siedlung Warendorf (8. Jahrhundert, Westf. Landesmuseum Münster)   (Fotos: Rhein. Bildarchiv, Köln)

Sie begann 1951 mit kleinen Probeschnitten, nachdem Arbeiter eines Hartsteinwerkes im hellen Dünensand der Ems dunkle Spuren entdeckt hatten. Schon der erste Suchschnitt ließ eine solche Zahl ungewöhnlich klarer »Pfostenlöcher« sichtbar werden, daß das

Westfälische Landesmuseum in Münster alle verfügbaren Kräfte »für Warendorf« mobilisierte. Insgesamt wurden dann – nach dem Bericht von Wilhelm Winkelmann, der auch die Grabung Warendorf leitete – in 14 mehrwöchigen Kampagnen über 26 000 Quadratmeter Boden bearbeitet und mehr als 3500 Pfostenspuren registriert. Es war auch in Warendorf eine recht knifflige Aufgabe, die Spuren der vier bis fünf Bauperioden richtig zu ordnen. Am Ende aber ließen sich die Grundrisse von 186 Bauten eindeutig wiedergeben. Von ihnen gehörten

»25 zu großen ebenerdigen Pfostenbauten, z.T. Wohnbauten von 14 bis 29 Meter Länge und 4,5 bis 7 Meter Breite,

40 zu kleineren, ebenerdigen Gebäuden von 4 bis 11 Meter Länge und 3 bis 3,5 Meter Breite,

70 zu Grubenhäusern,

20 zu leichteren Bauten mit Reiswerk und Spundbohlenwänden,

25 zeigten sechseckige und 3 achteckige Grundrisse mit einem mittleren Durchmesser von 6 Metern,

3 bildeten runde oder halbrunde Gehege aus einzelnen Pfosten«.

Das war, alles in allem, ein Ergebnis, das die bis dahin vorliegenden Erfahrungen über die Siedlungsgewohnheiten und den Hausbau der Sachsen weit in den Schatten stellte. Der Ruf der Grabung, der vom »westfälischen Troja« bis zum »Pergamon im Münsterland« manche phantasiereiche Bezeichnung beigelegt wurde, verbreitete sich mit Windeseile. So erschienen im August 1959 nicht weniger als 120 in- und ausländische Archäologen in Warendorf, um die Grabungsstelle mit sachverständigen Augen zu inspizieren (nachdem die Städtische Feuerwehr gut fünfzehntausend Liter Wasser versprizt hatte, um die Pfostenspuren im Dünensand besser hervortreten zu lassen).

Der Kieler Ordinarius für Vor- und Frühgeschichte, Prof. Ernst Sprockhoff, verglich in seinem Schlußwort das Sachsendorf an der Ems mit dem Römerlager Haltern, das – ebenfalls im Münsterland gelegen – um die Jahrhundertwende Ziel zahlreicher archäologischer Pilgerschaften war. Die Warendorfer Grabung konnte diesen Vergleich sehr wohl vertragen. Hier waren nicht nur die Umrisse einer kompletten germanischen Niederlassung der nachrömischen Zeit festgestellt, sondern auch zahlreiche kulturgeschichtliche Erkenntnisse gewonnen worden.

»Den bedeutsamsten Ausblick« eröffneten die »schiffsförmigen Grundrisse der Wohnbauten«, die archäologisch bis dahin nur aus Dänemark, literarisch aus England bekannt waren. Sie bezeugten nämlich die enge Verwandtschaft der Sachsen mit den Wikingern und machten eine Wanderbewegung von Jütland nach Westfalen wahrscheinlich, die nach dem Zeugnis der chronologisch wichtigen Kleinfunde in den letzten Jahrzehnten des 7. Jahrhunderts begann. Die in dieser Zeit von Zuwanderern aus dem Küstenraum gegründete Niederlassung fand am Ende der Sachsenkriege ein unvermitteltes Ende. Da keine Hinweise entdeckt wurden, die auf eine Verlegung hindeuten, blieb nur der Schluß, daß sie zu den Siedlungen gehörte, deren Bewohner 796 mit unbekanntem Ziel verschleppt wurden.

Wie die Kenntnis der sächsischen Siedlungsgewohnheiten, so ist auch unser Wissen von den sächsischen Befestigungskünsten in der Hauptsache mit Hilfe des Spatens erarbeitet worden. Freilich war es in den meisten Fällen nicht ganz leicht, die nur noch als »Erdaufböschungen im Gelände« sichtbaren Wallanlagen überhaupt als sächsisch zu identifizieren. Die meisten Schwierigkeiten machte die Datierung, da die Burgen nur selten bewohnt waren und daher selbst bei sehr sorgfältigen Grabungen nur wenig Fundmaterial hergaben.

Das Bild einer sächsischen Großburg hat sich am eindrucksvollsten in den Resten der Skidroburg bei Pyrmont, der heutigen Herlingsburg, erhalten. Sie lag auf einem »sturmfreien Berg« und hatte sich »nach dem Rand des Plateaus« ausgerichtet. Den 350 mal 250 Meter großen Innenraum umzog ursprünglich ein einfacher Erdwall, den auf beiden Seiten eine doppelte Holzpalisade umkleidete. Vor dieser Holz-Erde-Mauer schnitt noch ein zwei Meter tiefer Graben in den Abhang ein. Das Tor schützten »einige verzwickte Schanzen«, die so angelegt waren, daß die angreifenden Gegner den auf den Wällen postierten Verteidigern die schildlose, ungeschützte Seite darboten.

Befestigungen dieser Art lassen sich noch zu Dutzenden im Gelände erkennen. Schuchhardt nennt unter anderem
die Brunsburg bei Höxter,
die Iburg bei Driburg,
die Babilonie bei Lübbecke,
die Reitlingsburgen bei Braunschweig,
die Hünenburg bei Watenstedt,
den Hünstollen bei Göttingen,
die Heidenstadt und
die Heidenschanze bei Wesermünde.

In den Landstrichen zwischen Weser und Elbe werden die Großburgen der Zahl nach jedoch von den vielgenannten sächsischen

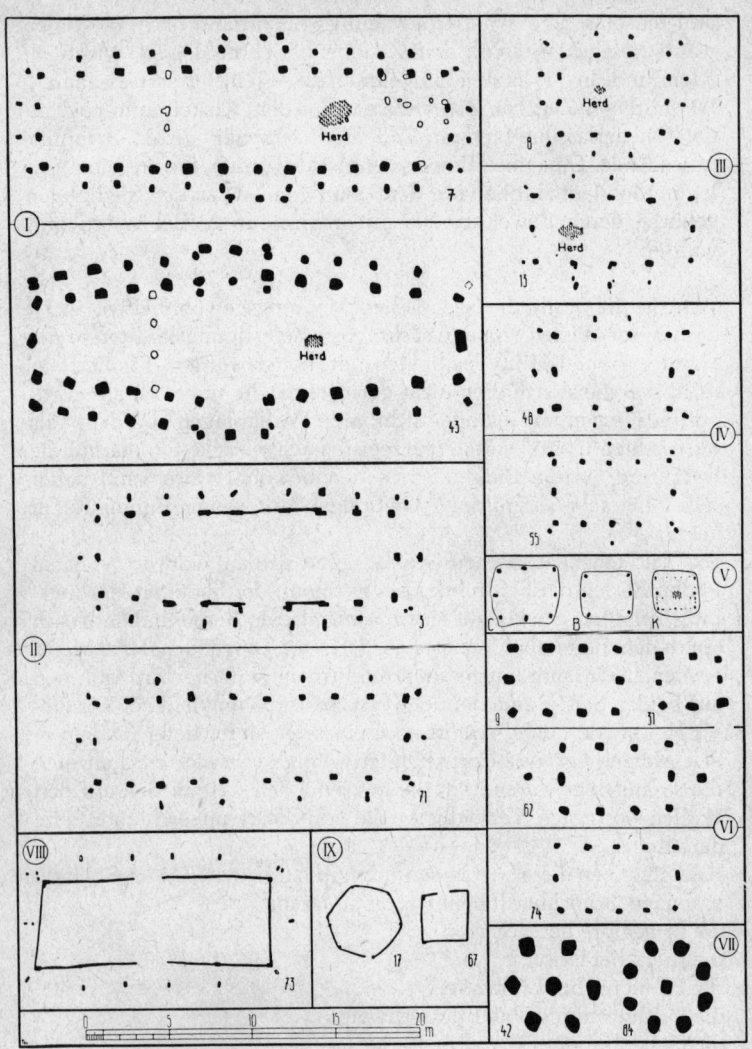

So zeichneten sich die verschiedenen Haustypen der sächsischen Siedlung von Warendorf im Dünensand der Ems durch Pfostenlöcher ab

»Rundlingen« übertroffen. Etwa dreißig wurden bisher wissenschaftlich untersucht, am gründlichsten

die Pipinsburg bei Sievern im Kreise Lehe,
die Hünenburg bei Stöttinghausen im Kreise Syke,
der Wall bei Burg im Kreise Celle,
die Loghingeburg bei Neustadt am Rübenberge und
die Hunnenschans am Uddeler Meer in Holland.

Der Durchmesser dieser Ringbefestigungen lag zwischen 75 und 135 Metern. Die Wälle waren bei 3 Meter Höhe bis zu 16 Meter breit und durch eingebaute Pfosten verstärkt. Die Außenwände deckten Gras- oder Heideplaggen. Die Frontseite der Loghingeburg verkleideten hochkant gestellte Holzbohlen, die – nach Groller – »nicht flach, sondern zickzackförmig vor der Wallmauer angebracht waren«. In den Innenräumen zeichneten sich durchweg die Spuren kleiner Behausungen ab, in Stöttinghausen und am Uddeler Meer auch die Reste hölzerner Großbauten, die vielleicht als Versammlungsräume gedient hatten.

Einen dritten, allerdings seltenen sächsischen Befestigungstyp stellt die Burg bei Heessel im Kreise Burgdorf dar, deren Wälle den Innenraum spiralförmig umkreisten.

In den Berichten der fränkischen Chronisten ist von diesen Fortifikationen nur selten die Rede. Doch haben sie in dem dreiunddreißigjährigen Ringen zwischen Sachsen und Franken fraglos eine bedeutende Rolle gespielt – und zwar auf beiden Seiten.

Karls erster Feldzug gegen die Sachsen war nicht viel mehr als eine Demonstration der fränkischen Stärke. Kaum im Alleinbesitz der Macht, rückte er 772 von Mainz her über Gießen und Marburg in ihre südlichen Gaue ein, nahm die Eresburg an der Diemel und zerstörte die Irminsul, das sächsische Nationalheiligtum, von dem man bis heute nicht weiß, ob es sich um einen mächtigen alten Baum oder um eine hochragende Holzsäule handelte. Auch über den Standort wird noch gerätselt.

Dann zog er weiter zur Weser, verwüstete das Land zu beiden Seiten der Vormarschstraße, empfing eine sächsische Abordnung, die ihm für künftiges Wohlverhalten zwölf Geiseln stellte, und führte seinen Heerbann nach Heristal zurück, in dem Glauben, die Sachsen über die Vorteile einer friedlichen Unterwerfung hinreichend belehrt zu haben.

Drei Jahre später aber brachen sie erneut in die fränkischen Grenzgebiete rechts des Rheins ein, schlugen die Priester tot, steckten die Kirchen in Brand und verschwanden beutebeladen wieder in ihren dunklen, wegelosen Wäldern. Karl erfuhr in Italien von diesem neuerlichen Aufstand, berief einen Reichstag nach Worms und leistete dort den denkwürdigen Schwur: das treulose und vertragsbrüchige Volk der Sachsen so lange zu bekriegen, bis es entweder vertilgt wäre oder das Christentum angenommen habe.

Diesmal begnügte er sich nicht mit einer bewaffneten Demonstration. Von Düren aus führte er eine mächtige fränkische Armee, dem Lauf der Ruhr folgend, ins Land der Sachsen, eroberte die Sigiburg zurück, nahm anschließend auch die wiederhergestellte Eresburg und überschritt die Weser – stieß aber überall ins Leere. Erst im Harzvorland an der Oker, im tiefsten, finstersten Sachsen, erschien der Ostfalenherzog Hassio im fränkischen Lager und erklärte sich ohne Umschweife bereit, die fränkische Herrschaft anzuerkennen.

Karl war über diesen kaum noch erwarteten Erfolg so erfreut, daß er seinerseits keine Bedingungen stellte. Als er auf dem Rückmarsch bei Bückeburg auch die Kapitulation des Engernherzogs Bruno entgegengenommen hatte, glaubte er sich dem Ziel bereits nahe. Zwang er jetzt noch die Westfalen, die fränkische Herrschaft anzuerkennen, konnte er als Triumphator heimkehren. Die Rechnung ging aber nicht auf.

In der Gegend von Lübbecke hatten die Westfalen unter ihrem Herzog Widukind gerade eine fränkische Abteilung überfallen und aufgerieben und mit den Überlebenden einen förmlichen Friedensvertrag geschlossen. Karl vermochte die abziehenden Gegner zwar zu stellen und auf die fränkische Reichsgewalt zu vereidigen, die Mönche und Priester aber, die er auf diesen Heereszug mitgenommen hatte, mußte er unverrichteterdinge zurückführen. Von einer Christianisierung war in keinem der drei Verträge die Rede gewesen.

Das Manöver wiederholte sich im nächsten Jahr. »Kaum hatte König Karl die Alpen überschritten«, berichten die fränkischen Annalen des Jahres 776, »da kamen Boten und meldeten ihm, die Sachsen hätten die Eresburg zurückerobert und die fränkische Besatzung hinausgeworfen«. So sah sich der König erneut gezwungen, »sonder Zögern wieder mit einer Heeresmacht in Sachsen einzufallen«. An den Lippequellen kamen ihm Tausende von Sachsen entgegen, beteuerten ihre Unschuld und ließen sich taufen. Trotzdem wird Karl spätestens in diesem Jahr erkannt haben, daß er andere Mittel und Methoden anwenden mußte, wenn er den Krieg – Calmette spricht geradezu von einem Kolonialkrieg – gewinnen wollte.

Damals begann er, überall im Sachsenland feste Stützpunkte einzurichten. Es war nur natürlich, daß er sich dabei zunächst der eroberten sächsischen Fliehburgen bediente. Doch ließ er auch neue Festungen bauen, und zwar jeweils in einem Abstand von zwanzig Kilometern (oder einem Tagesmarsch) – was allein die Planmäßigkeit seines Fortifikationssystems beweist.

Untersuchungen, die Prof. Dr. Stieren (Münster) nach dem Zweiten Weltkrieg an verschiedenen Ringwällen in Westfalen vornahm, ergaben, daß die sächsischen Befestigungen in der karolingischen Zeit durchweg erneuert und mit gemörtelten Steinmauern versehen worden waren. Gelegentlich wurden die alten Holz-Erde-Wälle auch beibehalten, aber durch eine zweite Linie aus Steinmauern verstärkt. Außerdem erhielten die Wälle meist neue Kammertore.

Von der meistgenannten Festung dieser Zeit, der heute Hohensyburg genannten Sigiburg, haben sich Wall- und Grabenreste auf einem breiten Bergvorsprung oberhalb des Zusammenflusses von Ruhr und Lenne erhalten. Sie lassen erkennen, daß die annähernd dreieckige Anlage, die heute das imposante Kaiser-Wilhelm-Denkmal der früheren Provinz Westfalen trägt, an der längsten Stelle rund 700 Meter lang war. Den Steilhang zur Ruhr sicherte wahrscheinlich eine einfache Mauer; die flachere Nordseite schützte ein Doppelwall mit Gräben. Der östlichen Trockenmauer, die die Basis des Dreiecks bildete, war eine Vorburg vorgelagert. Hier steht noch heute eine dem Apostel Petrus geweihte Kirche: ein einschiffiger Bau aus dem 12. Jahrhundert, unter dessen Fundamenten 1950 die Reste einer 11,50 mal 7,30 Meter großen Saalkirche ergraben wurden, die auch ohne besondere chronologische Kennzeichen als karolingisch identifiziert wurde. Es handelte sich wohl um die Reste jener Kirche, die nach einer Überlieferung aus dem 10. Jahrhundert 799 von Papst Leo III. in Gegenwart von König Karl und 365 geistlichen Würdenträgern ihrer Bestimmung übergeben wurde.

Noch größer als die Sigiburg war – mit achtundzwanzig Hektar Innenraum, in dem zehntausend Menschen Platz fanden – die Eresburg an der Diemel, nach Schuchhardt »die größte und herrlichst gelegene von allen«: einhundertundfünfzig Meter hoch, tausend Meter lang, fünfhundert Meter breit. Von den altsächsisch-karolingischen Befestigungen ist freilich nichts mehr zu sehen, »aber der Rand der Burgfläche fällt ringsum so steil ab, daß der Verlauf der mittelalterlichen Stadtmauer zugleich den der altsächsischen anzeigt. Heute hat die Stadt Obermarsberg Mühe, den alten Rahmen zu füllen.«

Den altsächsischen Fliehburgen war nach germanischem Brauch meist ein herrschaftlicher Gutshof zugeordnet, der Wohnsitz des zuständigen Gaufürsten. Karl requirierte auch die Fürstenhöfe und überführte sie in königlichen Besitz. Dann aber ging er noch einen Schritt weiter und sicherte alle wichtigen Verkehrsstraßen durch befestigte Königshöfe, vorab den alten Hellweg zwischen Rhein und Weser.

Die Forschung hat die karolingischen *curtes* lange Zeit für römische Kastelle aus der Zeit der frühen Germanenzüge gehalten. Ihre karolingische Herkunft wurde erst um die Jahrhundertwende nachgewiesen: literarisch durch den Dortmunder Archivar Rübel, archäologisch durch Carl Schuchhardt. Aber selbst Schuchhardt nannte es »sehr verzeihlich«, daß man sie vorher so völlig verkannt hatte; »denn sie unterscheiden sich von den einheimischen, besonders von den alten sächsischen Volksburgen so, wie sich Römisches vom Germanischen unterscheidet«.

Die Königshöfe Karls liegen zwar auch vielfach auf Bergen, halten »aber trotzdem eine bestimmte Form« ein. »Das Hauptstück ist der Wirtschaftshof von etwa hundert mal hundert Meter... Fläche. Davor aber legt sich je nach dem Gelände lang, breit oder nach beiden Seiten verteilt die Vorschanze. Bei der Heisterburg auf dem Deister (bei Barsinghausen, südlich Hannover) bildet das Kernwerk ein genaues Quadrat zu etwa hundert Metern, von ihm aus zieht eine hundert Meter breite Schanze über vierhundert Meter weit den Berg gegen Norden langsam hinunter.«

»Der Hof ist sehr gut befestigt. In seinem Wall steckt eine Steinmauer mit Kalk (bis dahin unerhört im Norden), die die Wallfront bildet; es folgt eine 1,50 bis 2 Meter breite Berme und dann ein tiefer Spitzgraben, der nötigenfalls auch in den Felsen eingehauen wurde. Das ist mit Wall, Mauer und Berme und Spitzengraben ein durchaus römisches Profil, ganz verwandt etwa dem von der Saalburg bei Homburg.«

»Das System dieser Königshöfe, die Verpflegung und Unterkunft bereithalten, setzte Karl den Großen in den Stand, mit einem Reiterheere von zweitausend bis dreitausend Mann im Herbst noch rasch nach Sachsen hineinzutraben, wenn es irgendwo unruhig war. Und dieses System hat ihm letzten Endes dazu verholfen, das Ziel der Unterwerfung des weiten Norddeutschland zu erreichen, auf das die Römer mit ihrem schwerfälligen Marschapparat in Verpflegung und Straßenschutz hatten verzichten müssen.«

Mit Hilfe dieser Königshöfe – aus denen eine Reihe bedeutender Städte hervorgingen: Duisburg, Essen, Bochum, Dortmund, Soest, Geseke und Paderborn, um nur die Hellweg-Städte zu nennen – hatte Karl das Land nach kurzer Zeit so fest im Griff, daß er es wagen konnte, mitten im Feindgebiet einen fränkischen Reichstag abzuhalten.

Damals schlug die Stunde Paderborns. Im Jahre 777 trat der Ort gewissermaßen mit einem Paukenschlag in die Geschichte ein.

Der Biograph des Paderborner Stadt- und Bistumsheiligen Liborius hat einige Jahrzehnte später begründet, warum König Karl diesen ersten Reichstag im Sachsenland – und hernach noch andere – nach Paderborn berief.

Er hebt hervor, daß die Niederlassung bereits »ein gewisses, besonderes Ansehen« genoß. Sie lag in einer Landschaft, die mit Äckern, Weiden und Wäldern »ausreichend geziert« war, jener Gegend vergleichbar, »von der die Heilige Schrift sagt, daß dort Milch und Honig flossen«. Auch habe der Gau »stets Überfluß an Männern gehabt, welche durch Adel der Abkunft und des Geistes ausgezeichnet waren«. Aus all diesen Gründen habe der »christliche Fürst« beschlossen, »diesen durch solche Reize ausgezeichneten Ort, den er, nach Kriegsrecht erworben, für sich hätte behalten können, lieber dem Dienste Gottes als seinem eigenen« zu widmen. »Zu Zeiten jedoch, wenn er wegen verschiedener Angelegenheiten jenes Volkes einen Reichstag halten wollte, so befahl er, daß das Volk dort sich versammle, und pflegte aus diesem Grunde einige Zeit daselbst zu verweilen.«

Gleich der erste dieser Paderborner Reichstage war eine pompöse Heerschau, von vornherein darauf angelegt, die schlichten Gemüter der bäuerlichen Sachsen zu beeindrucken und Karls Wünschen gefügig zu machen.

Die fränkischen Krieger in »blinkender Wehr«, die Großen des Reiches mit ihren blitzenden Schwertern, der hünenhafte Karl in der überkommenen germanischen Tracht, die aber reich mit Juwelen und Edelsteinen besetzt war, die martialisch dreinblickenden Leibwachen, die geschäftig hin und her eilenden Schreiber, die Hundertschaften würdiger Kleriker und Kirchenfürsten, nicht zuletzt die sarazenischen Gesandten, die sich vor dem mächtigen Frankenkönig niederwarfen und ihm Grüße und Geschenke des fernen Kalifen überbrachten – diese ganze Revue fränkischer Macht und Herrlichkeit war fraglos dazu angetan, naive Seelen zu bewegen und zu gewinnen.

Überdies war der König ein großzügiger Gastgeber. Der Hof allein verspeiste täglich acht fette Mastochsen und Hunderte von Schweinen. Auch das Heer litt keine Not. Die Luft war schwer vom Rauch und Duft der Bratenfeuer, Wein und Met flossen in Strömen.

Und so kamen die Sachsen zu Tausenden, um sich taufen zu lassen. In ganzen Trupps, geführt von ihren Edelingen, tauchten sie in die Paderquellen ein, wie das fränkische Gesetz es befahl. »Bescheiden und scheinbar ergeben« – berichten die karolingischen Annalen – überließen sich die Sachsen der Gewalt des Königs und erhielten unter der Bedingung Verzeihung, daß sie bei einem Abfall Vaterland und Freiheit verlieren würden.«

Einer fehlte allerdings in Paderborn: Widukind, der Herzog der Westfalen, der außer Landes gegangen war und bei dem Dänenkönig Sigfrid Zuflucht gefunden hatte.

Für die fränkischen Chronisten war der Herzog Widukind der Böse schlechthin: ein Eidbrüchiger und treuloser Hetzer, ein Mann von schimpflicher Gesinnung. Aber auch aus ihren Texten geht hervor, daß er Karls härtester, geschicktester und klügster Gegner war – ja, der einzige, der dem großen Karolinger ernsthafte Schwierigkeiten bereitete. Dennoch ist bis heute nicht ganz klar, was diesen Sachsenfürsten eigentlich befähigte, Karls erfolgreichster Gegenspieler zu werden.

Jedenfalls besaß er eine natürliche Autorität, die Gabe, Widerstrebende mitzureißen und alle die Fähigkeiten, die der Guerillakrieg von seinen Führern fordert: er war schlau, verschlagen und berechnend, allgegenwärtig und niemals zu fassen. Doch wuchs er im Laufe der acht Jahre, in denen er Karl unaufhörlich beschäftigte und zum vollen Einsatz der fränkischen Machtmittel zwang, über die Rolle des bäuerlichen Partisanenchefs hinaus – so weit sogar, daß er am Ende die Aussichtslosigkeit weiteren Widerstandes einsah und daraus die einzige sinnvolle Konsequenz zog: sich mit seinem Gegner zu verständigen, seinem Volke weitere Leiden zu ersparen und selbst in die Anonymität zurückzukehren, aus der ihn sein Kampf mit den Franken herausgeführt hatte.

Karl scheint 777 in Paderborn dem Eindruck erlegen zu sein, er habe die Sachsen endgültig gewonnen; andernfalls hätte er wahrscheinlich nicht gewagt, zu Beginn des nächsten Jahres zu seinem spanischen Feldzug aufzubrechen, der – wie man weiß – denkbar unglücklich verlief und zu guter Letzt, im Tal von Roncesvalles, die gesamte Nachhut und das Leben des Grafen Roland kostete: des Helden der mittelalterlichen Roland-Sage.

Die Sachsen – oder ist es besser, von den Westfalen zu sprechen? – nutzten die Gelegenheit zu einem Rachefeldzug, der alle vorherigen Aggressionen an Wildheit und Härte übertraf. Zwischen Deutz und Niederlahnstein verwüsteten sie zahlreiche Dörfer, steckten sie alle Kirchen in Brand, schlugen sie alle Geistlichen tot. Dann wandten sie sich nach Innerhessen, wo das Kloster Fulda in solche Gefahr geriet, daß die Mönche die Gebeine des Bonifatius eilends evakuierten.

Karls Gegenschlag im Jahre 779 ging wieder ins Leere. Lediglich bei Bocholt stellte sich ihm ein Häuflein Westfalen entgegen, das er schnell zersprengte. Die Ostfalen und Engern beschworen erneut ihre Unschuld – und Widukind war nirgends zu finden.

Doch war er unablässig tätig. Systematisch scheint er in diesen Jahren die sächsischen Bauern aufgewiegelt zu haben: gegen die Franken, gegen die christlichen Missionare, aber auch gegen die heimischen Edelinge, die genau wie in Bayern die schwächste Stelle des Widerstandes waren. Als Karl 782 das *Gesetz über die sächsischen Gebiete* erließ, die fränkische Grafschaftsverfassung einführte und zahlreiche einheimische Adelige als Grafen einsetzte, entlud sich der aufgespeicherte Zorn in einem allgemeinen Aufstand. Nicht mehr das Aufgebot eines Stammes, eine ganze Armee strömte diesmal unter dem alten Kampfruf »Zieht Eure Schwerter, Sachsen!« im Herzen des Landes zusammen.

Am Süntel, rechts der Weser, trafen die Aufständischen auf einen fränkischen Heerbann, lockten ihn in einen Hinterhalt, überfielen ihn und rieben ihn völlig auf – der erste große Erfolg im Kampf gegen die Franken.

Um so schwieriger sind die nun folgenden Ereignisse zu begreifen. Widukind schickte seine Krieger offenbar nach Haus und verschwand wieder. So konnte Karl ungestört frische Truppen nach Sachsen führen und dem sächsischen Adel befehlen, sich in Verden an der Aller zu versammeln und zu verantworten. Die Edelinge gehorchten, schoben aber alle Schuld auf Widukind und die von ihm geführten Rebellen. Mehr noch: als Karl die Auslieferung der aufsässigen Bauern verlangte, nutzten sie offenbar gern die Gelegenheit, diese zu denunzieren und dem angekündigten Strafgericht zu überantworten.

Dieses Strafgericht hat selbst Karls geistliche Freunde an seinem Seelenheil zweifeln lassen. Gleichmütig ließ der Frankenkönig an einem einzigen Tag 4500 sächsische Bauern zusammentreiben und enthaupten. Das Verdener Blutbad ist von vielen Historikern in Frage gestellt worden, die fränkischen Annalen berichten aber gerade über dieses Ereignis mit so lapidarer Eindeutigkeit, daß ein Retuschieren kaum möglich ist.

Das Massaker von Verden war – mag auch die Zahl der Hingerichteten übertrieben sein – nicht nur der moralisch verwerflichste Akt,

sondern auch die größte politische Dummheit, die sich der Frankenkönig je zuschulden kommen ließ. »Verden war für ihn schlimmer
als eine verlorene Schlacht«, denn es hat ihn »in den Kämpfen der
Folgejahre mehr Mann gekostet, als er hatte hinrichten lassen. Was
Widukind nie erreicht hatte, war nun durch ihn selbst herbeigeführt
worden: die Einigung ganz Sachsens zum Kampf auf Leben und
Tod gegen die Franken.« (Wiedemann)

Mit anderen Worten: der eigentliche Krieg begann erst nach dem
Tag von Verden. Frühzeitig im nächsten Jahr marschierte Karl mit
der rheinfränkischen Garde, der *Sacra Francisca,* über Paderborn
auf die Süntel-Osning-Berge zu. Aber schon bei Detmold geschah
das Unerwartete: zum erstenmal stellten sich die Sachsen zum
offenen Kampf. Nach den fränkischen Annalen fielen in dieser
Schlacht so viele Feinde, »daß von ihrer ungeheuren Menge nur
ein verschwindender Rest mit dem Leben davonkam«. Trotzdem
zog Karl es vor, sich im Schutz der Nacht vom Gegner abzusetzen
und seine Truppen nach Paderborn zurückzuführen. Dort wartete
er die Ankunft von Verstärkungen ab.

Wenige Wochen später stellte er die sächsischen Verbände an der
Haase bei Osnabrück. Drei Tage bei glühender Hitze währte die
schreckliche Schlachterei. Dann entschieden die stärkeren fränkischen Reserven den blutigen Kampf. Die Sachsen wurden vollständig geschlagen. Die Überlebenden warfen die Waffen fort und verschwanden in den Wäldern.

Diesmal gab Karl keine Ruhe. Unerbittlich setzte er den Krieg fort.
Die Franken steckten die Wälder an, vernichteten die Ernte, ver-
schütteten die Brunnen oder füllten sie mit Tierkadavern, ließen
zahlreiche Dörfer in Flammen aufgehen, töteten das Vieh auf den
Weiden, schleiften die Befestigungen und erschlugen jeden Sachsen, dessen sie habhaft wurden. Erst im Spätherbst stellte Karl die
Treibjagd ein.

Als Sieger heimgekehrt, heiratete er Fastrada, die Tochter des fränkischen Herzogs Radolf, und verbrachte den Winter in Heristal, wo
er Weihnachten und Ostern in gewohnter Weise im Kreise seiner
Familie und in der Gesellschaft seiner Paladine feierlich beging.

Im nächsten Jahr setzte er den Kleinkrieg gegen alles, was sächsisch
war, systematisch fort. Um auch den Winter zu nutzen, richtete er
sich während der kalten Monate auf der Eresburg, mitten im
Feindesland, häuslich ein. Unablässig waren seine Reiter unterwegs,
um den immer wieder aufflackernden Widerstand zu ersticken und
den flüchtigen Herzog zu fangen ... Doch damit hatten sie kein
Glück. Widukind war unsichtbar, wie immer.

Schließlich entschloß sich Karl zu Verhandlungen. Durch eine sächsische Delegation ließ er seinem erbittertsten Widersacher ausrichten, daß er bereit sei, ihm zu verzeihen, sofern er sich taufen lasse. Widukind, der die Aussichtslosigkeit weiteren Widerstandes längst begriffen hatte, verlangte freies Geleit und die Stellung von Geiseln. Karl schickte sie ihm unverzüglich zu.

Am Weihnachtsfest des Jahres 785 erschien der Sachsenherzog mit seiner Begleitung in der Pfalz Attigny und entsagte dem Glauben seiner Väter. Der Frankenkönig – der drei Jahre später den Bayernherzog Tassilo zu lebenslänglicher Klosterhaft verurteilte – war klug und großmütig genug, sich mit seinem alten Feind vor aller Welt christlich zu versöhnen. Er behandelte ihn mit Respekt und Ehrerbietung, übernahm selbst die Patenschaft und entließ ihn reich beschenkt auf seine Güter.

Von da an verliert sich die Spur Widukinds. Die zeitgenössischen Chronisten erwähnen ihn mit keinem Wort mehr. Erst aus späteren Quellen geht mit einem hohen Grad an Wahrscheinlichkeit hervor, daß er seinen Lebensabend nicht auf seinem Familienbesitz in Wildeshausen bei Oldenburg, sondern in Enger bei Herford verbrachte.

Es heißt, daß den Nachfahren der alten Sachsen die Gabe des Vergessens nicht gegeben sei. Der Dominikaner Heinrich von Herford beschrieb noch im hohen 14. Jahrhundert, sechshundert Jahre nach Verden, in einer Art dantescher Vision, wie eine Rotte fliegender Teufel versucht, die Seele des Frankenkönigs ins Fegefeuer zu entführen und dort für seine Untaten büßen zu lassen. Und als es, nach weiteren sechshundert Jahren, üblich wurde, vom Sachsenschlächter zu sprechen, fanden diese Worte nirgends soviel Widerhall wie im östlichen Westfalen, dem Zentrum des sächsischen Widerstandes.

Umgekehrt blieb Widukind den Menschen dieses Landstrichs über mehr als ein Jahrtausend vertraut wie ein naher Verwandter. In der kleinen Stadt Enger genießt der berühmte Altenteiler bis heute sozusagen Ehrenbürgerrechte.

Die Stiftskirche St. Dionysius, die das Grabmal und die Gebeine Widukinds birgt, geht auf eine Basilika des 12. Jahrhunderts zurück, die im 14. Jahrhundert in eine dreischiffige Hallenkirche verwandelt wurde – ein schlichter, kernfester Bau, der den Ort »wie eine Burg« beherrscht. Wer nach Enger kommt, pflegt zunächst freilich den alleinstehenden, wuchtigen Glockenturm zu bestaunen. An ihn knüpft sich eine der vielen Widukind-Sagen, die die Kirche zu Ehren des ersten christlichen Sachsenherzogs erfand.

Danach erklärte der alternde und fromm gewordene Widukind eines Tages, er wolle dort begraben sein, wo man die erste Kirche in der Umgebung fertigstellen werde. Bald gingen die Leute überall ans Werk, nicht nur in Enger, sondern auch in Melle, Bünde, Rehme und Herford. Die von Enger aber waren zuerst fertig; denn sie bauten eine Kirche ohne Turm. Diesen lieferten sie später gewissermaßen nach.

Nach der Lebensbeschreibung der Königin Mathilde, der Gemahlin von König Heinrich I., hat Widukind im Alter tatsächlich einige Kirchen gestiftet, die größte und schönste in Enger. Zu Ehren dieses ihres erlauchten Ahnen gründete die Urururenkelin des Herzogs an seinem Sterbeort ein (947 erstmals erwähntes) Kloster für die Damen des sächsischen Hochadels, das sie dem Pariser Stadtheiligen Dionysius weihte. Es verstand sich von selbst, daß die hohen Frauen die Gebeine Widukinds in ihre mütterliche Obhut nahmen. So wurde Enger bald ein vielbesuchter Wallfahrtsort. Der prominenteste Pilger, von dem die Chronisten berichten, war Kaiser Karl IV., der 1377 am Grabe des Herzogs betete und den hölzernen Unterbau erneuern ließ.

Als das Dionysius-Stift 1414 in das mauerumwehrte Herford umzog, wurden die sterblichen Reste Widukinds in die dortige Johanniskirche umquartiert. Bischöfliche Truppen entführten sie 1673 zwar nach Münster, doch kehrten sie ein Jahr später unter militärischer Bedeckung zurück. Darauf verbrachten sie weitere 150 Jahre in Herford, bis Friedrich Wilhelm III. von Preußen den Bitten der Engeraner nachgab und sie 1822 in feierlichem Zuge an ihren alten Platz zurückgeleiten ließ.

Trotzdem fühlen sich auch die Bürger der Stadt Herford als Siegelbewahrer der Widukind-Tradition, und da sie geschäftstüchtige Leute sind, haben sie sich den Namen des Herzogs – allerdings in seiner »hochdeutschen« Form – gleichsam als Musterschutz gesichert. Der Kreis Herford nennt sich Wittekind-Kreis und führt in seinem Wappen einen schwarzen Hengst: das Streitroß des Sachsenherzogs. Den Tourismus zwischen Teutoburger Wald und Weser-Wiehen-Gebirge fördert der Verkehrsverband Wittekindsland. Herfords ältester und größer Lichtspielpalast heißt Wittekind-Kino. Die Zahl der Selterswasserfabrikanten, Margarinehersteller, Wäschereibesitzer und Drogisten, die ihre Produkte oder ihre Firma auf den Namen Wittekind tauften, ist kaum noch festzustellen. In einem Lokal am Alten Markt hat sich ein Wittekind-Stammtisch etabliert. Früher gab es auch einen Wittekind-Schnaps, und bis heute schwören viele Herforder auf die Spirituosen einer Brennerei, die auf ihren Etiketten das Herforder Wittekind-Denkmal zeigt. Das um 1900 enthüllte (im letzten Krieg eingeschmolzene, aber bald wiedererstandene) Denkmal zeigt den Herzog in der Montur eines Wagner-Germanen mit Wotansbart, Flügelhelm und geschulterter Lanze. Er reitet ein mächtiges Pferd, das mit dem rechten Vorderhuf einen Stein anhebt ... Darunter sprudelt Wasser hervor.

Das Monument gibt die Szene wieder, die nach den mittelalterlichen Legendenschreibern den Übertritt des Sachsenherzogs zum Christentum endgültig entschied. Verfolgt von seinen Feinden ritt er eines Tages über die Höhen des Wiehengebirges, äußerlich ungebeugt, in Wahrheit aber bereits von Zweifeln geplagt. Sollte der Christengott nicht doch der Stärkere sein? Wenn ja, könnte er ihm nicht ein Zeichen geben? »Und siehe, im selben Augenblick scharrte der Hengst, und aus dem felsigen Boden sprudelte ein frischer Quell. Widukind stieg ab, trank von dem klaren Wasser und gelobte, sich taufen zu lassen.«

Die Quelle, die auf so absonderliche Weise entstand, wird im nahen Wiehengebirge gleich zweimal gezeigt: neben der Kirche von Bergkirchen bei Bad Oeynhausen und – mit einer Kapelle überbaut – einige Kilometer weiter am Kammweg des Gebirges in der Nähe eines Gasthauses, das sich dem rüstigen Wanderer als Wittekindsburg empfiehlt. Eine knappe Stunde weiter blickt er vom Wittekindsberg (der seit 1896 das zweite Kaiser-Wilhelm-Denkmal der Provinz Westfalen trägt) auf den Weserdurchbruch an der Porta Westfalica, in deren Nähe während der Sachsenkriege wiederholt heftig gekämpft wurde.

Die Hochburg der Widukind-Verehrung ist jedoch Enger. Kirche und Gemeinde begehen bis heute den Todestag des Fürsten – den 6. Januar – auf eine Weise, die schon 1581 als »gewohnt« beschrieben wurde. Am Vortag läutet in der »Königsstunde«, mittags zwischen 12 und 13 Uhr, die Totenglocke. »Am folgenden Tage ... wird in einem besonderen Gottesdienst, dem alle Schulkinder aus dem Amte Enger beiwohnen, des verstorbenen Widukind gedacht. Vor dem Gottesdienst erklingt für eine halbe Stunde das ›Geläut zur Kuhle‹, nach dem Gottesdienst das ›Einsenkungsgeläute‹, das Geläut zur Einsenkung der Leiche.«

Und da man in Westfalen die Erinnerung an einen teuren Toten immer mit einem nahrhaften Mahl verbindet, gibt es für die Jugend anschließend eine Art Hörnchengebäck, hierzulande »Timpken« genannt – weshalb die Veranstaltung auch das »Timpkenfest« heißt. Gleichzeitig werden die Armen der Gemeinde im Namen Widukinds mit Brot und Wurst traktiert. Schließlich finden sich auch die mit der Austeilung der Spende beauftragten »Provisores« zu einem Erinnerungsschmaus zusammen.

Zu den »Provisores« gehören neben den geistlichen und weltlichen Honoratioren die »Sattelmeier«: Angehörige bäuerlicher Familien, die ihre Herkunft auf die Gefolgsmannen des Sachsenherzogs zurückführen – und wirklich können einige dieser Sippen ihre Höfe bis zum 10. Jahrhundert nachweisen. Auch die den »Sattelmeiern« einst auferlegte Verpflichtung, dem Landesherrn ein Sattelpferd zu halten und im Kriegsfall im Harnisch zu folgen, ist bereits für das 9./10. Jahrhundert beglaubigt. Sie bestand fast tausend Jahre und wurde erst 1740 durch den König von Preußen aufgehoben. Aber noch um 1900 gab der Meier zu Eissen dem letzten deutschen Kaiser bei einem Besuch in Bielefeld beritten das Geleit.

Insgesamt zählen die Landkreise Herford, Bielefeld und Halle noch 39 Sattelmeier-Familien, die mitsamt ihren alten und stolzen Höfen gewissermaßen unter Denkmalschutz stehen. Dazu kommen drei Sattelmeier-Besitzungen auf Bielefelder Stadtgelände. Den Kern aber bilden die sieben engerschen Sattelmeier, deren Namen – Barmeier, Ebmeier, Nordmeier, Ringstmeier, Meier Johan, Meier zu Hücker und Meier zu Hiddenhausen – jedes Schulkind »im Amte« auswendig kennt.

Die Vorrechte der Sattelmeier sind längst erloschen. Aber noch immer werden sie mit ungewöhnlichem Zeremoniell zu Grabe getragen. Zu Ehren des Toten läuten die Glocken in der Königsstunde. Während der Trauerfeier im Hause steht das gesattelte Pferd des Bauern vor der weit geöffneten Deelentür. Hinter dem Leiterwagen, mit dem der Tote sechsspännig zu Grabe fährt, schreitet es dann an der Spitze des Trauergefolges zur Kirche: »Erst das Roß, dann der Troß.« In der Kirche wird der Sarg vor dem Grabmal Widukinds niedergestellt. Auch an diesem stillen Abschied des Toten vom Herzog seiner Ahnen nimmt das Sattelpferd vom geöffneten Kirchenportal aus teil. Auf dem Friedhof schließlich wird es an den bereits versenkten Sarg geführt, um selbst Abschied von seinem Herrn zu nehmen.

Ein ehrwürdiger, zu Herzen gehender Brauch, der nicht nur die fortlebende Erinnerung an den Sachsenherzog bezeugt, sondern auch etwas von der mythischen Bedeutung des Pferdes im heidnischen Sachsen ahnen läßt. Ein Brauch freilich, der nun, nach zwölfhundert Jahren, langsam ausstirbt; denn Pferde sind auch auf den Sattelmeier-Höfen selten geworden.

In einem alten Fachwerkhaus neben der engerschen Kirche befindet sich die Widukind-Gedächtnisstätte, die zwei Monate vor Ausbruch des Zweiten Weltkrieges mit markigen Reden eröffnet wurde: Reden, in denen der Sachsenherzog neben Armin, dem Cherusker, an der großen Heldentafel in Walhall einen Ehrenplatz bezog. Das schließt nicht aus, daß das kleine Museum einen guten Überblick über den Verlauf der Sachsenkriege, die Frühzeit Engers und den berühmten Dionysius-Schatz und schließlich die Entwicklung des Widukind-Kultes vermittelt. Daß auch dieser manchen Wandlungen ausgesetzt war, beweist nicht zuletzt die ausgestellte Widukind-Büste, die den Freiheitskämpfer nicht mehr als Bayreuth-Germanen, sondern als bartlosen Jüngling mit dem Idealprofil eines nordischen Drachentöters zeigt.

Der stärkste Eindruck geht aber noch immer von der aus dem 10./ 11. Jahrhundert stammenden Deckplatte des Widukind-Grabmals aus, einem einstmals farbigen Relief, das zu den bedeutendsten Schöpfungen der salischen Bildhauerkunst rechnet.

Es stellt den Sachsenherzog fast in Lebensgröße dar. »Das lange Haupthaar fällt« – nach der überaus plastischen Darstellung des Historikers Reinecke, der 1579 die Grabstätte besuchte – »in das Schwarze; das Haupt bedeckt eine himmelblaue Kappe, die von einem Diadem mit Edelsteinen umfaßt ist; doch ist von den Steinen jetzt nur noch die leere Fassung zu sehen. Das Unterkleid ist purpurrot, über diesem liegt ein scharlachfarbenes mit Perlen geziertes Kleid mit goldenem Saum … Das dritte Oberkleid, der Mantel, ist himmelblau, mit goldenen Sternen geschmückt und mit prächtigem Pelzwerk gefüttert. Die rechte Hand ruht auf der Brust, die linke, im Mantel geborgen, hält das Szepter. Die vergoldeten Schuhe reichen bis an die Knöchel, laufen gegen das Ende spitz zu und haben in der Mitte eine Naht von Perlen.«

Inzwischen sind die Farben verblichen. Das Relief aber ist gut erhalten. Auch die beiden lateinischen Inschriften auf der Deckplatte sind noch deutlich zu lesen. Die eine von ihnen lautet:

DENKMAL WIDUKINDS, DES SOHNES WARNECHINS, DES KÖNIGS DER ANGRIVARIER, DES TAPFERSTEN HERZOGS DER ZWÖLF SÄCHSISCHEN GROSSEN. ER GRÜNDETE DIESES DIONYSIUS-STIFT ZUR EHRE DES GRÖSSTEN, BESTEN GOTTES UND BESCHENKTE ES MIT VORRECHTEN UND EINKÜNFTEN. ER STARB IM JAHRE 807 UND HINTERLIESS SEINEN SOHN WIGBERT ALS THRONERBEN.

Um diese Zeit waren die Sachsen, wenigstens dem Wort nach, längst Christen geworden. Sie lagen am Boden, befriedet oder wehrlos – wie man will. Kein Widerstand rührte sich mehr.

Die Taufe Widukinds hatte zunächst nicht den erwarteten Erfolg, obwohl sich der Herzog allem Anschein nach loyal verhielt. Der Kleinkrieg dauerte an, zumindest an der Peripherie, zwischen Unterweser und Unterelbe, wo sich die sächsischen Guerillas bei Gefahr in das unbezwungene Nordalbingien absetzen konnten. Als es ihnen zu Beginn der neunziger Jahre kurz hintereinander gelungen war, zwei fränkische Abteilungen in einen Hinterhalt zu locken und bis auf den letzten Mann niederzuhauen, traten sie noch einmal gegen ihre Zwingherren an.

Der Aufstand des Jahres 794 entartete jedoch schnell zu einer tragischen Farce. Völlig führungslos versammelten sich die sächsischen Bauern in der Mitte Westfalens, von wo sie Karl mitteilen ließen, daß sie auf dem Sendfeld bei Paderborn die Entscheidungsschlacht austragen würden. Als sie dort angetreten waren, sahen sie sich von zwei fränkischen Armeen umstellt. Karls »Heimtücke« verschlug ihnen den Atem, sie kapitulierten und waren froh, als er sie ungeschoren nach Haus schickte.

Das Strafgericht blieb aber nicht aus. Damals begannen jene unmenschlichen Deportationen, die auch der Warendorfer Siedlung ein Ende bereiteten. Die karolingischen Chronisten sprechen von diesen Vorgängen nur mit verständlicher Zurückhaltung. Doch ist zumindest zwischen den Zeilen zu lesen, daß die fränkischen Besatzungstruppen regelrechte Kesseljagden auf Sachsen veranstalteten, zahlreiche Dörfer evakuierten und als kleine sächsische Kolonien auf das riesige Frankenreich verteilten. Noch 804 ließ Karl die Partisanengebiete am Unterlauf von Weser und Elbe gewaltsam entvölkern. In die verlassenen Dörfer wies er fränkische und obotritische Siedler ein.

Schlimmer als die militärischen Aktionen waren jedoch die gewaltsamen Christianisierungsmethoden, die Karl schon 782, drei Jahre vor Widukinds Taufe, durch das *Gesetz über die sächsischen Gebiete* sanktioniert hatte, eines der grausamsten Paragraphenwerke, das je zur Niederwerfung eines Volkes erfunden wurde.

Die *Capitulatio* schuf die gesetzlichen Grundlagen für einen maßlosen Terror. Sie verbot jeglichen heidnischen Kult. Sie ordnete an, daß allen christlichen Kirchen im Sachsenland »größere und vorzüglichere Ehren« zu erweisen seien als vordem »den Heiligtümern der Götzen«. Sie verbot jede öffentliche Versammlung, verlangte die Auslieferung aller »Wahrsager« und legte die Gerichtsbarkeit ausschließlich in die Hände der Grafen und Priester.

Und diese Richter konnten nach Gutdünken über Leben und Tod entscheiden. Die *Capitulatio* setzte ihrer Willkür keine Schranken. Jeder dritte Satz endete mit einer Todesdrohung.

Wenn einer die vierzigtägigen Fasten nicht hält und Fleisch ißt, soll er des Todes sterben.

Verbrennt jemand den Körper eines Toten nach heidnischem Brauch und läßt dessen Gebeine zu Asche werden, so soll er an Haupt und Leben gestraft werden.

Wer sich fortan vom Stamme der Sachsen ungetauft unter seinen Namensgenossen verbirgt, zur Taufe zu kommen verachtet und freiwillig Heide bleibt, der soll des Todes sterben.

Läßt sich einer im Bunde mit Heiden auf Beschlüsse gegen Christen ein, soll er sein Leben verwirkt haben.

Wer sich gegen den Herrn König untreu erweist, soll an Haupt und Leben gestraft werden.

Am härtesten aber empfanden die sächsischen Bauern, daß sie fortan gezwungen sein sollten, »den zehnten Teil ihres Besitzes und ihres Erwerbes der Kirche und den Priestern zu geben« – denn diese Bestimmung traf nicht nur ihre Lust am Besitz, sondern auch ihren Stolz mitten ins Herz.

Die »Entheidnifizierungsgesetze« (wie sie Wiedemann genannt hat) waren praktisch undurchführbar. Die Sachsen lebten unter der *Capitulatio* eigentlich nur »auf Widerruf«. Sie konnten jederzeit vor Gericht zitiert und abgeurteilt werden. Das aber war genau der Effekt, den Karl erstrebt hatte. Wohlweislich ließ er deshalb in dem Netz, in das er die Sachsen verstrickte, ein kleines Schlupfloch. Er ermächtigte die Kirche, Verfolgten Asyl zu gewähren und bußfreudige Sünder zu begnadigen.

Mit diesem ebenso genialen wie skrupellosen Trick fing er die Sachsen. Denn was blieb ihnen nun anders übrig, als möglichst viele Kirchen und Kapellen zu bauen: Asyle nicht nur der bedrängten Seele, sondern auch des nackten Lebens. Was blieb ihnen übrig, als sich mit den Priestern des neuen Glaubens gut zu stellen und ihnen in Demut den »mit der Gnade Christi« beschlossenen Zehnten abzuliefern.

Länger als ein Jahrzehnt trugen die Sachsen schwer an den Fesseln der *Capitulatio*, voller Groll und Verzweiflung, so daß selbst Karls beifallsfrohe Paladine Bedenken gegen diese Art des Seelengewinns äußerten. Es war vor allem der trockene, bürokratische Alkuin, der den König in wohlgesetzten Worten auf die Fragwürdigkeit seiner sächsischen Bekehrungsmethoden aufmerksam machte.

»Eure hochheilige Frömmigkeit möge weise bedenken«, heißt es in einem Brief des verständigen Engländers, einem der bewegendsten Dokumente dieser Zeit, »ob es rätlich ist, diesen noch ungebildeten Völkern am Anfang ihres Glaubens das Joch des Zehnten aufzuerlegen und ihn in vollem Umfange von allen Höfen einzutreiben ... Wir wissen wohl, daß die Verzehntung unserer Habe wohlbekommt, aber es ist besser, den Zehnten zu verlieren als den Glauben zugrunde zu richten. Wenn schon wir, die wir im katholischen Glauben geboren, erzogen und unterwiesen sind, kaum dem völligen Verzehnten unserer Habe zustimmen, wieviel weniger wird... das kindliche Herz und der habgierige Sinn jener Völker mit einer solchen Freigebigkeit einverstanden sein!«

Alkuins Brief tat seine Wirkung. Am Ende der neunziger Jahre löste Karl die berüchtigte *Capitulatio* durch das mildere *Capitulare Saxonicum* ab. Bevor er aber den Griff lockerte, berief er noch einmal einen Reichstag nach Sachsen – eine Reichsversammlung, die als ein Meisterstück politischer Inszenierungskunst in die Annalen einging.

Damals, im Sommer 799, erlebte Paderborn die größten Tage seiner Geschichte.

Über diesen Reichstag, dessen Ehrengast Papst Leo III. war, berichtet ein Epos von 536 Hexametern, das bereits während des politischen Feldlagers entstand. Nach einer umständlichen Einleitung, die sich mit dem Leben der königlichen Familie in Aachen befaßt und aus Vergil, Ovid, Lukan und Venantius wunderlich genug zusammengesetzt ist, beschreibt der unbekannte Geschwinddichter zunächst Karls Marsch vom Rhein zur Pader: einen Heereszug durch »wildes Land«, dem sich unterwegs immer mehr Truppen anschließen, so daß der König mit einer ganzen Armee in Paderborn einzieht.

Auf einem Hügel »mit weitem Rundblick« meldet ein päpstlicher Bote die Ankunft des Heiligen Vaters. Karl, der selbst als Zehnjähriger einen Papst in feierlichem Zug einholte, schickt ihm seinen Sohn Pippin mit einer Ehreneskorte entgegen. Die beiden Kavalkaden treffen sich. Gebete, Kniefälle, Begrüßungsansprachen.

Dann geleitet Pippin den Apostelfürsten zu König Karl, der ihm inzwischen ebenfalls – »wie wir gewohnt sind, in die Schlacht zu gehen« – mit bewaffneter Macht entgegengezogen ist: ein Spectaculum, das auch den geistlichen Autor beeindruckt hat. Karl im schimmernden Panzer, einen Goldhelm auf dem Haupte; ringsum blitzende Speere und das Donnergrollen der Schilde. »Die Reiterei rückt wie zum Angriff vor; Trompeten blasen, Fanfaren schmettern; der Boden zittert, die Banner flattern über dem Heer. Die Soldaten bewegt der Wunsch, die Stimme des Papstes zu hören; glühende Inbrunst dringt ihnen bis ins Mark.«

Nach dem kriegerischen Manöver bilden die fränkischen Truppen einen großen Kreis, in dessen Mitte sich die hohe Geistlichkeit des

Frankenreichs ebenfalls im Kreis formiert. Karl tritt in das Zentrum beider Zirkel – den Mittelpunkt weltlicher und geistlicher Macht – und erwartet hochaufgerichtet, auf sein Schwert gestützt, das Haupt der Christenheit.

Als Fanfaren die Ankunft des Heiligen Vaters melden, schreitet er ihm gemessenen Schrittes entgegen, beugt achtungsvoll das Knie und umarmt den Stellvertreter Petri auf Erden, den er um mehr als Haupteslänge überragt.

Das fränkische Vielvölkerheer – »so verschieden in Sprache, Kleidung und Bewaffnung« – wirft sich dreimal zu Boden, senkt die Knie und verharrt in dieser Stellung. Hand in Hand schreiten Papst und König die Front der betenden Krieger ab. Dann geleitet Karl seinen Besucher in die Pfalzkapelle, wo geistliche Chöre die *Laudes* singen.

Nach der Messe führt der König den Heiligen Vater zu einem Bankett in seinen Palast. Das Mahl findet in einer hölzernen Halle statt, deren Wände mit Bildteppichen geschmückt sind. Heiter plaudernd nehmen Karl und Leo Seite an Seite vor der gefüllten Tafel Platz, auf Sesseln, deren Bezüge mit Gold und Purpur durchwirkt sind.

Die Speisenfolge besingt der unbekannte Panegyriker leider nicht. Ausdrücklich aber erwähnt er, daß feuriger Falerner aus goldenen Bechern getrunken wurde. Und daß sich Karl nach dem Essen zu seinem gewohnten Mittagsschlaf in seine Gemächer zurückzog.

Am nächsten Tag begannen die politischen Gespräche, die mehr als drei Monate beanspruchten.

Worüber wurde von Juli bis Oktober des Jahres 799 in Paderborn verhandelt?

Die ältere Forschung war einmütig der Meinung, Leo III. habe lediglich über den Aufstand berichtet, dessen Opfer er kurz zuvor geworden war – und Karl habe ihm, nach gewissenhafter Prüfung aller juristischen und theologischen Probleme, seine Hilfe zugesagt. Heute wissen wir, daß es um wesentlich mehr ging.

Am Weihnachtstag des Jahres 795 war Papst Hadrian gestorben, den Karl zwar häufig betrogen, aber auch sehr geschätzt hatte. Dagegen scheint er dem Nachfolger Hadrians von Anfang an mit einer gewissen Distanz begegnet zu sein, obwohl dieser ihm unmittelbar nach seiner Wahl eine schriftliche Treueversicherung, die Schlüssel zum Grabe Petri und das Banner der Stadt Rom zusandte. Dieser Leo war in der Tat eine zweifelhafte Figur. Seine Gegner warfen ihm nicht nur fleischliche Sünden, sondern auch eine bedenkliche politische Moral vor, und fraglos war es schon bei seinem Einzug in den Lateran nicht mit rechten Dingen zugegangen.

Am 25. April 799 inszenierte die römische Fronde eine Art Staats-
streich. Der Apostelfürst wurde überfallen, vom Pferd gerissen und
so schwer mißhandelt, daß er wie tot liegenblieb. Nach den Berichten der päpstlichen Chronisten büßte er bei diesem Anschlag außer
seinem Augenlicht auch die Zunge ein; doch wurden diese Schäden
auf wunderbare Weise bald wieder behoben. Jedenfalls gelang es
ihm, zu fliehen, den Frankenkönig über die erlittene Unbill zu
informieren und ihm die Bitte zu übermitteln, gegen seine Feinde
einzuschreiten. Daher Leos Verhandlungen mit Karl in Paderborn,
die mit seiner einstweiligen Rehabilitierung endeten: Karl sandte
ihn mit einer starken Bedeckung zurück und versprach, zu einer ge-
naueren Untersuchung des Falles selbst nach Rom zu kommen.
Neuere Forschungen – insbesondere eine eingehende Untersuchung
Beumanns – haben dieses herkömmliche Bild wesentlich ergänzt.
Sie ergaben, daß Karl auch diesmal mit dem Pfund zu wuchern
verstand, das ihm unverhofft in den Schoß gefallen war. Fraglos
hat er »schon vor dem Eintreffen Leos und dem Beginn der Verhandlungen gewußt, in welchem Sinne die gegebene Lage politisch
zu nutzen sei«. (Beumann)
Allein dadurch, daß er nicht nur den Heiligen Vater, sondern auch
dessen Gegner nach Paderborn einlud, maßte er sich ein Recht an,
das er gar nicht besaß. Denn die »oberstrichterliche Gewalt« in dieser Streitsache lag bei dem Kaiser von Byzanz, in dessen Stellver-
tretung beim Stadtpräfekten von Rom. »Indem die streitenden Par-
teien ... sich zu Karls Thron bemühten, vindizierten sie ihm die
Rolle eines Richters, die über die Kompetenzen des *Patricius Romanorum* bereits hinausging.«
Der König bekräftigte diesen Anspruch durch das Empfangszeremoniell, jenes »bemerkenswerte Arrangement«, das in seinem Ablauf eindeutig Karls Absicht enthüllt, sich als *caput orbis,* als Haupt
der Welt, gebührend in Szene zu setzen.
Am meisten aber verraten nach Meinung Beumanns die Hexameter
des unbekannten Schnelldichters von der Sicherheit, mit der der
Frankenkönig die Situation ausdeutete – und ausbeutete. Das zum
öffentlichen Vortrag bestimmte Epos schwelgt geradezu in »imperialen Prädikaten«: Karl wird Augustus genannt, Leuchtturm Europas – und immer wieder *caput orbis.* Das Frankenreich erscheint
als *imperium,* Aachen als *nova Roma.*
So kommt Beumann zu dem zwingenden Schluß, daß das Haupt-
thema der Paderborner Verhandlungen des Jahres 799 »die Kaiserfrage« war.

Als Karl ein Jahr später, am 23. November 800, das Weichbild der Ewigen Stadt erreichte, empfing ihn Leo am zwölften Meilenstein vor Rom. »Dies entsprach dem Empfangszeremoniell für den Kaiser, nicht für den *Patricius*, so daß Karl bereits als Kaiser in Rom einzog.« (Auch die Lorscher Annalen berichten, daß die vorausgegangene römische Synode dem Frankenkönig bereits die Kaiserwürde angeboten habe – und »Karl war einverstanden«.)

Karls Kaiserkrönung am Weihnachtstag des Jahres 800 war demnach nicht, wie meist behauptet wird, ein Überraschungscoup Leos III., sondern der Vollzug eines längst besprochenen Planes.

Daß der Karolinger später den Überraschten gespielt hat, tut dieser These keinen Abbruch. Er mußte damit rechnen, daß Byzanz seine Rangerhöhung übel vermerken würde. Um dieser richtig vorausgesehenen Reaktion rechtzeitig zu begegnen, ließ er – wie schon Calmette überzeugend dargelegt hat – durch seine Chronisten das Gerücht ausstreuen, daß er gegen seinen Willen zum Imperator erhoben worden sei.

Der halbbarbarische Frankenkönig war, wie man sieht, nicht nur ein erfolgreicher Kriegsherr und Staatsverwalter, sondern auch ein publizistisches Genie: ein Mann, der wie keiner seiner Zeitgenossen um den Wert von Symbolen wußte und – um ein Wort von heute zu gebrauchen – die Gesetze der »Öffentlichkeitsarbeit« mit nachtwandlerischer Sicherheit beherrschte. Ja, man hat bisweilen den Eindruck, daß er genau wie ein moderner Staatsmanager über einen ganzen Apparat tüchtiger »ghostwriter« verfügte, die seine Politik, dem jeweiligen Zweck entsprechend, mit bemerkenswertem Geschick begründeten und propagierten.

Wie 788 die Würzburger *Kilianslegende*, so war auch das Paderborner Lobgedicht des Jahres 799 eine literarische Auftragsarbeit mit politischem Ziel. Unüberhörbar feierte sie bereits während der Verhandlungen mit Leo III. König Karl als zukünftigen Kaiser des wiedererstandenen Imperiums. Paderborn wurde damit die Wiege des Heiligen Römischen Reiches Deutscher Nation. Auf dem Reichstag an den Paderquellen, im Gelände zwischen Dom und Abdinghofkirche, fiel damals eine Entscheidung, die über Tag und Jahr hinaus den Gang der europäischen Geschichte für ein ganzes Jahrtausend bestimmte. Die Grabungen Ortmanns in der Abdinghofkirche haben vor diesem welthistorischen Horizont eine weit über Paderborn hinausweisende Bedeutung gewonnen.

Eine erste baugeschichtliche Untersuchung in der schwer zerstörten Abdinghofkirche führte 1949 das Westfälische Denkmalamt Mün-

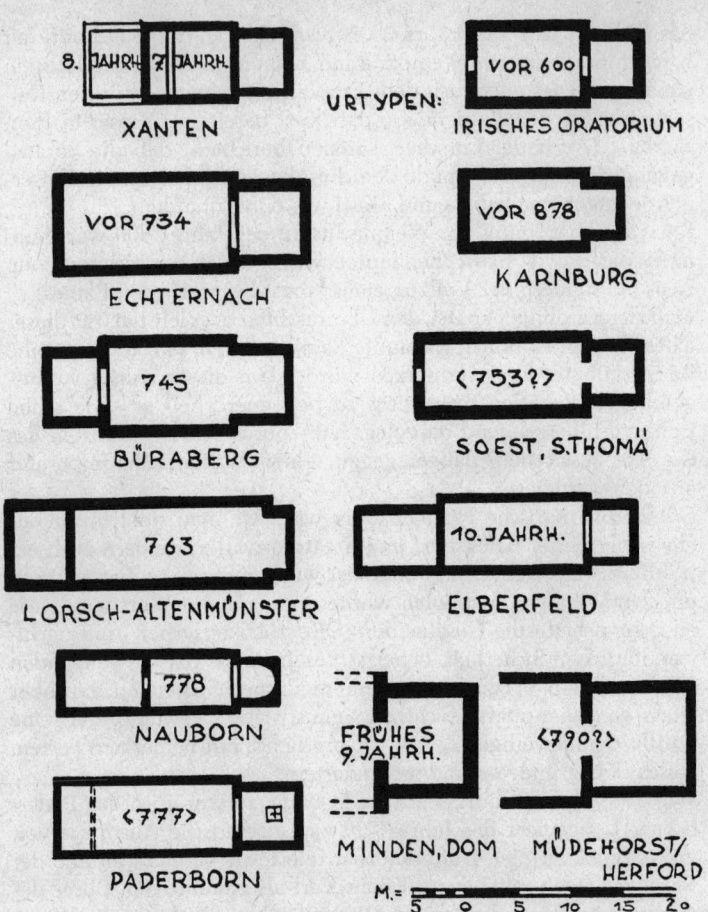

Grundrisse karolingischer Kirchen. Unten links: Bau A der Paderborner Abdinghofkirche

ster durch. Die Leiter dieser Untersuchung, Dr. Hans Thümmler und Diplomingenieur Karlinger, entdeckten »zwei ältere Fußböden unter dem jetzigen« und brachten zahlreiche vorgeschichtliche Scherben ans Licht. Dieses Ergebnis löste eine längere Grabung aus, die das Kircheninnere und seine unmittelbare Umgebung für zwei Jahre in die Hauptgrabungsstelle Westfalens verwandelte.

Noch in Ortsmanns offiziellem Grabungsbericht ist etwas von der inneren Dramatik dieser Kampagne zu spüren. Eine »überraschende Entdeckung« folgte der anderen. Der Spaten legte »enorme Mauerzüge« frei, und zwar nicht nur unter, sondern auch neben dem heutigen Kirchbau. Durch insgesamt fünfundvierzig Schnitte stellte Ortmann elf Bauperioden fest, von denen die beiden frühesten eindeutig in die karolingische Zeit datiert werden konnten.

Die ältesten Spuren gaben den Grundriß einer »rechteckigen Saalkirche mit zurückgesetztem Chor« wieder. Es handelt sich um einen leichten Fachwerkbau mit Steinfundamenten, sieben Meter breit und vom Eingang bis zum Chorabschluß vierundzwanzig Meter lang. Brandspuren ließen erkennen, daß die Kirche ein- oder zweimal zerstört wurde.

Derartige Saalbauten kennzeichnen die Wege der iroschottischen Mönche, sind aber, wie wir wissen, auch aus dem frühen Frankenreich bekannt. Ortmann hat eine Reihe von Beispielen zusammengestellt. Danach beherrschte dieser Typ im 7./8. Jahrhundert nicht nur die ländlichen Gebiete am Rhein, sondern auch die Stützpunkte der hessischen und sächsischen Mission. Ja, man erkennt in ihm die fränkische Missionskirche schlechthin, die in Westfalen genauso zu Hause war wie in Bayern oder Kärnten.

Die Fundamente des ersten Paderborner Oratoriums wurden von den Resten einer zweiten, wesentlich größeren Kirche überlagert, in der Ortmann »den eigentlichen Höhepunkt der Baugeschichte« erblickt. Dieser »Bau B umfaßt seinen Vorgänger völlig, genau seine Achse einhaltend, ist also bewußt sein Nachfolger. Seine Ausdehnung kann man sich daran veranschaulichen, daß er mit seinem Westquerschiff beiderseits fast acht Meter, in der Westrichtung zwölf Meter über die... heutige Kirche hinausreicht. Das Schwergewicht der ganzen Komposition ist klar auf die große Westgruppierung gerichtet: das weitausladende Westquerschiff mit einer dem Ostchor gleich großen Westapsis von vierzehn Meter äußeren Durchmesser und zwei den rechteckigen Vorchor einrahmenden starken Rundtürmen von sieben Meter Durchmesser; insgesamt eine für jene Zeit neue und originelle Komposition.«

Trotzdem erinnert der Grundriß dieser Kirche, die zu »den wenigen fast ganz ergrabenen karolingischen Bauten auf deutschem Boden« gehört, auf den ersten Blick an die doppelchörige Ratgar-Basilika in Fulda und den Hildebold-Dom in Köln. Mit anderen Worten: auch in Paderborn stand damals eine Basilika nach dem Muster von Alt-St. Peter in Rom.

Versucht man, die beiden Bauten und ihre Schicksale zeitlich einzuordnen, so geben die zeitgenössischen Quellen wertvolle Hilfestellung. Den Fachwerksaal identifizierte Ortmann mit der Kirche, die während der großen Massentaufe im Jahre 777 auf den Namen des Erlösers geweiht wurde. Diese Salvatorkirche diente vornehmlich als Lagerkirche, wurde aber auch von den Missionaren des Klosters Fulda, die von Abt Sturmi selbst geführt wurden, als Taufkapelle benutzt. Ein Jahr später, während des Sachsenaufstandes des Jahres 778, ging sie in Flammen auf. Freilich wurde sie schnell wiederaufgebaut. Aber auch diese zweite Salvatorkirche dürfte erneut das Opfer eines Sachsenaufstandes geworden sein: wahrscheinlich 793/94.

Die nächste chronologische Angabe besagt, daß Papst Leo III. bei seinem Besuch im Jahre 799 in der Krypta einer kurz zuvor errichteten Kirche »von wunderbarer Größe« einen Stephanus-Altar weihte. Es spricht alles dafür, daß mit dieser Kirche *mirae magnitudinis* der Bau B unter der heutigen Abdinghofkirche gemeint war: »der erste Großbau des Sachsenlandes und Westfalens«. Denn der Heilige Vater erklärte bei der Weihe, »daß diese von den heidnischen Bewohnern mehrfach niedergebrannte Kirche nun für alle Zeiten unversehrt bleiben werde«.

Diese Worte beleuchten blitzartig die Situation. Noch war Sachsen dem neuen Glauben nicht völlig gewonnen. Militärisch aber lag das Land am Boden. Karl war seiner Sache sicher. Die Christianisierung machte Fortschritte.

Zwar hielten sich die militanten fränkischen Priester noch geraume Zeit an die von Alkuin befehdete Regel, die heidnischen Seelen zunächst zu retten und erst dann zu erleuchten, konkret gesprochen: mit der »Unterweisung im Christentum« erst nach der befohlenen Taufe zu beginnen. Am Ende aber fand auch die Sachsenmission, trotz aller Irrungen, ihren Bonifatius – den Friesen Liudger.

Der 742 geborene Liudger ist seinem großen Vorbild selbst noch begegnet, wahrscheinlich in Utrecht, kurz bevor der »Apostel der Deutschen« zu seiner letzten Reise nach Dokkum aufbrach. Er war ihm auch durch seinen Lehrer Gregor verbunden, einen Schüler des Bonifatius. Es war daher kein Zufall, daß Liudger – nachdem er die Domschulen von Utrecht und York absolviert hatte – seine Arbeit dort aufnahm, wo Bonifatius sie beendet hatte: in Friesland. Als er 784 von dort vertrieben wurde, ging er, getreu seinem großen Vorbild, nach Rom und von dort nach Monte Cassino, ins Mutterkloster der Benediktiner.

In der Ewigen Stadt begegnete er dem Frankenkönig, der ihn bewog, die Friesenmission an der Emsmündung zu übernehmen.

Während des Sachsenaufstandes des Jahres 793 mußte Liudger sich erneut vor seinen renitenten Landsleuten in Sicherheit bringen. Doch hielt er zäh an seiner selbstgewählten Aufgabe fest. Er verzichtete auf das Bistum Trier, das ihm Karl als Entgelt für seine Verdienste anbot, und ging als »Hirte der westlichen Sachsen« nach Münster: das damalige Mimigerneford.

Liudger fand dort, am Übergang über die Aa, ein fränkisches Kastell vor, dessen Umwallung, wie Nachkriegsgrabungen ergaben, aus einer mächtigen Holz-Erde-Mauer »mit aufgesetztem Palisadenzaun und einem zehn Meter breiten Graben« bestand. Im Innenraum dieses Kastells errichtete er ein *Monasterium*, das unter seiner Führung die Herzkammer der Sachsenbekehrung wurde (und der Niederlassung später den Namen Münster gab).

Liudger hatte alle Qualitäten seines Stammes. Frei von jeglichem Überschwang, ging er seine Aufgabe nüchtern und bedachtsam an, einem Bauern gleich, der sein Feld bestellt. In all seiner Sachlichkeit war er jedoch ein Mann von gewinnender Menschlichkeit. Seine Schüler rühmten vor allem seine *temperantia* und *discretio*, die beiden höchsten Tugenden des benediktinischen Lebensideals, die mit den Begriffen »Maß« und »Behutsamkeit« nur andeutungsweise zu übersetzen sind. Die stärkste Wirkung aber übte er dadurch aus, daß er die christlichen Gebote ernst nahm und Nächstenliebe nicht nur predigte, sondern auch unermüdlich praktizierte.

Als tüchtiger Organisator baute Liudger in seinem Sprengel (und den ihm ebenfalls anvertrauten ostfriesischen Gauen) ein System geistlicher Stützpunkte auf, deren Priester er in seiner Klosterschule vorbereitete. Aber noch als er 805 Bischof von Münster geworden war, übte er gewissermaßen eigenhändig die Kontrolle über den von ihm geschaffenen Apparat aus. Klagen und Beschwerden ging er unerbittlich nach. Unangekündigt pflegte er zu Inspektionen aufzubrechen und selbst in den entlegensten Nestern nach dem Rechten zu sehen. Auf einer solchen Inspektionsreise ist er auch gestorben: am 26. März 809 in Billerbeck im Kreise Coesfeld, nachdem er am Abend vorher noch gepredigt hatte.

Männer wie Liudger hat es nach den unrühmlichen Anfangstagen der Sachsenbekehrung offenbar mehr gegeben: lautere und kraftvolle Gestalten, die nach Kräften bemüht waren, die von Karl und seinem Besatzungsregime angerichteten Schäden wiedergutzumachen. Ja, man hat den Eindruck, daß die »Pastorisierung« der Sachsen schon bald nach der Jahrhundertwende eine Sache erfahrener Experten und Entwicklungshelfer wurde; und daß das ganze Frankenreich sich für diese Aufgabe begeisterte.

Fulda bearbeitete – nachdem es Paderborn 790 an den »heiligen Kilian« abgegeben hatte – das um 800 geschaffene Bistum Minden und gründete zu diesem Zweck eine eigene Missionsschule: das Hamelner Bonifatiusstift. Das Verdener Missionsgebiet betreuten gemeinsam mit dem Kloster Amorbach im Odenwald die westfränkischen Abteien Ferrières und Troyes. Bremen, bereits 787, fast zwanzig Jahre vor Münster, zum Bistumssitz erhoben, wurde von dem Angelsachsen Willehad missioniert. Den Osnabrücker Sprengel erschlossen Mönche aus Corbie, dessen Name auch in dem unter Ludwig dem Frommen entstandenen Kloster Corvey an der Weser fortlebt. Elze, die erste Missionsstation im späteren Bistum Hildesheim, war eine Reimser Filiale. Auch Lütticher Einflüsse sind hier festgestellt worden, ebenso im Osnabrücker Gebiet. Mit Liudgers Bruder Hildegrim, dem ersten Bischof von Halberstadt, kamen Mönche aus Châlons-sur-Marne nach Ostfalen. Die Diözese Metz stand Pate bei der Taufe des Bistums Magdeburg. Hersfeld bearbeitete den Hessengau, Osterwieck das nördliche Vorland des Harzes.

Mit den Mönchen und Missionaren kamen die verschiedensten Heiligenkulte nach Sachsen: Kilian nach Paderborn, Bonifatius in die Wesergegend, Paulus (von Utrecht) nach Münster, Osnabrück und Bremen. Auch Reliquien wurden in großer Zahl nach Sachsen »transferiert«. Karl schenkte um 800 dem Bistum Osnabrück die sterblichen Reste der Märtyrer Crispin und Crispinian aus Soissons. Corvey bekam 836 den (heute im Prager Veits-Dom verehrten) Leib des heiligen Vitus von St. Denis bei Paris, Wildeshausen 851 den heiligen Alexander von Rom, Herford 860 die heilige Pusinna aus Binson bei Chatillon-sur-Marne.

Auch durch die Bistumsorganisation wurde das »sächsische Neuland« fest an die fränkische Reichskirche gebunden. Gewinner waren die beiden rheinischen Kirchenprovinzen Mainz und Köln, die die Westgebiete Sachsens »eingemeindeten« und sich die Aufsicht über die neugeschaffenen sächsischen Bistümer sicherten. »Die Grenze zwischen beiden verlief mitten durchs sächsische Land, und die Jurisdiktion der Mainzer Metropoliten reichte bis zur unteren Elbe.« (Hegel)

Karl beschränkte sich aber nicht auf die organisatorische und religiöse Durchdringung Sachsens, er sicherte das neugewonnene Land auch militärisch ab.

Es scheint ursprünglich nicht seine Absicht gewesen zu sein, die jenseits der unteren Elbe siedelnden Nordalbingier anzugreifen.

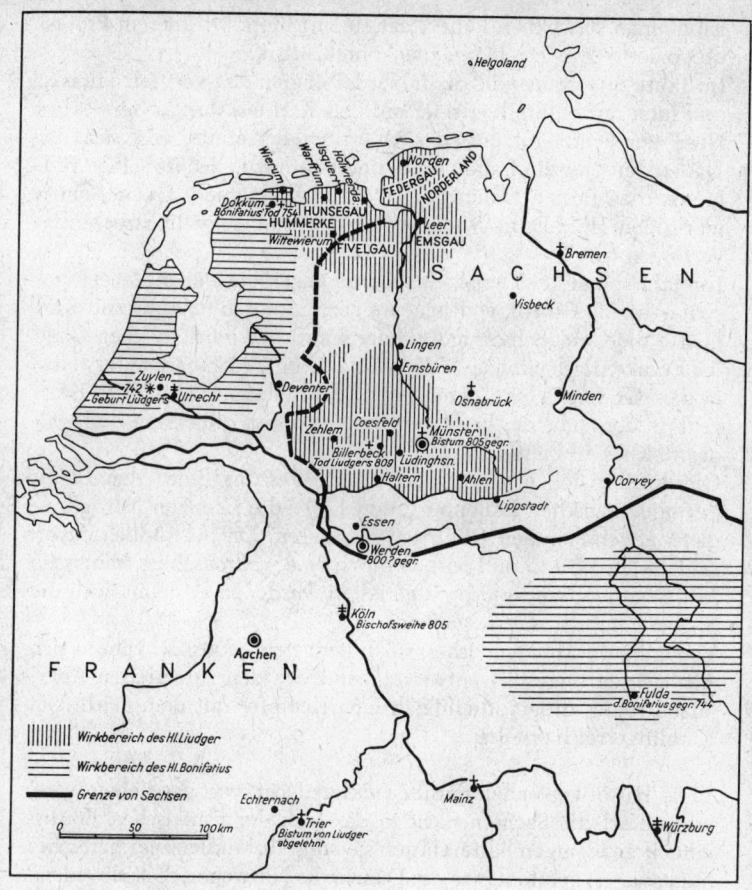

Das Wirken des hl. Liudger

Als die aufständischen westfälischen und engerischen Bauern aber
immer wieder bei ihren nordalbingischen Vettern Unterschlupf
fanden, setzte er 798 erstmals mit einem starken Heer über die
Elbe und rieb bei Bornhöved, gemeinsam mit den verbündeten
slawischen Obotriten, das Aufgebot dieses vierten sächsischen Teil-
stammes auf.

Sechs Jahre später drang er erneut in Transelbien ein, verschleppte
die Bevölkerung und überließ das entleerte Gebiet dem Obotriten-
fürsten Thrasko. Offenbar beabsichtigte er, zwischen Eider und

377

Elbe einen slawischen Pufferstaat einzurichten. Mit diesem Projekt provozierte er jedoch den Dänenkönig Göttrik.

Im Jahre 808 drang Göttrik in Nordalbingien ein, vertrieb Thrasko und hing dessen Stellvertreter auf. Als Karl ein starkes fränkisches Heer zur Unterstützung der Obotriten entsandte, zog sich der Dänenkönig in sein Land zurück und baute zum Schutz seiner Südgrenze das riesige Danewerk zwischen Schlei und Treene, einen mächtigen Holz-Erde-Wall, der bis heute über weite Strecken zu verfolgen ist.

Ein Jahr später fiel Thrasko im Kampf gegen die Dänen. Zwei Jahre später wurde Göttrik von seinen eigenen Leuten umgebracht. Karl nutzte die Gelegenheit und gliederte auch die nordelbischen Gaue ins Frankenreich ein. Die sächsisch-dänische Grenzmark unterstellte er dem Grafen Ekbert, der die kürzlich wiederentdeckte Burg Esesfeld (in der Nähe des heutigen Itzehoe) zum nördlichsten Bollwerk des Reiches ausbaute.

Gleichzeitig ließ er durch eine zweite Festungslinie – den *Limes Saxoniae* zwischen Lauenburg und Kiel – die Grenzen Nordalbingiens gegenüber den Obotriten markieren. Da die südlich davon siedelnden Wilzen und Sorben durch eine weitmaschige fränkische Militärverwaltung in Schach gehalten wurden, war damit auch die Slawengefahr fürs erste gebannt.

Vor äußeren Feinden sicher, im Innern neu geordnet, konnte sich Alt-Sachsen ungestört entwickeln und von den furchtbaren Aderlässen seines dreiunddreißigjährigen Kampfes mit dem mächtigen Karolingerreich erholen.

Viele Historiker haben darüber nachgedacht, was geschehen wäre, wenn Karl die Sachsen nicht in das Joch der fränkischen Reichseinheit gezwungen hätte. Hätten sie ein selbständiges germanisches Staatswesen gebildet, wie die Dänen, die Norweger, die Schweden? Würde Skandinavien heute »bis an die Weser und an die Havelseen« reichen? Wären Rhein- und Donauland »völlig verwelscht«? Wäre »eine neue germanische Woge über die Dämme des jungen Christentums« geflutet? Wären die Sachsen die Herren Europas geworden?

So müßig die Fragen, so verschieden die Antworten. Einig sind sich die Historiker aber darin, daß es ohne die Niederwerfung und Christianisierung der Sachsen keine deutsche Geschichte gäbe. Erst gemeinsam mit den Sachsen und Friesen waren Franken, Alemannen, Bayern, Hessen und Thüringer stark genug, ein Menschenalter später einen eigenen Staat zu schaffen. Erst aus allen diesen

Stämmen zusammen entstand im Schmelztiegel der Jahrhunderte das deutsche Volk: widerspruchsvoll in seinem Wesen, vielseitig in seinen Fähigkeiten, aggressiv und verponnen, voller Kraft und Unruhe bis auf den heutigen Tag.

Die Sachsenkriege sind kein Ruhmesblatt im Buch der fränkischen Geschichte. Auch Karl selbst muß sich, aus zwölfhundertjähriger Distanz betrachtet, einige Kritik gefallen lassen. Der geniale Taktiker und Stratege, der alle seine Widersacher souverän überspielte, machte in Sachsen elementare Fehler. Er schätzte die Widerstandskraft seines Gegners falsch ein und ließ sich zu Untaten hinreißen, die selbst die kriegsgewohnten Franken erschreckten. Aber die geschichtliche Notwendigkeit war auf seiner Seite. Karl vertrat nicht nur die stärkeren Bataillone, sondern auch die höhere Kultur. Umgekehrt gab es in dem »sächsischen Heidentum nichts, was wert war, erhalten zu werden; das Blut löschte keine Schrift aus, die wir heute noch lesen möchten«. (Freund)

Die mit den Bistumsgründungen in Sachsen beginnende Entwicklung beweist denn auch, daß den Jahren des Terrors eine Epoche schöpferischer Politik folgte. Die Sachsen waren nun Angehörige eines straff organisierten Staates, der seinem Willen mit Hilfe einer allgegenwärtigen Kirche selbst in den entlegensten Flecken des Reiches Respekt und Geltung verschaffte. Und da sie ein intelligentes und lernbegieriges Volk waren und sich der neuen Religion mit der gleichen Gefühlskraft wie vorher ihren alten Göttern ergaben, waren sie bereits hundert Jahre später fähig, den Staat zu tragen, in den sie mit erbarmungsloser Gewalt hineingezwungen worden waren.

Sichtbarstes Zeichen dieser großen Wandlung waren die Städte und stadtähnlichen Siedlungen, die in dem Land der riesigen Wälder in diesem Jahrhundert Wurzeln schlugen. Essen, Dortmund und Soest wuchsen zu lebhaften Handelsniederlassungen heran, ebenso Emden, Lüneburg und Bardowick. Am stärksten aber bezeugten auch im alten Sachsenland die Bistumssitze die politischen, religiösen und kulturellen Energien, die das Frankenreich in seine neuen Ostprovinzen investierte. Paderborn ist dafür ein sehr instruktives Beispiel.

Als Papst Leo III. auf dem Reichstag des Jahres 799 erschien, gab es noch keinen Bischof von Paderborn. Das Bistum wurde erst 805/06 begründet. Aber gleich der erste Oberhirte war ein Sachse. Er hieß Hathumar, kam aus einer alteingesessenen Adelsfamilie und war in Würzburg auf seine Aufgabe vorbereitet worden.

Ob bereits unter Hathumar eine Bischofskirche auf dem Paderborner Domhügel stand, ist bislang ungeklärt. Die meisten Forscher sind der Ansicht, daß erst 815 – als Ludwig der Fromme auf dem dritten Reichstag an der Pader den zweiten Bischof Badurad in sein Amt einführte – mit dem Bau der ältesten Kathedrale begonnen wurde. Von dieser Kirche haben sich wahrscheinlich einige Bogenstellungen im sogenannten Atrium nördlich der heutigen Domkrypta erhalten. Auch unter dem Atriumboden sind karolingische Mauerzüge entdeckt worden. Sollte es sich um Reste des ältesten Domes handeln, muß man sich diesen als eine einfache schlichte Basilika vorstellen.

Badurads Bauleute haben jahrzehntelang an dieser ersten Kathedrale des Paderborner Sprengels gearbeitet, denn als der Bischof 836 die Gebeine des heiligen Liborius aus Le Mans überführen ließ, war sie noch nicht fertiggestellt.

Liborius übt seitdem, gemeinsam mit der Gottesmutter und dem heiligen Kilian, die geistliche Schutzherrschaft über den Dom und das Paderborner Land aus. Die Stadt feiert zu Ehren ihres »französischen« Patrons alljährlich in der letzten Juliwoche das Liborifest, dessen Höhepunkt ein Umzug ist, bei dem die kostbaren Reliquien in einem Silberschrein durch die Straßen getragen werden. Auch die 836 begründete Bruderschaft mit Le Mans ist bis heute lebendig geblieben.

Nach Ortsmanns Meinung bildeten zwei aneinandergrenzende Rechtecke den Kern des damaligen Bistumssitzes: der Königshof mit der Salvatorkirche und die spätere »Domfreiheit« mit der kleineren Bischofskirche. Beide Rechtecke umlief ein »3,50 Meter tief in den Felsen getriebener Graben. Möglicherweise wurde auch die außerhalb der beiden befestigten Bezirke gelegene Kaufmanns- und Handwerkersiedlung noch in karolingischer Zeit mit Wall und Graben gesichert.«

Die Bischofsstadt erfreute sich eines kräftigen und schnellen Wachstums, das über den Niedergang des Reiches hinaus anhielt. Auch unter den Herrschern aus sächsischem Hause übertraf sie alle anderen Städte Westfalens an Rang und Ruhm. Ja, unter ihnen trat Paderborn in die zweite glanzvolle Epoche seiner Geschichte ein.

Sie begann sozusagen noch einmal am Tage Null. Im Jahre 1000, als viele Menschen im christlichen Abendland angsterfüllt das Ende der Welt erwarteten, brannte Paderborn nieder. Der Dom, das Domkloster mit der Domschule, die Salvatorkirche und wahrscheinlich auch Teile der Kaufmanns- und Gewerbesiedlung fielen einer riesigen Feuersbrunst zum Opfer. Die Stadt scheint sich von dieser

Katastrophe aber schnell erholt zu haben. Denn schon zwei Jahre später krönte Erzbischof Willigis von Mainz Kunigunde, die Gemahlin des eben gewählten Heinrich II., in Paderborn zur deutschen Königin – ein glanzvolles Ereignis, das einen der Höhepunkte der Paderborner Lokalgeschichte markiert.

Von ungleich größerer Bedeutung war allerdings, daß König Heinrich II. 1009 seinen Freund, Mitschüler und Hofkaplan Meinwerk zum Bischof von Paderborn erhob: einen sächsischen Edlen aus dem Geschlecht der Immedinger, »das sich in gerader Linie von dem großen Widukind herleitete«. Denn dieser Meinwerk war einer der bedeutendsten Kirchenfürsten des mittelalterlichen Deutschland, ein Bauherr, Diplomat und ritterlicher Heerführer wie kein zweiter seiner Zeit. »Kräftig und gutmütig, tüchtig und nicht ohne Humor«, wie ihn Hermann Rothert in seiner *Westfälischen Geschichte* beschrieb, »hatte sein vollsaftiges Wesen etwas gesund Bäuerliches; man möchte sich ihn auch mit einer entsprechenden ansehnlichen Leiblichkeit vorstellen. Früh zum Geistlichen bestimmt, besuchte er die Hildesheimer Domschule, ohne allzutief in die Wissenschaft einzudringen.«

Seine lateinischen Sprachkenntnisse waren jedenfalls bescheiden. Als sein königlicher Freund und Gönner aus dem bischöflichen Meßbuch an der Stelle, »wo der Diener und Dienerinnen Gottes (*famulis und famulabus*) gedacht wird, beide Male die erste Silbe *fa* ausradieren ließ«, merkte Meinwerk von diesem Anschlag nichts und schloß, ohne zu erröten, die Maulesel und Mauleselinnen Gottes in seine bischöfliche Fürbitte ein.

Trotz seines mangelhaften Lateins wurde er aber schon zu seinen Lebzeiten als zweiter Gründer Paderborns gefeiert. Unmittelbar nach Antritt seines Amtes ließ er – wie der Abdinghofer Mönch erzählt, der hundert Jahre später die Biographie dieses außergewöhnlichen Mannes verfaßte – den bis zur Fensterhöhe gediehenen Dombau seines Vorgängers Rethar niederreißen und ersetzte ihn innerhalb von sechs Jahren durch eine machtvolle doppelchörige Basilika, deren Maße noch den Grundriß des heutigen Doms bestimmen.

Aber er baute nicht nur einen neuen Dom, dem er am Tag der Weihe aus eigenem Besitz die Burg Plesse bei Göttingen »mit nicht weniger als 1100 Bauernhöfen« schenkte. Er errichtete einen überaus weltlichen Bischofspalast, stiftete die heute verschwundene Alexiuskapelle an der Nordwestgrenze der Domfreiheit und brachte 1014 aus Rom die griechischen Handwerker mit, die ihm die »byzantinische« Bartholomäuskapelle bauten.

Unter seiner anfeuernden und energischen Führung entstand auf den Fundamenten der karolingischen Salvatorbasilika eine neue Kirche, die im Westbau der heutigen Abdinghofkirche fortlebt. Bischof Meinwerk war es auch, der nach den Plänen der Jerusalemer Grabeskirche die Kirche des Busdorfstiftes baute, ein Oktogon, dessen Türme der heute noch stehende Nachfolgebau übernahm.

Rekonstruktionsversuch Salvatorbasilika Paderborn (nach Ostmann)

Er umzog die Domfreiheit mit einer Mauer und erneuerte die Befestigungsanlagen des dem bischöflichen Bezirk westlich vorgelagerten Stadtgebietes, er gründete die Benediktinerabtei Abdinghof, führte die Domschule zu neuer Blüte, rief die reformfreudigen Cluniazenser ins Land, besorgte Schenkungen ohne Unterlaß, war nicht weniger als siebenmal Gastgeber des Kaisers, begleitete ihn auf seinen Italienzügen und bewährte sich auf Heinrichs polnischen Feldzügen als ein wagemutiger Heerführer.

Und das alles in fünfundzwanzig Jahren. Eine erstaunliche Bilanz, zumal er in derselben Zeit, gleichsam nebenher, aus einem armen ein reiches Bistum machte.

In Meinwerk, dem großen Paderborner Kirchenfürsten aus Widukinds Geschlecht, nimmt die ungeheure Wirkung der Christianisierung Sachsens gleichsam geschichtliche Gestalt an. Nur zwei

Jahrhunderte jünger als der hartnäckige Bauernherzog, repräsentiert er, wenn auch auf unverkennbar sächsische Weise, die ganze Kraft, Kultur und Unternehmungslust des jungen Abendlandes.

Als er 1036 starb, war Paderborn eine der lebendigsten Städte des Reiches, erheblich jünger zwar als die Römergründungen an Mosel, Rhein und Donau, ihnen gleichrangig aber an Vitalität und Strahlungskraft.

Über Meinwerks Bauten stand freilich ein böser Stern. Kaum zwanzig Jahre nach seinem Tod wurde Paderborn erneut von einem großen Feuer heimgesucht, das auch den Dom bis auf die Grundmauern einäscherte. Diesmal war es Meinwerks Neffe Imad, der ihn unverdrossen wiederaufbaute. Aus seiner Zeit – der Neubau wurde 1068 geweiht – stammt der heute noch stehende kolossale Turm: das Wahrzeichen Paderborns.

Trotz weiterer Brandkatastrophen 1133 und 1165 hatte die Stadt schon um 1200 die durch die heutige Ringpromenade bezeichnete Ausdehnung erreicht. Wiederum hundert Jahre später wird sie als Hansestadt erwähnt, ein Zeichen, daß das Wachstum anhielt, allen Kriegen, Bränden und Seuchen zum Trotz. Denn Paderborn hat eigentlich zu allen Zeiten mehr als seinen Zehnten an das Schicksal entrichtet. Streitigkeiten zwischen Bürgern und Geistlichkeit lösten, wie in Würzburg, zahllose Aufstände und Verschwörungen aus. Die Auseinandersetzung zwischen Katholiken und Protestanten in der Reformationszeit schlug der Stadt schwere Wunden. Im Dreißigjährigen Krieg wechselte sie nicht weniger als sechzehnmal den Besitzer. Unvergessen ist das Regime des »tollen Christian« von Braunschweig, der 1622 den silbernen Liborius-Schrein entführen und daraus Münzen mit der Aufschrift »Gottes Freundt – der Pfaffen Feindt« fertigen ließ.

Aber die fünfhundert Bürger, die die Schrecken des Glaubenskrieges überlebten, fingen unverdrossen von vorn an. Schon zwanzig Jahre später trat Paderborn unter Bischof Ferdinand von Fürstenberg in seine dritte Blütezeit ein. Ihre Zeugen sind die heute noch stehenden prächtigen Barockbauten, die ihren Schöpfer nicht nur als eine höchst aktive Gestalt der Gegenreformation, sondern auch als einen Mann von Kultur und Geschmack ausweisen.

Die stärkste Wirkung geht aber noch immer vom Domhügel und Paderquellgebiet aus: dem Zentrum der Paderborner Stadtgeschichte.

Hier zwischen Dom, Abdinghofkirche und dem neuen städtischen Verwaltungsgebäude, das das zerstörte Kloster nach dem Kriege ablöste, lag die Ursiedlung der Stadt Paderborn. Hier stand die erste Kirche des Bistums Paderborn, die Fachwerkkirche des karolingischen Lagers. Hier weihte Papst Leo III. im Jahre 799 den Stephanus-Altar in der mächtigen Basilika, für die die konstantinische Peterskirche in Rom Modell stand. Hier wurde die neue Kaiseridee geboren, hier die Wiedergeburt des Imperiums beschlossen. Von hier gingen Impulse aus, die ein ganzes Jahrtausend deutschen und abendländischen Schicksals bestimmten.

Wenn irgendwo – hier wurde Geschichte gemacht.

ELFTES KAPITEL
DER TRAUMPALAST VON INGELHEIM

Die Lieblingspfalz des frommen Kaisers Ludwig

Die Rhein-, Wein- und Spargelstadt · An der Stelle einer römischen Villa · Ein Kaiser, der niemals lachte · Der »Eremit« von Aniane · Walahfrid Strabos Friedensvision · Der große Ingelheimer Reichstag · Brautschau für den frommen Ludwig · Kapitulation im Wald von Compiègne · Der Schauprozeß auf dem Kolmarer Lügenfeld · Ruiniert, zerstört, verbaut · Vision oder archäologische Bestandsaufnahme? · Die Pfalz auf dem Frankfurter Domhügel · Der Ingelheimer »Saal«

Wer auf der Bundesstraße 9 von Bingen nach Ingelheim kommt, fährt zunächst an den großen pharmazeutischen Betrieben vorbei, die den Namen der Stadt in den letzten Jahrzehnten über die Grenzen hinaus bekannt gemacht haben. Mittelpunkt ist ein kubisches Hochhaus, das genauso in Köln oder Frankfurt stehen könnte. Auch die umliegenden Wohnsiedlungen mit ihren adretten Vorgärten, Rasenflächen und Spielplätzen können ihre Herkunft aus der Retorte neuzeitlicher Wohnarchitektur nicht verleugnen.

Der Ort Ingelheim selbst ist von gestern und vorgestern, ein Allerweltsflecken ohne besondere Kennzeichen. Eine lange, gerade Straße, die allmählich ansteigt; links und rechts bescheidene Bürgerhäuser, kleine Läden und Lokalitäten, in denen gekachelte Wände, Kühlanlagen und Fernsehapparate noch immer etwas fremdartig anmuten.

Auch die sozusagen amtlichen Informationen sind alles andere als erregend. Ingelheim liegt linksrheinisch etwa auf der Mitte zwischen Bingen und Mainz. Auf den Hängen ringsum wächst ein bekömmlicher Rotwein, ein leichter und freundlicher Tropfen, der von fernher an den »Tiroler« erinnert. Die Prospekte verweisen auch auf die Ingelheimer Spargel- und Obstkulturen, die Milde des Klimas und die Heiterkeit der sonnengesegneten, wohltemperierten Landschaft.

Der Rhein-, Wein- und Spargeltourismus schlägt vor allem in Frei-Weinheim seine Wellen, dem Ableger unten am Fluß, einem früheren Fischerdorf, das erst 1939 mit den Gemeinden Nieder-ingelheim und Oberingelheim zu der »Gesamtkommune Ingelheim« vereinigt wurde.

Die drei Ortsteile sind bis heute nicht zusammengewachsen, obwohl sich die Zahl ihrer Einwohner auf nahezu zwanzigtausend vergrößert hat. Die Funktionen der City, wenn man so sagen darf, versieht das in der goldenen Mitte gelegene Niederingelheim. Hier, ziemlich am Ende der langen, sacht ansteigenden Hauptstraße steht auch das Rathaus der Stadt – ein Bau, der wahrscheinlich in den letzten Jahrzehnten des vorigen Jahrhunderts entstand und genau-so aussieht wie die meisten Rathäuser dieser Zeit.

Davor liegt ein kleiner, baumumstandener Platz mit einem alten Brunnen, dem obligaten Hintergrund für das Erinnerungsfoto. Von dort sind es nur wenige Schritte bis zu dem an der Ostseite des Rat-hauses abzweigenden Gäßchen, das den seltsamen Namen »Im Saal« trägt.

Hier beginnt das Gelände der einstigen karolingischen Kaiserpfalz Ingelheim, die neben Nymwegen und Aachen, Worms und Frankfurt eine der berühmtesten im Frankenreich war – architektonisch vielleicht die großartigste.

Erstmals ist in den Jahrbüchern des Klosters Hersfeld von Ingelheim die Rede, und zwar zu einer Zeit, da Lul, der Lieblingsschüler des Bonifatius und nachmalige Bischof und Metropolit von Mainz, dort Abt war: also vor 753. Die Notiz besagt, daß Abt Lul König Pippin in Ingelheim besuchte und in dessen Wohnhaus zu Gast war. Die Historiker nehmen an, daß dieses Wohnhaus bereits im späteren Pfalzgelände lag – an der Stelle einer römischen Villa, deren Ruinen noch den Kaiserpalast mit Baumaterial versorgten.

Wahrscheinlich hat sich der kleine Pippin häufig in Ingelheim aufgehalten. Für das Mittelalter war es jedenfalls eine ausgemachte Sache, daß sein großer Sohn Karl hier das Licht der Welt erblickte, obwohl keine schriftliche Quelle darüber etwas verlauten läßt. Möglicherweise verbrachte Karl auf dem schön gelegenen Königsgut am Rhein, dessen Wälder sich durch außergewöhnlichen Wildreichtum auszeichneten, einen Teil seiner Jugend.

In den karolingischen Reichsannalen wird Ingelheim erstmals 774 genannt. »Der ruhmreiche König«, berichtet der unbekannte Chronist, kam in jenem Jahr nach der Unterwerfung und Neuordnung Langobardiens »mit Gottes Hilfe als Triumphator« nach Franzien zurück. In Lorsch wohnte er der Einweihung der neuen Stiftskirche bei. Dann begab er sich nach Ingelheim, hielt dort einen Kriegsrat ab und schickte »vier Kommandotrupps nach Sachsen«, die alle siegreich und mit Beute beladen heimkehrten.

Vierzehn Jahre später fand in Ingelheim jener denkwürdige Reichstag statt, auf dem der Bayernherzog Tassilo von den Großen des Reiches zum Tode verurteilt, von »dem frommen König Karl aber voll Erbarmen und aus Liebe zu Gott« zu lebenslänglicher Klosterhaft begnadigt wurde. Ein zweiter Ingelheimer Reichstag ist für das Jahr 807 beglaubigt, ein Routinereichstag sozusagen, von dem keine besonderen Ereignisse berichtet werden.

»Aber neben diesen, sagen wir einmal: offiziellen Gelegenheiten, die Karls Anwesenheit in Ingelheim bezeugen, haben wir ihn öfters dort zu suchen. Wir hören von großen Hofjagden..., von Staatshandlungen kleineren Formats, von Empfängen ausländischer Gesandtschaften, von Schenkungen, die hier ihren Ausgang nahmen, ja auch, wenn die Überlieferung uns wahrheitsgemäß berichtet, von Komödien, die Karl in seiner Pfalz aufführen ließ. Darum... erscheint der Kaiser... gerade für die Ingelheimer weniger als der Feldherr, weniger auch als der große Staatsmann, der er war, sondern in rein menschlicher Gestalt, der, wie die Sage es will, noch heute die Fluren um seine Pfalz durchschreitet und seine glückhafte Hand segnend über den Weinbergen ausbreitet, denen er im Leben so große Fürsorge angedeihen ließ.« (Burger)

Dagegen ist bis heute nicht einmal bekannt, wann mit der Anlage der großen Pfalz begonnen wurde. Sicher ist nur, daß Karl die Vollendung des Werks nicht mehr erlebt hat. Erst unter Ludwig dem Frommen wurde der riesige Komplex, dessen Grenzen sich noch heute auf der Ingelheimer Stadtkarte deutlich abzeichnen, fertiggestellt.

Überhaupt ist die Geschichte der Ingelheimer Pfalz mehr mit Namen und Schicksal des mönchischen Ludwig verknüpft, unter dessen unsicherer Regierung das mächtige Frankenreich von einer Reihe schwerer Krisen erschüttert wurde.

Karl hat mit seinen Söhnen wenig Glück gehabt. Der schöne, bucklige Pippin, den er um sein Erstgeburtsrecht betrog, empörte sich während des Awarenkrieges gegen den Vater. Karl erfuhr von dem geplanten Anschlag, lieferte die Mitverschworenen dem Henker aus und verbannte den »durch einen Höcker verunstalteten Zwerg« nach harter Geißelung ins Kloster Prüm. Kurz vor seinem Tod erinnerte er sich des unglücklichen Pippin und schickte Boten zu ihm. Sie fanden den Königssohn beim Unkrautjäten und richteten ihm die väterlichen Grüße aus. Pippin fuhr, ohne aufzusehen, in seiner Arbeit fort und sagte: »Bestellt dem Herrn Kaiser, er möge dasselbe tun wie ich.«

Im Jahre 806 traf Karl die ersten Verfügungen über die Nachfolge und teilte sein Reich unter die drei Hildegard-Söhne Karl, Karlmann und Ludwig auf. Karl, »im Äußeren sein Ebenbild« und zumindest ein tüchtiger Heerführer, sollte das fränkische Zentralgebiet mit den östlichen Eroberungen regieren. Karlmann, der Liebling des Kaisers, der nach des buckligen Pippin Verbannung dessen Namen erhielt, war ausersehen, als König von Italien alles Land südlich der Donau zu beherrschen. Der kärgliche Rest war Ludwig von Aquitanien vorbehalten, der seine Unfähigkeit zur Führung von Staatsgeschäften damals bereits wiederholt bewiesen hatte. Wer Kaiser werden sollte, blieb einstweilen offen.

Das Schicksal nahm dem alternden Herrscher diese Entscheidung jedoch ab. Noch zu seinen Lebzeiten starben Karl und Karlmann-Pippin, der eine 810, der andere 811. Ein furchtbarer Schlag für den Erneuerer des römischen Imperiums – denn nun blieb ihm nichts anderes übrig, als dem schwächsten seiner legitimen Söhne die Nachfolgeschaft anzuvertrauen. Im September 813, vier Monate vor seinem Tod, ernannte er den frommen Ludwig zum Mitkaiser, der außer gutem Willen kaum eine der Eigenschaften mitbrachte, die die Würde und Bürde des Herrschers verlangt.

Am ehesten konnte er sich neben seinem großen Vater noch äußerlich sehen lassen. Sein Biograph Thegan – ein vornehmer Franke, der Chorbischof von Trier und Propst des St.-Cassius-Stiftes in Bonn war – zeichnet ihn als eine »mäßig hohe Gestalt, mit hellen Augen und einem leuchtenden Antlitz«, langer, gerader Nase und einer männlichen Stimme. Ausdrücklich hebt er seine starke Brust, seine breiten Schultern und kräftigen Arme hervor. Und wirklich war dieser unentwegte Beter und Psalmensänger ein passionierter Waidmann, der bei der Jagd auf wilde Bären und Eber genauso seinen Mann stand wie Kaiser Karl.

Das war aber auch der einzige Zug, den er mit seinem Vater gemeinsam hatte. Schon die lärmenden Tischgesellschaften, die der riesige Karl so sehr liebte, waren ihm ein Greuel. »Niemals erhob er seine Stimme zum Gelächter«, berichtet Thegan. »Wenn bei den Festen... Schauspieler, Possenreißer und Mimen mit Flötenbläsern und Zitherspielern zur Mahlzeit vor ihm erschienen..., zeigte er nicht einmal seine weißen Zähne.«

Kein Wunder, daß mit dem Regierungsantritt des mürrischen Ludwig auch das Leben am Hof grauer und trister wurde. Als christlicher Herrscher glaubte er sich verpflichtet, seine allzu lebensfrohen Schwestern in klösterliche Obhut zu geben, obwohl Vater Karl die lockeren Vögel seiner »unwandelbaren Barmherzigkeit« empfohlen hatte. Ebenso verwies er Karls rauhe, zechgewohnte Kriegskumpane aus seiner Umgebung. Den königlichen Schatz verschenkte er, teils an die Kirche, teils an die Armen. Für sich selbst behielt er nur ein kleines silbernes Tischchen, das er überdies bezahlte. Schlimmer war, daß er auch den karolingischen Familienbesitz alsbald zu verschleudern begann, indem er, wie es bei Thegan heißt, »königliche Gutshöfe... seinen Getreuen zu immerwährendem Besitz gab«.

Solche Züge beweisen, daß er sein Amt als Kaiser eines christlichen Imperiums ernst nahm. Persönlich anspruchslos und »mäßig im Genuß von Speise und Trank«, versuchte er offenbar ehrlich, Milde und Güte zu üben und ein Reich des Rechtes und des Friedens zu schaffen. Nur besaß er nicht im geringsten die Gabe, christliche Demut mit einem aktiven Weltleben zu vereinen, eine Aufgabe, die dem »tatenfrohen Naturell« seines Vaters keine Schwierigkeiten bereitet hatte.

»Auch dieser hatte sich als Christ gefühlt, aber die kirchlichen Gebote fügten sich für ihn ziemlich mühelos in die germanische Tradition des adeligen Kriegertums, das den Kern seines Persönlichkeitsideals ausmachte. Wo Differenzen bestanden, bildeten sie gewiß nirgends den Grund zu Skrupeln; gerade die Naivität des Handelns und die Selbstverständlichkeit der Überzeugung, mit diesem Handeln das Richtige zu treffen, machen Karls persönliche Stärke aus. Ludwig dem Frommen fehlte diese natürliche Sicherheit. Er antwortete auf Situationen nicht durch spontane Handlungen, sondern brauchte die Reflexion. Sich selbst und sein Tun fortwährend zu prüfen, an dem Gesetz der großen Weltordnung zu messen, schien ihm besondere Pflicht des Herrschers, der als Kaiser gleichsam die Repräsentanz vor Gott für die gesamte Christenheit übernommen hatte.« (Fichtenau)

Die Neigung zu einem Leben christlicher Weltentsagung kennzeichnete schon den jungen Ludwig. Karl ließ ihn fern vom Hof in

Aquitanien erziehen, wo sich der heranwachsende Prinz den massiven Beeinflussungsversuchen fränkischer und aquitanischer Grafen ausgesetzt sah. Da ihm für die Politik jegliche Begabung fehlte, flüchtete er in die Arme geistlicher Ratgeber, die den unsicheren, oft von Depressionen heimgesuchten Königssohn sehr bald in ihrem Sinne zu formen vermochten.

Das Haupt dieses Schwarms kirchlicher Ratgeber war Benedikt von Aniane, der Reformator des fränkischen Klosterwesens.

Er hieß eigentlich Witiza und entstammte einer vornehmen westgotischen Kriegerfamilie, die in der spanischen Mark begütert war. Nachdem er als junger Mann am fränkischen Königshof die Aufgaben eines Mundschenks versehen hatte, nahm er als Soldat am Langobardenfeldzug teil. Dort erlebte er jene Stunde der Umkehr, die ihn veranlaßte, sich von der Welt abzuwenden, ihren Freuden zu entsagen und sich – wie noch viele Spanier nach ihm – mit düsterer Leidenschaft den »Letzten Dingen« zu widmen. Im Jahre 774 trat er in ein Kloster bei Dijon ein. Die benediktinischen Regeln erschienen ihm jedoch mehr für »Anfänger und Kranke« als für ernsthafte Büßer gemacht, und so zog er sich bald auf das väterliche Gut zurück, wo er in einer einsamen Zelle am Bach Aniane das Ideal der Urmönche zu verwirklichen trachtete.

Der Eremit von Aniane besaß die Eigenschaften, die zu allen Zeiten die Umwelt beeindruckt und Jünger angezogen haben: Fanatismus, Willenskraft und physische Härte. Ebenso war er – wie Ignatius von Loyola, der Begründer des Jesuitenordens, mit dem er gelegentlich verglichen wird – ein Genie der Organisation. So wurde aus der Zelle bald ein Kloster, das schon nach wenigen Jahren über tausend Mönche zählte.

Ihr Ziel war die völlige Abschließung von der Welt. Harte körperliche Arbeit rangierte vor der Beschäftigung mit geistigen und musischen Aufgaben. Die Disziplin war soldatisch. Abt Benedikt von Aniane nahm für sich, wie der Ire Kolumban, unumschränkte Befehlsgewalt über seine »Mönchsbataillone« in Anspruch. Die von ihm betreuten Klöster wurden militärisch geleitete Festungen Gottes, in denen das Eigenleben nichts, die *concordia,* und damit das Aufgehen in der Gemeinschaft, alles war.

Benedikt verlangte – um noch einmal Heinrich Fichtenau zu zitieren – »strengste Einheitlichkeit in allem, auch dem Unbedeutenden ... Sogar die Größe der Weinkrüge und den Schnitt der Kutten hat er normiert; und das war mehr als bloße Spielerei einer Feldwebelnatur. So wie der eine Gott über den Kosmos herrschte, sollten sich auch die Mönche, als Vorbild der übrigen Menschen, zu einem Corpus der Christenheit zusammenschließen, in dem nicht mehr individuelle Zufälligkeit herrschte, sondern gemeinsamer Wille und einheitlicher Geist.«

Der stumpfe, schlaffe Ludwig fühlte sich von Benedikts männlicher Glaubenskraft bereits als Prinz von Aquitanien angezogen. Kurz nach seinem Regierungsantritt holte er ihn nach Aachen und gründete für ihn das Kloster Inden, das heutige Kornelimünster. Der energische Generalabt war bald der eigentliche Regierungschef und nutzte seine Stellung, den am Bach Aniane begonnenen Reinigungsprozeß nun »von oben her« zu aktivieren.

Auf sein Betreiben trat 816 eine fränkische Reichssynode zusammen und legte ihre Beschlüsse in 145 Paragraphen nieder. Die Bestimmungen standen zunächst zwar nur auf dem Papier, bewiesen aber einen entschiedenen Reformwillen. Die Bischöfe sollten die Disziplingewalt über den Weltklerus ausüben. Die Geistlichen wurden erneut zu einem sittlich einwandfreien Lebenswandel verpflichtet, die Grenzen zwischen Laien und Mönchen schärfer markiert. Kurze Zeit später stellten die von Benedikt geführten Reformen auch das Eigenkirchenrecht in Frage. Außerdem verpflichteten sie den Kaiser, die Sicherheit des Kirchengutes zu gewährleisten. Daß sie sich zum Papst als dem geistlichen Oberhaupt der Christenheit bekannten, verstand sich von selbst.

Gleichsam zur offiziellen Bestätigung dieses Anspruchs ließ sich der fromme und »der Kirche wohlgesonnene« Ludwig 817 durch Papst Stephan v. noch einmal zum Kaiser krönen. Mehrfach tat er öffentliche Buße, obwohl sie niemand von ihm verlangte. Von Thegan wissen wir auch, daß er über den »heiligen Dingen« allzuoft die Geschäfte des Herrschers versäumte. Da die fränkischen Granden den Sohn des großen Karl aber respektierten, Kanzler Elisachar, wahrscheinlich ein Syrer, hervorragende Verwaltungsarbeit leistete und Benedikt den Bogen nicht überspannte, standen die ersten Jahre der neuen Ära unter einem glücklichen Stern.

So konnte Walahfrid Strabo den unfähigen Ludwig in einem Gedicht als den großen Friedensbringer feiern. Der Kaiser, der in seinem Aachener Tierpark Auerochsen, Hirsche und Rehe hielt, brauche nur zu wollen, und »Löwen, Bären, Elefanten, Tiger und Drachen würden zusammen mit Rindern und Schafen zum Gesang der Vögel einen friedlichen Reigen tanzen«.

Auch die äußere Lage des Reiches schien gesichert. Zwar gehörten Kämpfe an den Grenzen wie der Wechsel von Sommer und Winter zum Ablauf des Jahres, doch genügte normalerweise das lokale Aufgebot, die aufständischen Slawen oder Sarazenen, Bretonen oder

Aquitanier schnell wieder zu beruhigen. Und die großen Reichstage waren noch immer Demonstrationen der fränkischen Macht, die von der schleichenden Krise kaum etwas spüren ließen.

Eine der großartigsten Reichsversammlungen, die nicht nur von den *Fränkischen Annalen*, sondern auch von der Ludwig-Biographie eines unbekannten Chronisten und dem Lobgedicht des Mönches Ermoldus Nigellus ausführlich beschrieben wird, fand 826 in Ingelheim statt.

Mitte Mai verließ Ludwig sein Aachener Winterquartier. Am 1. Juni traf die kaiserliche Kavalkade zum festgesetzten Termin in der »herrlichen Pfalz am Rheine« ein, wo »das Volk zum Reichstag bereits versammelt« war. Die für diesen Reichstag vorgesehenen Besprechungen und Empfänge beschäftigten den Herrscher wochenlang.

Zunächst »beriet, verordnete und setzte er seiner Sitte gemäß vieles fest, was der Kirche nützlich war«. Dann gewährte er Gesandtschaften aus den verschiedensten Ländern Europas Audienz. Die »vorzüglichste und wichtigste unter ihnen« war für den frommen Ludwig die Delegation des Heiligen Apostolischen Stuhls, die Bischof Leo von Civitavecchia führte. Mit ihm war »von jenseits des Meeres« der Abt Dominikus vom Ölberg gekommen, um Hilfe für die heiligen Stätten in Jerusalem zu erbitten.

Zwei slawische Herzöge, die sich »wegen Treulosigkeit« zu verantworten hatten, schickte der milde Kaiser, »da die Beschuldigung sich nicht hinreichend begründet« erwies, nach erfolgter Zurechtweisung in ihre Heimat zurück. Die Grafen Baldrich und Gerold, Befehlshaber der Pannonischen Mark, berichteten über Grenzstreitigkeiten mit den Bulgaren. Sie hatten den Presbyter Georgius aus Venedig mitgebracht, einen »Mann von lauterem Lebenswandel, der sich erbot, eine Orgel nach Art der Griechen zu bauen«. Ludwig war darüber hoch erfreut, ließ den Orgelbauer »auf öffentliche Kosten verpflegen« und wies seinen Schatzmeister Tankulf an, diesem alles zu liefern, was zum Bau des wunderbaren Instrumentes nötig sei.

So brachte jeder Tag etwas Neues. Empfänge, feierliche Gottesdienste, Beratungen, Botschaften, Inspektionen folgten einander im ständigen Wechsel, und die geistlichen Kanzlisten hatten alle Hände voll zu tun, der drängenden Arbeit Herr zu werden.

Der prominenteste Gast dieses Reichstages war der Dänenkönig Heriold. Er hatte zuvor in St. Alban in Mainz zusammen mit seiner Gemahlin und seinem Sohn Göttrik die heilige Taufe empfangen und kam nun nach Ingelheim, um mit dem frommen Kaiser Geschenke auszutauschen. Er erschien an der Spitze eines großen Gefolges, und Ludwig schickte ihm den Grafen Matfried von Orléans – seinen Protokollchef, wie wir heute sagen würden – mit einem Ehrengeleit zum Landeplatz am Rhein entgegen. In festlichem Zug wurde der getaufte König eingeholt und zu einem opulenten Mahl gebeten, an dem auch die Großen des Frankenreiches teilnahmen.

Der glanzvollen Ouvertüre folgten ernste Beratungen, die sich offenbar über Tage hinzogen. König Heriold erbat von Ludwig einen tüchtigen Mann, der den Heiden des Nordens das Evangelium verkünden sollte. Der Kaiser entschied sich für den in Amiens als Sohn fränkischer Eltern geborenen Ansgar, der als Mönch in Corvey lebte, und stattete ihn »mit kirchlichen Gerätschaften, Schreinen und Zelten« großzügig aus. Fünf Jahre später ernannte er ihn zum Erzbischof von Hamburg.

Den Abschluß des Besuches bildete eine Staatsjagd in den umliegenden Wäldern. Ludwig und sein hoher Gast wetteiferten in der edlen Kunst des Waidwerkes und brachten außer Hirschen und Rehen auch Bären und Eber zur Strecke. Nach dem Treiben lud der Kaiser, nach väterlichem Vorbild, zu einem Imbiß im Revier ein, bei dem »herrlicher Wein« – wie der Mönch Ermoldus Nigellus aus Aquitanien getreulich berichtet – die Herzen der Hubertusjünger noch fröhlicher stimmte, als sie ohnehin schon waren.

Aber solche Tage kaiserlicher Repräsentation und Machtentfaltung waren im Jahr des großen Ingelheimer Reichstags bereits selten geworden. Der riesige Bau des Karolingerreiches hatte an Festigkeit verloren. Aber das allgemeine Unbehagen nahm ständig zu. Mit Sorge betrachteten die Großen des Reiches vor allem das Verhältnis zwischen dem Kaiser und seinen Söhnen.

Im Jahre 817 hatte Ludwig auf einem Reichstag in Aachen erstmals die Nachfolge geregelt. Die neue *ordinatio imperii* erhob den ältesten Sohn Lothar zum Mitregenten und gleichzeitig zum präsumtiven Thronfolger und Alleinherrscher. Die beiden jüngeren Söhne Pippin und Ludwig wurden als Unterkönige mit Aquitanien und Bayern abgefunden.

Das waren revolutionäre Bestimmungen, die die altfränkischen Erbfolgetraditionen mit einem Federstrich außer Kraft setzten. Die Entscheidung war auch wohl mehr den »zentralistisch« denkenden geistlichen Ratgebern des Kaisers als diesem selbst zuzuschreiben. Ausdrücklich hieß es in dem darüber ausgefertigten Dokument, daß der Beschluß »auf Wink des Allmächtigen zustande gekommen« sei. Er solle verhindern, »daß aus Liebe und Huld für die Söhne die Einheit des von Gott bewahrten Reiches durch Teilung von Menschenhand zerrissen werde und dadurch Ärgernis in der heiligen Kirche entstehe«. Nicht *divisio*, sondern *ordo*, nicht Teilung, sondern Ordnung hieß das neue, selbstgewählte Gesetz, das sichtbar die Handschrift des Generalabtes Benedikt von Aniane verriet.

Aber schon ein Jahr später erwies sich die Problematik des neuen Nachfolgegesetzes. Der bei der Machtverteilung übergangene König Bernhard von Italien, ein Neffe des Kaisers, machte auf seine Ansprüche dadurch aufmerksam, daß er die Alpenpässe sperrte. Als Ludwig daraufhin das Reichsaufgebot gegen ihn mobilisierte, streckte er jedoch ohne Schwertstreich die Waffen und empfahl sich der Gnade »des milden und huldreichen Kaisers«.

Wie viele Schwächlinge, die ihre Stärke beweisen wollen, vergriff sich der fromme Ludwig nun völlig in der Wahl seiner Mittel. Er gab Befehl, seinen ungetreuen Neffen und dessen Ratgeber zu blenden. Bernhard scheint sich beim Vollzug des Urteils gewehrt zu haben. Jedenfalls starb er drei Tage später an seinen Wunden, ebenso sein Kanzler Reginher.

Der fränkische Adel quittierte des Kaisers Maßnahmen mit Respekt. Ludwig selbst trug schwer an seinem verhängnisvollen Urteil. Als kurze Zeit später seine Gemahlin Irmingard starb, sah er darin eine Art Gottesgericht, so daß er mit dem Gedanken umging, sich reumütig in die Stille eines Klosters zurückzuziehen. Zwar gelang es Benedikt, den lethargischen Ludwig wieder umzustimmen, Unsicherheit aber blieb das Stigma des Kaisers.

Mit etwas herzhafteren Mitteln versuchten die fränkischen Nobiles der Weltfluchtbereitschaft des Herrschers zu begegnen, indem sie für den trauernden Witwer eine Brautschau veranstalteten: eine Inszenierung, die Fichtenau mit einer Schönheitskonkurrenz vergleicht. Und wirklich gelang es, den Kaiser noch einmal zu entflammen. Nachdem er, wie Einhard berichtet, viele Töchter des Landes besichtigt hatte, entschloß er sich zu einer neuen Ehe. Er entschied sich für eine Dame aus bayerischem Geschlecht, die Judith hieß und sehr schön war – sogar ein geistlicher Chronist jener Zeit nennt sie »süß und verführerisch«. Daß sie außerdem eine gehörige Portion Intelligenz und weibliche Verschlagenheit mit in die Ehe brachte und damit alle Eigenschaften, den kraftlosen Ludwig zu beherrschen, beweist ihre spätere Rolle.

Im Jahre 821 starb Benedikt von Aniane, der das Staatsschiff trotz allen Schwierigkeiten auf Kurs gehalten hatte. Ludwig überließ die

Regierungsgeschäfte fortan dem Abt Adalhard von Corvey – einem Vetter Karls des Großen, den er bei seinem Regierungsantritt nach Sachsen »strafversetzt« hatte – und nahm es tatenlos hin, daß Geistlichkeit und Adel ihre Hauptaufgabe immer mehr darin sahen, sich gegenseitig zu schaden. Er selbst widmete sich mehr der Not seiner Seele als der seines Landes. In der westfränkischen Pfalz Attigny klagte er sich 822 weinend des Mordes an seinem Neffen Bernhard an, unterwarf sich »nach dem Richterspruch der Bischöfe« einer Kirchenbuße und beschwichtigte sein Gewissen durch öffentliche Armenspenden.

Im Jahre 823 schenkte ihm Judith einen Sohn, der auf Verlangen der Mutter den programmatischen Namen seines Großvaters Karl erhielt. Von diesem Tag an begann auch des Kaisers Gemahlin sich eine eigene Hausmacht zu schaffen und auf die Entschlüsse ihres Gatten stärkeren Einfluß auszuüben. So bildete sich eine weitere Partei am Hof: neben den Klerikern und den »Reichsaristokraten« sprach nun auch die Clique Judiths ein gewichtiges Wort mit.

Die Schwäche des Regimes war bald überall spürbar. In den Marken an den Grenzen löste ein Aufstand den anderen ab. Die zu Provinzialbeamten ernannten königlichen Sondergesandten begannen sich mit den lokalen Gewalten zu verständigen. Die Bauern litten Not. Hunger und Seuchen suchten das Land heim. Als ob auch der Himmel seinen Unwillen bekunden wollte, mehrten sich die Naturkatastrophen in beängstigender Weise: Überschwemmungen und Dürreperioden, Hagelschläge und »Steinregen« – lauter Drangsale, die von den zeitgenössischen Chronisten als Zeichen bevorstehenden Untergangs genau registriert wurden.

Drei Jahre nach dem großen Reichstag von Ingelheim ernannte Ludwig seinen sechsjährigen Sohn Karl auf Verlangen Judiths zum Unterkönig von Alemannien, Chur-Rätien und Teilen von Burgund und brach damit das von ihm selbst geschaffene Nachfolgegesetz. Sohn Lothar fühlte sich dadurch in seinen ureigensten Rechten getroffen. Als ihn die Zentralisten am Hof in seinem Widerstand bestärkten, schickte ihn Ludwig nach Italien und traf damit eine zweite überaus unglückliche Entscheidung. Denn »draußen« fand Lothar sehr bald die notwendigen Helfer, die sich erboten, das geschändete Reichsgesetz auch gegen den Kaiser wiederherzustellen.

Die Gelegenheit zur offenen Rebellion ergab sich im folgenden Frühjahr, als Kaiser Ludwig die bewaffnete Macht des fränkischen Imperiums gegen die unruhige Bretagne aufbot. Das Heer sammelte sich in der Seinegegend, marschierte aber nicht, wie befohlen, gegen die aufständischen Bretonen, sondern setzte sich unter Führung Lothars in Richtung Aachen in Bewegung. Der fromme Vater, der in kritischen Situationen meist den Mut eines Mannes bewies, dem an dieser Welt nichts gelegen ist, zog ihm entgegen.

Im Walde von Compiègne trafen sich die beiden Heerhaufen. Die nun folgenden Verhandlungen ließen keinen Zweifel daran, daß die stärkeren Bataillone auf seiten Lothars standen. Ludwig begriff seine Machtlosigkeit, setzte Lothar wieder als Mitregenten ein und nahm es sogar hin, daß seine Gemahlin Judith von den Parteigängern seines ältesten Sohnes ehebrecherischer Beziehungen bezichtigt und gezwungen wurde, ins Kloster zu gehen. Den kleinen Karl von der Erbfolge auszuschließen, weigerte er sich allerdings beharrlich.

Unerwartet fand der gedemütigte Herrscher aber schon wenige Monate später bei seinen Söhnen Pippin und Ludwig tatkräftige Unterstützung. Ihr Einfluß reichte aus, die Reichsversammlung von Nymwegen wieder kaiserfreundlich zu stimmen. Der fromme Ludwig ließ die Rädelsführer des Aufstandes verurteilen und sandte den rebellischen Lothar nach Italien zurück. Den fränkischen Granden versprach er, daß die Kaiserin öffentliche Rechenschaft über ihr Privatleben ablegen werde. Da sich kein Kläger fand, konnte sie zu Beginn des Jahres 831 an den Hof zurückkehren.

Es ist möglich, daß ihn diese unverhoffte Wendung der Dinge über seine wirkliche Macht täuschte. Vielleicht glaubte er sich auch verpflichtet, seine jüngeren Söhne für ihren Beistand belohnen zu müssen. Jedenfalls vergrößerte er ihren Anteil am zukünftigen Erbe dadurch, daß er Pippin außer Aquitanien auch das Land zwischen Seine und Loire zuerkannte und Ludwigs bayerisches Königreich um Sachsen und Friesland vergrößerte. Judiths Sohn Karl belehnte er erneut mit dem bis zur Rhone erweiterten Alemannien. Lothar behielt Italien. Von seiner künftigen Alleinherrschaft war nicht mehr die Rede.

In dieser Weise fuhr er fort, sein Reich immer wieder zu teilen und die Länder seiner Söhne nach Gunst und Laune zu vergrößern oder zu verkleinern. Schließlich vertrugen sich die drei Irmingard-Söhne wieder und zwangen den Vater 833 gemeinsam in Kolmar zur Kapitulation. Auf Verlangen Lothars, der sich zu diesem Zweck der Hilfe von Papst Gregor IV. versichert hatte, wurde er vor ein geistliches Gericht gerufen, das ihn unter förmliche Anklage stellte. Es gab kaum ein Verbrechen, dessen er in dem nun folgenden Schauprozeß auf dem berüchtigten »Lügenfeld« nicht beschuldigt wurde: Mord, Eidbruch, Meineid, falsches Zeugnis, Störung des Friedens, ja, selbst Kirchenschändung wurden dem frommen Ludwig vorgeworfen, der in christlicher Demut kaum ein Wort der Verteidigung sprach.

Im St.-Medardus-Kloster in Soissons erlebt er die Stunde seiner tiefsten Erniedrigung. »Ohne Geständnis und ohne Beweis verurteilt, mußte er vor dem Leichnam des heiligen Bekenners Medardus und des heiligen Märtyrers Sebastian seine Waffen... vor dem Altar niederlegen; dann bekleideten sie ihn mit einem Bußgewand und schlossen ihn unter strenger Bewachung ein.«

Aber das Schicksal gab ihm noch einmal eine Chance. Die Vorgänge von 830 wiederholten sich. Die beiden Söhne Pippin und Ludwig, die ihren älteren Bruder Lothar eifersüchtig im Auge behielten, setzten den Kaiser 834 wieder in seine Rechte ein. Lothar zog sich erneut nach Italien zurück. Mit ihm gingen die Verfechter der Einheitsidee – die »Sehnen des Reiches«, wie sie ein Zeitgenosse nannte – über die Alpen, wo die meisten von ihnen einer Seuche zum Opfer fielen.

Noch sechs Jahre verblieben dem glücklosen Kaiser, sechs unersprießliche Jahre, die er zum großen Teil darauf verwandte, seinen Sohn Ludwig, der ihn zweimal gerettet hatte, zu bekriegen. Sein letzter Teilungsplan sah für Karl die Westhälfte des Reiches vor, für Lothar den Osten. Ludwig, der in den rechtsrheinischen Gebieten längst wie ein König regierte, sollte leer ausgehen.

Im Frühsommer 840 erkrankte der fromme Ludwig. Sein Magen verweigerte die Nahrungsaufnahme. »Auch fühlte sich der Kaiser durch häufige Brustbeklemmungen gequält und durch fortwährendes Schluchzen erschüttert.« Als er so sein Ende kommen sah, »ließ er sich auf einer Insel nahe bei Mainz eine zeltartige Sommerwohnung einrichten und sank dort matt und schwach« – seine Lieblingspfalz Ingelheim vor Augen – »aufs Krankenlager nieder.«

Er starb am 20. Juni, im vierundsechzigsten Jahre seines Lebens. Über Aquitanien hatte er siebenunddreißig Jahre, als Kaiser siebenundzwanzig Jahre geherrscht. Sein Halbbruder Drogo, den er zunächst verbannt und dann zum Bischof von Metz ernannt hatte, ließ seine sterblichen Reste nach Metz geleiten und in der Kirche des heiligen Arnulf beisetzen.

Die Ingelheimer Palastanlage hat ihre Sonderstellung auch nach Ludwigs des Frommen Tod noch lange behauptet, obwohl sie von den Königen des Ostfrankenreiches vernachlässigt wurde, vielleicht weil sie nach dem Vertrag von Verdun allzusehr an der Peripherie ihres Reiches lag. Aber schon unter den Herrschern aus sächsischem Geschlecht zählte sie wieder zu den ersten Pfalzen des Landes.

König Heinrich I. verbrachte das Weihnachtsfest des Jahres 927 in Ingelheim am Rhein. Sein Sohn Otto der Große hielt sich bei seinen häufigen Besuchen in Frankfurt und Mainz meist auch einige Tage im Schloß der Karolinger auf. Ottos Bruder Heinrich wurde nach einer Verschwörung in Ingelheim inhaftiert. Und 948 tagte in der Pfalz am Rhein in Anwesenheit von König Ludwig IV. von Frankreich und vieler hoher Kleriker jene Synode, auf der sich Kaiser Otto, der damalige »Herr der abendländischen Welt«, um die Beilegung innerfranzösischer Streitigkeiten bemühte: eine »Veranstaltung von europäischer Bedeutung«.

Nach mancherlei Kaiserbesuchen war Ingelheim 1043 noch einmal Mittelpunkt der kontinentalen Politik, als Heinrich III. – der »schwarze« Heinrich – in der ehrwürdigen Pfalz seine Hochzeit mit der schönen Agnes von Poitou beging. Der aus dieser Ehe hervorgegangene Sohn Heinrich – in der deutschen Kaisergalerie der vierte seines Namens – verlebte die glücklichsten Tage seiner Jugend in der mächtigen Pfalz am Rhein. Vierzig Jahre später – 1105 – zwang ihn sein eigener Sohn in Ingelheim zum Thronverzicht, eine Schmach, an der der alte Kaiser schwerer trug als an seinem Gang nach Canossa.

Die Staufer haben Ingelheim nicht mehr als »kaiserliche Wohnung« benutzt. Statt dessen ließ Friedrich Barbarossa den bisher unbewehrten Pfalzbezirk zu einer starken Festung ausbauen, einer staufischen Bastion gegen die Mainzer Erzbischöfe. Auch Oberingelheim, wo die in der Pfalz beschäftigten Ministerialen ansässig waren, wurde in der Barbarossa-Zeit mit einem imposanten Mauerring umgeben.

Mit den Staufern endeten die großen Tage der Ingelheimer Geschichte. Einige Daten enthüllen lakonisch das weitere Schicksal der einst so berühmten Pfalz: ein Dutzendschicksal, denn ähnlich vergingen die meisten großen Bauten der deutschen Kaiserzeit. Der ewig von Geldnöten geplagte Karl IV. verpfändete 1375 das »Ingelheimer Reich« an den Kurfürsten Ruprecht von der Pfalz, um dessen Stimme für die Wahl seines Sohnes Wenzel zum deutschen König zu kaufen. In die *aula regia*, die einst den Großen des Reiches zu Beratungen gedient hatte, waren damals bereits Mönche eines »kleinen Klösterleins« eingezogen, das 1354 zu Ehren »des heiligen Kaisers Karl« begründet worden war. Etwa zur selben Zeit wurde der ummauerte Raum des Pfalzgebietes, der noch heute »der Saal« heißt, zur Besiedlung freigegeben.

Zweihundert Jahre später berichtete Sebastian Münster, der berühmteste Sohn Ingelheims, in seiner *Cosmographia*, daß von dem

»Schloß des großen Kaiser Karl« nicht mehr viel zu entdecken sei. Im Jahre 1766 sah der Historiker des Elsaß, Daniel Schoepflin, den früheren Kaiserpalast bereits »so ruiniert und verbaut«, daß er »nichts Bestimmtes mehr ausmachen« konnte. Und Goethe notierte 1814 nach einem Besuch in Ingelheim: »Karls des Großen Palast fanden wir halb zerstört, zerstückelt, in kleine Besitzungen verteilt; den Bezirk desselben kann man noch an den hohen, vielleicht späteren Mauern erkennen.«

Die Wissenschaft begann sich um die Mitte des vorigen Jahrhunderts für das verwunschene Pfalzgelände zu interessieren. Beim Neubau einer Villa auf dem Platz der karolingischen Basilika stießen 1873 Erdarbeiter auf die Mauern der *aula regia* und der Torhalle. Anderthalb Jahrzehnte später legte Paul Clemen »im Nordteil des Basilikainneren« Säulenfundamente frei. Er schrieb auch 1890 die erste Monographie über die Ingelheimer Kaiserbauten. Die große Grabung jedoch, die für ein halbes Jahrhundert die Grundlage der Pfalzenforschung überhaupt bildete, veranstaltete der Gießener Kunsthistoriker Christian Rauch.

Die älteren Einwohner von Ingelheim erinnern sich noch der verschiedenen Kampagnen, die zwischen 1908 und 1914 den »Saal« zeitweise in eine Gruben- und Grabenlandschaft verwandelten. Die dichte Bebauung zwang die Forscher zu ungewöhnlichen Maßnahmen. Sie suchten nicht nur in den Gärten, sondern auch in den Kellern von Ingelheim nach karolingischem Mauerwerk, und häufig krochen sie mit Spaten, Kelle und Meßlatten in tiefen Schächten und Gängen und sogar unter den Häusern herum. Nicht alle Bewohner zollten dieser Maulwurfsarbeit den gebührenden Respekt. Viele glaubten ihre Besitzungen durch die unterirdischen Schürfungen gefährdet und trieben ihre Entschädigungsforderungen so hoch, daß »ein Weitergraben an dieser oder jener Stelle« nicht möglich war, wie Rauch später selbst bekannte. Trotzdem legte er am Ende seiner fünf Grabungskampagnen einen Gesamtplan der karolingischen Pfalz vor, den er aus »zwei großen, nord-südlich aneinandergelegten Quadraten von je dreihundert karolingischen Fuß (ziemlich genau hundert Meter Seitenlänge)« entwickelte.

Das nördliche, dem Rhein zugewendete Quadrat nahm nach seiner Darstellung »die eigentliche Pfalz mit ihren Amts-, Repräsentations- und Wohngebäuden auf, das südliche den Wirtschaftshof. An die ganze Länge der Südseite des nördlichen Quadrates, dessen Mitte der Saalbrunnen in einem großen Hofe bezeichnet, legte der Architekt die beiden Gebäude besonderer, öffentlich-amtlicher Be-

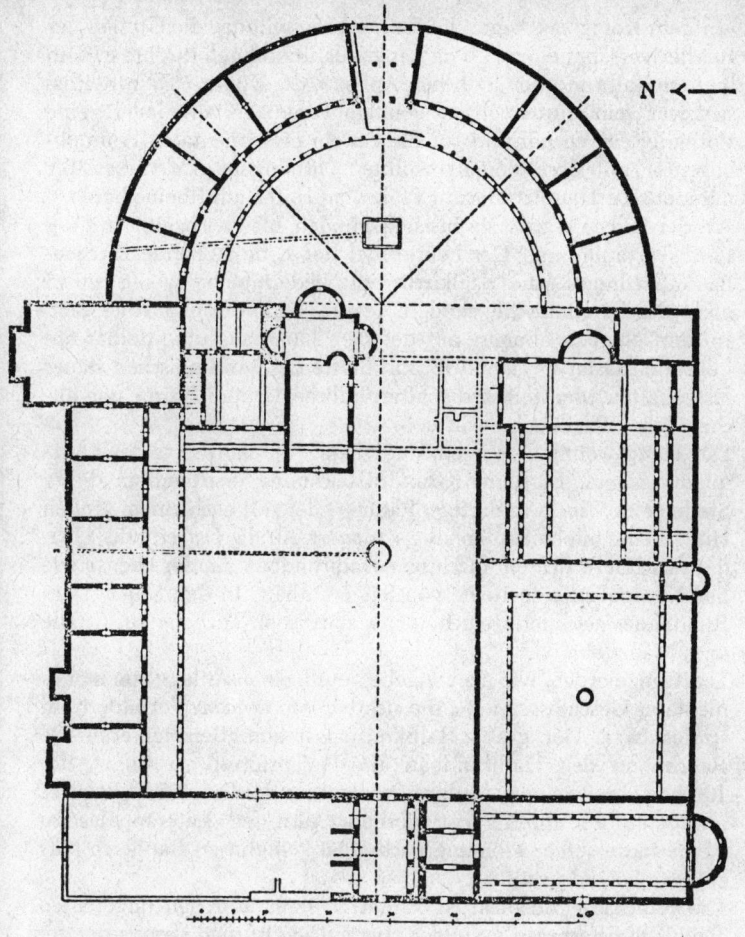

N ←——

Grundriß der Pfalz Ingelheim (nach Rauch)

stimmung: den Königssaal (*aula regia*, auch Reichssaal genannt)
und die Kirche. Beide waren durch einen Säulenhof, ein Atrium,
miteinander verbunden... und zugleich... als Gebäude öffent-
licher Repräsentation und Arbeit gegen die übrigen mehr privaten
Bauten abgeschlossen, die für den engeren Hofhalt, das königliche
Gefolge, die Gäste, die Beamten und die Besatzung als Wohnung
dienten.«

»In dem Königssaal tagte die Reichsversammlung: die Großen des Reiches versammelten sich im Langhaus, über ihnen thronte in dem breiten Halbrund der südlichen Apsis ... der König.« Dem Reichssaal war »eine prunkvoll aufwendige Toranlage vorgelagert: eine Vorhalle, ein Vorhof und vor diesem ein monumentales Triumphbogentor mit drei tonnengewölbten Öffnungen. Auf dieses Tor mündete die Hauptstraße zur Pfalz vom Hafen am Rheine her.«

»In der Kirche tagten die Bischofssynoden, oft gleichzeitig mit der Reichsversammlung. Der heute über der Erde stehende Kirchenbau allerdings« – die Saalkirche in Niederingelheim – »ist nicht mehr der karolingische, sondern ... ein Neubau romanischer Zeit. In dem Neubau aber ist mit der dem Querhaus unmittelbar anliegenden Ostapsis Grundriß und Stätte des karolingischen Baues festgehalten, der selbst die altertümliche Grundrißform der altchristlichen Basilika bewahrte.«

Der Hauptwohnpalast nahm nach Rauch die Nordseite des Pfalzquadrates ein. In seiner Grundrißzeichnung erscheint an dieser Stelle »eine Flucht saalartiger Räume«, der sich nach einem großen Hof zu eine offene Säulenhalle vorlagert. An die Ostseite des Quadrates schließt sich ein mächtiger Halbrundbau an, der ebenso wie der Nordpalast eine Reihe von Sälen enthält. In den Scheitel des Rundbaues zeichnete Rauch »einen stattlichen Torbau« zur Straße nach Mainz ein.

Das Ganze ergab, wie man zugeben muß, eine »Anlage von monumentaler Geschlossenheit«, die sichtbar von antiken Vorbildern inspiriert war. Der große Halbkreispalast zum Beispiel erinnerte Rauch »an den Halbrundbau am Trajansforum zu Rom«, der Reichssaal mit seinem Atrium »an die Aula des Diokletian-Palastes zu Spalato und ihren Peristylvorhof«. Auch der »Lateranpalast zu Rom« hatte seiner Meinung nach »den königlichen Bauherrn aufs stärkste beeindruckt«.

Die Rauchsche Rekonstruktion hat zu ihrer Zeit den ungeteilten Beifall der Fachwelt gefunden. Inzwischen ist man skeptischer geworden. Die Experten von heute halten das Ergebnis von damals mehr für eine Vision als für eine archäologische Bestandsaufnahme. Und fraglos hat der Kunsthistoriker und Architekturkenner Rauch den Ingelheimer Entwurf stärker bestimmt als der Bodenforscher. Spätere Untersuchungen haben jedenfalls begründete Zweifel an seinen Befunden aufkommen lassen.

Die wichtigsten Nachgrabungen, die unter Leitung von Walther Sage im Herbst 1961 begannen, wurden in der unmittelbaren Umgebung der Saalkirche durchgeführt, also im Zentrum des Pfalzbezirks. Objekt der Spatenarbeit waren aber nicht sosehr die zahlreichen Mauerzüge im Boden. Ziel war vielmehr, »ein vollständiges Bodenprofil innerhalb des Kirchgartens« zu gewinnen, eine Aufgabe, die angesichts der zahlreichen Störungen und Hindernisse im Erdreich nicht leicht zu bewältigen war.

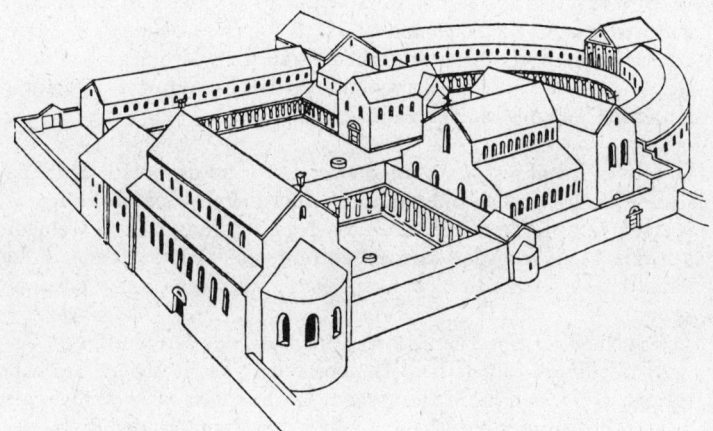

Karolingische Königspfalz zu Ingelheim, Wiederherstellungsversuch

Sage stellte eine unterste Siedlungsschicht mit zahlreichen Latène-scherben fest, fand jedoch – im Gegensatz zu allen bisherigen Vermutungen – nur wenige römische Reste. Um so klarer zeichnete sich ein merowingischer »Siedlungshorizont« ab. In den Grabungsakten erscheint ferner ein »Grubenhaus mit Sechs-Pfosten-Gerüst« – der erste Hinweis auf ein vorkarolingisches fränkisches Gehöft. Die karolingische Zeit war, wie zu erwarten, reichlich mit Scherben vertreten. Aber auch das hohe Mittelalter, ja selbst noch das 18. Jahrhundert hatten deutlich wahrnehmbare Spuren hinterlassen.

»Gerade diese Vielfalt dürfte aber«, nach Meinung von Walther Sage, »von besonderer Wichtigkeit sein«, da sie beweist, daß das Ingelheimer Pfalzgelände im Laufe der Zeit ungezählten Veränderungen und Eingriffen unterworfen war. Rauch und seine Helfer haben die außerordentlich differenzierte Schichtenfolge überhaupt nicht zur Kenntnis genommen. Was sie an Mauerzügen fanden, bezogen sie unbedenklich, unter Verwendung »höchst dubioser schriftlicher Quellen«, auf die karolingische Pfalzanlage – ein Verfahren, von dem sich die heutige Bodenforschung distanziert.

Das Urteil der Kunsthistoriker ist weniger ablehnend. Sie bekennen sich, wenn auch mit Einschränkungen, weiterhin zu der Rauchschen Rekonstruktion, die sie zumindest in der Planidee – der Kombination von Quadrat und Halbkreis – für richtig halten.

Eine endgültige Entscheidung wäre erst möglich, wenn der Boden der Ingelheimer Pfalz noch einmal, wie 1908 bis 1914, methodisch durchforscht würde. Bis das geschieht, wird sich der Rauchsche Entwurf, trotz aller Kritik, in den Geschichtsbüchern behaupten. Seine Überlebenschance ist um so größer, als auch die zweite große Pfalzgrabung – die Nachkriegskampagne in der Frankfurter Altstadt – nur einen Teil des Pfalzgeländes erfaßte.

Die Stadt Frankfurt am Main, in der erst 1792 der letzte deutsche Kaiser die Insignien seiner Würde erhielt, »galt bis zum Ende des vorigen Jahrhunderts als fränkische Neugründung, zumal weniger als eine Meile von der Altstadt entfernt im Heddernheimer Feld eine römische Ansiedlung bekannt war«: *Nida, die Civitas Taunensium.*

Die Suche nach dem fränkischen Königshof, der vermeintlichen Urzelle der Stadt, hat deshalb Generationen von Forschern beschäftigt. So gab es am Ende des vorigen Jahrhunderts nicht weniger als sechs wohlbegründete Theorien über den Standort der Pfalz, die teils für die Domgegend, teils für die Umgebung des Saalhofes plädierten. Die Archäologie kam in dem dichtbebauten Siedlungskern nur mit Zufallsfunden zu Wort und mußte sich daher der Stimme enthalten.

Erst 1953 – nachdem Bomben 1944 die gesamte Altstadt niedergelegt hatten – begannen systematische Grabungen. Die Untersuchung, eine der größten archäologischen Unternehmungen der Nachkriegszeit, dauerte fünf Jahre und konzentrierte sich auf den Westteil des Domhügels. Obwohl zahlreiche Sprengtrichter, Luftschutzstollen, Kanäle, Kabelgräben und verschüttete Keller die Aufgabe erschwerten, rechtfertigte das Ergebnis die Mühsal der siebenundzwanzig Monate beanspruchenden Geländearbeit.

»Auf der den Dom tragenden Terrainschwelle am Mainufer«, so lauteten die Kernsätze des ersten 1955 erschienenen Berichtes, »wurden unter den Kulturschichten der späteren Stadt drei ältere Siedlungsschichten gefunden, eine prähistorische seit der frühen Bronzezeit, eine gutentwickelte römische seit dem Ende des 1. Jahrhunderts mit einem Thermenbau und mehreren Wohn- und Wirtschaftsgebäuden und schließlich frühmittelalterliche Niederschläge, zu denen Mauerzüge gehören, welche die römischen Thermenfundamente durchschneiden und auf den Dom ausgerichtet sind. Dieser zuletzt genannte Komplex wird von uns als zu einer karolingischen Königspfalz gehörend gedeutet.« (Stamm)

Entgegen der vorherrschenden Meinung war damit nachgewiesen, daß der Frankfurter Domhügel bereits vor dreitausend Jahren bewohnt war und der fränkische Königshof nur eine längst vorhandene Siedlungstradition fortsetzte, die von den Hügelgräber- und Urnenfelderleuten sowie keltischen und germanischen Stämmen bis zu den Römern reichte.

In der römischen Zeit entstand auf dem Domhügel zunächst ein domitianisches Fort, wie Ziegel der Mainzer Legion sowie »Badegebäude im Kastelltyp und lagerdorfähnliche Anlagen« vermuten lassen. Dieses Kastell verwandelte sich im Laufe des 2. Jahrhunderts – wahrscheinlich nach der Gründung von Nidda – in einen Wirtschaftshof, dessen Hauptgebäude am heutigen Markt lagen. Nach dem Fall des Limes bebauten alemannische Bauern den Hügel am Fluß, bis der unersättliche Chlodwig um 500 das untere Maingebiet okkupierte und dort einen Königshof einrichtete.

Die Befunde deuteten darauf hin, daß der Königshof vielleicht schon in spätmerowingischer Zeit steinerne Wohn- und Repräsentationsgebäude erhielt, deren Material den römischen Trümmern entnommen wurde. In diesen Bauten hat wahrscheinlich das berühmt gewordene Konzil gegen Bilderverehrung und Adoptianismus des Jahres 794 Obdach gefunden. Von der danach entstandenen neuen Anlage, die ebenfalls erst unter Ludwig dem Frommen beendet wurde, birgt die Frankfurter Erde noch zahlreiche tieffundierte Mauern aus Basaltguß und weißem Mörtel, deren »bewunderungswürdige Festigkeit« auch schriftlich überliefert ist.

Im Gegensatz zu den römischen Gebäuden, die sich »der natürlichen Streichrichtung des Domhügels« anpassen, zeigen die Fundamente der neuen Pfalz eine klare Ostwestausrichtung, das heißt: eine deutliche Ausrichtung auf den sakralen Mittelpunkt des Komplexes – die Pfalzkapelle.

Inmitten der Thermenruinen – zwei Meter unter dem großen Kahlschlag, der sich während der fünfziger Jahre noch vom Dom bis zum Römerberg erstreckte – stießen die Ausgräber auf die Reste der *aula regia*: einer zweischiffigen Halle von 12,20 mal 26,50 Meter Größe. Etliche kleinere Räume, wahrscheinlich die Gemächer des Königs und seiner Bedienung, schlossen sich an. Wie in Aachen führte ein gedeckter Gang zur Pfalzkapelle, die unter Ludwig dem Deutschen der Salvatorkirche Platz machte, einer dreischiffigen Basilika mit Querhaus und Mittelapsis, deren Fundamente unter dem heutigen Dom liegen. Den Westteil des Pfalzbezirks in der Gegend des Hühnermarktes nahmen Wirtschaftsgebäude ein. Die Befestigungen entstanden später, frühestens in spätkarolingischer oder ottonischer Zeit.

Dabei blieb es bis zum Neubau der staufischen Pfalz, die unabhängig von der karolingischen Anlage als »ausgesprochene Wasserburg« unmittelbar am Main errichtet wurde. Der »Funktion des Domhügels als der eigentlichen Keimzelle der Stadtentwicklung« tat die Neuanlage jedoch keinen Abbruch. »Der sakrale Teil des alten königlichen Pfalzbezirks« bewahrte »im Dom seine Autorität«, während der profane in den Kaufmannsgewölben des Tuchgadens aufging, »ein beziehungsreiches Symbol der allgemeinen Entwicklung des mittelalterlichen Reiches«. (Hundt/Fischer)

An die staufische Palastanlage in Frankfurt erinnert eine kleine romanische Kapelle, die als Andachtsraum für Geschichtsbegeisterte im Historischen Museum eine neue Funktion gefunden hat. Die karolingische Pfalz an der *Franconovurd* hat im Frankfurter Stadtbild keinerlei Spuren hinterlassen. Anders die Ingelheimer Pfalz, die wenigstens mit einigen Resten an ihre einstige Pracht und Größe erinnert.

Etliche Säulen des früheren Reichssaales – die wiederum aus römischen Bauten stammten – sind freilich abgewandert. »Eine befindet sich im Kurpark zu Wiesbaden, eine als Kriegerdenkmal auf dem Marktplatz zu Oppenheim, verschiedene weitere bilden heute die Brunnenhalle im Hofe des Heidelberger Schlosses. Die beiden einzigen Säulentrommeln, die in Ingelheim selbst verblieben sind, findet man heute in die Mauer an der Saalkirche eingefügt und mit einer Inschrift des Sebastian Münster versehen.« (Emmerling)

Auch die Saalkirche enthält vermutlich noch karolingisches Mauerwerk, obwohl sie in ihren wesentlichsten Teilen ein Werk der Stauferzeit ist. Von der großen Torhalle, die Rauch in den Scheitelpunkt des mächtigen Halbrunds verlegte, blieb ein Seitenpförtchen, das sogar noch Reste der ursprünglichen Dekoration zeigt. Vom Reichssaal hat sich die linke Hälfte der südwärts gerichteten Apsis in unsere Zeit gerettet.

Schließlich ist auch ein Badezimmer der karolingischen Pfalz noch zugänglich: ein etwa zwölf Stufen unter dem Pflaster liegender Raum. »Das Ganze ist sauber in Kalk- und Sandstein verkleidet und ausgelegt, zeigt noch die Reste von Zu- und Abflußöffnungen für das Wasser, ist aber heute neu eingedeckt.«

Am stärksten treten freilich die Bauten Barbarossas in Erscheinung, so die imposante Torburg am Zuckerberg (das einzige unverbaute Stück der Wehranlage) – und außerhalb der Pfalz der quadratische Turm der Remigiuskirche, der letzte Zeuge einer machtvollen staufischen Anlage, deren »Gestalt und Umfang« das heutige Ingelheim nicht einmal mehr ahnen läßt.

Aber noch immer öffnet sich dem Ingelheim-Pilger eine andere Welt, wenn er das alte Pfalzgelände betritt. Die schmalen, vielfach gewundenen Straßen laufen kreuz und quer. Die engbrüstigen, niedrigen Häuser – meist aus den Steinen der früheren Palastanlage erbaut – stehen regellos beieinander, hier an einen bauchigen Turm, dort an ein verfallenes Stück ehemaliger Festungsmauer gelehnt. Dazwischen kleine Gärten, die Furchen gras- oder strauchbewachsener Gräben und bemooste, verwitterte Gemäuer. Der ganze »Saal« wirkt ein wenig wie eine Spielzeugstadt, die ohne Plan aus der Lust des Augenblicks entstand.

Wie anders sah doch der aquitanische Mönch Ermoldus Nigellus die karolingische Pfalz Ingelheim:

»Wo sich ein Prachtbau zeiget, von hundert Säulen getragen, drinnen sind Flure gar viele, manches Gelaß ist dabei, tausendfach kreuzen sich Gänge und Wege, zu Tausenden Zimmer, welche gefüget die Hand kunstvoller Meister darin.«

Die Aquitanier, heißt es, hätten von jeher etwas aufgetragen. Und fraglos darf man auch des Ermoldus Lobgedicht nicht wörtlich nehmen. Sicher aber war die Ingelheimer Pfalz, deren Fundamente nun tief versteckt im Boden und in den Kellern des »Saales« liegen, neben der Aachener Palastanlage die Krone aller Pfalzen im Reich der Karolinger.

Die bedeutendste Klosteranlage des frühen Mittelalters

*Das Tor zum Mittelalter · Familienkloster der Karolinger · Die »Straß-
burger Eide« und der Vertrag von Verdun · König Ludwig der Deutsche ·
Behns »babylonische« Grabung · Das Urkloster an der Weschnitz ·
Langobarden bauten die Torhalle · Schuf Lorsch das erste »Westwerk«? ·
Die Entdeckung der Königsgruft · Ein Keller aus karolingischer Zeit ·
Tempelstädte des Mittelalters · Herz des Nibelungenlandes · Die Kloster-
kirche als Tabakscheune · Einhards Basiliken unter Tieffliegerbeschuß ·
Himmelsmusik in der Torhalle*

Die kleine Stadt Lorsch, unweit Worms zwischen Rhein und Berg-
straße gelegen, birgt eines der kostbarsten Werke der deutschen
Architekturgeschichte: die karolingische Torhalle des früheren
Reichsklosters Lorsch.

Die Torhalle liegt am Ostausgang des Ortes, wo die in den Odenwald führende Bundesstraße 47, von den Verkehrsstrategen »Nibelungenstraße« genannt, eine sachte Linksschwenkung vollzieht –
eine vielbefahrene Straße, auf der »in der Saison« täglich Tausende
von Touristen an dem altertümlichen Bau vorbeirollen, ohne ihm
mehr als einen flüchtigen Blick zu gönnen.

Es handelt sich um ein freistehendes, knapp elf Meter breites zweistöckiges Gebäude, dessen Untergeschoß sich mit drei großen Rundbogen nach beiden Fronten öffnet. Das Obergeschoß tragen gerun-
dete Arkadenpfeiler, die in vier Halbsäulen mit Kompositkapitellen
übergehen. Ein spitzgiebeliges Dach mit einem hübschen Glocken-
helm deckt den rechteckigen Bau, den an den beiden sieben Meter
breiten Schmalseiten zwei unverzierte Treppentürme flankieren.

Mehr als dieser einfache Baukörper bestimmt die reichgegliederte
Fassade die Optik des Werkes. Ein verschiedenartig gemustertes
Mosaik aus roten und weißen Sandsteinplatten verkleidet die
Wandflächen und schafft einen »textil« wirkenden Grund, den eng-
gestellte Pilaster in neun spitzgiebelige Felder aufteilen. Die mitt-
lere Spitzarkade der drei mal drei Felder umschließt jeweils ein
schlankes, rundbogiges Fenster, das genau in der Achse der drei
Durchlässe liegt.

»In dem Torbau... hat sich«, nach der Darstellung von Heinz
Biehn, dem Direktor der Staatlichen Schlösser und Gärten in Hessen, »in einer genialen Weise der Charakter der germanischen Kö-

nigshalle westgotisch-angelsächsischer Prägung mit der Idee des romanischen Triumphbogens vermählt, wobei die teppichhafte Wandverkleidung... in gleicher Musterung und Farbzusammenstellung nicht nur an... der Klosterkirche in Jouarre, sondern auch an dem weit entfernteren mesopotamischen Palast von Harun al Raschid in Raggah vorkommt, während die spitzgiebeligen Blendarkaden des Obergeschosses... sich im französischen Raum auf provenzalischen und aquitanischen Sarkophagen vorgebildet finden.«

Die schöpferische Verarbeitung antiker, germanischer und orientalischer Elemente in der Torhalle von Lorsch hat die Kunsthistoriker und Archäologen von jeher fasziniert. Friedrich Gerke meint, daß »in der Architektur von Lorsch alle Hochkultur der damaligen Welt zu einer eigenartig fränkischen Synthese« zusammengeströmt sei. Und Friedrich Behn, der Ausgräber von Lorsch, nennt die Torhalle einen »überaus bedeutsamen Bau, der die damals wirkenden geistigen Strömungen zu einer neuen Einheit von vollendetem Lebensmaß« vereinigte.

Die Halle interessiert aber auch die Historiker. Sie war ein Teil des mächtigen karolingischen Klosters Lorsch, das bis in die Stauferzeit seine Reichsunmittelbarkeit behauptete. Heinrich Walbe spricht geradezu von einem Tor, »das uns... die deutsche Geschichte des Mittelalters öffnet«.

Über kaum eine andere Institution im Fränkischen Reich liegen so viele Nachrichten vor wie über die karolingische Reichsabtei am Rhein; die unter dem Namen *Codex Laureshamensis* bekannte Klosterchronik hat alle wichtigen Daten und Namen gewissenhaft verzeichnet, so daß zumindest der äußere Ablauf der Geschichte genau bekannt ist.

Es begann damit, daß der fränkische Gaugraf Cancor und seine fromme Mutter Williswinda ihr Hofgut Lauresham (oder Laurissa) am Ufer der Weschnitz dem Erzbischof Chrodegang von Metz vermachten, damit er dort ein Kloster nach der Regel des heiligen Benedikt gründe. Chrodegang betraute die Mönche von Gorze in Lothringen mit der Einrichtung der Abtei. Die Brüder bauten das Cancorsche Herrenhaus behelfsmäßig um und ließen sich darin nieder. Ihr Kloster blühte rasch auf, nicht zuletzt dank der Reliquien des stadtrömischen Märtyrers Nazarius, die – von Chrodegang »besorgt« – am 7. Juli 765 von den Lorscher Mönchen feierlich eingeholt worden.

Ein Jahr später übertrug Chrodegang, der bis dahin selbst als Abt von Lorsch amtiert hatte, die Leitung des Klosters seinem jüngeren

Bruder Gundeland. Der neue, offenbar sehr energische Prior beschloß sofort, dem Provisorium ein Ende zu machen und ein den benediktinischen Vorschriften entsprechendes Monasterium zu bauen. Den Bauplatz für das neue Projekt, ein unbebautes Ruinenfeld auf einem nur sechshundert Meter entfernten Dünenrücken, schenkte ihm Cancors Bruder Thurincbert. Die Übertragungsurkunde wurde am 1. November 767 von beiden Seiten unterzeichnet.

Die unverzüglich begonnenen Bauarbeiten machten so schnelle Fortschritte, daß die Klosterkirche bereits am 1. September 774 ihrer Bestimmung übergeben werden konnte. Erzbischof Lul von Mainz, der Bonifatius-Schüler, vollzog die feierliche Weihe; die Oberhirten von Trier, Metz, Würzburg und Passau assistierten. Mit besonderem Stolz hebt die Chronik hervor, daß auch König Karl mit Familie und Hofstaat an der Zeremonie teilnahm.

Das Kloster blieb – wie Fulda – noch jahrzehntelang Baustelle. Abt Helmerich (778–784) ließ in die Basilika eine kassettierte Decke einziehen und einen kostbaren Marmorfußboden legen. Unter seinem Nachfolger Richbod (784–804) wurden die Ringmauer, der Kreuzgang, das Schlafgebäude und der gemeinsame Speisesaal fertiggestellt. Abt Adalung (804–837), ein Freund und Vertrauter Karls des Großen, ließ die Basilika mit so viel Gold und Silber ausstatten, daß sie als ein »Wunder an Pracht und Schönheit« auch in die *Chronik der Metzer Bischöfe* einging.

Zum Wachstum des Klosters trug entscheidend bei, daß es sich der besonderen Fürsorge des königlichen Hauses erfreute. Schon am 29. März 772 übernahm Karl die Abtei in Reichsbesitz und schenkte ihr, gewissermaßen als Morgengabe, das Königsdorf Heppenheim, zu dem nicht weniger als neunhundert Quadratkilometer Odenwald gehörten. Der fränkische Adel wollte nicht zurückstehen, und so reichten die Besitzungen von Lorsch schon um 800 von der Schweiz bis zu den Niederlanden.

Als Reichskloster war Lorsch zugleich königliche Pfalz. Karl hat auf seinen Umritten tatsächlich wiederholt in der schön gelegenen Abtei Quartier gemacht. Um so mehr fällt die stiefmütterliche Behandlung auf, die das Kloster in der Zeit Ludwigs des Frommen erfuhr.

Erst Ludwig der Deutsche hat die engen Beziehungen zwischen Lorsch und dem Königshaus wiederhergestellt.

Als Ludwig der Fromme 840 verschied, gab es trotz aller inneren Zwiste wenigstens noch den Anschein einer Zentralgewalt. Ja, die letzten Jahre des schwachen Herrschers waren nicht einmal seine

Die Torhalle des karolingischen Reichsklosters Lorsch (erbaut um 774)
(Foto: Verfasser)

schwächsten gewesen. Er hatte seinen Sohn Ludwig auf Bayern zurückgeworfen und sich den Großen des Reiches gegenüber so weit durchgesetzt, daß er eine neue Erbteilung verordnen konnte. Danach sollte Lothar Italien und alles Land östlich von Rhône, Saône und Maas bekommen, Judiths Sohn Karl den Westen. Ludwig ging leer aus. Pippin war 838 gestorben.
Aber die Wirklichkeit war stärker als dieser letzte Teilungsplan des glücklosen, alten Mannes. Lothar ließ sich in Rom zum Kaiser

krönen und verlangte, wie in der ursprünglichen Nachfolgeregelung vorgesehen, von den beiden jüngeren Brüdern Anerkennung seiner Souveränität. Diese waren jedoch nicht gewillt, sich mit den glanzlosen Rollen von Statisten zu begnügen, und verbündeten sich gegen den von den Zentralisten des Reiches gestützten Lothar.

Bei Fontanetum, dem heutigen Fontenoy in der Nähe von Auxerre, marschierten 841 die Heere der feindlichen Brüder auf. Mehrere Tage gingen Botschaften hin und her; selbst der Gesandte des Papstes suchte zu vermitteln. Dann aber, im Morgengrauen des 25. Juni, traten die Streitscharen zum verabredeten »Gottesgericht« an. Die Schlacht endete mit einem Sieg der jüngeren Brüder: einem schwer errungenen Sieg, denn auch ihre Truppen mußten einen hohen Blutzoll entrichten. Sie hatten deshalb »Erbarmen mit dem Bruder« – wie der Abt Nithard berichtet, ein Sohn Angilberts und Berthas – und sahen von einer Verfolgung ab.

Als Lothar nach mancherlei Manövern versuchte, Karl und Ludwig gegeneinander auszuspielen, erneuerten diese ihr Bündnis am 14. Februar 842, »in der Stadt, welche einst Argentaria genannt wurde, jetzt aber gemeinhin Straßburg heißt«. Es war der Tag der berühmten »Straßburger Eide«, die jeder der beiden Partner in der Sprache des anderen leistete – Ludwig in romanischer, Karl in germanischer Mundart. Für den Historiker von heute eine der bedeutendsten Grenzscheiden der europäischen Geschichte »Altfranzösisch und Althochdeutsch standen zum erstenmal ... als sprachliche Ausdrucksformen zweier Heeresgruppen nebeneinander, die verbündet den kaiserlichen Oberherrschaftsanspruch zurückwiesen.« (Steinbach)

Ein Jahr später – 843 in Verdun – wurde das Karolingische Reich endgültig geteilt. In der historischen Rückschau markiert der Vertrag von Verdun eines der bedeutsamsten Ereignisse der abendländischen Geschichte: die Geburt Deutschlands und Frankreichs. Den Vertragspartnern von damals lag jedoch nichts ferner, als zwei neue Staaten zu gründen. Sie teilten das fränkische Imperium, wie es bereits mehrfach geteilt worden war: ohne Rücksicht auf Landschaften, Stämme und sprachliche Grenzen.

Zwar war Ludwigs Reich vorwiegend germanisch, das Reich Karls vorwiegend romanisch. Mit dem dazwischenliegenden Reich Lothars aber wurde ein »politischer Homunculus« geschaffen, der von Anfang an zur Lebensunfähigkeit verurteilt war. Es erstreckte sich, unter Einschluß Roms und Aachens, von Süditalien bis Friesland und umschloß damit die reichsten Kulturräume des alten Europa. Irgendwelche Gemeinsamkeiten gab es in diesem Konglomerat widersprüchlicher Interessen und Traditionen jedoch nicht. Lothars Kaisertitel war, wie Michael Freund bemerkt, nur mehr »Schall und Rauch«.

Trotzdem lebte die Idee des *Imperium Christianum* noch geraume Zeit weiter. Unter dem Druck äußerer Ereignisse – im Osten bedrohten die Bulgaren, im Norden die Normannen, im Süden die Sarazenen das Reich – traten die drei Brüder 844 in Diedenhofen, 847 und 851 in Meersen zusammen, um gemeinsame Verteidigungsmaßnahmen zu beschließen. In Wahrheit waren sie jedoch mehr auf die Wahrung ihrer Souveränität als auf die Abwehr der äußeren Feinde bedacht. Und da in jedem der drei Teilreiche eine innere Fronde bestand, war jeder der drei Herrscher bemüht, mit diesen Widerstandsgruppen gegen seine Brüder zu konspirieren.

Kaiser Lothar zog sich 855, entnervt und entmutigt von diesem Hader, in das Kloster Prüm in der Eifel zurück und verschied dort im selben Jahr. Nach seinem Tod löste sich das Mittelreich in drei kleinere Teilreiche auf. Lothars ältester Sohn Ludwig übernahm das Königreich Italien, die Kaiserkrone und die Aufgabe, die Sarazenen zu bekämpfen. Karl, der jüngste, ließ sich in Arles als König der Provence nieder. Die Länderzone zwischen Hochburgund und Friesland sicherte sich Lothar II. – ein namenloses Land, das dann der Einfachheit halber Lotharingien genannt wurde.

Die drei Kaisersöhne starben früh und ermöglichten damit den mächtigen Oheimen, ihre Herrschaftsgebiete weiter abzurunden. Fraglos vermochte sich der König des Westfränkischen Reiches dabei stärker in Szene zu setzen als sein in ständige Kämpfe mit Slawen und Normannen verwickelter ostfränkischer Gegner. Nachdem Karl, genannt der Kahle, 863 bereits einen Teil der Provence gewonnen hatte, ließ er sich unmittelbar nach dem Tode Lothars II. im Jahre 869 in Metz zum König des verwaisten Landes krönen. Trotz schwerer Krankheit erschien Ludwig der Deutsche aber wenig später an der Spitze seines Heeres in Lothringen und zwang seinen Bruder 870 in Meersen zu einer neuen Teilung – mit dem Ergebnis, daß er Friesland dazugewann und seine Westgrenze bis an die Mosel-Maas-Linie vorschob.

Auch als 875 der italienische Ludwig starb, war Karl der Kahle noch einmal der Schnellere und ließ sich durch Papst Johannes VIII. die Kaiserkrone aufsetzen, bevor der als Nachfolger ausersehene Karlmann, ein Sohn Ludwigs des Deutschen, seine Ansprüche geltend machen konnte. Damit hatte sich der Streit zwischen dem Ostfränkischen und Westfränkischen Reich so zugespitzt, daß eine Auseinandersetzung unumgänglich wurde. Aber noch während der

Vorbereitungen zu diesem Waffengang, am 28. August 876, starb Ludwig der Deutsche in seiner Pfalz Frankfurt am Main.

Ludwig hinterließ eine Fülle ungelöster Probleme. Trotzdem nennt ihn Tellenbach den »bedeutendsten und kraftvollsten unter den Enkeln Karls des Großen«. Und zweifellos gehörte eine ungeheure Vitalität dazu, ein ganzes Leben lang um ein ständig bedrohtes Erbe zu kämpfen und fünfzig Jahre lang fast ununterbrochen Krieg zu führen.

Allerdings trieb er auch eine sehr umsichtige, elastische und energische Politik – eine Politik, die er konsequent und illusionslos selbst bestimmte. Für »graue Eminenzen« war an seinem Hofe kein Platz. Ludwig war gewohnt, selbst zu entscheiden und ein straffes Regime zu führen. Dennoch war er frei von der zynischen Grausamkeit, die seinen Bruder Karl kennzeichnet. Bei allem taktischen Geschick waren Einfachheit, Geradheit und kriegerische Tüchtigkeit die Grundelemente seines Wesens.

Sein Land war (nach Tellenbach) »kein geschlossenes, verkehrsgeographisch und wirtschaftlich einigermaßen glücklich begrenztes Gebilde«. Auf den dreihunderttausend Quadratkilometern, die er zum Schluß beherrschte, lebten allenfalls 2,5 Millionen Menschen, deren »Sozialprodukt« mit dem der beiden anderen Teilreiche nicht konkurrieren konnte. Schon daraus ergab sich für Ludwig die Notwendigkeit, auf die ständige Erweiterung seines Hoheitsgebietes in westlicher Richtung bedacht zu sein.

Daß die Nobiles seines Landes am Feuer der dynastischen Streitigkeiten ihr eigenes trübes Süppchen zu kochen suchten, entsprach fränkisch-germanischen Traditionen. »In den Kämpfen zwischen den Teilreichen des karolingischen Imperiums betätigte sich der Adel der verschiedenen Teilstaaten als die vollkommenste Fünfte Kolonne, die man sich denken kann. Der Adel des Westreiches rief den König des Ostreiches und der Adel des Ostreiches den König des Westreiches zu Hilfe, aber meist nur, um den zu Hilfe gerufenen auswärtigen König wieder zu verraten und sich wieder als staatstreu zu gebärden, sobald der erpresserische Druck gegenüber dem eigenen König seine Wirkung getan hatte. Überall erhoben die Sondergewalten ihr Haupt. Das Reich zerstäubte in einzelne Herrschaften.« (Freund)

Um so wichtiger war der Rückhalt, den Ludwig in seinem »Erbland« Bayern fand, dem bestorganisierten und stammesmäßig geschlossensten Gebiet des Ostfränkischen Reiches. Der König hat in den letzten Jahren seines Lebens mehr in Frankfurt als in Regensburg residiert und die Bajuwaren niemals sichtbar bevorzugt. Trotzdem schätzten sie ihn als einen der ihren. Sie sahen in ihm den Erneuerer ihrer Unabhängigkeit und bildeten seine eigentliche Hausmacht, die auch in Ludwigs vielen Kriegen die Hauptlast der Kämpfe trug.

Die eigensinnigen, in sich zersplitterten und verfeindeten Sachsen waren ihm zunächst weniger gewogen. Erst als Kaiser Lothar die im Bund der »Stellinge« zusammengeschlossenen Bauern gegen ihre Edelinge aufwiegelte, ging der sächsische Adel mit fliegenden Fahnen ins Lager Ludwigs über.

Eine ähnliche Entwicklung vollzog sich bei den Thüringern, Rheinfranken und Alemannen. Auch ihre Sympathien lagen zu Beginn der Erbauseinandersetzung mehr bei dem Repräsentanten der zentralen Reichsgewalt. Je unentschlossener Kaiser Lothar aber sein Erbe verteidigte, je konsequenter König Ludwig seine Interessen verfocht, desto mehr nahmen sie für den sichtbar Stärkeren Partei. Jeder Erfolg vergrößerte das Vertrauen, das man ihm entgegenbrachte. Jeder Sieg erhöhte die Zahl seiner Anhänger.

So vollzog sich in den Jahrzehnten »nach Verdun« eine immer spürbarer werdende Loslösung der deutschen Stämme vom karolingischen Imperium. Ostfranzien bildete genau wie Westfranzien seine staatliche Sonderexistenz aus. Es begann seine gemeinsamen Interessen zu begreifen und eine Art Staats- und Volksbewußtsein auszubilden.

Sehr wichtig für diese Entwicklung war, daß die Klöster von den dynastischen Händeln nicht betroffen wurden. Ob Fulda oder Corvey, Werden oder Lorsch, die Reichenau oder St. Gallen – sie alle lebten, ihrer Aufgabe getreu, außerhalb des weltlichen Streites. Die Wogen der politischen Erregung zerschellten an ihren festen Mauern. In ihren Gärten wurden weiterhin, um Ricarda Huch zu zitieren, »Rosen, Verbenen, Nelken und andere Blumen des schönen Anblicks und des Duftes wegen gezogen«. Die Klöster blieben Stätten des Friedens und der Stille, in denen außer dem Glauben auch die Wissenschaften und die schönen Dinge des Lebens gediehen. Und da sie in einem ständigen Gedankenaustausch standen, ergaben sich ganz von selbst gewisse Gemeinsamkeiten in den Formen des Buchschmucks, der Musik, der Dichtung – und vor allem der Sprache. Die Rolle des Klosters Fulda bei der Schaffung einer deutschen Schriftsprache stellt sich erst vor dem politischen Horizont dieser Jahrzehnte in ihrer wahren Bedeutung dar.

Es ist schwer zu entscheiden, ob der deutsche Ludwig die Geschichtsträchtigkeit dieses Vorgangs begriffen hat. Jedenfalls war er, wie die meisten Karolinger, ein Freund der Klöster. Er knauserte nicht mit Schenkungen und kehrte gern bei ihnen ein, am häufigsten im Kloster Lorsch, das er, wie eine Schenkungsurkunde seines Enkels Arnulf besagt, »über alles liebte« und daher als letzte Ruhestätte wählte.

Schon einen Tag nach seinem Tod trafen Ludwigs sterbliche Reste, geleitet von seinem gleichnamigen Sohn, in Laurissa ein. Zu Ehren seines Vaters stiftete der jüngere Ludwig eine prunkvolle Gruftkirche, in der er selbst – schon sechs Jahre später – an der Seite des ersten ostfränkischen Königs beigesetzt wurde. »Auch Ludwig des Jüngeren Sohn Hugo, der 879 in der Normannenschlacht bei Thiméon gefallen war, fand als Frühvollendeter hier seine letzte Rast neben drei nicht regierenden Karolingern: Warinhar, Angilhelm und des letzteren Gemahlin Moda.« (Minst)

Das karolingische Kloster Lorsch erreichte mit dem Bau der im Mittelalter viel bewunderten Königsgruft seine architektonische Endform. Es ist das Verdienst von Friedrich Behn, durch eine fast zehn Jahre dauernde Grabung ein Gesamtbild der Anlage gewonnen zu haben – der imposantesten Klosteranlage der karolingischen Epoche.

Behn war nicht der erste, der den Boden von Lorsch durchsuchte. Nach dem großen Brand im Jahre 1090, der auch den Westteil der Kirche erfaßte, grub Abt Anselm mit seinen Mönchen nach den Reliquien des Schutzheiligen Nazarius. Er hatte schon alle Hoffnung auf Erfolg aufgegeben, als die frommen Brüder einen mit eisernen Bändern verschlossenen Sarkophag fanden, der in seinem Innern außer einem Skelett eine Bleitafel mit dem Namen des römischen Patrons von Lorsch barg – ein Ereignis, das in der Klosterchronik mit bewegten Worten geschildert wird.

Wie Maulwürfe haben später, nach der Zerstörung des Klosters im Dreißigjährigen Krieg, Steinräuber das Gelände durchwühlt. Im Jahre 1753 wurde die Aussage eines Hirten protokolliert, der von gemauerten Gräbern und steinernen Särgen »unter dem Pflaster« der abgerissenen Gebäude berichtet. Nach verbürgten Nachrichten sollen auf den Wiesen rund um Lorsch bis heute zahlreiche Sarkophage als Futtertröge verwendet werden.

Um 1810 forschte der letzte kurmainzische Oberforstmeister von Hausen erneut nach den inzwischen wieder verschollenen sterblichen Resten des heiligen Nazarius. Die gesuchten Reliquien fand er nicht. Unter den neun Steinsärgen aber, die er ans Tageslicht holte, war ein »mit jonischen Pilastern« geschmücktes Gehäuse.

Darin befand sich »ein Skelett in einem braun karierten Seiden-gewand mit goldenen Borten«. Der Verschiedene hatte Stiefel mit Sporen getragen. Ein »in fremder Sprache beschriebenes Perga-ment lag unter dem Kopf des Toten, an seiner Seite eine Schiefer-tafel« mit unbekannten Lettern. Es war ein Fund, dessen besondere Bedeutung auch dem pensionierten Oberforstmeister aufging. So sandte er die Gebeine, die Stiefel und das Seidengewand nach Mainz, wo sie, sehr zum Leidwesen späterer Forscher, verloren-gingen.

Nach diesen »wilden Grabungen« begannen 1861 die ersten, noch sehr unzulänglichen, methodischen Untersuchungen, die 1882 auch auf die Kreuzwiese, den Standort des Urklosters, ausgedehnt wur-den. Wissenschaftlichen Rang hatte jedoch erst die 1890 von Pro-fessor Adamy, dem Kunsthistoriker der Technischen Hochschule Darmstadt, durchgeführte Kampagne. Ja, sie griff, wie ihr Friedrich Behn nachträglich bestätigte, »weit über den Standpunkt ihrer Zeit« hinaus. Wenn sie trotzdem zu zahlreichen Fehlschlüssen gelangte, so lag das daran, daß »die damaligen Grabungsverfahren an dem Erhaltungszustand des Objektes« versagten. Die von Adamy ent-worfene Rekonstruktion des Klosters Lorsch hatte dennoch für vierzig Jahre Gültigkeit – das heißt: bis zu dem Zeitpunkt, da Friedrich Behn die Ergebnisse seiner 1927 begonnenen Dauer-grabung veröffentlichte.

Seine Kampagne fand schon deshalb besondere Beachtung, weil er erstmals gewisse Techniken der Urgeschichtsforschung auf ein früh-mittelalterliches Bauwerk anwandte. »Hier, wo durch fortschreiten-den Steinraub buchstäblich jeder nur irgendwie brauchbare Stein nicht nur des aufgehenden Mauerwerks, sondern auch der Funda-mente entfernt war, konnte allein die von Robert Koldewey in Babylon entwickelte... Methode der Fundamentgrubenforschung zu gesicherten Ergebnissen führen. Die Arbeit wurde erleichtert durch die Art des Bodens, den weißen Dünensand, von dem sich die mit dunklem Schutt gefüllten Baugruben in eindeutiger Klar-heit abhoben. Nur an ganz wenigen Stellen... fand sich noch Mauersubstanz, vor allem in den inneren Zwickeln der Umfassungs-mauer, die früh zugeschwemmt und dadurch dem Zugriff der Steinräuber entzogen war.«

Und das Ergebnis? Zum erstenmal gelang es in Lorsch, die gesamte Baugeschichte eines karolingischen Klosters zu klären.

Die ersten sechzehn Mönche, die Chrodegang nach Lorsch schickte, ließen sich in der »lateinischen« *villa rustica* des Grafen Cancor nieder. Das Gebäude umschloß einen 16 mal 16 Meter großen Hof und kam damit dem Bedarf der Benediktiner aus Gorze weitgehend entgegen. Cancors kleine Eigenkirche erweiterten sie auf eine Größe von 7,3 mal 23 Meter. Irgendwelchen architektonischen Ehrgeiz entwickelten sie dabei nicht. Die erste Klosterkirche von Lorsch war ein Bau mit durchaus »archaischen Zügen«: eine einschiffige Halle, deren Ostabschluß eine flache Chornische in rechteckiger Form bildete.

Die Anlage ähnelte auch nach dem Umbau mehr einem Gutshof als einem Kloster. Auf eine Ummauerung verzichteten die Mönche. Statt dessen gruben sie einen künstlichen Bachlauf, den sie mit der nahen Weschnitz verbanden. »Die Ableitung des Flusses, die das Klostergebiet zur Insel machte«, konnte Behn im Boden ebenso nachweisen wie eine Fahrstraße und die Pfeiler einer Brücke, »auf der diese die Weschnitz überschritt«.

Als die Brüder nach drei Jahren von der feuchten Weschnitz-Insel auf den trockenen Dünenrücken umsiedelten, fanden sie dort zwar keinen frankoromanischen Gutshof vor, doch hatte das Gelände früher einmal römische Bauten getragen. Behn entdeckte außer geringfügigen Mauerspuren noch einen mächtigen Fundamentklotz, auf dem wahrscheinlich ein Denkmal gestanden hatte.

Während die baufreudigen Mönche in Holzbaracken wohnten, entstand – etwa zur selben Zeit wie in Fulda – ein benediktinisches Musterkloster, in das alle Erfahrungen der damaligen Klosterarchitektur investiert wurden. In seiner Endgestalt übertraf die karolingische Reichsabtei Lorsch sogar das auf dem St. Gallener Plan von 820 festgehaltene Idealbild eines benediktinischen Monasteriums.

Die feingegliederte farbige Torhalle von Lorsch war nicht die Eingangspforte zum Kloster. Diese lag weiter westlich und wurde erst in den vierziger Jahren des vorigen Jahrhunderts abgerissen. Die Torhalle stand frei, wie die Bauten der antiken Triumphalarchitektur; die Klostermauer mit ihren Kolonnaden lief links und rechts an ihr vorbei. Anders als heute trug sie aber nur ein flachgeneigtes Giebeldach.

Das Mauerwerk unter der »orientalischen« Fassade besteht aus »Flußgeschiebe, Bruchsteinen und... Quadern eines älteren Gebäudes«, vermutlich eines römischen Gutshofes. An der Ostwand des Obergeschosses entdeckte Behn einen Stein mit dem Relief eines Baumes und eines »rechtwinklig abgebogenen Armes«, vielleicht das Teilstück eines Monumentes, das Herkules am Baum der Hesperiden zeigte. Behn verweist in diesem Zusammenhang auf den bei der Grabung freigelegten großen Fundamentklotz. »Zu ihm mag auch der an allen Seiten mit Bildern der Herkulestaten geschmückte Bildpfeiler gehören, der« – bevor er im Hessischen Landesmuseum in Darmstadt aufgestellt wurde – im Lorscher »Walde stand und bei der Bevölkerung als ›Abtstein‹ bekannt war«.

Das Obergeschoß der Torhalle war, genau wie heute, durch die Spindeltreppen in den beiden seitlichen Halbtürmen zu erreichen. Ob der einzige Raum der Halle eine Balkendecke trug oder bis unter das Dach reichte, konnte bisher nicht festgestellt werden. Die Wände waren bemalt. Die an beiden Längswänden noch (oder besser: wieder) sichtbaren Fresken steigerten – wie in der Torhalle von Frauenchiemsee – durch jonische Scheinsäulen die Wirkung des Raumes. Die Kunsthistoriker kennen zahlreiche antike Vorbilder solcher »Illusionsarchitektur« und haben nachgewiesen, daß der Wandschmuck der Torhalle vor allem durch den »zweiten Stil« der pompejanischen Malerei inspiriert wurde.

In der Mitte der östlichen Wand – neben den Buchstaben *SNBMA*, die von den Epigraphikern als eine Abkürzung von *Sanctus Nazarius Beatus Martyr* gedeutet werden – wurde während der baugeschichtlichen Untersuchung eine kleine Nische gefunden, die sich nach oben wie ein Baldachin rundet: eine überaus bedeutsame Entdeckung, denn in dieser Nische stand vielleicht der Thronsessel des Herrschers, wenn er in Lorsch Audienzen gab oder Gerichtssitzungen abhielt.

Mit anderen Worten: die Torhalle war kein Sakralbau. Sie diente der Repräsentation, ähnlich der westgotischen Königshalle bei Naranco in Spanien. Ein weiteres Gebäude dieses Typs stand wahrscheinlich in dem karolingischen Reichskloster Farfa in den Sabinerbergen, wie aus dem Text einer zeitgenössischen Urkunde hervorgeht.

Wann die Torhalle errichtet wurde, ist nur ungefähr zu sagen. Nach Heinrich Walbe, unter dessen Leitung sie Ende der dreißiger Jahre restauriert wurde, hat sie viele bauliche Einzelheiten mit dem zwischen 786 und 804 erbauten Aachener Münster gemeinsam: »Die Freude am reichen antiken Kapitell; das Konsolengesims; die Riffelung der Pilaster; Eierstäbe, Perlschnüre, Palmettenfriese«; auch die »Verdoppelung der Plättchen in den Kämpferprofilen«. Die Stilanalyse spricht also nicht gegen die Annahme, daß die Torhalle gleichzeitig mit der Klosterkirche fertiggestellt wurde.

Mit Sicherheit läßt sich sagen, daß sie das Werk eines langobardischen Bautrupps war. Denn die Maßeinheit der Halle ist der langobardische, nicht der karolingische Fuß. Auch das deutet darauf hin, daß sie bereits 774 als Triumphpforte für den als Sieger aus dem Langobardenkrieg heimkehrenden König gebaut wurde.

Die damals geweihte Kirche wurde nach ihrer Zerstörung im Dreißigjährigen Krieg von Steinräubern restlos abgetragen. Selbst Behns Grabungsexperten vermochten nur noch die Fundamentgruben freizulegen. Noch steht aber auf dem Klostergelände, etwa sechzig Meter östlich der Torhalle, ein kraftvoller, gedrungener Bau, der sich auf den ersten Blick als Abkömmling einer Basilika zu erkennen gibt. Behn vermochte auch an dieser Stelle die komplizierte Baugeschichte des Klosters aufzuhellen – obwohl die Folgerungen aus seinen Befunden bis heute umstritten sind.

Als ein »völlig unerwartetes Ergebnis« verzeichnet er in seinem Grabungsbericht die Tatsache, »daß die heutige Westwand des noch stehenden Teils der Kirche der einzige aufgehende Rest« eines Gebäudes ist, das aus zwei Türmen und einem Zwischenbau bestand. Ein ansehnliches Gebäude übrigens. Die beiden Türme waren bei einer Seitenlänge von 8,50 mal 7,50 Meter gut drei Meter dick, das Zwischenstück 4,25 Meter breit und mit Steinplatten gedeckt. Auch dieses Zweiturmwerk stand »frei nach allen vier Seiten« im Vorhof der Klosterkirche, sozusagen als »architektonischer Vorposten«.

Hatte der Besucher dieses wuchtige Zweiturmwerk passiert, mußte er noch ein zwanzig Meter langes, wahrscheinlich mit einem Brunnen geschmücktes Atrium durchschreiten, ehe er die Klosterkirche betreten konnte: eine Basilika nach römischem Vorbild.

Ja, die Lorscher Klosterkirche entsprach bis in ihre baulichen Details den Vorschriften, die der römische Architekt und Ingenieur Vitruv genau achthundert Jahre zuvor in seinen zehn Büchern *Über die Kunst des Bauens* niedergelegt hatte. Der rechteckige Raum war doppelt so lang wie breit. Die beiden Seitenschiffe hatten ein Drittel der Breite des Mittelschiffes. Kein Querhaus, keine Apsis. Nur eine flache Vorhalle an der Westseite und ein kleiner rechteckiger Chor an der Ostseite.

Behns archäologische Spurenanalyse ist bei den Kunsthistorikern allerdings auf Widerspruch gestoßen. In Heinrich Walbes Rekonstruktionszeichnung sucht man das Zweiturmwerk in der karolingischen Anlage vergebens. Andererseits findet man dort über den von Behn festgestellten zahlreichen Fundamentgräbern im Westteil der Klosterkirche einen hohen, kraftvollen Baukörper, den er geradezu als »Westwerk« anspricht.

Das »Westwerk« gilt als karolingische Neuschöpfung, obwohl sich auch dafür gewisse syrische und römische Vorbilder aufzeigen lassen. In seiner ausgereiften Form – etwa dem von 873 bis 885 entstandenen Westbau von Corvey – stellt es sich als eine festungsartige Vorkirche dar, die außer einem Westchor meist auch einen Altarraum und eine Empore für den Herrscher enthielt. »In dieser Funktion als kaiserliche Gastkirche« darf man – nach Hans Thümmler – sogar die »vornehmste Aufgabe des Westwerks sehen, zumal sich später eine ähnliche Zweckbestimmung für die mit Westemporen ausgestatteten Doppelkapellen der Reichsburgen nachweisen läßt«.

Am häufigsten ist diese recht komplizierte Architekturform in dem Landstrich zwischen Weser und Elbe, also in Sachsen, vertreten, wo von 850 bis 950 außer in Corvey auch in Halberstadt, Hildesheim, Gandersheim und Minden (hier unter Leitung zweier Bischöfe, die zuvor Äbte in Lorsch gewesen waren) bedeutsame Westwerke entstanden.

Als früheste Spielart dieses Vorkirchentyps galt lange Zeit das Westwerk von St. Riquier bei Centula an der Somme, das wenige Jahre vor dem Westbau der Aachener Pfalzkapelle errichtet wurde. Seit der großen Lorscher Grabung sprechen die Kenner der frühmittelalterlichen Architektur aber der Abteikirche von Lorsch die Palme der Priorität zu – trotz den Bedenken der Bodenforscher, aus deren Befunden ein Westwerk in Lorsch nicht schlüssig nachzuweisen ist.

Völlig eindeutig dagegen war das Ergebnis der Grabung am Ostende der Klosterkirche – eindeutig und erregend zugleich; denn hier fand Behn die seit langem gesuchte Königsgruft, in der als erster Ludwig der Deutsche beigesetzt worden war.

Zahlreiche mittelalterliche Chronisten sprechen bewundernd von der *ecclesia varia*, der Bunten Kirche von Lorsch, die allein wegen ihrer farbenprächtigen Ausstattung Ziel vieler Pilger war. Da ihr Ruhm sogar die Zerstörung des Klosters im Dreißigjährigen Krieg überlebte, hat man jahrhundertelang nach ihr gesucht, »nur niemals an der richtigen und allein möglichen Stelle«, obwohl eine schriftliche Quelle aus dem Jahre 1614 diese genau bezeichnet hat. Damals war nämlich noch im Anschluß an den Hauptaltar »und von diesem aus zugänglich eine Krypta mit großen steinernen Sarkophagen vorhanden, die man als die Königssärge erklärte«.

Als Behns Grabung über den Ostabschluß des Basilika-Chors hinausgelangte, zeigten sich im Boden zunächst die Spuren einer »tief-

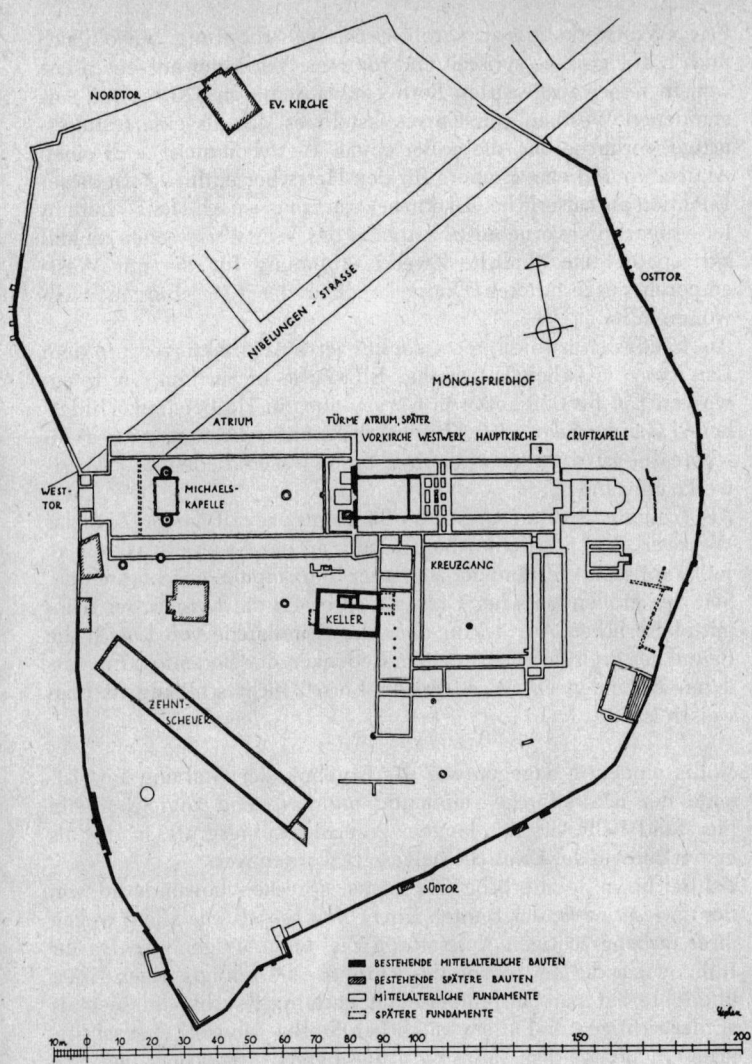

NORDTOR
EV. KIRCHE
NIBELUNGEN - STRASSE
OSTTOR
MÖNCHSFRIEDHOF
ATRIUM
TÜRME ATRIUM, SPÄTER
VORKIRCHE WESTWERK HAUPTKIRCHE
GRUFTKAPELLE
WEST-TOR
MICHAELS-KAPELLE
KREUZGANG
KELLER
ZEHNT-SCHEUER
SÜDTOR

■ BESTEHENDE MITTELALTERLICHE BAUTEN
▨ BESTEHENDE SPÄTERE BAUTEN
□ MITTELALTERLICHE FUNDAMENTE
⬚ SPÄTERE FUNDAMENTE

10m 0 10 20 30 40 50 60 70 80 90 100 150 200

Kloster Lorsch – Planzeichnung

gehenden älteren Verwühlung«, die unschwer auf das Unternehmen des Oberforstmeisters von Hausen zurückgeführt werden konnte. Dann aber zeichnete sich deutlich wahrnehmbar der

»Grundriß einer Kapelle mit besonders starken Mauern« ab. Ja, es fanden sich noch einige kräftige Quadern und die untersten Stufen der aus der Hauptkirche in die Krypta führende Treppe.

»Die Gewißheit, daß uns in der Tat die Wiederauffindung der im Mittelalter hochberühmten Grabkapelle der ersten deutschen Könige geglückt war, brachte ein Fund östlich der Apsis: hier lagen in einer dicken Schicht, eingebettet in den weichen Dünensand, Tausende von Bruchstücken farbenleuchtender Wandmalereien ... eben jener Schmuck, der dem Bauwerk seinen bewundernden Namen eingebracht hatte.« Zwar ließen sich die Stücke »nicht mehr zu einem Gesamtbilde zusammenfügen«, doch war klar zu erkennen, daß sie zu einer »größeren figürlichen Bildkomposition ... in der ausdrucksvollen Formensprache der byzantinischen Kunst« gehörten. Später, »als man die Quadern der Grabkapelle herausbrach, wurde der Verputz abgeschlagen und den Hang heruntergeworfen, wo er sich an einer gotischen Mauer wie ein Flöz staute«.

Und die Folgerungen? Fraglos hat der Oberforstmeister von Hausen 1810 die Steinsärge der karolingischen Königsgruft ausgegraben, und sicherlich barg der Prunksarkophag mit den jonischen Pilastern die sterblichen Reste Ludwigs des Deutschen, die dann auf der Reise nach Mainz oder in Mainz selbst verlorengingen – ein ebenso sensationelles wie beklemmendes Ergebnis, das seinerzeit großes Aufsehen erregt und manche elegische Betrachtung über die Vergänglichkeit alles Irdischen ausgelöst hat.

Als die königliche Gruftkapelle gebaut wurde, hatte sich das Reichskloster Lorsch längst über einen weiten Bereich ausgedehnt: ein Vieleck, das in seiner größten Länge etwa dreihundert, in seiner größten Breite etwa zweihundert Meter maß. Der rund fünfzigtausend Quadratmeter umfassende Komplex ist bis heute gut zu erkennen, da sich ein erheblicher Teil der bereits um 800 fertiggestellten Umfassungsmauer, wenn auch vielfach geflickt und erneuert, erhalten hat. Nur nördlich der Nibelungenstraße ist sie schon seit geraumer Zeit niedergelegt.

Die Umwallung schloß im Südwesten einen kleinen Dünenkegel ein, der diesen Teil der Anlage wie ein vorgeschobenes Fort schirmte. Hinter der heutigen Zehntscheuer steht die Mauer noch »in bedeutender Höhe wie die Schildmauer einer Burg; hier ist auch noch der Absatz eines Wehrganges erhalten«. Von den vier Toren zeichnen sich »das Ost- und Südtor im Zug des Ringes« noch deutlich erkennbar ab.

Ganz zum Schluß der Grabung gelang Behn noch eine besonders interessante Entdeckung. Im Südosten der Umwallung fand er die

Spuren eines Gebäudes, das er als eine zweite Torhalle deutete. Von ihren vier Durchgängen »stehen an einer Stelle noch die ersten Steinlagen mit dem Ansatz des Bogens an Ort und Stelle... Im Oberbau hat dieses Tor dem westlichen vollkommen entsprochen, von seiner mehrfarbigen Platteninkrustation fanden sich hinreichende Mengen im Schutt... Mit der breiten Freitreppe... und seiner Lage zum offenen Land hin muß das neugefundene Prunktor« – das wahrscheinlich den Klerikern vorbehalten war – »ebenfalls sehr repräsentativ gewirkt haben.« (Behn)

Das eigentliche Klostergebäude lagerte sich um einen Hof von genau 100 mal 100 Fuß Seitenlänge. Im Westteil des Vierecks lag ein langgestreckter, durch eine Säulenreihe unterteilter Saal: wahrscheinlich das Refektorium, der Speiseraum der Mönchsgemeinschaft. Behn stieß hier auf eine Treppe, die in den Keller des heutigen forstamtlichen Gebäudes führt. Dieses muß also zumindest in seinen Fundamenten »ein Bestandteil des ältesten Klosters« gewesen sein, »vermutlich die Wohnung des Abtes«. Als Abtwohnung kann freilich auch der rechteckige Anbau gedient haben, der das »Refektorium« im Süden fortsetzte. Nach einer anderen Deutung war hier die Bibliothek untergebracht.

Östlich des Klostergebäudes legten die Grabungskolonnen die Reste einer kleinen Kapelle frei, die Behn als die schon um 800 erwähnte *ecclesia triplex* des Abtes Richbod identifizierte. Dazu kamen – wenn man von dem nordwärts gelegenen, »in drei Schichten belegten« Mönchsfriedhof absieht – zahlreiche Mauerreste und Fundamentspuren, deren ursprüngliche Funktion ungeklärt blieb. Sie bewiesen aber, daß auch das Kloster Lorsch über eine Vielzahl von Nebengebäuden verfügte, die der Gesamtanlage fast schon die Züge einer kleinen Stadt verliehen.

Der St. Gallener Plan von 820 stellt eine Abtei dieser Zeit nicht mehr als eines jener schlichten klösterlichen Gemeinwesen dar, »wie es die alten mönchischen Regeln vorsahen«, sondern als einen »ungeheuren Komplex von Wohnhäusern, Kirchen, Werkstätten, Lagerhäusern, Schreibstuben, Schulen und Armenhäusern, der eine beträchtliche Zahl von Schutzbefohlenen, Arbeitern und Knechten beherbergte, wie einst die Tempelstädte des Altertums. Das Kloster war somit an die Stelle der sterbenden Städte getreten und blieb das Zentrum mittelalterlicher Kultur bis zur Geburt eines neuen Typs von städtischen Gemeinden im 11. und 12. Jahrhundert.« Dieser Mikrokosmos des Lebens war nicht nur eine Stätte der Andacht und des Friedens, sondern auch ein Ort weltlicher Macht und

Repräsentation. Die Herrscher hatten jederzeit das Recht, in ihren Klöstern Quartier zu nehmen und dort eine Weile zu residieren. Und sie machten von diesem Recht, das auch für das Gefolge, den Hofstaat und die Königsboten galt, manchmal derart ausdauernd Gebrauch, daß die betroffenen Abteien an den Rand des wirtschaftlichen Ruins gerieten.

Als königliche Pfalzorte waren die Klöster – wie Lorsch – meist auch umwallte Festungen und militärische Stützpunkte. Die Äbte hatten genau wie die weltlichen Grundherren im Kriegsfall bewaffnete Einheiten zu stellen. Zu einer kompletten Klosteranlage gehörte deshalb auch eine Truppenunterkunft. St. Riquier baute beispielsweise um 830 eine Kaserne für 110 Panzerreiter. Längst war es um diese Zeit wieder üblich geworden, daß die Äbte – die Gebote des Bonifatius souverän mißachtend – an der Spitze ihrer Kontingente mit ihren Königen ins Feld zogen.

Außer den Herrschern fanden auch Pilger, Studenten, Händler, Spielleute und sonstige Vaganten bei den Mönchen Unterkunft und Verpflegung – und zwar nur bei ihnen; denn selbst die alten Römerstädte kannten im frühen Mittelalter keine anderen »Beherbergungsbetriebe« als die Klöster. So zeigt der St. Gallener Klosterplan Küchen, Badestuben und Schlafräume, die ausschließlich dem »fahrenden Volk« vorbehalten waren: Gebäudetrakte, die durchweg in unmittelbarer Nähe der Wohnung des Abtes lagen, den die *regula* des Heiligen von Nursia anhielt, mit den Gästen und Fremden zu speisen.

Ebenso waren Krankenpflege und ärztliche Betreuung eine Aufgabe der »Söhne Benedikts«, ferner alle Verrichtungen und Fürsorgemaßnahmen, die man heute als Sozialarbeit kategorisiert. Der Musterplan von St. Gallen enthält für diese Zwecke ein eigenes Ärztehaus mit Krankenzimmern und Aderlaßstuben, Apotheke und Arzneikräutergarten: einen ganzen medizinisch-pharmazeutischen Komplex sozusagen.

Unabhängig von aller nach außen gerichteten Tätigkeit der klösterlichen Karawansereien und Krankenanstalten behaupteten die Musen hinter den Mauern der mönchischen Klausurgebäude aber ihren angestammten Platz. Nicht nur das – Kunst, Wissenschaft und Literatur, die unter Kaiser Karl so etwas wie eine höfische Blüte entwickelt hatten, gingen mit dem Verfall der Reichsmacht völlig in die Welt der Mönche ein. Das gilt nicht zuletzt für die Buchkunst. Die zentrale Kunstübung jener Tage erlebte bereits in der *schola palatina* von Aachen und ihren Ablegern eine Blüte, die so unvergleichlich schöne und wertvolle Werke wie

das Aachener Evangeliar mit Miniaturen der »Palastschule«,
das heute in Wien bewahrte Aachener »Schatzkammerevangeliar«,
die Ada-Handschriften von Trier,
das Evangeliar von Essen,
den Utrechter Psalter und
das Evangeliar des Ebo von Reims
hervorbrachte. Je mehr die Residenzen der Karls-Enkel aber Truppenlager wurde, um so mehr wurde auch die Kunst der »illuminierten Handschriften« ein Privileg der Klöster.

In Fulda und St. Gallen, in Corvey und Werden, in Lorsch und auf der Reichenau, in Würzburg und in Freising waren – während sich die Nachfolger Karls erbitterte Kämpfe um ihr Erbteil lieferten – Hundertschaften von Mönchen und Lohnschreibern damit beschäftigt, Bücher zu kopieren, zu schmücken und zu bebildern. So war auch das Skriptorium fester Bestandteil einer karolingischen Klosterstadt, dessen Rang meist schon seine Lage verriet. Der Plan des St. Gallener Abtes Gozbert reservierte für Schreibsaal und Bibliothek die nördliche Ecke zwischen Querschiff und Ostchor: einen Platz in unmittelbarer Nähe des Heiligengrabes.

Aber selbst die Buchkunst war nur eine Disziplin von vielen, die – wie aus der Zuwachsrate der Bibliotheken errechnet wurde – nur etwa den fünfzigsten Teil des Arbeitspotentials beanspruchte. Denn neben den Schreibsälen gab es auch Ateliers für Goldschmiede und Elfenbeinschnitzer, für Seidenweber und Teppichwirker, Freskenmaler und Mosaikkünstler. Die meisten Beschäftigten aber waren auf den Feldern und in den Handwerkerstuben tätig – den Zentren des kirchlichen Reichtums.

Alle Klöster lebten vom Grundbesitz und bewirtschafteten riesige Güter mit Hilfe ganzer Armeen zinspflichtiger Bauern und Leibeigener. Nach Kaiser Karls berühmter Verordnung über die Arbeit auf den (aquitanischen) Krongütern, die sinngemäß auch auf die klösterliche Agrikultur zu beziehen ist, standen – um nur einige Beispiele zu nennen – außer den gängigen Getreidearten auch Möhren und Spinat, Bohnen und Erbsen, Kürbisse und Runkelrüben, Petersilie und Sellerie auf dem Anbauprogramm. An Gebäuden nennt die Verordnung: Scheunen und Ställe, Keller und Zeugkammern, Speicher und Küchen. Als Handwerker werden verzeichnet: »Eisen-, Gold- und Silberschmiede, Schuster, Dreher, Stellmacher, Schildmacher, Fischer, Falkenabrichter, Seifensieder, Brauer, Bäcker, Netzmacher ... und sonstige Dienstleute, die nicht im einzelnen aufgezählt werden sollen.«

Auch die Handwerksarbeit wurde durchweg von den Mönchen

selbst verrichtet. Klöster wie Corbie oder St. Riquier unterhielten bereits im 9. Jahrhundert regelrechte Manufakturen, und diese mönchischen Werkstätten »waren keineswegs nur Warenerzeugungsbetriebe, sondern sehr oft auch technologische Versuchsanstalten«. Erstmals in der nachrömischen Zeit begegnet man in der Wirtschaftsführung der Benediktiner wieder rationellen Organisationsformen, die einer sinnvollen Ordnung der Arbeit dienten.

Arnold Hauser hat in seiner *Sozialgeschichte der Kunst und Literatur* gerade auf die von den Klöstern eingeleitete Renaissance der Arbeitstechnik aufmerksam gemacht. »Das Abendland hat erst von den Mönchen methodisch arbeiten gelernt; die Industrie des Mittelalters ist zum großen Teil ihre Schöpfung.«

»Die Handwerker, die als die Erben des alten römischen Gewerbes in den Städten noch zahlreich genug vorhanden waren, arbeiteten bis zum Wiederaufleben der städtischen Wirtschaft in sehr bescheidenen Grenzen... Auf den Königspfalzen und größeren Fronhöfen gab es wohl spezialisierte Handwerker, aber ihre Arbeit bewahrte stets den Charakter des an Traditionen statt an Zweckmäßigkeitsrücksichten orientierten Hausfleißes. Die Loslösung des Handwerks vom Haushalt vollzieht sich erst in den Klöstern.«

»Hier wird auch zuerst mit der Zeit gewirtschaftet, der Tag vernünftig eingeteilt und ausgenutzt, das Vergehen der Stunden gemessen und durch Glockenschlag verkündet. Das Prinzip der Arbeitsteilung wird zur Grundlage der Produktion und wird nicht nur innerhalb der einzelnen Klöster, sondern gewissermaßen auch im Verhältnis der verschiedenen Klöster zueinander durchgeführt.«

So versah Lorsch andere Funktionen als Fulda, die Reichenau oder St. Gallen. Lorsch hat keinen Hrabanus Maurus, keinen Walahfrid Strabo, keinen Notker Balbulus »herausgebracht«. Als karolingisches Reichskloster Nr. 1 war es zugleich auch eine politische Institution. Seine Äbte kamen durchweg aus dem rheinisch-altaustrasischen Hochadel und übten häufig diplomatische Missionen aus. Otto der Große, der als erster deutscher Kaiser bewußt die karolingischen Traditionen erneuerte, ernannte seinen Bruder Bruno zum Abt von Lorsch.

Der Reichtum von Lorsch übertraf sogar den von Fulda. Der *Codex Laureshamensis* nennt allein für die karolingische Zeit 3836 Stiftungen und mehr als zweitausend Ortsnamen. Freilich nahmen die späteren Herrschergeschlechter die Einkünfte aus diesem riesigen Besitz bedenkenlos für ihre Politik in Anspruch, nicht zuletzt für ihre Italienfahrten. Udalrich, einer der ritterlichen Äbte von Lorsch, erschien 1066 auf dem Reichstag von Tribur an der Spitze eines »Heerschildes« von 1200 glänzend gerüsteten Reisigen.

Trotzdem hat sich auch das Kloster Lorsch große Verdienste um Kunst und Wissenschaft erworben. Die älteste (heute verlorene) Abschrift der karolingischen Reichsannalen stammt aus Lorsch, ja man hat lange Zeit angenommen, daß die Reichsannalen hier entstanden seien. Einen der wertvollsten Beiträge zur Buchkunst des 9. Jahrhunderts leisteten die Lorscher Mönche mit ihrem berühmten *Codex aureus*, der in der Schätzung der Kunstwissenschaftler gleichrangig neben den »Goldbüchern« von Echternach und St. Emmeram in Regensburg steht. Die Philologen und Althistoriker verdanken den Skriptorien von Lorsch eine Reihe bedeutsamer Livius-Manuskripte, darunter die Bücher 41 bis 45, die nur in der Lorscher Handschrift erhalten sind.

Die Klosterbibliothek galt noch zu Beginn des 16. Jahrhunderts als die reichste in Deutschland. Hundert Jahre später – 1622 – ließ General Tilly die kostbare Kollektion karolingischer und mittelalterlicher *codices* nach Rom bringen, wo sie von den Handschriftensammlern des Vatikans mit Begeisterung empfangen wurde. Dort befindet sie sich heute noch.

Und noch immer suchen viele Forscher den unbekannten Dichter des Nibelungenliedes – oder wenigstens einen seiner Dichter – im Umkreis von Lorsch. Der von 1168 bis 1198 amtierende Abt Sighard wurde zeitweilig geradezu als Verfasser des Heldenepos angesprochen. Wenn auch die Spuren heute mehr nach Österreich weisen, so hat der Sänger das »kloster unde munster ze Lorse« doch gut gekannt. Es ist für ihn das »Herz des Nibelungenlandes«: Ute, Kriemhilds Mutter, hat nach seiner Darstellung die mächtige Abtei gegründet, und der Drachentöter Siegfried wird nach seinem Tod im Odenwald in der Lorscher Königsgruft bestattet.

Das bedeutsamste Werk der Lorscher Mönche aber war das Kloster selbst: die unbestritten großartigste Leistung der frühen Klosterarchitektur in Deutschland. Behns Grabung hat auch die Baugeschichte der nachkarolingischen Zeit nahezu vollständig klären können.

Die wichtigste Veränderung war die Überbauung des Atriums zwischen der Basilika und dem westlich davon stehenden Zweiturmwerk. Damit entstand die dreischiffige Vorkirche, deren Mittelschiff bis heute erhalten ist.

Behn nimmt an, daß die erste Vorkirche um 970 errichtet wurde, »als die Einführung der von Cluny ausgehenden Klosterreform größere Aufmarschräume für die Prozessionen erforderte«. Walbe verlegt den Bau in die Zeit nach der großen Feuersbrunst von 1090, über die die Klosterannalen ausführlich berichten. Einig sind sich beide darin, daß die Anlage damit ihre architektonische Krönung erfuhr.

»Wer nun das Kloster betrat, stand zunächst vor der leuchtenden Wand der Torhalle; und hatte er ihre Bögen durchschritten, so baute sich als Abschluß des langen, von Säulenhallen umsäumten Hofes das mächtige Turmpaar der Basilika auf, ein Raum- und Baubild von imposanter Größe, das auf deutschem Boden seinesgleichen nicht hatte.« (Behn)

Mit der Weihe der erneuerten (oder neuen) Vorkirche um 1140 erreichte die Klostergeschichte ihren äußeren Höhepunkt. Die inneren Wachstumsenergien der alten Reichsabtei hatten sich um diese Zeit bereits erschöpft. Zwar erlebte sie unter Abt Heinrich (1151 bis 1167), einem Angehörigen der Staufer-Familie, noch einmal ein Jahrzehnt reger Bautätigkeit, die sich auch auf die weitere Umgebung erstreckte, aber schon wenige Jahrzehnte später wurde das Hauskloster der Karolinger sang- und klanglos in das Erzbistum Mainz eingegliedert.

Als 1358 das festungsartige Turmwerk durch Blitzschlag zerstört wurde, begann auch der bauliche Verfall der gewaltigen Anlage. Die Kräfte reichten für eine Wiederherstellung nicht mehr aus. Die ausgebrannten Türme wurden abgetragen, so daß die Klosterkirche schon damals um ihre monumentale Schauseite gebracht wurde.

Nur wenig später – 1385 – machte auch die Torhalle ihre erste große Verwandlung durch. Sie betraf vor allem das Obergeschoß, dessen flaches Pultdach ein steiles Giebeldach ersetzte, in das eine gotische Holztonne eingezogen wurde. Den so entstandenen neuen Raum malte ein unbekannter Meister mit einer »Marienkrönung« und musizierenden und singenden Engeln aus – hervorragend schönen und gekonnten Fresken, die ein gnädiges Schicksal der Nachwelt erhielt.

Die letzten fünfhundert Jahre Lorscher Geschichte enthalten dann nur noch die stereotypen Niedergangsdaten. Die einstige Reichsabtei wurde

1463 an Kurpfalz verpfändet,

1555 in eine weltliche Propstei umgewandelt,

1619 aufgelöst und geschlossen,

1621 von Truppen des spanischen Generals Córdoba niedergebrannt und um

1645 nur noch teilweise wiederaufgebaut.

Daß in der Folgezeit nicht alles zerstört wurde, verdankt das ehemalige Kloster Lorsch nicht zuletzt der Tatsache, daß der um 1700 regierende kurmainzische Erzbischof, Lothar Franz von Schönborn, ein verspäteter Nachfahre der geistlichen Nimrode des frühen Mittelalters, auf seinen Jagdausflügen in den Odenwald hier gern »stationierte«. Unter seinem Regime wurde die Torhalle 1697 und 1724 noch einmal umgebaut.

Sie büßte dabei ihre ursprüngliche Eigenschaft völlig ein und verwandelte sich in eine erzbischöfliche Privatkapelle, deren Altar im Erdgeschoß vor dem mittleren der drei zugemauerten Ostdurchgänge stand. Die westlichen Öffnungen wurden durch schwere Holztüren geschlossen, im Innern – nach Entfernung der Balkenlagen über dem Erdgeschoß – Emporen errichtet. Die »gotische Tonne« verschwand und machte einer stuckierten Flachdecke Platz. In dieser Gestalt behauptete sich der nun Michaelskapelle genannte karolingische Torbau bis zu seiner Restauration im Jahre 1935.

Einmal allerdings war sein Bestand aufs höchste gefährdet: 1797 verkaufte die kurmainzische Verwaltung die ehrwürdige Königshalle an die Gemeinde Klein-Hausen als Baumaterial für eine geplante Kirche. Erfreulicherweise war das Dorf so arm, daß es nicht einmal die Mittel für den Abbruch aufbrachte. So konnte der hessische Großherzog Ludwig I. dieses einzigartige Kleinod karolingischer Architektur durch Rückkauf 1803 vor der endgültigen Vernichtung retten.

Die übrigen noch aufrechtstehenden Klosterbauten waren bereits in der zweiten Hälfte des 18. Jahrhunderts in einen Steinbruch verwandelt worden. Nur das Mittelschiff der Vorkirche überstand die Zerstörung, da die Bürger von Lorsch auf den Gedanken kamen, es als Gerbereilager, Fruchtspeicher und Tabakscheune nutzbringenden Zwecken zuzuführen.

So blieb auch dem karolingischen Reichskloster Lorsch Verfall und Profanierung nicht erspart. Stück um Stück schwand die Vergangenheit dahin. Zurück blieben einige verunstaltete Bauten, die ungepflegt und verloren im Gelände standen, den Einflüssen von Wind und Wetter schutzlos preisgegeben.

Nicht viel anders erging es der Basilika von Steinbach im Odenwald, die bis heute die Einhard-Basilika genannt wird und erst in den letzten Jahren so weit restauriert wurde, daß wenigstens der Fortbestand der Ruine gesichert ist.

Am 11. Januar 815 schenkte Ludwig der Fromme dem verdienten Einhard die »Mark Michlinstat« im östlichen Odenwald, wie die

Lorscher Chronik unter dem Datum des 12. September 819 vermerkt, als Einhard seinerseits diesen Michelstädter Besitz den Lorscher Mönchen testamentarisch vermachte.

Aus dem *Codex Laureshamensis* wissen wir auch, daß er in Michelstadt eine kleine Holzkirche vorfand. Er ließ sie abreißen und baute an ihrer Stelle eine 26,60 mal 11,80 Meter große Kirche »nach römischer Art«, die aber – im Gegensatz zu der Lorscher Klosterkirche – bereits die Züge einer neuen Entwicklung zeigte. Der Kunsthistoriker charakterisiert sie als eine »Pfeilerbasilika mit Zellenquerschiff und kreuzförmiger Gangkrypta«, in der nach damaliger Sitte der Stifter selbst eines Tages beigesetzt werden sollte.

Die Bauarbeiten waren aber noch nicht restlos abgeschlossen, als der emsige, ewig planende Einhard 828 durch eine Vision bewogen wurde, unter Mitnahme der für Steinbach beschafften Reliquien der römischen Märtyrer Petrus und Marzellinus nach Seligenstadt überzusiedeln und dort ein größeres und schöneres Gotteshaus zu errichten.

Auch die nächste – ein Vierteljahrtausend später datierte – Nachricht über Einhards Basilika in Steinbach bei Michelstadt steht in der Lorscher Chronik. Sie besagt, daß Abt Udalrich die »cella in Michlinstat« wiederherstellte und in eine Propstei verwandelte. Aus dem Lorscher Nebenkloster wurde im 13. Jahrhundert ein Nonnenstift, nach der Reformation ein Spital. Die inzwischen entstandenen rechteckigen Westtürme ließ der Graf von Fürstenau 1577/78 abreißen und in seinem neuen Renaissanceschloß verbauen. Was blieb, wurde – wahrscheinlich in derselben Zeit wie Lorsch – von der Soldateska des Dreißigjährigen Krieges in Brand gesteckt.

Erst um 1930 übernahm die Staatliche Denkmalpflege den bis heute erhaltenen Torso. Nachdem die Restaurierungsarbeiten, die unter anderem eine Absenkung des Grundwassers notwendig machten, 1939 eingestellt waren, machte der alte, verwitterte, efeuumwachsene Bau die merkwürdigste aller Verwandlungen durch: 1943 richtete sich eine Kraftfahrzeugabteilung der Wehrmacht hinter seinen meterdicken Mauern ein – mit dem Erfolg, daß die karolingische Ruine wiederholt von Tieffliegern beschossen wurde und den Krieg mit einem durchlöcherten Dach und klaffenden Löchern im Gestein beendete.

Auch die Einhard-Basilika in Seligenstadt am Main bezahlte den Krieg mit schweren Dach- und Fensterschäden. Sie gilt als der größte erhaltene Kirchenbau der Karolingerzeit in Deutschland. Die »Pfeilerbasilika mit durchgehendem Querhaus« wurde allerdings nach mancherlei romanischen, gotischen und barocken Zutaten im 19. Jahrhundert »durch eine geschmacklose Fassadenfront im Steinbaukastenstil« so entstellt, daß sie sich heute nur noch von Norden her in einigermaßen unverfälschten Formen darbietet.

Die bereits 1936 begonnene Restaurierung benötigte fast zwei Jahrzehnte, um wenigstens die gröbsten Bausünden der Vergangenheit wiedergutzumachen. Sie begann damit, daß die Wände »von ganzen Wagenladungen verdorbenen Leimfarbenanstrichs aus dem Jahre 1878 befreit« wurden. Ebenfalls schon in den dreißiger Jahren wurde das im 18. Jahrhundert erhöhte Querhaus mit sichtbarem »Gewinn an Raumvolumen« tiefer gelegt und der gewölbte Anbau instand gesetzt, in dem heute das barocke Grabmal Einhards und seiner Gemahlin Imma steht.

Bei den Wiederherstellungsarbeiten nach dem Krieg ergab sich, daß die Wände und Pfeiler des Mittelschiffes noch restlos aus karolingischem Mauerwerk bestehen. Zahlreiche römische Sandsteinquader aus den Trümmern eines nahen Limes-Kastells wurden darin verbaut, darunter ein Stein mit einer Kohorten-Inschrift, der »offengelassen« wurde. Da auch die Fenster wieder auf karolingische Maße zurückgeführt wurden und das Mittelschiff eine basilikale Flachdecke erhielt, wurde der ursprüngliche Raumeindruck weitgehend zurückgewonnen.

Anders als in Seligenstadt begnügten sich die Denkmalpfleger in Steinbach im wesentlichen mit unsichtbaren Restaurierungsmaßnahmen. So wurden zahlreiche gelockerte oder morsche Stellen wieder ausgemauert oder »mit Kalkmörtel hintergossen«. Den steinernen Torso, der gerade in seiner monumentalen Nacktheit eine so eindringliche Sprache spricht, wiederaufzubauen, hat man gar nicht erst versucht.

Der Leiter der Restaurierungsarbeiten, Otto Müller, hat die Verschiedenartigkeit der Methode selbst begründet. Ging es in Steinbach darum, den alten Bestand »möglichst unberührt zu erhalten«, so kam es in Seligenstadt darauf an, »einen dem kirchlichen Leben dienenden Sakralraum von hohem geschichtlichem Beispielswert nach unwürdiger Entstellung wieder zur Entfaltung seiner grundlegenden Wesenszüge zu verhelfen«.

Auch in Lorsch standen die Denkmalpfleger nach Beendigung der Grabungen vor diffizilen Entscheidungen.

Am schwierigsten war das »Problem Torhalle« zu lösen. Zwei extreme Möglichkeiten standen zunächst zur Diskussion: den einstigen Triumphalbau in dem überkommenen Zustand als Kapelle zu belassen oder aber die karolingische Urform wiederherzustellen. Im ersten Fall hätte man nicht nur auf den Torcharakter der »Ehrenpforte« verzichtet, sondern auch auf den Anblick der herrlichen gotischen Malereien, die seit dem Bau der Empore »im dunklen, schwer zugänglichen Obergeschoß ein unbeachtetes Dasein« führten; im zweiten Fall hätte man diese meisterlichen Fresken sogar zerstören müssen.

Man entschied sich deshalb für einen dritten Weg: dieses einzigartige Werk der karolingischen Architektur wieder in einen Torbau zu verwandeln, das gotische Steildach aber beizubehalten. Der Leiter der Restaurierung, Heinrich Walbe, ließ also die Durchgänge wieder öffnen, den Fußboden des Obergeschosses »unter Verwendung der originalen Balkenlöcher« wieder einziehen und die gotische Tonne wieder einbauen. Auch der 1842 eingestürzte nördliche Treppenturm steht nun wieder. Schließlich wurde auch die Fundamentierung verstärkt, so daß selbst die großen, von der nahen Autobahn in den Odenwald rollenden Lastzüge die zwölfhundertjährige, höfisch-elegante Torhalle nicht mehr gefährden können.

Viel Arbeit bereitete die Konservierung der Wandgemälde, die bis heute als eine Meisterleistung moderner Restaurierungskunst gilt. Das Ergebnis war (und ist) ebenso eindrucksvoll wie frappierend und einmalig: karolingische Scheinarchitektur im unteren Teil der Wände, darüber der Himmel des spätmittelalterlichen Malers mit seinen jubilierenden Engeln.

Auch der Weiterbestand der Vorkirche – der »Klosterscheune«, wie man in Lorsch sagt – wurde 1956/57 durch unsichtbare Restaurierungsmaßnahmen gesichert. Der von seinen Geschoßeinbauten befreite Riesenraum nahm dann die von den Ausgräbern geborgenen größeren Fundstücke auf: Säulenbasen, Kapitelle und ornamentierte Steine. Dazu gesellten sich einige Sarkophage, darunter der als Futtertrog wiederentdeckte Sarg mit den jonischen Pilastern, in dem wahrscheinlich König Ludwig der Deutsche sein letztes Quartier bezog.

Noch etwas ließen sich die Denkmalpfleger einfallen: sie markierten die Grundlinien der zerstörten Klosterkirche und ihrer königlichen Gruftkapelle durch »immergrüne Bepflanzung«, so daß der Besucher selbst eine Vorstellung von der Größe der einstigen Abtei gewinnt.

Da auch die alte Ringmauer zu einem guten Teil noch steht, stellt sich der Bezirk des karolingischen Reichsklosters Lorsch heute als eine Anlage dar, die – genau wie das Kloster selbst zu seiner Zeit – »auf deutschem Boden nicht ihresgleichen hat«.

Ein Platz, reich an Schicksalen und Traditionen; ein Ort, an dem die Spatenforschung in Deutschland eine ihrer härtesten Bewährungsproben bestand.

Die Residenzen und Pfalzen der letzten Karolinger

»Römertum« und Herzogshof · Die Festung in der Festung · Bauernland in der Kaiserstadt · Märtyrergräber als Siedlungskerne · Die Markt- und Hafenplätze der Friesen · Der Kranke von Altötting · Der Kaiser der Reichenau · Die Arnulfs-Pfalz am Ägidienplatz · Sieger über Slawen und Normannen · Die erste Wik-Ummauerung in Deutschland · Auf römischem Fundament

Regensburg gehört zu den wenigen deutschen Großstädten, die unverletzt aus dem Zweiten Weltkrieg hervorgingen. Die Stadt hat ihr Gesicht bewahrt – ein Gesicht, das auf Schritt und Tritt die Spuren einer zweitausendjährigen Vergangenheit erkennen läßt. Von der römischen Porta Prätoria bis zu dem klassizistischen Präsidentenpalais am Bismarckplatz ist jede Epoche der europäischen Kunstgeschichte mit charakteristischen Bauten vertreten, am stärksten das Mittelalter.

Der gotische Dom, das Alte Rathaus, in dem jahrhundertelang der »immerwährende Reichstag« die Geschicke Deutschlands umständlich und meist recht glücklos beriet, die Wohntürme längst verblichener Patriziergeschlechter, die Alte Brücke, die als eine der hervorragendsten technischen Leistungen des Mittelalters gilt, die schmalen Gassen mit ihren zahlreichen Schwibbögen und nicht zuletzt die vielen Kirchen und Klöster – sie alle haben die Unbilden der Geschichte überlebt, sie alle dauern fort und speichern in ihren Mauern ein kulturelles Erbe, das in seiner Fülle und Unversehrtheit einzigartig in Deutschland ist.

Das Herz der Stadt schlägt in unmittelbarer Nähe des Domes am Alten Kornmarkt, der mit dem schön gegliederten Herzogshof und den beiden dreischiffigen Basilikabauten der Alten Kapelle und des Niedermünsters auch architektonisch ein Zentrum von großem städtebaulichem Reiz bildet.

Der »Römerturm« in Regensburg – als Schatzturm Ludwigs des Deutschen um 830 entstanden
(Foto: Verfasser)

In der Nordwestecke dieses Platzes erhebt sich eines der markantesten Baudenkmäler der Stadt: der sogenannte Römer- oder Heidenturm, ein mächtiger, rechteckiger Turm, dessen klobiges, fast fensterloses Gemäuer bis zu seiner schlichten Giebelhaube achtundzwanzig Meter hoch aufsteigt.

Mit den Römern hat der Regensburger Römerturm freilich nichts zu tun. Seine »massige Blockgestalt« war ein Eckpfeiler der Pfalzanlage, die Ludwig der Deutsche an der Stelle des agilolfingischen Herzogshofes errichten ließ, als er 827 König von Bayern wurde. Der Schwibbogen, der vom Obergeschoß des Turmes die schmale Domstraße überspannt, ist neueren Datums. Doch schwang sich auch damals eine kleine Straßenbrücke in neun Meter Höhe zu der Gebäudegruppe hinüber, die heute noch der Herzogshof heißt.

Der Herzogshof in seiner jetzigen Gestalt ist im wesentlichen ein Werk des 12. und 13. Jahrhunderts. Doch steckt zumindest in dem zum Kornmarkt gerichteten Turmvorbau karolingisches Mauerwerk bis zum ersten Obergeschoß. Auch die Alte Kapelle birgt karolingische Elemente: Grundriß, Westwand und der gequaderte Turmunterbau sind mehr als elfhundert Jahre alt.

Wer den Alten Kornmarkt betritt, steht also – inmitten der alten Römerfestung – vor den baulichen Resten der karolingischen Königspfalz, der Regensburg den Ruhm verdankt, Deutschlands erste Hauptstadt gewesen zu sein.

Wie kam es dazu?

Die in der ersten Hälfte des 6. Jahrhunderts einwandernden Bajuwaren fanden den Hauptwaffenplatz der Römer an der oberen Donau unzerstört vor: eine Festung mit zyklopischen, nie bezwungenen Mauern, deren Besatzung das Land irgendwann zu Beginn des 5. Jahrhunderts still verlassen hatte. Die neuen Herren übernahmen das Bollwerk an der Donau, dessen mächtige Wälle noch im hohen 8. Jahrhundert in Bischof Arbeo von Freising, wie berichtet, einen unverdächtigen Zeugen fanden. Das römische Legionslager wurde bajuwarische Residenz. Mit dem imperialen Fiskalbesitz ging auch der Titel des spätrömischen *dux Raetiarum,* des Oberkommandierenden der beiden rätischen Provinzen, als »Herzog« auf die Herrscher der Agilolfinger-Familie über.

Da ein Teil der keltoromanischen Bevölkerung in der verlassenen Festung ausgeharrt hatte, blieb nicht nur der lateinische Name *Castra Regina,* sondern auch die alte keltische Bezeichnung *Ratisbona* noch einige Zeit gebräuchlich – im Französischen heißt Regensburg bis heute Ratisbonne. Die Zivilbewohner waren längst christianisiert. Ihre Gemeindekirche, die vermutlich auch Garnisonkirche gewesen war, stand an der Stelle des heutigen Domes. Als »St. Peter« wird die Regensburger Kathedrale erstmals 778 genannt.

Draußen vor den Mauern, *extra muros* nach antiker Sitte, lag an der Stelle eines antiken Herkules-Tempels die dem heiligen Georg geweihte Friedhofskirche, die am Ende des 7. Jahrhunderts die Gebeine des ermordeten Glaubensboten Emmeran aufnahm. Seine sterblichen Reste wurden um 740 »erhoben«. Die Krypta, in der sie ihre letzte Ruhe fanden, hat sich über alle Wechselfälle der späteren Zeit unangetastet erhalten. Auch die Außenmauern der über dem Grab des Märtyrers zwischen 780 und 790 entstandenen dreischiffigen Emmerams-Basilika wurden so fest gefügt und fundamentiert, daß sie bis heute stehen. Der karolingische Baukörper ist unter seiner barocken Verkleidung allerdings kaum noch zu erkennen.

Vermutlich ging auch die Alte Kapelle – nach der Regensburger Überlieferung der »anvanck aller Gotzhäuser in Bayrn« – auf einen altchristlichen Sakralbau zurück, der irgendwann im 4. Jahrhundert das Lagerheiligtum der römischen Grenzfestung abgelöst hatte. Sicher ist, daß Ludwig des Deutschen Pfalzkirche bereits eine agilolfingische Vorgängerin hatte. Für den Neubau ließ er, wie der Mönch von St. Gallen berichtet, Teile einer römischen Mauer abbrechen, die nach Heuwieser zu der »Umwallung eines in der römischen Spätzeit angelegten Innenwerkes« gehörte. Demnach hätten sich die bajuwarischen Herzöge nicht, wie meist behauptet wird, in den ehemaligen Prätoriumsgebäuden niedergelassen, sondern in einer Art Festung in der Festung – einem Quadrat von 142 Meter Seitenlänge.

In diesem Quadrat von der Größe eines Kohortenlagers fanden schon unter den Agilolfingern außer der Pfalzkapelle und dem Wohnpalast auch das obligate Saalgebäude und die Pfalzschule Platz. Dagegen wurde der Römerturm an der Nordwestecke des befestigten Bezirks wahrscheinlich erst von Ludwig dem Deutschen errichtet, und zwar als steinerner Tresor des Staatsschatzes – dem Aachener Granusturm vergleichbar. Daher die ungewöhnlich tiefe Fundamentierung und die im »Untergeschoß« bis zu vier Meter dicken Mauern, daher auch die Tatsache, daß er bis zur Höhe von neun Meter keinen Zugang hatte. Alle Öffnungen unterhalb des Schwibbogens sind ein Werk späterer Zeit.

Damit zeichnet sich das Bild des frühmittelalterlichen *Reganesburg* wenigstens in seinen Umrissen einigermaßen deutlich ab. Den Kern

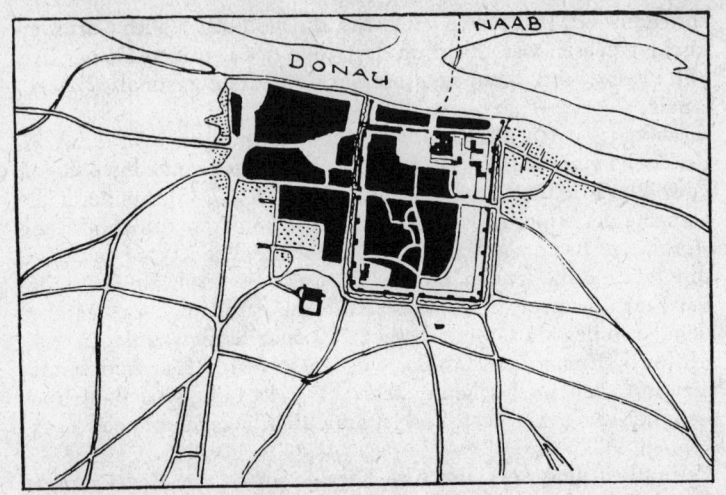

Regensburg zur Agilolfingerzeit um 780

der bajuwarischen und hernach der ostfränkischen Hauptstadt bildete die Pfalz. Ihr vorgelagert war das an der heutigen Straße »Am Königshof« gelegene Quartier der Ministerialbeamten und des Hofgesindes. Unter Ludwig dem Deutschen ging auch das Kloster Obermünster, ursprünglich ein Ableger von St. Emmeram, als hochadliges Damenstift in Reichsbesitz über. Dem Bischof gehörten außer dem Dombereich und dem Niedermünster-Stift das Gelände längs der Nordmauer und die Liegenschaften von St. Emmeram. Die Handwerker- und Händlerstadt reichte über den Westteil des römischen Lagerbereiches hinaus bis in das Gebiet der römischen Vorstadt.

Sieht man von dem kirchlichen Machtzuwachs ab, hatte sich an der Struktur der Stadt seit dem Abzug der Römer nicht eben viel geändert. Das Leben gehorchte zwar anderen Gesetzen, der zivilisatorische Komfort war geringer, die Verwaltung simpler und anspruchsloser geworden – gewisse Grundtatsachen aber waren geblieben. Die mauerumwehrte Festung. Das Überwiegen öffentlichen Besitzes. Das Nebeneinander von weltlicher und geistiger Macht. Die Bedeutungslosigkeit der »kleinen Leute«. Und nicht zuletzt: die hauptstädtische Funktion.

Regensburg ist allerdings ein »isolierter Fall«. Eine ähnlich geradlinige, kontinuierliche Entwicklung ist in keiner anderen Römerstadt des Frankenreiches festzustellen.

Nach der These des Belgiers Henri Pirenne erreichte die europäische Verkehrswirtschaft und mit ihr das Städtewesen in der karolingischen Zeit so etwas wie seinen absoluten Nullpunkt. Wirklich ist gegenüber der Merowingerzeit ein weiteres Auslaufen der urbanen Traditionen festzustellen. Es gab nun endgültig keine städtische Verwaltung, kein städtisches Leben mehr. Die Handwerker arbeiteten gleichsam nur noch für den Hausgebrauch. Die römischen Manufakturen waren eingegangen oder abgewandert. Die Glasmacher zum Beispiel hatten sich mit ihrer geheimnisvollen Kunst in die Tiefen der Wälder zurückgezogen.

Selbst die alten Römerstädte waren zu Zentren einer »Gesellschaft rein agrarischen Charakters« abgesunken. Das Paradebeispiel der Anhänger Pirennes ist die einstige Kaisermetropole Trier, in der die Höfe der fränkischen Bauern nun bis in die Nähe der als Bischofsburg dienenden konstantinischen Palastaula drängten. Mehrere Dörfer lagen innerhalb der verfallenen römischen Umwallung, die nach Bedarf »ausgeschlachtet« wurde, genau wie die Ruinen der längst unbenutzten Stadtpaläste und Kaufmannsbauten.

Aber Trier ist, wie Regensburg auf der Gegenseite der Bilanz, ein Extremfall. Köln und Mainz verwandelten sich nicht in dörfliches Ackerland zurück. Das frühmittelalterliche Koblenz füllte das römische Kastellquadrat voll aus. Siedlungen wie Bitburg und Andernach wuchsen schon in karolingischer Zeit über die von den Legionären errichteten Umfassungsmauern hinaus.

Die imperialen Befestigungen boten um 800 freilich nur noch geringen Schutz. Vielfach waren sie bereits abgetragen. Spätestens mit Beginn der Normannenzüge besannen sich die Bewohner der alten Römerstädte aber auf den Wert ihrer alten Fortifikationen und stellten die Umwallung, soweit möglich, wieder her. Mit Erfolg übrigens: Köln oder Mainz sind zwar wiederholt in Gefahr geraten, haben sich aber immer aus eigener Kraft behaupten können.

»So tot, so unnütz die baulichen Reste der Römerstädte eine Zeitlang scheinen mochten, so verständnislos die stadtscheuen Germanen ihnen zunächst gegenüberstanden, sie waren doch wesentlich für die Weiterexistenz dieser Siedlungen.« (Ennen)

Als militärisch geschützte Niederlassungen, die wie die alten germanischen Fliehburgen in Notzeiten auch die umwohnende Bevölkerung aufnahmen, blieben sie Schwerpunkte der weltlichen Macht – nicht zuletzt als »Gebieterburgen« der fränkischen Grafen.

Den stärksten Anteil an der Fortdauer der alten Römerfestungen hatte jedoch weiterhin die Kirche. Auch die germanisierte geistliche

Hierarchie hielt an der alten, ungeschriebenen Forderung fest, »daß der Bischof nur in einer *civitas* residieren dürfe«. So behaupteten die Gründungen des Imperiums ihre Rolle als Zentren kirchlicher Kultur und Baukunst. Köln brachte in der ersten Hälfte des 9. Jahrhunderts immerhin die Kraft auf, ein gutes Dutzend Kirchen zu erhalten und einen neuen Dom vor Fertigstellung wieder abzureißen, um ihn durch eine größere und schönere Kathedrale zu ersetzen. Und Köln war keine Ausnahme. In Mainz standen in karolingischer Zeit neun Kirchen und Kapellen. Reims zählte siebzehn Gotteshäuser. In Lüttich lebten damals etwa tausend Kleriker.

Die »Kontinuität auf kultischem Gebiet« läßt sich auch in kleineren Siedlungen beobachten, am eindrucksvollsten in der Nähe von Märtyrergräbern. In Xanten, Neuß und Bonn bildeten sich, wie die Grabungen von Bader, Lehner und Borger bewiesen, nach Zerstörung der römischen Niederlassungen neue Siedlungskerne in der Nähe christlicher Gedenkstätten, in Xanten wie in Bonn in der Reihenfolge »Märtyrergrab – *cella memoriae* – römische Märtyrerkirche – mittelalterliches Stift«. Auch in den Bischofsorten sind die von den Märtyrerkirchen ausgehenden Impulse deutlich wahrzunehmen. St. Alban in Mainz, St. Gereon, St. Ursula und St. Severin in Köln haben wesentlich zum Ruhm und zur Wiedergeburt der beiden römischen Metropolen am Rhein beigetragen.

Von Städten im antiken oder heutigen Wortsinn wird man freilich kaum sprechen dürfen. Ihnen allen – ob Festung oder Grafenburg, Bistumssitz oder Wallfahrtsort, von den kirchlichen Zentren in den rechtsrheinischen Gebieten und den Pfalzorten ganz zu schweigen – fehlte »jedes soziale Element, das als Bürgerstand angesehen werden könnte«. Ihre Bewohner gehörten entweder der weltlichen oder geistigen Aristokratie an – oder sie waren Hörige. Die breite Schicht der »Gemeinfreien« lebte ausschließlich auf dem Lande.

Doch ob Stadt oder nicht – diese Niederlassungen waren die natürlichen Siedlungsmittelpunkte des Reiches, die bei aller Bindung an die agrarisch-grundherrschaftliche Struktur ihrer Zeit die stadtscheuen Germanen an das »Dichtbeieinanderwohnen« gewöhnten. Gleichzeitig schufen sie die Konsumentenzentren, die notwendigerweise eines Tages eine neue Bevölkerungsschicht anlocken mußte: die Kaufleute.

Diese Bewegung fällt in die karolingische Zeit.

»Die Ankunft der Kaufleute«, so heißt es in Pirennes berühmtgewordener Schilderung dieses Einbruchs in eine sozial erstarrte Welt, »führte auf allen Gebieten eine Umwälzung herbei. Eigentlich waren die Kaufleute ja Eindringlinge, für die die überlieferten

Lebensformen keinen Raum boten. Entwurzelt, wie sie waren, erregten sie durch ihre geschäftige, fremdartig anmutende Lebensweise inmitten der ausschließlich vom Ackerbau... lebenden Menschen viel Anstoß. Mit den Kaufleuten hielt die Gewinnsucht und der Handelsgeist ihren Einzug, zugleich aber auch die freie Arbeit: der selbständige Beruf (der von der Scholle ebenso losgelöst war wie von der Macht und Autorität des Grundherrn) und vor allem der Umlauf des Geldes.«

»Aber nicht nur die Arbeit des Kaufmanns, sondern auch seine Person war frei, und auch dies war ein neuer, bis dahin unerhörter Faktor. Wie sollte man den Status der Neuankömmlinge feststellen, die niemand vorher gesehen hatte? Wahrscheinlich stammten die meisten unter ihnen von Unfreien ab. Aber niemand wußte das sicher, und da der Mensch im Zweifelsfall rechtlich als frei betrachtet wurde, so mußte man auch die Kaufleute als Freie behandeln. Es war eine merkwürdige Folge ihrer sozialen Stellung, daß diese Vorfahren des künftigen Bürgerstandes ihren Status als Freie niemals zu fordern brauchten; ihre Freiheit war schon eine Tatsache, bevor sie ein Recht wurde.«

»Zu diesen so eigentümlichen Wesenszügen der Händlerkolonien... trat noch ein weiterer: die Schnelligkeit ihres Anwachsens... Von überallher zogen die Ansiedlungen der Kaufleute neue Menschen an: zahlreiche Schiffer, Fuhrleute, Männer für das Laden und Löschen in den Häfen und andere Arbeiter fanden bei den Kaufleuten Beschäftigung. Gleichzeitig siedelten sich Handwerker aller Art in den Kaufmannskolonien an. Manche fanden als Bäcker, Bierbrauer und Schuhmacher... eine gesicherte Existenz, andere wieder bearbeiteten die von den Kaufleuten eingeführten Rohstoffe, die dann nach der Bearbeitung für den Export bestimmt wurden. Auf diese Weise trat neben den Handel auch das Gewerbe.«

Den stärksten Anteil am Wiederaufblühen des Handels in karolingischer Zeit hatten die Friesen: ein unruhiges, meergewohntes und zähes Volk, dessen karges Land keine Möglichkeit für den Erwerb von Reichtum bot. Was die Natur den Friesen so sichtbar vorenthielt, suchten sie sich deshalb auf andere Weise zu verschaffen. So entdeckten sie spätestens um 600 ihr Herz und ihre Begabung für das einträgliche Kauffahrerdasein.

Dieser plötzliche Aufbruch der friesischen Fischer und Viehzüchter birgt noch mancherlei Rätsel. Die Historiker sind sich aber darüber einig, daß nicht nur die nackte Not, sondern auch Abenteuerlust, Freude am leichten Gewinn und ein unbezähmbarer Drang in die Ferne die wagemutigen und waffentüchtigen Friesen auf die See hinaustrieben: Jahr um Jahr im gleichen Rhythmus. Im Frühling zogen sie aus, kehrten im Herbst zurück und verhandelten, was sie gegen Felle und »friesische Tuche« gegen Honig und Bernstein eingetauscht hatten – Edelmetalle, Münzen, Schmuck, Seidenstoffe, Wein, Südfrüchte, Drogen: lauter Waren für den »gehobenen Bedarf«, keine Massengüter.

Umschlagplätze ihrer Beute, die gelegentlich auch wohl anders als durch Tausch zustande kam, waren die Wike oder Handelsemporien: Markt- und Hafensiedlungen, die vor allem zwischen Emden und Walcheren entstanden.

Ein typischer Wik war Dorestad, wo Winfrid Bonifatius 716 erstmals den Boden des Kontinents betrat. Das heutige Wijk bei Duurstede, das spätestens 750 auch Münzort und Reichszollstätte wurde, dürfte in seiner Blütezeit der bedeutendste Handelsplatz an der Nordseeküste gewesen sein. »Er hatte eine Länge von über einem Kilometer in nordsüdlicher Ausdehnung bei einer Breite von 90 bis 150 Metern. Mitten durch die Länge des Ortes lief ein Weg. Die westliche Hälfte war anscheinend dicht bebaut; die Häuser... waren aus Holz und Lehm gebaut... Das benachbarte karolingische Kastell grenzte mit einer Schmalseite an den Westrand des Ortes. Einen Siedlungskern stellt es nicht dar. Die östliche Hälfte des Ortes war unbebaut. Sie war die Marktseite.« (Ennen)

Ein »schmächtiger Siedlungskörper« also, dem Bedarf entsprechend, für den er geschaffen worden war: eine lange Straße, leichte Fachwerkhäuser, viel Platz für Handel und Wandel und eine einfache Holzpalisade als Umzäunung. Kein Hindernis für einen angriffsfreudigen Gegner: 843 zum erstenmal überfallen, wurde Dorestad 863 von den Normannen vollständig niedergebrannt.

Nicht nur Dorestad, sondern der gesamte friesische Handel ging während der Normannenstürme unter. Inzwischen aber hatte das unternehmungsfreudige Küstenvolk rheinaufwärts eine Reihe von Stützpunkten geschaffen und mit seinen Waren auch die Kunst exportiert, reich zu werden, ohne Grund und Boden zu besitzen. Um 850 gab es Friesenkolonien – allgemeiner ausgedrückt: Händlerwike – in Birten bei Xanten, in Duisburg, in Mainz, in Worms, vermutlich auch in Köln.

In Bonn hatte sich schon zu Beginn des 9. Jahrhunderts eine Händlerkolonie vor den Mauern des Stiftes etabliert, das von 774 bis 788 an der Gedenkstätte der Märtyrer Cassius, Florentius und Mallosus erbaut worden war. Grabungen Hugo Borgers unter dem heutigen Münsterplatz legten 1963 das erste Haus dieser Kaufmannssiedlung frei, ein einfaches Fachwerkhaus auf einer Tuffsteinmauer.

Die Straße der Händler setzte sich in Richtung auf den heutigen Markt fort.

Aus den damals begründeten Händlerkolonien sind durchweg die heute noch bestehenden Geschäftszentren hervorgegangen. In Köln ließen sich die Kaufleute vornehmlich zwischen Mauer und Rheinufer nieder, in Dortmund innerhalb des Königshofes, in Soest vor der »Burg«. In Osnabrück drangen sie mit ihren Buden und Holz-Lehm-Hütten in die Domburg ein. Auch in Würzburg und Freising besetzten sie, wie wir sahen, die »strategisch günstigsten Positionen«, in Würzburg zwischen Bischofsburg und Fluß, in Freising das Tal zwischen Domhügel und Weihenstephan.

Ebenso hatte Regensburg in der Mitte des 9. Jahrhunderts längst seinen Wik, vielleicht den größten und lebhaftesten von allen, dank den besonders günstigen Bedingungen, die die umsatzfreudigen Nachfahren der Merkur-Jünger von einst hier vorfanden. Denn Regensburg war damals die einwohnerstärkste Niederlassung des Ostfränkischen Reiches. Regensburg war weltliche und geistige Festung, Residenz und Wallfahrtsort zugleich. Es hatte sein Beamtenquartier, seinen Bischof, seine Klöster, seine Märtyrer.

Hauptstadt war es allerdings nur sporadisch. Schon unter den Söhnen Ludwigs des Deutschen gab es seine Favoritenrolle als Pfalzort der ostfränkischen Könige wieder ab.

Die drei Söhne Ludwigs des Deutschen führten sich mit Bravour in die Geschichte ein. Sechs Wochen nach dem Tod ihres Vaters, am 8. Oktober 876, schlugen sie bei Andernach am Rhein ihren Onkel Karl den Kahlen nach Westfranzien zurück und sicherten damit die bestehenden ostfränkischen Grenzen. Darauf teilten sie ihr Reich nach den Weisungen des in deutscher Sprache abgefaßten Testamentes König Ludwigs. Neu daran war, daß die historischen Stammesgrenzen nicht mehr angetastet wurden – ein weiteres Symptom für die Lösung des Ostfränkischen Reiches von der karolingisch-christlichen Universalidee.

So erhielt der jüngere Ludwig Franken, Thüringen und Sachsen. Karl, genannt der Dicke, übernahm Alemannien und Rätien. Karlmann, Ludwigs Liebling, wurde König des »Kronlandes« Bayern.

Aber gerade diesem Karlmann scheint das von seinem Vater so großzügig ausgebaute Regensburg nicht behagt zu haben; er ging nach Altötting und verbrachte dort die wenigen Jahre, die ihm bis zu seinem frühen Tod blieben.

In Altötting lebte er auf einer stillen, ländlichen Pfalzanlage, die – bereits 748 als agilolfingischer Besitz genannt – wahrscheinlich von Karl dem Großen zu einem Königshof erhoben war; einer Pfalz, die genau wie Osterhofen, Ranshofen oder Aibling längst vergessen wäre, wenn nicht eines der wenigen Bauwerke aus karolingischer Zeit dort die Jahrhunderte überdauert hätte: die Gnadenkapelle von Altötting, der Hauptwallfahrtsort der Bayern.

Pilger und Kunsthistoriker kennen die Gnadenkapelle als »Allerheiligstes« der kleinen Kirche, die die »schwarze Madonna« von Altötting birgt, ein Schnitzwerk aus dem frühen 14. Jahrhundert. Das im Durchmesser 9,40 Meter große Oktogon, das um 1500, mit Beginn der Wallfahrten, um ein gotisches Langhaus und einen Umgang »mit Segmentbogenarkaden« ergänzt wurde, stellt sich als ein geschlossener Zentralraum mit acht Nischen dar. Wie die Rundkirchen von Würzburg, Aachen oder Nymwegen ist auch die Gnadenkapelle von Altötting ein Abkömmling oberitalienisch-oströmischer Rotunden. Möglicherweise haben langobardische Wanderarbeiter die kleine, durchaus byzantinisch wirkende Kapelle gebaut.

Wann das gewesen sein kann, darüber gehen die Ansichten allerdings auseinander. Einige Autoren glauben, daß sie schon um 600 entstanden sei. Die meisten Forscher plädieren jedoch, ohne sich genauer festzulegen, für die karolingische Epoche. Unbeantwortet ist auch die Frage, ob die kleine Rotunde als Taufkapelle oder Hauskapelle der agilolfingischen Herzöge diente. Sicher ist eigentlich nur, daß sie ein Teil der Pfalz war, die König Karlmann 876 für vier Jahre zur Residenz des Ostfränkischen Reiches erhob.

Ebensowenig wissen wir über Karlmann selbst. Er zog 877 nach seiner Krönung mit einer starken Streitmacht nach Italien und ließ sich dort von den oberitalienischen Granden als Gegenkönig Karls des Kahlen ausrufen. Da dieser im selben Jahr starb, konnte sich Karlmann mit gutem Recht Hoffnungen auf die Kaiserkrone machen. Bevor Papst Johannes VIII. sein Bündnis mit den Westfranken aber gelöst hatte, wurde Karlmann von einem schweren Schlaganfall niedergeworfen. Als kranker Mann kehrte er nach Altötting zurück, wo er – unfähig, den Lauf der Welt noch aktiv mitzubestimmen – sich durch reiche Stiftungen einen Platz im Jenseits zu sichern trachtete. So schenkte er dem von ihm gegründeten Pfalzstift außer den Leibern der stadtrömischen Märtyrer Maximilian und Felicitas die Abtei Mattsee, den Königshof im nahen Buch und die Einkünfte der Heiligen Kapelle, die in der darüber ausgestellten Urkunde zum erstenmal genannt wird.

Im Jahre 880 starb er. Seine Nachfolge in Bayern trat zunächst sein jüngerer Bruder Ludwig an, der 881 und 882 durch die Verträge von Verdun und Ribemont seinen westfränkischen Vettern weitere Teile von Lotharingien abnahm. Im Jahre 882 verschied auch der jüngere Ludwig, der meist von Mainz aus regiert hatte und, wie berichtet, an der Seite seines Vaters in der Lorscher Königsgruft seine Ruhe fand.

Damit fiel die Alleinherrschaft im Ostreich an den dicken Karl, der bereits 881 an Stelle Karlmanns zum Kaiser gekrönt worden war.

Karl der Dicke war ein gutmütiger, frommer Mann, der – wie sogar die Fuldaer Annalen nicht ohne Tadel vermerken – »unablässig Gebete und Psalmen murmelte«. Im Urteil der Historiker gilt er als eine Figur minderen Ranges. Die meisten nennen ihn dumm und zurückgeblieben, einige halbidiotisch.

In Wahrheit war er wohl weder das eine noch das andere. Er scheint sogar recht gebildet gewesen zu sein, wie sein enges Verhältnis zu Notker dem Stammler vermuten läßt, der ihm zuliebe die mit zahlreichen Histörchen gewürzte Historie vom großen Kaiser Karl verfaßte. Seine Vitalität und sein Machtsinn aber waren fraglos unterentwickelt. Als Soldat scheint er eine perfekte Karikatur gewesen zu sein, was ihn jedoch nicht hinderte, sich seinen Heerführern gegenüber als Oberkommandierender aufzuspielen.

Überdies war auch er von schwerer Krankheit gezeichnet, und wenn ihn seine epileptischen Anfälle heimsuchten, gebärdete er sich zum Entsetzen seiner Grafen wie ein geprügeltes Kind und brach in lautes Wehgeschrei aus.

Es war eigentlich nur natürlich, daß dieser armselige und bemitleidenswerte Herrscher vor den Freuden und Anstrengungen des Hoflebens immer wieder auf seine geliebte Reichenau flüchtete. Unter den frommen Brüdern auf der weltfernen, sonnengesegneten Bodenseeinsel fühlte er sich geborgen. Zum Dank schenkte er der Abtei ausgedehnte und fruchtbare Besitzungen am Comer See und bestätigte ihr alle Privilegien. Von seinen sechzehn ständigen Begleitern kamen allein fünf von der Reichenau. Auch sein alemannischer Kanzler Liutward, den er zum Bischof von Vercelli in Oberitalien ernannte, war ein Schüler des Pirmin-Klosters, das unter Karl dem Dicken seine erste große Blüte erlebte.

Überhaupt bestand seine Umgebung fast ausschließlich aus Alemannen, so daß zum erstenmal in der Geschichte des merowingisch-karolingischen Imperiums »Nichtfranken den größten Einfluß im Reich« hatten. Außer dem vielgehaßten Liutward von Vercelli war auch Karls erster Kanzler, Bischof Witgar von Augsburg, schwäbischer Herkunft. Ebenso kamen die Notare in der königlichen Kanzlei »bis auf einen« aus Alemannien. Die Bistümer Freising, Metz und Novara und das Erzbistum Trier besetzte der Dicke Karl mit Mönchen von der Reichenau und aus St. Gallen.

Vielleicht hätten die Großen des Reiches diese Bevorzugung der Schwaben widerspruchslos hingenommen, wenn der phlegmatische Kaiser in der Führung der Reichsgeschäfte mehr Geschick und Tatkraft entwickelt hätte. Aber gerade darin bewies er eine erschreckende Hilflosigkeit, obwohl ihm das Schicksal mehr Chancen bot als jedem seiner Vorgänger.

Als ein starkes Aufgebot der vereinigten deutschen Stämme die Normannen bei Elsloo am Niederrhein nach allen Regeln der Kriegskunst eingekesselt hatte, bewilligte er seinen Gegnern nicht nur freien Abzug, sondern auch Tribute. Als sich 884 nach dem Aussterben der Westkarolinger das gesamte Frankenreich unter seiner Führung noch einmal zusammenschloß, trat er einen längeren Urlaub in Italien an, ungeachtet der Tatsache, daß die Normannen auf ihren schnellen, leichten Schiffen seineaufwärts bis Paris gelangt waren und die Stadt eingeschlossen hatten. Und als ein Jahr später ein fränkisches Heer den normannischen Belagerungsring sprengte, gewährte er den geschlagenen Feinden das Recht, sich in Burgund schadlos zu halten; außerdem zahlte er ihnen siebenhundert Pfund Silber.

So kam es schließlich zu dem ersten und letzten Königssturz der deutschen Geschichte. Auf dem Reichstag von Tribur 887 empörten sich die Reichsaristokraten gegen den ebenso unförmigen wie unfähigen Monarchen, kündigten ihm, wie der Fuldaer Chronist berichtet, den Gehorsam auf und erkoren König Karlmanns Sohn Arnulf, den Markgrafen von Kärnten, zum neuen Herrscher.

Kurz darauf, im Januar 888, starb Karl der Dicke, der schwächste aller Karolinger, neben dem selbst Ludwig der Fromme wie eine erzene Monumentalfigur wirkt. Die Mönche der Reichenau begruben ihn vor dem Hochaltar der Klosterkirche, dem heutigen Münster von Reichenau-Mittelzell, das mit seinen östlichen Gebäudeteilen noch auf karolingischen Fundamenten steht.

Wenige Jahre später, von 890 bis 896, entstand auf der Insel die Stiftskirche St. Georg in Oberzell, die sich bis heute nahezu unverändert in ihrer karolingischen Gestalt präsentiert – mit der bereits um 815 gebauten Krypta und ihren herrlichen ottonischen Wandmalereien eines der schönsten Monumente mittelalterlicher Kultur in Deutschland.

Etwa zur gleichen Zeit ließ König Arnulf in Regensburg eine neue Pfalz errichten.

Dieser Arnulf, der uneheliche Sohn Karlmanns und einer Dame des bajuwarischen Adels, war aus anderem Holze geschnitzt als sein müder, schwacher Vorgänger. Ein Karolinger durch und durch: energisch, selbstbewußt und befehlsgewohnt. Ein Herrscher mit ungebrochenen Machtinstinkten. Ein harter Realist und tüchtiger Kriegsherr. Als Markgraf von Kärnten und Pannonien hatte er bereits mehrere Feldzüge gegen die unruhigen Grenzvölker erfolgreich bestanden. Und als es dem Aufgebot des Ostfränkischen Reiches 882 gelungen war, die Normannen bei Elsloo einzuschließen, war das nicht zuletzt das Verdienst Arnulfs und seines bayerischen Kontingentes gewesen.

Die Historiker diskutieren seit geraumer Zeit die Frage, ob nicht auch die Absetzung Karls des Dicken mehr ein Werk Arnulfs als der Reichsversammlung gewesen sei. Die Antworten lauten verschieden, da die zeitgenössischen Quellen beiden Seiten gewichtige Argumente liefern. Erwiesen ist, daß Arnulf mit einer ganzen bayerischen Armee in Tribur aufmarschierte. Erwiesen ist aber auch, daß die Repräsentanten aller deutschen Stämme, ausgenommen der Alemannen, ihn mit Begeisterung auf den Schild hoben, weil allein Arnulf, um ein Wort Hubensteiners zu zitieren, »in die Waagschale werfen« konnte, »was damals einen Herrscher ausmachte: Kriegsruhm, Tatkraft, persönlicher Mut«.

Noch im selben Jahr huldigten die deutschen Völker dem neuen König in Regensburg, das fortan wieder Residenz war. Den heimlichen Widerstand der Alemannen erstickte Arnulf ohne Anwendung militärischer Mittel, indem er die Schlüsselpositionen im Kronland Karls des Dicken, darunter die wichtigen Abtstellen in St. Gallen und auf der Reichenau, mit Männern seines Vertrauens besetzte. Im übrigen war er bemüht, alle deutschen Stämme an seiner Regierung zu beteiligen. Unter seinen Ratgebern und militärischen Kommandeuren in Regensburg befanden sich Franken, Sachsen und Schwaben. Am stärksten aber waren Angehörige des bajuwarischen Adels, besonders der mütterlichen Familie, in seiner Umgebung vertreten. Überhaupt gewann Bayern unter der Regierung Arnulfs von Kärnten wieder das stärkste Gewicht im Reich – mit ihm die alte Römerfestung *Castra Regina*, die nun schon seit siebenhundert Jahren das militärische, administrative und kulturelle Zentrum des Landes war.

Im Jahre 891 suchte ein riesiges Feuer Regensburg heim. Offenbar wurde dabei auch der alte Königshof Ludwigs des Deutschen schwer mitgenommen. Jedenfalls entschloß sich Arnulf, eine neue Pfalz zu bauen. Sie lag außerhalb der von den Legionären errichteten Mauer im Bereich des heutigen Ägidienplatzes, der damals wahrscheinlich den rechteckigen Innenhof der neuen Residenz bildete. Wie in der alten Pfalz stand auch hier die Hofkapelle an der Südseite des Atriums, am Platz der jetzigen Ägidienkirche, die im 13./14. Jahrhundert von Deutschordensrittern gestiftet wurde. Die baulichen Details der Arnulf-Pfalz sind unbekannt.

Die Lage in der Nähe von St. Emmeram verweist aber auf die engen Beziehungen Arnulfs zu dem Märtyrerkloster, dessen Mönche sich schon zur Zeit Ludwigs des Deutschen unter Abtbischof Baturich, einem Schüler Fuldas, den Ruhm hoher Gelehrtheit erwarben. Aus dieser Zeit stammt das schon erwähnte *Muspilli-Gedicht*, das Ludwig der Deutsche vielleicht eigenhändig auf die leeren Seiten eines Erbauungsbuches schrieb. Arnulf vermachte der Emmeram-Abtei einen goldenen Tragaltar und den unvergleichlichen *Codex aureus*, ein 70 mal 60 Zentimeter großes und 20 Zentimeter dickes Evangelienbuch, das unter Bibliophilen als »das herrlichste Buch aller Zeiten« gilt. Es kam aus Paris, hat aber die Kunst der bayerischen Skriptoren noch jahrhundertelang beeinflußt. Heute verwahrt die Münchner Staatsbibliothek den *Codex aureus* von St. Emmeram als ihren kostbarsten Besitz.

Das Kloster St. Emmeram war auch das bedeutendste missionarische Zentrum jener Zeit in Bayern. Zusammen mit Freisinger und Passauer Glaubensboten hatten die Regensburger Mönche den Hauptanteil an der Christianisierung Mährens und Böhmens. So unterstellten 845 vierzehn »boemanische« Adlige, nachdem sie in der Residenz Ludwigs des Deutschen die heilige Taufe empfangen hatten, ihr Land dem Bistum Regensburg. Die nächsten fünfzig Jahre standen zwar im Zeichen heftiger Auseinandersetzungen mit den von Byzanz entsandten Slawenaposteln Cyrill und Methodius, am Ende siegte aber die mit den größeren Machtmitteln ausgestattete bayerisch-fränkische Kirche. So erschienen im Jahre 895 die böhmischen Fürsten Spitignew und Witizla in der Pfalz Arnulfs, unterwarfen sich durch Handschlag und vollzogen damit sichtbar die geforderte Abkehr von der Ostkirche.

Die Kapitulation der beiden Fürsten bezeichnet zugleich das Ende des von König Swatopluk um 870 gegründeten Großmährischen Reiches, das der kriegstüchtige Arnulf 892/93 mit Hilfe ungarischer Hilfstruppen militärisch niedergerungen hatte. Sein größtes Verdienst um den Weiterbestand des Reiches erwarb sich Arnulf jedoch mit seinem Sieg über die Normannen, den er – »willens die Verbrecher zu züchtigen« – 891 bei Löwen an der Dyle (im heutigen Brabant) erfocht.

Dieser Sieg, der das Land aus einer tödlichen Gefahr befreite, hat die Zeitgenossen wie kaum ein anderes Ereignis aufatmen lassen. Selbst der unbekannte Chronist der Fuldaer Annalen war von dem Triumph der fränkischen Waffen so bewegt, daß er ihm eine geradezu hymnische Schilderung widmete.

»Die Christen«, so heißt es in seiner furiosen Darstellung, »erhoben ein Schlachtgeschrei bis zum Himmel. Nicht weniger schrien nach ihrer Sitte die Heiden. Mit gezückten Schwertern stürmten die Krieger aufeinander los. Es war daselbst das Geschlecht der Dänen, das tapferste unter den Normannen, das niemals früher, wie man hört, irgendeine Verschanzung verloren hat oder darin besiegt wurde. Hart wurde gestritten – doch nicht lange, und durch Gottes helfende Gnade fiel der Sieg den Christen zu.«

»Als die Normannen Schutz in der Flucht suchten, trat ihnen zum Verderben der Fluß entgegen, der ihnen vorher im Rücken als Mauer galt. Weil von der anderen Seite die Christen tötend auf sie eindrangen, waren sie jetzt gezwungen, sich in den Fluß zu stürzen... Zu Hunderten und Tausenden sanken sie in die Tiefe, so daß, von Toten eingenommen, das Bett des Flusses trocken schien.«

Auch gegenüber dem Schwarm westfränkischer Kleinkönige hatte Arnulf eine glückliche Hand. Ohne sie zu bekämpfen, zwang er sie doch, ihn als den einzigen Erben des karolingischen Imperiums anzuerkennen. Nach dem normannischen und mährischen Krieg zog er 894 nach Italien und ließ sich dort zum König krönen. Zwei Jahre später überquerte er erneut mit einem starken Heer die Alpen, um aus den Händen von Papst Formosus die Kaiserkrone entgegenzunehmen.

Ganz Europa blickte in diesem Jahr auf den jungen Kaiser Arnulf, in dem sich die Herrscherqualitäten der karolingischen Dynastie so sichtbar erneuert hatten. Aber der Schein trog. Die Wiedergeburt des Reiches Karls des Großen blieb Episode. Die Kraft der Sippe war erschöpft. Ein schwerer Schlaganfall fällte noch in Rom den neuen Cäsar und zerstörte alle Hoffnungen, die die meteorisch leuchtende Bahn seiner Erfolge geweckt hatte. Gelähmt kehrte er nach Regensburg zurück. Drei Jahre später – 899 – starb er auf einem Feldzug in die Ostmark, zu dem er sich – schwer krank – noch einmal aufgerafft hatte.

Das Finale war ohne Größe und Dramatik. Ein sechsjähriger Junge – Ludwig das Kind, des Kaisers einziger legitimer Sohn – trat Arnulfs Nachfolge an, ein kranker, verachteter und bemitleideter Junge, der 911 still verschied, ohne jemals irgendeinen Anteil an der Regierung gehabt zu haben. Damit war das Geschlecht der Karolinger, das dreihundert Jahre die Geschicke Mitteleuropas gelenkt und dessen Völker und Völkerschaften in ein neues Imperium geführt hatte, endgültig erloschen.

Nach der landläufigen Meinung blieb auch diesmal nicht viel mehr als das Chaos zurück: das ungebändigte Gegeneinander der deutschen Stämme, die das nun von den Ungarn bedrohte Reich bis zum Auftritt der Sachsenherrscher in Unordnung und Zwietracht versinken ließen. Aber diese These ist eine grobe Vereinfachung. Die Jahre um 900 stellen keine Weltenwende dar. Der Übergang war schmerzlich, doch löste er keine langdauernde Krise aus wie fünfhundert Jahre vorher der Rückmarsch der römischen Legionen ins Mutterland. Die Karolinger gingen, die deutschen Fürstengeschlechter blieben. Es blieb eine intakte Verwaltungshierarchie, ein tüchtiges militärisches Führungskorps, eine gebildete geistliche Elite. Es blieb das in den Kämpfen mit den Slawen und Normannen gehärtete Zusammengehörigkeitsgefühl, es blieb die gemeinsame Sprache, es blieben die Reiser einer gemeinsamen Kultur, die in der Obhut der Mönchsgemeinschaften in den Klöstern und Bischofsschulen ungestört weitergediehen.

Auch die Entwicklung von Regensburg wurde durch das Aussterben der Karolinger nicht unterbrochen. Sechs Jahre nach dem Tod des kleinen Ludwig, achtzehn Jahre nach Kaiser Arnulfs Ende ließ der Bayernherzog Arnulf, genannt der Böse, den Westtrakt der alten römischen Mauer niederreißen und seine Residenz beträchtlich erweitern. Die 920 fertiggestellte neue Umwallung umschloß nicht nur das Kloster des heiligen Emmeram und damit die Gräber der beiden letzten Karolinger, sondern auch die bis dahin *extra muros* gelegene Kaufmannssiedlung. Es war die erste Wik-Ummauerung in Deutschland, es war das erstemal in der nachrömischen Zeit, daß eine Händlerkolonie in eine alte römische Stadt einbezogen wurde. Regensburg tat damit, dreißig Jahre eher als Köln, vor allen anderen deutschen Siedlungszentren den Schritt zur Stadt – ein Vorgang, der die Szene zu Beginn des 10. Jahrhunderts blitzartig erhellt: die Deutschen waren zwar führungslos geworden, aber sie fielen nicht in ein archaisches Bauern- und Kriegerdasein zurück.

Neunhundert Jahre lang hat Regensburg dann zu den ersten Städten des Reiches gehört. Seine Handelsbeziehungen reichten schon im 13. Jahrhundert über Prag und Krakau bis Kiew und Nowgorod. Im *Fondaco dei Tedeschi* in Venedig hatten Regensburger Kaufherren den Vorsitz. Zeitweilig gab es in der Stadt

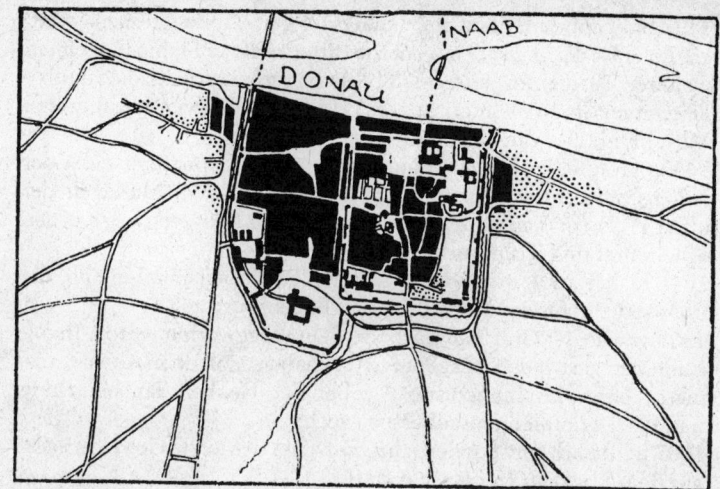

Regensburg. Die erste Stadterweiterung. 10. Jahrhundert

sechzig Wohntürme bayerischer Patriziergeschlechter. Zweimal sammelte sich ein riesiges Kreuzfahrerheer zwischen Donau und Regen. Von 1663 bis 1803 tagte der »immerwährende Reichstag« in den Mauern der »altberühmten Stadt«, in der die Fürsten von Thurn und Taxis als Repräsentanten des Kaisers wie Könige residierten – seit 1803, dem Jahr des »Reichsdeputationshauptschlusses«, im säkularisierten Kloster St. Emmeram.

Von den Bauten der Karolinger ist in dieser Zeit nicht viel geblieben. Die Arnulfs-Pfalz ging im 13. Jahrhundert in den Besitz des Deutschen Ritterordens über und wurde schließlich abgerissen. Der Ägidienplatz verrät nur noch die Größe des Hofes.

Tiefer und nachhaltiger haben sich die Spuren der älteren Pfalz in den Regensburger Boden eingegraben. Wer die Chroniken der Stadt durchstöbert, entdeckt auch darin zahlreiche Hinweise auf den Fortbestand, die Bedeutung und die späteren Schicksale der agilolfingisch-karolingischen Palastanlage:

976 schenkte Otto II. die Pfalz dem Bischof von Salzburg, nachdem er den letzten Herzog aus dem Geschlecht der Liudolfinger, Heinrich den Zänker, besiegt und amtsenthoben hatte.

1195 wurde der Herzogshof Eigentum der Wittelsbacher, die im 13. Jahrhundert größere Umbauten vornehmen ließen, denen die alte Pfalz ihr heutiges Aussehen verdankt.

1392 fand auf dem Platz am Herzogshof ein »großes Stechen« statt, an dem fast die gesamte bayerische Ritterschaft teilnahm. Bei einem weiteren Turnier im Jahre 1478 bildeten sechzig schöne, hochadlige Damen mit ihren mehr als hundert Hoffrauen den vielbewunderten Mittelpunkt der Zuschauerkulisse.

1452 predigte der Franziskaner Johannes von Capistrano, einer der leidenschaftlichsten Erwecker seiner Zeit, auf dem Markt an der alten Pfalz vor Tausenden von Zuhörern mit feuriger Zunge gegen Spielteufel und Trunksucht.

1541 hielt Karl v. im Herzogssaal eine Reichsversammlung ab, die über sechzigtausend Menschen nach Regensburg zog.

1633 wurde der Graf Fahrensbach, dem vorgeworfen wurde, Ingolstadt den Schweden ausgeliefert zu haben, auf dem Alten Kornmarkt öffentlich hingerichtet, wobei der Henker danebenschlug und der Delinquent auszubrechen suchte.

1907 fand nach fünfhundertjähriger Dauer der letzte Getreidemarkt auf dem Platz am Herzogshof statt.

»Der westliche Teil des Alten Kornmarktes nebst dem Herzogshof war« – nach Karl Bauers farbiger *Kulturgeschichte* – »bis zu Beginn unseres Jahrhunderts in rechtlicher Hinsicht ein Kuriosum, da Gebäude und Platz nicht zu Regensburg, sondern zum Lande Bayern gehörten. Dieser Zustand gab zu fortwährenden Mißhelligkeiten zwischen Stadt und Bayern Anlaß.«

»Um den Alten Kornmarkt zu verschönern, ließ der französische Reichstagsgesandte im Jahre 1788 auf dem Platz eine Baumallee anlegen. Als die Stadt vier Jahre später ein paar abgestorbene Bäume auf ihre Kosten durch neue ersetzte, glaubte man bayerischerseits die Rechtsansprüche auf den Alten Kornmarkt in besonderer Weise demonstrieren zu müssen. Die kurfürstliche Regierung in München gab die Anweisung, ›die von dem Stadtmagistrat letzthin gesetzten Bäume wieder herauszunehmen und andere auf unsere Kosten im nächstkommenden Herbste bey schicklicher Baumsetzungszeit einzusetzen‹.«

»Ein ergötzliches Schildbürgerstücklein über die Streitigkeiten um den Alten Kornmarkt erzählt auch der Chronist Karl Sebastian Hosang. Mit schmetternder Musik und unter dem Beifall einer großen Zuschauermenge paradierte die Wache des Fürstprimas Karl von Dalberg« – irgendwann zwischen 1803 und 1810, als Regensburg selbständiges Fürstentum war – »auf dem Alten Kornmarkt. Der bayerische Amtsschreiber im Herzogshof war darüber höchst ungehalten, begab sich auf den Platz hinaus und sagte dem Musikmeister: ›Meine Herren! Hier, soweit der Platz ungepflastert ist, sind Sie auf bayerischem Grund und Boden; auf dem Territorium unseres Königs sind Sie nicht befugt, eine Parade aufzustellen.‹ Der Fürstprimas, ein gütiger Herr, berief die Parade sogleich an einen anderen Platz und richtete ein höfliches Entschuldigungsschreiben an den König von Bayern.«

Erst 1902 ging der Alte Kornmarkt in städtischen Besitz über. Der Herzogshof ist bis heute Fiskaleigentum. Freilich gehört er nun nicht mehr dem Lande Bayern, sondern der Deutschen Bundespost. Diese hat ihn am Ende der dreißiger Jahre – als sie noch Reichspost hieß – gründlich renovieren lassen. Die während der Restauration veranstalteten baugeschichtlichen Untersuchungen ergaben, daß die ältesten Bauteile dem 10. Jahrhundert angehören. Die Rundbogen an der Ostfassade entstanden nach 1200 und enthalten salzburgische Architekturelemente. Auch der an der Südostecke gelegene Turm mit dem karolingischen Kern ist im wesentlichen ein Werk der Romanik. Der pultförmige Vorbau mit dem hübschen rechteckigen Erker stammt aus der Renaissance. Das zweite Stockwerk ist spätere Zutat.

Karolingisch in seiner Grundsubstanz – das heißt: bis zur Höhe von vier Metern – ist nur noch der massige Römerturm: Ludwigs des Deutschen Schatztresor. Die dreizehn Quaderreihen über der Sockelzone wurden »im späten 12. oder frühen 13. Jahrhundert« aufgesetzt. Wann das Obergeschoß dazukam, ist nicht bekannt.

Den Namen »Römerturm« erhielt der Pfalzturm wahrscheinlich erst zu einer Zeit, da alle alten Gemäuer als Reste imperialer Bauten gedeutet wurden. Trotzdem trägt er diesen Namen nicht ganz zu Unrecht. Die gebuckelten, dunklen Steine des Untergeschosses lieferte wahrscheinlich eine römische Mauer, und die Technik des quaderverkleideten Bruchsteinmauerwerks entstammt der Fibel römischer Baugewohnheiten.

Somit kommt auch dem Regensburger Pfalzturm symbolische Bedeutung zu. Die nachrömische Zeit baute auf römischen Fundamenten weiter. Der Übergang vollzog sich zwar nicht überall so glatt und reibungslos wie im alten *Castra Regina,* wo die nie unterbrochene Kontinuität zwischen Altertum und Mittelalter im Stadtbild bis heute sichtbar ist. Aber überall im Fränkischen Reich erinnerten sich die Erben Roms nach den Jahrhunderten des Niedergangs ihres römischen Erbes und versuchten, es der eigenen, gänzlich anderen Welt zurückzugewinnen. Es war ein fast schon zerschlagenes Erbe. Aber noch in den Ruinen war so viel Vernunft, Kraft und Lebenskunst, daß sie weitergaben, was ihnen selbst dereinst Form und Gestalt gegeben hatte: Gesetz, Ordnung, Humanität.

Krefeld Autobahn Köln–Ruhrgebiet, Abfahrt Düsseldorf Nord. Auf Bundesstraße 288 bis Uerdingen. Linksrheinisch in südwestlicher Richtung nach Linn. Landschaftsmuseum des Niederrheins Burg Linn. Grabungsfunde im Bunker, Eingang Rheinbabenstraße. Römische und fränkische Abteilung. »Rekonstruiertes« Fürstengrab von Gellep mit Goldhelm und anderen Beigaben. Fränkische Keramik, Fibeln, Waffen.

Köln Domgrabungen nicht zugänglich. Funde in der Schatzkammer des Römisch-Germanischen Museums, entweder im Eigelsteintor oder in der Alten Wache des Zeughauses. Kollektion der »Kölner Dome« in Sondervitrine. Modell des karolingischen Dombaues. Spätrömische-frühmittelalterliche Kirchen: St. Gereon (z. Z. im Wiederaufbau), St. Severin (mit konservierten Grabungsbefunden), St. Maria im Kapitol, St. Ursula.

Morken Grabungsstelle Morken von Grube Frimmersdorf geschluckt. Fürstengrabfunde im Rheinischen Landesmuseum in Bonn. Reichhaltige fränkische Abteilung: Grabstein von Niederdollendorf, Stele von Moselkern, Grabstein aus Leutesdorf. Goldschmuck, Bügelfibeln, Goldscheibenfibeln, Keramik, Glas. Modelle und Karten.

Stuttgart Alemannische Abteilung im Württembergischen Landesmuseum Stuttgart (Altes Schloß). Totenbäume aus Zöbingen und Oberflacht. Das Adelsgrab von Entringen. Spangenhelm von Gültlingen. Awarischer Bogen aus Cannstatt. Koptische Bronzegefäße. Kleinfunde aus Oberflacht: hölzerne Schalen, Töpfe, Becher, Gläser, Fibeln, Goldblattkreuze. Instruktive Karten und graphische Darstellungen.

Freising Autobahn München–Nürnberg, Abfahrt Allershausen. Heimatmuseum, Heiliggeiststraße 1. Dom mit den Asamschen Korbinianfresken. Korbiniangrab. Krypta mit Bestiensäule. Mittelalterliche Dombergbauten. Stadtrundgang. Kleinfunde der bajuwarischen Frühzeit meist in den Bayerischen Staatssammlungen München. Ebenso Kollektion Wittislingen.

Würzburg Autobahn Frankfurt–Würzburg. Abfahrt Würzburg West. Festung Marienberg, Marienkirche, älteste rechtsrheinische Kirche Deutschlands, vermutlich um 700 entstanden. Führungen. Mainfränkisches Museum in den Hallen des früheren Zeughauses der Festung. In der Stadt: Neumünster mit Kiliansgruft. Domkirche St. Kilian. Im übrigen: die »Residenz«, die »Spitäler«, Brücken, Brunnen, Adels- und Bürgerhäuser, Bauten Balthasar Neumanns.

Fulda Autobahn Frankfurt–Kassel, Abfahrt Alsfeld. Auf Bundesstraße 254 über Lauterbach nach Fulda. Barockviertel. Dom. Heutiger Bau von

Johann Dientzenhofer, geweiht 1712. Basilikaform auch unter barocker Verkleidung erkennbar. Bonifatius-Gruft unter dem Hochaltar. Altar und Relief von Johann Neudecker. Im Domschatz u. a. Haupt des Bonifatius; das Schwert, mit dem er den Märtyrertod empfing, das Buch, das er schützend über sich hielt.

Michaelskirche, früheres Beinhaus der Mönche. Geweiht 822. Rundkirche von 13,5 Meter Durchmesser, getragen von acht Säulen. Darunter Krypta mit Mittelsäule.

Im Barockviertel: Schloß mit Fürstensaal; im Schloß: Vonderau-Museum mit archäologischen Funden, Karten und Modellen. Orangerie. Paulustor. Bischöfliches Palais. Hauptwache. Neben der Hauptwache: Bonifatius-Denkmal.

Außerhalb Fuldas: Kirche auf dem Petersberg. Unter dem Ostbau Krypta aus der Zeit des Hrabanus Maurus. Sarg der hl. Lioba. Wandmalereien, entstanden zwischen 836 und 847. Im Turmuntergeschoß Bogen und Kämpfer des karolingischen Portals. Auf dem Neuenberg Andreaskirche, in ottonischer Zeit nach dem Modell der Ratgar-Basilika gebaut.

In Hersfeld »repräsentativste Ruine Deutschlands«. Szene der Hersfelder Festspiele. Heutiger Bestand aus dem 12. Jahrhundert. Darunter der Gründungsbau Luls.

Aachen Ende der Autobahn Köln–Aachen. Rathaus auf karolingischen Fundamenten. Granusturm – Karls des Großen Schatzturm. Neuentdeckte Zugänge im Treppenhaus des angebauten Verwaltungsgebäudes.

Katschhof – Platz zwischen Palast und Pfalzkapelle. Vom karolingischen Verbindungsgang sind unterirdisch noch Teile des steinernen Tonnengewölbes erhalten, die heute als Domschatzkammer dienen.

Karolingisches Oktogon – Kernbau des Münsters. Um 800 geweiht, Krönungskirche der deutschen Könige. Unter nachkarolingischen Anbauten fast verschwunden. Innenraum unverändert. Thron Karls des Großen auf der Empore gegenüber dem Chor. (Heute gotischer Chor – Aachener »Glashaus«.) Säulen des Emporengeschosses aus Rom und Ravenna. Bronzetüren des Haupteingangs und Emporengitter Werke der Aachener Gießhütte. Wichtigste Ausstattungsstücke: Bärin (römisches Gußwerk aus dem 2./3. Jahrhundert) und Pinienzapfen in der Vorhalle. Römischer Proserpina-Sarkophag (in der Michaelskapelle), barg wahrscheinlich die Gebeine Karls des Großen bis zur feierlichen Erhebung 1165. Karlsschrein im Chor. Radleuchter Barbarossas. Ambo Heinrichs II. Funde und Pläne zur Geschichte des Domes im Dommuseum. Ausgrabungsfunde im Heimatmuseum auf Burg Frankenberg.

Frauenchiemsee Autobahn München–Salzburg, Abfahrt Bernau-Felden. Über Prien nach Gstadt. Überfahrt nach Frauenchiemsee. Münster – Baukörper wahrscheinlich aus karolingischer Zeit. Fresken auf dem Kirchenboden nicht zugänglich. Glockenturm – Wahrzeichen des Chiemgaues. Mittelalterliches Mauerwerk. Kuppel von 1626 (erneuert 1955). Torkapelle St. Michael und St. Nikolaus, vermutlich karolingischer Bau. Grabungen auf Frauenchiemsee dauern an.

Paderborn Autobahn Leverkusen–Kamen, Abfahrt Unna. Auf Bundesstraße 1 (Hellweg) über Werl und Soest (Stiftskirche St. Patroklus, Petrikirche, Wiesenkirche; Burghofmuseum), Erwitte und Geseke nach Paderborn. Dom – karolingische Arkaden im Atrium. Abdinghofkirche, nach Zerstörung im Zweiten Weltkrieg als schlichte Pfeilerbasilika wiederaufgebaut. Baugeschichte durch Grabungen Ortmanns bis zum karolingischen Urbau geklärt. Vor der Abdinghofkirche Paderquellanlage. Funde aus Warendorf und Beckum im Westfälischen Landesmuseum Münster. Enger (Autobahnabfahrt Herford) – Widukind-Grab und Widukind-Gedächtnisstätte.

Ingelheim Autobahn Frankfurt–Köln, Abfahrt Wiesbaden–Main. Über Mainz und Heidesheim auf Bundesstraße 9 nach Ingelheim. Pfalzgelände in Niederingelheim. Reliefkarte am Zugang zur Straße »Im Saal«. Ev. Pfarrkirche, im Kern romanischer Bau aus dem 12. Jahrhundert auf karolingischen Fundamenten. Apsis der Aula regia. Badeanlage der karolingischen Pfalz. Mittelalterliche Mauerreste, durchweg staufischer Herkunft. Städtisches Museum an der Rückseite des Rathauses, mit Funden und Plänen der Grabungen Rauchs.

Lorsch Autobahn Frankfurt–Mannheim, Abfahrt Lorsch. Am östlichen Ortsende Torhalle des karolingischen Reichsklosters Lorsch. Karolingische und gotische Fresken im Obergeschoß. Mittelschiff der ehemaligen Vorkirche der Klosterbasilika – heute Lapidarium mit Bauteilen und Sarkophagen. Von Behn festgestellter Grundriß der früheren Klosteranlage durch immergrüne Bepflanzung markiert. Klostermauern, z. T. noch karolingisch. Führungen.
Von Lorsch auf Bundesstraße 47 (»Nibelungenstraße«) nach Michelstadt. Am Rande des Dorfes Steinbach bei Schloß Fürstenau Einhard-Basilika. Erhalten das Mittelschiff als einschiffiger Saal mit Apsis. Krypta von südlicher Außenseite erreichbar.
Von Michelstadt auf Bundesstraße 45 über Höchst, Groß-Umstadt und Dieburg nach Seligenstadt. Einhard-Basilika, die nach der letzten Restaurierung wieder karolingisches Raumbild zeigt. Karolingisches Mauerwerk, z. T. unverputzt. Grab Einhards.

Regensburg Autobahn München–Nürnberg, Abfahrt Regensburg. Teilstück bis Appersdorf. Von dort auf Bundesstraße 301 und 16 nach Regensburg. Römerturm am Alten Kornmarkt. Unterbau karolingisch. Herzogshof, vorwiegend mittelalterlich, z. T. karolingisches Mauerwerk. Alte Kapelle – karolingische Außenmauern. St. Emmeram – karolingische Außenmauern. Krypta von 740. Gräber von Kaiser Arnulf und König Ludwig dem Kind.

Auf Bundesstraße 15 und 299 über Landshut nach Altötting. Heilige Kapelle. Rundbau aus agilolfingischer oder karolingischer Zeit.
Bodenseeinsel Reichenau. Kirche St. Georg in Oberzell, erbaut 890–896. Krypta – Zelle von Abt Hatto (um 810). Münster Mittelzell. Karolingische Bauteile im Osten der Kirche (816 geweiht).

um 250	Frankenbund am rechten Rheinufer, bestehend aus Chamaven, Amsivariern, Chattuariern, Saliern und Brukterern.
257	Erster Einbruch der Franken in Gallien.
287	Franken verheeren das Moselland.
350	Alemannen überschreiten den Oberrhein.
um 355	Franken überrennen die römischen Grenzen am Niederrhein – Cäsar Julianus siedelt die Salier als Föderaten in Toxandrien an.
357	Niederlage der Alemannen bei Straßburg.
um 375	Einbruch der Hunnen – Beginn der Völkerwanderung.
391	Kaiser Theodosius erhebt das Christentum zur Staatsreligion.
um 400	Beginn der langobardischen Wanderschaft.
405	Abzug der römischen Rheinarmee.
406	Vandalen, Quaden und Alanen überschreiten den Rhein.
410	Gründung von Kloster Lérins.
446	Aëtius stellt Rheingrenze wieder her.
451	Sieg des Aëtius über die Hunnen auf den Katalaunischen Feldern.
um 470	Herrschaft des Comes Arbogast in Trier.
476–494	Odoaker König in Italien.
um 480	Besiedlung des Mosellandes durch die Franken – Hermunduren überfallen Passau.
481	Tod Childerichs I. – in Tournai beigesetzt, wo sein Grab 1653 wiederentdeckt wurde.
481–511	Chlodwig König der Franken.
482	Tod des heiligen Severin.
486	Chlodwig besiegt letzten römischen Statthalter Syagrius und beseitigt Reste des Imperiums in Gallien.
488	Rückwanderung der Donauromanen ins Mutterland.
493	»Rabenschlacht« bei Ravenna – Theoderich erschlägt Odoaker beim Gastmahl.
493–526	Theoderich der Große, König des Ostgotenreiches.
496	Chlodwigs Sieg über die Alemannen bei Tolbiacum – Chlodwig läßt sich taufen.
507	Chlodwig schlägt die Westgoten bei Poitiers und erobert das Gebiet zwischen Loire und Garonne.
510	Chlodwig läßt den Ripuarierkönig Sigibert und dessen Sohn Chloderich in Köln umbringen – Schilderhebung in St. Gereon – Die Provence wird ostgotisch.
511	Tod König Chlodwigs – Seine Söhne Theuderich, Chlodomer, Childebert und Chlotar teilen das Reich auf.

um 520	Einwanderung der Bajuwaren zwischen Donau und Inn.
527–565	Justinian, Kaiser von Ostrom.
526–548	San Vitale in Ravenna, Zentralbau mit doppelgeschossigem Umgang.
529	Justinian schließt die Redner- und Philosophenschulen von Athen – Benedikt von Nursia gründet das Kloster Monte Cassino.
529–531	Die Söhne Chlodwigs erobern Thüringen.
532	Die Südgaue Alemanniens werden fränkisch.
533	Ende des Vandalenreiches in Nordafrika.
534–536	Burgund und Provence werden fränkisch.
534	Bischof Sidonius in Mainz baut Taufkirche auf Kosten Berthoaras, der Tochter Theudeberts I.
533–561	Nicetius Bischof von Trier.
534–547/8	König Theudebert I.
um 535	Venantius Fortunatus, Bischof von Poitiers, geboren.
um 540	Gregor von Tours geboren.
um 543	Tod Benedikts von Nursia.
um 550	Kolumban, irischer Glaubensbote, geboren – Geburt des heiligen Gallus – Gotengeschichte des Jordanis – Beisetzung der Kölner Fürstin.
553–554	Ende des Ostgotenreiches.
558–561	Das Frankenreich unter Chlotar I. wiedervereinigt.
567	Die Westgotin Brunhilde heiratet in Reims König Sigibert I.
568	Invasion der Langobarden in Italien.
584	Chilperich I. ermordet.
596 oder 597	Tod der Königin Fredegunde.
585	Kolumban landet auf dem Kontinent – Beginn der irischen Mission.
um 590	Langobardien wird katholisch.
590–604	Papst Gregor der Große.
um 600	Beginn der Christianisierung Englands – Niederschrift des Pactus Alemannorum – Beisetzung des Morkener Fürsten.
612	Theudebert II. in Köln umgebracht – Arnulf Bischof von Metz, regierte von 622 an zusammen mit Pippin dem Älteren Austrasien – Einsiedlerzelle des heiligen Gallus.
615	Tod Kolumbans in Kloster Bobbio.
618	Ende der Königin Brunhilde – Frankenreich unter Chlotar II. wiedervereinigt.
623–656	Slawenreich des fränkischen Kaufmannes Samo.
623–663	Bischof Kunibert in Köln.
625	Chlotar II. ernennt seinen Sohn Dagobert zum König von Austrasien.

634 30. XII.	Testament des Diakons Adalgisel Grimo.
um 645	Tod des heiligen Gallus.
um 650	Herzogshof in Freising – Südtirol wird bayerisch – Grab der Wittislinger Fürstin – Der Grabstein von Nieder-dollendorf – Märtyrertod des heiligen Emmeram.
664	Synode von Whitby.
669–690	Der Grieche Theodor von Tarsos organisiert die römisch-katholische Kirche Englands.
um 670	Geburt Korbinians.
672–735	Beda Venerabilis, Theologe und Historiker, Autor der »Kirchengeschichte der Angeln«.
681–714	Hausmeier Pippin der Mittlere.
um 673	Winfrid Bonifatius geboren.
687	In der Schlacht bei Tertry siegt Pippin d. M. über den neustrischen Majordomus. Majordomat wird erblich im Hause der Karolinger – Der heilige Kilian in Würzburg erschlagen.
690	Der Angelsachse Willibrord beginnt mit der Friesen-mission.
695	Gründung des Bistums Utrecht.
697–698	Kloster Echternach gestiftet.
um 705	Weihe der Marienkirche in Würzburg.
um 710	Gründung des Klosters Reichenau durch den heiligen Pirmin.
714–741	Karl Martell Hausmeier, regiert seit 737 ohne König.
716–719	Lex Alemannorum, überholte Fassung des Pactus Ale-mannorum.
719–721	Winfrid Bonifatius Helfer Willibrords in Friesland.
seit 721	Bonifatius missioniert in Hessen und Thüringen.
724	Korbinian trifft in Freising ein.
um 725	Bonifatius fällt die Donar-Eiche bei Geismar.
732	Karl Martell besiegt die Araber bei Tours und Poitiers.
736	Gründung des Klosters Hersfeld.
739	Bonifatius ordnet die bayerische Kirchenprovinz – Bis-tümer Salzburg, Passau, Regensburg, Freising, ein Jahr später Eichstätt.
740	Die Krypta von St. Emmeram.
741	Bonifatius gründet das Bistum Würzburg – Bischöfe werden Herzöge von Franken.
741	Nach dem Tod Karl Martells wird Pippin (der Kleine) Hausmeier.
742	Karl der Große geboren.
743–744	Reorganisation der Fränkischen Kirche durch Bonifatius: Concilium Germanorum, Konzil von Estinnes, Synode von Soissons.
744	Gründung von Kloster Fulda.

746	Das Cannstatter Blutgericht.
748–788	Herzog Tassilo III. von Bayern.
749–775	Klosterkirche von St. Denis bei Paris – frühkarolingische Basilika (durch Grabung erschlossen).
um 750	Westgotische Königshalle Naranco bei Oviedo.
751	Pippin der Kleine setzt den letzten Merowinger Childerich III. ab und läßt sich in Soissons zum König krönen – Tod des Alemannenherzogs Theutbald.
752	»Erhebung« des heiligen Kilian in Würzburg.
754	Märtyrertod des heiligen Bonifatius in Friesland – Bündnis zwischen den Karolingern und den Päpsten – »Pippinsche Schenkung«.
763	Herzog Tassilos »heeresliez«.
765	König Pippin feiert Weihnachten in der Villa regia in Aachen.
768	Tod König Pippins.
768–814	Karl der Große.
765–783	Bischof Arbeo von Freising.
772	Sieg des Bayernherzogs Tassilo III. über die Alpenslawen.
772–795	Papst Hadrian I.
772–805	Karls des Großen Sachsenkriege.
774	König Karl besiegt die Langobarden – Weihe der Lorscher Klosterkirche.
777	Erster Reichstag in Paderborn.
um 780	Klosterkirche St. Emmeram in Regensburg nach fünfzig-jähriger Bauzeit vollendet.
781	Der Tassilo-Kelch des Klosters Kremsmünster.
782	Das Verdener Blutgericht – Berufung Alkuins nach Aachen.
783	Schlachten bei Detmold und an der Haase.
785	Taufe des Sachsenherzogs Widukind in der Pfalz Attigny.
788	Bayernherzog Tassilo ins Kloster – Ende des freien Bayern – Karl der Große bei der Kiliansgedenkfeier in Würzburg.
788–819	Bau der Pfalz Ingelheim.
791–819	Bau der Ratgar-Basilika in Fulda.
792–805	Bau der Pfalzkapelle in Aachen.
795–816	Papst Leo III.
795–796	Ende des Awarenreiches.
799	Reichstag in Paderborn – Papst Leo III. weiht »Bau B« der Abdinghofkirche.
800	Kaiserkrönung Karls des Großen.
802	Kirche auf dem Petersberg bei Fulda geweiht.
805	Papst Leo III. in Aachen – Weihe der Pfalzkapelle.
805/06	Paderborn Bistum unter dem Sachsen Hathumar.

813	Reichstag in Aachen – Karls Sohn Ludwig wird Mitkaiser.
814 28. I.	Tod Karls des Großen in Aachen – Beisetzung in der Pfalzkapelle.
814–840	Kaiser Ludwig der Fromme.
816	Klosterkirche in Mittelzell auf der Reichenau.
816–817	Klosterreform des Benedikt von Aniane.
817	Reichstag in Aachen – Erster Teilungsplan – Erhebung Lothars zum Mitkaiser.
817–870	Bau des karolingischen Doms in Köln – Planänderung während des Baues.
820	St. Gallener Klosterplan.
820–822	Rachulf errichtet Michaelskirche in Fulda.
821–827	Bau der Einhard-Basilika in Steinbach.
822–842	Hrabanus Maurus Abt in Fulda.
822–844	Bau der Klosterkirche Corvey.
826	Der große Ingelheimer Reichstag – Taufe König Haralds von Dänemark – Ansgar wird »Apostel des Nordens«.
827	Ludwig der Deutsche zieht mit seiner Gemahlin Hemma in Regensburg ein.
um 830	Entstehung des Heliand-Liedes (Fulda oder Werden).
831	Gründung des Erzbistums Hamburg.
831–840	Bau der Einhard-Basilika in Seligenstadt.
833	Ludwig der Fromme kapituliert auf dem Kolmarer »Lügenfeld« und dankt vorübergehend ab.
840	Tod Ludwigs des Frommen.
840–855	Kaiser Lothar I.
843	Teilung des Reiches in Verdun – Ludwig der Deutsche erhält Ostfranzien, Karl der Kahle Westfranzien, Lothar I. die Kaiserwürde, Italien und das Land zwischen Rhone, Rhein und Schelde.
845	Vierzehn böhmische Adelige in Regensburg getauft – Zerstörung Hamburgs durch die Normannen – Bremen Sitz des Erzbistums Hamburg.
856	Hrabanus Maurus stirbt als Erzbischof von Mainz.
um 868	Otfrieds Evangelienharmonie.
870	Vertrag von Meersen – Teilung von Lotharingien zwischen Ludwig dem Deutschen und Karl dem Kahlen.
um 870	Der Codex aureus von St. Emmeram, entstanden in St. Denis bei Paris.
873–875	Bau des Corveyer Westwerks.
876	Tod Ludwigs des Deutschen – Schlacht bei Andernach – Teilung des Ostfrankenreiches zwischen Ludwig dem Jüngeren, Karlmann und Karl dem Dicken.
um 880	Bau der Königsgruft von Lorsch.
880	Vertrag von Ribemont – Westhälfte Lotharingiens

BIBLIOGRAPHIE

Allgemeine Literatur

Aubin, Hermann: *Die Umwandlung des Abendlandes durch die Germanen bis zum Ausgang der Karolingerzeit,* in: *Neue Propyläen-Weltgeschichte.*
–: *Vom Altertum zum Mittelalter,* München 1949.
–: *Zwischen Altertum und Neuzeit,* Düsseldorf 1949.
Aubin / Niessen: *Geschichtlicher Handatlas der Rheinprovinz,* Bonn 1926.
Bader, Walter: *Die christliche Archäologie in Deutschland nach den jüngsten Entdeckungen an Rhein und Mosel,* in: *Annalen des Hist. Vereins für den Niederrhein,* 1947/48.
Bauerreiss, Romuald: *Kirchengeschichte Bayerns,* St. Ottilien 1949.
Behn, Friedrich: *Römertum und Völkerwanderung,* Stuttgart 1963.
Böhner, Kurt: *Die fränkischen Altertümer des Trierer Landes,* Berlin 1958.
–: *Die Altertümer der Merowingerzeit,* in: *Katalog Werdendes Abendland, Essen 1956.*
Bosl, Karl: *Geschichte Bayerns,* München 1952/53.
Bruhns, Leo: *Christliche Frühzeit und mittelalterliche Dome* (Zweiter Band der »Meisterwerke«), Leipzig 1927.
Bühler, Johannes: *Das Frankenreich – nach zeitgenössischen Quellen,* Leipzig 1923.
Büttner, Heinrich: *Die Franken und die Ausbreitung des Christentums bis zu den Tagen des Bonifatius,* in: *Hess. Jahrbuch für Landesgeschichte, 1951, 1.*
–: *Frühes fränkisches Christentum am Mittelrhein,* in: *Archiv f. mittelrhein. Kirchengeschichte, 1951, 3.*
Dahn, Felix: *Die Völkerwanderung,* Neuausgabe, Berlin 1960.
Dawson, Christopher: *Die Religion im Aufbau der abendländischen Kultur,* Düsseldorf 1953.
–: *Die Gestaltung des Abendlandes,* Frankfurt-Berlin 1961.
Dannenbauer, Heinrich: *Adel, Burg und Herrschaft bei den Germanen,* in: *Hist. Jahrbuch 1941.*
–: *Politik und Wirtschaft in der altdeutschen Kaiserzeit,* Darmstadt 1957.
Dehio / Gall: *Handbuch der deutschen Kunstdenkmäler,* Berlin, seit 1914 ff.
Dopsch, Alfons: *Wirtschaftliche und soziale Grundlagen der europäischen Kulturentwicklung,* Wien 1923/24.
–: *Vom Altertum zum Mittelalter,* in: *Archiv f. Kulturgeschichte, 1926, 16.*
Dümmler, Ernst: *Geschichte des Ostfränkischen Reiches,* Darmstadt 1960 (Neudruck).
Durant, Will: *Das Zeitalter des Glaubens,* Bd. IV der *Kulturgeschichte der Menschheit,* Bern 1956.
Eckardt, Karl Aug. von: *Die Gesetze des Karolingerreiches – Texte und Übersetzungen,* Weimar 1934.

Elbern, Vict. H. (Herausgeber): *Das erste Jahrtausend*, Textband und Tafelband, Düsseldorf 1962/63.

Ennen, Edith: *Frühgeschichte der europäischen Stadt* (mit ausf. Literatur-hinweisen), Bonn 1953.

Ewig, Eugen: *Die fränkischen Teilungen und Teilreiche*, Wiesbaden 1953.

Feldhaus, Franz M.: *Die Technik der Antike und des Mittelalters*, Potsdam 1931.

Fichtenau, Heinrich: *Das karolingische Imperium*, Zürich 1949.

Freund, Michael: *Deutsche Geschichte*, Gütersloh 1961.

Gebhardt, Bruno: *Handbuch der deutschen Geschichte*, 1954 ff.

Gregor von Tours: *Zehn Bücher Geschichten*, Darmstadt 1959.

Grimme, Ernst Günter: *Europäische Malerei im Mittelalter*, Bd. 12 der Illustrierten Welt-Kunstgeschichte, Zürich.

Haendler, Gert: *Geschichte des Frühmittelalters und der Germanen-mission* (mit ausf. Literaturangaben), Göttingen 1961.

Haller / Dannenbauer: *Der Eintritt der Germanen in die Geschichte*, Berlin 1957.

Hauck, Albert: *Kirchengeschichte Deutschlands*, Neudruck Berlin 1953.

Hauser, Arnold: *Sozialgeschichte der Kunst und Literatur*, München 1953.

Hegel, Eduard: *Kirchengeschichte der Merowinger- und Karolinger-Zeit*, in: *Katalog Werdendes Abendland*, Essen 1956.

Henze, Anton: *Westfälische Kunstgeschichte, Rheinische Kunstgeschichte*, Düsseldorf 1961.

Hofmiller, Josef: *Wanderbilder und Pilgerfahrten*, Salzig/Boppard 1949.

Holmquist, Wilhelm: *Kunstprobleme der Merowingerzeit*, Stockholm 1939.

Hubensteiner, Benno: *Bayerische Geschichte*, München 1963.

Huch, Ricarda: *Römisches Reich Deutscher Nation*, Frankfurt 1959.

–: *Im alten Reich*, Bremen 1960.

Jenny, Wilhelm Alb. von: *Die Kunst der Germanen im frühen Mittelalter*, Berlin 1940.

Kaphahn, Fritz: *Zwischen Antike und Mittelalter*, München 1947.

Levisohn, Wilhelm: *Aus rheinischer und fränkischer Frühzeit*, Düsseldorf 1948.

Lützeler, Heinrich: *Weltgeschichte der Kunst*, Gütersloh 1959.

Neuss, Wilhelm: *Die Anfänge des Christentums im Rheinland*, Köln 1933.

–: *Die Kirche des Mittelalters*, Bonn–Köln 1946.

Nottarp, Hermann: *Die Bistumserrichtungen in Deutschland im 8. Jahrhundert*, 1920.

Petrikovits, Harald von (Hrsg.): *Kirche und Burg in der Archäologie des Rheinlandes*, Katalog der gleichn. Ausstellung, Düsseldorf 1962.

Pirenne, Henri: *Geschichte Europas*, Frankfurt 1961.

Reinerth, Hans: *Vorgeschichte der deutschen Stämme*, Berlin 1940.

Rothert, Hermann: *Westfälische Geschichte*, Gütersloh 1962.

Schenk von Stauffenberg, Alexander von: *Das Imperium und die Völker-wanderung*, München 1948.

Schieffer, Theodor: *Winfrid Bonifatius und die christliche Grundlegung Europas* (mit ausf. Literaturhinweisen), Freiburg 1954.

–: *Angelsachsen und Franken*, Mainz–Wiesbaden 1951.

Schmidt, Ludwig: *Geschichte der deutschen Stämme*, München 1938.

Schnitzler, Hermann: *Bildende Künste der Karolingerzeit*, in: *Katalog Werdendes Abendland*, Essen 1956.

Schnürer, Gustav: *Die Anfänge der abendländischen Völkergemeinschaft*, Freiburg 1932.

Schubert, Hans von: *Geschichte der christlichen Kirche im Frühmittelalter*, Tübingen 1921.

Schuchhardt, Carl: *Die Burg im Wandel der Weltgeschichte*, Potsdam 1931.

Schumacher, Karl: *Siedlungs- und Kulturgeschichte der Rheinlande*, Mainz 1921–1925.

Schumacher, Johannes: *Deutsche Klöster*, Bonn 1928.

Steinbach, Franz: *Das Frankenreich* (mit ausführlichen Literaturhinweisen), in:
Brandt-Mayer-Justs Handbuch der deutschen Geschichte, Konstanz 1957.

–: *Rheinische Anfänge des deutschen Städtewesens*, in: *Jahrbuch des Kölner Geschichtsvereins*, 1950, 25.

–: *Der geschichtliche Weg des wirtschaftenden Menschen*, Köln–Opladen 1954.

Tüchle, Hermann: *Kirchengeschichte Schwabens*, Stuttgart 1950–1954.

Valentin, Veit: *Deutsche Geschichte*, München 1960.

Voigt, Karl: *Staat und Kirche von Konstantin dem Großen bis zum Ende der Karolingerzeit*, 1936.

Zibermayr, Ignaz: *Noricum, Baiern und Österreich*, Horn 1956.

Neue Ausgrabungen in Deutschland, Berlin 1958.

Kröners Handbuch der Historischen Stätten Deutschlands, Stuttgart seit 1958, bisher erschienen: Schleswig-Holstein/Hamburg, Niedersachsen/Bremen, Nordrhein-Westfalen, Hessen, Rheinland-Pfalz/Saarland, Bayern.

Reclams Kunstführer, Bd. I–IV, Stuttgart 1960.

Spezialliteratur

Zu Kapitel 1

Brenner, E.: *Der Stand der Forschung über die Kultur der Merowingerzeit*, Frankfurt 1912–1915.

Brües / Holtappel: *Krefeld – Stadt am Niederrhein*, Bildband, Duisburg 1961.

Gorscha, F.: *Das völkerwanderungszeitliche Fürstengrab von Altlußheim*, Germania 1936, 20.

Hinz, Hermann: *Neue Funde und Ausgrabungen am linken Niederrhein*, in: Niederrheinisches Jahrbuch, Bd. V.

Hinz, Hermann: *Ein fränkisches Gräberfeld in Eick*, Bonner Jahrbücher 1960, 362 ff.

–: *Auf den Spuren römischer und fränkischer Besiedlung*, in: Albert-Steeger-Gedächtnisgabe, Krefeld 1959.

Jenny, Wilh. A. von: *Die Herkunft der germanischen Tierornamentik*, in: Jahrbuch des dtsch. archäol. Instituts 1934.

Kühn, Herbert: *Die germanischen Bügelfibeln der Völkerwanderungszeit in der Rheinprovinz*, Bonn 1940.

–: *Über Sinn und Bedeutung der Bügelfibel in der Völkerwanderungszeit*, in: Ipek, 1954–1959, 19.

Pirling, Renate: *Gräber des frühen 5. Jahrhunderts aus Krefeld-Gellep*, Bonner Jahrbücher 1959, 215 ff.

–: *Die Gräberfelder von Gellep und Stratum*, in: Albert-Steeger-Gedächtnisgabe, Krefeld 1959.

–: *Das Grab eines fränkischen Herrn des 6. Jahrhunderts aus Krefeld-Gellep*, in: Die Heimat, 1962.

–: *Die römisch-fränkischen Gräberfelder von Krefeld-Gellep*, Berlin 1964.

Schäfer, Wilh.: *Der Niederrhein und das Bergische Land*, München 1940.

Schoppa, Helmut: *Die fränkischen Friedhöfe von Weilbach*, Wiesbaden 1959.

Steeger, Albert: *Germanische Funde der Völkerwanderungszeit aus Krefeld*, Krefeld 1937.

Werner, Joachim: *Münzdatierte Austrasische Grabfunde*, Berlin 1935.

–: *Zur Entstehung der Reihengräberzivilisation*, in: Arch. Geographica 1950, 1, 26 ff.

–: *Die Langobardenfibeln aus Italien*, Berlin 1950.

–: *Kriegergräber aus der 1. Hälfte des 5. Jahrhunderts zwischen Schelde und Weser*, in: Bonner Jahrbücher 1958, 372 ff.

Zu Kapitel 2

Behrens, Gustav: *Das frühchristliche und merowingische Mainz*, Mainz 1950.

Böhner, Kurt: *Kontinuität zwischen Altertum und Mittelalter*, in: Aus der Schatzkammer des alten Trier*, Trier 1959.

Doppelfeld, Otto: *Quellen zur Geschichte Kölns in römischer und fränkischer Zeit*, Köln 1958.

–: *Das Frauengrab unterm Kölner Dom*, Germania 1960, 38.

–: *Das römische Köln als Grundlage für die mittelalterliche Stadt*, in: Germania Romana, Heidelberg 1960.

–: *Die Rosettenfibeln aus dem Kölner Dom*, in: Mouseion, Studien aus Kunst und Geschichte, Köln 1960.

–: *Zur Methode der Kölner Domgrabung*, in: Katalog Kirche und Burg in der Arch. des Rheinlandes*, Düsseldorf 1962.

–: *Grabungsberichte* in den Kölner Domblättern.

Fleury / France-Lanord: *Das Grab der Arnegunde in Saint-Denis*, Germania 1962, 341 ff.

466

Gerkan, Armin von: *St. Gereon in Köln,* Germania 1951, 29.

–: *Der Urbau der Kirche St. Gereon zu Köln,* in: *Forschungen zur Kunstgeschichte und christl. Arch.,* Baden-Baden 1952.

Gombert, Hermann: *Frühchristliche Grabsteine vom Mittelrhein,* Mainz 1940.

Petrikovits, Harald v.: *Fortleben römischer Städte an Rhein und Donau,* in: *Aus der Schatzkammer des alten Trier,* Trier 1959.

Rademacher, Carl: *Vor- und Frühgeschichte des Stadtgebietes Köln,* Köln 1926.

Rademacher, Franz: *Fränkische Gläser aus dem Rheinland,* Bonner Jahrbücher 1942, 285 ff.

Werner, Joachim: *Waage und Geld in der Merowingerzeit,* Sitzungsberichte der Bayer. Akademie der Wissenschaften, München 1954.

–: *Fernhandel und Naturalwirtschaft im östl. Merowingerreich nach archäologischen und numismat. Zeugnissen,* 42. Ber. der RGK 1961.

Zu Kapitel 3

Bodmer, Jean-Pierre: *Der Krieger der Merowingerzeit und seine Welt,* Zürich 1957.

Böhner, K.: *Über die Gräberfelder von Mayen,* Trierer Zeitschrift 1950, 19.

–: *Das fränkische Reich und seine Bedeutung für das Werden des Abendlandes,* Rheinisches Jahrbuch 1956, 60 ff.

–: *Das Grab eines fränkischen Herren aus Morken im Rheinland,* Köln 1959.

Herrnbrodt, Adolf: *Braunkohleabbau und Archäologie,* Rheinisches Jahrbuch 1956, 92 ff.

Levisohn, Wilhelm: *Das Testament des Diakons Adalgisel Grimo,* Trierer Zeitschrift 1932, 7.

Schaefer, L.: *Die Ausgrabung in der Karlskapelle zu Palenberg,* Bonner Jahrbücher, 1957, 353 ff.

Sprandel, Rolf: *Der merowingische Adel und die Gebiete östlich des Rheins,* Freiburg 1957.

Tholen, Uslar: *Ausgrabungen in den Kirchen von Breberen und Doveren,* Bonner Jahrbücher 1950, 192 ff.

Zu Kapitel 4

Dannenbauer, Heinrich: *Bevölkerung und Besiedlung Alemanniens in der fränkischen Zeit,* Zeitschr. für württ. Landesgeschichte, 1954, 13.

Eckhardt, Karl August: *Leges Alemannorum,* Göttingen 1958.

Feger, Otto: *Geschichte des Bodenseeraumes,* Konstanz 1956.

Franken, Marlis: *Die Alemannen zwischen Iller und Lech,* Berlin 1944.

Guyan, W.: *Das alemannische Gräberfeld von Beggingen-Löbern,* Basel 1958.

Junghans, Siegfried: *Amtlicher Führer durch das Württemberg. Landesmuseum Stuttgart* (mit ausführl. Literaturhinweisen), Stuttgart 1958.

Maurer, Friedrich: *Nordgermanen und Alemannen,* Bern 1952.

Paret, Oskar: *Die frühschwäbischen Gräberfelder von Groß-Stuttgart und ihre Zeit*, Stuttgart 1937.
–: *Groß-Stuttgart in vorgeschichtlicher Zeit*, Stuttgart 1949.
–: *Württemberg in vor- und frühgeschichtlicher Zeit*, Stuttgart 1961.
Stoll, Hermann: *Die Alemannengräber von Hailfingen in Württemberg*, Berlin 1939.
Veeck, Walter: *Der Alemannenfriedhof von Oberflacht*, Stuttgart 1924.
–: *Die Alemannen in Württemberg*, Berlin 1931.
–: *Hundert Jahre völkerwanderungszeitliche archäologische Forschung in Württemberg*, in: *Festschrift zum hundertjährigen Bestehen des Rottweiler Geschichts- und Altertums-Vereins*, 1931.
Wais, Gustav: *Stuttgarts Kunst- und Kulturdenkmale*, Stuttgart 1954.
Weller, Karl: *Geschichte des schwäbischen Stammes bis zum Untergang der Staufer*, München/Berlin 1944.
Werner, Joachim: *Ein frühalemannischer Grabfund von Böckingen*, Germania 1938.
–: *Der Fund von Ittenheim*, Straßburg 1943.
–: *Das alemannische Fürstengrab von Wittislingen*, 1950.
–: *Das alemannische Gräberfeld von Mindelheim*, Lassleben 1955.
Grundfragen der alemannischen Geschichte, Mainauvorträge 1962, Lindau 1962.

Zu Kapitel 5
Abele / Lill: *Der Dom zu Freising*, Freising 1951.
Arnold, Balthasar: *Das Leben des hl. Korbinian – dem Bischof Arbeo von Freising nacherzählt*, Freising 1951.
Baumgärtner, Anton: *Meichelbecks Geschichte der Stadt Freising und ihrer Bischöfe*, Freising 1854.
Beyerle, Konrad: *Lex Bajuvariorum*, München 1962.
Birkner, Rudolf: *Freising*, in: Frigisinga, 1928, 98 ff.
Bischoff, Bernhard: *Leben und Leiden des hl. Emmeram*, München 1953.
Bott, H.: *Bajuwarischer Schmuck der Agilolfingerzeit*, München 1952.
Fischer, Joseph: *Otto von Freising, Gedenkgabe zu seinem 800. Todesjahr*, Freising 1958.
Hubensteiner, Benno: *Die geistliche Stadt, Welt und Leben des Fürstbischofs Eckher von Freising*, München 1954.
Klebel, E.: *Die Geschichte des Christentums in Bayern vor Bonifatius*, in: *Bonifatius-Gedenkgabe der Stadt Fulda*, Fulda 1954.
Kunkel, Wolfgang: *Archäologische Zeugnisse frühen Christentums in Bayern*, in: *Bayerische Frömmigkeit, Katalog der gleichnamigen Ausstellung*, München 1960.
Löwe, H.: *Die Herkunft der Bajuwaren*, Ztschr. f. bayerische Landesgeschichte, 1949, 15.
Müller-Karpe, H.: *Archäologische Zeugnisse des frühen Christentums der Münchener Gegend*, in: *Monachium*, Beiträge z. Kirchen- und Kulturgeschichte 1958.

Prechtl, I. B.: *Beiträge zur Geschichte der Stadt Freising*, Freising 1877.

Schlamp, Michael: *Studien zur älteren Geschichte der Stadt Freising*, Sammelbl. des Hist. Vereins Freising, 19/20.

Schlecht, Joseph: *Wissenschaftliche Festgabe zum zweihundertjährigen Jubiläum des hl. Korbinian*, München 1924.

Ziegler, A. W.: *Die Frühzeit des Christentums in Bayern*, in: *Bayerische Frömmigkeit*, München 1960.

Frigisinga, Beiträge zur Heimat- und Volkskunde von Freising und Umgebung – Sonderdrucke der wöchentlichen Beilage des Freisinger Tageblattes.

Zu Kapitel 6

Bigelmair, Andreas: *Die Passion des heiligen Kilian und seiner Gefährten*, in: *Herbipolis jubilans*, Festschrift zur Säkularfeier der Erhebung der Kiliansreliquien, Würzburg 1952.

Bosl, Karl: *Franken um 800 – Strukturanalyse einer fränkischen Königsprovinz*, München 1959.

–: *Würzburg als Pfalzort*, Jahrb. f. frk. Landesforschung, 1959, 25 ff.

Büttner, Heinrich: *Das mittlere Mainland und die fränkische Politik des 7. und frühen 8. Jahrhunderts*, in: *Herbipolis jubilans*, Würzburg 1952.

Dienemann, Joachim: *Der Kult des hl. Kilian im 8./9. Jahrhundert*, Würzburg 1958.

Dinklage/Endrich: *Vor- und Frühgeschichte der Stadt Würzburg*, Würzburg 1959.

Engel, Wilhelm: *Mainfranken in seiner geschichtlichen Entwicklung*, in: *Aus der Vergangenheit Unterfrankens*, Würzburg 1950.

Freeden, Max H. von: *Die Festung Marienberg zu Würzburg*, Würzburg 1952.

Gerstenberg, Kurt: *Die Kirche auf dem Marienberg zu Würzburg*, in: *Herbipolis jubilans*, Würzburg 1952.

Glück, Paul: *Die Festung Marienberg ob Würzburg*, Würzburg 1952.

Hofmann, J.: *Heiliges Franken*, Würzburg 1952.

Kreisel, Heinrich: *Würzburg, die alte Stadt*, München/Berlin 1951.

Peschek, Christian: *Vor- und Frühzeit Unterfrankens*, Würzburg 1961.

Röttger, Bernhard H.: *Felix Ordo*, in: *Würzburger Diözesan-Geschichtsblätter*, 1950, 11–12.

Schöffel, Paul: *Herbipolis sacra*, Würzburg 1948.

Zu Kapitel 7

Beumann / Groszmann: *Das Bonifatiusgrab und die Klosterkirchen zu Fulda*, 1949.

Büttner, Heinrich: *Bonifatius und Fulda*, Fuldaer Geschichtsblätter, 1954, 30.

Demandt, Karl E.: *Geschichte des Landes Hessen*, Kassel 1959.

–: *Hessische Frühzeit*, in: *Hess. Jahrbücher für Landesgeschichte*, 1953, 35–36.

Groszmann, Dieter: *Kloster Fulda und seine Bedeutung für den frühen Kirchenbau*, in: *Das erste Jahrtausend*, Düsseldorf 1962.

Hahn, Heinrich: *Fulda im Wandel der Zeiten*, Fulda 1960.

–: *Die Grabungen am Fuldaer Domplatz*, in: *Bonifatius-Gedenkgabe der Stadt Fulda*, 1954.

Krautheimer, R.: *The Carolingian Revival*, 1942.

Lehmann, Paul: *Zu Hrabans geistiger Bedeutung*, in: *Bonifatius-Gedenkgabe*.

Lenhart, Ludwig: *Die Bonifatius-Renaissance des 19. Jahrhunderts*, in: *Bonifatius-Gedenkgabe*.

Müller-Karpe, Hermann: *Hessische Funde von der Altsteinzeit bis zum frühen Mittelalter*, Marburg 1949.

Pralle, Ludwig: *Die Wiederentdeckung des Tacitus*, Fulda 1952.

Schnürer, Gustav: *Bonifatius*, in: *Weltgeschichte in Charakterbildern*, Mainz 1909.

Schröbler, Ingeborg: *Fulda und die althochdeutsche Literatur*, in: *Fuldaer Geschichtsbl.*, 1962, 5.

Stengel, Edmund E.: *Die Reichsabtei Fulda in der deutschen Geschichte*, Weimar 1948.

–: *Abhandlungen und Untersuchungen zur hessischen Geschichte*, Marburg 1960.

Vonderau, Joseph: *Die Ausgrabungen am Dome zu Fulda in den Jahren 1919–1924*, Fulda 1924.

–: *Die Ausgrabungen am Büraberg bei Fritzlar*, Fulda 1934.

–: *Die Ausgrabungen am Domplatz zu Fulda 1941*, Fulda 1946.

Zu Kapitel 8

Appuhn, Horst: *Zum Thron Karls des Großen*, in: *Aachener Kunstblätter*, 1962/63, 127 ff.

Boeckelmann, Walter: *Von den Ursprüngen der Aachener Pfalzkapelle*, in: *Wallraf-Richartz-Jahrbuch*, 1957.

Buchkremer, Joseph: *Der Dom zu Aachen*, Aachen 1935.

Calmette, Joseph: *Karl der Große*, 1948.

Christ, Hans: *Das karolingische Thermalbad der Aachener Pfalz*, Germania 1958, 119 ff.

Curtius, Ernst Robert: *Europäische Literatur und lateinisches Mittelalter*, 1948.

Faymonville, K.: *Der Dom zu Aachen*, 1909.

Hermanns, Will: *Das Rathaus zu Aachen*, Aachen 1935.

Hugot, Leo: *Der Westbau des Aachener Doms*, in: *Aachener Kunstblätter*, 1962, 101 ff.

Huyskens, Albert: *Aachener Heimatgeschichte*, 1924.

–: *Aachen zur Karolingerzeit*, in: *Sonderausgabe »Aachen« des Rhein. Vereins f. Denkmalpfl. und Heimatschutz*.

–: *Das alte Aachen – Seine Zerstörung und sein Wiederaufbau*, Aachen 1953.

Kaemmerer, Walter: *Geschichtliches Aachen*, Aachen 1955.
–: *Quellentexte zur Aachener Geschichte*, Aachen 1958–1960.
Metz, Wolfgang: *Das karolingische Reichsgut*, Berlin 1960.
Poll, Bernhard: *Geschichte Aachens in Daten*, Aachen 1960.
Schlag, Gottfried: *Die deutschen Kaiserpfalzen*, Frankfurt 1940.
Schüller, Sepp: *Die Aachener Kathedralkirche*, Düsseldorf 1940.
Stephany, Erich: *Der Dom zu Aachen*, in: *Das Münster*, 1957, 11–12 (mit ausführlichen Literaturhinweisen).
Winston, Richard: *Karl der Große*, Stuttgart 1956.

Zu Kapitel 9
Bomhard, Peter von: *Kunstdenkmäler im Chiemgau*, in: *Der Chiemsee*, Prien, o. J.
Doll, Johann: *Geschichte von Frauenchiemsee*, München 1912.
Kellner, Erich: *Frauenwörth*, München o. J.
Leitgeb, G. von: *Münster Frauenchiemsee und seine Heiligtümer*, 1947.
–: *Das Inselkloster Frauenchiemsee und seine zwölfhundertjährige Geschichte*, o. J.
Pückler-Limburg, S. von: *Das Münster Frauenchiemsee und sein karolingischer Bau*, 1955.
Milojcic, Vladimir: *Entdeckungen auf Frauenchiemsee*, in: *gehört – gelesen*, 1962, 3.

Zu Kapitel 10
Aubin, Hermann: *Ursprung und ältester Begriff von Westfalen*, in: *Der Raum Westfalen*, 1955, II.
Beumann, Helmut: *Nomen Imperatoris – Studien zur Kaiseridee Karls des Großen*, Hist. Ztschr. 1958, 515 ff.
–: *Die Kaiserfrage bei den Paderborner Verhandlungen von 799*, in: *Das erste Jahrtausend*.
Elbern, Victor H.: *Die bildenden Künste der Karolingerzeit zwischen Rhein und Elbe*, in: *Das erste Jahrtausend*.
Görich, Willi: *Gedanken zur Verkehrslage und Siedlungsentwicklung von Paderborn*, in: *Westf. Forschungen*, 1955.
Griese, Gustav: *Die Höfe der Sattelmeier in Ravensburg*, Halle i. W., 1955.
Honselmann, Clemens: *Reliquientranslationen nach Sachsen*, in: *Das erste Jahrtausend*.
Kahrstedt, Ulrich: *Sachsen während der Römerzeit*, in: *Nachr. aus Niedersachsens Urgeschichte*, 1935.
Kiepke, Rudolf: *Paderborn – Schicksalschronik einer Stadt*, Paderborn 1951.
Krüger, H.: *Die vorgeschichtlichen Straßen in den Sachsenkriegen Karls des Großen*, Korr.-Bl. des Gesamtver. d. dt. Geschichtsvereine, 1932.
Lammers, W.: *Die Stammesbildung bei den Sachsen*, in: *Westf. Forschungen*, 1957, 10.

Lange, Walter R.: *Zur Frage der Siedlungskontinuität in Paderborn,* in: *Westf. Forschungen,* 1955.

Ortmann, Bernhard: *Vororte Westfalens seit germanischer Zeit,* Paderborn 1949.

–: *Baugeschichte der Salvator- und Abdinghofkirche zu Paderborn auf Grund der Ausgrabungen 1949 bis 1956,* in: *Westf. Zeitschrift,* 1957, 255 ff.

–: *Neues zur Stadtkernforschung in Westfalen,* in: *Westfälische Forschungen,* 1957.

Plettke, Alfred: *Ursprung und Ausbreitung der Angeln und Sachsen,* Hannover 1920.

Schwartz, Hubertus: *Kurze Geschichte der ehemaligen Freien Hansestadt Soest,* Soest 1949.

Schuchhardt, Carl: *Sächsische, fränkische und slawische Burgen in Deutschland,* in: *Neue deutsche Ausgrabungen,* Münster 1930.

Schroller, Hermann: *Die Sachsen,* in: *5000 Jahre Niedersächsische Stammeskunde,* Hildesheim 1936.

Tack, Wilhelm: *Alt-Paderborn,* Paderborn 1955.

Tischler, Fritz: *Der Stand der Sachsenforschung, archäologisch gesehen,* 35. Ber. der RGK, 1954 (mit fast tausend Literaturhinweisen).

Wiedemann, Heinrich: *Karl der Große, Widukind und die Sachsenbekehrung,* Münster 1949.

Winkelmann, Wilhelm: *Der Fürst von Beckum,* Oelde 1962.

–: *Die Ausgrabungen in der frühmittelalterlichen Siedlung bei Warendorf,* in: *Neue Ausgrabungen in Deutschland,* Berlin 1958.

Zu Kapitel 11

Behrens, Gustav: *Auf den Spuren Karls des Großen in Ingelheim,* in: *Wandern und Schauen,* Mainz 1922.

–: *Bodenurkunden aus Rheinhessen,* Mainz 1927.

Bernhard / Behrens / Burger / Emmerling: *Ingelheim,* Mainz 1949 (mit umfangr. Literaturhinweisen).

Bernhard, Gerda: *Die beiden Ingelheim und ihre Umgebung,* Frankfurt 1936.

Clemen, Paul: *Bericht über die Arbeiten an den Denkmälern deutscher Kunst,* 1911.

Hundt / Fischer: *Die Grabungen in der Altstadt von Frankfurt am Main 1953–1957,* in: *Neue Ausgrabungen in Deutschland,* Berlin 1958.

Meyer-Barkhausen, Werner: *Probleme der karolingischen Pfalz zu Ingelheim,* in: *Dtsch. Kunst und Denkmalpflege,* 1936, 92 ff.

Nahrgang, Karl: *Die Frankfurter Altstadt,* Frankfurt 1949.

Rauch, Christian: *Die Pfalz Karls des Großen zu Ingelheim am Rhein,* in: *Neue deutsche Ausgrabungen,* Münster 1930.

–: *Die Kunstdenkmäler des Kreises Bingen,* Darmstadt 1934.

Sage, Walter: *Vorbericht über neue Ausgrabungen im Gelände der Pfalz zu Ingelheim am Rhein,* Germania 1962, 105 ff.

Stamm, Otto: *Zur karolingischen Königspfalz in Frankfurt am Main*, Germania 1955, 391 ff.

Zu Kapitel 12

Behn, Friedrich: *Die karolingische Klosterkirche von Lorsch an der Berg-straße*, Berlin/Leipzig 1934 (mit ausf. Literaturverzeichnis).

–: *Lorsch, das Reichskloster der Karolinger*, in: *Jahrbuch für das Bistum Mainz*, 1948.

–: *Die Einhards-Basilika zu Steinbach im Odenwald*, Mainz 1932.

Biehn/Minst/Huth: *Kloster Lorsch*, Führungsheft, Berlin/München 1962.

Gerke, Friedrich: *Die Königshalle in Lorsch und der frühkarolingische Monumentalstil*, in: *Kultur und Wirtschaft im rhein. Raum*, 1949.

Juraschek, F. von: *Die Bauten der Königshalle von Lorsch und die Triumphalarchitektur der Spätantike*, Baden-Baden 1954.

Müller, Otto: *Was geschieht für die Einhards-Basilika in Steinbach?*

–: *Die Instandsetzung der Basilika in Seligenstadt*, Dtsch. Kunst und Denkmalpfl., 1954, 1.

Selzer, W.: *Das karolingische Reichskloster Lorsch*, Kassel/Basel 1955.

Tellenbach, Gerd: *Königtum und Stämme in der Werdezeit des deut-schen Reiches*, Weimar 1939.

Tümmler, Hans: *Baukunst der karolingischen Zeit*, in: *Katalog Werden-des Abendland*, Essen 1956.

Walbe, Heinrich: *Das Kloster Lorsch: Torhalle – Kirche – Atrium*, Dtsch. Kunst und Denkmalpflege, 1935, 126 ff.

–: *Das Kloster Lorsch*, Heppenheim 1950.

Zu Kapitel 13

Bauer, Karl: *Regensburg – Aus Kunst-, Kultur- und Sittengeschichte*, Re-gensburg 1962.

Beyerle, K.: *Die Kirchen der Reichenau*, München 1925.

Borger, Hugo: *Die Ausgrabungen der Stiftskirche des hl. Victor zu Xanten in den Jahren 1945–1960*, in: *Bonner Jahrbücher*, 1961, 396 ff.

–: *Das Münster in Bonn*, Katalog Kirche und Burg, Düsseldorf 1962.

–: *Vorbericht über die Ausgrabungen an St. Quirin in Neuß*, in: *Bonner Jahrbücher* 1963.

Dachs, Hans: *Regensburg – Geschichte und Denkmäler*, Regensburg o. J.

Heuwieser, Max: *Entwicklung der Stadt Regensburg im Frühmittelalter*, in: *Aus Regensburgs Vergangenheit*, Regensburg 1925.

Preidel, H.: *Die Christianisierung Mährens und Böhmens von Bayern aus*, in: *Bayer. Frömmigkeit*, München 1960.

Schlesinger, Walter: *Kaiser Arnulf und die Entstehung des deutschen Staates und Volkes*, in: *Entstehung des Deutschen Reiches*, Darm-stadt 1955.

Tellenbach, Gerd: *Wann ist das deutsche Reich entstanden?* in: *Ent-stehung des Deutschen Reiches*, Darmstadt 1955.

Schwab, Ludwig: *Regensburg – Heimat und Welt*, Regensburg 1950.

476

Knaur-Taschenbücher
Das moderne Programm

Knaur-Taschenbücher
Das moderne Programm
